凝煉知識品味閱讀

2021年9月版

刑事訴訟法新理論與實務

林朝雲、陳宏毅 | 著

五南圖書出版公司 印行

七版序

本書是刑事訴訟法的入門之書，除了讓初學者能夠輕鬆愉快的入門與學習外，對於國家考試甚有幫助。本次再版，新增2020年1月修正之公布及之新條文，包含第七編之三的「被害人訴訟參與」、「修復式正義」的引進、「強制處分」以及「再審」相關規定的局部修正等。2021年5月31日，立法院三讀通過刪除第234條第2項配偶通姦告訴權，以及第239條但書通姦罪撤回告訴可分規定，並調整上訴不可分的第348條相關規定，於同年6月6日由總統公布，亦於此次改版一併增刪，以應閱讀之需求。

本版並收錄新近的實務見解，包括取代判例制度的大法庭裁定、最高法院裁判前已經由徵詢程各庭序達成的統一見解、最高法院選錄的值得參考價值之裁判等。又，前幾年最高法院定位GPS追蹤為強制處分，引發各界對科技偵查手段的關注，故此次改版加以補述，以充實其內容。

鑑於一般國民參與刑事審判為近來司改關注的議題，立法院亦於2020年7月三讀通過國民法官法，本書亦為重點論述。可謂相當完整的刑事訴訟法參考書籍。

本書的理論架構係由本人在警專講授刑事訴訟法課程多年後，為因應教學及學生參加考試的需要，將過去累積的講義教材自行出版，書名為《刑事訴訟法理論與實務》。因為該書言簡意賅，取精用宏，當時頗受學生喜愛。自2015年應五南圖書之請，發行新版更名為《刑事訴訟法新理論與實務》以來，歷次經由林老師朝雲負責執筆增刪學說、實務見解及條文的增補，辛勞得力，此次新版更由其獨力完成。近日應林老師朝雲之請，自本版起，由其掛名為第一作者，樂觀其成，特此說明。

本書除能幫助讀者自修及參加考試外，它結合最新的實務見解，能夠與時俱進，且讀者不用耗費許多時間在整理蒐集資料上，就能循著本書的脈絡，直接吸收到新的知識。刑事程序法，係運用各種訴訟原理、原則，建構出整部訴訟程序，其中法條與法條間關聯性的運用，促動著國家司法機關在發現真實下，基於法律保留原則，必須在各程序階段規範符合人權保障的程序要件，以落實憲法保障正當法律程序的要求。作者由衷企盼本版所蒐集的刑事法學新資訊，能儘量滿足各界讀者的需求，尚祈各界舊雨新知持續給予支持與愛護。感謝五南圖書出版公司劉靜芬副總編輯及其團隊的細心與耐心，促使這本書得以再版。

陳宏毅　謹識
2021年8月

序言
PREFACE

刑事訴訟法是一門「理論」與「實務」並重的社會科學。在我國由於學術與實務界經常對話，交錯影響下，近年來不斷的形成修法動態。基此緣由，本書不僅輯錄甫於2015年近來修正的最新條文，而且對於近年學說所關注的重要議題，亦有所論述。同時，本書並蒐羅相關實務見解及執行要點，期待理論與實務結合，如法院及檢察機關辦理刑事訴訟案件應行注意事項、警察偵查犯罪手冊等實務操作的具體化。蓋此為欲進入或從事犯罪偵查、審判實務者的必備基本入門學識。因此，本書是一本適合理論與實務的教科書。此外，本書以「選擇題練習」引領讀者緊抓重點，將容易混淆的概念表格化以助於辨異，「問題思考」啓發問題意識並輔以實例以供研習者參考比較，激盪思考，俾以取精用宏，除可作為有志研究犯罪偵查及刑事程序者的參考資料，對準備國家考試及初習者而言，亦是一本不可或缺的入門書。

刑事訴訟法與犯罪偵查之實施關係密切，環環相扣。犯罪偵查的工作雖有賴經驗的累積，但我國審判實務近年來對人權保障與正當法律程序要求上相當的講究，尤其是國際人權公約的影響下，「無罪推定原則」在審判實務上逐漸發展結果，確實產生許多理論與實務的變動。如果沒有堅實的理論基礎，是無法精準地運用刑事訴訟法的條文，「精密偵查」與「精密司法」的要求逐漸成為時代的趨勢，偵查蒐證過程要求在程序上的嚴謹，審判法院的中立與超然逐漸形成。例如實施刑事訴訟的公務員以不正方法取供或取證，不但在證據使用尚無法獲得法院許可，也喪失人民對偵查人員之信賴與尊敬。因此，唯有兩者兼顧，方符現代法治國家對「發現真實」與「人權保障」並重的要求。

隨著我國刑事訴訟法不斷翻修，近年理論與實務相關之發展文獻可謂汗牛充棟，作者蒐羅近年的學說與實務見解，使讀者對於刑事訴訟法新知的汲取能與時俱進。趕稿之際，疏漏難免，尚祁不吝指正。

本書能順利出版，由衷感謝五南出版公司主編蔡惠芝小姐的悉心策劃與辛勞及東吳大學法學碩士、警專33期第七隊葛耀陽區隊長協助校對與不藏私地貢獻寶貴意見，德國杜賓根大學法學博士候選人陳重言檢察官更是不厭其煩地提供作者實務運作諮詢，使本書視野更加寬廣，僅一併在此致謝。

執筆者一同　謹識

2015年2月23日

目錄
CONTENTS

各　論

第二編　第一審　375

導　論

第一章　刑事訴訟法的意義

刑事訴訟制度不外乎在「發現眞實」與「保障人權」之間必須衡平的正當法律程序，當然因制度重點取捨的不同，而產生各國不同的刑事訴訟制度。**任何訴訟案件若有重大違背訴訟程序所做出的判決，即使法院為實體之正確判決，亦會影響到國家刑罰權運用的公正性與正當性。**有些國家如美國、日本，將「刑事程序」中之「不得剝奪任何人在法院接受裁判的權利」、「現行犯之逮捕」、「刑事被告受律師協助的權利」、「刑事被告受迅速審判的權利」、「不得強制其作不利於本人的供述」、「搜索及扣押的程序」，明文規定於憲法及增修條文之中。我國除憲法第8條規定，人民身體之自由應予保障。除現行犯之逮捕由法律另定外，非經司法或警察機關依法定程序，不得逮捕拘禁。非由法院依法定程序，不得審問處罰。非依法定程序之逮捕、拘禁、審問、處罰，得拒絕之。人民因犯罪嫌疑被逮捕拘禁時，其逮捕拘禁機關應將逮捕拘禁原因，以書面告知本人及其本人指定之親友，並至遲於二十四小時內移送該管法院審問外，我國大法官更認爲「刑事被告與證人對質詰問的權利」[1]、「刑事被告與辯護人的充分溝通權」[2]，亦爲憲法上之權利，所以稱「刑事訴訟法爲具體化的憲法」，非常適切。

刑事訴訟程序的進行，有採廣義的，亦有採狹義的，依照我國刑事訴訟法（本書以下稱本法）第1條規定：「犯罪，非依本法或其他法律所定之訴訟程序，不得追訴、處罰。」**本法採廣義的訴訟程序，包括了偵查、起訴、審判、執行四個程序階段。狹義的訴訟程序，是專指本法的起訴乃至審判的訴訟程序而言（見圖表1-1）**。

至於最廣義的刑事訴訟，是指本法之一般訴訟程序以外，其他法律所定之特別訴訟程序，如軍事審判法、毒品危害防制法、通訊保障及監察法、證人保護法、家庭暴力防治法、性侵害防治法、少年事件處理法等是。

---

1 釋字第582號解釋。

2 釋字第654號解釋。

圖表1-1 刑事訴訟程序流程圖

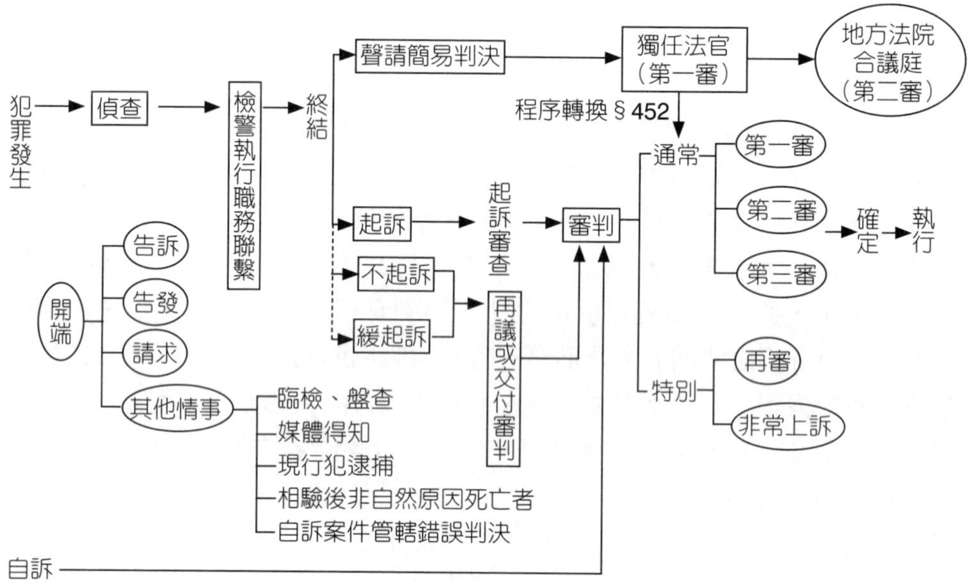

第二章 刑事訴訟法之原則

第一節 彈劾原則與糾問原則

本法第1條規定，犯罪，非依本法或其他法律，不得追訴、處罰。即認追訴者與審判者必須分開，刑事司法首重訴訟（審判），訴訟制度的建立脫離了傳統「包青天」審案的「糾問制度」，起訴者與審判者同一人的制度，[1]避免法院動用刑罰權產生偏見，公平的司法正義無法實現。**所以，彈劾原則與糾問原則兩者最大的不同完全在於追訴者與審判者分開。後者是不加分開的，前者是分開的。**彈劾原則有學者引述德文稱之爲「控訴原則」（Akkusationsprinzip）。[2]

彈劾原則，是源自於法國之刑事訴訟法，而爲各國刑事訴訟法所採用。此訴訟原則確立了檢察官於訴訟中扮演著代表國家追訴犯罪的角色始終不變，因有追訴才有審判程序的開始。法官、原告、被告爲訴訟主體的三邊訴訟法律關係（強調彼此間權利義務關係的對等性或均衡性）因而形成，允許被告在訴訟程序中行使防禦權，法官不得充當訴追者的角色，以超然立場來公平審判案件。

第二節 自由心證原則與法定證據原則

自由心證原則，乃指法院對於證據證明力之判斷，法律不加限制，委由法官發現眞實，經由法庭公開審理以及言詞審理，以獲得「確信」的心證。對於證據證明力之判斷，刑事程序法授權由事實審法官自由判斷。

---

1 電影「九品芝麻官」，由周星馳扮演的「八府巡按」即充分詮釋出此種裁判兼控訴者的司法制度。

2 林山田，《刑事程序法》，五南，五版，2004.09，51頁；林鈺雄，《刑事訴訟法（上）》，新學林，十版，2020.09，50頁。

自由心證原則之例外情形有：1.審判筆錄具絕對證明力；2.自白須有補強證據始得爲有罪證據；3.無證據能力之證據；4.未經合法調查（指法定證據方法）之證據；5.違背經驗法則之證據；6.違背論理法則之證據。其法律效果乃指法院不得據此做爲判斷犯罪事實的依據，否則，即屬違法判決。

第三節　職權進行原則與當事人進行原則

壹、職權進行原則

職權進行原則的重要內涵，在於刑事案件一旦發生，法院不待犯罪被害人的請求，也不受其意思的限制，而應本其職權進行調查、審判而終結訴訟程序[3]。通常被告由律師爲其進行訴訟，無論是職權進行原則或當事人進行原則均是如此的訴訟型態。**兩原則的區分在於誰是主導審判進行及終結者而言，重要的不同應該是在證據的調查部分由誰主導而定。**

貳、當事人進行原則

當事人進行原則係由當事人主導訴訟之開始、如何進行及終結，爲英、美法系國家及日本所採行之方式。其特徵爲起訴時卷證不併送。**審判之進行，當事人主動聲請調查證據，法官係立於公平、公正、中立、客觀第三者之立場，僅扮演仲裁者之角色。**在起訴時，以簡單之起訴原因送交法院（卷證不併送），自可破除院檢間之接續關係。這樣的制度除須搭配採行**「起訴時卷證不併送制」**，因爲**卷證併送容易產生法官預斷的心理。再者，一般人民沒有能力與檢察官抗衡，故需有完善的辯護制度。**對於無法負擔律師費用之人民，政府應指定公設辯護人協助，或建立全面性的國選辯護制度，如此才能達到當事人間（檢察官、被告）眞正之平等。[4]

3　林山田，《刑事程序法》，五南，五版，2004.09，44頁。

4　黃朝義，《刑事訴訟法》，新學林，五版，2017.09，12頁。

參、我國現行制度

光緒31年（1905）9月，刑部侍郎沈家本奏請清廷派員赴日考察法政。當時，日本明治維新已行之有年其法制繼受歐陸普魯士的職權進行原則，這也間接影響1928年北伐統一後，我國初次立法採行職權進行原則之架構。

由於職權進行原則與當事人進行原則各有優缺點，改採在職權進行原則的審判下，法官在審判中有時扮演如同檢察官的控訴者，蒐集對被告不利的證據，甚至與被告爭辯，此時被告或其辯護律師面對其訴訟之敵人（身兼檢察官之法官），必須忍受，不敢逆其鋒。因此；職權進行原則最大的缺點，就是刑事被告於審判中的無力感。然而，就判決結果而言，當事人進行未必能產生較正確的結果。因當事人進行主義完全仰賴雙方蒐集調查之證據，並依當事人對證據的辯論而為裁判，裁判者原則上不訊問證人或調查證據。故在當事人進行原則下，由雙方律師的技巧及素質決定審判的結果。[5]

有鑑於此，自1967年我國開始酌採當事人進行原則的立法，2002年修正本法第161、163條等有關規定，稱「改良式當事人進行主義」。依修正後的第161條第1項：「檢察官對被告犯罪事實，『應』負舉證責任，並指出證明之方法。」**明文要求檢察官除應就被告犯罪事實，負提出證據的責任外，亦應善盡實行公訴的職責，到法庭說明證據與待證事實的關係及證明力以說服法官**。另外，修正後第163條第1項修正為：「當事人、代理人、辯護人或輔佐人得聲請調查證據，並得於調查證據時，詢問證人、鑑定人或被告。審判長除認為有不當者外，不得禁止之。」賦予當事人、代理人、辯護人或輔佐人聲請調查證據及詢問的權利，如果當事人聲請調查的證據有調查的可能，又與法院判決的基礎有重要關係，法官有加以調查的義務。[6]

修正後本法第163條第2項：「法院為發見真實，『得』依職權調查證據。但於公平正義之維護或對被告之利益有重大關係事項時，法院應依職權調查證據。」條文修正為「『得』依職權調查證據」以後，法院視案情可以依職權調查證據，也可以不予調查。**這個「得」字即代表法院有裁量權，依**

5 但日本於二次大戰無條件投降後，在盟軍統帥麥克阿瑟監督下修改憲法，連帶改變日本的刑事訴訟制度，故日本現採當事人進行原則。

6 張麗卿，《刑事訴訟法理論與運用》，五南，十五版，2020.09，37頁。

本文規定不予調查判決也不違法。

至於，**但書所指「公平正義之維護」所指爲何，有甲、乙二說之爭議。甲說：並非專指有利被告之事項；乙說：應專指對被告利益而攸關公平正義之事項。**最高法院101年度第2次刑事庭會議決議（一）採乙說。此決議公布後引發學者與實務界熱烈討論，學界有贊成者，[7]亦有反對之論者，[8]更有認爲此決議立場不明，基於保障人權之觀點應朝當事人進行原則方向做成決議者。[9]

第四節　直接審理原則與傳聞法則

歐陸法系的直接原則，包含「原始證據原則」及「直接審理原則」包含當事人及證據調查，前者是指事實的認定須由法官直接接觸到原始之證據始得做爲判決的依據；不同的是，後者是指法院審理時，各個訴訟主體務必親自到場，而能面對面地，且在精神上或體力上均有能力參與訴訟

7 李榮耕，〈法官調查義務的範圍—談最高法院101年度第2次刑事庭會議決議爲中心座談會紀錄（下）〉，《台灣法學雜誌》，199期，2012.05，231頁以下；尤伯祥，〈難以兼得的魚與熊掌〉，《台灣法學雜誌》，197期，2012.04，113～114頁；林裕順，〈國民參審「法官職權」變革研究—兼論「最高法院101年度第2次刑庭決議」司改契機〉，《月旦法學雜誌》，第217期，2013.06，157頁。

8 何賴傑，〈失衡的天平一有利於被告始符合公平正義？—談最高法院101年度第2次刑事庭會議決議〉，《台灣法學雜誌》，197期，2012.04，83頁以下；何賴傑，〈法官調查義務的範圍—以最高法院101年度第2次刑事庭會議決議爲中心座談會紀錄（上），《台灣法學雜誌》，198期，2012.04，80頁；林鈺雄，法官調查義務的範圍—以最高法院101年度第2次刑事庭會議決議爲中心座談會紀錄（上），《台灣法學雜誌》，198期，2012.04，87頁，楊雲驊，〈惶恐灘頭説惶恐，零丁洋裡嘆零丁—談最高法法院101年度第2次刑事庭會議決議〉，《台灣法學雜誌》，197期，2012.04，98頁以下；許澤天，《爲調查原則再伸冤—值得再三檢討的最高法院決議〉，《台灣法學雜誌》，193期，2012.02，2頁以下；蕭宏宜，〈刑事訴訟法最新實務見解整理，《台灣法學雜誌》，特刊，2012.05，74頁；吳巡龍，〈再論法院之職權調查一違法違憲的總會決議〉，《檢協會訊》，78期，2012.06，7-8頁；林輝煌，〈刑事法院職權調查證據之界限—評最高法院101年第2次刑事庭會議針對刑事訴訟法第163條2項但書之決議〉，《法令月刊》，第63卷第11期，2012.11，3～18頁；蔡碧玉，〈法官的職權調查義務vs.公平法院—評最高法院101年度第2次刑事庭會議決議〉，《檢察新論》，第12期，2012.07，171～175頁。

9 黃朝義，〈刑事訴訟制度本質論—從當事人主義與職權主義論起〉，收錄於《甘添貴教授七秩華誕祝壽論文集下冊》，承法，2012.04，574頁以下。

之情狀下，參與訴訟程序；否則，即應停止審理，故亦可稱爲「在場原則」（Anwesenheitsgrundsatz）。[10]而確立於英美法之所謂的「傳聞法則」（hearsay rule），乃未經被告的反對詰問的審判外陳述原則上無證據能力，因此，就確立以公判爲中心及發現眞實的取向而言，直接審理原則與傳聞法則可謂是殊途同歸，[11]我國2003年新法修正後引進傳聞法則與直接審理原則相結合，即指法院審判案件時，法官必須直接接觸原始證據，除符合特定情形外原則上不得以傳聞證據做爲判決之依據（參照本法§§159～159-5），原則上任何的證據必須直接在法庭上接受法院的調查始得做爲認定事實的依據，被告不到庭法院不得加以審理，如審判程序中法官有更易者，必須更新審判程序。

第五節　審判制度

我國目前的刑事審判專由職業法官爲之，但有些國家有所謂平民參與審判的制度，析述如下：

壹、英美的陪審制

由法官主持審判程序的進行，而民眾所組成的陪審團（jury）根據法官審理過程中對被告或證人的訊問、證據能力的認定，進而以法官給與的法律見解認定事實是否符合刑法以及刑事訴訟法等法律的規定，最後做出裁決認定被告是否有罪或無罪。陪審團做有罪或無罪的決定後，接著再由法官就陪審團的結論做成判決。除此之外，原則上，都是由陪審團對被判定有罪的被告予以量定刑責。法官只負責決定刑度輕重及指揮訴訟程序，陪審團開會討論案情期間，嚴禁法官參與，避免法官的心證影響陪審員。裁判的結果更能夠貼近一般社會大眾的認知度與期待[12]。

---

10 林山田，《刑事程序法》，五南，五版，2004.09，79頁。

11 陳運財，〈緒論〉，收錄於氏著《直接審理原則與傳聞法則》，五南，2001.11，3頁。

12 王兆鵬、張明偉、李榮耕，《刑事訴訟法（上）》，新學林，五版，2020.03，45頁以下。

貳、歐陸的參審制

參審制的優點，在於避免職業法官受政治力影響、收受賄賂缺乏社會經驗不食人間煙火的問題。例如，德國的參審制度由職業法官與平民法官（參審員Schöffen）混合組成審判庭，從事特定案件的審判工作。參審員來自社會各階層，可憑其豐富的正義感，修正職業法官過於教條化的缺失，而且參審員選自民間，與具備高等教養的職業法官，對於社會變遷及生活方式的改變，必較爲敏感，更能反映社會環境的法律價值觀，其所下的判斷更能獲得當事人的信服。[13]專家參審具有專業制衡的作用彌補職業法官法律以外專業能力的不足。某些刑事案件的參審員係由「專家法官」出任。因爲，不少刑事案件都非常複雜，法官對於其他領域的專業知識，無法充分了解，例如，涉及精神醫學、交通鑑識、建築科技等案情時更備覺困難。但是，如果法官本身具有與鑑定人相同的專業知識與經驗的話，除了可以避免完全依賴鑑定人的意見的情況外，還可以對案情做有意義且恰當的發問。因爲若是完全依賴鑑定人所提供的鑑定意見，無法對鑑定意見的正確與否加以判斷，那無異就是鑑定人的裁判，而不是法官的認定。所以，有學者主張援用具有專業知識的參審員，不但符合審判民主化的要求，也是改進了鑑定人制度缺點的最佳選擇[14]。

參、日本的裁判員制

日本2004在（平成16）年5月由國會通過立法，制定了「裁判員法」（即平民裁判員參與刑事審判的法律），自2009年5月，正式開始施行。它的旨趣在於作爲法律專家的職業法官和法律素人一般平民出任的裁判員，以日本獨特的形式進行審理。在重大事件中，反映了非法律專家的通常國民的一般通念，以及在重大事件中的審理迅速化，此乃導入這個制度的主要目的

英美國家所採之陪審制度，**關於犯罪事實之認定，係由一般國民所選出之陪審員負責認定，至於法的解釋與量刑部分，由法官負責判斷**。歐陸之參

---

13 張麗卿，〈鑑定人鑑定或專家參審〉，收錄於《驗證刑訴改革脈動》，五南，四版，2017.09，190頁以下。

14 張麗卿，《刑事訴訟法理論與運用》，五南，十五版，2020.09，388頁。

審員制度，例如法國與德國等國，法官與參審員以合犯罪事實與量刑，甚至關於法律問題部分參審員亦進行判斷。日本的裁判員係依個別案件選出的裁判員與法官組成合議庭，進行犯罪事實認定與量刑。至於有關法解釋部分，交由法官進行解説[15]。

肆、我國擬採的國民法官制

在2012年，司法院曾有意推行觀審制，就觀審制而言，雖然觀審員在審判中能提供建議給法官，但並沒有強制法官必須採納，法官仍可決定是否採納觀審員的意見，因此影響有限，且觀審員也沒有實質參與審判，引發各界批評，被戲稱有如「參觀」。

基於我國長久以來，均由職業法官職司司法審判，雖然得以維持法律安定性及法律解釋適用之正確性與一致性，但司法審判高度專業化的結果，國民欠缺適當管道瞭解司法審判內涵，也使司法與國民產生疏離，甚至難免有偏離國民情感的一面；而隨著民主政治逐漸落實，以及社會日趨開放與多元，國民對司法權的運作，寄予較過往更高度的期待。有鑑於此，實有於社會大眾最關注之刑事審判引進國民參與之必要，以期提升司法審判之透明度，增進國民對於司法之瞭解及信賴，並於法院作成判斷過程中適度反映國民正當法律感情，及彰顯國民主權理念。司法院決定要推「國民法官」制度，故國民參與審判之刑事訴訟模式實有適度調整修正，引進卷證不併送、證據開示與書狀先行、當事人自主出證等相關配套制度之必要性。於2017年11月國民參與刑事審判法草案，於2020年7月22日三讀通過《國民法官法》，2020年8月12日公布，爲本法與法院組織法之特別法。除少年刑事案件與毒品危害防制條例案件外，最輕本刑爲10年以上有期徒刑與故意犯罪發生死亡結果之罪，應行國民參與審判。爲使地方政府開始準備國民法官選任程序，第16～20條與第33條自公布日施行。而故意犯罪發生死亡結果之罪屬一般國民高度關切之事項，故規定除第5條第1項第1款自2026年1月1日施行外，其餘條文自2023年1月1日施行。從該法第3條法庭的組成結構來看：六位國民法官＋三位職業法官，明顯仿自日本的裁判員制。

---

15 黃朝義，《刑事訴訟法》，新學林，五版，2017.09，80頁。

不過，本書認爲有關國民法官消極資格之規定有些不妥，依第14條：特定職業：包括總統、副總統、各級政府機關首長、政務人員、民意代表、黨工、現役軍人、警察、法律專業人士包括法官、檢察官、律師及現任或曾任教育部審定合格之大學或獨立學院專任教授、副教授或助理教授，講授主要法律科目者、司法官或律師考試及格、司法警察（官）、司法院跟法務部的公務員、不具高中以上學歷、不會說國語者，皆不得擔任。此應係參考日本裁判員法第15條，從事國會議員、國務大臣、法官、律師、檢察官、警察、自衛隊隊員等職業的人士，不能擔任裁判員。依照第14條的說明，現役軍人、警察、消防員，其執行之職務與公眾有極密切之關係，且往往需值日（夜），爲免因擔任國民法官而耽誤其職務，致影響公眾之權益，應排除其受選任爲國民法官、備位國民法官之資格。本書認爲，這個消極資格的涵蓋層面太廣，現役軍人、警察、消防員應該以個案來看，依服務單位的不同（例如學校教官），並非每位軍警消需值日（夜），個人若眞有不能勝任之情事，自可依第16條，因生活上、工作上、家庭上之重大需要致執行國民法官、備位國民法官職務顯有困難，拒絕被選任爲國民法官，不需要過早排除。

又，第14條的說明謂：「……爲免國民法官法庭之組成過於偏重法律專業，致有害於立法目的之達成。」但依草案第1條之立法目的應係：「藉由國民法官之參與，不僅能充分彰顯國民主權之理念，……，藉由國民的參與，法院於依法律意旨作成判斷之際，獲得與外界對話與反思之機會，如此讓雙方相互交流、回饋想法的結果，將可期待最終能豐富法院判斷的視角與內涵。」

所以，**該法之立法目的重點在於讓不具有職業法官身分的「國民」參與審判**，至於曾任大學教授法律科目者之教師、司法官或律師考試及格者，若未曾出任司法官者，**仍不失爲「平民」身分**，況以其專業背景亦較能達成立法目的所期待之「法院於依法律意旨作成判斷之際，獲得與外界對話與反思之機會，如此讓雙方相互交流、回饋想法的結果」。至於該法考量這些「法律專業人士」以法律專業權威引導其餘不具備法律專業之國民法官；然而依第66條的說明，審判長之審前說明事項包含「刑事審判之基本原則（如自由心證主義、證據裁判主義及無罪推定原則）、被告被訴罪名之構成要件及法令解釋、審判程序預估所需之時間，以達成實質參與之目的」。審判期日之訴訟程序進行中，審判長認有向國民法官、備位國民法官說明前項所定事項之必要時，應行中間討論。其中，「刑事審判之基本原則（如自由心證主義、證據裁判主義及無罪推定原則）、被告被訴罪名之構成要件及法令解釋」均足以讓職業法官影響「國民」法官。終局評議時，依該法第82條，審判長認有必要時，應向國民法官說明經法官合議決定之證據能力、證據調查必要性之判斷、訴訟程序之裁定及法令之解釋。凡此，職業法官都足以藉由解釋「法令」，足以「灌輸」職業法官的想法意念，**若這些國民法官因本身不懂法律，自然容易被說服接受，最後還是由職業法官主導裁判**，尤其這六名參審員參與審判跟評議時，容易因爲對法律專業不熟悉或缺乏自信，很難跟職業法官進行辯論進而容易受到職業法官的引導，如此參審將無法眞實反映所謂國民法官的意見[16]，從而破壞國民參審之立法目的。而有罪判決需要達到2/3以上，也就是至少6票同意，科刑事項則是過半意見決定，也就是至少5票保持一致。此外，不管是有罪2/3或科刑過半的票中，至少要有1票來自職業法官。換言之，有罪判決中，職業法官有否決權，此更加深了職業法官的影響力。反之，**如果國民法官中有法學教授等專業人士，他們不是職業法官，想法不受實務判例、決議之拘束，或許能達成與「外界對話與反思」之立法目的**。

例如發生於2000年2月，住在桃園一名46歲中年男子方某於被害人工作的便利商店內，帶了幾分酒意進入一家超級商店，見一名十五歲少女獨自看守櫃台，竟以雙手正面強行抱住該少女，並伺機強吻其臉頰達一、二分鐘之久。少女驚嚇高聲呼叫，該男子始驚慌逃離。桃園地方法院一審判決認爲：「刑法制裁之程度，顯不能立於早期「授受不親」觀念予以評價，熱戀男女在街頭擁吻的親密動作，漸爲國人所能接受之行爲，接吻行爲在客觀上已非屬誘起他人性慾之猥褻行爲，**而親吻臉頰又係國際社交禮儀一種，客觀評價上更無猥褻概念可言**，……被告強吻告訴人臉頰，行爲固然失檢，但未有進一步輕薄動作，**被告顯無藉此滿足個人性慾之意念存在，公訴人認被告親頰動作達「猥褻」程度，容有誤會。」**[17]，該判決認爲親吻是「國際社交禮

[16] 吳景欽，〈沿襲日本裁判員制－國民法官仍由法官主導〉，https://www.ettoday.net/news/20170904/999077.htm#ixzz5HT8b6umy，最後瀏覽日：2018.06.06。

[17] 桃園地方法院89年度易字第1266號判決。

儀」的一種，不構成猥褻得見解，顯然係固守實務對「猥褻」的定義：「猥褻云者，其行爲在客觀上足以誘起他人性慾，在主觀上足以滿足自己性慾之謂」[18]，這起判決，學者皆反對這麼僵化認定，蓋妨害性自主的猥褻，乃行爲人基於性飢渴而發動攻擊，亦即猥褻，無須性慾得到滿足更無須被攻擊者性慾受到激惹[19]。

由前述案例可知，民眾不信賴司法不是對所有法律人不信賴，最起碼此案例中沒有人批評檢察官提起公訴不當，**而係少數審理案件的法官太執著最高法院判例、決議的判斷標準，在個案中不當操作，與社會整體價值觀脫節**，才係人民對司法失望的主因。在這些案例中或許法學教授等專業人士的見解，反而更能契合社會主流價值，所以本書認爲即使曾爲司法官、律師考試及格者或是曾經教授法學科目等專業人士，**只要未曾擔任過職業法官，那他們的想法就不會墨守實務見解，甚至其意見與職業法官相反**，況且這些專業人士相對於職業法官而言，還是「**平民**」，基於憲法的平等原則，若以法律專業權威引導其他國民法官做爲差別待遇爲理由，實屬不正當，反而有害立法目的。在美國的某些地區，曾經規定接受過法律教育者或律師及其他法律專業人士，可以成爲豁免對象，但近年來，這種豁免規定逐漸被取消[20]。所以本書認爲，絕對排除法律專業背景的「平民」參與審判，已不符合時代潮流趨勢。

至於案件適用範圍方面，與日本的裁判員制相仿，草案第5條規定本制度僅適用於**重大案件**，除了少年犯、毒品案件外，檢察官起訴最輕本刑在10年以上有期徒刑或故意犯罪致死等罪名，「應行」國民參與審判。但本法第265條的規定不適用之。

依照該法第43條第1項規定：「……檢察官起訴時，應向管轄法院提出起訴書，並不得將卷宗及證物一併送交法院。」亦即，採卷證不併送制，採起訴狀一本主義，蓋因國民法官時間有限，也欠缺專業訓練跟經驗累積，事先閱卷會造成國民過重負擔，造成法官跟國民法官間的資訊落差，亦容易因

18 最高法院63年台上字第2235號判例、最高法院17年度決議。

19 林東茂，《刑法分則》，一品，二版，2020.02，79頁以下。

20 〈陪審員選任制度〉，https://zh.wikipedia.org/wiki/%E9%99%AA%E5%AE%A1%E5%91%98%E9%80%89%E4%BB%BB%E5%88%B6%E5%BA%A6，最後瀏覽日：2018.06.04。

此產生的預斷。本條之目的係要讓法官和國民法官在審判程序中「同時」接觸證據資料，所以檢察官只能送起訴書到法院，證據則要經過開示來提供。即以「證據開示」來做配套。依該法第53條，當檢察官向法院聲請調查證據後，需要向辯護人開示「聲請調查的證據」、「聲請傳喚者在審判期日前的筆錄或其他書面」並提供辯護人閱卷。基於當事人對等的理由，依同法第57條第1項，被告或辯護人聲請調查證據，也必須向檢察官開示。

在上訴之後，除非特殊情形，否則也不能再聲請證據調查，係採事後審制。依第90條：當事人、辯護人於第二審法院，不得聲請調查新證據。但有下列情形之一，而有調查之必要者，不在此限：

1. 有第64條第1項第1款、第4款或第6款之情形。

2. 非因過失，未能於第一審聲請。

3. 於第一審辯論終結後始存在或成立之事實、證據。

有證據能力，並經原審合法調查之證據，第二審法院得逕作爲判斷之依據。蓋上訴審法院應本於國民參與審判制度之宗旨，妥適行使其審查權限。關於事實認定，原審判決非違背經驗法則或論理法則，顯然影響於判決者，二審不得予以撤銷。

上訴第二審時，在法院撤銷之基準與處置方面，依該法第92條第1項，第二審法院認爲上訴有理由，或上訴雖無理由，而原審判決不當或違法者，應將原審判決經上訴之部分撤銷。但關於事實之認定，原審判決非違背經驗法則或論理法則，顯然影響於判決者，第二審法院不得予以撤銷。蓋國民參與審判制度之重要目的，在於使國民與法官共同參與刑事審判，反映一般國民之正當法律感情，以增進人民對司法之瞭解與信賴。爲貫徹此意旨，上訴審法院應本於國民參與審判制度之宗旨，妥適行使其審查權限，而不宜輕易逕以閱覽第一審卷證後所得之不同心證，即予撤銷。亦即，對於國民參審的判決，尤其是有罪被告量刑之判斷，因已實質反映一般國民之知識、經驗及社會常識，爲彰顯引進國民參審之旨趣，除非事實之認定顯違經驗及論理法則，否則由職業法官組成之事後審（第二審），應儘可能尊重國民參審（第一審）之判決結果[21]。例如社會所矚目之手段兇殘案件，如「鄭捷在捷運隨

---

21 陳運財，〈論國民參與刑事審判與上訴制度之變革〉，《月旦法學雜誌》，第215期，2013.04，178頁以下。

機殺人案」、「台南男童遭割喉案」（嫌犯以贈送《三國戰紀》遊戲卡將男童騙去廁所後殺害，在被捕後更直言『犯案前有上網查過，現在台灣殺1、2個人也不會判死刑』），「內湖女童割頸案」[22]（嫌犯當著小燈泡母親的面，自後方持菜刀對小燈泡頸部一刀一刀猛砍，導致小燈泡當場頭身分離，經台北榮總做精神鑑定認爲：「王景玉能清楚陳述犯案當天購買兇刀的過程、價錢，且能說出殘殺女童的細節，顯見他行兇時精神狀況並無異常，有辨識是非的能力。」）像這種隨機殺人事件，精神科醫師楊聰財表示不排除有「模仿效應」存在[23]。此等兇殘案件，被告與被害人皆無無情、財、仇等恩怨，只因精神壓力大，就藉由殺人獲得快感，如國民參審在第一審判決死刑，本書認爲，二審的職業法官不宜再引用「聯合國人權兩公約……，被告尚有教化可能云云」等制式語言，撤銷改判，蓋明顯與社會氛圍、國民認知不符，只是讓一般百姓更不信任司法，喪失該法之立法目的。

可以想見的是，我國刑事審判制度的改革，也必然影響偵查層面。因爲檢察官不僅要說服職業法官，也必須使國民法官臻於毫無懷疑之確信被告有罪之心證。不但在警詢時取得被告自白須恪遵連續錄音之規定，即便以科技方式偵查蒐集證物，亦必更加嚴謹，才能通過審判程序的檢驗。

22 2016年，女童「小燈泡」在台北市內湖街頭遭隨機砍殺，震驚社會。嫌犯王景玉被逮後被羈押，當時一審以兩公約及身心障礙者權利公約拘束對精障者不得處死，判王姓兇嫌無期徒刑，高院昨（5）日進行最後言詞辯論程序，小燈泡的父親劉大經首度要求法官判處王景玉死刑，並表示不希望再有下一個無辜生命受害。〈小燈泡父親求法官判死王景玉〉https://tw.news.yahoo.com/%E5%B0%8F%E7%87%88%E6%B3%A1%E7%88%B6%E7%9B%BC%E5%88%A4%E6%AD%BB-%E5%BB%A2%E6%AD%BB-%E4%B8%8D%E8%83%BD%E8%A7%A3%E6%B1%BA%E5%95%8F%E9%A1%8C-092011339.htm，最後瀏覽日：2018.06.06。

23 〈2016年內湖隨機殺人事件〉https://zh.wikipedia.org/zh-tw/2016%E5%B9%B4%E5%85%A7%E6%B9%96%E9%9A%A8%E6%A9%9F%E6%AE%BA%E4%BA%BA%E4%BA%8B%E4%BB%B6，最後瀏覽日：2018.06.07。

考題觀摩

何謂陪審制？何謂參審制？其制度差異性何在？試就其重點說明之。

【105年四等書記官】

■ **參考解答**：請自行參考前文作答。

進階思考

最高法院101年度第2次刑事庭決議指出：「證明被告有罪既屬檢察官應負之責任，基於公平法院原則，法院自無接續檢察官應盡之責任而依職權調查證據之義務。則刑事訴訟法第163條第2項但書所指法院應依職權調查之『公平正義之維護』事項，依目的性限縮之解釋，應以利益被告之事項爲限，否則即與檢察官應負實質舉證責任之規定及無罪推定原則相牴觸，無異回復糾問制度，而悖離整體法律秩序理念」，試從**學理與實務觀點**詳附理由說明案件經起訴後法院檢察官之舉證責任與法院職權調查義務間之分際應該爲何？被告要否負舉證責任？

【101年高考三級類似題】

◎思考關鍵：本題涉及當事人進行主義與職權主義之理論，應先予論述。其次再就本決議之結論及學說之批評闡述，最後再就我國改良式當事人進行主義之立法目的做總結。

■ 參考解答

（一）職權進行主義與當事人進行的優缺點

職權進行主義的主要特色是，法官對於訴訟的進行積極介入，全面主導。法官得本其職權主動調查證據，優點是法官可發現眞實，但缺點是被告會覺得遭受法官與檢察官聯手攻擊，法院立場較不公正。而當事人進行主義是指，訴訟的進行或中止，法官只扮演中立與被動的角色。法官在庭只聽不問，優點是當事人感覺法官較中立，但缺點是檢察官舉證不足時，就必須判被告無罪。

（二）法院檢察官之舉證責任與法院職權調查義務間之分際

我國刑事訴訟法於2002年修法後採改良式當事人進行原則。因此，證據之調查應由當事人、代理人、輔佐人、辯護人或代理人聲請之（§163 I），法院僅於發現眞實之必要時，得依職權調查證據。但於公平正義之維護或對被告之利益有重大關係事項時，法院應依職權調查證據（§163 II）。其中「公平正義之維護」所指爲何，有甲、乙二說，甲說：並非專指有利被告之事項；乙說：應指對被告利益而攸關公平正義之事項。最高法院101年度第2次刑事庭會議決議（一）採乙說。此決議公布後引發學者與實務界熱烈討論，分爲以下兩說：

(1) 肯定說主張：立法上既已採取事當事人進行的對抗模式，則從體系解釋而言，法院只能追求「寧縱毋枉」選擇職權調查對被告有利事項。況且，重點不在於對被告有利或與否，而是法官何時可以介入，以及介入時的態度是否中立客觀。

(2) 持反對意見者則以：①決議違反立法解釋，以司法決議凌駕立法意旨；其認爲，本法第163條第2項但書並非立法的「隱藏漏洞」，此決議「目的性限縮」之法律解釋，造成規範體系的混淆。②如此解釋第163條第2項法官應依職權調查證據的意義，將有違「證據預先評價禁止原則」。③就公平法院而言，法院僅對被告有利事項負調查義務，已違反法官之客觀中立性，故最高法院不能以立法者的姿態違反憲法上權力分立原則。

（三）結語

本書以爲，此一問題應從修法方向（立法目的）來解釋。既然改良式當事人進行主義的重點在於貫徹無罪推定原則，法庭的證據調查活動，是由當事人來主導。則檢察官應就被告犯罪事實負擔實質舉證責任，而被告亦應善盡舉證責任，法院在操作「公平正義之維護」之要件時，基於保障人權之觀點自應「目的性限縮」解釋，否則若無限制擴張，無異回復糾問制度，而悖離立法目的。

本　論

第 1 編

總 則

第一章 法 例

第一節 犯罪的追訴處罰

刑事訴訟法（以下稱本法）第1條規定：「犯罪，非依本法或其他法律所定之訴訟程序，不得追訴、處罰。」「犯罪」是指原告請求法院審判的案件（檢察官或自訴人控訴的具體犯罪案件）。當社會上發生犯罪，國家有義務追訴處罰，至於如何偵查、起訴，如何審判（狹義刑事訴訟程序），判決確定後如何執行（廣義刑事訴訟程序），必須依照本法規定之程序來進行追訴處罰，**在法院判決確定之前，犯罪案件都只能稱「有犯罪嫌疑」**。

本法第1條規定揭示了控訴原則的精神，乃指法院對於犯罪之審判，必待追訴者之追訴，方得為之。控訴原則是將國家刑罰權一分為二，分別由偵查機關與審判機關分別掌理。在控訴原則的訴訟模式上，被告不再是國家司法機關的追訴與審判的客體，而成為具有獨立法律地位之訴訟主體。

第二節 犯罪追訴處罰之限制及本法之適用範圍

壹、事的效力

依據憲法第9條規定：「人民除現役軍人外，不受軍事審判」之反面解釋，現役軍人始受軍事審判。是否為現役軍人，應否由軍法機關追訴處罰，係以行為犯罪被發覺時及其接受追訴審判時是否具有現役軍人身分為認定的依據，而非以犯罪時是否為現役軍人為依據。

本法第1條第2項規定，現役軍人之犯罪，除犯軍法應受軍事裁判者外，仍應依本法規定追訴、處罰。即指現役軍人犯軍法以外之罪，由司法機關追訴、處罰。

在2013年8月6日，因洪仲丘事件，立法院修正通過軍事審判法部分條文，其中第1條第1、2項規定：「現役軍人戰時犯陸海空軍刑法或其特別法之罪，依本法追訴、處罰。現役軍人非戰時犯下列之罪者，依刑事訴訟法追訴、處罰：一、陸海空軍刑法第44條至第46條及第76條第1項。二、前款以外陸海空軍刑法或其特別法之罪。」其第34條並規定：「犯罪事實之一部應依刑事訴訟法追訴、審判時，全部依刑事訴訟法追訴、審判之。」

因此，在非戰爭時期，不論是陸海空軍刑法或其特別刑法以外之罪，均由普通法院審判；只有在戰爭時期現役軍人犯陸海空軍刑法或特別刑法之罪，軍事法院始取得審判權。

貳、時的效力

本法第1條第3項規定：「因受時間或地域之限制，依特別法所為之訴訟程序，於其原因消滅後，尚未判決確定者，應依本法追訴、處罰。」

本條規定是對於刑事訴訟法時間上適用的範圍，依刑事訴訟法施行法第2條規定：「修正刑事訴訟法施行前，已經開始或審判之案件，除有特別規定外，其以後之訴訟程序，應依修正刑事訴訟法終結之。」是採從新主義，並不否認在舊法下所為之訴訟行為之效力，只不過於新法施行後，以後之訴訟程序，原則上，須依新法之規定進行。

參、地的效力

本法關於地的效力與刑法相同，凡在中華民國領域內或中華民國領域外之中華民國船艦或航空機內發生之刑事案件，屬於普通法院管轄者皆適用之。在中華民國領域外發生之刑事案件，除刑法第5、6條所列各罪外，以其最輕本刑為三年以上有期徒刑者，始有適用之，此觀刑法第7條自明。

現役軍人解嚴後，原應恢復刑事訴訟法第1條第2項與軍事審判法第1條之適用，使符國家法制。經釋字第436號解釋後，現役軍人犯普通刑法之罪，則歸普通司法機關審判。

外國人對於我國國民在國外犯罪者，亦適用之，此觀刑法第8條自明。前述犯罪地雖在國外，我國欲行使司法權，可基於國際之互助條約，如引渡人犯、囑託調查等，亦有我國刑事訴訟法的適用。

肆、人的效力

在中華民國領域之人，不問外國人或本國人，均可依我國刑事訴訟法加以審理。依刑法第8條規定外國人在中華民國領域外，對中華民國人民犯罪，而逃到中華民國境內，仍得對之追訴處罰。但有如下例外之情形：

一、總統

現任總統除犯內亂或外患罪外，非經罷免或解職，不受刑事上之訴究。[1]此係憲法基於總統爲國家元首，對內肩負統率全國陸海空軍等重要職責，對外代表中華民國之特殊身分所爲之尊崇與保障。[2]此外，總統之刑事豁免權，亦不及於總統於他人刑事案件爲證人之義務。[3]再者，只要非屬於總統刑事豁免權範圍，即得進行必要之措施及保全證據之處分，惟不得限制總統之人身自由，例如拘提或對其身體之搜索、勘驗與鑑定等。總之，此等刑事程序不得妨礙總統職權之正常行使。

二、有外交豁免權之人

依《維也納外交關係公約》，規定外交官在從事外交任務的過程中不受迫害和不受刑事法律制裁，但可以被驅逐。

三、民意代表

立法委員[4]、地方議會議員[5]，在會期中享有言論免責權。包括在院內所爲之言論及表決包含肢體動作，只要係與發言相關的附隨行爲，對院外不負責任。[6]因此，中央及地方民意代表在此等範圍內所爲相關之言語及肢體動作，不受刑事訴訟法之訴追。

---

1 憲法第52條。

2 釋字第388號解釋。

3 釋字第627號解釋。

4 憲法第73條。

5 釋字第165號解釋。

6 釋字第401、435號解釋。

第三節　實施刑事程序的公務員

本法第2條第1項規定：「實施刑事訴訟之公務員，就該管案件，應於被告有利及不利之情形，一律注意。」本條規定的性質依實務的見解，係一種訓示規定，[7]意指對於實施刑事訴訟程序的公務員，所爲的實施行爲縱有違反該項注意規定的行爲，仍屬有效，不過該項違法行爲仍然存在。

本條規定的精神，在於要求實施刑事訴訟程序的公務員，應以審慎持平的精神，無枉無縱，以貫徹本法的眞實發現主義，而本條並非就證據判斷所設的限制，故犯罪事實是否有利或不利於被告，仍屬實施刑事訴訟程序的公務員自由判斷。而本條所指的公務員，包括實施偵查的公務員及審判之公務員，偵查的公務員除檢察官外，應包括司法警察人員在內。審判的公務員除審理法官外，應包括書記官及法院公設辯護人在內。

第四節　當事人的概念

本法第3條規定：「本法稱當事人者，謂檢察官、自訴人及被告。」條文所指「當事人」在刑事訴訟法上有兩種意義：第一，當事人的地位，是指起訴的原告（檢察官、自訴人）與被追訴的被告，因起訴而取得原、被告之當事人地位。第二，當事人能力，是指在刑事訴訟程序中得爲被告或原告，所必備的資格。

案件一經起訴，必然有當事人的地位，但是原、被告則未必就一定具有當事人能力。反之，具有當事人能力之人，如未經起訴，仍不生當事人地位的問題。例如犯罪之直接被害人有爲原告當事人能力，但如未提起自訴，則不生當事人地位的問題。

在公訴案件中檢察官發動偵查程序（學理上稱強制偵查）時，依我國刑事訴訟法規定，犯罪嫌疑人已成被告，此點我國與英美法系國家不加區分似有相同，一旦檢察官依據本法第228條發動偵查時，對於被追訴人均稱「被告」（Asccused；Defendant）。與大陸法系的德國刑事訴訟法於起訴前稱

7　最高法院28年滬上字第13號判例。

圖表1-1-1　法院與當事人之三面關係

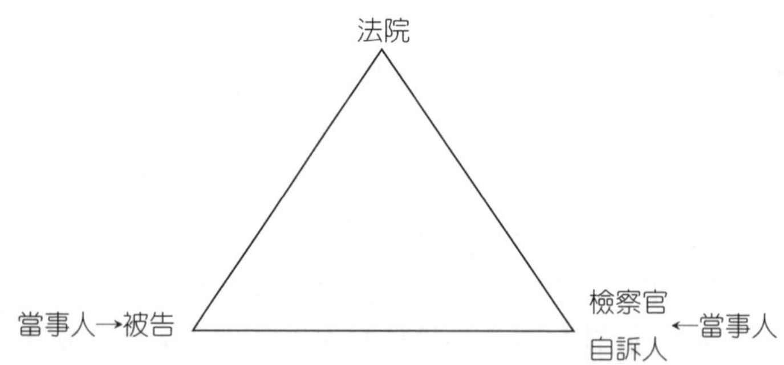

「嫌疑人」，起訴後始稱「被告」者不同。法院與當事人關係參圖表1-1-1。

以控訴原則觀點而言，我國刑事訴訟法有此規定應非著眼於「當事人對等主義」的精神，只在強調檢察官在偵查階段中，具有司法機關的色彩，[8]故於法的層次觀之，尚難完全排除「預審法官」的性質。

壹、當事人機會均等原則

爲確保被告在訴訟上之機會，並保障其訴訟利益，被告除與檢察官或自訴人同爲當事人，得行使種種權利外，如被告不到庭，法院不得加以審判（本法§294），審判長每調查一證據完畢，應詢問當事人有無意見，審判長應告知被告得提出有利證據（本法§288-1），且審判期日審判長於宣示辯論終結前，最後應詢問被告有無陳述，如審判長未踐行此程序，依據本法第379條第11款規定該項判決則屬違法判決。

美、日等國爲貫徹當事人平等原則，與達成發現眞實之目的，則必須使檢察官所提之證據與審判法官絕緣[9]，使得兩造當事人在機會均等下，於審判時依程序進行，同時逐一提出證據，以證明各自主張之事實。被告與檢察官均爲平等當事人之一造，而得與檢察官同時進行訴訟行爲，以使審判顯得公正、公平。

8　釋字第392號解釋。

9　也就是起訴時只向法院遞起訴書不併送證據，避免法官過早接觸證據產生預斷。

法庭座位圖

受命法官
審判長
陪席法官

書記官
通譯

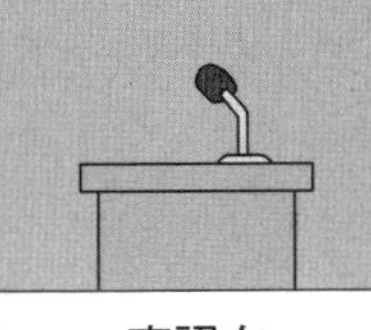

律師（被告訴訟代理人）
被告
應訊台
檢察官或自訴人代理人
證人、鑑定人

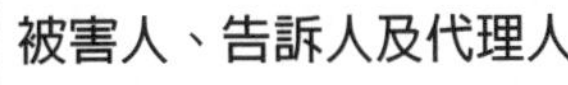

被害人、告訴人及代理人

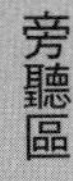

旁聽區

貳、告訴人或告發人非刑事訴訟法上當事人

告訴人或告發人並非刑事訴訟法上當事人，法院須以證人之地位調查證據，告訴人不得聲請法院調查證據，其提出之證人，僅供法院參考，法院認爲不必要自可不予調查，[10]另方面依法不得有上訴權，依據本法第306條第2項規定，告訴人於收到判決書於法定期間內得向檢察官陳述意見之規定，但檢察官於收受送達判決書後，既未於法定期間內向檢察官聲明不服，自不得於法定期間經過後仍許其提起上訴。[11]

告訴人或告發人既非當事人，自不得向法院聲請指定管轄或移轉管轄[12]。但是，仍須注意者，檢察官僅能在其配置之法院管轄區域內執行職務；同級法院檢察署之檢察官，對於非其所配置之法院之判決，亦無聲請不服提起上訴之權。

---

10 最高法院76年台上字第4350號判例。

11 最高法院82年台上字第3886號判例。

12 最高法院78年台聲字第31號判例。

第二章　法院的管轄

第一節　審判權與管轄權

壹、審判權

刑事審判權者，乃指普通法院基於國家刑罰權之作用對於國境內之犯罪行爲依本法所爲之審理與裁判。故本法所稱「法院」，乃指受理刑事案件之普通法院，不包括軍事法庭與少年法庭。任何刑事案件必須先有審判權後，始有管轄權有無之問題。國家機關對案件無審判權者，本不對該案件爲起訴、審判。惟，仍應依本法終結其程序，亦即在偵查中發現有「法院對於被告無審判權」之事由者，檢察官應爲「不起訴處分」（本法§252⑦），起訴後才發現者，法院應諭知「不受理判決」（§303⑥）。

依少年事件處理法第18條規定，檢察官、司法警察官或法院於執行職務時，知有同法第3條之事件者，[1]應移送該管少年法院。是以，警察調查犯罪行爲，如發現犯罪嫌疑人在爲犯罪行爲時，係滿十二歲未滿十八歲之少年，應直接移送該管少年法院，如誤移送移送至檢察機關，檢察官亦應將案件移由少年法院行使「先議權」，[2]但如此際被告已滿二十歲者，則不在此限。

須注意者，如係少年施用第一級毒品或第二級毒品，而屬於違反毒品危害防制條例第10條之案件，則因毒品危害防制條例第20條第1項係少年事件處理法之特別規定，所以除非少年法院法官認爲個案情形仍以依少年事件處理法處理爲適當者外，否則應依該條規定由少年法院（或地方法院少年法

[1] 左列事件，由少年法院依本法處理之：一、少年有觸犯刑罰法律之行爲者。二、少年有左列情形之一，依其性格及環境，而有觸犯刑罰法律之虞者：（一）經常與有犯罪習性之人交往者。（二）經常出入少年不當進入之場所者。（三）經常逃學或逃家者。（四）參加不良組織者。（五）無正當理由經常攜帶刀械者。（六）吸食或施打煙毒或麻醉藥品以外之迷幻物品者。（七）有預備犯罪或犯罪未遂而爲法所不罰之行爲者。

[2] 林俊寬，《少年事件處理法》，五南，二版，2013.10，50頁。

庭）裁定令少年人勒戒處所進行觀察、勒戒，此時即無再命少年調查官作審前調查之必要。[3]

外國人於外國對我國國民犯罪，固有刑法第8條之適用，如未經過我國國境或未經引渡，我國法院對其仍無審判權。另，我國國民於外國犯罪，固有刑法第7條之適用，如未歸國或未經犯罪國引渡者，我國法院對其仍無審判權，上述兩種情形我國法院應為「不受理判決」。

選擇題練習

司法警察在處理毒品案件時，下列敘述，何者正確？[4] (A)成年人施用毒品仍入罪化 (B)少年施用毒品除罪化 (C)成年人與少年人施用三、四級毒品均須參與講習 (D)少年施用三、四級毒品應適用少年事件處理法

【104年警特三等犯罪偵查】

貳、管轄權

凡法院無刑事案件管轄權者，應諭知管轄錯誤之判決，並將該案件移送該有管轄權之法院審判（§304）。雖然因法院有審級之不同，但是同級的法院遍布各地，各個法院間，自必須劃定一受理案件之標準，使各個法院對於其受理之案件，有一定範圍，以免互有爭議及重複審判之情事發生。

參、審判權與管轄權的關係

審判權乃國家基於治權所得行使之司法權；而管轄權係把事務分配於各法院。審判權為抽象的管轄權，管轄權為具體的審判權。有審判權之案件，而後始生管轄權有無之問題。若無刑事審判權，必無刑事管轄權。（例如民

3 林俊寬，《少年事件處理法》，五南，二版，2013.10，17頁。

4 答案為(D)。毒品危害防制條例第20條第1項（少年施用一、二級毒之案件），係少年事件處理法之特別規定，反面推論，少年施用三、四級毒品仍應適用少年事件處理法。

事、行政事件非刑事審判權所能處理，當然必無刑事管轄權）簡單地說，刑事審判權為抽象的刑事管轄權，刑事管轄權為具體的刑事審判權。國家為達到行使審判權之目的，以法律規定審判案件之事務分配，或為期審判公平與安定計，決定各個法院對於管轄權之分配的範圍。

圖表1-2-1　各法院管轄區一覽表

<table>
<tr><td rowspan="12">最高法院</td><td rowspan="10">臺灣高等法院</td><td rowspan="2">臺北地方法院</td><td>（臺北市）
中正區　松山區　信義區　文山區
大安區　萬華區　中山區</td></tr>
<tr><td>（新北市）
新店區　烏來區　深坑區　石碇區
坪林區</td></tr>
<tr><td rowspan="2">士林地方法院</td><td>（臺北市）
士林區　北投區　大同區　內湖區
南港區</td></tr>
<tr><td>（新北市）
汐止區　淡水區　八里區　三芝區
石門區</td></tr>
<tr><td>新北地方法院</td><td>（新北市）
土城區　板橋區　三重區　永和區
中和區　新莊區　蘆洲區　三峽區
樹林區　鶯歌區　泰山區　五股區
林口區</td></tr>
<tr><td>桃園地方法院</td><td>桃園市</td></tr>
<tr><td rowspan="2">新竹地方法院</td><td>新竹市</td></tr>
<tr><td>新竹縣</td></tr>
<tr><td>宜蘭地方法院</td><td>宜蘭縣</td></tr>
<tr><td>基隆地方法院</td><td>基隆市
（新北市）
瑞芳區　貢寮區　雙溪區　平溪區
金山區　萬里區</td></tr>
<tr><td rowspan="2">臺灣高等法院花蓮分院</td><td>花蓮地方法院</td><td>花蓮縣</td></tr>
<tr><td>臺東地方法院</td><td>臺東縣</td></tr>
</table>

圖表1-2-1　各法院管轄區一覽表（續）

<table>
<tr><td rowspan="24">最高法院</td><td rowspan="4">臺灣高等法院臺中分院</td><td>臺中地方法院</td><td>臺中市</td></tr>
<tr><td>苗栗地方法院</td><td>苗栗縣</td></tr>
<tr><td>南投地方法院</td><td>南投縣</td></tr>
<tr><td>彰化地方法院</td><td>彰化縣</td></tr>
<tr><td rowspan="4">臺灣高等法院臺南分院</td><td>雲林地方法院</td><td>雲林縣</td></tr>
<tr><td rowspan="2">嘉義地方法院</td><td>嘉義市</td></tr>
<tr><td>嘉義縣</td></tr>
<tr><td>臺南地方法院</td><td>臺南市</td></tr>
<tr><td rowspan="14">臺灣高等法院高雄分院</td><td rowspan="3">高雄地方法院（於105年9月1日橋頭地院成立前，其管轄區域仍為高雄市）</td><td>（高雄市）
小港區　旗津區　前鎮區　苓雅區
新興區　前金區　三民區　鼓山區
鹽埕區　鳳山區　大寮區　林園區</td></tr>
<tr><td>太平島</td></tr>
<tr><td>東沙島</td></tr>
<tr><td>橋頭地方法院（自105年9月1日成立）</td><td>（高雄市）
楠梓區　左營區　大樹區　大社區
仁武區　鳥松區　岡山區　橋頭區
燕巢區　田寮區　阿蓮區　路竹區
湖內區　茄萣區　永安區　彌陀區
梓官區　旗山區　美濃區　六龜區
甲仙區　杉林區　內門區　茂林區
桃源區　那瑪夏區</td></tr>
<tr><td rowspan="3">高雄少年及家事法院</td><td>高雄市</td></tr>
<tr><td>太平島</td></tr>
<tr><td>東沙島</td></tr>
<tr><td>屏東地方法院</td><td>屏東縣</td></tr>
<tr><td>澎湖地方法院</td><td>澎湖縣</td></tr>
<tr><td rowspan="2">福建高等法院金門分院</td><td>金門地方法院</td><td>金門縣</td></tr>
<tr><td>連江地方法院</td><td>連江縣</td></tr>
</table>

第二節　偵查中對於無審判權與管轄權的處分

壹、檢察官對於無審判權之處分

檢察官在偵查中，發現偵查中之被告，法院對之並無審判權，應依本法第252條第7款規定「法院對於被告無審判權」爲不起訴處分。若檢察官誤爲係本法第252條第7款規定以外之其他事由而爲不起訴處分者，則該不起訴處分爲無效。

貳、檢察官對於無管轄權之處分

檢察官在偵查中，發現對於被告無管轄權，應依本法第250條規定，檢察官知有犯罪嫌疑而不屬於其管轄或於開始偵查後，認爲案件不屬其管轄者，應即分別通知或移送該管檢察官；但有急迫情形，應爲必要之處分（如蒐集或保全證據）。若檢察官未依前條規定辦理而爲不起訴處分者，該不起訴處分爲無效。

第三節　審判中審判權及管轄權的審理

審判權與管轄權之有無，關係到法院能否爲實體審理之「訴訟條件」。訴訟條件者，乃指法院於審理時，於「實體的訴訟關係」之發生所應具備之有效條件。亦即，案件須「形式訴訟關係」始終繼續存在，法院始足以爲實體審理之形成。故訴訟條件之有無，審理法院不論審理之程度如何應依職權調查，一旦發現訴訟條件欠缺時，即無法爲實體之審理，仍應以「形式判決」來終結本案之訴訟關係。故法院對於審判權及管轄權之有無之程序事項，在審理次序上必然優先於實體事項。

壹、法院審理案件之順序

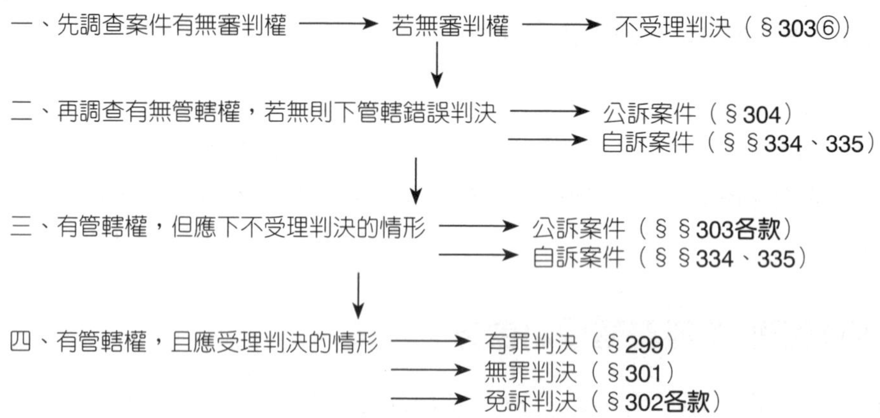

貳、法院對於無審判權或無管轄權誤判

法院於審理公訴案件中，對於被告無審判權或無管轄權的案件，誤為有審判權或有管轄權的判決，則該判決為「無效判決」，得提起非常上訴救濟之。

法院審理係自訴案件者，依照本法第326條第3項規定，法院或受命法官，得於第一次審判其日前，訊問自訴人、被告及調查證據，如認為案件有同法第252～254條之情形時，得以裁定駁回之。但，依照本法第336條規定，自訴案件之判決書並應送達於該管檢察官。檢察官接受不受理或管轄錯誤之判決書後，認為應提起公訴者，應即開始或續行偵查。

參、法院審理之次序與訴訟條件競合之處理

一、審判權→管轄權→不受理→免訴→無罪。

二、倘有數類之形式性訴訟條件欠缺之競合時，則應依瑕疵程度較高者為處理，例如應為不受理判決之事由與應為管轄錯誤之判決之事由相競合時，則應為不受理判決，以符訴訟經濟原則。

三、在偵查中或審判中，對被告既無審判權，又無管轄權之案件，則

依照前述一、二之處理原則，應依瑕疵程度較高者先處理之。在偵查中檢察官應依本法第252條第7款規定「法院對於被告無審判權」，對被告爲不起訴處分。在審判中法院應依本法第303條第6款之規定，對被告爲不受理判決。

第四節　事物管轄

壹、概說

事物管轄，乃以犯罪之種類或輕重爲分配標準，而規定各級法院管轄刑事案件之範圍。本法採以**犯罪之種類**來歸類案件分配之標準，來定不同級法院刑事案件之分配。本法第4條規定：「地方法院於刑事案件，有第一審管轄權，但左列案件，第一審管轄權屬於高等法院：一、內亂罪。二、外患罪。三、妨害國交罪。」故原則上任何案件以地方法院爲「第一審」之管轄權，重在「審」之關係，依「案件的種類」劃分。**所以原則上任何案件地方法院有第一審之管轄權，例外之情形，如內亂、外患、妨害國交罪之「第一審」管轄權，劃分於「高等法院」。**

貳、審級管轄

審級管轄，是依照法院組織法相關規定決定各級法院管轄的案件，重在不同「級」的法院管轄之案件，即規定上級審職權的範圍，可稱之爲「法院組織法上之管轄」，爲了訴訟之審理臻於正確起見而設此規定。與依照本法第4條的事物管轄之規定，重在「審」判案件性質，以定其管轄權者，有所不同。

如屬本法第376條第1項所列舉之案件，終審法院爲高等法院。案件於判決確定後，如發現有違背法令，最高法院檢察署檢察總長仍得提起非常上訴，謀求救濟。非常上訴案件之管轄法院爲最高法院。

第五節 土地管轄

壹、概說

土地管轄係以法院之管轄區域與案件具有一定地域關係而言，藉以劃分數同級法院間（通常是指第一審法院）事務的分配。取得土地管轄的原因必發生在該管轄區域內，始能取得該法院的土地管轄權。

本法第5條土地管轄之規定，案件由犯罪地或被告之住所、居所或所在地之法院管轄。在中華民國領域外之中華民國船艦或航空機內犯罪者，船艦本籍地、航空機出發地或犯罪後停泊地之法院，亦有管轄權。

土地管轄取得的原因，在我國司法實務上透過對於土地管轄的解釋，所能適用的管轄原因及範圍則非常廣泛，容於後述。

貳、國內犯罪取得土地管轄之原因

如在某法院管轄區域內與某案件有下列關係者，該法院對該案件則取得土地管轄權。

一、犯罪地：是指犯罪事實的全部或一部分之發生地而言。因此，一個犯罪行爲可能發生在數法院（如行爲地、中間地、結果地），而各地的法院均有管轄權。[5]例如「隔地犯」之管轄。有關網路犯罪地之管轄，應以實際支配網路活動之行爲地爲管轄地爲宜。

二、不作爲犯、間接正犯、間隔犯、繼續犯、結合犯、結果加重犯、吸收犯等均有所謂犯罪發生地，使得一個犯罪行爲究竟如何去認定犯罪地，則與各個犯罪類型之案件有關。

舉例說明

以繼續犯爲例，被告某甲雖在桃園非法僱傭某乙，但在桃園將某乙接回彰化僱傭途中在新竹爲警查獲，核屬僱傭行爲的繼續行爲性質，新竹地方法院應有管轄權。以不作爲犯爲例，則以作爲地（不作爲結果發生地）爲其犯罪地。

---

5 最高法院72年台上字第5894號判例。

三、被告之住所、居所或所在地之法院管轄：所謂住、居所可依照民法規定解釋。所謂被告所在地，係指被告起訴當時所在之地而言，[6]法院對管轄權之有無，應依職權調查。案件由犯罪地被告之住所、居所、或所在地之法院管轄，而被告住所、居所、或所在地，以起訴時爲準，爲此起訴時，已函送法院之起訴狀正本，送達法院收發室爲準。

參、國外犯罪取得土地管轄之原因

國人在國外實施之犯罪在國內予以審判時，其土地管轄之取得可依照本法所謂「所在地」之規定取得。所在地，是指被告現時身體之所在地，是指起訴時被告身體之所在地。

舉例說明

某甲自烏拉圭共和國解押返國後，即由刑事警察局移送臺北地檢察署偵辦，羈押處所於臺北看守所，某甲的所在地既在臺北，依本法第5條第1項規定，臺北地方法院對之應有管轄權。被告之羈押起訴地，可爲法院取得土地管轄之原因。本法所謂「所在地」是指被告現時身體之所在地，依實務見解是指起訴時被告身體之所在地。無論是任意（自首或自行投案）或強制之方法到案，如拘提或逮捕或羈押被告身體之所在地，只要是被告起訴時，身體之所在地即可。

中華民國領域外之中華民國船艦或航空機內犯罪者，船艦本籍地、航空機出發地或犯罪後停泊地（不以犯罪後最初達到地或起訴時停泊於該地爲必要）之法院管轄。本法所謂「在中華民國領域外」包括在「公海」上之犯罪。

6 司法院院解字第3825號解釋。

第六節　牽連管轄

壹、牽連案件的意義及處理

牽連管轄者，是指刑事案件，依其事物管轄或土地管轄之規定，數個法院均有管轄權。因此在數個刑事案件間，如屬於本法第7條所規定的法定相牽連之案件，得合併由其中一法院受理。

貳、法定牽連案件之類型

本法第7條所規定的法定相牽連案件，有如下類型：

一、一人犯數罪（主觀牽連）

一人犯數罪，稱「數罪併罰」之案件（即刑法第50條的情形，不包括裁判上一罪之想像競合犯），此種情形並不以在不同之各該管轄法院內犯罪者為限，即使在同一管轄法院內犯罪者亦屬之。不論何時何地，或犯何罪名，只要是一人犯數罪，均可認為是牽連案件。

二、數人共犯一罪或數罪（客觀牽連）

實務認為，刑訴法所稱「共犯」，原則包括正犯、教唆犯及幫助犯，不受刑法第四章規定「正犯與共犯」、「正犯或共犯」的限制。[7]

舉例說明

甲、乙、丙三人共犯殺人罪，或甲教唆乙丙共同傷害某丁皆屬數人共犯一罪的情形。

7　法院辦理刑事訴訟案件應行注意事項第2點之2。

三、數人同時在同一處所各別犯罪

數人同時在同一處所各別犯罪，是指無共犯關係之數人，基於分別的犯意，亦無行爲的分擔，同時在同一處所各別犯罪，而不以侵害同一法益爲必要，即刑法上所稱「同時犯」。

舉例說明

甲、乙、丙三人，彼此並無犯意上之聯絡，同時在某夜店拉K，被警方臨檢查獲。

四、犯與本罪有關的藏匿人犯、湮滅證據、僞證罪、贓物各罪者

此等犯罪與本罪有密切關係，爲了審判上的方便與經濟起見，本法規定得與本罪發生牽連關係得以合併管轄。

參、牽連案件管轄法院之裁定與限制

本法第6條分三項來規定牽連案件的管轄法院，以下分別說明之。

一、該條第1項規定：「數同級法院管轄之案件相牽連者，得合併由其中一法院管轄。」是指相牽連之案件尚未發生訴訟繫屬者而言。

二、該條第2項規定：「前項情形，如各案件已繫屬於數法院者，經各該法院之同意，得以裁定將其案件移送於一法院合併審判之。有不同意者，由共同之直接上級法院裁定之。」是指相牽連案件已經分別繫屬於數同級法院者而言，經各該法院之同意，並由移送法院之裁定而得以改隸該訴訟關係，使得被移送之法院取得管轄權，而合併審判（稱「訴之合併審判」而非「同一案件之合併審判」）。

三、該條第3項規定：「不同級法院管轄之案件相牽連者，得合併由其上級法院管轄。已繫屬於下級法院者，其上級法院得以裁定命其移送上級法院合併審判。但第7條第3款之情形，不在此限。」是指相牽連之案件在不同級法院有尚未訴訟繫屬及已經訴訟繫屬者而言。

牽連管轄之限制，分述如後：（一）須個案件尚未判決確定；（二）須

法院對各該案件均有審判權；（三）各案件必須行相同之訴訟程序；（四）各案件須數案件非同一案件。

肆、牽連管轄之處理原則

如一人犯數罪之情形，依本法之規定，基於事物管轄或土地管轄取得之原因（固有管轄取得之原因），本應分別由不同的同級法院或由不同級的法院審判。但是爲了審判上的方便及訴訟經濟的原則，得合併由其中一法院管轄，使得原無管轄權的法院，因爲是屬於牽連管轄的法定相牽連案件。

如法定相牽連案件不屬於同級之數法院管轄者，依本法第6條第3項規定，得合併由其上級法院管轄。但是如屬數人同時在同一處所犯罪時，則爲例外情形，仍由其各該管轄法院分別審判。

舉例說明

甲犯內亂罪及殺人罪，內亂罪第一審應歸高等法院管轄。殺人罪第一審應由地方法院管轄，因一人犯二罪爲牽連案件，此殺人罪可與內亂罪合併由高等法院管轄。但甲之殺人罪，如已由地方法院審判中者，則由其上級之高等法院裁定命其移送上級法院合併審判。然如甲乙二人同時在同一處所，甲率眾暴動意圖顛覆政府而犯內亂罪，乙當場趁機搶劫而犯強盜罪者，則乙所犯強盜罪仍應由地方法院管轄，不得與甲之內亂罪合併由高等法院管轄，因甲乙所犯之罪爲截然兩事。

選擇題練習

現行警察機關對於犯罪案件的管轄責任區分，對照刑事訴訟法概念，屬於[8]：(A)事物管轄　(B)土地管轄　(C)競合管轄　(D)牽連管轄

【104年警特四等犯罪偵查】

8　答案爲(B)。參照本法第5條、犯罪偵查手冊第30點。

伍、相牽連案件之偵查與起訴

本法第6條所規定之案件，得由一檢察官合併偵查或合併起訴；如該管他檢察官有不同意者，由共同之直接上級檢察署檢察長或檢察總長命令之（§15）。惟案件是否合併偵查或合併起訴，基於偵查合作，可視偵查之程度及偵查之結果決定之。偵查結果決定起訴後，毋庸移送有管轄權之原法院檢察官起訴，仍應由合併之檢察官向該管管轄之原法院起訴。

第七節　競合管轄

同一案件分別訴訟繫屬於數法院，爲了避免法院重複審判及裁判歧異起見。本法第8條規定：「同一案件繫屬於有管轄數法院者，由繫屬在先之法院審判之。但經共同之直接上級法院裁定，亦得由繫屬在後之法院審判。」

壹、案件單一性與同一性

案件是指被告及犯罪事實，重在刑罰權（處罰者與被處罰者之關係）屬於實體事項，以此爲計算案件的個數。訴訟是以一被告及其犯罪事實爲內容，重在訴訟關係（裁判者與被裁判者之關係），屬於裁判之程序事項，以此爲計算訴訟關係之次數。同一案件（案件之同一性）與單一案件（案件之單一性）之不同點，分析如後：

一、案件單一性

是指案件在訴訟上是否不可分，是否以一個訴訟客體處理。案件，係以刑罰權爲其內容，**案件是否單一，以訴訟上爲審判對象之具體刑罰權是否單一爲斷。在實體法爲一個刑罰權，在訴訟法上爲一個訴訟客體，具有不可分性，始爲相當**。刑罰權本係對每一個被告與每一個犯罪事實而發生。故案件的個數，應以被告之單複數及犯罪事實之單複數定之。**因此，案件之單一，即指「被告單一」及「犯罪事實單一」。因此若「被告複數」或「實體法上數罪併罰」的情形，就不是單一案件**。訴訟以案件爲其單位，一案即一訴。

依刑事訴訟法進行中審判之案件，爲單純的一個不可分割之案件，法院對此案件只能行使一個刑罰權，爲一次裁判，如經判決確定，則不得再重爲訴訟客體。

二、案件之同一性

是指「被告」及「犯罪事實」是否同一。只要「被告不同人」或「實體法上數罪併罰」的情形，就不是同一案件。原則上一個訴訟必爲一個案件，數個訴訟必爲數個案件。例外之情形案件的個數與訴訟之個數不一致的情形，例如，「被告」及「犯罪事實」同一的案件重複起訴，就發生是否爲同一案件之問題。至於，犯罪事實是否爲事實上同一，因訴訟繫屬先後之不同，將形成數訴，但刑罰權之對象之客觀事實同一者，爲犯罪事實（實體法上的罪數）同一，包含：「事實上同一」[9]及「法律上同一」[10]。

三、案件與訴訟

一個案件經過訴訟繫屬（法院受理）後，就產生一個訴訟關係（一個訴訟客體）。不過，一個案件可能因對犯罪個數的認定不同，或是罪名的不同，或是被告姓名的不同經過數個訴訟繫屬後，就會發生數次訴訟關係（數個訴訟客體），也就是說同一案件（被告同一與犯罪事實同一）有可能會產生數個訴訟的問題。

原則上起訴事實之個數，本應與犯罪之個數相一致，但是起訴的事實究竟是一罪或數罪，須經過法院的審理結果，始能得知判決事實是否已經超過起訴事實，但是法官基於訴訟主義的理論，應以起訴事實定其審判範圍，且判決事實，應與起訴事實維持其同一性。故起訴事實必須與法院審判的範圍

---

9 早期通說採「基本社會事實」同一說，但近來學說及部分實務上認定案件是否具「事實上同一」，應從「訴之目的及侵害性行爲之內容」爲斷，即：1.犯罪行爲地點；2.犯罪行爲時間；3.犯罪行爲之對象；4.侵害之目的綜合判斷。包含「自然意義的行爲單數」例如，實質上一罪中的接續犯。

10 即實體法上（如：刑法）法律行爲單數，包含「實質上一罪」（如：複行爲犯、集合犯、繼續犯、結合犯）與裁判上一罪（想像競合、連續犯、牽連犯），於訴訟法上亦只能爲一訴訟客體，不容分割，以避免實務操作之紛亂。故若就其一部犯罪事實起訴，效力即於全部，均爲法律上事實同一。

相同，法院不得就未經起訴的犯罪加以審判，亦不得就已經起訴的犯罪加以審判。因此，即有如下之情形：

（一）物（犯罪事實）的範圍

起訴對象（客體）之事實，即爲起訴事實。檢察官起訴的犯罪事實爲請求法院確認之犯罪事實，僅只於在確定法院審判的範圍，便利被告進行訴訟防禦權之行使，故最後犯罪事實的確認仍應以法院審理結果爲斷。

1. 數罪併罰案件：在訴訟上爲數個獨立的訴訟客體（案件），在刑罰上爲各別獨立的犯罪（犯罪事實）。不是指實質上及裁判上的一罪。數罪併罰之案件是指犯罪事實各別，刑罰權亦各別，應分別獨立處罰。

2. 單純一罪：採基本犯罪事實同一說，指以檢察官擇爲訴訟客體之社會事實。如檢察官起訴事實爲傷害致死，法院得在基本的社會事實關係同一性的前提下，依據本法第300條之規定，變更檢察官起訴之法條，以殺人罪審判之。

3. 實質上或裁判上一罪：其基本的犯罪事實雖不相同，而在實體法上做爲一罪，刑罰權只有一個，法律上之事實關係只有一個，具有不可分之同一案件，爲單一的訴訟客體，稱同一案件之「法律上同一」。比較案件是否同一，並不以基本犯罪事實是否同一比較爲限，即犯罪個數亦在比較之列。案件同一性問題會發生：(1)重複起訴的情形；(2)有既判力之問題。

（二）同一案件於起訴之效力

是指法院就同一案件雖僅就犯罪事實之一部爲實體上判決確定，其效力及於未經判決部分，即及於全部犯罪事實。蓋其未判決之部分雖未經起訴但與已經起訴之部分具有審判不可分之關係，亦其起訴之效力所及，在其審判範圍縱未經判決，本一事不再理之原則，亦爲既判力所及，即其案件具有同一性之故。本法第267條規定，檢察官就犯罪事實一部起訴者，其效力及於全部。稱此爲「公訴不可分之原則」，或稱「審判不可分之原則」。

1. 係指同一案件而言。「告而不理」之違法判決。指審理法院就已受請求之犯罪事實，漏未判決，則本屬應行裁判部分未判。具有審判不可分之關係而未予判決。非常上訴，將違背部分撤銷，效力不及於被告。

圖表1-2-2 法定管轄示意圖

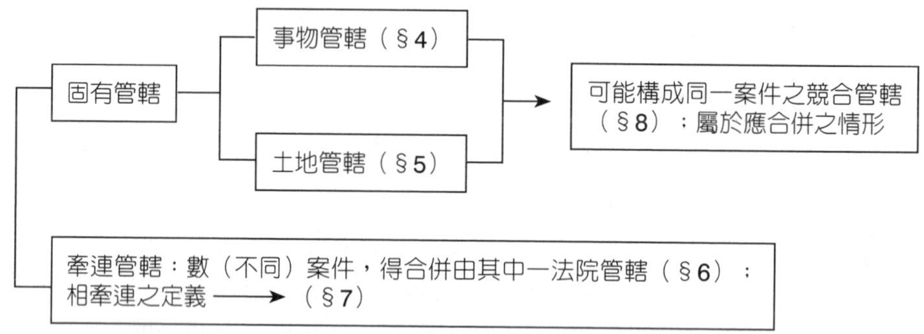

2.顯在性事實，是否及潛在性事實，即潛在性事實，是否亦為起訴事實，既係屬法律上之事實關係，仍應視法院審理結果為斷。法院可否就潛在性事實加以審判（起訴效力及於其他部分），應視其與顯在性事實之間關係而定。

(1)顯在性事實，僅具有擴張性。即必顯在性事實，與潛在性事實具有不可分之關係。所謂不可分之關係，即係指實質上或裁判上一罪。

(2)潛在性事實，既無從因與顯在性事實之關係，亦具有顯在作用，即非起訴效力所及，自不在法院審理之範圍。亦無從取潛在性事實，代替顯在性事實或起訴事實。

(3)只要案件單一，則起訴之效力及於全部。

概念釐清

● 「牽連管轄」與「競合管轄」之比較

區別	牽連管轄（§§6、7）	競合管轄（§8）
形成原因	乃基於固有有管轄權之法院，如分別管轄或審判，有背訴訟經濟之要求，因而使雖無管轄之法院，依本法第6條，取得其管轄權，而合併管轄之。	同一案件的情形，因事物管轄或土地管轄之原因，而有數法院均可管轄該案件時，依本法第8條，只能由其中一法院，取得管轄權。
繫屬時間點	牽連管轄的案件在繫屬前、後皆可能成立。	競合管轄案件則只限於繫屬後。

● 「牽連管轄」與「競合管轄」之比較（續）

區別	牽連管轄（§§6、7）	競合管轄（§8）
立法目的	基於訴訟經濟、證據共通。	避免裁判矛盾。
案件個數	數案數訴。	一案數訴。
應否併案	相牽連案件，「得」併案審理。其未繫屬者，若屬牽連案件已繫屬於同級法院且經各該法院同意者，得裁定移送，若不同意則由共同直接上級法院裁定。而若繫屬於不同級法院，其上級法院得以裁定命移送，但第7條第3款則不包含在內，**蓋此等同時犯案件，本屬各別犯罪，自不宜輕言合併，以免剝奪其審級利益。** 相牽連案件（指本法第7條所示之各款情形），**基於訴訟經濟考量及裁判一致性之要求**，法律規定得合併由其中一法院審判，為法院審理時得為裁量之職權事項，倘無權利濫用，即無違法可言。是不論初分（指檢察官向法院起訴，案件繫屬法院後之最初分案）或是改分（指案件初次分配之後，因為承辦法官調職、升遷、疾病、辭職、退休，或與其他案件相牽連、積案清理等原因，改由其他法官承辦）之法官（含獨任及合議庭），對於本案與該類案件應否合併，得視案件進行之程度，裁量合併是否確能達到上述之訴訟經濟及裁判一致性之最佳作法，此乃關於審判合併設計，並不影響嗣後審判之公平與法官對於個案之判斷[11]。	競合管轄案件則「應」併案審理。依本法第8條不得審判之法院，應諭知與303條第2款或第7款之不受理判決。
法院判決	牽連案件因本質上為數案件得合併審判，故必為「**數**」判決。	競合管轄案件因本質上為同一案件，故不能為相歧異的裁判，必為「**一**」判決。
繫屬關係轉變	牽連案件於合併時發生「**移轉**」訴訟繫屬。	競合管轄案件，由不得審判之法院「**消滅**」訴訟繫屬。

11 最高法院109年度台上字第279號判判決（具有參考價值的裁判）。

第八節　指定管轄

壹、指定管轄之意義與處理

管轄法院有爭議或不明，由直接上級法院將管轄權有爭議或無管轄權之法院，經裁定使之變成有管轄權之法院。

本法第9條規定指定管轄，有左列情形之一者，由直接上級法院以裁定指定該案件之管轄法院：一、數法院於管轄權有爭議者。二、有管轄權之法院經確定裁判爲無管轄權，而無其他法院管轄該案件者。三、因管轄區域境界不明，致不能辨別有管轄的法院者（第1項）。案件不能依前項及第5條之規定，定其管轄法院者，由最高法院以裁定指定管轄法院。

貳、指定管轄之聲請及實務見解

同一案件具有本法第9條情形之一者，始得由直接上級法院，以裁定指定該案件之管轄法院。若非同一案件而係數案件相牽連，則雖由數同級法院管轄不便，而有合併一法院管轄之必要，亦應分別依同法第6條之規定辦理，不容當事人貿然聲請指定管轄。[12]

案件不能依前項及第5條之規定，定其管轄法院者，由最高法院以裁定指定管轄法院，係指關係之數法院各有其直接上級法院，不相統屬，不能由其中之一個直接上級法院予以指定，及不能依第5條之規定定其法院管轄者而言。[13]

---

[12] 最高法院30年聲字第46號判例。

[13] 最高法院78年台聲字第30號判例。

第九節　移轉管轄

壹、移轉管轄之意義及處理

移轉管轄，是指有管轄權的法院因有法定事由而不便行使管轄權，由直接上級法院，以裁定將案件移轉於管轄區域內與原法院同級之他法院（§10 I）。直接上級法院不能行使審判權時，前項裁定由再上級法院為之（§10 II）。

上述之法定事由，依照本法第10條第1項規定有2款之情形：一、有管轄權之法院因法律上或事實上不能行使審判權者。二、因特別情形由有管轄權之法院審判，恐影響公安或難期公平者。該條第1項第1款所稱因法律或事實不能行使審判權，例如該法院之法官員額不足或有應自行迴避不得執行職務之事由，或因天災、人禍致該法院不能行使審判權等是。至同條第1項第2款所謂因特別情形，審判恐影響公安等移轉管轄原因，則係指該法院依其環境上之特殊關係，如進行審判，有足以危及公安之虞，或有具體事實，足認該法院之審判無法保持公平者而言。[14]

移轉管轄，係直接上級法院，因有管轄權之法院具有法定原因情形，而將其所受理之案件移轉於原無管轄權之法院，而為審判之救濟方法。

貳、指定或移轉管轄之聲請之程序

指定或移轉管轄之聲請與指定，當事人依據本法第11條規定，指定或移轉管轄由當事人聲請者，應以書狀敘述理由向該管法院為之，其聲請於起訴前或起訴後均可。

14　最高法院108年度台聲字第11號裁定。

選擇題練習

屏東東港籍漁船行經公海時，高雄市籍的船員甲遭菲律賓海岸巡防隊隊員乙開槍射擊死亡。關於本案之土地管轄及其理由，下列敘述何者最正確[15]？(A)由臺灣屏東地方法院管轄。因爲漁船的船籍爲東港，且漁船爲犯罪地 (B)由臺灣屏東地方法院管轄。因爲漁船的船籍爲東港，亦爲其出發地 (C)由臺灣高雄地方法院管轄。因爲甲的户籍是高雄市 (D)由臺灣高雄地方法院管轄。因爲漁船的船籍爲東港，且爲行爲地 【109司律第一試】

進階思考

1 就同一法院之案件是否併案，以及應如何進行合併審理，是否得類推適用刑訴法牽連管轄之相關規定？ 【103年律師二試爭點】

參考解答

本問題點主要在於相牽連案件分別前後繫屬於同一法院後的合併審判應如何定位，與因人事異動換法官之「案件改分相同，屬法院內部事務分配之問題」。大法官在釋字第665號解釋認爲，依本法第6及7條的規範意旨，係就相牽連刑事案件分別繫屬於有管轄權的不同法院時，得合併由其中一法院管轄，旨在避免重複調查事證的勞費及裁判歧異，符合訴訟經濟及裁判一致性的要求。然而，就同一法院之案件是否併案，以及如何進行合併審理，相關法令未設明文，因屬法院內部事務的分配，亦屬相牽連案件的處理，而有合併審理之必要，故如「類推適用」上開規定意旨，以事先一般抽象的規範，將不同法官承辦的相牽連刑事案件改分由其中之一法官合併審理，自與憲法意旨無違。是以，依照臺灣臺北地方法院刑事庭分案要點第10點及第43點規定，係經法律及法官會議授權，爲合理必要的補充規範，與訴訟權保障並無違背本法第7條所定相牽連案件，業已分由數法官辦理而有合併審理之必要者，由各受理法官協商併辦並簽請院長核准；不能協商時，由後案

15 答案爲(A)。本題爲時事題，該船的船籍爲東港，地屬屏東縣，依本法第5條，由臺灣屏東地方法院管轄。

承辦法官簽請審核小組議決之。」由於系爭分案要點第10點及第43點所定併案與否的程序，足以摒除恣意或其他不當干涉案件分配作業的情形，屬合理、必要的補充規範。換言之，大法官多數意見認為，若系爭規定早已存在並非為個案選擇特定法官審理，尚不違反「法定法官原則」。

但學說上有認為，多數事實審法院未區分各相牽連案件之類型，且亦未兼顧彼此訴訟進行之程度等因素，一律採「後案併前案」的做法，其實與刑事訴訟法規範相牽連案件合併審判之意旨並不相符。[16]況且，再繫屬於兩審判庭的狀態下，由於該兩審判庭仍具有實質的「法院」概念，當有繫屬法院不同意時，依本法第6條第2項後段之規定，應由共同上級法院為裁定，若僅循內部庭長會議合併，在程序條件上乃有瑕疵。[17]

2 甲因長期失業，對時局感到失望，某日，得知總統將在中正紀念堂以21禮砲歡迎友邦元首乙，乃至現場丟鞋並砸中乙。警察丙當場逮捕甲時，甲以拳腳相向，甲對丙犯暴力妨害公務罪。甲的住所在臺中市，試問：

（一）哪些法院有管轄權？

（二）就整起事件而言，是同一案件還是相牽連案件？「應」或「得」合併管轄？

參考解答

（一）臺灣高等法院、臺灣高等法院臺中分院、臺北地方法院、臺中地方法院，均有管轄權

1. 甲對乙丟鞋的行為，構成刑法第116條的侵害外國代表罪（涉及公然侮辱，是屬於妨害名譽罪章之罪），是妨害國交罪章的犯罪，依本法第4條但書第3款的規定，高等法院有第一審管轄權。是故，犯罪地的臺灣高等法院，以及甲住所地的臺灣高等法院臺中分院，均有管轄權。

16 陳運財，〈大法官釋字第665號解釋評析〉，《月旦法學雜誌》，第176期，2010.01，26頁以下。

17 柯耀程，〈合併審判〉，《月旦法學教室》，第89期，2010.03，36頁以下。

2. 甲犯刑法第135條妨害執行公務罪的部分，依本法第4條本文，第一審管轄權在地方法院。是故，犯罪地臺北地方法院，以及甲的住所地臺中地方法院，均有管轄權。

（二）本件爲相牽連案件，得合併管轄

依題示，甲一人犯數罪，依刑訴法第7條第1款，爲相牽連案件，依同法第6條牽連管轄的規定，並非同法第8條的「同一案件」，爲達訴訟經濟要求，「得」合併由其中一法院管轄。

3

甲之住所地臺北市中正區，在臺北市內湖區犯竊盜罪，請問：

（一）何法院有管轄權？

（二）若臺北地院於1月3日先繫屬，3月2日判決，10月31日確定，士林地院於1月5日後繫屬，5月12日判決，8月30日確定，應撤銷何判決？

■ **參考解答**

（一）本件被告住所地之臺北地院、犯罪地之士林地院均有管轄權

甲之住所地臺北市中正區，在臺北市內湖區犯下竊盜罪，依本法第5條土地管轄之規定，住所地之臺北地院、犯罪地之士林地院俱有管轄權。

（二）本件爲同一案件，涉及競合管轄的問題

本題爲同一被告、同一犯罪事實之同一案件，依本法第8條本文規定：「同一案件繫屬於有管轄權之數法院者，由繫屬在先之法院審判之。」故原則上應由「先」繫屬的法院取得管轄權。後繫屬之法院卻先判決確定，應如何處理？此一問題有兩說：

1. 以繫屬先後爲準

若後繫屬之士林地院不察，未依本法第303條第7款，已經提起公訴或自訴之案件，在同一法院重行起訴者，諭知不受理之判決，顯然判決違背法令。雖然先起訴之判決，確定在後，如（先起訴之法院）判決時（3月2日），後起訴之判決，尚未確定（8月30日），依釋字第168號解釋意旨，仍應就後起訴（士林地院）之判決，依非常上訴程序，予以撤銷，諭知不受理判決。如圖表1-2-3所示。

2. 以判決確定先後爲準

依照本法第8條本文，原則上應由先繫屬之臺北地院審判之。然而後繫屬之士林地院既已先判決確定，依釋字第47號解釋意旨，**爲尊重「既判力」**，先繫屬之臺北地院應依第302條第1款，撤銷先繫屬法院之判決，爲免訴判決。

以上兩說僅係適用情形有所不同，並非當然對立衝突，若起訴時並無確定之判決，則以繫屬先後爲準，撤銷後繫屬之判決。反之，若後起訴之判決先確定，基於法安定性，則應撤銷先起訴法院之判決。

圖表1-2-3

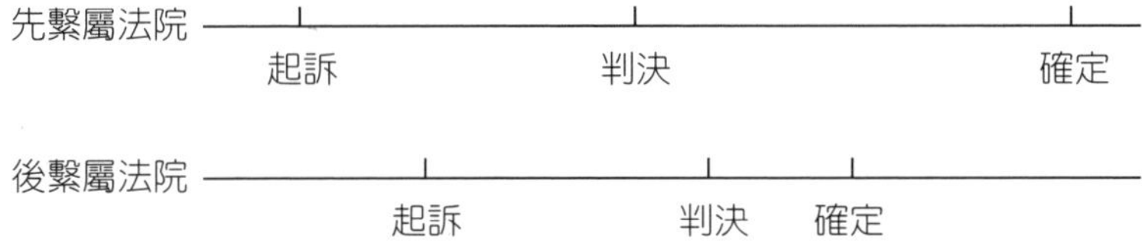

第三章　法院職員之迴避

第一節　法官之迴避

案件於特定情形之下，法律明文規範特定參與審判之公務員，不得執行職務之消極資格限制，以求公平審判程序之進行，即迴避制度。本節主要規定法官之迴避，至於檢察官、書記官及通譯之迴避，除性質不相容外，皆準用之（§26）。

法官迴避有自行迴避與聲請迴避之別，前者指法官遇法律規定之情形者，當然不得執行職務，稱「法律迴避」。後者須當事人聲請迴避，經合議裁定後，始停止執行其職務，稱「裁定迴避」。此外所屬法院院長如認審判法官有應自行迴避之原因者，應依職權爲迴避之裁定者，稱「職權迴避」。

至法院的分案迴避制度，則是爲提升法官迴避機制的公開、透明，增進人民對公平法院的信任，於法院的分案規則，事先將法官曾參與相關裁判等應自行迴避或得聲請迴避的原因，訂定法官應否分案迴避的一般抽象規範標準，作爲調和當事人無從或難以事先聲請迴避的客觀制度性之程序保障[1]。

一、法官自行迴避的原因（§17）[2]

（一）法官爲被害人者。

（二）法官現爲或曾爲被告或被害人之配偶、八親等內之血親、五親等內之姻親或家長、家屬者。

（三）法官與被告或被害人訂有婚約者。

（四）法官現爲或曾爲被告或被害人之法定代理人者。

（五）法官曾爲被告之代理人、辯護人、輔佐人或曾爲自訴人、附帶民事訴訟當事人之代理人、輔佐人者。

1　最高法院109年度台抗字第157號裁定（具有參考價值的裁判）。

2　法院組織法已將「推事」之用語，修正爲「法官」，爰配合爲文字修正，以符法制。（2020.01.15）

（六）法官曾爲告訴人、告發人、證人或鑑定人者。

（七）法官曾執行檢察官或司法警察官之職務者。

（八）法官曾參與前審之裁判者。

二、當事人聲請迴避之原因（§18）

當事人遇有左列情形之一者，得聲請法官迴避：

（一）法官有前條情形而不自行迴避者。

（二）法官有前條以外情形，足認其執行職務有偏頗之虞者。實務上認爲，所謂「足認其執行職務有偏頗之虞者」，係指以一般通常之人所具有之合理觀點，對於該承辦法官能否公平裁判，均足產生懷疑；而非僅出於當事人自己主觀之判斷者，始足當之。[3]

三、聲請迴避的種類及程序

本法第18條第1款情形，不問訴訟程度如何，當事人得隨時聲請法官迴避。

本法第18條第2款情形，如當事人已就該案件有所聲明或陳述後，不得聲請法官迴避。但聲請迴避之原因發生在後或知悉在後者，不在此限。

聲請法官迴避，應以書狀舉其原因向法官所屬法院爲之。但於審判期日或受訊問時，得以言詞爲之。聲請迴避之原因及前條第2項但書之事實，應釋明之。被聲請迴避之法官，得提出意見書。法官迴避之聲請，由該法官所屬之法院以合議裁定之，其因不足法定人數不能合議者，由院長裁定之；如並不能由院長裁定者，由直接上級法院裁定之。此項裁定，被聲請迴避之法官不得參與。被聲請迴避之法官，以該聲請爲有理由者，毋庸裁定，即應迴避。

聲請法官迴避經裁定駁回者，得提出抗告。

該管聲請迴避之法院或院長，如認法官有應自行迴避之原因者，應依職權爲迴避之裁定。前項裁定，毋庸送達。

---

3 最高法院79年台抗字第318號判例。

四、聲請迴避的效力

法官被聲請迴避者，除因急速處分或以第18條第2款為理由者外，應即停止訴訟程序。

第二節　法院書記官及通譯之迴避

本章關於法官迴避之規定，於法院書記官及通譯準用之。但不得以曾於下級法院執行書記官或通譯之職務，為迴避之原因。法院書記官及通譯之迴避，由所屬法院院長裁定之（§25）。

第三節　檢察官及辦理檢察事務書記官之迴避

本法第17條至第20條及第24條關於法官迴避之規定，於檢察官及辦理檢察事務之書記官準用之。但不得以曾於下級法院執行檢察官、書記官或通譯之職務，為迴避之原因。

檢察官及前項書記官之迴避，應聲請所屬檢察長或檢察總長核定之。首席檢察官之迴避，應聲請直接上級法院首席檢察官或檢察長核定之，其檢察官僅有一人者亦同（§26）。

概念釐清

- 「法官自行迴避」與「聲請法官迴避」之比較

	自行迴避（§17）	聲請迴避（§18）
迴避原因	法官有本法第17條各款原因者。	1.法官有本法第17條各款所列原因。（§18①） 2.法官有本法第17條各款所列以外原因，足認其執行職務有偏頗之虞者。（§18②）

● 「法官自行迴避」與「聲請法官迴避」之比較（續）

	自行迴避（§17）	聲請迴避（§18）
迴避時期	本法未明文，但法官知有自行迴避事由，應儘速主動迴避。	1.有本法第17條各款所列原因，不問訴訟程度進行如何，當事人得隨時聲請該法官迴避（§19Ⅰ）。 2.本法第17條各款以外情形，足認法官執行職務有偏頗之虞者。如當事人已就該案件有所聲明或陳述後，不得聲請法官迴避。但聲請迴避之原因發生在後或知悉在後者，不在此限（§19Ⅱ）。
須否釋明	因係法官自行迴避毋庸釋明	被聲請迴避之法官得提出意見書
應否停止訴訟程序之進行	應即停止訴訟程序，不得執行職務	法官被聲請迴避者，除因急速處分或以第18條第2款為理由者外，應即停止訴訟程序（§22）。
違反者得上訴至第三審	其所為判決當然違背法令（§379②）	其所為判決當然違背法令（§379②）

選擇題練習

甲涉犯普通強盜罪全程被身爲法官的乙所目擊。偵查中，檢察官丙將乙列爲證人並傳喚其到場訊問。嗣後檢察官起訴甲犯普通強盜罪嫌，一審判決後，甲提起第二審上訴，法官乙爲該案件之陪席法官。公訴檢察官丁由卷宗知悉上情，並聲請調查證據，聲請乙法官迴避。下列敘述何者最爲正確？[4] (A)乙法官應自行迴避，因爲乙於該管案件曾爲證人，丁雖明知此事且有所聲請調查證據，但僅甲有權聲請乙迴避 (B)乙法官應自行迴避，因爲乙於該管案件曾爲證人，丁雖明知此事且有所聲請調查證據，甲或丁仍得聲請乙迴避 (C)乙法官毋庸迴避，因爲乙於該管案件曾爲證人，丁已明知此事且有所聲請調查證據，所以甲或丁均不得聲請乙迴避 (D)乙法官毋庸迴避，因爲乙於該管案件非被害人，所以甲或丁皆無權聲請乙迴避 【109司律第一試】

4 答案爲(B)。參閱本法第3條及17條第6款。

進階思考

本法第17條第8款所謂「前審」所指爲何？

■ 參考解答

（一）審級說

我國實務明確採取審級說之見解，亦即此說著重被告審級利益的保護，故所謂「前審」係指同一法官，就同一案件，曾參與下級審之裁判而言。[5]

（二）拘束說

學說上較偏向拘束說，認爲前審指「前次裁判」，係基於裁判一次性原則，承審法官自應受該判決之拘束，即使裁判有所不當，也應由上級審決之，此爲「裁判自縛性」。蓋「前次裁判」於通常情形固爲下級審，但於更審與再審之情形，即屬「同級審」。本於「裁判自縛性原則」，不但第一審裁判法官不能在第二審同樣案件執行裁判職務，發回更審前的裁判法官也不能在發回更審後執行裁判職務，再審之情形亦同。既然迴避制度在建構公平法院，採拘束說顯然較符合此一立法目的。[6]

---

5 釋字第178號解釋、最高法院29年上字第3276號判例、100年台上字第6195號判決。

6 黃朝義，《刑事訴訟法》，新學林，五版，2017.09，73頁；林鈺雄，《刑事訴訟法（上）》，新學林，十版，2020.09，104頁以下。

第四章　辯護人、輔佐人及代理人

第一節　辯護人的意義與目的

壹、概說

辯護人在角色定位上應被視爲專爲被告訴訟照護的「獨立」機關。質言之，辯護人不僅在偵查中處於和檢、警相對的立場，亦有積極站在被告側，爲其維護法律上權益的職責[1]。由於檢察官乃法律專業人士且代表強大的國家機關，而刑事被告通常欠缺法律知識，面對檢察官在程序中的攻擊，顯得十分無防禦能力，基於武器平等原則，透過辯護人的輔助，可補足其在刑事程序中的防禦能力[2]。

特別是在偵查階段犯罪嫌疑人或被告，其自主性低心理易陷於恐懼中，無法自由表達意見或陳述事實，更無法爲自己蒐集有利的證據，此時辯護人適時的能夠爲無法律常識的犯罪嫌疑人或被告進行法律上的協助，其存在目的不僅在於幫助法院發現犯罪的眞實，同時對於被告訴訟防禦權的保障也能充分的顧及。

貳、實質有效的辯護

美國聯邦憲法增修條文第6條規定被告有受律師協助的權利，[3]此種受律師協助的權利，在美國法上包括受「有效」的律師協助的權利，亦即「如辯護人不能提供有效的律師協助，與無辯護人無異。」[4]二戰後日本憲法第34條前段：「如不直接說明理由並即刻給予委任辯護人的權利，不得對任何人拘留或拘禁。」同法第37條第3項前段：「刑事被告在任何情形下皆可委任

1 *Kral / Eausch*, Strafverfahrensrecht, 20. Aufl., 2013, S. 31.

2 川端　博，《刑事訴訟法講義》，成文堂，2012.03，54頁。

3 Amendment §6 (1791).

4 王兆鵬、張明偉、李榮耕，《刑事訴訟法（上）》，新學林，五版，2020.03，599頁。

有資格的辯護人。」所以刑事被告之選任辯護權為憲法所保障的基本權[5]。前開美國及日本憲法上所謂「被告有受有效律師協助的實質辯護權」的憲法權利，近年也為我國大法官所接納。我國釋憲實務認為：「憲法第16條規定人民有訴訟權，旨在確保人民有受公平審判之權利，依正當法律程序之要求，刑事被告應享有充分之防禦權，包括選任信賴之辯護人，俾受公平審判之保障。**而刑事被告受其辯護人協助之權利，須使其獲得確實有效之保護，始能發揮防禦權之功能**。從而，刑事被告與辯護人能在不受干預下充分自由溝通，為辯護人協助被告行使防禦權之重要內涵，應受憲法之保障。」[6]換言之，我國大法官認為透過憲法第16條，人民之訴訟權可導出「被告受有效律師協助的實質辯護權」也是一種憲法上權利。我國實務上認為，若依法應用辯護人之案件依審判筆錄之記載僅有：義務辯護律師陳述「**辯護意旨詳如辯護書所載」之字樣，但經查該律師並未提出任何辯護書狀，顯與辯護人未經到庭辯護而逕行審判者無異，**[7]**辯護人即違反實質有效的辯護義務**。

第二節　強制辯護與任意辯護

壹、強制辯護

一、概念

強制辯護案件指的是，以辯護人到場為被告或犯罪嫌疑人辯護執行職務為程序合法要件之案件。在強制辯護案件中，被告或犯罪嫌疑人若未選任辯護人（§27Ⅰ），國家即有義務為其指定辯護人，如辯護人未到場，不得進行訴訟程序，否則即屬判決違背法令。

---

5 岡　愼一，〈弁護及び補佐〉，收錄於三井誠編《刑事訴訟法》，日本評論社，二版，2017.04，44頁。

6 釋字第654號解釋。

7 最高法院91年度第8次刑事庭會議決議、68年台上字第1046號判例。

二、適用情形

（一）最輕本刑爲三年以上有期徒刑（§31 Ⅰ①）。

（二）高等法院管轄第一審案件（§31 Ⅰ②）。

（三）被告因精神障礙或其他心智缺陷無法爲完全之陳述（§31 Ⅰ③）。

（四）被告具原住民身分，經依通常程序起訴或審判者（§31 Ⅰ④）。

（五）被告爲中、低收入戶被告未選任辯護人而聲請指定者（§31 Ⅰ⑤）。

（六）協商之案件，被告表示所願受科之刑逾有期徒刑六月，且未受緩刑宣告，其未選任辯護人者，法院應指定公設辯護人或律師爲辯護人，協助進行協商（§455-5 Ⅰ）。

（七）被告或犯罪嫌疑人**因精神障礙或其他心智缺陷無法爲完全之陳述或具原住民身分者**，**於偵查中**未經選任辯護人，檢察官、司法警察（官）應通知依法設立之法律扶助機構指派律師到場爲其辯護。但經被告或犯罪嫌疑人主動請求立即訊問或詢問，或等候律師逾四小時未到場者，得逕行訊問或詢問（§31 Ⅴ）。

（八）偵查中之羈押審查程序未經選任辯護人者，審判長應指定公設辯護人或律師爲被告辯護。但等候指定辯護人逾四小時未到場經被告主動請求訊問者，不在此限（§31-1 Ⅰ）。

三、違反效果

（一）依本法第284條，強制辯護案件未經辯護人到庭辯護，不得審判。

（二）構成判決本法第379條第7款當然違背法令之事由（**即不必考慮是否顯然於判決無影響，皆得上訴至第三審**）。

貳、任意辯護

凡屬強制辯護案件以外之案件，被告及其親屬如未選任辯護人時，審判長亦毋庸指定辯護人爲其辯護。

附錄　法扶認定無資力之標準

	單身戶		家庭人口數二人		家庭人口數三人	
	每月可處分收入	可處分資產	每月可處分收入	可處分資產	每月可處分收入	可處分資產
台北市	28,000元以下	共計五十萬元以下	44,414元以下	共計五十萬元以下	66,621元以下	共計五十萬元以下
新北市	23,000元以下		41,100元以下		61,650元以下	
桃園市			41,076元以下		61,614元以下	
台中市			39,252元以下		58,878元以下	
台南市			34,344元以下		51,516元以下	
高雄市			38,824元以下		58,236元以下	
其他地區	22,000元以下		34,344元以下		51,516元以下	
受法律扶助者無資力認定標準規定	第二條 第一項第一款及第二項		第二條 第一項第二款及第二項			

說明：
一、每月可處分收入上限： 除單身戶外，家庭人口數每增加一人，申請人家庭每月可處分收入標準，依申請人住所地直轄市、縣（市）主管機關審核認定社會救助法中低收入戶之收入標準為準。
二、可處分資產上限： 家庭人口自第三人起以每增加一人增加15萬元為準，但不包括公告現值於550萬元以下之自宅或自耕農地。但中央或各直轄市政府依社會救助法公告之當年度中低收入戶不動產限額逾550萬元者，依其公告限額扣除之。

·可處分收入
可處分收入，指的是實際工作所得、各種津貼、利息、股息收入、租金收入及接受的贈與等。
※得不計入可處分收入之特別情形：
1.有正當原因而需在外租屋之合理租金。
2.遭法院強制扣薪扣款或因更生方案或債務清償方案平均每月應清償金額。
3.營業成本。
4.職業所需動產貸款。
5.就學貸款。
6.申請消費者債務清理事件扶助每月擬清償之金額。
7.家庭人口中有重大傷病而需定期支付之必要費用。
8.因申請人單親扶養子女、照顧直系血親或經濟狀況顯較艱困等其情可憫，不扣除該收入或支出顯然違背法律扶助目的。
·可處分資產
可處分資產，指的是像不動產、存款、股票、汽機車等具有價值的財產或權利。但此項計算不包括公告現值在550萬元以下的自宅、自耕農地及未產生經濟效益之原住民保留地。若政府機關當年依社會救助法公告的中低收入戶不動產限額超過550萬元，則依該限額扣除之。
※得不計入可處分財產之特殊情形：
1.訟爭中且不能處分之財產。
2.顯然不能處分之公同共有或分別共有之不動產。
3.為公共設施或其他原因顯然難以處分之不動產。
4.全戶人口中有重大傷病者，而需支付之一次性必要費用。（如手術費）
5.維持最低基本生活必要所需之貸款。
6.職業上或教育上所必需之器具、物品。
資料來源：財團法人法律扶助基金會，http://www.laf.org.tw/index.php?action=apply_detail&p=1&id=3731。

第三節　指定辯護與選任辯護

壹、指定辯護

指定辯護制度，係指31條第1項第1至第5款以外其他審判案件，審判長認有必要者。例如：偵查中之羈押審查程序，選任辯護人無正當理由不到庭者，為免延宕羈押審查程序之進行，審判長自得另行指定公設辯護人或律師為被告辯護（§31-1 Ⅱ）。

指定辯護是屬公法上的法律關係，與選任辯護具有私人的委任關係者不同。若案件之選任辯護人於審判期日無正當理由而不到庭者，審判長亦均得指定公設辯護人或律師。在未設置公設辯護人之法院，可指定法官充之，不得以學習司法官充任之。案件經指定辯護人後，被告又選任律師為辯護人者，得將指定之辯護人撤銷。[8]「指定辯護」與「強制辯護」制度，均係針對特定之重案或被告之身心狀況而設，兩者均在補充選任辯護制度的不足，但指定辯護未必是強制辯護。

貳、選任辯護

刑事案件，不問罪責如何，被告或犯罪嫌疑人均得選任辯護人，是屬其訴訟上之權利。選任辯護權依照本法第27條第1項規定，被告得「隨時」選任辯護人。犯罪嫌疑人受司法警察（官）調查者，亦同。被告及犯罪嫌疑人於偵查中或審判中均得選任辯護人，此與指定辯護案件者限定在審判中須經審判長指定辯護人者顯有不同。

本法第27條第2項規定由被告或犯罪嫌疑人之法定代理人、配偶、直系或三親等內旁系血親或家長、家屬，得獨立為被告或犯罪嫌疑人選任辯護人。因此，選任辯護人除被告或犯罪嫌疑人於偵查或審判中均得選任辯護人外，本法第27條第2項所列被告或犯罪嫌疑人之一定親屬均得為其獨立選任辯護人，而不受被告或犯罪嫌疑人選任意思的拘束。

本法第27條第3項規定，被告或犯罪嫌疑人因精神障礙或其他心智缺陷

8 法院辦理刑事訴訟案件應行注意事項第6點。

無法為完全之陳述者，應通知前項之人得為被告或犯罪嫌疑人選任辯護人。但不能通知者，不在此限。

「被選任人之資格」，本法第29條規定辯護人應選任律師充之。但審判中經審判長許可者，亦得選任非律師為辯護人。

「選任辯護人與審級的關係」，本法第30條第1項規定選任辯護人，應提出委任書狀。同條第2項規定前項委任書狀，於起訴前應提出於檢察官或司法警察官；起訴後應於每審級提出於法院。

第四節　多數辯護與共通辯護及義務

壹、多數辯護

本法第28條規定：「每一被告選任辯護人，不得逾三人。」即同一被告至多得選任三位辯護人為其辯護。而每位辯護人之辯護權，均各自獨立，可居於自身之辯護權能，從不同之面向，展現不同之辯護內容，自主、充分地為被告辯護，彼此無法取代，以彰顯多數辯護制度之目的。[9]

若被告有數人者，依本法第31條第3項及第4項規定，得指定一人辯護。但各被告之利害相反者，不在此限。指定辯護人後，經選任律師為辯護人者，得將指定之辯護人撤銷。

貳、共通辯護

本法第31條第3項明定：「被告有數人者，得指定一人辯護。但各被告之利害相反者，不在此限。」偵查中之羈押審查程序，亦準用之（§31-1 II）。因此，被告間利害相反時，即應禁止共通辯護。至於「利害相反」之判斷，法院應以辯護人就數被告被訴之犯罪事實而為防禦時，能否均為適當充分之辯護為斷。[10]亦即，法院須就案件具體情形予以審酌，以辯護人就

9 最高法院102年度台上字第5092號判決。

10 最高法院99年度台上字第5497號判決。

數被告被訴之犯罪事實為防禦時，能否均為適當有效之辯護為衡。鑑於刑事被告享有受辯護人協助之權利，故不問是共通辯護人主張有利害相反之情形存在（辯護人經由與數被告之溝通中，更能明白是否有潛在之利害衝突存在或危險），抑或法院認為有合理的懷疑，法院均應即採取必要措施以適當保護每一位被告之辯護權。[11]

第五節　辯護人的權利及義務

壹、辯護人的權利

一、固有權利

此等權利係基於辯護人的地位法律所賦予之原始權限，不受被告或犯罪嫌疑人意思的拘束。

（一）閱卷權

1. 原則上限於「審判中」

本法第33條第1項在賦予「起訴後」的閱卷權，範圍包括抄錄、重製[12]或攝影。對辯護人為準備審判、及確保所謂的武器對等，具有重要意義。若刑事案件經各級法院裁判後，如已合法提起上訴或抗告，而卷證在原審法院者，其在原審委任之辯護律師因研究為被告之利益而上訴問題，向原審法院請求閱卷，或在上級審委任之辯護律師，在卷宗未送上級審法院前，向原審法院請求閱卷時，原審法院為便民起見，均應准許其閱卷。[13]

2019年修正本法第33條規定：「辯護人於審判中得檢閱卷宗及證物並得抄錄、重製或攝影（第1項）。被告於審判中得預納費用請求付與卷宗及證物之影本。但卷宗及證物之內容與被告被訴事實無關或足以妨害另案之

---

11 最高法院101年度台上字第2300號判決。

12 依現行實務，辯護人閱卷得以影印、電子掃描等重製方式為之，惟現行規定「抄錄或攝影」，得否含括上開方式，非無爭議，爰修正第1項，以臻明確（2019.06）。

13 法院辦理刑事訴訟案件應行注意事項第16點。

偵查，或涉及當事人或第三人之隱私或業務秘密者，法院得限制之（第2項）。被告於審判中經法院許可者，得在確保卷宗及證物安全之前提下檢閱之。但有前項但書情形，或非屬其有效行使防禦權之必要者，法院得限制之（第3項）。對於前2項之但書所爲限制，得提起抗告（第4項）。持有第1項及第2項卷宗及證物內容之人，不得就該內容爲非正當目的之使用（第5項）。」明文賦予被告得請求付與卷宗及證物之權利，以利其防禦權及各項訴訟權之行使，並於第2項但書針對特別列舉之事由，規定得由法院就閱卷範圍及方式爲合理之限制外，原則上即應允許之。而此規定於聲請再審之情形，準用之。本法第429條之1第3項亦定有明文。[14]2019年的修法受到學者肯定，因爲這無疑是被告防禦權保障的一大進步，但弔詭的是，既然閱卷是被告的防禦權，爲什麼還須得到法院的許可？又到底有什麼情形是「非被告有效行使防禦權之必要方式」？總之，本條仍存有太多過度不必要的限制，而有爲德不卒的遺憾。[15]

然而，本法第33條第1項僅規定辯護人於「**審判中**」得檢閱卷宗及證物並得抄錄或攝影[16]。**不少學者主張辯護人的閱卷權，應擴大至整個偵查階段**。[17]

2. 例外及於偵查中之羈押審查程序（卷證資訊獲知權）

釋字第737號認爲，現行偵查階段之羈押審查程序是否滿足前揭憲法正當法律程序原則之要求，應綜合觀察刑事訴訟法相關條文而爲判斷，不得逕以個別條文爲之。但**大法官對於是否讓辯護人享有完整的閱卷權**，並未明示，而交由立法者決定，但不得有礙於正當法律程序原則之要求。[18]

---

14 最高法院109年度台抗字第129號裁定（具有參考價值的裁判）。

15 王兆鵬、張明偉、李榮耕，《刑事訴訟法（上）》，新學林，五版，2020.03，634頁以下。

16 參閱本法第38條之1，依本法於審判中得檢閱卷宗及證物或抄錄、重製或攝影之閱卷規則，由司法院會同行政院定之。（2020.01.15增訂）

17 張麗卿，《刑事訴訟法理論與運用》，五南，十四版，2018.09，134頁；楊雲驊，〈我國羈押實務與人權保障〉，《台灣法學雜誌》，第121期，2009.02，91頁；吳巡龍，〈辯護人是否有權複製偵訊光碟〉，《台灣法學雜誌》，第119期，2009.01，165頁。

18 有關本號解釋的評析，請參閱柯耀程，〈偵查中聲押閱卷問題評釋—司法院大法官釋字第737號解釋評析〉，《月旦裁判時報》，第57期，2017.03，60頁以下；林鈺雄，〈與談意見（一）—偵查階段之羈押閱卷—從德國法的比較基礎談起〉，《檢察新論》，第20期，

2017年4月立法院參酌司法院釋字第737號解釋意旨，增訂33條之1第1項：「辯護人於偵查中之羈押審查程序，除法律另有規定外，得檢閱卷宗及證物並得抄錄或攝影。」蓋偵查中之羈押審查程序，係由檢察官提出載明羈押理由之聲請書及有關證據，向法院聲請裁准及其救濟之程序。此種聲請之理由及有關證據，係法官是否裁准羈押，以剝奪被告人身自由之依據，基於憲法正當法律程序原則，除第93條第2項但書規定，得予限制或禁止部分之卷證，以及其他法律另有特別規定之外，自應許被告之辯護人得檢閱檢察官聲請羈押時送交法院之卷宗及證物並得抄錄或攝影，俾能有效行使防禦權。偵查中之羈押審查程序，係檢察官提出載明羈押理由之聲請書及有關證據，向法院聲請裁准之程序，檢察官爲當事人之一方而與被告對立，本應開示聲請羈押之理由及證據，並檢附相關卷宗及證物移送法院，作爲法院是否裁准羈押以剝奪被告人身自由之依據，基於憲法正當法律程序原則，法院自應以適當方式及時使被告及其辯護人獲知檢察官認爲可揭露之卷證，俾得有效行使防禦權。[19]

又於本法第33條之1第2項增訂：「辯護人持有或獲知之前項證據資料，不得公開、揭露或爲非正當目的之使用。」爲擔保國家刑罰權正確及有效之行使，並兼顧被告及辯護人防禦權之維護，乃係辯護人雖得檢閱、抄錄或攝影卷證資料，但因案件仍在偵查程序中，其檢閱、抄錄或攝影所持有或獲知之資料，自不得對外爲公開、揭露並僅能爲被告辯護目的之訴訟上正當使用，故本項明定其應遵守之義務，以明權責。至於如有刑法第132條第3項洩漏國防以外秘密之情形者，即應依法追訴其刑責，自不待言。

3. 無辯護人之被告的卷證資訊獲知權

至於無辯護人之被告，得於審判中預納費用請求付與卷宗及證物之影本。但卷宗及證物之內容與被告被訴事實無關或足以妨害另案之偵查，或涉及當事人或第三人之隱私或業務秘密者，法院得限制之（§33 II）[20]。這裡

2016.07，14頁以下；李佳玟，〈羈押審查程序中的閱卷權〉，第251期，2016.07，218頁以下；林裕順，〈偵查羈押閱卷的「美麗」與「哀愁」〉，《月旦裁判時報，第65期，2017.11，7頁以下；李榮耕，〈試評釋字第737號解釋及2017年新修正的刑事訴訟法〉，《月旦裁判時報》，第65期，2017.11，13頁以下。

19 最高法院109年度台抗字第116號裁定（具有參考價值的裁判）。

20 本條項係依司法院釋字第762號解釋意旨修正（2019.06）。

所謂之「影本」， 在解釋上應及於複本。如：翻拍證物之照片、複製電磁紀錄及電子卷證等。

蓋被告於審判中之卷證資訊獲知權，屬其受憲法訴訟權保障所應享有之防禦權，本來就可以親自直接行使而毋庸經由辯護人輾轉獲知，且不應因被告有無辯護人而有差別待遇。又，刑事案件之卷宗及證物，係據以進行審判程序之重要憑藉，基於憲法正當法律程序原則，除卷宗及證物之內容與被告被訴事實無關或足以妨害另案之偵查，或涉及當事人或第三人之隱私或業務秘密者，法院除得予以限制外，應使被告得以獲知其被訴案件卷宗及證物之全部內容，才能有效行使防禦權。再者，在現代科學技術日趨便利之情況下，透過電子卷證或影印、重製卷宗及證物之方式，已可更有效率提供被告卷證資料，以及減少提解在押被告至法院檢閱卷證之勞費。

至於判決確定後之刑事案件被告，固得依檔案法或政府資訊公開法之相關規定，向檔案管理機關或政 府資訊持有機關申請閱卷，如經該管機關否准，則循一般行政爭訟程序處理。[21]

此外，爲確保被告於審判中之訴訟主體地位，如法院認爲適當者，在確保卷證安全之前提下，自得許其親自檢閱卷證，惟倘有第33第2項但書之情形，或檢閱卷證並非被告有效行使防禦權之必要方式者，法院自得予以限制， 故2019年立法院於本法第33條增訂：「被告於審判中經法院許可者，得在確保卷宗及證物安全之前提下檢閱之。但有前項但書情形，或非屬其有效行使防禦權之必要者，法院得限制之。」（§33 III）。對於第33條第2、3項但書限制卷證獲知權如有不服者，自應賦予其得提起抗告之權利，俾周妥保障其防禦權（§33 IV）。又，考量被告或第三人不受律師執行業務之倫理、忠誠、信譽義務及監督懲戒機制之規範，且依電子卷證等科技方式取得之卷證內容，具有便利複製、流通快速之特性，本法第33條增訂：「持有第一項及第二項卷宗及證物內容之人，不得就該內容爲非正當目的之使用。」限制上開卷證內容持有人爲非正當目的之使用（§33 V）。

由於被告有辯護人者，得經由辯護人檢閱卷宗及證物並得抄錄或攝影，以利防禦權之行使。惟如指定辯護人逾時未到，而經被告主動請求訊問

---

21 最高法院108年度台抗字第1074號裁定（具有參考價值的裁判）。

者，此時被告無辯護人，既同有行使防禦權之必要，自亦應適當賦予無辯護人之被告有獲知檢察官據以聲請羈押所憑證據內容之權利。但因被告本身與羈押審查結果有切身之利害關係，如逕將全部卷證交由被告任意翻閱，將有必須特別加強卷證保護作爲之勞費，爲兼顧無辯護權人被告防禦權與司法程序之有效進行，因此於2017年4月增訂第33條之1第3項增訂：「無辯護人之被告在偵查中之羈押審查程序，法院應以適當之方式使其獲知卷證內容。」以利其行使防禦權。至於卷證內容究以採法官提示、告知或交付閱覽之方式，則由法官按個案情節依職權審酌之。

圖表1-4-1

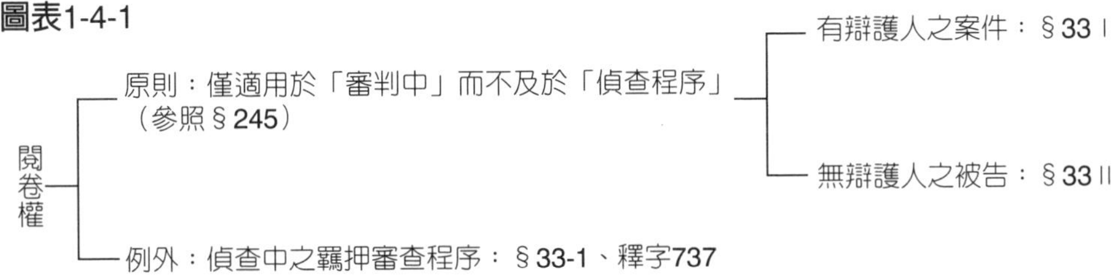

（二）充分自由溝通權

1. 與受羈押之被告或犯嫌的交通權

本法第34條第1項規定，辯護人得接見犯罪嫌疑人及羈押之被告，並互通書信。亦即，辯護人有與被告充分自由溝通之權，此一權利係由被告之受有效律師協助憲法權利衍生出，**蓋刑事被告與辯護人須在不受干預下充分自由溝通，爲辯護人協助被告行使防禦權的重要內涵。**

爲保障辯護人與被告之充分自由溝通權，學說上認爲有三大原則需注意，即：「**監看而不與聞**」、「**開拆而不閱覽**」及「**知悉不利用**」。[22]蓋舊羈押法第23條第3項規定，看守所得不問是否爲達成羈押目的或維持押所秩序之必要，予以監聽、錄音，對受羈押被告與辯護人充分自由溝通權利予以限制，致妨礙其防禦權之行使，不符憲法保障訴訟權之意旨。被釋字654號宣告違憲。因此，立法院於，2009年5月刪除第23條第3項律師接見被告時應「監視」之規定，並增訂第23條之1，「被告與其辯護人接見時，除法律

22 林鈺雄，《刑事訴訟法（上）》，新學林，十版，2020.09，241頁以下。

另有規定外，看守所管理人員僅得監看而不與聞。檢查辯護人與被告往來文書資料有無夾藏違禁物品，也只能以「開拆而不閱覽」方式辦理。同時刪除羈押法第28條，從此看守所不再將被告在所之言語、行狀、發受書信之內容提供檢察官或法院參考。前揭修正，確立我國羈押法保障羈押被告訴訟權之「監看而不與聞」及「開拆而不閱覽」兩大原則，符合憲法意旨及國際人權標準。而第三原則「知悉不利用」也因羈押法第28條之刪除而獲得落實。

2010年6月分別修正本法第34條及增訂第34條之1有關限制接見通信權的規定。辯護人得接見羈押之被告，並互通書信。非有事證足認其有湮滅、僞造、變造證據或勾串共犯或證人者，不得限制之（§34Ⅰ）。

2. 與受拘提或逮捕之被告或犯嫌人之交通權

偵查中之被告或犯罪嫌疑人經拘提或逮捕到場者，爲保障其訴訟上之防禦權，對其與辯護人之接見或互通書信，不得限制之。警詢前應予犯嫌和辯護人，至少有一次合理時間之接見晤談，蓋律師於警詢過程「接見交通」或「辯護晤談」，將有助於平復犯嫌、被告心理壓力情緒感受，惟重點仍是提供專業法律見解、訴訟建議，以面對未來訴訟進行，以尋求有利證據蒐集等辯護之功能。[23]惟偵查具有時效性，爲免接見時間過長，或多次接見，致妨礙偵查之進行，接見時間及次數可以限制（§34Ⅱ）。**因此，被告或犯罪嫌疑人經拘提或逮捕到場者（非受羈押之被告），其與辯護人之接見不得完全限制，惟在急迫情形，且有正當理由，例如，辯護人之接見將導致偵查行爲中斷之顯然妨害偵查進行之情形時，例外允許檢察官爲必要之處置。**[24]因此於第34條第3項前段明定，檢察官遇有急迫情形且具正當理由時，得暫緩辯護人之接見，並指定即時得爲接見之時間及場所，以兼顧偵查之必要及被告之辯護依賴權。又檢察官所爲之指定，應合理、妥適，不得妨害被告或犯罪嫌疑人正當防禦之權利，及辯護人依第245條第2項前段規定之權利，爰於第3項後段予以明定。至於司法警察（官），因調查犯罪及蒐集證據，如

[23] 林裕順，〈接見交通「應然」「實然」探討—「警詢辯護」實證分析研究〉，收錄於氏著《人民參審與司法改革》，新學林，初版，2015.06，189頁以下。

[24] 因此於第34條第3項明定，檢察官遇有急迫情形且具正當理由時，得暫緩辯護人之接見，並指定即時得爲接見之時間及場所，以兼顧偵查之必要及被告之辯護依賴權。又檢察官所爲之指定，應合理、妥適，不得妨害被告或犯罪嫌疑人正當防禦之權利，及辯護人依第245條第2項前段規定之權利。

認有上開暫緩及指定之必要時，應報請檢察官爲之。至於已受羈押之被告或犯罪嫌疑人，原則上可享有與辯護人充分自由溝通權，例外如有事證足認其有湮滅、僞造、變造證據或勾串共犯或證人者，得予限制之（§34Ⅰ後），但必須取得限制書（§34-1）。

3.對於羈押中被告之「辯護人接見」（§34）與「親友一般接見」（§105）的限制並不相同

例如，第34條第1項規定要求「非有事證足認有湮滅、僞造、變造證據或勾串共犯或證人者，不得限制之。」因此，僅僅認有滅證或串供「之虞」者，尚不足構成限制羈押被告與其辯護人接見通信之正當化事由。亦即，檢警必須掌握具體事證。如：從監聽通話內容得知百滅證或串供之情事。其次，偵訊前之第一次接見不得予以暫緩。蓋接見通信權與偵查權之間的主要衝突在於「偵訊之前」，而透過接見溝通賦予人身自由受拘束之嫌疑人或被告法律協助最有效者，也是在此一階段。因此第34條第3項（與受拘提或逮捕之被告或犯嫌人的交通權）所謂「急迫情形且具正當理由」，亦應限縮解釋，也就是限於以因實施搜索、現場勘察或勘驗等有必要帶同被告在場之情形。[25]由於在偵查中對於接見通信之限制，幾近完全剝奪辯護權在偵查程序中之適用，在適用上更應審愼爲之。因而此種限制，假如無任何「期間」要求，很容易導致後續之偵查活動已無接見通信可言。對此，將嚴重導致持續侵害被告辯護權的結果。[26]而依偵訊實務，辯護人接見犯罪嫌疑人時，司法警察人員應在場，防止發生湮滅、僞造、變造證據或勾串共犯或證人。[27]依釋字第654號意旨，司法警察人員在場時，除有前開情事應儘量避免妨礙犯罪嫌疑人與辯護人之「充分自由溝通權」。

（三）攜同速記到庭記錄權

本法第49條規定辯護人經審判長的許可，得於審判期日攜同速記到庭記錄。

25 陳運財，〈釋字第654號解釋與自由溝通權〉，《月旦法學雜誌》，第192期，2011.05，23頁以下。

26 黃朝義，《刑事訴訟法》，新學林，五版，2017.09，103頁。

27 警察偵查犯罪手冊第156點。

（四）在場權及陳述權

1. 所謂在場權，不單純係辯護人所固有的權利，更是具有主體性地位之犯嫌或被告接受法律援助的重要權利。接受法律援助的重要權利。[28]本法第88條之1規定緊急拘提犯罪嫌疑人後，應告知其本人及其家屬得選任辯護人到場，以瞭解緊急拘提是否合法，或有無不當之訊問。

2. 當事人及審判中之辯護人得於搜索或扣押時在場。但被告受拘禁，或認其在場於搜索或扣押有妨害者，不在此限。本法第150條第1項定有明文。此規定依同法第219條，於審判中實施勘驗時準用之。此即學理上所稱之「在場權」，屬被告在訴訟法上之基本權利之一，兼及其對辯護人之倚賴權同受保護。[29]須注意者，**此種搜索或扣押時之「在場權」僅及於「審判中」，不及於「偵查中」**。

3. 本法第245條第2項規定，被告或犯罪嫌疑人之辯護人，得於檢察官、司法警察（官）訊問該被告或犯罪嫌疑人時在場，並得陳述意見。[30]因此在警察機關時，詢問證人非有必要時，犯罪嫌疑人及辯護人不得在場；證人指證犯罪嫌疑人時，該犯罪嫌疑人之辯護人得在場。[31]

（五）辯論權

本法第289條規定，審判期日應就事實及法律爲辯論。

（六）收受送達文書權

1. 本法第227條規定收受裁判書之送達。
2. 本法第255條第2項規定收受不起訴處分書之送達。

---

28 陳運財，〈辯護人偵訊在場權之理論與實際〉，收錄於《法務部廖正豪前部長七秩華誕祝壽論文集：刑事訴訟法卷》，五南，初版，2016.07，83頁。

29 最高法院94年台上字第4929號判例。

30 有關本法第245條第2項但書不合理限制的批評，請參閱林裕順，〈論偵訊中辯護人之在場權—以緘默權保障爲核心〉，收錄於氏著《基本人權與司法改革》，新學林，2010.10，43頁以下。

31 警察偵查犯罪手冊第157點。

二、共有權利

（一）本法第103條第2項規定執行羈押時，押票應分別送交檢察官、看守所、辯護人、被告及其指定之親友。

（二）本法第103條之1規定偵查中檢察官、被告或其辯護人認有維護看守所及在押被告安全或其他正當事由者，得聲請法院變更在押被告之羈押處所。法院依前項聲請變更被告之羈押處所時，應即通知檢察官、看守所、辯護人、被告及其指定之親友。

（三）本法第107條規定羈押於其原因消滅時，應即撤銷羈押，將被告釋放。被告、辯護人及得爲被告輔佐人之人得聲請法院撤銷羈押。檢察官於偵查中亦得爲撤銷羈押之聲請。法院對於前項之聲請得聽取被告、辯護人或得爲被告輔佐人之人陳述意見。

（四）本法第110條規定被告及得爲其輔佐人之人或辯護人，得隨時具保，向法院聲請停止羈押。檢察官於偵查中得聲請法院命被告具保停止羈押。

（五）本法第163條規定得請求法院調查證據及訊問證人。

（六）本法第150條規定當事人及審判中之辯護人得於搜索或扣押時在場，但被告受拘禁或認其在場於搜索或扣押有妨害者不在此限。

（七）本法第275條規定當事人或辯護人，得於審判期日前，提出證據及聲請法院爲前條之處分。

（八）本法第276條規定法院預料證人不能於審判期日到場者，得於審判期日前訊問之。法院得於審判期日前，命爲鑑定及通譯。當事人及辯護人得於訊問證人、鑑定人或通譯時在場，其訊問之日、時及處所，法院應預行通知之。

（九）本法第166條規定證人、鑑定人由審判長訊問後，當事人及辯護人得直接或聲請審判長詰問之，對於他造的詰問，並得更爲覆問。

三、傳來的權利

此項權限，本屬被告，得由辯護人代爲行使，包括代理權，原則上不得與被告明示的意思相反，如被告的自白或不利於己陳述的訴訟行爲，則不得代理，以及本法第346條規定原審的代理人或辯護人，得爲被告之利益而上訴，但不得與被告明示之意思相反。又如爲被告之利益上訴，非得被告之同意，不得撤回等是。只有在少數列外的情形下，允許其獨立行使代理權，如具保停止羈押之聲請（本法§110）。

本法第37條規定自訴代理人之委任及資格，自訴人應委任代理人到場，但法院認爲必要時，得命本人到場。前項代理人應選任律師充之。

貳、辯護人之義務

一、眞實辯護的義務

辯護人「應忠實蒐集證據，探究案情」（律師法§23），並「不得有矇蔽或欺誘之行爲」（律師法§28）。

二、迴避的義務

律師與法院院長或檢察署檢察長有配偶、五親等內血親或三親等內姻親之關係者，不得在該法院辦理訴訟事件。律師與辦理案件之法官、檢察官或司法警察官、司法警察有前項之親屬關係者，就其案件應行迴避。（律師法§38）

三、不得挑唆招攬訴訟的義務

律師不得挑唆訴訟，或以不正當之方法招攬訴訟（律師法§40）。

四、執行法院指定職務之義務

律師非經釋明有正當理由，不得辭法院指定之職務（律師法§22）。

五、遵守法庭或偵查之秩序之義務

律師在法庭或偵查中執行職務時，應遵守法庭或偵查之秩序（律師法§27）。

六、不得兼營其他行業之義務

律師不得從事有辱律師尊嚴及名譽之行業。律師對於受委託、指定或囑託之事件，不得有不正當之行為或違反其業務上應盡之義務（律師法§32）。

七、保守秘密之義務

辯護人除依法令或為維護公共利益或保護合法權益有必要者外，偵查中因執行職務知悉之事項，不得公開或揭露予執行法定職務必要範圍以外之人員（本法§245 III）。

選擇題練習

1 法有明文，被告得隨時選任辯護人，下列敘述何者正確？[32] (A)在司法警察（官）調查時不適用 (B)在司法警察機關調查時，每一被告選任辯護人以1人為限 (C)選任辯護人需以書面或口頭委任 (D)犯罪嫌疑人、被告因智能障礙無法為完全陳述時，在司法警察機關調查時，司法警察（官）應主動通知法律扶助基金會指派律師到場為其辯護 【104年警特四等犯罪偵查】

2 偵查中辯護人之權限，不包括下列何者？[33] (A)接見犯罪嫌疑人，並互通書信 (B)檢閱卷宗、證物或抄錄、攝影 (C)警察詢問犯罪嫌疑人時在場，並得陳述意見 (D)以手寫方式札記詢問要點 【104年警特三等犯罪偵查】

3 犯罪嫌疑人因具有「特別身分」，於偵查中未經選任辯護人，檢察官、司法警察官或司法警察應通知依法設立之法律扶助機構指派律師到場為其辯護。下列選項何者不屬於「特別身分」範圍？[34] (A)有精神障礙之犯罪嫌疑人 (B)涉最輕本刑為3年以上有期徒刑案件之犯罪嫌疑人 (C)心智缺陷無法為完全之陳述之犯罪嫌疑人 (D)具原住民身分之犯罪嫌疑人

【105年警特四等犯罪偵查】

---

32 答案為(D)。參照本法第27、28、31條。

33 答案為(B)。依現行本法第33條，辯護人僅得於「審判中」檢閱卷宗、證物或抄錄、攝影，未來再出現類似考題，須注意第33條之1偵查中羈押審查程序中辯護人的卷證獲知權。

34 答案為(B)。參照本法第27、31條。

4 下列關於偵查中辯護人之相關敘述，何者錯誤？[35] (A)偵查中選任辯護人應以律師為限 (B)每一犯罪嫌疑人選任之辯護人不得逾3人 (C)辯護人得於執行搜索、扣押、勘驗或勘察時在場 (D)辯護人接見犯罪嫌疑人時，司法警察人員應在場 【105年警特四等犯罪偵查】

5 關於辯護人在警察機關得從事或不得從事的行為，下列何者正確？[36] (A)得於執行搜索、扣押、勘驗或勘察時在場 (B)得於執行搜索、扣押時在場，不得於勘驗或勘察時在場 (C)不得於執行搜索、扣押時在場，得於勘驗或勘察時在場 (D)不得於執行搜索、扣押、勘驗或勘察時在場

【106年警特四等犯罪偵查】

6 犯罪嫌疑人甲到分局偵查隊接受詢問，一開始表明無須選聘辯護人，但在詢問期間卻又表示要聘請辯護人為他辯護，你面臨此狀況應如何回應？[37] (A)將情況報告分局長後，再報請檢察官核示 (B)應接受甲要求，暫停詢問並立即進行選聘作業程序 (C)可接受甲要求，但應將詢問調查筆錄告一段落後，再進行選聘 (D)不接受甲要求，並告知事前已表示不需辯護人，且詢問正進行中 【107年警特三等情境實務】

考題觀摩

甲涉嫌違背職務收受賄賂，正由檢察官偵辦，檢察官以甲犯罪嫌疑重大且有逃亡之虞，向該管法院聲請羈押甲。於羈押審查程序，檢察官未到場，甲未選任辯護人，審判長隨即指定律師R為甲辯護。指定辯護人R雖經聯絡，仍一直未到庭。等候指定辯護人已逾4小時，審判長詢問甲是否可以開始進行羈押審查程序，甲表示無所謂，審判長即開始進行程序。不久，

---

35 答案為(C)。參照本法第29、150條。

36 答案為(D)。辯護人在搜索或扣押時之「在場權」僅及於「審判中」，警察機關於「偵查中」搜索或扣押之行為。參照本法第150條。

37 答案為(B)。參照本法第27條第1項：「被告得隨時選任辯護人。犯罪嫌疑人受司法警察官或司法警察調查者，亦同。」第95條第2項：「無辯護人之被告表示已選任辯護人時，應即停止訊問。但被告同意續行訊問者，不在此限。」

律師L趕到法庭，L表示是甲配偶乙為甲選任之辯護人。L要求暫時停止羈押審查程序，讓伊跟甲談話，審判長隨即停止程序。並讓L檢閱卷證。L要求6小時的準備時間，審判長認為3小時即已足夠，L也接受。審查終結，法院認為甲所犯為重罪，犯罪嫌疑重大，雖無逃亡之虞，但有串證之虞，因而裁定羈押甲。試問法院羈押程序之合法性。

【107年一般警特三等刑法與刑事訴訟法】

■ 參考解答

（一）法院於無辯護人之情形下訊問甲不合法

1. 依照2017年4月增訂的刑事訴訟法（下簡稱本法）第31條之1第1項第3款之規定：「偵查中之羈押審查程序未經選任辯護人者，審判長應指定公設辯護人或律師為被告辯護。但等候指定辯護人逾四小時未到場，經被告主動請求訊問者，不在此限。」因此，偵查中的羈押審查程序在修法後屬於強制辯護的案件，原則上，偵查中的羈押審查程序須有辯護人到庭辯護。例外的情形係，等候指定辯護人逾四小時未到場，經被告主動請求法院訊問者，不在此限。
2. 不過，如題所示，當等候辯護人R已逾4小時，法院主動訊問，並「非」被告主動請求法院訊問，不符本法第31條之1第1項例外之情形，故法院之程序顯然不合法。

（二）法院給予L3小時的準備時間羈押程序應為合法

1. 依本法第27條第2項之規定，被告之配偶，得獨立為被告或犯罪嫌疑人選任辯護人，不受被告或犯罪嫌疑人選任意思的拘束。因此，甲配偶乙為甲選任L辯護人之程序合法。
2. 為使辯護人能實質有效地為告辯護，本法第101條第4項規定：「被告、辯護人得於羈押訊問前，請求法官給予適當時間為答辯之準備。」此外，為落實釋字第737號的辯護人「卷證資訊獲知權」，本法於2017年4月增訂第33條之1第1項規定：「辯護人於偵查中之羈押審查程序，除法律另有規定外，得檢閱卷宗及證物並得抄錄或攝影。」所以，審判長暫時停止羈押審查程序給予3小時之準備等程序，並讓L檢閱卷證，均合乎本法之規定。

（三）結語

1. 依2017年4月修正後本法第101條第1項第3款之規定「被告經法官訊問後，

認爲犯罪嫌疑重大，而有所犯爲死刑、無期徒刑或最輕本刑爲五年以上有期徒刑之罪，有相當理由認爲有勾串共犯或證人之虞者，非予羈押，顯難進行追訴、審判或執行者，得羈押之。」是故，法院不得僅以甲所犯爲重罪，犯罪嫌疑重大，即予羈押，但題示情形，甲同時有串證之虞等情事，法院予以羈押之裁定，合乎新法之規定。

2. 綜合以上，雖然法院一開始未等辯護人R到場，即主動訊問並不合法。不過，不久之後，律師L趕到法庭，法院給予其檢閱卷證並給予3小時的準備時間，則程序瑕疵已然補正，並不影響法院裁定羈押甲的合法性。

第六節　輔佐人

輔佐人，乃係刑事訴訟案件起訴以後，與被告或自訴人有一定關係之人，得向法院陳明爲被告或自訴人之輔佐人，在法院陳述意見之人。

2015年1月14日，立法者有鑑於：一、原條文第3項前段規定，僅限智能障礙者，爲避免其他心智障礙，如自閉症、精神障礙、失智症等族群有此需求但被排除，故參考民法第14條、刑法第19條修正爲精神障礙或其他心智缺陷者，擴大於所有心智障礙類族群。二、關於主管機關指派之社工人員爲輔佐人一事，現階段各縣市社政主管機關皆未有指派所屬社工人員爲輔佐人之規定。直接服務心智障礙者之單位基於爲所屬個案協助立場與知悉案件程度，似較主管機關更適合扮演輔佐人角色。三、擔任智能障礙者之輔佐人應注重該輔佐人是否瞭解其溝通特質，如與該心智障礙被告或自訴人熟識，更能以其原有之信任基礎協助案件之審理。瞭解心智障礙特質者除了社工人員外，尚有保育員、治療師（語言、心理、物理、職能等）、特教老師等專業，因此輔佐人不應限縮於社工人員，將本法第35條第3項修正爲：「被告或犯罪嫌疑人因精神障礙或其他心智缺陷無法爲完全之陳述者，應有第1項得爲輔佐人之人或其委任之人或主管機關、相關社福機構指派之社工人員或其他專業人員爲輔佐人陪同在場。但經合法通知無正當理由不到場者，不在此限。」

學理上將輔佐人分二類，茲分述如後：

（一）一般案件輔佐人

得向法院陳明爲被告或犯罪嫌疑人的輔佐人。本法第35條第1項規定被告或自訴人之配偶、直系或三親等內旁系血親或家長、家屬或被告之法定代理人於起訴後，得向法院以書狀或於審判期日以言詞陳明爲被告或自訴人之輔佐人。

（二）特定被告輔佐人

不限於起訴後，於偵查中包括司法警察機關調查中，如果被告或犯罪嫌疑人因精神障礙或其他心智缺陷無法爲完全之陳述者，應有第1項得爲輔佐人之人或其委任之人或主管機關指派之社工人員爲輔佐人陪同在場。但經合法通知無正當理由不到場者，不在此限。

第七節　代理人

刑事訴訟法上的代理人者，乃受被告或自訴人的委任，於偵查或審判中，爲被告或自訴人代爲訴訟行爲之人，其所爲訴訟行爲之效力，與被告或自訴人所自爲者，有同一效力。本法第36條規定最重本刑爲拘役或專科罰金之案件，被告於審判中或偵查中得委任代理人到場。但法院或檢察官認爲必要時，仍得命本人到場。本法第37條規定自訴人得委任代理人到場。但法院認爲必要時，得命本人到場。

進階思考

1 本法第31條第5項是否爲強制辯護案件的類型？

■ 參考解答

（一）否定說

依照2013、2015年的修法，被告或犯罪嫌疑人因「精神障礙或其他心智缺陷無法爲完全之陳述」或具「原住民身分」者，於偵查中未經選任辯護人者，檢察官、司法警察（官）應通知法律扶助機構指派律師到場爲其辯護。但此性質上屬法律扶助而「非」強制或指定辯護規定，其法律效果，主要是連結到能否合法進（續）行訊（詢）問。[38]

（二）肯定說

採此說的論者認爲，若檢察官或司法警察官員違反第31條第5項規定，因無律師爲其辯護，而在偵查中遭受羈押者，應類推適用第379條第7款規定，認爲該羈押之裁定違背法令而應予撤銷。被告或犯罪嫌疑人在羈押過程中所作陳述，應屬因違法羈押所爲之自白，依第156條第1項，無證據能力。因此，第31條第5項的規定也爲強制辯護的類型。[39]

更有認爲，不僅第31條第5項應爲偵查中強制辯護案件，立法者僅將智能不足無法爲完全之陳述與具原住民身分作爲偵查中強制辯護，適用範圍過狹，應採全面性之國選辯護制度，應容許被告與辯護人有充分溝通案情之機會，而非形式上在場而已。[40]

（三）結語

以上兩說，本書認爲肯定說較可採。蓋新法只是將國家保護被告之義務，由檢察官偵訊中「提前」至警詢階段，不論其法條用語係「指定」或「通知」而有不同。

2 強制辯護的規定於準備程序中是否適用？

■ 參考解答

（一）否定說

依實務見解，準備程序原則上僅處理訴訟資料之彙整，旨在使審判程序能密集順暢進行預作準備，是否行準備程序，法院有裁量之權。因此，縱未

---

38 林鈺雄，《刑事訴訟法（上）》，新學林，十版，2020.09，223頁以下。

39 王兆鵬、張明偉、李榮耕，《刑事訴訟法（上）》，新學林，五版，2020.03，602頁。

40 黃朝義，《刑事訴訟法》，新學林，五版，2017.09，100頁。

於準備程序到庭參與行準備程序，並不違反本法第31及284條之規定，仍屬合法。被告不能據此主張該審判程序有本法第379條第7款之違反。[41]

（二）**肯定說**

學說上認爲，前開實務見解，恐與本法第31條文義有違，又可能混淆準備程序與審判期日功能。蓋在起訴後，訴訟便已經進入「審判」階段，準備程序與審判期日同屬於「審判」的一部分，自應亦有強制辯護規定的適用。[42]

本法有關禁止羈押被告接見之規定，其效力能否及於辯護人？

■ **參考解答**

爲使辯護人能充分行使辯護權，法律賦予辯護人得接見犯罪嫌疑人及羈押的被告，並互通書信之權，不得禁止之。但有事實認其有湮滅、僞造、變造證據或勾串共犯或證人之虞者，得限制之（本法§§27Ⅰ、34）此限制之權，審判中屬於審判長，偵查中屬於檢察官，案件於司法警察機關調查中則屬司法警察官。而本法第105條第2項、第3項規定，法院認爲被告與外人接見、通信、授受書籍籍其他物件有足致湮滅、僞造、變造證據或勾串共犯或證人之虞者，得依檢察官之聲請或依職權命禁止或扣押之。但檢察官或押所遇有急迫情形時，得先爲必要之處理，並應即陳報法院核准。本條規定係否定檢察官的羈押權及第105條核准押所長官命令之權，而爲之規定。但此係對一般人而爲規定，對辯護人的接見或通信，不適用之。至於辯護人接見羈押之被告，如有事實足認爲有湮滅、僞造、變造證據或勾串共犯或證人之虞者，僅得限制之，不得禁止其接見。[43]故本法有關禁止羈押被告接見之規定，其效力不及於辯護人。

41 最高法院100年度台上字第446號判決。

42 李榮耕，〈準備程序與強制辯護〉，《月旦法學教室》，第109期，2011.11，36頁以下。

43 法院辦理刑事訴訟案件應行注意事項第6點。

4 輔佐人在偵查有在場權，但有無陳述意見之權利？

■ **參考解答**

應採肯定見解，本法第35條第2項規定立法理由是參考智能障礙者保護法第57條規定，實施刑事訴訟程序之公務員於智能障礙者涉案或作證時，應就其障礙類別之特殊需要，提供必要協助。兒童少年性交易防治法第10條規定，案件偵查審判中於訊問兒童或少年時，主管機關應指派社工人員陪同在場，並得陳述意見。故輔佐人於偵查中自應比照援用，本法第35條第2項規定輔佐人得在法庭陳述意見。本條第3項既爲智能障礙，無法爲完全陳述者所設置，立法意旨在輔助被告不能爲完全陳述之缺陷，當然有輔佐其陳述意見之權能，應無疑義。

5 於何種情形之下，須強制輔佐？有無例外的情形？

■ **參考解答**

（一）本法第35條第3項規定被告或犯罪嫌疑人因精神障礙或其他心智缺陷無法爲完全之陳述者，應有本條第1項得爲輔佐人之人或其委任之人或主管機關指派之社工人員爲輔佐人陪同在場。其性質有如本法第31條第1項規定對於精神障礙或其他心智缺陷者，指定公設辯護人，其辯護的性質相同，爲強制輔佐的規定。

（二）但如案件在審判中已指定辯護人爲被告辯護，及偵查中未有此規定的輔佐人者，就無強制必有此辯護人到場之必要。

第五章　文　書

第一節　序說

訴訟行爲，除以言詞表示外，應以文字爲之。各種文書的製作，均由訴訟法規定一定之程式及內容，以資遵守。如有違反之情形：有時會影響證據證明力，例如警詢筆錄受訊問人未於末行簽名，則爲違背程式，但該筆錄並非當然無效，其證明力由法院自由認定之。如係受訊問人拒絕簽名時，則須將拒絕之情形，記明於筆錄，仍具有證據證明力。有時會影響及於訴訟行爲效力的問題，例如審判筆錄爲依照本法的程式與內容記載及製作，審判程序及無法證明，判決所用的資料，就不認爲適法，得爲上級法院廢棄的原因。

第二節　文書的種類

壹、普通文書

本法第39條規定文書，由公務員製作者，應記載製作之年、月、日及其所屬機關，由製作人簽名。又同法第40條規定公務員制作之文書，不得竄改或挖補，如有增加、刪除或附記者，應蓋章其上，並記明字數，其刪除處應留存字跡，俾得辨認。同法第53條規定文書由非公務員制作者，應記載年、月、日並簽名。其非自作者，應由本人簽名，不能簽名者，應使他人代書姓名，由本人蓋章或按指印。但代書之，應附記其事由並簽名。

貳、特定文書

一、訊問筆錄

通常刑事訴訟法所規定的文書格式，爲特定文書，不同於一般公文書

（刑法對公文書有一定的解釋）。下列均爲刑事訴訟法所規定的特定文書，分述如下：

（一）本法第41條規定訊問被告、自訴人、證人、鑑定人及通譯，應當場製作筆錄，記載左列事項：

1.對於受訊問人之訊問及其陳述。

2.證人、鑑定人或通譯如未具結者，其事由。

3.訊問之年、月、日及處所。

（二）筆錄應向受訊問人朗讀或令其閱覽，詢以記載有無錯誤。受訊問人請求將記載增、刪、變更者，應將其陳述附記於筆錄。筆錄應命受訊問人緊接其記載之末行簽名、蓋章或按指印。

二、搜索扣押及勘驗筆錄

本法第42條規定，搜索、扣押及勘驗，應制作筆錄，記載實施之年、月、日及時間、處所並其他必要之事項。扣押應於筆錄內詳記扣押物之名目，或制作目錄附後。勘驗得制作圖畫或照片附於筆錄。筆錄應令依本法命其在場之人簽名、蓋章或按指印。本法第43條規定，前二條筆錄，應由在場之書記官製作之。其行訊問或搜索、扣押、勘驗之公務員，應在筆錄內簽名；如無書記官在場，由行訊問或搜索、扣押、勘驗之公務員親自製作筆錄。

三、司法警察（官）之筆錄

檢察事務官，負有調查犯罪及蒐集證據之職責，依法院組織法第66之3第2項規定亦爲本法之司法警察官。依本法第43條之1，第41條、第42條之規定，於檢察事務官、司法警察（官）行詢問、搜索、扣押時，準用之。於檢察事務官、司法警察（官）行詢問、搜索、扣押時製作筆錄準用本法第41條及第42條規定製作，並對於犯罪嫌疑人詢問筆錄之製作，除因情況急迫或事實上之原因不能爲之者外，應由行詢問以外之人爲之（**此即詢錄分離原則**）。另檢察機關辦理刑事訴訟案件應行注意事項及警察偵查犯罪手冊亦規定，**詢問犯罪嫌疑人筆錄之製作，應採一人詢問，另一人記錄之方式製作**。但因情況急迫或事實上之原因不能爲之，而有全程錄音或錄影者，不在此限，惟應將情況急迫或事實上之原因等具體事由記明於筆錄。[1]法官、檢察官行訊問、搜索、扣押、勘驗時，如無書記官在場，得指定在場執行公務之警察人員製作筆錄。[2]依此，司法警察（官）依據本法所製作之筆錄可以分爲「詢問犯罪嫌疑人或證人之筆錄」與「執行搜索或扣押之筆錄」二種類型。[3]若警察機關與其他司法警察機關共同偵辦案件，對於在同一場所之檢察事務官、司法警察（官）間，如因人手不足，經彼此同意互相協力製作筆錄，對於同一犯罪嫌疑人之筆錄詢問與製作，可分由不同機關人員詢問、記錄之。[4]

四、審判筆錄

（一）審判期日應由書記官製作審判筆錄，記載下列事項及其他一切訴訟程序：

1. 審判之法院及年、月、日。
2. 法官、檢察官、書記官之官職、姓名及自訴人、被告或其代理人並辯護人、輔佐人、通譯之姓名。
3. 被告不出庭者，其事由。
4. 禁止公開者，其理由。
5. 檢察官或自訴人關於起訴要旨之陳述。
6. 辯論之要旨。
7. 第41條第1項第1、2款所定之事項。但經審判長徵詢訴訟關係人之意見後，認爲適當者，得僅記載其要旨。
8. 當庭曾向被告宣讀或告以要旨之文書。
9. 當庭曾示被告之證物。
10. 當庭實施之扣押及勘驗。
11. 審判長命令記載及依訴訟關係人聲請許可記載之事項。

1 警察偵查犯罪手冊第128點。

2 檢察機關辦理刑事訴訟案件應行注意事項第5點、警察偵查犯罪手冊第129點。

3 林培仁，《偵訊筆錄與移送作業》，元照，初版，2013.02，35頁。

4 警察偵查犯罪手冊第130點。

12.最後曾與被告陳述之機會。

13.裁判之宣示。

（二）受訊問人就前項筆錄中關於其陳述之部分，得請求朗讀（或）交其閱覽，如請求將記載增、刪、變更者，應附記其陳述。

（三）審判筆錄的效力

本法第47條規定審判期日之訴訟程序，專以審判筆錄爲證（採用法定證據主義）。除非能證明審判筆錄出於僞造或變造，不能認審判筆錄無效。本法第48條規定審判筆錄內引用附卷之文書或表示將該文書作爲附錄者，其文書所記載之事項，與記載筆錄者，有同一之效力。本法第50條規定裁判應由法官製作裁判書。但不得抗告之裁定當庭宣示者，得僅命記載於筆錄。

本法第51條規定裁判書除依特別規定外，應記載受裁判人之姓名、性別、年齡、職業、住所或居所；如係判決書，並應記載檢察官或自訴人並代理人、辯護人之姓名。裁判書之原本，應由爲裁判之法官簽名；審判長有事故不能簽名者，由資深法官附記其事由；法官有事故者，由審判長附記其事由。

若刑事判決正本送達後，發現原本錯誤或正本記載之主文與原本記載之主文不符時，可否以裁定更正？對此，大法官指出，除非將被告張三誤寫爲張四，如全案關係人中別有張四其人而未經起訴者，其判決自屬違背法令，應分別情形依上訴、非常上訴及再審各程序糾正之，如無張三其人，則此顯係文字誤寫，與一般的文字誤寫並不相同，自可依通常訴訟程予以更正，亦即案經上訴者，由上級法院予以更正，未經上訴而確定者，即由原審法院依聲請或本職權以裁定更正。[5]故實務上認爲顯然文字誤寫而不影響裁判本旨導致的正本與原本不符，得依法裁定更正。[6]又如原判決書誤寫被害人頭部骨折爲頸部骨折，車禍發生時間爲十九時三十分誤寫爲十九時三「時」十分許，上述的錯誤與判決無影響，不得作爲上訴的理由。

有關訴訟程序上的瑕疵或錯誤，能否裁定更正，最高法院認爲，訴訟程序中，於其應爲訴訟行爲而使訴訟狀態爲一定之推移後，固發生一定之確定狀態；然此一確定狀態是否應賦予絕對性之效力，其有錯誤是否亦不得更

5 釋字第43號解釋。

6 最高法院71度年第2次刑事庭會議決議、72年台抗字第518號判例。

正，則須就法的安定性與具體的妥當性兩者予以適當之衡量而定之，非可一概而論。蓋刑事訴訟重在國家刑罰權之實現，訴訟程序係對於判決目的之手段，於某一程度上，其手段自應隸屬於目的。以裁判之更正言，倘將更正之訴訟行爲視爲有效，反較視之爲無效，更能符合訴訟整體之利益，且對被告亦不致發生不當之損害者，爲求訴訟之合目的性，自不能僅因訴訟狀態之確定，即不許其爲更正。司法院釋字第43號解釋所謂「不影響於全案情節與判決之本旨」者，亦即此意。[7]

本法第52條規定裁判書或記載裁判之筆錄之正本，應由書記官依原本製作之，蓋用法院之印，並附記證明與原本無異字樣。前項規定，於檢察官起訴書及不起訴處分書之正本準用之。

圖表1-5-1

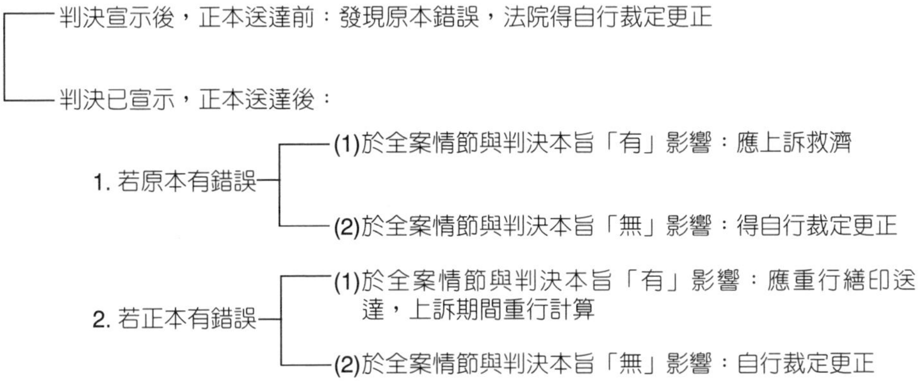

- 判決宣示後，正本送達前：發現原本錯誤，法院得自行裁定更正
- 判決已宣示，正本送達後：
  - 1. 若原本有錯誤
    - (1)於全案情節與判決本旨「有」影響：應上訴救濟
    - (2)於全案情節與判決本旨「無」影響：得自行裁定更正
  - 2. 若正本有錯誤
    - (1)於全案情節與判決本旨「有」影響：應重行繕印送達，上訴期間重行計算
    - (2)於全案情節與判決本旨「無」影響：自行裁定更正

7 最高法院80年台上字第2007號判例。

第六章 送 達

稱送達者，乃法院或檢察官依照一定的程序，將應交付當事人或訴訟關係人之文書，交付其收受之訴訟行爲。如傳票的送達，乃爲通知其到庭應訊，裁判書的送達，乃告知其裁判情形，訴訟上的效力常因送達而發生，如聲請再議、上訴、抗告之期間，故訴訟對於送達，有嚴格的規定，必須依照一定之程序爲之，方能認爲合法。

第一節 送達的處所

一、陳明之處所

本法第55條規定被告、自訴人、告訴人、附帶民事訴訟當事人、代理人、辯護人、輔佐人或被害人爲接受文書之送達，應將其住所、居所或事務所向法院或檢察官陳明。被害人死亡者，由其配偶、子女或父母陳明之。

二、陳明送達代收人

如在法院所在地無住所、居所或事務所者，應陳明以在該地有住所、居所或事務所之人爲送達代收人。前項之陳明，其效力及於同地之各級法院。

送達向送達代收人爲之者，視爲送達於本人。

三、監所的送達

本法第56條規定前條之規定，於在監獄或看守所之人，不適用之。

送達於在監獄或看守所之人，應囑託該監所長官爲之。法院對於羈押監所之人送達文件，不過應囑託監所長官代爲送達，而該項文件仍應由監所長官交與應受送達人收受，始生送達之效力。[1]

四、對書記官送達

本法第57條規定（2018.01修正），應受送達人雖未爲第55條之陳明，而其住、居所或事務所爲書記官所知者，亦得向該處送達之。

五、檢察官的送達

本法第58條亦定有明文對於檢察官之送達，應向承辦檢察官爲之，承辦檢察官不在辦公處所時，向檢察長或檢察總長爲之。因此判決書正本對於檢察官之送達，應於辦公處所向承辦檢察官爲之，如承辦檢察官因公執行職務不在辦公處所，或差假不在辦公處所或其他檢察官有不能收受送達文書之障礙事由存在時，則應即向檢察長爲之。倘非前揭原因，且得在辦公處所得會晤檢察官者，因檢察官客觀上已可收受該應受送達之文書，仍故不收受，固非不可認其送達爲合法，但承辦檢察官是否故不於送達時收受送達，以送達時已會晤承辦檢察官而對之送達，或客觀上有證據足以證明承辦檢察官於特定時日已知悉已有該等文書之送達或客觀上已置於隨時可收受送達之狀態（如置放於辦公桌上）爲必要。以避免因檢察官對何時收受送達之恣意，而置法定上訴期間於不確定之狀態，影響其他當事人之權益。[2]

第二節　送達的方法

一、直接送達

本法第61條第1項規定（2018.01修正），送達文書由司法警察或郵務機構行之。前項文書爲判決、裁定、不起訴或緩起訴處分書者，送達人應作收受證書、記載送達證書所列事項，並簽名交受領人（以傳票爲例，若以平信

1　最高法院44年台抗字第3號判例。

2　最高法院99年度台非字第164號判決。

郵寄，民眾會質疑是詐騙集團所為）。第1項規定，拘提前之傳喚，如由郵務機構行送達者，以郵務人員為送達人，且應以掛號郵寄；其實施辦法由司法院會同行政院定之。

二、囑託送達

本法第56條規定前條之規定，於在監獄或看守所之人，不適用之。送達於在監獄或看守所之人，應囑託該監所長官為之。

三、郵寄送達

應受送達人之住、居所，或事務所未向法院或檢察官陳明，亦未陳明送達代收人時，書記官倘知悉其住、居所，或事務所，得將應送達之文書，掛號郵寄之，其送達的效力應以實際收到之翌日起算之，而非交郵之日為準。

若送達於住居所、事務所或營業所不獲會晤應受送達人者，得將文書付與有辨別事理能力之同居人或受僱人，為民事訴訟法第137條前段所明文規定；此項規定依本法第62條於刑事訴訟程序，亦在準用之列。至所稱之「同居人」云者，雖不必有親屬關係，亦毋庸嚴格解釋為須以永久共同生活為目的而同居一家；必係與應受送達人居住在一起，且繼續的為共同生活者，方為適當。[3]而公寓大廈管理委員會僱用之管理員，因其所服勞務包括為公寓大廈住戶接收文件，性質上應屬全體住戶之受僱人。郵政機關之郵務士送達文書於住居所、事務所或營業所，不獲會晤應受送達人，而將文書付與公寓大廈管理員者，即為合法送達，至於該管理員何時將文書轉交應受送達人，對已發生之送達效力不受影響。[4]送達若不能依第137條規定為之者，依民事訴訟法第138條，得將文書寄存送達地之自治或警察機關，並作送達通知書兩份，一份黏貼於應受送達人住居所、事務所、營業所或其就業處所門首，另一份置於該送達處所信箱或其他適當位置，以為送達。寄存送達，自寄存之日起，經十日發生效力。寄存之文書自寄存之日起，寄存機關應保存二個月。

---

3 最高法院82年台上字第2723號判例。

4 最高法院100年度台上字第6037號判決。

而對於無訴訟能力人爲送達者，應向其全體法定代理人爲之，民事訴訟法第127條第1項亦定有明文。蓋受領送達，關係重大，如許向無訴訟能力本人爲送達，無異承認無訴訟能力人亦有訴訟能力，殊非保護其利益之道。是對無訴訟能力人本人爲送達者，自不生送達之效力。[5]

四、公示送達

謂對於特定應受送達之文書，因無法送達，乃依一定的程式，將應受送達的文書公示後，經過一定期間，視爲已經送達，而實則並未送達。此種送達乃在不能依前述方法送達之救濟方法。

（一）公示送達的要件

本法第59條規定被告、自訴人、告訴人或附帶民事訴訟當事人，有左列情形之一者，得爲公示送達：

1. 住所、居所、事務所及所在地不明者。
2. 掛號郵寄而不能達到者。
3. 因住居於法權所不及之地，不能以其他方法送達者。

（二）公示送達的程序

本法第60條規定公示送達應由書記官分別經法院或檢察總長、檢察長或檢察官之許可，除將應送達之文書或其節本，張貼於法院牌示處外，並應以其繕本登載報紙，或以其他適當方法通知或公告之。前項送達，自最後登載報紙或通知公告之日起，經三十日發生效力。

5 最高法院100年度台非字第260號判決。

第七章　期日及期間

期日者，乃法院審判長、受命法官、受託法官或檢察官傳喚或通知訴訟關係人，使會集於一定場所，爲訴訟行爲所指定之時間。如審判期日。

期間者，由法律所規定，或法院裁定所設定之期間，使訴訟主體或其他訴訟關係人，於此時間內，爲或不爲訴訟行爲之限制。如上訴期間、傳訊之猶豫期間。

第一節　期日的指定變更與延長

本法第63條規定審判長、受命法官、受託法官或檢察官指定期日行訴訟程序者，應傳喚或通知訴訟關係人使其到場。但訴訟關係人在場或本法有特別規定者，不在此限。傳喚是指對被告、自訴人、證人、鑑定人、代理人、通譯用傳票爲之。通知是指對檢察官、辯護人、輔佐人用通知書爲之。傳喚證人的傳票至遲於到場期日二十四小時前送達，但有急迫情形者不在此限（本法§175 Ⅳ）。第一次審判期日的傳票，至遲應於七日前送達，刑法第61條之案件，至遲應於五日前送達（本法§272）。

特別規定是指用傳票或通知書外，（一）對於到場之被告、證人、鑑定人、自訴人經面告以下次應到之日、時、處所，記明筆錄者，與已送達傳票，有同一效力。（二）其經以書狀陳明屆期到場亦同（本法§§72、176、197、327）。

有關期日的變更正指期日經指定後，開始前，廢棄原指定的期日，另以他期日替代。而期日的延展是指於指定的期日開始爲訴訟行爲，將該日所應爲的訴訟行爲，至他期日爲之。凡期日之變更延長，除有本法第294條第1、2項之特別規定外，即被告心神喪失或因疾病不能到庭者，得予變更或延長外，餘均須有重大理由方得爲之。

因此，本法第64條規定，期日除有特別規定外，非有重大理由，不得變更或延展之。期日，經變更或延展者，應通知訴訟關係人。所謂重大理由者，如天災、地變致法院無法執行職務之情形，或審判期日，因證據繁複，於指定期日不能調查完成，自須另行指定期日延展之。

第二節　期間之種類

一、行爲期間與不行爲期間

行爲期間是指一定期間應爲某訴訟行爲，或得爲訴訟行爲。以防止訴訟進行之遲滯而設。如於此時間內不爲某訴訟行爲，則不得復爲該訴訟行爲，而生失權的效果，例如經過上訴或抗告或聲明再議期間，即不得再爲有效的上訴、抗告、聲請再議之行爲，上述的權利已經因一定期間的經過而失效。

不行爲期間是指於一定期間內，不得爲某訴訟行爲，亦稱猶豫期間。例如傳喚證人的傳票，應於到場日二十四小時前送達（本法§175 Ⅳ），乃預留期間，俾以準備得以出庭應訊，但違反此項規定者，並非當然認其訴訟行爲無效。

二、法定期間與裁定期間

法定期間是指法律所規定的期間。如上訴期間（本法§349規定爲二十日）、抗告期間（本法§406規定爲五日），聲請再議期間（本法§256規定爲十日）。上述爲法定期間不得伸長或縮短，逾此期間，則不得再爲此項訴訟行爲。

相關判例如後，（一）關於不變期間之計算，當事人郵遞上訴或抗告等書狀者，應以書狀到達法院之日，爲提出於法院之日。[1]（二）當事人對民事確定判決，提起再審之訴，應於三十日之不變期間內爲之。又該期間自判決確定時起算，爲民事訴訟法第500條第1、2項所明文規定。其對於附帶民事訴訟確定判決，依本法第512條規定向民事法院提起再審之訴者，自亦相

1　最高法院69年台抗字第236號判例。

同。[2]

裁定期間是指由法院裁定者，此項期間通常是指審判長於訴訟進行中，斟酌情形所做的程序裁定，法律不做硬性的規定，而給予當事人或訴訟關係人有機會行使訴訟行為，如審判長裁定期限提出自訴狀繕本。

三、失權期間與訓示期間

失權期間，是指一定期間不為訴訟行為，及喪失其行使的權利，如上訴期間，如收到判決書十日內，未提起上訴者，即不得再行上訴。此項期間大都當事人而設，除有聲請回復原狀之情形者外，此期間則不得再行延長。同時此訴訟行為大都為行為期間，故又稱「行為期間」。

訓示期間是監督公務員職務行為而設，公務員於一定期間應為某項訴訟行為，但如逾期為之者，並不發生失權的效果，亦不生違法的問題，僅在行政上應負遲延職務的行為，構成行政責任。例如法官交付原本應於宣示後三日內為之，如有違反，對於該行為本身，並不認為無效。

第三節　期間的扣除

本法第66條規定應於法定期間內為訴訟行為之人，其住所、居所或事務所不在法院所在地者，計算該期間時，應扣除其在途之期間。前項應扣除之在途期間，由司法行政最高機關定之。如提起上訴，當事人不在法院所在地居住，自應扣除在途期間，其上訴期間的計算，應以當事人的上訴書狀到達法院之日，為提出法院之日，即計算上訴有無逾期之日。另外指定送達代收人者，亦得扣除在途期間。

2 最高法院72年台上字第533號判例。

第四節　回復原狀

本法第67條第1項所規定的聲請回復原狀乃救濟非因過失而遲誤抗告、上訴等法定期間之程序，且為衡平及兼顧法安定性、眞實發現與法治程序之維護，明定應於其遲誤之原因消滅後5日內為之。又所謂非因過失，係指逾期之緣由非可歸責於當事人而言，苟其不能遵守期限非由於自誤，即不能謂因過失遲誤不變期間[3]。

一、聲請回復原狀主體

並不以當事人為限，凡應於法定期間內實施訴訟行為之人，遲誤期間者，均得為之。如證人、鑑定人、通譯對於法院依本法第178條第3項傳喚無正當理由而不到場者，所為科罰鍰裁定之抗告，遲誤法定期間者，得聲請回復原狀。

二、得聲請的要件

得聲請回復原狀者，以遲誤上訴、抗告、或聲請再審之期間、或聲請撤銷或變更審判長、受命法官、受託法官裁定或檢察官命令之期間者為限。[4]至於送達文件向送達代收人為之者，視為送達之人，本法第55條第3項既定有明文，則送達代收人之過失，自應視為本人之過失，亦應視為上訴人本人因過失而遲誤上訴期間，自不得執為聲請回復原狀之理由。[5]

本法第68條規定因遲誤上訴或抗告或聲請再審期間而聲請回復原狀者，應以書狀向原審法院釋明之，並應同時補行期間內應為之訴訟行為。其遲誤聲請撤銷或變更審判長、受命法官、受託法官裁定或檢察官命令之期間者，向管轄該聲請之法院為之。

如上訴逾期，經上訴法院判決駁回後，原審法院得依聲請以裁定准予回復原狀，業經確定者，上訴法院仍應受理上訴。若上訴並未逾期，由於原

3　最高法院107年度台抗字第438號裁定。

4　法院辦理刑事訴訟案件應行注意事項第20點。

5　最高法院29年上字第3809號判例。

審法院漏未將上訴書狀送交上訴法院，以致上訴法院判決認爲逾期予以駁回者，如經查明確有合法上訴書狀，即足防阻駁回判決效力之發生，重入於上訴審未判決前之狀態，雖應由上訴法院依照通常程序進行審判，唯如上訴法院係將不利益於被告之合法上訴誤認逾期而予判決駁回並告確定者，即應先依非常上訴程序將該確定判決撤銷後，始得回復原訴訟程序就合法上訴部分進行審判。[6]

本法第69條規定回復原狀之聲請，由受聲請之法院與補行之訴訟行爲合併裁判之；如原審法院認其聲請應行許可者，應繕具意見書，將該上訴或抗告案件送由上級法院合併裁判。受聲請之法院於裁判回復原狀之聲請前，得停止原裁判之執行。

本法第70條規定遲誤聲請再議之期間者，得準用前三條之規定，由原檢察官准予回復原狀。

6 法院辦理刑事訴訟案件應行注意事項第21點、最高法院80年度第5次刑事庭會議決議、釋字第271號解釋。

第八章　強制處分概論

第一節　序說

所謂「**強制處分**」（Zwangsmaßnahmen），係繼受德國的外來語，「強制處分」在刑事程序的概念是指在刑事程序進行中，爲了獲得、保全證據或確保被告到場，使用各種強制力，對犯罪嫌疑人、被告或其他訴訟關係人基本權所爲的侵犯措施。其主要特徵多爲，執法人員施以「強制力」、違反受處分人自由意志及侵害憲法所保障的基本權利爲主要特徵。「強制處分」的實施，在審判中可能根據法院的命令（如傳喚、拘提或羈押等）；在偵查程序中，檢察官或司法警察（官）亦得爲之[1]。

「偵查中的強制處分」（Zwangsmaßnahmen im Ermittlungsverfahren）係在於蒐集證據、提起公訴；「審判中的強制處分」重在調查證據、發現眞實。日本學者稱「偵查中的強制處分」爲「強制偵查」（強制捜查），例如逮捕、搜索和扣押，都是在特定條件下法律所賦予的偵查行爲。而「**強制偵查**」的相對概念是「**任意偵查**」[2]（**也就是不違反人民的意願及強制侵犯基本權的手段**）。就偵查方式而言，**應儘量使用任意偵查之方式**；除非有必要，才不得已使用強制偵查的方式侵犯人民之身體、自由、隱私、財產等權利。由於「任意偵查」侵害人民基本權（如隱私權）較小，所以在沒有法律規定下，檢、警亦得爲之。但如果司法警察意圖以「任意」偵查之名，卻違反犯罪嫌疑人意志帶往警察局，在客觀上還是會被當成採取「強制」力，一般認爲這是實質上逮捕，仍屬於強制偵查的範疇[3]。

1　*Kral / Eausch*, Strafverfahrensrecht, 20. Aufl., 2013, S. 63.

2　日本教科書上所稱之「強制捜查」、「任意捜查」，本書一律譯作「強制偵查」、「任意偵查」。

3　白取祐司，〈強制捜查の許される条件〉，收錄於氏著《刑事法》，放送大学教育振興会，初版，2016.03，169～170頁。

舉例說明

例如：日本法上的「任意同行」（にんいどうこう），檢、警得要求犯罪嫌疑人到場協助調查，如果該犯罪嫌疑人在不被強迫的情況下自願隨行，即屬不使用強制力的任意偵查之方式。日本的警察官職務執行法第2條2項與刑事訴訟法第198條第1項都可為任意同行的條文依據。所不同之處在於：就目的而言，警職法係基於犯罪預防；而刑訴法則是犯罪偵查。就客體而言，警職法是對受臨檢盤查、違反交通法令者；而刑訴法則是針對犯罪嫌疑人。共通之處在於，即使在不得已的情況下採取有形的腕力，但不得達「強制」的程度[4]。

由於強制處分偵查的方式通常藉由侵犯人民憲法上的基本權為之，甚至以強迫人民自由意志為手段，故須有法律明文規定且符合憲法第23條之比例原則方得為之，此即強制處分法定主義。相對來說，**因為任意偵查方式並未行使用強制手段，對人民權利侵犯程度亦較輕微，縱使無法律明文，執法人員亦得為之**。警方常使用「跟監」為犯罪偵查手段，[5]最高法院認為，此係調查及蒐集犯罪證據方法之「任意偵查」活動，不具強制性，苟「跟監」後所為利用行為與其初始之目的相符，自無違法可言。[6]由此可知我國實務上區分「強制偵查」或「任意偵查」之標準大抵是以**有無強制力、侵犯人民基本權利是否重大或輕微作區別**，與學說上大致相同。

至於利用衛星定位系統（G1obal Positioning System，即GPS）偵查犯罪，係「強制偵查」或「任意偵查」不無爭議。參考外國的案例，如美國聯邦最高法院於2012年，九位大法官一致認為，安裝GPS追蹤器在汽車偵查犯罪是一種「搜索」（Search）的行為，依照該國的聯邦憲法增修條文第4條，必須取得令狀，否則就是違法搜索[7]。

日本關於此問題也是有長年的爭議，近例如大阪府的岩切勝志，涉嫌夥

---

4 津田隆好，《警察官のための刑事訴訟法講義》，東京法令出版株式会社，初版二刷，2009.10，41頁。

5 警察偵查犯罪手冊第93點。

6 最高法院102年度台上字第3522號判決。

7 United States v. Jones, 132 S.Ct. 945 (2012).

同其他三名共犯，在大阪、兵庫等六府縣犯下多起竊盜案。大阪府警方在偵辦過程中，偷偷在岩切等竊嫌共19輛的汽車及機車上裝設GPS，再利用手機監視竊嫌行蹤、取得犯罪證據。2017年最高裁判所認爲，使用GPS衛星定位器是強制偵查手段，因爲全球定位系統的偵查是一種通過在未經用戶同意的情況下，將GPS終端秘密附著到車輛上來檢測和掌握位置信息的偵查手段，警方秘密將侵犯個人隱私的設備隱藏在其所有物中，不符合理隱私的期待，這無疑是一種侵犯私人領域的犯罪調查方法，屬於偵查中的強制處分，依照該國憲法第35條、刑訴法第197條，沒有令狀不得爲之，認定以GPS蒐證若未聲請請令狀則屬違法。此外，判決書也提及希望以立法手段解決其中的爭議[8]。日本最高裁判所認證了此一新型態的強制處分，必須符合憲法及刑訴法諸原則的立法措施。[9]

我國最高法院於2017年12月，也首次對類似的GPS爭議案件，採美、日等國法院實務相同見解，大意是偵查機關非法安裝GPS追蹤器於他人車上，已違反他人意思，而屬於藉由公權力侵害私領域的偵查，且因必然持續而全面地掌握車輛使用人的行蹤，明顯已侵害憲法所保障的隱私權，自該當於「強制偵查」，故而倘無法律依據，自屬違法而不被允許。使用GPS追蹤器與現實跟監追蹤比較，除取得的資訊量較多以外，從取得資料可以長期記錄、保留，而且可全面而任意地監控，並無跟監跟丟可能等情形觀察，二者仍有本質上的差異，不能以上述資訊也可以經由跟監方式收集，即謂無隱密性可言[10]。這樣的案例如果依照德國法模式來檢驗，也會得到相同的結論。蓋GPS資訊屬受憲法第22條保障之基本權（隱私秘密），警察對人民安裝追蹤器的秘密蒐集行爲，即爲國家權力對基本權構成干預行爲。警察對民眾之車輛行蹤資訊不但全面掌控追蹤範圍不受時空限制，亦不侷限於公共道路上，也包含車輛進入私人場域且期間頗長，遠非短期目視跟監所能比擬，顯非微量干預。而我國法制上目前又無特別授權，針對現有干預處分的其他授

8 最高裁平成28年（あ）第442号大法廷判決（2017年3月15日）。

9 白取祐司，《刑事訴訟法》，日本評論社，第10版，2021.03，125頁。

10 最高法院106年度台上字第3788號判決（具有參考價值的裁判）。有關本號判決的評析，請參閱薛智仁，〈GPS跟監、隱私權與刑事法—評最高法院106年度台上字第3788號刑事判決〉，《月旦裁判時報》，第70期，2018.04，42頁以下。

權規定（如搜索、通訊監察等），不但皆相去太遠，硬套也不可能符合法律明確性原則之要求[11]。

此外，判斷偵查機關使用GPS定位偵查之合憲性，尚有一套更細緻的判斷標準，亦即「鑲嵌理論」（Mosaic Theory）又譯爲「馬賽克理論」，係美國聯邦最高法院於2010年Maynard案判決中提出的理論[12]，其可作爲大數據時代下隱私權是否遭到侵害之判斷標準。這個理論係指政府於一段時間內，集合連續性之執法行爲，作爲一個全部聚合，並判斷此等先後順序集合性行爲，有無構成搜索，該理論認爲判斷政府一連串連續性集合的監視行爲，不該以個別行爲爲之，即便單一個別行爲，單獨來看並非搜索，以集合式馬賽克方式之監視[13]；單一一個的資訊或情報可能微不足道，但如果將這些情報或資訊累積起來，拼湊出那個人的完整樣貌，此足以被認爲係對隱私權的侵害[14]。亦即，認爲一個人被持續長期追蹤，個人資訊 被一點一滴地蒐集起來，就像拼一片一片的馬賽克一樣，最後會拼湊出對這個人的完整圖像，仍然構成這個人的隱私侵害。我國臺灣高等法院於104年度上易字第352號刑事判決亦曾引用該理論略以：「……而此亦爲美國法院近年來針對類似案件所採取之『馬賽克理論（mosaic.theory）』（或譯爲『鑲嵌理論』），即如馬賽克拼圖一般，乍看 之下微不足道、瑣碎的圖案，但拼聚在一起後就會呈現一個寬廣、全面的圖像。個人對於零碎的資訊或許主觀上並沒有隱私權遭受侵害之感受，但大量的資訊累積仍會對個人隱私權產生嚴重危害。是以車輛使用人對於車輛行跡不被長時間且密集延續的蒐集、紀錄，應認仍具有合理之隱私期待。」

換言之，也就是取得之個人資訊累積達到一定數量時，足以產生質變，個人之單筆資訊或許尚不足以揭露個人之全面隱私，然而面對現代數位科技之發展，個人一筆筆之單筆隱私資訊，將可能被大量蒐集整合、分析，

---

11 林鈺雄，《刑事訴訟法實例解析》，新學林，三版，2021.03，121頁以下。

12 United States v. Maynard, 615 F.3d 544 (D.C. Cir. 2010).

13 熊誦梅、溫祖德，〈從馬賽克理論（Mosaic Theory）談通訊使用者資料之法官保留—評智慧財產法院106年度刑智上易字第65號刑事判決〉，《法令月刊》，69卷9期，2018年9月，45-46頁。

14 許淑媛，〈全球衛星定位系統於偵查中使用之合法性及立法制度之初探〉，《全國律師》，25卷第2期，2021年2月，79-86頁。

形成大數據，若再加以使用將使個人隱私無所遁形，而其使用是否作爲正當目的或目的外使用，均不得而知。更甚者，個人常無法得知係何人正在蒐集及使用該等資料，恐有侵害人民合理隱私期待權。因此若符合「鑲嵌理論」的要件描述，即可謂侵犯機基本權重大。

不過，2012年的Jones案並未援用未採用Maynard案的鑲崁理論，而是回到較早的見解，認爲美國憲法增修條文第4條，以保護財產權爲主旨的觀點，當執法機關物理性地侵入私人財產時，即已構成美國憲法增修條文第4條的搜索。我國最高法院106年度台上字第3788號判決亦未採鑲崁理論。

不唯GPS偵查如此，隨著科技的日新月異，手機等具備定位、攝錄或監控之工具、設備與技術不斷進步更新，又網路高速發展與社群、通訊軟體的興起，更加速資訊及影像傳播，參考目前法制如德國，從定位監視目的之GPS追蹤器、無人機、熱顯像儀，到雲端硬碟搜索，乃至於侵入資訊科技系統的來源端通訊監察及秘密線上搜索，皆有明確之授權的規定。[15]本法第**230**條、第**231**條雖非僅止於任務指示規定而已，可以做爲一般授權基礎，但僅能適用於質量輕微的干預措施（或根本未到干預程度的措施），例如短期的目視跟監。[16]

有鑑於此，法務部於2020年9月8日公告之「科技偵查法」草案，將科技監聽、科技定位技術跟監、手機與個人通訊軟體監看、無人機[17]、基地台三角定位及M化車等（即全稱爲「M化偵查網路行動電話訂位系統」，類似僞裝基地台可精確掌握嫌疑人位置，國內刑事警察局常藉此直接蒐集行動電話用戶資料，只要插入SIM卡的手機一開機時，就會主動搜尋、聯繫附近的

15 林鈺雄，〈科技偵查概（上）——干預屬性及授權基礎〉，《月旦法學教室》，220期，2021.02，47頁以下。

16 林鈺雄，〈科技偵查概（上）——干預屬性及授權基礎〉，《月旦法學教室》，220期，2021.02，50頁。

17 若偵查機關是在私人住所或附連圍繞之土地實施空拍蒐證，因已嚴重侵害住居自由、資訊隱私權，乃強制偵查，而公共場域之活動仍有個人自主控制個人資料之權利，這點爲釋字第689號解釋肯認，在此範圍內以無人機空拍蒐證，因將侵害「個人資料之自主權」而仍屬強制偵查範疇而有強制處分法律保留原則與比例原則之要求；反之，如無人機空拍蒐證之範圍僅及於建築物頂樓、外觀、河川流域之污染物或露天廠區存放之廢棄物等公共場所，一般認爲較不涉及個人隱私權，則不被認爲構成侵害個人隱私的侵害，則屬於任意偵查。參閱黃朝義，《刑事訴訟法》，新學林，五版，2017.09，365頁。

基地台，透過車上裝設的IMSI截收器，僞裝成一個行動基地台，誘使被監控人的手機向其登錄，進而鎖定其手機所在位置[18]）合法化，惟一旦通過，勢必對人性尊嚴及個人隱私權造成不小的衝擊。爲此，立法院曾舉辦公聽會，與會成員包括法學教授、檢察官及律師等，大多表達對此草案持質疑的看法，具體授權規定仍有諸多檢討空間，例如GPS等定位科技的法官保留密度不足、設備端通訊監察的門檻太低等。[19]由於具高度爭議性，故而至今尚未通過。

由上述可知，是否爲強制偵查，有無強制力的行使並不是唯一的判斷標準，尚須視偵查手段侵犯人民基本權的強度綜合判斷之。須注意者係，即使採取任意偵查的方式，但所謂之「任意」，並非任何手段均可自由運用毫無限制，仍應受偵查比例原則及偵查不公開原則制約。[20]此外，「臥底偵查」也是必須要討論的議題。所謂「臥底偵查」其實就是司法警察隱藏自己眞正的身分，而長期地以假名、假證件至特定的犯罪集團、組織或圈子臥底，掌握犯罪資訊並協助破案者。據此，臥底警察與不具警察身分的線民，概念有所不同，立法政策的考量也不同臥底警探引發的問題還不僅於此，由於臥底警探往往必須「幹一票」來「取信」幫派組織，這些臥底警探本身的犯罪如何評價（犯案時究竟係出於自由意志或迫於無奈很難查知），迄今仍無定論。此外，通常還會伴隨陷害教唆、是否能出庭作證等問題[21]。

不過，基於國民有出庭作證的義務，出席審判庭，具結並陳述意見。基本上，這個義務對於臥底警察也不例外。不過，爲了保護臥底警察，在不妨害法院發現眞實的情況下，臥底警察應該可以使用原來的化名，出庭陳述意見。學者建議，爲偵查犯罪而安置臥底警探，應該緊守一些程序上的原則，才不至於造成臥底手段的濫用：1.對付重大犯罪；2.最後手段性，且有明確的偵查結果可資期待；3.臥底偵查的目標必須具體確定；4.由檢察官或法官

---

[18] 林鈺雄，〈科技偵查概 （上）——干預屬性及授權基礎〉，《月旦法學教室》，220期，2021.02，55頁以下。

[19] 林鈺雄，〈科技偵查概 （下）——干預屬性及授權基礎〉，《月旦法學教室》，221期，2021.03，52頁。

[20] 陳運財，〈偵查之基本原則與任意偵查之界限〉，收錄於氏著《偵查與人權》，元照，初版，2014.04，31頁。

[21] 林鈺雄，《刑事訴訟法（上）》，新學林，十版，2020.09，474頁。

授權臥底。因爲臥底警察所爲者，是調查證據的工作。而調查證據是廣義的強制處分。德國臥底警察的規定，就是安排在搜索扣押有關的章節裡（也就是在強制處分的體系），建議可以考慮在我國刑事訴訟法第153條之後[22]。

強制處分可依時序分爲審判中和偵查中二種，如下表：

強制處分
- 審判中：如傳喚、拘提、羈押、搜索、扣押等
- 偵查中（即強制偵查）：如傳喚、拘提、逮捕、通訊監察、搜索、扣押、羈押、GPS定位偵查（106年度台上3788號判決）

選擇題練習

有關「強制處分與任意處分」之敘述，下列何者錯誤？[23] (A)偵查方式，可分爲以強制處分進行偵查與任意偵查二類 (B)強制處分因侵害人民受憲法保障的基本權，須遵守法律保留原則 (C)任意偵查因未行使強制力，雖無法律明文，檢察官或司法警察亦可使用 (D)檢察官起訴後，這個階段的調查證據，仍得爲強制偵查 【107年警特三等犯罪偵查（刑事鑑識人員）】

第二節 類型

一、廣義與狹義的強制處分

前者指凡具有法律上強制要素之調查證據處分均屬之，如勘驗、檢查

22 林東茂，〈臥底警探的程序法上問題〉，收錄於《一個知識論上的刑法學思考》，五南，三版，2007.10，316頁以下。

23 答案爲(D)。檢察官於起訴後，即非偵查階段，如認仍有實施偵查活動、實施公訴之必要，雖仍得就繫屬法院之本案，繼續爲證據之蒐集，提出於審判庭以增強法院之心證，但以「任意處分」爲限，不包括逕爲執行保全扣押之強制處分程序，縱其向法院聲請保全扣押，扣押與否則由法院依其職權決定之。參照最高法院99年度台抗字第602號裁定。

身體、鑑定留置、通訊監察等均是。後者，專指以強制調查爲目的，而直接對人或物爲排除事實上之可能的反抗或妨害行爲所實施的處分，如傳喚、拘提、逮捕、搜索及扣押者是。

二、直接與間接的強制處分

依其處分的性質，可分爲：（一）直接強制處分，是指其本身處分即具有強制效力，如拘提、逮捕、搜索、扣押等是；（二）間接強制處分，僅指示其應負何種義務，如不履行即受強制處分，如傳喚、提出命令。強制處分依其處分的對象，可分爲：（一）對人的強制處分，乃對人的強制處分，如傳喚、拘提、逮捕、羈押、搜索、強制採樣、鑑定留置及通訊監察等；（二）對物的強制處分，乃對物所實施的強制處分，如提出命令、搜索、扣押。

第三節　強制處分應遵守之原則

一、法律保留原則

由於強制處分往往會侵犯人民憲法上的基本權，爲避免憲法所保障的各項基本權淪爲具文，故強制處分的實施，**必須有法律明文規定，由於這樣的法律是限制人民基本權**，故須合乎憲法第23條所要求的「**防止妨礙他人自由、避免緊急危難、維持社會秩序或增進公共利益所必要**」等要件，否則即屬違憲。

二、比例原則

憲法層次的比例原則，可自憲法第23條導出，主要是拘束立法者不得違反比例原則制定限制人民基本權的法律。而一般法律層次的比例原則，乃所有公權力行爲的決定與執行皆必須遵守的原則，不論實施行政程序或刑事程序的公務員皆應遵守。而強制處分中的比例原則，主要是一般法律層次的比例原則，其內涵可參照行政程序法第7條、警察行使職權法第3條之規定。

故實施刑事程序的公務員，皆應注意「採取之方法應有助於目的之達成」（適合性原則）、「有多種同樣能達成目的之方法時，應選擇對人民權益損害最小者」（必要性原則）及「採取之方法所造成之損害不得與欲達成目的之利益顯失均衡」（狹義比例性原則）。例如，警察人員執行搜索、扣押時，應嚴格遵守偵查不公開規定，並依比例原則、最小損害原則，擇其適當方法，審慎執行之。[24]

三、令狀原則

由於強制處分的發動因會侵害到被處分者之自由與權益，故不宜把實施者與決定者劃歸爲同一人，應在實施前由中立之一方加以審查，藉此限制國家權力，人權保障才能落實。[25]有的國家將令狀原則置於憲法位階，如美國憲法增修條文第4條規定，令狀之核發必須詳載搜索之地點、所拘捕之人或扣押之物。也就是禁止核發「概括令狀」，讓執法人員大肆搜括。二次大戰後的日本憲法第33條、第35條，也與美國聯邦憲法增修條文第4條有相類似的規定。而我國憲法第8條對於拘束人身自由的強制處分也有明確的規定，大法官作成釋字384號以後，欲拘束犯罪嫌疑被逮捕拘禁之人民，不能再由檢察官簽發押票。

至於其他的強制處分，我國憲法雖無美、日類似規定，但依本法，除了通緝犯及現行犯之逮捕、緊急搜索、緊急拘提（情況急迫的法理）、附帶搜索（保護執法人員安全及保全證物之目的）、另案扣押（善意例外的法理）或自願性同意搜索（自願者不構成侵害的法理）等例外情形，原則上強制處分皆須「令狀」（warrants）。另依通訊保障及監察法之規定，偵查機關實施通訊監察應向法院聲請核發「通訊監察書」、調取票，且明定此項書類的記載內容，此等規定也是令狀原則的展現。[26]

---

24 警察機關執行搜索扣押應行注意要點第3點。

25 黃朝義，《刑事訴訟法》，新學林，五版，2017.09，140頁。

26 陳運財，〈由強制處分法定原則與令狀主義論搜索法制〉，收錄於氏著《偵查與人權》，元照，初版，2014.04，304頁。

第四節　強制處分之決定機關

我國立法採以下混合的模式：

一、法官保留原則

（一）絕對法官保留

如羈押、鑑定留置（本法§§102、203 Ⅲ、203-1 Ⅳ）、一般監聽（通訊保障及監察法§5）

（二）相對法官保留

原則上須由法官核發令狀，例外在急迫情形可由偵查機關先自行決定，事後再由法院審查合法性。例如搜索，以有令狀搜索爲原則（本法§§128Ⅰ、128-1），無令狀搜索（本法§§130～131-1）爲例外。此外，限制辯護人與羈押之被告接見或互通書信（本法§34-1）、非附隨於搜索之扣押（本法§§133-1、133-2）、緊急監聽（通訊保障及監察法§6）、調取通信紀錄（通訊保障及監察法§11-1），亦採相對法官保留原則。

（三）刑事強制處分專庭之設置

依法院組織法第14條之1：「地方法院與高等法院分設刑事強制處分庭，辦理偵查中強制處分聲請案件之審核。但司法院得視法院員額及事務繁簡，指定不設刑事強制處分庭之法院。承辦前項案件之法官，不得辦理同一案件之審判事務。前二項之規定，自中華民國106年1月1日施行。」

本條第1項立法目的係爲貫徹保全扣押及其他刑事訴訟上重大強制處分採取「法官保留原則」之趨勢與要求，兼顧審查之時效性（如通訊監察應於二十四小時內核復，保全扣押則更具急迫性）與專業性，刑事法院應由專業相當的法官組成強制處分審查專庭，以因應日益繁重且需即時復核的司法審查業務之需求。

本條第2項爲維護法官之中立性要求，爲維護法官之中立性要求，貫徹公平審判之法官迴避制度的本旨，強制處分審查法官不應同時或隨後擔任本案審理之法官。

所謂強制處分審查法官，乃係仿自德國「偵查法官」（Der Ermittlungsrichter）的制度而來，依德國刑事訴訟法第162、169條（§§ 162, 169 StPO）地區法院及邦高等法院皆有此職位之設置，專責審理「檢察官」（Die Staatsanwaltschaft）欲在偵查程序中行使原屬於法官保留的各項措施是否合法妥當（例如押票的核發、證人宣誓訊問等）[27]。之所以要求其後不能參與本案審判，是因其已先一步接觸到卷證、犯嫌，恐已對本案預斷。

二、偵審二分模式

即偵查中以檢察官爲決定機關；審判中以法官爲決定機關。如傳喚（本法§71 Ⅳ）、拘提（本法§77 Ⅲ）、通緝（本法§85 Ⅲ）、身體檢查（本法§§204-1、205-1）等。

三、完全由偵查機關決定

例如：經通知或公告後對通緝犯之逮捕（本法§87 Ⅰ）、現行犯之逮捕（本法§88）、緊急拘提（本法§88-1）、強制採樣處分（本法§205-2）。

選擇題練習

下列何者偵查作爲，於偵查中亦爲法官保留？[28]
(A)逮捕 (B)通緝 (C)搜索 (D)拘提 【104年警特三等犯罪偵查】

---

[27] *Kral / Eausch*, Strafverfahrensrecht, 20. Aufl., 2013, S. 22.

[28] 答案爲(C)。

第九章　傳喚拘提通緝及逮捕

第一節　傳喚

傳喚的主體爲法官或檢察官，乃命被傳喚者於一定的時日至法院或一定的處所接受訊問之強制處分。由偵查中的檢察官，審判中的審判長或受命法官爲被告或代理人、自訴人、證人、鑑定人、通譯任意於一定期日親赴法院或其他指定處所接受應訊之處分，須塡製傳票。

一、傳喚之方式

（一）本法第71條規定的書面傳喚，傳喚被告，應用傳票。

傳票，應記載左列事項：

1. 被告之姓名、性別、出生年月日、身分證明文件編號及住所、或居所。
2. 案由。
3. 應到之日、時、處所。
4. 無正當理由不到場者，得命拘提。

（二）被告之姓名不明或因其他情形有必要時，應記載其足資辨別之特徵。被告之年齡、籍貫、住所、或居所不明者，得免記載。**傳票，於偵查中由檢察官簽名，審判中由審判長或受命法官簽名（§71 Ⅳ）。**

對於在監獄、看守所、少年觀護所或保安處分場所之被告依本法第73條傳喚時，應通知該監所或保安處分場所長官，並先塡具傳票囑託送達，至訊問期日，再提案審訊。[1]

（三）傳喚無須送達的規定（或稱「傳喚被告之簡易方法」），本法第72條規定口頭傳喚，對於到場之被告，經面告以下次應到之日、時、處所，及如不到場得命拘提，並記明筆錄者，與已送達傳票有同一之效力（學說上稱「面告到場」），或被告經以書狀陳明屆期到場者，亦

1　法院辦理刑事訴訟案件應行注意事項第22點。

同（學說上稱「陳明到場」）。

二、傳喚之效力

（一）被告經合法傳喚應即到場應訊，無正當理由不到場者，得拘提之。但在例外的情形下，被告無須到場：1.傳喚不合法，傳票未經合法送達或傳票程式不完備。2.被告有正當理由不能到場者，如因交通阻隔或患重病難於行動等。

（二）本法第74條規定按時訊問，被告因傳喚到場者，除確有不得已之事故外，應按時訊問之。

（三）本法第75條規定，被告經合法傳喚，無正當理由不到場者，得拘提之。

第二節　犯罪嫌疑人之通知

司法警察（官）因調查犯罪嫌疑人犯罪情形及蒐集證據之必要，得使用通知書，通知犯罪嫌疑人到場接受詢問。

概念釐清

● 「傳喚」與司法警察（官）通知之比較

	傳　　喚	司法警察（官）通知（§71-1）
主體不同	由「法院」或「檢察官」為之。	司法警察（官）。
客體不同	包含自訴人、被告、證人、鑑定人、通譯。	犯罪嫌疑人、證人
程式不同	原則上應用「傳票」；例外如被告經面告下次到場或被告以書面陳明屆期到場者不在此限。	通知書

- 「傳喚」與司法警察（官）通知之比較（續）

	傳　　喚	司法警察（官）通知（§71-1）
簽發機關	在偵查中由檢察官簽發；審判中由審判長或受命法官簽發。	地區分局長或相當其職務以上之長官。[2]
拒不到場之效果	無正當理由不到場者，得簽發拘票拘提之（§75）。	約談通知書亦有間接強制處分的效果，經通知後無正當的理由不到場者，得向檢察官聲請核發拘票。司法警察人員認為有傳喚、拘提被告之必要，可聲請檢察官核發傳票或拘票。如經通知無故不到場者，司法警察人員自可衡情亦以先行聲請檢察官核發傳票為宜，再傳不到，始請發拘票，不得逕自拘提。

選擇題練習

1 有關「詢問、通知」之敘述，下列何者錯誤？[3] (A)司法警察官或司法警察因調查犯罪嫌疑人犯罪情形及蒐集證據之必要，得使用通知書通知證人到場詢問 (B)司法警察官或司法警察因調查犯罪嫌疑人犯罪情形及蒐集證據之必要，得使用通知書，通知犯罪嫌疑人到場詢問 (C)通知書由轄區警察局局長或其相當職務以上長官簽章，以派員或郵寄方式送達犯罪嫌疑人 (D)犯罪嫌疑人經合法通知，無正當理由不到場者，得報請檢察官核發拘票

【106年警特三等犯罪偵查】

2 警察爲調查犯罪嫌疑人犯罪情形及蒐集證據，得使用通知書。通知書由下列何者或其相當職務以上長官簽章？[4] (A)派出所所長 (B)偵查隊長 (C)警察分局長 (D)警察局長 【106年警特四等犯罪偵查】

2 警察偵查犯罪手冊第100點。

3 答案爲(C)。

4 答案爲(C)。

3 甲、乙二人共同謀議犯強盜罪，經司法警察官調查後，移送檢察官偵查。下列敘述何者最爲正確？[5] (A)傳票僅須合法送達於甲，其效力仍及於乙 (B)傳票僅能由法官簽發 (C)傳喚屬強制處分，被告無正當理由不到場，得命拘 (D)司法警察官不得用通知書約談甲、乙到場協助調查【109司律第一試】

第三節　拘提

拘提者，係於一定時間內拘束被拘提人的身體自由，強制其到達一定處所接受訊問。被拘提人包括犯罪嫌疑人、被告以及證人。拘提爲直接強制處分，具有防止被告逃亡及湮滅、僞造、變造證據或勾串共犯或證人之虞之作用，故另兼有保全證據的作用，與傳喚不同。拘提無法指定一定之期日，以拘獲時解送至一定處所就訊，此亦與傳喚不同。於一定時期內，拘束被告之自由，強制其到達一定處所應訊，並保全證據之強制處分，可分一般拘提與逕行拘提。

壹、一般拘提

依本法第75條規定，原則上被告經須合法傳喚且無正當理由不到場者，方得予以拘提。因此一般拘提必須具備「被告曾受合法傳喚」、「無正當理由不到場」及「必要性」等要件（法條規定「得」，足見一般拘提須符合比例原則）。

一、一般拘提的程式

本法第77條規定，拘提被告，應用拘票。

二、拘提之執行機關

本法第78條規定拘提，由司法警察（官）執行，並得限制其執行之期

5 答案爲(C)。參閱本法第75條。

間。拘票得作數通，分交數人各別執行。司法警察（官）執行拘提的情形有：[6]（一）法官或檢察官主動交付拘票執行者；（二）依照本法第71條之1第1項規定，經合法通知無正當理由不到場，聲請檢察官核發拘票執行者；（三）依照本法第76條規定，犯罪嫌疑重大得不經通知，報請檢察官簽發拘票執行者；（四）依照本法第88條之1第1項各款，因急迫情況不及報告檢察官而逕行拘提者，但於執行後應即報請檢察官簽發拘票。

三、出示拘票

本法第79條規定拘票應備二聯（拘票樣式參圖表1-9-1），執行拘提時，應以一聯交被告或其家屬。另一聯由執行人於執行完畢後，記載執行之處所及年、月、日、時繳交法官或檢察官；如不能執行者，記載其事由，由執行人簽名繳交法官或檢察官。[7]

四、執行拘提應注意事項

（一）司法警察域外之拘提

本法第81條規定，司法警察（官）於必要時，得於管轄區域外執行拘提，或請求該地之司法警察官執行。

（二）囑託拘提

本法第82條規定，審判長或檢察官得開具拘票應記載之事項，囑託被告所在地之檢察官拘提被告；如被告不在該地者，受託檢察官得轉囑託其所在地之檢察官。

（三）對現役軍人之拘提

本法第83條規定，被告為現役軍人者，其拘提應以拘票知照該管長官協助執行。

---

6 警察偵查犯罪手冊第136點。

7 警察偵查犯罪手冊第139點。

圖表1-9-1

臺灣臺北地方法院拘票							
案由							
被拘提人姓名		年齡	歲　民國				
		性別	男	出生地		特徵	
住居所							
拘提之理由	刑事訴訟法第178條第1項		應解送之處所	本院刑事庭			
拘提期限	限於以前拘提到案						
身分證	身分證統一編號：						
備註	被拘提人為證人						
中華民國	年　月　日 法　官　（簽名）						
執行拘提處所			執行拘提時日	年　月　日　午　時			
拘票第二連已交被拘人或其家屬	簽名蓋章						
	司法警察　（簽名）						
注意	一、執行拘提時應注意被拘人之身體及名譽。 二、被拘人抗拘時得用強制力拘提但不得逾必要之程度。 三、執行拘提得搜索身體住宅或其他處所。 四、被拘提至應解送處所應即時詢問。 五、拘票應備2聯，執行拘提時以第2聯交被拘人告或其家屬，如由被拘人之家屬收領時應載明其與被拘人之關係及身分證字號，並由領收人簽名或蓋章或捺指印。						

（四）使用強制力的前提

執行拘提、逮捕或解送，得使用戒具。但不得逾必要之程度。並應注意被告或犯罪嫌疑人之身體及名譽，避免公然暴露其戒具；認已無繼續使用之必要時，應即解除[8]。被告抗拒拘提、逮捕或脫逃者，得用強制力及依法使

8　本法第89-1條，執行拘提、逮捕或解送之人員，爲維護拘提、逮捕或解送過程之秩序及安

用警械，[9]但仍不得逾必要之程度。此乃強制處分必要性原則之適用。（本法§§89、89-1、90）。

五、拘提後之處置

執行拘提後，應於拘票記載執行之處所及年、月、日、時；如不能執行者，記載其事由，由執行人簽名，提出於命拘提之公務員（本法§80）。

貳、逕行拘提

一、定義

本法第76條規定的逕行拘提事由，被告犯罪嫌疑重大，而有左列情形之一者，必要時[10]得不經傳喚「逕行拘提」：

（一）無一定之住所或居所者。

（二）逃亡或有事實足認爲有逃亡之虞者。

（三）有事實足認爲有湮滅、僞造、變造證據或勾串共犯或證人之虞者。

（四）所犯爲死刑、無期徒刑或最輕本刑爲五年以上有期徒刑之罪者。

二、「有事實足認」之判斷

實務見解認爲，本法第76條第2款、第3款及第88條之1第1項第1款、第

全，固得使用戒具，惟對被告或犯罪嫌疑人使用戒具，係限制其身體自由，而影響其權益，故使用戒具時，必須符合比例原則之要求，不得浮濫使用戒具。使用戒具之目的，在確保國家刑罰權之順利行使，惟對被告或犯罪嫌疑人使用戒具，不僅限制其身體自由，並易造成名譽上損害，故執行人員依第一項規定對被告或犯罪嫌疑人施用戒具，對於其身體及名譽，應爲特別之維護與注意。執行人員於認爲已無對被告或犯罪嫌疑人繼續使用戒具之必要，應立即解除其身體受戒具施用之狀態。本條使用戒具之範圍、方式、程序及其他應遵行事項之實施辦法，授權行政院會同司法院定之。（2020.01.15增訂）

9 警察偵查犯罪手冊第146點。

10 逕行拘提係爲達確保被告到場，並兼具保全證據之功能，乃以強制力於一定期間內拘束被告人身之自 由，其干預人民基本權之手段與其所要達成之目的間，必須符合比例原則，本條序文「左列」一語修正爲「下列」，以符現行法規用語，並增列「必要時」等文字，以期妥當之運用。（2020.01.15增訂）

3款、第4款所謂有事實足認爲，係指必先有具體事實之存在，且據此事實客觀上顯可認爲犯罪嫌疑人，有逃亡之虞，有湮滅、僞造、變造證據或勾串共犯或證人之虞，或所犯之罪確有重大嫌疑等情形而言，檢察官應愼重認定，且應於卷內記明其認定之依據。[11]

參、緊急拘提

本法第88條之1第1項規定，檢察官、檢察事務官、司法警察（官），因偵查犯罪在情況急迫且具有法定原因的前提下，得不用拘票「逕行拘提」，以防人犯脫逃之強制處分，第130條及第131條第1項之規定，於第1項情形準用之。但應即報告檢察官（§88 III）。這裡所說的「情況急迫」，係指如不及時拘提，人犯即有逃亡之虞或偵查犯罪顯有重大困難者而言。而第88條之1條第2項之急迫情況不及報告檢察官者，係指檢察事務官、司法警察（官）「遇有上開情況急迫情事」不及報告檢察官簽發拘票者而言。[12]

爲與本法第76條之「逕行拘提」相區隔，學說上多稱本條爲「緊急拘提」。[13]惟亦有稱「緊急逮捕」[14]；更有稱「緊急拘捕」之論者。[15]**本書認爲，由於條文之用語是「拘提」**，雖然由檢察官親自執行時，得不用拘票；**但因司法警察（官）執行後，仍須報請檢察官簽發「拘票」，如檢察官不簽發拘票時，應即將被拘提人釋放（§88 II）。與無令狀之「逮捕」尚屬有間，故本條稱之爲「緊急拘提」毋寧較妥。**

---

11 檢察機關辦理刑事訴訟案件應行注意事項第17點。

12 檢察機關辦理刑事訴訟案件應行注意事項第14點、警察偵查犯罪手冊第142點。

13 蔡墩銘，《刑事訴訟法論》，五南，五版，2002.10，183頁；張麗卿，《刑事訴訟法理論與運用》，五南，十五版，2020.09，228頁；林俊益，《刑事訴訟法概論（上）》，新學林，十七版，2017.09，235頁；王兆鵬、張明偉、李榮耕，《刑事訴訟法（上）》，新學林，五版，2020.03，380頁；林俊寬，《刑事訴訟法：基礎理論與實務運用》，五南，初版，2013.07，94頁。

14 林山田，《刑事程序法》，五南，五版，2004.09，289頁；黃朝義，《刑事訴訟法》，新學林，五版，2017.09，193頁；黃東熊、吳景芳，《刑事訴訟法（上）》，三民，七版，2010.02，143頁。

15 林鈺雄，《刑事訴訟法（上）》，新學林，十版，2020.09，365頁。

一、緊急拘提之要件

檢察官、司法警察官或司法警察偵查犯罪，有左列情形之一而「情況急迫」者，得「逕行拘提」之：

（一）因現行犯之供述，且有事實足認為共犯嫌疑重大者

本款所謂現行犯，係指本法第88條第2項之現行犯及同條第3項以現行犯論者而言。檢察官如認犯罪嫌疑人所犯之罪情節輕微或顯係最重本刑爲拘役或專科罰金之罪者，即令因現行犯之供述，且有事實足認爲共犯嫌疑重大，亦不得逕行拘提。[16]

（二）在執行或在押中之脫逃者

所謂在執行中脫逃者，係指經依刑事法律指揮在監獄、看守所、少年輔育院、少年矯正學校或其他保安處分處所執行中脫逃者而言。所謂在押中脫逃者，係指經依刑事法律逮捕、拘提、羈押或收容中脫逃者而言。[17]

（三）有事實足認為犯罪嫌疑重大，經被盤查而逃逸者。但所犯顯係最重本刑為一年以下有期徒刑、拘役或專科罰金之罪者，不在此限

所謂「有事實足認爲」，應注意不得僅憑主觀認定其行跡可疑或未帶身分證，即遽予盤查及緊急拘提。[18]而「盤查」係指警察於「危害防止」或「刑事追訴」之際，經常用以「查證身分」、「蒐集資料」等手段，行使盤查權之合法措施，包括攔停、詢問、令出示證件，符合一定條件下，甚至可以檢查其身體及所攜物要求酒精測試及檢查交通工具等。[19]（警察這一連串的臨檢、盤查係屬於偵查機關所掌握的事實尚不足以構成犯罪嫌疑開啓正式偵查的前階段，德國學說上稱爲「前偵查領域」（Vorfeldermittlungen），這些主要是以犯罪預防爲導向的警務工作[20]，但是在發現犯罪嫌疑後，即

---

16 檢察機關辦理刑事訴訟案件應行注意事項第15點。

17 檢察機關辦理刑事訴訟案件應行注意事項第16點。

18 檢察機關辦理刑事訴訟案件應行注意事項第17點。

19 洪文玲、蔡震榮、鄭善印，《警察法規》，國立空中大學印行，修訂再版，2011.08，303頁。

20 *Allgayer* , StPO , 1. Aufl., 2016, §152 Rn. 62ff.

轉爲犯罪偵查）。「盤查」乃最典型的警察作爲，其發動門檻，爲「合理的懷疑」（reasonable suspicion），其證據強度約30%以上。美國法院向來尊重警察本身「專業知識與多年經驗」。可參考：第一、警察本人之觀察（police observation）。第二、剛發生之犯罪現場附近（location near scene of recent crime）。第三、線民（informant）提供之情報。第四、警方通報（police channel）。第五、計畫性掃蕩犯罪（a plan）。等原則。[21]至於警方可否任意設置「管制站」盤查？依警察職權行使法第6條第1項第6款，警察機關主管長官指定公共場所、路段及管制站者，**除必須有「防止犯罪，或處理重大公共安全或社會秩序事件」之要件合致外，尚須考慮比例原則之適用**。因此，警察機關依據該法固可實施全面攔停進行治安檢查，但必須其決定地點之程序與要件均須受到本款之拘束，依釋字第535號解釋所無法肯認不得不問時間、地點、或對象之設置管制站作全面攔檢，或不加判斷其合理性要件之任意或隨機攔檢。[22]

一般而言，依警職法「盤查」而查證身分固爲警察職權發動的行政行爲，但本款因「盤查」而逃逸而得爲之「緊急拘提」，應以犯罪嫌疑重大（依本款但書之規定不適用於輕罪）、偵查犯罪目的爲限。換言之，若警察盤查攔停、詢問的結果是單純的行政不法，如：紅燈右轉、未滿十八歲駕車，不得援引本款「緊急拘提」。另依《內政部警政署交通違規稽查與輕微違規勸導作業注意事項》，汽車駕駛人之行爲有關紅燈或平交道等行爲，「當場不能或不宜」攔截製單舉發者，得逕行舉發；經明確指揮制止攔檢不停車輛，應避免追車，依規定逕行舉發。總之，這些單純交通違規行爲，皆非不符緊急拘提（追車）要件，逕行舉發即可。

若駕駛人不聽制止或拒絕停車接受稽查而逃逸者，依道路交通管理處罰條例第60條第1項規定，處新臺幣三千元以上六千元以下罰鍰。」須注意者係，本條僅適用在已違反道路交通管理處罰條例之交通違規行爲者，若尚未構成違法情形，而拒絕稽查時，仍不得以該條加以處罰。例如，依警察職權行使法第6條第1項第6款規定：「行經指定公共場所、路段及管制站」者[23]。

---

21 內政部警政署印行，《警察職權行使法逐條釋義》，2003.08，第6條部分；羅傳賢，《警察法規概論》，五南，初版，2018.01，238頁。

22 蔡庭榕等編，《警察職權行使法逐條釋論》，五南，初版，2010.02，127頁。

23 羅傳賢，《警察法規概論》，五南，初版，2018.01，245頁。

（四）所犯為死刑、無期徒刑或最輕本刑為五年以上有期徒刑之罪，嫌疑重大，有事實足認為有逃亡之虞者

本款所謂「有事實足認爲」，係指必先有具體事實之存在，且據此事實客觀上顯可認爲犯罪嫌疑人，有逃亡之虞，有湮滅、僞造、變造證據或勾串共犯或證人之虞，或所犯之罪確有重大嫌疑等情形而言，檢察官應慎重認定，且應於卷內記明其認定之依據。[24]

二、緊急拘提後之處置

檢察官、檢察事務官、司法警察（官），依88條之1第1項規定程序拘提之犯罪嫌疑人，應即告知其本人及其家屬，得選任辯護人到場（§88之1 Ⅳ）。如辯護人不到場者，仍應即時訊問在告知被拘人之同時，應將告知事由，記明筆錄，交被拘人簽名、蓋章或按指印後附卷。告知其家屬者，如以電話行之，應將告知人、受告知人之姓名、住址、電話號碼及告知之時間，記載於公務電話紀錄表，層送檢察長核閱後附卷；如以書面行之（圖表1-9-2），應將送達證書或收據附卷。[25]

檢察官於檢察事務官、司法警察（官）依本法第88條之1第2項規定聲請簽發拘票時，應詳核其逕行拘提之理由，確與本法第88條之1第1項、第2項所定情形相符者，始予簽發拘票。如所陳報逕行拘提之理由與該條規定情形不合或被拘人爲未滿十四歲之人者，應不予簽發，檢察事務官、司法警察（官）應即將被拘人釋放，並將釋放之時間記明筆錄，交被拘人簽名、蓋章或按指印後附卷。經核准簽發拘票者，仍應於法定時間內將被拘人解送檢察官。**如該被拘人爲十四歲以上未滿十八歲之少年犯，應由檢察官或司法警察官移送該管少年法院（庭）。**[26]如檢察事務官、司法警察（官）於執行拘提後，不立即陳報檢察官簽發拘票者，應查究其責任。司法警察機關依前項規定，報請檢察官簽發拘票之案件，如經檢察官批駁者，應即將被拘提人釋放，並將釋放之時間記明筆錄，交被拘提人簽名、蓋章或按指印後附卷。[27]

---

24 檢察機關辦理刑事訴訟案件應行注意事項第17點。

25 檢察機關辦理刑事訴訟案件應行注意事項第18、19點、警察偵查犯罪手冊第143點。

26 檢察機關辦理刑事訴訟案件應行注意事項第20點。

27 警察偵查犯罪手冊第143點。

圖表1-9-2

（○○警察機關）執行拘提逮捕告知親友通知書	
先生 女士，因涉　　　　　　　　　　案件， 經　　　　　　警察局　　　　　　分局（大隊） 依下列法律之規定拘提或逮捕，特此通知： □依刑事訴訟法第71條之1規定，因合法通知無正當理由不到場，經聲請檢察官核發拘票拘提。 □依刑事訴訟法第75條或第76條規定，執行拘提。 □依刑事訴訟法第87條規定，因通緝而拘提或逕行逮捕。 □依刑事訴訟法第88條規定，因屬現行犯而逕行逮捕。 □依刑事訴訟法第88條之1規定，逕行拘提。 □依家庭暴力防治法第29條第1項規定，因屬家庭暴力罪之現行犯，應逕行逮捕。 □依家庭暴力防治法第29條第2項規定，逕行拘提。	
被通知人姓名	
通知方式	
通知時間	年　　月　　日　　時　　分

概念釐清

● 「一般拘提」、「逕行拘提」與「緊急拘提」之比較

	一般拘提、逕行拘提	緊急拘提
拘提前應否用拘票不同	（一）包含因被告經合法傳喚無正當理由不到場者之拘提（§75）及逕行拘提（§76），**皆應用拘票**（§71 Ⅰ）。 （二）包含偵查及審判程序。	**（一）「檢察官」親自執行時，得不用拘票。** （二）司法警察（官）執行時，以其急迫情況不及報告檢察官者為限，於執行後，應即報請檢察官簽發拘票。如檢察官不簽發拘票時，應即將被拘提人釋放。（§88-1 Ⅱ） （三）限於偵查程序。

	一般拘提、逕行拘提	緊急拘提
執行主體不同	原則：司法警察（官）；例外：囑託拘提時被告所在地之檢察官。	檢察官、司法警察（官）；不含檢察事務官。
拘提原因不同	（一）因抗傳而拘提（一般拘提） （二）被告犯罪嫌疑重大，而有下左情形之一者，得**不經傳喚**逕行拘提：（逕行拘提） 1.無一定之住、居所者。 2.逃亡或有事實足認為有逃亡之虞者。 3.有事實足認為有湮滅、偽造、變造證據或勾串共犯或證人之虞者。 4.所犯為死刑、無期徒刑或最輕本刑為五年以上有期徒刑之罪者。	有左列情形之一而**情況急迫**者，得逕行拘提之： 1.因「**現行犯**」之供述，且有事實足認為共犯嫌疑重大者。 2.在執行或在押中之脫逃者。 3.有事實足認為犯罪嫌疑重大，經被**盤查**而逃逸者。但所犯顯係最重本刑為**一年以下有期徒刑、拘役或專科罰金之罪者**（如刑法第266條的賭博罪），不在此限。 4.所犯為死刑、無期徒刑或最輕本刑為五年以上有期徒刑之罪，**嫌疑重大，有事實足認爲有逃亡之虞者**。

選擇題練習

1 刑事訴訟法第88條之1緊急拘提規定，下列敘述何者正確？[28] (A)檢察事務官具有緊急拘提權限 (B)檢察官親自執行，得不用拘票 (C)有事實顯然觸犯刑法第266條賭博罪而嫌疑重大，經盤查而逃逸者，得逕行拘提之 (D)因借提之正犯供述，且有事實足認爲共犯嫌疑重大者，得逕行拘提之

【95年警佐班】

[28] 答案爲(B)。

2 司法警察偵查犯罪，下列何種情形，基於情況急迫，得逕行拘提（無令狀之逮捕）？[29] (A)因證人之供述，且有事實足認爲犯罪嫌疑重大者 (B)在偵訊中之脫逃者 (C)有事實足認爲犯罪嫌疑重大，經被盤查而逃逸者。但所犯顯係最重本刑爲1年以下有期徒刑、拘役或專科罰金之罪者，不在此限 (D)所犯爲死刑、無期徒刑或最輕本刑爲5年以上有期徒刑之罪，有事實足認爲有逃亡之虞者 【101年警佐班】

3 在那種情況急迫下，員警得依刑事訴】訟法第88條之1規定逕行拘提？[30] (A)因發現人之供述，且有人證指爲正犯嫌疑重大者 (B)在押解過程中脫逃者 (C)所犯爲最輕本刑爲3年以上有期徒刑之罪，有可能逃亡者 (D)犯罪嫌疑重大，經被盤查而逃逸者，無論罪刑輕重，均可逕行拘提

【103年警特四等犯罪偵查】

4 被告經合法通知，無正當理由不到場者，司法警察機關得如何？[31] (A)逕行拘提 (B)逮捕 (C)強制到案 (D)報請檢察官核發拘票

【104年警特四等犯罪偵查】

5 下列何人經合法傳喚，仍不到庭者，得拘提之？[32] (A)被告之輔佐人 (B)自訴人 (C)鑑定人 (D)證人 【104年警特三等犯罪偵查】

---

29 答案爲(C)。因用語不同的關係，無令狀之逮捕有認爲除通緝犯逮捕、現行犯逮捕外尚包含緊急逮捕。但題示出現「情況急迫」，應指本法第88條之1的情形。不過，本書認爲，該條應稱爲「緊急拘提」，理由請參照前文。

30 答案爲(B)。

31 答案爲(D)。參照本法第71條之1。

32 答案爲(D)。參照本法第176條之1、178條。

6 下列關於拘提之敘述，何者正確？[33] (A)司法警察對於犯罪嫌疑人無正當理由不到場者，再傳喚不到者，得逕行拘提 (B)經合法傳喚不到場之被告、證人、自訴人，得拘提到場 (C)無固定之住居所之被告與證人，均得不經傳喚逕行拘提 (D)實施拘提後，應將拘票之一聯交由被告及其家屬

【104年警特三等犯罪偵查】

考題觀摩

司法警察（官）偵查刑案時，針對涉嫌重大之犯罪嫌疑人，於何種情形下，可依刑事訴訟法第76條規定，得不經傳喚，逕向檢察官聲請簽發拘票，予以拘提到案，試申述之。 【106年水上警特三等海上犯罪偵查】

■ **參考解答**：請自行參考前文作答。

第四節　通緝

通緝者，爲通緝機關，因被告逃亡或藏匿，通知其他機關拘提或逮捕解送指定之處所，所爲之強制處分，是屬「廣泛之實施拘提」。其要件如後：

（一）必須被告逃亡或藏匿者方得爲之。

（二）應以犯罪嫌疑重大爲要件。

一、通緝機關

（一）在偵查中屬於檢察總長或檢察長。

（二）在審判中由法院院長簽名。

二、程式

本法第85條規定通緝被告，應用通緝書（參圖表1-9-3）。

33 答案爲(D)。參照本法第75、76、77、79條。

圖表1-9-3

臺灣○○地方法院檢察署通緝書			
中華民國　年　月　日			
字第　號			
被通緝人姓名		性別	
		出生年月日	民國
國民身分證統一編號護照號碼		出生地	
		職業	
臉型		身材	
身高		特徵	
住居所			
通緝個案內容			
通緝原因	逃匿		
應解送處所			

三、效力

（一）現役軍人被通緝者，檢察機關應以專函檢附通緝書通知國防部及現役軍人服役單位。[34]

（二）監獄、看守所、少年觀護所、少年輔育院、矯正學校或技能訓練所犯脫逃而被通緝者，應將通緝書副本送有關監、所、院、

34 檢察機關辦理通緝案件應行注意事項第6點。

校。[35]

（三）通緝人犯歸案後，無論諭知具保或羈押，均應即時辦理撤銷通緝，並發給歸案證明書。如有遲誤情事，各該承辦人員均應負行政責任。如知悉他院、檢尚有通緝案者，原則上勿予具保，速即通知該院檢，如知有保安處分或感訓處分尚待執行者，並應即通知各該有關機關。[36]

四、通緝之方法

本法第86條規定通緝，應以通緝書通知附近或各處檢察官、司法警察機關；遇有必要時，並得登載報紙或以其他方法公告之。

人犯住居所遷移，應向其原戶籍機關查明其遷移處所再行傳喚，不得傳喚一次不到，即認其業已逃匿，並應儘量運用各種方法先行拘提，確實無法拘提時，始得予以通緝。[37]若爲具保、責付或限制住居之被告逃匿者，應先行切實查尋、追保、命受責付人或具保人將被告交案或沒入保證金，而被告仍未到案者，始得發布通緝。[38]

第五節　逮捕

逮捕者，乃爲保全證據及防止被告逃亡，以強制力解送現行犯，或通緝犯，至一定的處所接受應訊。**逮捕爲不要式的拘提，拘提則爲要式的逮捕行爲**。拘提由司法警察（官）執行之，現行犯不問何人均得逮捕之，通緝犯則利害關係人亦得逮捕之。拘提應用拘票爲之，並以一聯交付被告或家屬，逮捕則無須令狀爲之。

[35] 檢察機關辦理通緝案件應行注意事項第8點。

[36] 檢察機關辦理通緝案件應行注意事項第23點。

[37] 檢察機關辦理通緝案件應行注意事項第2點。

[38] 檢察機關辦理通緝案件應行注意事項第3點。

壹、通緝犯之逮捕

通緝經通知或公告後，檢察官、司法警察官得拘提被告或逕行逮捕之（本法§87Ⅰ）。各檢察機關對於通緝到案人犯，應即時分案處理，承辦檢察官於受理後應儘速查明其人有無錯誤，不必俟原定偵查或執行期日再行調查。[39]

利害關係人，得逕行逮捕通緝之被告，送交檢察官、司法警察官或請求檢察官、司法警察官逮捕之。通緝於其原因消滅或已顯無必要時，應即撤銷。撤銷通緝之通知或公告，準用前條之規定（本法§§87 Ⅱ、Ⅲ、Ⅳ）。

貳、現行犯之逮捕

一、現行犯逮捕的要件

所謂現行犯，意即犯罪現場作案之人。假使不允許發現現行犯之任何人立即採取「暫時逮捕」（Vorläufige Festnahme）的行動，日後可能會喪失追緝犯罪線索的契機。須注意者係，現行犯之逮捕只是一種作爲公民所具有之權利而並非義務[40]。

本法第88條第1項規定現行犯，不問何人「得」逕行逮捕之，同條第2項爲現行犯定義的規定，即「**犯罪在實施中或實施後即時發覺者，爲現行犯**」。本法第88條所定情形，不問何人均得逕行逮捕之，不以有偵查權人未曾發覺之犯罪爲限。此外，犯瀆職罪收受之賄賂，應認爲本法第88條第3項第2款所稱之贓物。賄賂如爲通貨一般觀察可認爲因犯罪所得，而其持有並顯可疑爲犯罪人者，亦有適用。[41]現行犯之逮捕必須具備「**犯罪行爲正在進行或行爲後即時發覺在時間點上相當密接**」、「**犯罪與行爲人之間在客觀上明顯可辨**」及「**必要性**」三大要件[42]。應否爲逮捕必要性之判斷應依具體之

---

39 檢察機關辦理通緝案件應行注意事項第21點。

40 *Radtke / Hohmann*, StPO, 1. Aufl., 2011, §127, Rn. 2.

41 釋字第90號解釋。

42 津田隆好，《警察官のための刑事訴訟法講義》，東京法令出版株式会社，初版二刷，2009.10，78頁以下。

逮捕時機予以區分。一般而言，發現有不必爲現行犯逮捕之情形，亦即無逮捕必要性之情形，應不得對之加以逮捕。例如：收受後方知爲僞造、變造之紙幣而仍加以行使之犯行，對之以現行犯加以逮捕，其因逮捕會因肢體衝突所造成之傷害或許較不加以逮捕更爲嚴重。[43]

舉例說明

在2018年2月，彰化地院對一件性侵案嫌犯開羈押庭時，聲請羈押的彰化地檢署女檢察官與法官對犯罪法條和事證起了爭辯，雙方動了氣，女檢嗆法官：「你中午是不是沒吃飯，腦袋不清楚？」不料惹怒了法官，下令當庭逮捕女檢察官，但法警不敢動手，最後驚動院檢高層出面協調，女檢才由彰檢人員帶離。此事引發法界熱烈議論，有法官認爲，莊檢侮辱執行公務的法官，是現行犯，「任何人都可逮捕現行犯」。但本書認爲，本案例縱使符合刑法上的侮辱公署罪，但仍欠缺當庭逮捕的「必要性」，蓋此案例中檢察官係蒞庭執行公務不會逃逸無蹤，並無若不立即採取逮捕，日後就喪失追緝犯罪線索的可能。

準現行犯，有左列情形之一者，以現行犯論（本法§88 III）：

（一）被追呼爲犯罪人者。

（二）因持有兇器、贓物或其他物件或於身體、衣服等處露有犯罪痕跡，顯可疑爲犯罪人者。

由於準現行犯以現行犯論，不問何人得逕行逮捕之，無須令狀，不受司法審查，**故準現行犯之逮捕，在時間上須與犯罪行爲終了有相當之密接性，始足以擔保犯人與犯罪之明確性，而與現行犯同視**，以契合憲法所保障之正當法律程序。[44]因此，例如準現行犯已離開犯罪現場數里之外，且於犯罪發生後已有一段時間，此時欲對準現行犯逮捕之行爲即欠缺適法性。[45]

43 黃朝義，《犯罪偵查論》，漢興，初版，2003.03，97頁。

44 最高法院102年度台上字第447號判決。

45 黃朝義，《刑事訴訟法》，新學林，五版，2017.09，192頁。

考題觀摩

何謂刑法「準現行犯」？我國刑事體系規定於何法制？試申論之。
【106年水上警特三等海上犯罪偵查】

■ **參考解答**：請自行參考前文作答。

二、臨檢、盤查與攔停、逮捕及留置的關聯性

臨檢、盤查的重點在於「詢問、攔停」，乃達到詢問效果的前提手段，攔停限定於「輕度的」、「一時性」、「過渡性」的手段，應注意警察比例原則的適用，須考量涉案嫌疑重大、具體情況的緊迫、有形力行使的必要性等。[46]

臨檢、盤查本質上原屬行政法上「行政檢查」之範疇，警察機關的核心任務在於公共安全之危害防止，在公眾安全的概念下，危害防止之於特定法益的威脅實屬緊密相連[47]。因此警察之任務並不侷限在「危害防止」，亦同時包含「刑事追緝」，「臨檢盤查」與「犯罪偵查」同屬警察重要職責乃屬必然[48]。警察工作的性質可依職務內容的不同劃分為「行政警察」與「司法警察」。惟在海洋法系的國家，因為法院體系屬於一元化，並不依警察職務劃分「行政警察」與「司法警察」，而係給予警察作用統稱的單一身分，再就警察執法之內容目的，判斷警察作用屬「行政目的活動」或「刑事目的活動」，例如美國。然而，或許是因為令狀原則相對寬鬆、防止危害及預防犯罪目的之糾纏等種種原因，常造成警方肆無忌憚地假藉行政檢查名義，實際從事蒐集犯罪證據，因此可能導致警察利用行政檢查名義發動犯罪證據之搜索行為，而與無罪推定原則相悖。至於我國，因係繼受大陸法系國家，不應認為「行政警察」與「司法警察」毫無區隔，而將偵查刑事法全部運用到行政警察作用的階段。因此，在承認「行政警察」與「司法警察」區別存在的

46 林裕順，〈臨檢盤查「半推半就」〉，收錄於氏著《人民參審與司法改革》，新學林，初版，2015.06，498頁。

47 *Kueelmann*, Polizei- und Ordnungsrecht, 2. Aufl., 2011, § 5 Rn. 32.

48 林裕順，〈警察臨檢廣結善緣〉，《月旦法學教室》，第182期，2017.12，33頁。

前提下，大致上來說，「犯罪發生後的偵查」與「犯罪嫌疑人的逮捕」可歸類於犯罪發生後司法警察的工作，至於維持社會秩序與預防犯罪之活動則屬行政警察之範疇。[49]不過，「行政目的活動」或「刑事目的活動」可能於盤查時轉換之，例如發現酒醉駕車達醉態駕駛罪標準值則轉成犯行追訴而採刑事訴訟手段，[50]以現行犯逮捕。

警察職權行使法依同第8條係警察對於已發生危害或依客觀合理判斷易生危害之交通工具，如予攔停，因駕駛人或乘客有異常舉動而合理懷疑其將有危害行爲時，如有合理懷疑認有強制其離車之必要時，在必要範圍，且未中斷取締行爲中，是否得以進入車輛駛入之處所，實施查證、檢查、接受酒精濃度測試等動作。同條第2項前段規定，駕駛人或乘客有異常舉動而「合理懷疑」，其將有危害行爲時，警察得強制其離車。在「有事實足認」其有犯罪之虞者，警察並得檢查交通工具，此爲該條第2項後段之規定。在此所稱**「有事實足認」的可能程度，要比「合理的懷疑」的程度來得嚴格**。至於駕駛人拒絕打開行李箱，警察是否可強制其打開，有論者持否定的看法。[51]本書亦認宜採否定，蓋此已屬本法搜索的範疇，由於行李箱非立即可觸及之處所，即使是附帶搜索亦不得爲之。

舉例說明

甲當時酒後駕車，不僅違規於夜間行車未開啓車燈，更無視員警攔檢而加速駛離，乙依其執勤經驗判斷決定緊隨在後以進行身分查證，應已足形成合理懷疑有犯罪之嫌疑或有犯罪之虞。警員依當時狀況客觀觀察、合理判斷，認甲駕駛之自小客車內疑似有人爲違法行爲或藏放違禁物品，遂駕警車欲對上訴人駕駛之車輛攔停、查證其身分，所爲即符合於警察職權行使法第8條之規定，係合法執行公務之行爲[52]。

我國警職法第7條規定[53]，「爲查證人民身分，得採取下列之必要措

49 林朝雲，〈論取締酒駕與刑事程序〉，《東吳法研論集》，第10卷，2020.06，9頁以下。

50 蔡震榮、黃清德，《警察職權行使法概論》，五南，四版，2019.11，5、23頁。

51 蔡震榮、黃清德，《警察職權行使法概論》，五南，四版，2019.11，58頁。

52 最高法院106年度台上字第1626號判決。

53 海岸巡防法第5、7條所規定的巡防機關人員，對進出通商口岸之人員、船舶、車輛或其他

施：一、攔停人、車、船及其他交通工具。二、詢問姓名、出生年月日、出生地、國籍、住居所及身分證統一編號等。三、令出示身分證明文件。4.若有明顯事實足認其有攜帶足以自殺、自傷或傷害他人生命或身體之物者，得檢查其身體及所攜帶之物。依前項第2款、第3款之方法顯然無法查證身分時，警察得將該人民帶往勤務處所查證；帶往時非遇抗拒不得使用強制力，且其時間自攔停起，不得逾三小時，並應即向該管警察勤務指揮中心報告及通知其指定之親友或律師。」此一規定，係行政檢查之性質，因「若有明顯是事實足認其有攜帶足以自殺、自傷或傷害他人生命或身體之物者，方得檢查其身體及所攜帶之物」。若警察於查證人民身分時，未遇有上揭情形，卻硬要檢查受檢人身體及財物，甚至進行刑事搜索，乃「假檢查之名，行搜索之實」。手段與所欲達成之目的，並無合理關聯性，應禁止爲之[54]。

但由於我國行政上前階段之人別查證與後階段之刑事程序，相當緊密連結，有時難以強行分割。德國刑事訴訟法第111條規定，對於某些嚴重罪行可以在公共街道和公眾得出入之場所等設置「檢查站」或譯作「管制站」（Kontrollstellen），每位經過檢查站之人均須接受身分之確認及被搜索隨身所攜帶之物品才能離開[55]。此一程序的概念被稱爲“Razzia”[56]（即類似我國所謂的臨檢）。指定檢查站設置的權力，原則上由法官爲之；但遇有遲延即產生立即危險的情狀時，檢察官及其具有警察身分的偵查輔助人員亦被授權得指定[57]。相較於德國，本法對於此種刑事程序上之臨檢付之闕如，此乃我國法制有所不足之處。無怪乎即使執行勤務的員警單純懷疑人民有犯罪嫌疑或可能是通緝犯，在欠缺刑事程序臨檢的法律明文下，員警盤查究竟是查證身分還是偵查犯罪，背後的條文依據常模糊不清，導致民眾經常質疑員警爲

運輸工具及載運物品，得行使緊追、登臨、安全檢查等職權，與警職法第7條亦同屬行政檢查之概念。

54 蕭玉文、陳俊宏，《警察勤務原理與基本法制》，臺灣警察專科學校印行，十五版，2015.08，35頁。

55 *Radtke / Hohmann*, StPO , 1. Aufl., 2011, §111, S. 441, Rn. 17ff.

56 *Beulke*, Strafprozessrecht, 12. Aufl., 2012, §111, Rn. 260.

57 在德國，警察各自隸屬於聯邦或各邦的內政部，但在組織上有「一般警務人員」（gewöhnlichen Polizeibeamte）和「檢察機關的偵查輔助者」（Ermittlungspersonen der Staatsanwaltschaft）之區分。Vgl. *Kral / Eausch*, Strafverfahrensrecht, 20. Aufl., 2013, S. 19.

何要查證身分或民眾自認沒必要接受身分之查證，進而誤解員警恣意、隨機臨檢[58]。參考美國聯邦最高法院著名的*Terry*案，警方盤查不需具有相當理由，例如警察憑其多年的執法經驗，合理懷疑嫌犯來回鬼祟地探勘商店，應是「準備」要偷竊或強盜，此時進行盤查，並搜到非法槍械，可以將嫌犯被起訴與定罪。而由首席法官*Warren*爲首的多數意見指出，儘管依該國憲法增修條文第4條，必須要有法院所簽發的令狀，且在有相當理由（Probable cause）的情況下才可對人民進行逮捕或搜索，但該條的要件並非絕對機械，若於警察**「合理懷疑」**（Reasonable suspicion）犯罪即將發生時，基於自及公共安全的考量，可以合法對人民進行短暫的攔停與拍搜（Stop and frisk）。此處所謂的**「拍搜」**係指輕拍觸摸受檢人外衣口袋的方式以搜尋其是否暗中藏有武器危害執法者人身安全，非如刑事訴訟法上之強制處分得爲「侵入性」搜索。[59]也就是說，警察本於犯罪預防之目的，本得依行政作用法盤查詰問，不需有刑訴法授權，**但是「合理懷疑」需有客觀事實存在，而不是單憑警察個人主觀直覺**，當民眾質疑警察盤查合法性時，還是有必要說明清楚，例如告知民眾疑似持有危險物品因而盤問、蛇行開車合理懷疑其酒駕等，避免不必要的爭執，畢竟良民被懷疑成罪犯的感覺誰都不好受。有學者認爲，既承認當事人在刑事偵查程序中之不自證己罪之權利，在行政上似亦應承認當事人對於警察之人別詢問時保持沉默，而享有「行政上之緘默權，依現行警職法第7條第1項第2款及第2項之文義及體系解釋，人民對於警察查證身分時，似未享有「行政上之緘默權」。是以，警職法第7條第2項「強制帶回警局」之要件應再行檢討，不宜變相成爲無令狀之「行政」逮捕。[60]

本書亦持相同意見，蓋警職法第7條第2項並未如海岸巡防法第5條第5款：「對航行海域內之船舶或其他水上運輸工具，如有損害中華民國海域之利益及危害海域秩序行爲或影響安全之虞者，得進行緊追、登臨、檢查、驅

58 李永得怒轟北市「警察國家」，https://tw.appledaily.com/headline/daily/20170320/37589225，最後瀏覽日：2017年12月9日。

59 *Terry vs. Ohio,* 392 U. S. 1 (1968)。

60 林明鏘，〈警察行使職權與身分查證問題〉，《警察法學》，新學林，2011.07，359、362頁。

離；必要時，得予『逮捕』、扣押或留置。」有「逮捕」的用語。

實則，警職法上的「攔停」與本法「逮捕」的差別，應個案判斷，如攔停留置的的手段、地點、時間久暫綜合考量等。例如警察以槍指著人民，要人民將手舉起，雖只有短短兩分鐘，應認爲警察行爲已構成逮捕，而非攔停或留置，若無相當理由，應認爲警察行爲違法。若警察要人民暫時不要走開，讓其進行相關調查，但時間過「長」，雖然警察未使用任何強制力，但人民因此「畏懼」產生心理上強制不敢離去，應認爲已構成逮捕，已非單純留置。[61]再者，由於現行法令上並未有強制規定人民有攜帶國民身分證之義務，以致尚有人可能並未有身分證及其證件或攜帶之，以致無法出示。若該等人經詢問後，告知姓名等基本資料，則此時應由在場警察依無線電查證或其他可能方式爲之，查證責任應在警察，若無法進一步查證，亦無其他實害違法，應讓其自由離開，實不得以所告知之姓名資料無法查證，而將之帶往警所。蓋依據警職法之「同行」規定，僅以「詢問」或「令出示證件」之方法而顯然無法查證身分，作爲要求同行之要件，然參考釋字第535號解釋，應以「非經受臨檢人同意或無從確定其身分或現場爲之對該受臨檢人將有不利影響或妨礙交通、安寧者，不得要求其同行至警局進行盤查。」作爲同行門檻。[62]

本書認爲，警職法第7條第2項是以查證身分爲目的，以目前的通訊科技，「3」個小時實已足夠，將來提審法應修法此種超過3個小時的「留置」，定位爲「行政上逮捕」，人民應亦得向法院提審。

三、拘提或逮捕被告後之程序

（一）拘捕被告之解送

拘提之被告應即解送指定之處所，如二十四小時內不能達到指定之處所者，應分別其命拘提或通緝者爲法院或檢察官，先行解送較近之法院或檢察機關，訊問其人有無錯誤（本法§91Ⅰ）。

---

61 王兆鵬、張明偉、李榮耕，《刑事訴訟法（上）》，新學林，五版，2020.03，373頁以下。

62 蔡庭榕等編，《警察職權行使法逐條釋論》，五南，初版三刷，2010.02，172頁；類似見解：李翔甫，《警察法規》，新學林，初版，2008.09，175頁。

（二）逮捕現行犯後之處理

1. 本法第92條第1項規定無偵查犯罪權限之人逮捕現行犯者，應即送交檢察官、司法警察（官）。司法警察（官）逮捕或接受現行犯者，應即送交檢察官。對於第一項逮捕現行犯之人，應詢其姓名、住所或居所及逮捕之事由。

2. 司法警察（官）逮捕或接受現行犯者，應即解送檢察官。但所犯罪重本刑爲一年以下有期徒刑、拘役或專科罰金之罪、告訴乃論之罪，其告訴或請求乃論之罪，其告訴或請求已經撤回或已逾告訴期間者，得經檢察官之許可，不予解送。

（三）被告羈押之程序

1. 被告或犯罪嫌疑人因拘提或逮捕到場者，應即時訊問（§93 I）。此所謂即時，係指依個案情節，考量被告人數多寡、情緒之安撫、案情是否繁雜、案件情資整理、偵查機關人員之調度、路程遠近、辯護人選任等諸多因素，不得爲不必要之拖延，並應注意此時間之經過，是否會影響受訊問者陳述之任意性。**實務上則以扣除刑事訴訟法第93條之1第1項各款事由後，以不逾24小時爲度。**[63]偵查中經檢察官訊問後，認有羈押之必要，應自拘提或逮捕之時起二十四小時內。以聲請書敘明犯罪事實並所犯法條及證據與羈押之理由，備具繕本並檢附卷宗及證物，聲請該管法院羈押之。但有事實足認有湮滅、僞造、變造證據或勾串共犯或證人等危害偵查目的或危害他人生命、身體之虞之卷證，應另行分卷敘明理由，請求法院以適當之方式限制或禁止被告及其辯護人獲知（本法§93 II）。本法第228條第4項規定，被告經傳喚、自首或自行到場者，檢察官於訊問後認有第101條第1項各款或第101條之1第1項各款所定情形之一而無聲請羈押之必要者，得命具保、責付或限制住居。但認有羈押之必要者，得予逮捕，並將逮捕所依據之事實告知被告後，聲請法院羈押之。第93條第2、3、5項之規定於本項之情形準用之。本條所謂「得予逮捕」究其性質爲留置之意。

2. 其未經聲請者，檢察官應將被告釋放。但如認有第101條第1項或第101條之1第1項各款所定情形之一而無聲請羈押之必要者，得逕命具保、責

---

63 最高法院106年度台上字第4085號判決。

付或限制住居，如不能具保、責付或限制住居，而有必要情形者，仍得聲請法院羈押之（本法§93 III）。

（四）本法第93條第1至3項之規定，於檢察官接受法院依少年事件處理法或軍事審判法移送之被告時，準用之（本法§93 IV）

（五）法院受理本法第93條前三項檢察官聲請羈押後，應即時訊問

法院於受理前三項羈押之聲請，付予被告及其辯護人聲請書之繕本後，應即時訊問。但至深夜仍未訊問完畢，被告、辯護人及得為被告輔佐人之人得請求法院於翌日日間訊問，法院非有正當理由，不得拒絕。深夜始受理聲請者，應於翌日日間訊問（本法§93 V）。前項但書所稱深夜，指午後十一時至翌日午前八時（本法§93 VI）。

概念釐清

● 「通緝犯」逮捕與「現行犯」逮捕之區別

	通緝犯逮捕	現行犯逮捕
發動原因	被告逃亡或藏匿	（一）現行犯： 犯罪在實施中或實施後即時發覺 （二）準現行犯： 1.被追呼為犯罪人者。 2.因持有兇器、贓物或其他物件、或於身體、衣服等處露有犯罪痕跡顯可疑為犯罪人者。
執行主體	（一）檢察官、司法警察官。 （二）利害關係人（如犯罪之被害人自訴人、告訴人或被告之保證人）。	任何人
決定機關	採二分模式，於偵查中由檢察總長或檢察長簽名，審判中由法院院長簽名。（**最高法院檢察署檢察總長**，原稱**檢察長**，下級檢察署設首席檢察官，但後因《法院組織法》修訂，改為最高檢設檢察總長，下級檢察署設檢察長。（§85 III）	無

	通緝犯逮捕	現行犯逮捕
後續處置	（一）應以通緝書通知附近或各處檢察官、司法警察機關；遇有必要時，並得登載報紙或以其他方法公告之。（§86）通緝經通知或公告後，檢察官、司法警察官得拘提被告或逕行逮捕之。 （二）利害關係人，得逕行逮捕通緝之被告，送交檢察官、司法警察官，或請求檢察官、司法警察官逮捕之。 （三）通緝於其原因消滅或已顯無必要時，應即撤銷。 （四）拘提或因通緝逮捕之被告，應即解送指定之處所；如24小時內不能達到指定之處所者，應分別其命拘提或通緝者為法院或檢察官，先行解送較近之法院或檢察機關，訊問其人有無錯誤。（§91） （五）被告或犯罪嫌疑人因拘提或逮捕到場者，應即時訊問。（§93 I）	（一）依§92 I，依無偵查犯罪權限之人逮捕現行犯者，應即送交檢察官、司法警察官或司法警察。（對於逮捕現行犯之人，應詢其姓名、住所或居所及逮捕之事由。） （二）依§92 II，司法警察官、司法警察逮捕或接受現行犯者，應即解送檢察官。**但所犯最重本刑爲一年以下有期徒刑、拘役或專科罰金之罪（如刑法第266條的賭博罪）、告訴或請求乃論之罪，其告訴或請求已經撤回或已逾告訴期間者，得經檢察官之許可，不予解送。** （三）被告或犯罪嫌疑人因拘提或逮捕到場者，應即時訊問。（§93 I）偵查中經檢察官訊問後，認有羈押之必要者，應自「拘提或逮捕」之時起24小時內，敘明羈押之理由，聲請該管法院羈押之（§93 II前）。

選擇題練習

1 關於現行犯之逮捕，下列敘述，何者「不」正確？[64] (A)現行犯，任何人皆可逮捕之 (B)騎乘贓車顯可疑爲犯罪人者，以現行犯論 (C)司法警察逮捕現行犯後，應即解送檢察官，但所犯屬告訴乃論之罪，其告訴經撤回者，得經檢察官之許可，不予解送 (D)現行犯經解送檢察官後，應即時訊問，經訊問後，如認爲有羈押之必要者，應自「訊問」之時起24小時內，敘明羈押之理由，聲請該管法院羈押之 【101年警佐班】

64 答案爲(D)。應爲「自拘提或逮捕時」（注意2017年本法第93條之修正）。

2 司法警察逮捕現行犯後，下列何項非屬刑事訴訟法第92條得經檢察官許可而不予解送之情形？[65] (A)刑法第349條之普通贓物罪 (B)所犯最重本刑爲1年以下有期徒刑之罪 (C)所犯爲告訴乃論之罪，其告訴已經撤回者 (D)刑法第266條第1項在公共場所賭博罪 【103年警特四等犯罪偵查】

3 人民遭逮捕拘禁應於24小時內解送管轄法院，刑事訴訟法第93條之1有不予計入的法定障礙事由，下列何者不屬之？[66] (A)高速公路嚴重塞車 (B)因爲濃霧致航班取消 (C)被告或犯罪嫌疑人爲新住民，必須等候通譯到達現場 (D)被告或犯罪嫌疑人因體質過敏鼻水噴嚏不止 【104年警特四等犯罪偵查】

4 執行逮捕現行犯、準現行犯、通緝犯或拘提人犯之司法警察機關，正準備詢問時，即接到管轄法院之提審票，請問司法警察機關應於多久時間內將被逮捕拘禁人解交該法院？[67] (A)6小時 (B)12 小時 (C)16小時 (D)24 小時
【105年警特四等犯罪偵查】

5 你在警察分局擔任偵查佐職務，處理具有原住民身分甲因酒駕的公共危險刑事案件，下列詢問程序，何者錯誤？[68] (A)通知法律扶助基金會，由該會指派律師到場並交付刑事委任狀後詢問 (B)如甲請求立即詢問，不論法律扶助基金會要否派遣律師到場，應即逕行詢問 (C)等候律師到場者，逾4小時仍未到場，警察得逕行詢問 (D) 於通知法律扶助基金會後，如未有律師到場前，不得進行詢問 【105年警特四等情境實務】

---

65 答案爲(A)。贓物罪爲最重本刑5年以下。

66 答案爲(D)。

67 答案爲(D)。參照憲法第8條、本法第91條及提審法第2條。

68 答案爲(D)。參照本法第93條之1、第95條及100條之2。

6 警方獲報有人打架，轄區巡邏警員甲於第一時間到場，甲見乙猛踢倒在地上的A，立即上前制止並逮捕乙，於警詢中，乙供述是丙唆使教訓A。下列敘述何者正確？[69] (A)甲對丙之逕行拘提不合法，除非受有檢察官之指揮，否則不得逕行拘提 (B)甲因乙供述，有事實足認爲丙嫌疑重大，情況急迫不及報告檢察官，甲逕行拘提丙，拘提合法 (C)甲對乙之逮捕合法，於逮捕後，應於3日內報請檢察官核發拘票 (D)甲立即搜索乙之身體與隨身攜帶之背包，搜索合法，但應於3日內陳報檢察官 【107年警特三等犯罪偵查】

四、移送法定時間的扣除

本法第93條之1規定（即時訊問之法定障礙事由）第91條及前條第2項所定之二十四小時，有下列情形之一者，其經過之時間不予計入。但不得有不必要之遲延：

（一）因交通障礙或其他不可抗力事由所生不得已之遲滯。如颱風、地震、交通中斷或臨時途中遭車禍交通阻隔，應以實際阻塞行動的時間，排除計入二十四小時。

（二）在途解送時間。應以實際在途交通行走車輛所須之時間計算之，不適用本法第66條在途期間的扣除。

（三）依本法第100條之3第1項規定夜間詢問之限制，是指司法警察（官）詢問犯罪嫌疑人不得於夜間行之。

（四）因被告或犯罪嫌疑人身體健康突發之事由，事實上不能訊問者。如開槍拒捕反擊成重傷，或突發疾病不能言語等事故，在客觀上不能爲訊問者，此項時間不予計入。

（五）被告或犯罪嫌疑人因表示選任辯護人之意思，而等候辯護人到場致未予訊問者。但等候時間不得逾四小時。其等候第31條第5項律師到場致未予訊問或因精神障礙或其他心智缺陷無法爲完全之陳述，因等候第35條第3項經通知陪同在場之人到場致未予訊問者，亦同。

（六）被告或犯罪嫌疑人須由通譯傳譯，因等候其通譯到場致未予訊問

---

69 答案爲(B)。參照本法第88條之1第1項第1款。(C)乙爲現行犯，對現行犯逮捕不需拘票。

者。但等候時間不得逾六小時。

（七）經檢察官命具保或責付之被告，在候保或候責付中者。但候保或候責付時間不得逾四小時。

（八）犯罪嫌疑人經法院提審之期間。

前項各款情形之經過時間內不得訊問。因第一項之法定障礙事由致二十四小時內無法移送該管法院者，檢察官聲請羈押時，並應釋明其事由。

進階思考

拘提與逮捕有何異同？

■ 參考解答

（一）逮捕與拘提相同點

1. 同為對人的強制處分，使其至一定之處所接受訊問。

2. 同應注意被告之身體及名譽。

3. 被告抗拒逮捕或脫逃者，均得用強制力逮捕之，但不得逾必要之程度。

（二）逮捕與拘提相異點

逮捕（稱「不要式拘提」）乃指短時間拘束被逮捕人（包括現行犯與通緝犯）之身體自由，防止其逃亡或湮滅證據，而強制其到場應訊（本法第87條以下之條文）。執行逮捕之人，分述如後：

1. 通緝犯之逮捕，通緝經通知或公告後，檢察官、司法警察官得逕行逮捕之。利害關係人，得逕行逮捕通緝之被告，送交檢察官、司法警察官，或請求檢察官、司法警察官逮捕之。

2. 現行犯與準現行犯之逮捕。本法第92條規定，無偵查犯罪權限之人逮補現行犯者，應即送交檢察官、司法警察官或司法警察。司法警察（官）逮捕或接受現行犯者，應解送檢察官。

3. 拘提者，於一定時間內拘束被告的身體自由，強制其到達一定處所接受訊問。拘提具有直接強制性，具有防止被告逃亡及湮滅、偽造、變造證據或勾串共犯或證人之虞之作用，兼有保全證據的作用。執行拘提的人，依照本法第78條規定，拘提由司法警察（官）執行，並得限制其執行時間。拘票得作數通分別交由數人各別執行。

4. 需否令狀不同：執行拘提須要有拘票，由法院或檢察官簽發拘票交由司法警察（官）執行之，故執行拘提應由司法警察或司法警察官執行之，例外如檢察官親自執行拘提時，得不用拘票。執行逮補之人，可分：(1)現行犯之逮捕，則不問何人均得爲之；(2)通緝犯之逮捕，除由檢察官、司法警察官對於通緝犯得逕行逮捕外，利害關係人得逕行爲之，並送交檢察官、司法警察官逮捕之，而利害關係人是指被害人、自訴人、告訴人等是。

第十章　被告之訊問

第一節　訊問與詢問

被告之訊問在偵查中由檢察官，在審判中由審判長或受命法官行之。於審判期日，陪席法官經告知審判長之後亦得訊問被告。訊問事項自以起訴之犯罪事實爲主，包括犯罪之客觀事實與被告主觀之犯意。[1]

訊問被告，固重在辨別犯罪事實之有無，但與犯罪構成要件、量刑標準或加重、減免原因有關之事實，均應於訊問或詢問時深切注意倘被告提出有利之事實，自應就其證明方法及調查途徑，逐層追求，不可漠然視之。遇有被告自白犯罪，仍應調查其他必要之證據，[2]不得以被告或共犯之自白作爲有罪判決之唯一證據。對於得爲證據之被告自白之調查，除有特別規定外，應於有關犯罪事實之其他證據調查完畢後爲之。[3]

而爲調查犯罪情形及蒐集證據之必要，警察機關得使用通知書通知被害人（親屬）、告訴人、告發人或證人、關係人到場說明。通知證人之通知書應於應到時間之二十四小時前送達之。但情形急迫者或案情單純者，得以電話、傳真或口頭等方式通知之。[4]由於司法警察（官）對於犯罪的調查，係屬犯罪偵查之一部分，其能否在偵查中訊問被告，原無法律明文。爲使司法警察（官）於犯罪偵查過程中有明確的法源依據，本法在1982年增設司法警察（官）得使用通知書通知犯罪嫌疑人到場「詢問」之規定（本法§71-1Ⅰ）。

本法於1997年修正時乃增訂「本章（被告之訊問）之規定，於司法警察（官）詢問犯罪嫌疑人時，準用之」（本法§100-2），使訊問被告之規定，亦均準用於司法警察（官）之詢問犯罪嫌疑人。

---

1 林山田，《刑事程序法》，五南，五版，2004.09，418頁。

2 檢察機關辦理刑事訴訟案件應行注意事項第35點。

3 法院辦理刑事訴訟案件應行注意事項第27點。

4 警察偵查犯罪手冊第105點。

第二節　訊問的程序

一、本法第94條規定之「人別訊問」如後

被告，應先詢其姓名、年齡、籍貫、職業、住、居所，以查驗其人有無錯誤，如係錯誤，應即釋放。例如本法第286條規定審判長依第94條訊問被告後，檢察官應陳述起訴之要旨，即指人別訊問。司法警察（官）於詢問開始前，尤應先行瞭解全盤案情，對受詢人身分之查證、個性、習癖、生活環境亦應作充分之瞭解。[5]

二、本法第95條規定之「本案訊問」，應先爲下列權利告知

本條的規定之增修係受1966年美國聯邦最高法院一則判決的影響。[6]本案判決要求警方在拘捕犯罪嫌疑人之同時就必須向其告知下列四點，否則其供述證據很可能在審判中不被採用：1.有權保持緘默；2.如果接受偵訊，其供述內容可能成爲將來起訴和審判的依據；3.有權聘請律師協助受偵訊；4.如果無資力自己聘請律師，將由法院指定律師爲其辯護。這四點就是著名的「米蘭達告知」（Miranda warnings）內容，我國實務則慣稱「米蘭達警告」。[7]其主要目的在防止偵訊人員刑求逼供。本書認爲，我國偵查機關並非形式上宣讀第95條之內容即爲已足，尚且必須使受訊（詢）問者深切明白條文意義，方符立法目的。依第95條第1項規定，有以下四點：

（一）犯罪嫌疑及所犯所有罪名。罪名經告知後，認為應變更者，應再告知

本款所規定者，乃被告在刑事訴訟程序上應受告知之權利，爲憲法第8條第1項正當法律程序保障內容之一，旨在使被告能充分行使防禦權，其辯護人亦得適時爲被告辯護，以維審判程序之公平。所謂「告知或再告知」「犯罪嫌疑及所犯所有罪名」，自應具體、明確其範圍，尤其對檢察官起訴

---

5 警察偵查犯罪手冊第110點。

6 Miranda v. Arizona, 384 U.S. 436.

7 最高法院98年度台上字第2846號；97年度台上字第6073號判決。

被告涉嫌數罪之情形，更應明白區辨，逐一告知或再告知何者屬何罪名，經告知後，認為有應變更者應再告知，始能落實本條保障被告權益、維持程序公平之立法意旨，俾使被告及其辯護人得為完足之答辯及辯護，檢察官亦得為積極舉證，避免有突襲性裁判發生。**倘法院僅以概括方式告知，致被告及其辯護人無從區別、知悉法院可能變更罪名之相關事實（罪章／罪名），亦未能為充分之防禦、辯護，即與未告知無異**，自與立法目的有違。[8]我國實務另有認為，若調查局調查員已踐行本法第95條規定之告知義務，於時隔約一小時半後，檢察官訊問時縱未再告知，對於其防禦權之行使並無妨礙。[9]本書認為，除非受詢問者已明白所告知內容，否則檢察官應為再告知。又所稱罪名變更者，除質的變更（罪名或起訴法條的變更）以外，自包含量的變更造成質的變更之情形（如包括的一罪或裁判上一罪變更為數罪）。[10]

（二）得保持緘默，無須違背自己之意思而為陳述（明示緘默權）

最高法院認為，依本法第100條之2規定，於司法警察（官）「詢問」犯罪嫌疑人時，準用同法第95條有關告知事項及第100條之1錄音、錄影之規定，俾犯罪嫌疑人能充分行使防禦權，以維程序之公平，**並擔保其陳述之任意性**。此等司法警察（官）應行遵守實踐之法定義務，於其製作犯罪嫌疑人詢問筆錄時固不論矣；即犯罪嫌疑人經司法警察（官）拘提或逮捕之後，**舉凡只要是在「功能上」相當於對犯罪嫌疑人為案情之詢問，不論係出於閒聊或教誨之任何方式，亦不問是否在偵訊室內，即應有上開規定之準用，而不能侷限於製作筆錄時之詢問，以嚴守犯罪調查之程序正義，落實上開訴訟基本權之實踐**。[11]此判決將權利告知義務提前適用到拘提逮捕後之「功能訊問」情形，應予肯定。[12]

由此觀之，被告在偵查、審判中賦予其緘默權的保護，無疑是國家在發動刑罰權的同時對於被告基本人權的退讓，以符合「無罪推定原則」所衍

8 最高法院103年度台上字第3414號判決。

9 最高法院102年度台上字第256號判決。

10 最高法院107年度台上字第1860號判決（具有參考價值的裁判）。

11 最高法院99年度台上字第1893號判決。

12 何賴傑，〈功能訊問與權利告知義務－最高法院99年度台上字第1893號判決評釋〉，《台灣法學雜誌》，第179期，2011.07，63頁以下。

生出「被告無自證無罪義務」之緘默權的保護問題。此「得保持緘默」規定當然包括得拒絕陳述，否則，訊問者可用盡各種方法讓被告無法消極的保持緘默，例如將不利的證據出示在被告面前，讓被告心理上無法保持平靜，訊（詢）問者利用此心理得以突破被告心防，因此消極的告知得保持緘默，本法明文規定之緘默權應包括應積極的告知被告得拒絕陳述。

（三）得選任辯護人。如為低收入戶、中低收入戶、原住民或其他依法令得請求法律扶助者，得請求之（2013.01修正）

就一般人日常生活中，若突然被帶入龐大的刑事司法體系，被控以犯罪，往往徬徨不知所措，需要有辯護人提供專業的知識，教導當事人如何應對，如何保存或調查證據等，但聘請律師對於經濟上的弱勢者不是那麼容易的事，故本款乃爲保護貧窮被告，貫徹憲法平等原而設。[13]本法第95條規範，不能受限於同法第245條第1項「偵查不公開原則」。因此，若司法警察以「偵查不公開原則」爲由拒絕辯護人陪同偵訊，不僅弱化同法第95條「權利告知」之規範目的，等同違背同法第158條之2，相關供述筆錄不得作爲證據。[14]

依本法第93條之1第1項第5款規定，等候辯護人時間不計入移送法院時限。違反本款選任辯護人權利之告知規定，應從被告訴訟上防禦權受到不當侵害之觀點思考。例如，司法警察（官）待犯罪嫌疑人所選任之辯護人到場後，卻刻意拖延，不遵守應即時詢問之規定，而於其辯護人離去後，始加詢問，使犯罪嫌疑人未獲辯護人之諮商及協助，自有礙於其防禦權之充分行使。此種情形，較之於詢問之初未告知得選任辯護人，尤爲嚴重；且既屬明知而有意爲之，自屬惡意。如有此種情形，依舉輕以明重之法理，司法警察（官）以此方法違背本法第93條第1項即時詢問之規定時；其所取得被告或犯罪嫌疑人之不利供述證據，難認有證據能力。[15]蓋本法第158條之2就司法警察違反第95條之規定，所取得被告之供述之證據能力，已有特別規定，即

13 王兆鵬、張明偉、李榮耕，《刑事訴訟法（上）》，新學林，五版，2020.03，588頁。

14 林裕順，〈陪偵辯護，並非門神〉，《月旦法學教室》，第142期，2014.08，34頁以下。

15 最高法院98年度台上字第4209號判決。

無適用第158條之4規定，權衡認定有無證據能力之餘地。[16]

有鑑於低收入戶、中低收入戶、勞工、原住民均屬法律上弱勢，應積極予以法律扶助，特於2013年1月修正本款，訊（詢）問被告或犯罪嫌疑人，如被告或犯罪嫌疑人係低收入戶、中低收入戶、勞工、原住民或其他依法令得請求法律扶助者，應告知得請求法律扶助。被告或犯罪嫌疑人係低收入戶、中低收入戶、勞工、原住民或其他依法令得請求法律扶助者，並應告知其得依該法申請法律扶助。法律扶助法第65條規定，司法人員、司法警察（官）、軍法人員或律師處理法律事務，發現符合申請法律扶助之要件時，應告知當事人得依本法申請。前述告知，應確實以口頭為之並記明筆錄；如受訊問或詢問人係瘖啞或因智能障礙無法瞭解告知事項者，宜以其他適當方式使之明瞭。如有必要，並得將所告知之事項記載於書面交付被告閱覽。[17]然而，法律扶助法第65條之告知義務並未完全包含於現行刑事訴訟法第95條告知規定，為期周延，俾使員警容易瞭解並落實刑事訴訟法及本法之告知義務規定，警政署彙整相開法律規定及配合辦理法律扶助事宜一覽表以供參考[18]。

（四）得請求調查有利之證據

本條的立法本旨在使被告得以充分行使防禦權，以達到刑事訴訟法為發現真實與兼顧程序正義之目的，此條文既規定於總則編內，訴訟各階段皆有適用，法院於使用本法第300條以變更起訴法條時，尤須踐行同法第95條第1項第1款規定，以避免突擊裁判確保被告權益。

此外，2013年1月新增第95條第2項：「無辯護人之被告表示已選任辯護人時，應即停止訊問。但被告同意續行訊問者，不在此限。」以保護被告之權益，同時但書設有被告同意續行訊問之機制，以示尊重被告。犯罪嫌疑人選任辯護人，於起訴前應提出委任書狀於檢察官或司法警察官。司法警察（官）得以電話將詢問時間、處所通知其辯護人。但犯罪嫌疑人係因拘提或

16 最高法院99年度台上字第452號判決。

17 檢察機關辦理刑事訴訟案件應行注意事項第33點、法律扶助法第64條。

18 該一覽表請參閱黃鈞隆，《犯罪偵查實務》，五南，增訂二版，2017.09，40頁。

逮捕到場者，等候其辯護人到場之時間，自通知時起，不得逾四小時。[19]

參照本法第95條第2項、第93條之1第1項第5款、第245條第2項、檢察機關辦理刑事訴訟案件應行注意事項31點第1項：「訊問或詢問完畢後令被告閱覽筆錄時，應許在場之辯護人協助閱覽，但應於筆錄上簽名」。

選擇題練習

1 犯罪嫌疑人接受偵訊要求選任辯護人時，警察應如何應對？[20] (A)偵訊人員應先停止偵訊 (B)等候辯護人時間不計入移送法院時限 (C)辯護人得於偵訊過程在場 (D)辯護人於偵訊過程得建議犯罪嫌疑人保持緘默 (E)在場辯護人於偵訊結束後，可與犯罪嫌疑人同看筆錄，並應簽名 【97年警大二技】

2 下列關於訊問被告時應先告知事項之敘述，何者錯誤？[21] (A)依提審法第2條規定，應爲拘提逮捕事由及提審之告知 (B)依刑事訴訟法第95條規定，應爲4項權利之告知 (C)依提審法及刑事訴訟法規定，應爲雙重告知 (D)依刑事訴訟法規定，得提出抗告之告知 【104年警特三等犯罪偵查】

3 警員甲、乙二人晚間11點巡邏時擬對騎士丙攔車盤查，丙不但不停車反加速離去，經追逐後攔下，發現丙攜有安非他命及K他命予以逮捕，返回派出所後擬進行詢問，下列敘述何者正確？[22] (A)因在夜間必須徵得丙同意 (B)應先進行人別詢問、告知所犯罪名及得選任辯護人等權利 (C)詢問時應全程連續錄影 (D)丙在詢問時供稱，安非他命及K他命係丁提供，甲、乙二位警員必須先向檢察官申請拘票後才能拘提丁

【104年警特四等犯罪偵查】

---

19 警察偵查犯罪手冊第109點。

20 答案爲(A)、(B)、(C)、(D)、(E)。

21 答案爲(D)。

22 答案爲(B)在夜間詢問有其他例外不一定須徵得丙同意，詢問時應全程連續錄音，必要時才全程錄影，丙係現行犯，毋須拘票即得逮捕。參照本法第88、94、95、100條之1至之3。

4 人民遭逮捕拘禁應於24小時內解送管轄法院，刑事訴訟法第93條之1有不予計入的法定障礙事由，下列何者不屬之？[23] (A)高速公路嚴重塞車 (B)因爲濃霧致航班取消 (C)被告或犯罪嫌疑人爲新住民，必須等候通譯到達現場 (D)被告或犯罪嫌疑人因體質過敏鼻水噴嚏不止 【104年警特四等犯罪偵查】

5 某夜店殺警案之嫌疑人於夜間被逮捕，其明白表示拒絕夜間接受警察人員之詢問，但警察人員仍違反其意願，進行夜間詢問，請問下列敘述何者爲眞？[24] (A)依刑事訴訟法第93條第1項規定，對於因拘提或逮捕到場之被告或嫌疑人，應即時訊問。故可違反嫌疑人拒絕夜間詢問之意願，而直接進行詢問案發事實 (B)警察人員所爲係違反刑事訴訟法第100條之3第1項規定 (C)依刑事訴訟法第158條之2規定，警察人員於夜間對嫌疑人詢問所獲得之陳述，不得作爲證據 (D)若該警察人員取得檢察官許可後，可進行夜間詢問 (E)即使嗣後該嫌疑人改變意願，請求立即詢問者，亦應嚴格遵守夜間訊問禁止原則，不得對之爲詢問 【105年警大二技】

6 詢問犯罪嫌疑人，應先給與權利告知書或告知事項且記明於筆錄，下列何者非告知之事項？[25] (A)犯罪嫌疑及所犯所有罪名。告知後，認爲應變更者，應再告知 (B)得保持緘默，無須違背自己之意思而爲陳述 (C)得選任辯護人。低收入戶、中低收入戶、原住民或其他依法令得請求法律扶助者，得請求之 (D)得請求調查不利對方之證據 【106年警特三等犯罪偵查】

7 司法警察在詢問犯罪嫌疑人時，下列有關權利告知的敘述，何者正確？[26] (A)詢問過程結束後再給權利告知書 (B)告知權利事項已有給書面資料不需記明於筆錄 (C)犯罪嫌疑及所犯所有罪名，告知後有變更不需再告知 (D)嫌疑人已選任之辯護人未到時，應即停止訊問 【106年警特四等犯罪偵查】

---

23 答案爲(D)。

24 答案爲(B)、(C)、(D)。

25 答案爲(D)。參照本法第95條。

26 答案爲(D)。參照本法第93條之1、95條。

8 犯罪嫌疑人甲到分局偵查隊接受詢問，一開始表明無須選聘辯護人，但在詢問期間卻又表示要聘請辯護人為他辯護，你面臨此狀況應如何回應？[27]　(A)將情況報告分局長後，再報請檢察官核示　(B)應接受甲要求，暫停詢問並立即進行選聘作業程序　(C)可接受甲要求，但應將詢問調查筆錄告一段落後，再進行選聘　(D)不接受甲要求，並告知事前已表示不需辯護人，且詢問正進行中　【107年警特三等情境實務】

9 依刑事訴訟法第95條規定，訊問被告應先告知事項，不包括下列何者？[28] (A)犯罪嫌疑及所犯所有罪名　(B)得保持緘默，無須違背自己之意思而為陳述 (C)被告逃亡或藏匿者，得通緝之　(D)得選任辯護人　【107年警特四等犯罪偵查】

三、違反第95條第1項告知之證據能力

請參照本書本論第一編第十五章進階思考8之部分。

四、訊問方法

訊問被告雖然告知其罪名，應與以辯明之機會，如未給予辯明的機會，則告知罪名之規定，並無意義。故本法第96條規定訊問被告，「應」與以辯明犯罪嫌疑之機會；如有辯明，應命就其始末連續陳述；其陳述有利之事實者，應命其指出證明之方法。前後呼應，以便藉訊問被告以獲取證據，亦使被告有辯明犯罪的機會，並陳述有利事實的證明方法。如為讓被告有辯明犯罪的機會，並陳述有利事實的證明方法，及所進行的訴訟程序即屬違法。例如甲因殺人案件在法院審理時，辯稱其在警察局的自白，係出於刑求，該自白如係經檢察官提出者，法院應命檢察官就自白之出於自由意志，

27　答案為(B)。參照本法第27條第1項：「被告得隨時選任辯護人。犯罪嫌疑人受司法警察官或司法警察調查者，亦同。」；第95條第2項：「無辯護人之被告表示已選任辯護人時，應即停止訊問。但被告同意續行訊問者，不在此限。」

28　答案為(C)。參照本法第95條第1項。

指出證明方法（本法§156 III）。

五、隔別訊問與對質

本法第97條第1項規定，被告有數人時，應分別訊問之；其未經訊問者，不得在場。但因發見眞實之必要，得命其對質。被告亦得請求對質。同條第2項規定，對於被告之請求對質，除顯無必要者外，不得拒絕。

本法第1項規範目的乃在於幫助偵訊者發現犯罪眞實所使用之證據方法，並非被告之權利。因此，是否用此方法應由訊問者決定，即使被告保持緘默權，亦不影響偵訊人員要求被告間之對質，被告應有忍受之義務。本法同條第2項規定，爲保障被告權益，如被告請求對質，依照客觀事實判斷顯非必要者外，訊問者不得任意的拒絕其請求，以保障被告的基本人權。

六、訊問被告的態度

偵訊人員不得使用任何非法方法影響被告之自由意思，亦不得對被告爲任何利益交換，只能依照本法第95條各款規定之告知義務事項，而對被告做一般性的解釋。故本法第98條對於被告訊問之態度規定：訊問被告應出以懇切之態度，不得用強暴、脅迫、利誘、詐欺、疲勞訊問或其他不正之方法，舉凡一切足以影響被告供述之自由意思之不正訊問方法均屬之。如有違反此項規定取供，兩者如被法院認定具有相當因果關係者，不僅該項自白欠缺證據能力，而使得偵訊人員可能構成刑法第125條濫權追訴處罰罪。司法警察（官）詢問犯罪嫌疑人應態度誠懇，秉持客觀，勿持成見，不可受外力左右，不得提示、暗示，並能尊重被詢人之人格，使能在自由意志下坦誠供述，且不得使用強暴、脅迫、利誘、詐欺、疲勞詢問或其他不正當之方法，應有耐心，切勿期望一次即可獲得正確而完整之供述。多次詢問應註明製作筆錄次數，研析前後所述矛盾之處，追根究底，求得供述之眞實。[29]

---

29 警察偵查犯罪手冊第111、115點。

七、有關應用通譯之規定

被告爲聾或啞或語言不通者，得用通譯，並得以文字訊問或命以文字陳述（本法§99）。所謂語言不通者得用通譯，就外國人而言，係爲避免其涉訟成爲被告，因未諳審判國當地之語言，所造成之語言隔閡，而剝奪其基於國民待遇原則所取得憲法上訴訟權之保障，故賦予詢（訊）問被告之司法人員，得視被告之國籍、教育程度、慣用語言或文字、在審判國居留時間、所處環境等一切客觀條件，確認被告對審判國所使用語言之瞭解程度後，裁量決定是否爲其選任通譯。**而通譯係譯述言詞文字互通雙方意思之人，其功用係傳譯兩方語言或文字使彼此通曉**，則所選任之通譯，當無須以被告國籍所使用之母語或文字爲限，應認僅須以被告所能明瞭之語言或文字翻譯轉述雙方之意思，即已完足我國司法機關對外國人涉訟語文方面之照護義務，此不僅可免於我國司法機關陷入難尋被告母語文通譯之困境，亦與我國憲法保障其訴訟權之意旨無違[30]。

八、訊問筆錄之應記載事項

本法第100條規定被告對於犯罪之自白及其他不利之陳述，並其所陳述有利之事實與指出證明之方法，應於筆錄內記載明確。

第三節　訊問之筆錄、錄音與錄影

本法有關錄音、錄影之規定如後：

訊問被告，應全程連續錄音；必要時，並應全程連續錄影。但有急迫情況且經記明筆錄者，不在此限（本法§100-1 I）。本條的立法理由在於因在訴訟程序中訊問被告時，屢有被告之陳述或辯解警詢筆錄非其眞意，或遭受警方刑求逼供，迭遭社會各界質疑；爲建立詢問筆錄的公正性，以擔保程序的合法性。所以，詢問過程應該全程錄音錄影，並應於一定時間內妥爲保

---

30 最高法院108年度台上字第650號判決。

管，偵審機關如認爲必要時即可調取勘驗筆錄，以其發現眞實，並確保自白的任意性。

至於其違反之效力爲，依該條第2項規定，筆錄內所載之被告陳述與錄音或錄影之內容不符者，除有前項但書情形外，其不符之部分，不得作爲證據。

依本法第100條之2準用同法第100條之1第1項之規定，司法警察（官）詢問犯罪嫌疑人，除有急迫情況且經記明筆錄者外，應全程連續錄音；必要時，並應全程連續錄影。**考其立法目的，在於建立詢問筆錄之公信力，並擔保詢問程序之合法正當；亦即在於擔保犯罪嫌疑人對於詢問之陳述係出於自由意思及筆錄所載內容與其陳述相符。**

故司法警察（官）不得於筆錄製作完成後，始重新詢問並要求受詢問人照筆錄朗讀再予以錄音。[31]

選擇題練習

警察逮捕犯罪嫌疑人甲後，擬進行詢問。下列敘述，何者最爲正確？[32]
(A)甲若表示已選任辯護人，應即停止詢問，但有急迫情形且記明筆錄者，不在此限　(B)詢問甲時，應告知其得選任辯護人、輔佐人及代理人　(C)甲不得請求對質　(D)詢問時，應全程連續錄音；必要時，並應全程連續錄影。但有急迫情況且經記明筆錄者，不在此限。　　【107司律第一試】

31 警察偵查犯罪手冊第112點。

32 答案爲(D)。依本法第100條之2準用同法第100條之1第1項之規定。第95條第1項第3款：「三、得選任辯護人。如爲低收入戶、中低收入戶、原住民或其他依法令得請求法律扶助者，得請求之。」不包括輔佐人及代理人；第95條第2項：「無辯護人之被告表示已選任辯護人時，應即停止訊問。但被告同意續行訊問者，不在此限。」但書非有急迫情形且記明筆錄；第97條：「被告有數人時，應分別訊問之；其未經訊問者，不得在場。但因發見眞實之必要，得命其對質。被告亦得請求對質。 對於被告之請求對質，除顯無必要者外，不得拒絕。」

第四節　夜間詢問之禁止及其例外

本法第100條之3有關夜間訊問之例外規定如後：司法警察（官）詢問犯罪嫌疑人，不得於夜間行之。但有左列情形之一者，不在此限（本法§100-3Ⅰ）：本條爲1997年增訂，其立法理由謂：「夜間乃休息之時間，爲尊重人權及保障程序之合法性，並避免疲勞詢問」。因此，本條應具有禁止疲勞詢問及緘默權保障之雙重立法目的。

一、經受詢問人明示同意者

犯罪嫌疑人於明示同意夜間詢問後，也不代表永久放棄緘默權，亦得於任何時間變更其同意，改拒絕繼續接受夜間詢問，司法警察（官）並應即時停止其詢問之行爲；遇有司法警察（官）筆錄製作完成後，欲再行詢問者，亦應重爲詢問犯罪嫌疑人是否同意，並爲相同之處理。不得僅因已取得犯罪嫌疑人之同意，即謂司法警察官或司法警察有權繼續詢問犯罪嫌疑人至全部詢問事項完成爲止，或於同一夜間，司法警察官或司法警察有權多次詢問犯罪嫌疑人並製作筆錄，否則無異變相限制犯罪嫌疑人同意權之行使，除難免疲勞詢問之流弊外，亦與立法目的相牴觸。因此，司法警察詢問犯罪嫌疑人如違背上開規定，其所取得被告或犯罪嫌疑人之自白或其他不利之陳述，不得作爲證據，但經證明其違背非出於惡意，且該自白或其他不利陳述係出於供述者之自由意志者，不在此限，刑事訴訟法第158條之2第1項復定有明文。就是否具有同法第100條之3第1項所定之例外情形，如有爭執，因果關係是否有同法第158條之2第1項前段之適用，應由檢察官負舉證責任。[33]

二、於夜間經拘提或逮捕到場而查驗其人有無錯誤者

本條目的既然在於警察機關可以在犯罪嫌疑人精神、意識狀態薄弱下進行詢問，而因此被迫放棄陳述與否之自由，[34]惟若夜間經拘提或逮捕到場只是查驗其人有無錯誤者，較無侵害犯罪嫌疑人之緘默權之疑慮，故例外容

---

33 最高法院100年度台上字第4577號判決。

34 黃朝義，《犯罪偵查論》，漢興，初版，2004.03，127頁。

許。稱夜間者，為日出前，日沒後（本法§100-3 III）。

三、經檢察官或法官許可者

本款目的具有擔保緘默權之機能，屬於憲法第8條第1項之正當法律程序保障之內涵。因此，**為保障被告人權以及避免違法取供，則不論有無檢察官亦或法官之許可，因此除「明示同意」或「急迫情形」外，原則上皆不應許司法警察（官）夜間詢問。**[35]

四、有急迫之情形者

本款所指的「急迫」情形，應嚴格限縮，避免適用情形過廣而導致「例外變成原則」，而造成本條立法目的落空。亦即倘不於夜間訊問將導致重大之損害，或生立即之危險時才得例外容許。[36]犯罪嫌疑人請求立即詢問者，應即時為之（§100-3 II）。

35 陳運財，〈禁止夜間詢問之原則〉，收錄於氏著《偵查與人權》，元照，2014.04，130頁以下。

36 黃朝義，《刑事訴訟法》，新學林，五版，2017.09，537頁。

第十一章　被告之羈押

羈押者，乃長時間拘禁被告於看守所之強制處分，純屬對人的強制處分。其目的在保全刑事被告、證據及完成追訴、審判、刑罰之執行。此種處分乃對人身自由的侵害為最強烈最嚴重的剝奪。為避免實施刑事訴訟的公務員為取得自白為目的而羈押被告，1997年12月間修正的刑事訴訟法尤其對於起訴前的羈押程序做出嚴格的規定，如「拘捕前置原則」。此原則乃是指偵查中之羈押，除本法第93條第4項之情形外，以被告係經合法拘提或逮捕且於拘捕後二十四小時內經檢察官聲請為前提。[1]此「二十四小時內」，是檢警共用，檢察官八小時；司法警察機關十六小時。司法警察（官）如認有繼續調查證據之必要，不能於前項時限內解送人犯時，應報請檢察官許可後，於檢察官指定之時限內解交。[2]檢察官聲請時所陳法定障礙事由經釋明者，其經過之時間，應不計入前開二十四小時內。至於「二十四小時內移送」之時限，不包括因交通障礙，或其他不可抗力之事由所生不得已之遲滯，以及在途解送等時間在內。惟其間不得有不必要之遲延，亦不適用訴訟法上關於扣除在途期間之規定。[3]依本法第93條第5項本文規定：「法院於受理前三項羈押之聲請，付予被告及其辯護人聲請書之繕本後，應即時訊問。」本項於2017年4月有所修正，立法目的在於為及時使被告及辯護人獲知檢察官據以聲請羈押之理由，法院於受理羈押之聲請後，自應先付予其聲請書之繕本，俾被告及辯護人有所依憑。又為配合法院組織法第14條之1關於強制處分庭之設置，且本法亦已增訂偵查中之羈押審查程序，辯護人就檢察官送交法院之卷宗及證物，原則上享有完整的閱卷權，則被告之辯護人於偵查中之羈押審查程序亦應有合理之閱卷及與被告會面時間，以利被告及辯護人有效行使其防禦權。

此外，實務上被告經常於警察機關、檢察官接續詢（訊）問後，經檢

---

1 檢察機關辦理刑事訴訟案件應行注意事項第36點。

2 檢察官與司法警察機關執行職務聯繫辦法第7條第2、3項。

3 釋字第130號解釋。

察官聲請羈押，又須再度面臨法官深夜訊問，恐已有疲勞訊問之虞。爲尊重人權，確保被告在充分休息且於意識清楚之情況下，始接受訊問，法院非有正當理由，不得拒絕。2017年4月爰於第93條第5項但書：「但至深夜仍未訊問完畢，被告、辯護人及得爲被告輔佐人之人得請求法院於翌日日間訊問」，增加「深夜始受理聲請者，應於翌日日間訊問」之文字，明定法院受理偵查中檢察官聲請羈押案件之深夜訊問要件，以保障人權。而所稱深夜，指午後十一時至翌日午前八時（本法§93 Ⅵ）。

是以，檢察官未踐行前開程序而爲之聲請，即屬不合法之聲請，且屬直接違反憲法保障之重大違法情形，[4]法院以裁定駁回聲請。踐行此項程序之目的，在使羈押程序得以受到法院雙重嚴格的審查，被告人身自由因而獲得更確實的保障。

第一節　羈押的聲請及決定機關

被告之羈押決定權屬於法官。檢察官並無羈押被告權，但有聲請法院羈押被告之權（本法§§93 Ⅱ、101、101-1、102）。若「涉嫌犯罪」者係在偵查中之外國人、大陸地區人民或香港及澳門居民，依本法第93條或第228條第4項規定實施訊問後，**檢察官認有聲請羈押之必要者，應向法院聲請羈押，不宜命警察機關收容以代羈押**，如無聲請羈押之必要，予以釋放或命具保、責付或限制住居時，宜立即將上開處分內容通知移送機關，由移送機關轉知收容主管機關本其權責，根據客觀之事實及法律之規定，自行決定對該涉案之外國人、大陸地區人民或香港及澳門居民是否予以強制收容。[5]

關於聲請羈押之理由，法官認檢察官聲請羈押或延長羈押期間所敘理由或所提證據不足時，不得率予准許。必要時得指定應到場之時間及處所，通知檢察官到場陳述聲請羈押之理由或提出證據。此項通知，得命書記官以電話、傳眞或其他迅捷方式行之，作成紀錄。檢察官未遵限到場者，得逕行

4 陳運財，〈偵查中之羈押審查〉，收錄於氏著《偵查與人權》，元照，初版，2014.04，268頁。

5 檢察機關辦理刑事訴訟案件應行注意事項第39點。

裁定。又法院對於上開羈押或延長羈押事由之審查，仍須注意偵查不公開原則，不得任意揭露偵查資料，而其審查目的亦僅在判斷檢察官提出之羈押或延長羈押聲請是否符合法定要件，並非認定被告是否成立犯罪，故其證據法則無須嚴格證明，僅需「自由證明」，[6]故以「釋明」即爲已足。若重大危害治安案件起訴後，對於未經羈押或已停止或撤銷羈押之被告，公訴檢察官應密切彙整新事證，如有逃匿可能或符合其他羈押要件者，應即促請法院依法羈押。[7]

法官爲羈押訊問時，如被告表示已選任辯護人者，法院應以電話、傳眞或其他迅捷之方法通知該辯護人，由書記官作成通知紀錄。被告陳明已自行通知辯護人或辯護人已自行到場者，毋庸通知。被告因智能障礙無法爲完全之陳述或具原住民身分，於偵查中檢警漏未通知或被告主動請求立即訊（詢）問或等候法扶律師逾四小時未到場，而無法律扶助機構指派律師到場辯護，羈押訊問時請求法院通知者，法院宜通知依法設立之法律扶助機構指派律師爲其辯護。[8]

第二節　羈押的要件

羈押的要件於2007年12月修正本法時，將其分爲第101條、第101條之1。前者乃規定一般之犯罪案件均適用之。後者則規定則已反覆實施之虞特定案件適用之。

一、一般犯罪案件之羈押要件

本法第101條規定一般案件的羈押要件，陳述如後：

（一）被告經法官訊問後，認為犯罪嫌疑重大，而有下列情形之一

所謂「犯罪嫌疑重大或嫌疑重大」者，係指其所犯之罪確有重大嫌疑

6 法院辦理刑事訴訟案件應行注意事項第35點、最高法院71年台上字第5658號判例。

7 臺灣高等法院檢察署暨所屬各檢察署檢察官聲請羈押注意要點第4點。

8 法院辦理刑事訴訟案件應行注意事項第34點。

而言，與案情重大不同，檢察官應依個案之證據審慎認定。對於重大刑事案件、社會矚目案件，檢察官依卷證資料認有聲請羈押被告必要，而聲請羈押時，宜主動到庭陳述聲請羈押之理由或以其他適當之方法提出必要之說明，及相關之證據，必要時宜提醒法院無須進行辯論程序。[9]

1. 逃亡或有事實足認爲有逃亡之虞者

檢察官以被告有逃亡之虞爲理由聲請羈押者，應於聲請書內載明足認其有逃亡之虞之具體事實，例如曾因案通緝、曾經抗拒拘提、經常與走私偷渡者爲伍、有犯罪習慣、以匿名信函或電話恐嚇勒索、經常遷移住居所、案發後急辦出國手續等事實。[10]

2. 有事實足認爲有湮滅、僞造、變造證據或勾串共犯或證人之虞者

檢察官以被告有勾串共犯或證人之虞爲理由聲請羈押者，應於卷內以書面載明足認其有串供串證之具體事實，例如尚有共犯或證人待訊，在案情上有勾串之虞等事實。經裁定羈押後，應迅速傳訊共犯或證人，調查完畢，認無串供串證之虞，應依本法第107條第2項、第4項規定辦理。[11]

3. 所犯爲死刑、無期徒刑或最輕本刑爲五年以上有期徒刑之罪者，有相當理由認爲有逃亡湮滅、僞造、變造證據或勾串共犯或證人之虞者

若以所犯重罪爲由，認爲被告有羈押之必要，而爲剝奪人身自由之羈押處分者，極易令於被告未經判決有罪確定前，就形成有罪標籤。故學說上多認爲違反「無罪推定原則」、「比例原則」。[12]對此，釋字第665號解釋，雖仍認爲「合憲」，但「限縮」本法第101條第1項第3款規定的適用，亦即欲以「重罪」爲羈押原因必須同時符合：「有相當理由認爲有逃亡、湮滅、僞造、變造證據」或「勾串共犯或證人之虞」等要件。

最高法院指出，將本款以犯重罪作爲羈押原因之規定，限縮在併存「有相當理由，認爲有逃亡、湮滅、僞造、變造證據或勾串共犯或證人之

9 檢察機關辦理刑事訴訟案件應行注意事項第36、37點。

10 臺灣高等法院檢察署暨所屬各檢察署檢察官聲請羈押注意要點第6點。

11 臺灣高等法院檢察署暨所屬各檢察署檢察官聲請羈押注意要點第7點。

12 陳運財，〈評大法官釋字第六六五號解釋評析〉，《月旦法學雜誌》，第176期，2010.01，36頁以下；張麗卿，《刑事訴訟法理論與運用》，五南，十五版，2020.09，243頁；林鈺雄，《刑事訴訟法（上）》，新學林，十版，2020.09，383頁。

虞」等原因時，始得執行羈押。故抗告人縱符合上揭第3款之羈押事由，仍須斟酌是否有相當理由，認有逃亡、湮滅、僞造、變造證據或勾串共犯或證人之虞時，始得羈押。**上揭所稱「相當理由」，與同條項第1款、第2款文義內之「有事實足認有……之虞」尚屬有間，其條件當較寬鬆。**良以重罪常伴有逃亡、滅證之高度可能，係趨吉避凶、脫免刑責、不甘受罰之基本人性，倘一般正常之人，依其合理判斷，可認爲該犯重罪嫌疑重大之人具有逃亡或滅證之相當或然率存在，即已該當「相當理由」之認定標準，不以達到充分可信或確定程度爲必要。**以量化爲喻，若依客觀、正常之社會通念，認爲其人已有超過百分之五十之逃亡、滅證可能性者，當可認具有相當理由認爲其有逃亡、滅證之虞。此與前二款至少須有百分之八十以上，始足認有該情之虞者，自有程度之差別。**雖不以絕對客觀之具體事實爲必要，若有跡象或情況作爲判斷基礎，亦無不可，惟不得憑空臆測。[13]因此，若與前兩款併合本款之「**犯重罪**」作爲羈押原因，就不必如同條項前兩款之規定，須達有「**客觀事實**」足認爲有逃亡或滅證之虞之程度，而以具有「**相當理由**」即爲已足（可降低門檻）。[14]

（二）須有羈押之原因且非予羈押顯難進行追訴審判或執行者方得羈押

有羈押之「原因」（理由）及「必要」才能准予羈押。法官爲訊問時，檢察官得到場陳述聲請羈押之理由及提出必要之證據。因此，羈押理由所依據之事實，依照本法該條第1項各款所依據之事實，應告知被告及其辯護人，並記載於筆錄。有無羈押「必要」，應以犯罪嫌疑人或被告如非予以羈押，即無法繼續進行追訴與審判或無法確保宣告刑之執行爲斷（本法§101Ⅰ），法官爲本法第101條第1項之訊問時，檢察官得到場陳述聲請羈押之理由及提出必要之證據。但第93條第2項但書之情形，檢察官應到場敘明理由，並指明限制或禁止之範圍（本法§101Ⅱ）[15]。第101條第1項各款所依據之事實、各項理由之具體內容及有關證據，應告知被告及其辯護人，並記載於筆錄。但依本法第93條第2項但書規定，經法院禁止被告

---

13 最高法院101年度台抗字第401號、99年度台抗字第218號裁定。

14 最高法院103年度台抗字第219裁定。

15 配合本法第93條第項但書規定，增訂本條第2項但書（2017.04）。

及其辯護人獲知之卷證，不得作為羈押審查之依據（本法§101 Ⅲ）。被告、辯護人得於第1項訊問前，請求法官給予適當時間為答辯之準備（本法§101 Ⅳ）。法院訊問被告後，認為符合前開羈押之要件，即應為許可羈押之裁定，並由法院簽發押票（本法§102 Ⅰ）。此外，為保障少年健全之自我成長，少年事件處理法第71條乃特別規定：「少年被告非有不得已情形，不得羈押之。」

（三）有羈押之「原因」但無羈押「必要」者得逕命具保、責付或限制住居

檢察官聲請羈押之案件，法官於訊問被告後，認為雖有本法第101條第1項或第101條之1第1項各款所定情形之一，而無羈押必要者，得逕命具保、責付或限制住居，不受原聲請意旨之拘束。其有第114條所定情形者，非有不能具保、責付或限制住居之情形者，不得逕予羈押。[16]

（四）羈押聲請之駁回

例如：檢察官羈押之聲請不合程式或不符合拘捕前置原則等，若有上述情形，則聲請在程序上不合法，應駁回羈押之聲請。此外，被告經法官訊問後，如果只認為有羈押之必要，但欠缺羈押之原因，則不但不能羈押，亦不能命具保、責付或限制住居。也就是說具備羈押之原因乃裁准羈押之前提，若是連前提要件都欠缺就不必再考慮是否有羈押之必要，亦即應將犯罪嫌疑人釋放。[17] 若檢察官對法官駁回羈押聲請或命具保、責付、限制住居之裁定提起抗告者，該管抗告法院須以速件之方式為審理，並儘量自為羈押與否之裁定。[18]

二、預防性羈押之要件

本法第101條之1規定特定案件之羈押要件：

---

16 法院辦理刑事訴訟案件應行注意事項第38點。

17 黃朝義，《犯罪偵查論》，漢興，初版，2004.03，146頁。

18 法院辦理刑事訴訟案件應行注意事項第40點。

(一)被告經法官訊問後,認為犯左列各款之罪,其嫌疑重大,有事實足認為有反覆實施同一犯罪之虞,而有羈押之必要者,得羈押之

1. 刑法第174條第1、2、4項、第175條第1、2項之放火罪、第176條之準放火罪。
2. 刑法第221條之強制性交罪、第224條之強制猥褻罪、第224-1條之加重強制猥褻罪、第225條之乘機性交猥褻罪、第227條之與幼年男女性交或猥褻罪、第227條第1項之傷害罪。但其須告訴乃論,而未經告訴或其告訴已經撤回或已逾告訴期間者,不在此限。
3. 刑法第302條之妨害自由罪。
4. 刑法第304條之強制罪、第305條之恐嚇危害安全罪。
5. 刑法第320條、第321條之竊盜罪。
6. 刑法第325條、第326條之搶奪罪。
7. 刑法第339條、第339-3條之詐欺罪。
8. 刑法第346條之恐嚇取財罪。

(二)有事實足認為有反覆實施同一犯罪之虞而有羈押之必要者得羈押之

依本法第101條第2項、第3項之規定,於前項情形準用之。所謂「有反覆實施同一犯罪之虞」是指如同慣犯具有高再犯率之犯罪特性而言。

三、有羈押之「原因」但無羈押「必要」者得逕命具保、責付或限制住居

依本法第101條之2規定,與一般犯罪案件標準相同。

選擇題練習

1 關於被告經法官訊問後,認爲犯罪嫌疑重大,得羈押之敘述,下列何者錯誤?[19] (A) 有事實足認爲有逃亡之虞者 (B)有事實足認爲有湮滅、偽造證據之虞者 (C)所犯爲最輕本刑5年以上有期徒刑者 (D)無一定之住所或居住所 【104年警特四等犯罪偵查】

19 答案爲(D)。參照本法第101條。

2 被告因無羈押之必要，命其具保後，下列何種情形，法院不得再行羈押？[20] (A)違背法院所定應遵行事項 (B)經合法傳喚無正當理由不到場 (C)違反限制住居之規定 (D)被告另犯2年以下有期徒刑之罪而否認犯行

【104年警特三等犯罪偵查】

3 下列關於預防性羈押之敘述，何者錯誤？[21] (A)刑法第185條之3酒醉駕駛屬反覆實施之犯罪類型，法官得裁定預防性羈押 (B)有違無罪推定 (C)與一般性羈押均須經法官訊問 (D)有違特別預防理論

【104年警特三等犯罪偵查】

4 依據民國106年4月26日修正之刑事訴訟法相關規定，有關偵查中羈押審查程序之敘述，下列何者錯誤？[22] (A)辯護人於偵查中之羈押審查程序，除法律另有規定外，得檢閱卷宗及證物並得抄錄或攝影 (B)偵查中之羈押審查程序未經選任辯護人者，原則上審判長應指定公設辯護人或律師爲被告辯護 (C)偵查中之羈押審查程序，包括法院已裁准羈押後的其他程序，如聲請撤銷羈押、停止羈押 (D)法院於受理羈押之聲請，應即時訊問，原則上禁止深夜受理羈押訊問，深夜，指午後11時至翌日午前8時 【106年警特三等犯罪偵查】

5 甲因涉嫌持槍擄人勒贖，經依法通緝期間，檢察官訊問證人乙供稱曾無意中窺知甲持有制式手槍；訊問證人丙曾目擊甲夥同其幫派 5 人涉嫌擄丁勒贖；丁趁機脱身後，再訊問丁遭受甲挾持傷害經過，並調得案發現場路口監視器錄影。乙、丙因恐被甲報復，請求不要揭露其身分。其後緝獲甲，檢察官以甲有脅迫乙、丙、丁串證之虞，有羈押之必要，向法官聲請羈押甲。關於相關偵查卷證資料之閱覽，下列敘述何者正確？[23] (A)法院須命提出所有原卷證給甲及

---

20 答案爲(D)。參照本法第101、117條。

21 答案爲(A)。參照本法第101條之1。

22 答案爲(C)。法院若已裁准羈押後的即非偵查中羈押審查程序。

23 答案爲(C)。參照本法第93條第2項：「偵查中經檢察官訊問後，認有羈押之必要者，應自拘提或逮捕之時起二十四小時內，以聲請書敘明犯罪事實並所犯法條及證據與羈押之理

其辯護人知悉 (B)僅命檢察官說明應羈押理由，不須提出任何證據給甲及其辯護人知悉 (C)檢察官應提出丁偵訊筆錄及路口監視器錄影帶給甲及其辯護人知悉。但對乙、丙之偵訊筆錄，則另分卷敘明理由，適當限制甲及其辯護人獲知 (D)可禁止甲及其辯護人獲知乙、丙、丁筆錄 【108司律第一試】

考題觀摩

警員P以現行犯逮捕正在施打毒品的甲，在警局，P詢問甲並製作筆錄，甲供出係向乙購買毒品。P查證發現乙是毒品通緝犯，乙經P緝捕到案詢問後，承認施用毒品，但否認販賣毒品。P將乙尿液及查扣之毒品送到地檢署事前以公文選定的醫院鑑驗。其後，P將乙隨案移送檢察官，經檢察官S複訊，乙仍承認吸毒，但否認販毒。S以乙有逃亡之虞且所犯爲重罪，向法院聲請羈押乙。法院尚未開始進行羈押審查程序，乙配偶丙爲乙委任的辯護人L趕到法院，L要求法院先讓其跟乙交談，並要求檢閱檢察官偵查卷證資料。法院不允准L與乙會面交談，且因偵查卷證尚未送至法院，因而暫時無法交付卷證資料與辯護人。檢察官聲請羈押3小時後，偵查卷證始送至法院，法院才通知辯護人L檢閱。辯護人影印資料及準備開庭又歷經1小時，才開始羈押審查程序。檢察官雖受通知，仍未到庭。法院審查時，辯護人L以檢察官未將全部卷證資料交伊檢閱而向法官異議。法官以檢閱卷證範圍如何爲檢察官之決定，辯護人無權異議，且法院亦無權限得命檢察官檢附所有偵查卷證，因而當庭駁回異議。最後，法院允准羈押乙，被告以此爲由提起抗告，法院以無理由駁回抗告。乙於羈押執行中，辯護人L要求丙私下去見甲，希望甲改變供詞。檢察官S獲知此事，即檢附相關文件向法院聲請限制辯護人L接見羈押的乙，也聲請禁止乙押所與外人接見。法院未經訊問被告乙，亦未聽取辯護人L之意見，即簽發限制書允准限制乙接見。試問：

（一）法院羈押審查程序之合法性。

（二）法院限制接見處分之合法性。

（答題除引用相關之學說或實務見解外，應就本案之論斷附具個人意見）

【106年司法官第二試】

由，備具繕本並檢附卷宗及證物，聲請該管法院羈押之。但有事實足認有湮滅、僞造、變造證據或勾串共犯或證人等危害偵查目的或危害他人生命、身體之虞之卷證，應另行分卷敘明理由，請求法院以適當之方式限制或禁止被告及其辯護人獲知」可知僅能另行分卷非提供原卷證。

■ 參考解答[24]

(一) 對乙羈押審查程序之合法性

1. 刑事訴訟法第93條第2項拘捕前置規定

依刑事訴訟法第93條第2項之規定，聲請羈押必須合乎拘提或逮捕之前置程序。本案中係由警員P將通緝犯乙緝捕到案，刑事訴訟法第87條第1項就通緝犯之逮捕雖僅提及係由「檢察官、司法警察官」為之，警察得否逮捕並無規定；惟依實務及通說之見解，縱係警察亦得合法逮捕通緝犯，故警員P逮捕乙之程序並無違法。

2. 辯護人L要求接見被告乙

刑事訴訟法第34條第2項係適用於偵查程序，惟是否亦得適用於羈押審查程序非無疑義。羈押審查程序，本質上因為特殊程序，而與偵查或審判程序有別，惟「接見權」本為辯護權之核心內涵；鑑此，縱在羈押審查程序，亦應容許辯護人接見被告。本案中，法院雖未實質開始就羈押事由為審查，然已係開啓羈押審查程序，法院不允准辯護人與被告會面，並不合法。被告乙如以此為由對羈押裁定提起抗告，抗告法院應認抗告有理由而撤銷羈押裁定。

3. 辯護人L要求檢閱檢察官偵查卷證

刑事訴訟法第33條之1規定，辯護人於偵查中之羈押審查程序得檢閱卷證。辯護人依此規定，得向法院要求檢閱卷證。法院以檢察官尚未將卷證移送法院而暫緩辯護人檢閱卷證，此雖不符合刑事訴訟法第93條第2項規定檢察官聲請羈押必須檢附卷證之程序規定，惟縱有欠缺，亦非不能補正。法院應定期間命檢察官補正。俟檢察官補正後，再議辯護人檢閱，非無不可。另依刑事訴訟法第101條第4項規定，被告辯護人得請求法官給予適當時間為答辯之準備，因而本件辯護人以1小時準備，亦為合法。

4. 辯護人檢閱卷證之範圍

依大法官釋字第737號解釋及刑事訴訟法第33條之1規定，辯護人於偵查中羈押程序固得檢閱卷證，惟其範圍並非毫無限制，辯護人無權要求檢閱所有的偵查卷證，只能檢閱依法容許的卷證。針對辯護人檢閱卷證之範圍，

---

24 本解答內文部分係引用考選部公布之官方版本。

刑事訴訟法第93條第2項但書規定，檢察官得透過分卷方式對辯護人閱卷範圍予以限制。至於辯護人對此得否異議，現行法並無規定；既無得異議之明文，辯護人應無異議權。法院駁回異議應為合法之舉，被告乙以此為由而提起抗告，抗告為無理由。

【此類問題於作答上應無既定之立場，評分視論述之詳盡程度而定。】

（二）法院限制辯護人及配偶接見之合法性

1. 限制辯護人接見被告乙，應屬違法

本案中，辯護人L要被告乙配偶而私下去見甲，此涉及刑事訴訟法第34條第1項但書「有事證足認辯護人勾串證人」。依刑事訴訟法第34條之1規定，檢察官得以書面聲請法院限制辯護人與羈押之被告接見，經法院允准後，法院簽發限制書，即可限制辯護人與被告乙之羈押接見，現行法對於法院核發限制書之程序，並無明確規定。法院是否應訊問辯護人L與被告乙後，始能簽發限制書，或應給L與乙有聽審機會，本法皆無規定。基於接見權屬於辯護權之實質內涵，應給與辯護人有陳述意見之機會，縱然非言詞審理，也應給與書面陳述意見之機會。法院於限制辯護人接見權之程序中，未給與被告乙與辯護人L陳述意見之機會，已有程序瑕疵。辯護人得依刑事訴訟法第404條第1項第3款提起抗告，抗告法院應以此為由撤銷原審法院限制接見裁定，由原審法院重新裁定。

2. 禁止被告乙與其他外人接見，應屬合法

限制被告與其他外人接見，無論係學理或法律依據上，與限制被告與辯護人接見有極大之差異，不能一概而論。刑事訴訟法第105條第3項授權法院得禁止羈押被告與外人之接見，該「外人」之範圍亦包含被告之配偶。法院就此部分之禁止，現行法並無類似刑事訴訟法第34條之1之程序要求，此亦無涉是否對辯護權形成干預；且於實務上，法院亦得直接在押票上註明限制接見，不必另以其他文書為之，即生禁止效力。本案中法院係於限制書上註明，亦應合法。

第三節　羈押的程式

一、羈押被告，應用押票（本法§102Ⅰ）

二、押票，應按被告指印，並記載左列事項（本法§102Ⅱ）

（一）被告之姓名、性別、年齡、出生地及住所或居所。
（二）案由及觸犯之法條。
（三）羈押之理由及其所依據之事實。
（四）應羈押之處所。
（五）羈押期間及其起算日。
（六）如不服羈押處分之救濟方法。

本法第71條第3項之規定，於押票準用之。

三、押票由法官簽名（本法§102Ⅳ）

押票之效力，僅及於押票中所記載之案由，如被告犯實質上之二罪，刑法第37條之2所謂裁判確定前羈押之日數，僅指因本案所受羈押之日數而言。他案而受羈押，不得移抵本案之刑期，但裁判上一罪或實質上一罪則不受此限制。押票之格式範例參圖表1-11-1。

圖表1-11-1

臺灣臺北地方法院押票					
案　　由	中華民國　年度　字第　　號　毒品危害防治條例案件				
被　　告 姓　　名		年齡	民國　年　月　日		
		性別		特徵	
住 居 所	現於				

<table>
<tr><td rowspan="2">羈押理由及所犯法條</td><td colspan="3">一、羈押理由：被告犯罪嫌疑重大，而有下列情形，非予羈押顯難進行追訴、審判或執行：
（一）逃亡或有事實足認為有逃亡之虞。
（二）有事實足認為有湮滅、偽造、變造證據或勾串共犯或證人之虞。
（三）所犯為死刑、無期徒刑或最輕本刑為5年以上有期徒刑之罪。
二、觸犯之法條：
刑事訴訟法第101條第1項第　款</td></tr>
<tr><td colspan="3">一、被告犯下列之罪之罪嫌疑重大，有事實足認為有反覆實施同一犯罪之虞，而有羈押之必要。
二、觸犯之法條：
刑事訴訟法第101條之1第1項第　款</td></tr>
<tr><td>羈押理由所依據之事實</td><td></td><td rowspan="2">羈押期間</td><td rowspan="2">偵查中不得逾2月，必要時，得延長2月，以延長一次為限。</td></tr>
<tr><td>應羈押之處所</td><td>臺灣臺北看守所</td></tr>
<tr><td>羈押期間起算日</td><td></td><td rowspan="2">不符羈押處分之救濟方法</td><td rowspan="2">（一）得於5日內以書狀敘述理由，向法院提出抗告。
（二）得於5日內以書狀敘述理由，向法院聲請撤銷或變更。</td></tr>
<tr><td colspan="2">上列被告一人應行羈押
此致
臺灣臺北看守所</td></tr>
<tr><td>其他記載</td><td>（　）禁止接見通信。</td><td>被告指印</td><td></td></tr>
<tr><td colspan="4">中華民國　　　年　　　月　　　日

法官　　　　法警</td></tr>
<tr><td colspan="4">本案被告經驗檢察官指揮法警於中華民國　年　月　日　午　時解到本處所查驗無誤。
臺灣臺北看守所　所長</td></tr>
</table>

第四節　羈押的執行

有關羈押的執行規定如後（本法§103）：

一、執行羈押，偵查中依檢察官之指揮；審判中依審判長或受命法官之指揮，由司法警察將被告解送指定之看守所，該所長官查驗人別無誤後，應於押票附記解到之年、月、日、時並簽名。

二、執行羈押時，押票應分別送交檢察官、看守所、辯護人、被告及其指定之親友。本法第81條、第89條及第90條之規定，於執行羈押準用之。

第五節　羈押處所的變更

有關羈押處所之變更如後（本法§103-1）：

一、偵查中檢察官、被告或其辯護人認有維護看守所及在押被告安全或其他正當事由者，得聲請法院變更在押被告之羈押處所。

二、法院依前項聲請變更被告之羈押處所時，應即通知檢察官、看守所、辯護人、被告及其指定之親友。

第六節　羈押被告的管束

有關羈押被告的管束規定如（本法§105）：

一、管束羈押之被告，應以維持羈押之目的及押所之秩序所必要者爲限。

二、被告得自備飲食及日用必需物品，並與外人接見、通信、受授書籍及其他物件。但押所得監視或檢閱之。

三、法院認被告爲前項之接見、通信及受授物件有足致其脫逃或湮滅、僞造、變造證據或勾串共犯或證人之虞者，得依檢察官之聲請或依職權命禁止或扣押之。但檢察官或押所遇有急迫情形時，得先爲必要之處分，並應即時陳報法院核准。由於禁止接見、通信或命扣押物件，係與羈押有關之處分，對羈押中之被告，有重大影響，法院應審慎依職權行之。偵查中檢察官爲該處分之聲請時，法院應審酌有無具體事證，足認確有必要，如未附具體事證，或所附事證難認有其必要者，不宜漫然許可。如檢察官聲請羈押時，一併聲請禁止接見、通信或命扣押物件，法院認前一聲請有理由，後一聲請無理由者，關於前者應簽發押票交付執行，關於後者，應予駁回。[25]聲

25　法院辦理刑事訴訟案件應行注意事項第41、42點。

請撤銷禁止接見、通信之處分者，法院應斟酌具體情形及相關證據，審慎判斷，如認聲請無理由，即予裁定駁回。[26]

四、依前項所爲之禁止或扣押，其對象、範圍及期間等，偵查中由檢察官；審判中由審判長或受命法官指定並指揮看守所爲之。但不得限制被告正當防禦之權利。對於檢察官或押所所爲禁止接見、通信或扣押物件之緊急處分，及押所長官爲束縛身體之報告，均應愼重審核，注意有無違法或不當情事。[27]

五、被告非有事實足認爲有暴行或逃亡、自殺之虞者，不得束縛其身體。束縛身體之處分，以有急迫情形者爲限，由押所長官行之，並應即時陳報法院核准。

有關押所之視察羈押被告之處所，檢察官應勤加視察，按旬將視察情形陳報主管長官，並通知法院（本法§106）。

第七節　羈押的期間

羈押期間之限制是爲保障被告人身自由所設之規定，非爲偵查利益或順利審判進行所設之規定。有關羈押之期間之規定如後（本法§108）：

一、羈押被告，偵查中不得逾二月，審判中不得逾三月。但有繼續羈押之必要者，得於期間未滿前，經法院依第101條或第101條之1之規定訊問被告後，以裁定延長之。在偵查中延長羈押期間，應由檢察官附具體理由，至遲於期間屆滿之五日前聲請法院裁定，此五日的期間爲失權期間，而非訓示期間，違反規定者法院應以聲請不合法，予以駁回。

二、延長羈押期間，偵查中不得逾二月，以延長一次爲限。審判中每次不得逾二月，如所犯最重本刑爲十年以下有期徒刑以下之刑者，第一審、第二審以三次爲限，第三審以一次爲限。偵查中的羈押期間爲「**二個月**」，並可聲請延長一次，最長是「**四個月**」。而審判中的羈押期間第一次是「**三**

---

26 法院辦理刑事訴訟案件應行注意事項第43點。

27 法院辦理刑事訴訟案件應行注意事項第44點。

個月」，聲請延長羈押一次是「**二個月**」，第一、二審各三次，因此，若非「所犯最重本刑爲死刑、無期徒刑或逾有期徒刑十年之案件」，最長總計是「**九個月**」。由於第三審只能延長羈押一次，因此，最長總計是「**五個月**」。然而依本法第108條第5項，若是「所犯最重本刑爲死刑、無期徒刑或逾有期徒刑十年之案件」，有造成無限期羈押之虞，有鑑於此，2010年9月施行的刑事妥速審判法第5條第2規定：「審判中之延長羈押，如所犯最重本刑爲死刑、無期徒刑或逾有期徒刑十年者，第一審、第二審以六次爲限，第三審以一次爲限。審判中之羈押期間，累計不得逾五年。」**因此，依「特別法優於普通法原則」，有關所犯最重本刑爲死刑、無期徒刑或逾有期徒刑十年者，其延長羈押次數之限制，不得再無限制延長。**而依刑事妥速審判法第5條第3項規定：「審判中之羈押總期限，累計不得逾八年[28]。」

三、羈押期間自簽發押票之日起算。但羈押前之逮捕、拘提期間，以一日折算裁判確定前之羈押日數一日。

四、審判中之羈押期間，自卷宗及證物送交法院之日起算。起訴或裁判後送交前之羈押期間算入偵查中或原審法院之羈押期間。

五、前項裁定，除當庭宣示者外，於期間未滿前以正本送達被告者，發生延長羈押之效力。羈押期滿，延長羈押之裁定未經合法送達者，視爲撤銷羈押。

六、案件經發回者，其延長羈押期間之次數，應更新計算。

羈押期間已滿未經起訴或裁判者，視爲撤銷羈押，檢察官或法院應將被告釋放；由檢察官釋放被告者，並應即時通知法院。

第八節　羈押之撤銷

有關羈押撤銷之規定，說明如下：

28 本條係新修正，又近年來，上訴第三審之案件，經最高法院撤銷發回更審之比率亦逐年下降，自103年以降，均已降至百分之十以下，案件整體審判期間亦相應縮短，足見審判中羈押總期間以五年爲限，應足以因應實務審判上之需要。（2019.06）

一、當然撤銷羈押

（一）羈押於其原因消滅時

羈押於其原因消滅時，應即撤銷羈押，將被告釋放（本法§107 I）。被告、辯護人及得爲被告輔佐人之人得聲請法院撤銷羈押。檢察官於偵查中亦得爲撤銷羈押之聲請（本法§107 II）。法院對於前項之聲請得聽取被告、辯護人或得爲被告輔佐人之人陳述意見（本法§107 III）。偵查中經檢察官聲請撤銷羈押者，法院應撤銷羈押，檢察官得於聲請時先行釋放被告（本法§107 IV）。偵查中之撤銷羈押，除依檢察官聲請者外，應徵詢檢察官之意見（本法§107 V）。法院應隨時依職權注意羈押原因是否仍然存在，及有無繼續羈押之必要，羈押原因消滅者，應即撤銷羈押，將被告釋放，已無羈押必要者，應命停止羈押。被告、辯護人或得爲被告輔佐人之人聲請撤銷或停止羈押者，法院認有必要時，得聽取其陳述。偵查中檢察官聲請停止羈押者，法院認爲必要時，亦得聽取被告、辯護人或得爲被告輔佐人之人之陳述。偵查中檢察官聲請撤銷羈押者，法院應予准許，不得駁回。而檢察官僅於偵查中始得聲請羈押、延長羈押、撤銷羈押或停止羈押。在審判中，並無爲上揭各項處分之聲請權，其提出聲請者，應以聲請爲不合法，予以駁回。[29]

（二）羈押已逾刑期

本法第109條規定逾刑期之撤銷羈押之情形，案件經上訴者，被告羈押期間如已逾原審判決之刑期者，應即撤銷羈押，將被告釋放。但檢察官爲被告之不利益而上訴者，得命具保、責付或限制住居。

二、視爲撤銷羈押

（一）本法第108條第7項規定，羈押期間已滿未經起訴或裁判者，視爲撤銷羈押，檢察官或法院應將被告釋放，由檢察官釋放被告者，並應通知法院。

（二）本法第259條第1項規定羈押之被告，案件經不起訴處分者，視

---

29 法院辦理刑事訴訟案件應行注意事項第51～54點。

爲撤銷羈押。

（三）本法第316條規定，案件經諭知無罪、免訴、免刑、緩刑、罰金或易以訓誡或第303條第3款、第4款不受理判決者，視爲撤銷羈押。但上訴期間內或上訴中，得命具保、責付或限制住居，如不能具保、責付或限制住居而有必要情形者，並得羈押之。

第九節　繼續羈押

2007年7月，本法第108條第8項增訂「繼續羈押」制度，增訂理由謂：「按羈押期滿，延長羈押之裁定未經合法送達，或延長羈押期間之裁定未經宣示，而未於期間屆滿前送達被告；或羈押期滿未經起訴或裁判，依第2項、第7項規定視爲撤銷羈押者，多有出於人爲之疏失者，若因此造成重大刑事案件之被告得以無條件釋放，致生社會治安之重大危害，殊非妥適，允宜在法制上謀求補救之道。」但此種情形將原本應視爲當然撤銷羈押的立法旨趣，朝實務便宜運作之設計，迭遭學說上批評。[30]
依本法第108條第8項可分爲三種類型：

一、在偵查中的繼續羈押

在偵查中，如羈押期滿未經合法延長，本應立即將被告釋放，然依新增訂之第108條第8項前段規定，檢察官如認有具保、責付、限制住居或繼續羈押之必要者，自應聲請法院裁定。又被告因不能具保、責付或限制住居，而有繼續羈押必要之情形，爲避免程序之周折，應許檢察官得附具體理由，一併聲請羈押。

二、在審判中的繼續羈押

審判中之繼續羈押與偵查中其實並無不同，其相異處在於，在偵查中應由檢察官向法院提出聲請爲前提，審判中可由法院依職權直接裁量之。

30 柯耀程，《刑事程序法》，一品，初版，2019.02，233頁以下。

三、因犯重罪而繼續羈押

此種類型的繼續羈押與一般繼續羈押所不同的是，不以先命具保、責付或限制住居爲必要，得逕依本法第101條之規定，訊問被告後繼續羈押之（本法§108 Ⅷ但書）。例如：殺人、製造手槍、販賣第一級毒品、加重強制性交、傷害致死、妨害自由致死、搶奪致死、強盜致重傷、加重強盜、擄人勒贖等等，均屬重大危害社會治安之罪，此類被告所犯爲死刑、無期徒刑或最輕本刑爲七年以上有期徒刑之案件，如僅因人爲疏失而予交保、責付或限制住居在外，對社會治安及後續偵查、審判及執行程序之進行，將有重大不利影響，審理中發生上述視爲撤銷羈押事由，不以先命具保、責付或限制住居爲必要，對於偵查中案件，法院得依檢察官聲請；對於審判中案件，得依職權逕依第101條之規定訊問被告後繼續羈押之。

四、期間計算

關於繼續羈押之期間自視爲撤銷羈押之日起算，以二月爲限，不得延長。若繼續羈押期間屆滿者，應即釋放被告（本法§108 Ⅸ）。

第十節　停止羈押與免予羈押

一、停止羈押

停止羈押者，是指已經羈押之被告，因具有本法第110條任意停止羈押以及第114條之法定停止羈押原因，得暫時停止羈押，恢復被告之自由。被告如經聲請停止羈押，法院應爲許可具保停止羈押之裁定或命令。停止羈押是指羈押效力仍繼續存在僅係停止執行而已，與免予羈押是指並無羈押被告而以釋放或具保、責付、限制住居等方式。撤銷羈押是指裁定羈押被告後因具有法定撤銷之原因而向將來消滅羈押處分。

二、法定停止羈押原因

本法第114條有關駁回聲請停止羈押之限制的規定，羈押之被告，有左列情形之一者，如經具保聲請停止羈押，不得駁回：

（一）所犯最重本刑為三年以下有期徒刑、拘役或專科罰金之罪者。但累犯、有犯罪之習慣、假釋中更犯罪或依第101條之1第1項羈押者，不在此限。

（二）懷胎五月以上或生產後二月未滿者。

（三）現罹疾病，非保外治療顯難痊癒者。

三、法院許可停止羈押時，得命被告應遵守之事項

本法第116條之2第1項規定：

法院許可停止羈押時，經審酌人權保障及公共利益之均衡維護，認有必要者，得定相當期間，命被告應遵守下列事項：[31]

（一）定期向法院、檢察官或指定之機關報到。

（二）不得對被害人、證人、鑑定人、辦理本案偵查、審判之公務員或其配偶、直系血親、三親等內之旁系血親、二親等內之姻親、家長、家屬之身體或財產實施危害、恐嚇、騷擾、接觸、跟蹤之行為。

（三）因第114條第3款之情形停止羈押者，除維持日常生活及職業所必需者外，未經法院或檢察官許可，不得從事與治療目的顯然無關之活動。

（四）接受適當之科技設備監控。

（五）未經法院或檢察官許可，不得離開住、居所或一定區域。

（六）交付護照、旅行文件；法院亦得通知主管機關不予核發護照、旅行文件。

（七）未經法院或檢察官許可，不得就特定財產為一定之處分。

（八）其他經法院認為適當之事項。

前項各款規定，得依聲請或依職權變更、延長或撤銷之。（本法§116-

---

31 法院許可停止羈押時，依本條所為命被告於相當期間應遵守一定事項之羈押替代處分，係干預人民基本權利之措施，自應審酌人權保障及公共利益之均衡維護，於認有必要時，修正得妥適決定被告應遵守之事項及其效力期間（2019.07）。

2 II）

法院於審判中許可停止羈押，得命被告於宣判期日到庭。（本法§116-2 III）

違背法院依第1項或第3項所定應遵守之事項者，得逕行拘提。（本法§116-2 IV）

第1項第4款科技設備監控之實施機關（構）、人員、方式及程序等事項之執行辦法，由司法院會同行政院定之。（本法§116-2 V）

四、羈押停止之情形

羈押停止是指法院、檢察官、被告、得為輔佐之人或辯護人得依一定方式，使原羈押的效力暫時停止，俟具保責付原則消滅後，繼續原來的羈押。可分聲請停止羈押與職權停止羈押。

（一）聲請停止羈押

1. 任意停止羈押

本法第110條有關具保聲請停止羈押之規定，被告及得為其輔佐人之人或辯護人，得隨時具保，向院聲請停止羈押。檢察官於偵查中得聲請法院命被告具保停止羈押。前二項具保停止羈押之審查，準用第107條第3項之規定。本法第107條第2、3項規定被告、辯護人及得為被告輔佐之人得聲請法院撤銷羈押。法院對於前項之聲請得聽取被告、辯護人或得為被告輔佐人之人陳述意見，但是否停止羈押，法院仍有裁量之權。

必要停止羈押，具有本法第114條之法定原因，得暫時停止羈押之效力，恢復被告之自由。被告如經聲請停止羈押，法院應為許可具保停止羈押之裁定或命令。

2. 法定停止羈押（又稱必要停止羈押）

是指本法第114條規定，羈押之被告具有本條各款情形之一者（如前述），如經具保聲請停止羈押，不得駁回。

（二）職權停止羈押

法院依本法第115條、116條規定得不命被告具保而責付於得為其輔佐人之人或該管區內其他適當之人，亦得不命其具保而限制其住所，以裁定停止羈押被告。有關具保法無明文不過在解釋上被告既無羈押必要自可以具保。此項之裁定非受命法官所得爲之（本法§121），法院訊問被告後有免予羈押被告之權。所謂免予羈押者，是指除上述必要停止羈押而非有不能具保、責付或限制住居之情形應免予羈押外，被告經法官訊問後，雖有本法第101條、第101條之1各款情形之一，而無羈押之必要者，得逕命具保、責付或限制住居，而免予羈押（本法§101-2）。

五、具保

本法第110條有關具保聲請停止羈押之規定，被告及得爲其輔佐人之人或辯護人，得隨時具保，向法院聲請停止羈押。檢察官於偵查中得聲請法院命被告具保停止羈押。

前二項具保停止羈押之審查，準用第107條第3項之規定。偵查中法院爲具保停止羈押之決定時，除有第114條及本條第2項之情形者外，應徵詢檢察官之意見。

本法第111條有關許可具保停止羈押之條件規定如後：

許可停止羈押之聲請者，應命提出保證書，並指定相當之保證金額。許可具保而停止羈押，固應指定保證金額，惟保證金額須審酌案情及被告身分核定相當之數額，除聲請人或第三人願納保證金或有價證券者外，應依法命其提出保證書，不得強令提出保證金。於聲請人或第三人已依指定之保證金額提出現金或有價證券時，應予准許，不得強令提出保證書。遇有可用責付或限制住居之方法停止羈押者，亦應切實採行其方法。其具保或責付之人是否適當，應由各該命爲具保責付或限制住居之法院親自核定。[32]

保證書以該管區域內殷實之人所具者爲限，並應記載保證金額及依法繳納之事由。准許具保時，應注意本法第111條第2項之規定，凡該管區域內殷實之人皆得出具保證書。惟公司董事長或經理不得以公司爲刑事具保之保證人。[33]

指定之保證金額，如聲請人願繳納或許由第三人繳納者，免提出保證

---

32 法院辦理刑事訴訟案件應行注意事項第58點。

33 法院辦理刑事訴訟案件應行注意事項第59點。

書。繳納保證金，得許以有價證券代之。許可停止羈押之聲請者，得限制被告之住居。本法第112條有關指定保證金之限制規定，被告係犯專科罰金之罪者，指定之保證金額，不得逾罰金之最多額。檢察官依本法第93條第3項、第228條第4項逕命被告具保者，應指定保證金額，其保證金額須審酌被告所涉罪嫌、犯罪情節、所生危害及被告之身分、資力、犯罪所得等事項。如具保人已依指定之保證金額提出現金或有價證券時，應予准許，不得強令提出保證書。遇有以責付或限制住居之方法較適當者，亦應切實採行其方法。若具保或責付之被告，於本法所定候保時限內仍覓無保時，檢察官應審酌被告之身分、資力及其犯罪情節後，認爲不宜降低保證金額或改命限制住居或釋回，而有羈押之必要者，應迅於本法第93條第2項所定時限內聲請法院羈押。[34]

本法第113條有關保釋之生效期間之規定，許可停止羈押之聲請者，應於接受保證書或保證金後，停止羈押，將被告釋放。法院許可羈押被告，或認羈押之被告雖有羈押之原因，但無羈押之必要，或有撤銷羈押之情形，有由被告本人及得爲輔佐之人，或辯護人，提出保證書或保證金，暫時停止被告羈押，或由法院、檢察官得命令其具保，以回復被告自由。

六、責付

責付乃法院或檢察官，將羈押之被告，或認爲有羈押原因而無羈押必要之被告，交付於得爲輔佐人之人，或該管區域內其他適當之人，停止或免予羈押之謂。其立法目的與限制住居相同，在使無親屬、缺乏資力之輕罪被告，得爲停止羈押或免予羈押，以減少羈押。

具保與責付之不同，其一、具保原則上須經聲請（亦有命令具保）。責付則爲法院或檢察官之自動處分。其二、爲具保之具保人，須負指定保證金額上之責任。責付則不負金錢上之責任，僅負令被告到場之義務。

七、限制住居

限制被告之住居，不准遷移或指定相當處所，爲停止或免予羈押之執行

---

34 檢察機關辦理刑事訴訟案件應行注意事項第40、41點。

方法。本法第116條有關限制住居之規定，羈押之被告，得不命具保而限制其住居，停止羈押。

本法第110條第2項至第4項之規定，於前二條之責付、限制住居準用之（本法§116-1）。

第十一節　再執行羈押

本案原羈押原因存續中，因認爲無羈押之必要故以具保等停止羈押之後，因再發生有關本案羈押必要之情事，判斷結果，認又有羈押被告之必要時，命再執行羈押後。所謂又有羈押被告之必要是指具有法定再執行羈押之原因，而法院斟酌實際情形認爲非予以羈押顯難進行追訴、審判或執行之考量重行予以羈押，稱之爲再執行羈押。再執行羈押因非屬新的羈押，性質上屬原羈押裁定之再執行，只是執行羈押的理由已經變更，程序上應再簽發新的押票以明其羈押事由。故與他案之另行聲請羈押，或本案撤銷羈押之重新聲請羈押之情形不同。停止羈押前已經過之羈押期間與再執行羈押期間應合併計算（本法§117 III）。依本法第117條有關再執行羈押之事由規定如後：停止羈押後有下列情形之一者，得命再執行羈押：

一、經合法傳喚無正當之理由不到場者。

二、受住居之限制而違背者。

三、本案新發生第101條第1項、第101條之1第1項各款所定情形之一者。

四、違背法院依前條所定應遵守之事項者。

五、依第101條第1項第3款羈押之被告，因第114條第3款之情形停止羈押後，其停止羈押之原因已消滅，而仍有羈押之必要者。[35]

偵查中有前項情形之一者，由檢察官聲請法院行之。

再執行羈押之期間，應與停止羈押前已經過之期間合併計算。

法院依本條第1項之規定命再執行羈押時，準用第103條第1項之規定。

35 爲配合司法院釋字第665號解釋及第101條第1項第3款之規定，修正再執行羈押之事由（2019.07）。

第十二節　羈押、沒入保證金退保之處理

一、本法第117條之1與第117條之不同

本法第117條之1規定是指再命羈押（爲一新的羈押決定），與再執行羈押（爲停止羈押後再執行羈押）本法第117條顯有不同（有關停止羈押應遵守事項及再執行羈押事由之準用）。

前二條之規定（停止羈押應遵守事項及再執行羈押事由），於檢察官依第93條第3項但書或第228條第4項逕命具保、責付、限制住居，或法院依第101條之2逕命具保、責付、限制住居之情形，準用之。

法院依前項規定羈押被告時，適用第101條、第101條之1之規定。檢察官聲請法院羈押被告時，適用第93條第2項之規定。第1項之規定執行羈押者，免除具保之責任。

二、本法第118條有關被告逃匿時具保人之責任之規定

具保之被告逃匿者，應命具保人繳納指定之保證金額，並沒入之。不繳納者，強制執行。保證金已繳納者，沒入之。前項規定，於檢察官依本法第93條第3項但書及第228條第4項命具保者，準用之。檢察官逕命具保之被告，需經合法傳喚無故不到場，並經拘提無著，足以認定係逃匿者，始得沒入其保證金。檢察官逕命具保或責付之被告，於具保或責付後，潛逃無蹤，檢察官固得依規定沒入保證金或令受責付人追交被告，但除保證人或受責付人確有藏匿或使之隱避情事，應受刑事制裁外，不得對其逮捕或拘提。[36]

三、本法第119條之免除具保責任

本法第119條有關免除具保責任與退保、撤銷羈押、再執行羈押、受不起訴處分或因裁判而致羈押之效力消滅者，免除具保之責任。

具保證書或繳納保證金之第三人，將被告預備逃匿情形，於得以防止之際報告法院、檢察官或司法警察官而聲請退保者，法院或檢察官得准其退

---

[36] 檢察機關辦理刑事訴訟案件應行注意事項第41～43點。

保。但另有規定者，依其規定。

免除具保之責任或經退保者，應將保證書註銷或將未沒入之保證金發還。前三項規定，於受責付者準用之。

2014年5月30日增訂第119條之1：「以現金繳納保證金具保者，保證金應給付利息，並於依前條第3項規定發還時，實收利息併發還之。其應受發還人所在不明，或因其他事故不能發還者，法院或檢察官應公告之；自公告之日起滿十年，無人聲請發還者，歸屬國庫。依第118條規定沒入保證金時，實收利息併沒入之。刑事保證金存管、計息及發還作業辦法，由司法院會同行政院定之。」

其理由在於，刑事保證金，係具保人為被告免予或停止羈押之目的而繳納，具保人繳納後，在未經依法沒入前，國家委由代理國庫之銀行加以保管，保證金仍屬具保人所有，於代理國庫之銀行保管期間，自得生有利息，且屬具保人所有，參照提存法第12條之立法例，該保證金自應給付利息。於發還保證金時，應連同實收利息一併發還。惟應受發還人所在不明或因其他事故不能發還時，其通知之程序及歸屬，應明文規定，以杜爭議，爰增訂第1項。又，具保乃為確保被告不致逃匿，若具保之被告逃匿而予以沒保，自不宜因代理國庫支付之利息而獲有利得，明定實收利息併沒入之，方符事理之平，爰增訂為第2項。

四、本法第121條有關羈押各項處分之裁定或命令機關

第107條第1項之撤銷羈押、第109條之命具保、責付或限制住居、第110第1項、第115、116條之停止羈押、第116條之2第2項之變更、延長或撤銷、[37]第118條第1項之沒入保證金、第119條第2項之退保，以法院之裁定行之（本法§121Ⅰ）。

由於第三審是法律審不調查事實，因此若案件在第三審上訴中，於2007年12月參酌最高法院95年度第3次刑事庭會議決議，明定案件在第三審上訴中，而卷宗及證物已送交該法院者，羈押及其他關於羈押事項之處分，由第二審法院裁定之（本法§121Ⅱ）。第二審法院於為前項裁定前，得向

[37] 為配合第116條之2第2項之增訂修正（2019.07）。

第三審法院調取卷宗及證物（本法§121 III）。

檢察官依第117條之1第1項之變更、延長或撤銷被告應遵守事項、[38]第118條第2項之沒入保證金、第119條第2項之退保及第93條第3項但書、第228s條第4項命具保、責付或限制住居，於偵查中以檢察官之命令行之（本法§121 IV）。

38 同前揭註。

第十二章　限制出境、出海

第一節　序說

本法原本並無有關限制出境、出海之明確規定。過去實務認為，限制被告出境，係執行限制住居方法之一種，案件在第三審上訴期間內或上訴中之被告，有無限制出境或繼續限制出境之必要，參照本法第121條第2項後段之規定，應由第二審法院決定之[1]，但學說上多表示反對[2]。蓋限制住居文義上僅係限制住居所，概念上未必能涵蓋涉及憲法第10條居住及遷徙自由權限制或剝奪之限制出境、出海。為明確區分兩者之性質不同，以及規範其法定要件與相關適用程序，於2019年6月新增專章以為特別之規範，定位為「獨立型態的強制處分」，本質上非認限制出境、出海為「羈押的替代處分」。[3]

不過，從新法準用條文來看，由於得命具保、責付或限制住居等「羈押的替代處分」情形，「亦得命限制出境、出海。因此，從這方面來說，新法的限制出境、出海又帶有混合性質。[4]

1　最高法院73年度第4次刑事庭會議決定、101年度台抗字第473號裁定。

2　黃朝義，〈刑事程序限制出境（海）之規範與實際問題〉，《月旦法學雜誌》，第215期，2013.04，106頁以下；張明偉，〈限制出境之規範與檢討〉，《台灣法學雜誌》，第334期，2017.01，53頁以下；謝志鴻，〈論刑事訴訟程序限制出境之合理性與公正性〉，《中央警察大學法學論集》，第24期，2013.04，143頁以下；王乃彥，〈論刑事程序之限制出境〉，《中央警察大學法學論集》，第24期，2013.04，160頁以下；王士帆，〈刑事訴訟限制出境之立法展望〉，《月旦法學雜誌》，第283期，2018.12，181頁。

3　最高法院109年度台抗字第474號裁定。

4　林鈺雄，《刑事訴訟法實例解析》，新學林，三版，2021.03，137頁。

第二節 得逕行限制出境、出海之情形

被告犯罪嫌疑重大，而有下列各款情形之一者，必要時檢察官或法官得逕行限制出境、出海。但所犯係最重本刑爲拘役或專科罰金之案件，不得逕行限制之（本法§93-2 I）：一、無一定之住、居所者。二、有相當理由足認有逃亡之虞者。三、有相當理由足認有湮滅、僞造、變造證據或勾串共犯或證人之虞者。蓋因限制出境、出海之目的係保全被告到案，避免逃匿國外，致妨礙國家刑罰權行使之不得已措施，若有第1至第3款之必要時，始得逕行限制出境、出海。例外者，如所犯係最重本刑爲拘役或專科罰金之案件，依本法第36條之規定，既係許用代理人之案件，自無逕行限制出境、出海之必要，始符合憲法第10條、第23條限制人民居住及遷徙自由權應符合比例原則之意旨。

限制出境、出海，書面記載應包括以下列事項：一、被告之姓名、性別、出生年月日、住所或居所、身分證明文件編號或其他足資辨別之特徵。二、案由及觸犯之法條。三、限制出境、出海之理由及期間。四、執行機關。五、不服限制出境、出海處分之救濟方法（本法§93-2 II）。除被告住、居所不明而不能通知者外，前項書面至遲應於爲限制出境、出海後六個月內通知。但於通知前已訊問被告者，應當庭告知，並付與前項之書面（本法§93-2 III）。由於限制出境、出海，涉及憲法基本權之限制，應盡早告知使被告，使其及早爲工作、就學或其他生活上之安排，並得及時循法定程序救濟。但考量限制出境、出海後假使立即通知被告，反而可能因而洩漏偵查先機，或導致被告立即逃匿，致國家刑罰權無法實現。爲保障被告得適時提起救濟之權利，並兼顧檢察官偵查犯罪之實際需要，故明文除被告住、居所不明而不能通知者外，逕行限制出境、出海時，至遲應於法定期間內，以書面通知被告及其書面之應記載事項。惟被告如已被檢察官或法官爲訊問者，既已無過早通知恐致偵查先機洩漏或被告逃匿之疑慮，基於有權利即有救濟之原則，此時檢察官或法官即應當庭告知被告業經限制出境、出海之旨，並付與第2項之書面，使被告得以救濟。

前項前段情形，被告於收受書面通知前獲知經限制出境、出海者，亦得請求交付第二項之書面（本法§93-2 IV）。被告於收受第2項之書面通知

前，如藉由境管機關通知等方式，獲知受限制出境、出海者，亦得請求交付第2項之書面，以保障其得及時依法救濟之權利。

第三節　偵、審中限制出境、出海之期限

一、偵查中

偵查中檢察官限制被告出境、出海，不得逾八月。但有繼續限制之必要者，應附具體理由，至遲於期間屆滿之二十日前，以書面記載前條第2項第1款至第4款所定之事項，聲請該管法院裁定之，並同時以聲請書繕本通知被告及其辯護人（本法§93-3 I）。爲考量偵查中之案件拘提、逮捕、羈押之程序，涉及憲法對被告人身自由之剝奪，較諸直接限制出境、出海僅係對於居住及遷徙自由權之限制爲嚴重。故應在一定期間內之限制，得由檢察官逕爲處分，而無庸一律必須進行羈押審查程序後，再由法官作成限制出境、出海之替代處分。此外，偵查中檢察官依第93條第3項但書之規定，認被告無聲請羈押之必要者，亦得逕爲替代處分，若此時有限制被告出境、 出海之必要，授權由檢察官逕行爲之，即可立即將被告釋放；倘一律採法官保留原則，勢必仍須將被告解送法院，由法官審查是否對被告限制出境、出海，反而係對被告人身自由所爲不必要之限制，過度長期限制被告之居住及遷徙自由權。再者，檢察官於聲請法院延長限制出境、出海時，應逕以聲請書繕本通知被告及其辯護人，以保障渠等之意見陳述權。又法院受理檢察官延長限制出境、出海之聲請案件時，因案件仍在偵查中，故仍應遵守偵查不公開原則。

偵查中檢察官聲請延長限制出境、出海，第一次不得逾四月，第二次不得逾二月，以延長二次爲限。審判中限制出境、出海每次不得逾八月，犯最重本刑爲有期徒刑十年以下之罪者，累計不得逾五年；其餘之罪，累計不得逾十年（本法§93-3 II）；偵查或審判中限制出境、出海之期間，因被告逃匿而通緝之期間，不予計入（本法§93-3 III）。蓋強制處分如須較長期限制人民之居住及遷徙自由權，應有一定程度之法官保留介入與定期之審查制度，較能兼顧國家刑罰權之行使與被告居住及遷徙自由權之保障。再者，

限制人民出境、出海之期間，亦應考量偵查或審判之性質，及所涉犯罪情節與所犯罪名之輕重，而定其最長期間，以符合憲法第23條之比例原則。

二、審判中

至於在審判中，法院延長限制出境、出海裁定前，應給予被告及其辯護人陳述意見之機會（本法§93-3 Ⅳ）。因延長限制出境、出海可事前審查，且不具有急迫性，故是否有延長之必要，法官除應視偵查及審判程序之實際需要，依職權審酌外，適度賦予被告及其辯護人意見陳述權，亦可避免偏見或預斷，並符干涉人民基本權利前，原則上應給予相對人陳述意見機會之正當法律程序原則。

本規定，係針對延長限制出境、出海原則上應予被告及其辯護人陳述意見之機會而言，至於對被告爲第一次限制出境、出海處分，法院自得於審酌個案情節後依同法第93條之2第1項逕爲裁定。[5]

起訴或判決後案件繫屬法院或上訴審時，原限制出境、出海所餘期間未滿一月者，延長爲一月（本法§93-3 Ⅴ）。考量案件經提起公訴或法院裁判後，受理起訴或上訴之法院未及審查前，如原限制出境、出海之期間即將屆滿或已屆滿，可能致被告有逃匿國外之空窗期。爲兼顧國家刑罰權行使之順暢，與現行訴訟制度及實務運作之需要，明文起訴後案件繫屬法院時，或案件經提起上訴而卷宗及證物送交上訴審法院時，如原限制出境、出海所餘期間未滿一個月者，一律延長爲一個月，並由訴訟繫屬之法院或上訴審法院逕行通知入出境、出海之主管機關。

起訴後繫屬法院之法定延長期間及偵查中所餘限制出境、出海之期間，算入審判中之期間（本法§93-3 Ⅵ）。案件經提起公訴而繫屬法院後所延長之限制出境、出海期間，以及偵查中所餘限制出境、出海之期間，參考現行偵查中具保效力延長至審判中之實務運作方式，其限制出境、出海之效力，均計入審判中之期間，視爲審判中之逕行限制出境、出海。至於期間屆滿後，是否有延長限制出境、出海之必要，則由法院視訴訟進行之程度及限制之必要性，依職權審酌之。

5 最高法院109年度台抗字第204號裁定（具有參考價值的裁判）。

第四節 擬制撤銷限制出境、出海

被告受不起訴處分、緩起訴處分，或經諭知無罪、免訴、免刑、緩刑、罰金或易以訓誡或第303條第3款、第4款不受理之判決者，視爲撤銷限制出境、出海。但上訴期間內或上訴中，如有必要，得繼續限制出境、出海（本法§93-4）。前述情形，如已無限制出境、出海之必要性，則應視爲撤銷，分別由檢察官或法院通知入出境、出海之主管機關解除限制。惟案件在上訴期間內或上訴中，基於上訴後仍可能改判有罪，如僅因第一審曾判決無罪即撤銷限制出境、出海，而不能再繼續限制，自非妥適。至於繼續限制之期間，仍應受審判中最長限制期間之拘束。

第五節 聲請撤銷或變更限制出境、出海

被告及其辯護人得向檢察官或法院聲請撤銷或變更限制出境、出海。檢察官於偵查中亦得爲撤銷之聲請，並得於聲請時先行通知入出境、出海之主管機關，解除限制出境、出海（本法§93-5 Ⅰ）。限制出境、出海之處分或裁定確定後，如已無繼續限制之必要，則應許得隨時聲請撤銷或變更。檢察官於偵查中對於被告有利之情形，亦有一併注意之義務，故偵查中經法院裁定之限制出境、出海，自應許檢察官得爲被告之利益聲請撤銷，並得由檢察官於聲請之同時逕行通知入出境、出海之主管機關，俾及早解除限制被告之權利。至於偵查中應向檢察官或法院聲請撤銷或變更，應視該限制處分或裁定之主體而定。

偵查中之撤銷限制出境、出海，除依檢察官聲請者外，應徵詢檢察官之意見（本法§93-5 Ⅱ）。偵查中之撤銷限制出境、出海，法院除應審酌限制出境、出海之原因是否已經消滅及其必要性外，由於偵查不公開，事實是否已經查明或尚待釐清，檢察官知之甚詳。是除依檢察官聲請者外，法院應於裁定前徵詢檢察官之意見，再爲妥適決定。

偵查中檢察官所爲限制出境、出海，得由檢察官依職權撤銷或變更之。但起訴後案件繫屬法院時，偵查中所餘限制出境、出海之期間，得由法

院依職權或聲請爲之（本法§93-5 III）。偵查及審判中法院所爲之限制出境、出海，得由法院依職權撤銷或變更之（本法§93-5 IV）。由於偵查或審判中因檢察官或法院所爲之限制出境、出海，如已無繼續限制之必要或須變更其限制者，應得分別由檢察官或法院依職權撤銷或變更之。惟起訴後案件繫屬法院時，偵查中限制出境、出海期間如有剩餘，經法院審酌個案情節後，如認無繼續維持偵查中限制出境、出海處分之必要時，得由法院依職權或聲請予以撤銷或變更之，使人權保障更加完妥。

第六節　命具保、責付或限制住居者之準用

依本章以外規定得命具保、責付或限制住居者，亦得命限制出境、出海，並準用第93條之2第2項及第93條之3至第93條之5之規定（本法§93-6）。限制出境、出海，爲獨立之羈押替代處分方法，惟舊法僅列舉具保、責付或限制住居，規範尙有未足，故明文規定依本章以外之規定，得命具保、責付或限制住居者，亦得命限制出境、出海，及其相關準用規定，以符合法律授權明確性原則。**依此規定，限制出境、出海之強制處分可分爲獨立型限制出境，及羈押替代型限制出境兩種類型。**[6]依本條規定，羈押替代處分類型之限制出境、出海，係當庭諭知，應當庭給予書面通知。此外，偵查中檢察官聲請羈押，法院裁定限制出境、出海者，既屬偵查中之限制出境、出海，期間仍不得逾八個月，且期間屆滿前如有延長需要，仍應由檢察官向法院聲請延長，而非法院依職權延長，乃屬當然。

6　最高法院109年度台抗字第249號裁定（最高法院已經由徵詢程序達成統一見解）。

第十三章　搜索與扣押

第一節　搜索

所謂搜索，乃國家爲發現被告或犯罪嫌疑人，及犯罪證據，或可得沒收之物，對於被告或犯罪嫌疑人以及第三人之身體、物件、電磁紀錄及住宅、或其他處所，依法施以檢查之強制處分。[1]

「狹義的搜索」是以物的發現爲其目的。搜索通常爲執行扣押的準備行爲，而與扣押有著密切的關係。所以，搜索票中須載明「應扣押之物」（本法§128 Ⅱ②），即學理上所謂「概括搜索票禁止原則」。所謂「應扣押之物」，必須事先加以合理的具體特定與明示，方符明確界定搜索之對象與範圍之要求，以避免搜索扣押被濫用，而違反一般性（或稱釣魚式）搜索之禁止原則。[2]因此，檢察官依檢察官與司法警察機關執行職務聯繫辦法規定，將傳票、拘票、搜索票、扣押命令或其他文件交付檢察事務官、司法警察官、司法警察執行時，應記載法定事項，或核對有無缺漏，**不得交付「空白」之傳票、拘票、搜索票、扣押命令或其他文件**。[3]**亦即，搜索票上對於「應扣押物」、「應搜索處所」等記載，皆必須相當之具體、特定及明確**。[4]由於我國扣押與搜索票合而爲一張搜索票，使人經常會誤認搜索與扣押爲同一程序，或是前後的準備行爲。在本質上這是兩個獨立不同的程序，於實施扣押程序未必一定實施搜索，扣押可以透過請求提出或持有人任意交出等方式爲之，故搜索與扣押係屬不同性質的強制處分與程序，應予辨明。

「廣義的搜索」不僅對「物」的搜索，還包括對「人」的搜索，可視爲拘提或逮捕所使用的方法，而搜索又分「拘捕搜索」與「偵查搜索」。前者如本法第131第1項各款之緊急搜索即屬之，後者如本法第131條第2項之緊

1　警察偵查犯罪手冊第158點。

2　最高法院100年度台上字第5065號判決。

3　檢察機關辦理刑事訴訟案件應行注意事項第52點。

4　王兆鵬、張明偉、李榮耕，《刑事訴訟法（上）》，新學林，五版，2020.03，243頁。

急搜索即屬之。

一、搜索的目的

搜索的目的，在發現被告、犯罪嫌疑人與犯罪的證據，及可得沒收之物。凡屬直接或間接證據所用之物均是，亦不問被告有利、不利的證據，並包括得沒收之物。

二、搜索客體

（一）住宅及其他處所。

（二）搜索不限於被告、犯罪嫌疑人，尚包括對於第三人之搜索。本法第122條第1項與第2項規定之對象有所不同。就法條文義觀之，**第1項以「必要」為要件之一，第2項則以有「相當理由」為要件之一**，兩者法院在審查核發搜索票時，在客觀證據的質與量應有程度上的不同，在此程序上自有不同的利益權衡之考量，應視具體個案而定之。以下就其不同分別論述之：

1. 對於被告、犯罪嫌疑人或第三人之搜索，以「必要時」或有「相當理由」爲要件。所稱「必要時」，係指一般理性之人依其正常判斷，可認爲有犯罪證據存在之相當可能性之情形而言。此種相當可能性，雖無要求達到充分可信或確定程度之必要，惟須以有相當或然性存在爲條件，[5]非經由搜索之程序無法發現可供扣押之物，而達到扣押之目的而言。所稱「有相當理由」，其所認定有犯罪證據存在之相當可能性，程度必須較「必要時」爲高，以區別對第三人與對被告或犯罪嫌疑人發動搜索要件之不同。[6]此二要件均應由搜索票之聲請人於聲請書上釋明之。[7]

2. 本法所指第三人範圍相當廣泛，應與被告（或犯罪嫌疑人）做嚴格的區別，以避免發生侵害人權之虞。第三人在理論上可分爲與「本

---

5 檢察機關實施搜索扣押應行注意事項第4點。

6 檢察機關實施搜索扣押應行注意事項第5點。

7 法院辦理刑事訴訟案件應行注意事項第63點。

案有關係的第三人」與「本案無關係的第三人」，兩者均屬本法第三人的搜索，對之檢察官是否許可以及法院審查是否核發其標準並無二致，爲避免侵害人權，更不可對於本案有關係的第三人恣意認定爲被告或犯罪嫌疑人實施搜索，易生執行刑事訴訟之公務員濫權搜索之違法行爲。

3. 物件搜索：搜索在性質上具有隱密性、突襲性，爲強制處分之一種，具有強制性質。所以，於被告或第三人抗拒（包括積極或消極的抗拒行爲）合法搜索時，得以強制力搜索之，但不得逾必要之程度（本法§132）。搜索通常是指爲執行拘捕、扣押之準備行爲，或實施偵查之必要手段。

有別於傳統的方式，對於電磁紀錄的搜索扣押應是以二階段搜索模式進行。第一階段爲進入特定處所搜尋並扣押電磁紀錄之載體（物理性搜索扣押），再於第二階段搜索現場以外之處，以偵查機關的設備，依電腦鑑識的程序，搜尋載體內有無所需之電磁紀錄兩個階段來執行。[8]

三、准予搜索之機關與聲請、執行搜索之機關

（一）准予搜索之機關

在偵查中及審判中均由法院核發搜索票。本法第128條之1規定偵查中檢察官認爲搜索之必要，除第131條，第2項所定情形外，應以書面記載前條第2項各款之事項，並敘明理由，聲請該管法院核發搜索票。司法警察官因調查犯罪嫌疑人犯罪情形及蒐集證據，認爲搜索之必要時，得依前項規定報請檢察官許可後，向該管法院聲請核發搜索票。司法警察機關偵查中欲進行搜索時，須經檢察官的許可後，由檢察官備妥搜索許可聲請書，同時向該管法院請求核發搜索票。

（二）聲請、執行搜索機關

本法第128條之2規定搜索除由法官或檢察官親自實施外，由檢察事務

8 李榮耕，〈電磁紀錄的搜索及扣押〉，《國立臺灣大學法學論叢》，第41卷第3期，2012.09，1060頁以下。

官、司法警察（官）執行。檢察事務官為執行搜索，必要時，得請求司法警察（官）協助。職是之故，本法規定搜索之執行除由檢察官或法官親自實施外，得以將搜索票交由檢察事務官、司法警察（官）執行，或由法官、檢察官指揮命令檢察事務官、司法警察（官）執行之。關於相牽連之案件，司法警察（官）認有在管轄區域外實施搜索之必要者，得逕向有管轄權之任一檢察署檢察官及法院聲請核發搜索票。[9]檢察官於司法警察官依本法第128條之1第2項報請許可聲請搜索票時，應先審查該聲請名義人是否屬本法第229條、第230條所列之司法警察官；對於聲請書之內容，應詳予審查所記載之事項，是否符合法律規定及所附資料是否齊備後，在聲請書上直接批示許可或不許可，並得附加理由。其許可聲請者，應留存聲請書影本，正本交還司法警察官或其指定之人持向法院聲請；其不許可聲請者，應留存聲請書正本，將影本退還。但對於記載不全或資料不齊備而屬可得補正之案件，應命其儘速補正，勿逕行批駁。[10]法院對於搜索票之簽發，以有具體案件之發生為前提，經由檢察官的許可，向該管法院法官聲請核發搜索票，而檢察官不能應司法警察人員之聲請草率許可，法院亦不可預發空白搜索票，以保障人權。

圖表1-12-1　搜索之種類——要式與不要式

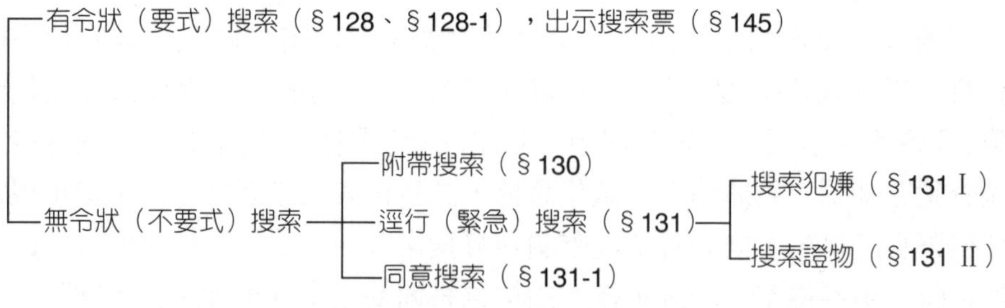

- 有令狀（要式）搜索（§128、§128-1），出示搜索票（§145）
- 無令狀（不要式）搜索
  - 附帶搜索（§130）
  - 逕行（緊急）搜索（§131）
    - 搜索犯嫌（§131 I）
    - 搜索證物（§131 II）
  - 同意搜索（§131-1）

9　警察機關執行搜索扣押應行注意要點第6點。

10　檢察機關實施搜索扣押應行注意事項第7點。

壹、令狀搜索（要式搜索）

本法第128條有關搜索票的規定如後：

一、令狀搜索，應用搜索票（亦稱「要式搜索」）。執行搜索之人，原則上無搜索票不得實施搜索，即使是法官或檢察官如親自實施搜索，亦應持搜索票搜索。否則即屬違法搜索，構成取得證據之違法行爲。然而，該證據是否被禁止使用，則由法院視個案情節輕重權衡認定之，並非絕對禁止使用之（本法§158-4）。

二、搜索票，應記載下列事項：

1. 案由。
2. 應搜索之被告、犯罪嫌疑人或應扣押之物。但被告或犯罪嫌疑人不明時，得不予記載。
3. 應搜索之處所、身體、物件或電磁紀錄。
4. 有效期間，逾期不得執行搜索及搜索後應將搜索票交還之意旨。

三、搜索票，由法官簽名。法官並得於搜索票上對執行人員爲適當之指示。本條項所規定法官並得於搜索票上對執行人員爲適當之指示，並非是指法官得對搜索票之核發附有條件的搜索，法官本於職權不得核發附條件之搜索票，否則該搜索票無效，而構成違法搜索。所謂「適當指示」也僅止於使搜索程序與目的或範圍更加明確而已。因此在2001年修法後，**司法警察（官）若只有檢察官簽發之拘票而無法官簽發之搜索票，不得據以實施搜索、扣押。**[11]

四、核發搜索票之程序，不公開。

---

[11] 最高法院99年度台上字第1398號判決。

圖表1-12-2 搜索票聲請書格式範例

<table>
<tr><td colspan="3">（警察機關全銜）搜索票聲請書</td></tr>
<tr><td>發文日期字號</td><td colspan="2">中華民國　　年　　月　　日　　字第　　號</td></tr>
<tr><td>預定執行搜索日期</td><td colspan="2">中華民國　　年　　月　　日　　起
中華民國　　年　　月　　日　　止</td></tr>
<tr><td>案由</td><td colspan="2"></td></tr>
<tr><td>受搜索人</td><td>身分
姓名
性別
出生年月日
身分證字號
住居所
備註</td><td></td></tr>
<tr><td rowspan="4">搜索範圍</td><td>□處所</td><td></td></tr>
<tr><td>□身體</td><td></td></tr>
<tr><td>□物件</td><td></td></tr>
<tr><td>□電磁紀錄</td><td></td></tr>
<tr><td>應扣押之物</td><td colspan="2"></td></tr>
<tr><td>聲請理由事實依據</td><td colspan="2">詳如偵查報告、檢舉筆錄、刑案資料表等，為防湮滅證物，有查扣相關犯罪證物必要。</td></tr>
<tr><td colspan="3">上列受搜索人因　　　　　　案件，認有執行搜索之必要，爰依刑事訴訟法第一百二十二條、第一百二十八條、第一百二十八條之一規定，聲請核發搜索票，以便執行。
此　致
臺灣　地方檢察署
臺灣　地方法院
司法警察官：</td></tr>
<tr><td>檢察官審查結果</td><td colspan="2">□不許可，理由：
□許可
民國　　年　　月　　日　　時　　分</td></tr>
<tr><td>法院裁定結果</td><td colspan="2">□不核發，理由：
□核發
民國　　年　　月　　日　　時　　分</td></tr>
</table>

承辦人姓名：　　　電話：　　　轉　　傳真：

圖表1-12-3　搜索票格式範例

<table>
<tr><td colspan="6">臺灣臺北地方法院搜索票　　　股別</td></tr>
<tr><td>案　　號</td><td colspan="2">年度聲搜字第　　號</td><td>案由</td><td colspan="2"></td></tr>
<tr><td>搜索票
聲請人</td><td colspan="5">（機關名稱、職稱及姓名）</td></tr>
<tr><td>有效期間</td><td colspan="5">民國　年　月　日　時起至　年　月　日　時止（逾期不得執行）</td></tr>
<tr><td>受搜索人</td><td>姓名</td><td></td><td>性別</td><td colspan="2">□男
□女</td></tr>
<tr><td>應　扣
押之物</td><td colspan="5"></td></tr>
<tr><td>搜　索
範　圍</td><td colspan="5">□處所
□身體
□物件
□電磁紀錄
（依實際需要具體填載）</td></tr>
<tr><td colspan="6">中　華　民　國　年　月　日
法　官</td></tr>
<tr><td>注　意
事　項</td><td colspan="5">一、執行搜索後，應於搜索完畢3日內，將搜索結果連同搜索票一併送繳法院。
二、搜索時應保守秘密並注意搜索人之名譽。搜索婦女之身體，應命婦女行之。但不能由婦女行之者，不在此限。
三、軍事上應秘密之處所，非得該管長官允許，不得搜索；除有妨害國家重大利益者外，該管長官不得拒絕。
四、抗拒搜索者，得用強制力搜索之，但不得逾必要之程度。
五、執行搜索或扣押，得開啟鎖扃、封緘或為其他必要之處分，並得封鎖現場，禁止在場人員離去，或禁止第三人進入現場。對於違反禁止命令者，得命其離開或交由適當之人看管至執行終了。
六、有人住居或看守之住所或其他處所，不得於夜間入內搜索或扣押。但經住居人、看守人或可為其代表之人承諾或有急迫之情形者，不在此限。
七、搜索上開住宅、處所或船艦，應命住居人或看守人或可為其代表之人在場，其不能在場者，得命該住宅、處所或船艦內之人或其鄰居之人或就近自治團體之職員在場，並將搜索票出示在場之人。
八、對於政府機關、公務員或曾為公務員之人所持有或保管之文書及其他物件，如為其職務上應守秘密者，非經該管監督機關或公務員允許，不得扣押；除有妨害國家利益者外，該管監督機關或公務員不得拒絕。
九、搜索時發現本案應扣押之物為搜索票所未記載或發現另案應扣押之物，亦得扣押之。
十、經搜索而未發現應扣押之物者，應付與記載此旨之證明書於受搜索人。
十一、其他指示事項：</td></tr>
</table>

貳、無令狀搜索（不要式搜索）

一、附帶搜索

即本法第130條規定之「檢察官、檢察事務官、司法警察（官）或司法警察逮捕被告、犯罪嫌疑人或執行拘提、羈押時，雖無搜索票，得逕行搜索其身體、隨身攜帶之物件、所使用之交通工具及立即可觸及之處所」。其立法目的在保護執行人員的人身安全，防止被告或犯罪嫌疑人自殘，立即發現犯罪的證據或可供沒收之物，此際其搜索的急迫性在程度上應強於要式搜索，亦即，附帶搜索與逮捕的行爲，時間上要同時或接近，具有時間密接性，始爲合法。[12]於其搜索之範圍界限爲何，本書認爲，「身體、隨身攜帶之物件、所使用之交通工具」爲「例示規定」，執行人員應以被搜索人「立即可觸及」危險物之範圍爲界限，若所使用之交通工具並非被搜索人「立即可觸及」者，則不得超過此範圍或任意使用強制力，以免侵害到基本人權。所謂「立即可觸及」之處所，解釋上應依「臂長之距」法則個案認定，也就是以被拘提或逮捕之人臂長之範圍實際認定可觸及之處所，[13]以此爲界限。而目前實務上，適用本條之範圍亦係目的性限縮，如係針對受搜索人之住居所或所使用之公共交通工具爲之者，不能對整棟樓房或整列火車、整架飛機、整艘輪船執行附帶搜索。[14]

至於適用附帶搜索之時間點，從立法目的觀之，應於執行拘捕、羈押之同時或其後立即爲之。如果從拘捕現場至警局已有一段時間，再執行附帶搜索即無正當性。蓋既爲保障執法人員安全及防止被告或犯罪嫌疑人自殘，此時之附帶搜索即不符規範目的。

舉例說明

2009年曾發生一名賴姓員警逮捕戴姓通緝犯，因其態度非常配合，竟未予搜身，即讓戴嫌坐進警車後座，且未將其雙手銬在後座橫式不鏽鋼鐵條上，另名鄭姓員警則騎機車在後方戒護。然而就在派出所前停妥警車之

12 黃朝義，《犯罪偵查論》，漢興，初版，2004.03，185頁。

13 王兆鵬、張明偉、李榮耕，《刑事訴訟法（上）》，新學林，五版，2020.03，264頁。

14 檢察機關實施搜索扣押應行注意事項第16點。

際，戴嫌突然拿出預藏的水果刀猛刺前座的賴姓員警十多刀致死。此事件員警雖然同時違反上銬及雙人押解等標準作業程序，但其最致命的因素仍在於員警未於逮捕之瞬間迅速附帶搜索，蓋上銬仍有解銬之時，即時附帶搜索方能確保執法人員生命安全。

選擇題練習

1 下列關於附帶搜索的敘述，何者錯誤？[15] (A)逮捕通緝犯時，可搜查通緝犯的身體 (B)執行拘提時，可檢視受拘提人隨身攜帶的包包 (C)執行臨檢時，可翻動受檢查人正使用中機車的置物箱內之物品 (D)逮捕現行犯時，可搜索現行犯正使用中的機車 【101年警特四等犯罪偵查】

2 司法警察官或司法警察逮捕犯罪嫌疑人時，雖無搜索票，得執行附帶搜索，下列何者不屬於附帶搜索的範圍？[16] (A)犯罪嫌疑人近期居住的處所 (B)犯罪嫌疑人隨身攜帶之物件 (C)犯罪嫌疑人剛使用之交通工具 (D)犯罪嫌疑人立即可觸及之處所 【105年警特四等犯罪偵查】

3 某甲因涉嫌毒品犯罪而逃亡，由臺灣臺北地方法院檢察署發布通緝，經司法警察乙循線將甲逮捕，並對甲之身體加以搜索。問乙所實施之搜索屬於下列何者？[17] (A)緊急搜索 (B)逕行搜索 (C)附帶搜索 (D)自願同意受搜索 【105年警特四等犯罪偵查】

15 答案為(C)。因為機車的置物箱，通常上鎖，非屬犯罪嫌疑人立即可觸及之處所。但其他被搜索隨處可取得武器之範圍，仍可附帶搜索。

16 答案為(A)。非屬犯罪嫌疑人立即可觸及之處所。

17 答案為(C)。屬於逮捕後保障執法人員的附帶搜索。

4 有關附帶搜索的規定，下列敘述何者錯誤？[18] (A)逮捕現行犯時，可搜現行犯正使用中的交通工具 (B)執行臨檢時，可翻動受檢查人正使用中機車的置物箱內之物品 (C)執行拘提時，可檢視受拘提人隨身攜帶的包包 (D)逮捕通緝犯時，可搜索通緝犯的身體 【107年警特四等犯罪偵查】

5 司法警察就下列無搜索票之住宅搜索，依實務見解，何者爲違法？(A)追捕解送中脱逃的人犯，目睹其遁入他人住宅，爲逮捕人犯，逕行搜索該住宅 (B)發現列管的煙毒犯舉止、言語異常，爲扣押其施用毒品證據，逕行搜索其住宅 (C)因執行檢察官所命拘提之被告，據報被告潛返，情況急迫，爲拘提被告，逕行搜索其住宅 (D)居民舉報，鄰居吵雜，警員到場查看，發現屋内正在聚眾賭博，逕行進入搜索[19] 【107年司律第一試】

6 員警據報 A 與友人於 KTV 唱歌狂歡，有使用毒品助興，經前往調查發現 A 等人於某包廂飲酒作樂，且有塑膠「燒焦」氣味，但未見到可疑物品。員警依辦案經驗研判現場情況，認有搜索A所攜行李之必要，惟A不同意。下列敘述何者正確？[20] (A)依刑事訴訟法第128條之1取得搜索票實施搜索 (B)依刑事訴訟法第130條附帶搜索 (C)依刑事訴訟法第131條第1項第3款逕行搜索 (D)逕依刑事訴訟法第131條第2項緊急搜索 【108司律第一試】

7 甲因涉嫌縱火燒住宅案，有證人指認被焚現場監視器内潑汽油者影像爲甲，甲偵查中經檢察官傳訊，無理由不到庭應訊，警察遂持檢察官核發之拘票前往拘提甲，在甲住處庭院門口拘提甲時，經甲反抗。拘提後，警察能否同時入内搜索甲之住處？[21] (A)可。甲涉嫌重大，且傳訊不到，故可入内搜索 (B)不可，其住處並非立即可觸及之處所 (C)不可，且不得逕行搜索其身體、隨身攜帶之物件、所使用之交通工具及其立即可觸及之處所 (D)可，甲拘提時反抗，故可入内搜索。 【109司律第一試】

---

18 答案爲(B)。

19 答案(B)。保全證據（物）之緊急搜索，發動之主體限於「檢察官」，司法警察（官）須由檢察官指揮方得爲之。

20 答案爲(A)。

21 答案爲(B)。

二、緊急搜索

本法第131條法條用語上稱為「逕行搜索」，惟學說上用語不一，多數說統稱本法第131條第1、2項為「緊急搜索」。[22]惟亦有區分本法第131條第1項為「執行拘捕、羈押等情形下之附帶搜索」；而本法第131條第2項為「檢察官之緊急搜索」者。[23]另亦有認為，本法第131條第1項為「逕行搜索」；而本法第131條第2項為「緊急搜索」之論者。[24]由於第131條第1、2項皆有「得逕行搜索」之用語，同條第1項第3款及第2項為適用於「情況急迫」固毋待論，至於，同條第1項第1、2款則規定在執行拘提、逮捕或羈押之際，得進入特定的處所內搜索應拘捕或羈押之人，從條文文義而言，亦同具有「緊急」之特性，此乃容許作為令狀主義的例外的理由。[25]此外第131條之立法理由亦稱第131條第1、2項為「緊急搜索」，故本書認為，稱第131條第1、2項為「緊急搜索」毋寧較妥。兩項之區別，主要在於主客體不同，茲分述如下：

（一）拘捕被告或犯罪嫌疑人之緊急搜索

有左列情形之一者，檢察官、檢察事務官、司法警察或司法警察官，雖無搜索票，得逕行搜索住宅或其他處所：

1. 因逮捕被告、犯罪嫌疑人或執行拘提、羈押者。
2. 因追躡現行犯或逮捕脫逃人者。
3. 因有明顯事實足信為有人在內犯罪而情形急迫者。

---

22 蔡墩銘，《刑事訴訟法論》，五南，五版，2002.10，215頁；林山田，《刑事程序法》，五南，五版，2004.09，345頁；張麗卿，《刑事訴訟法理論與運用》，五南，十四版，2018.09，283頁；林俊益，《刑事訴訟法概論（上）》，新學林，十六版，2016.09，322頁；王兆鵬、張明偉、李榮耕，《刑事訴訟法（上）》，新學林，五版，2020.03，271頁；林俊寬，《刑事訴訟法：基礎理論與實務運用》，五南，初版，2013.07，128頁；何明洲，《犯罪偵查原理與實務》，中央警察大學，再版，2014.08，210頁。

23 黃朝義，《刑事訴訟法》，新學林，五版，2017.09，269頁；黃東熊、吳景芳，《刑事訴訟法（上）》，三民，七版，2010.02，209、214頁。

24 林鈺雄，《刑事訴訟法（上）》，新學林，十版，2020.09，438頁以下；李春福，《刑事訴訟法論》，新學林，初版，2017.09，322頁。

25 陳運財，〈由強制處分法定原則與令狀主義論搜索法制〉，收錄於氏著《偵查與人權》，元照，初版，2014.04，309頁。

本條所稱之「拘提」，論者有謂應係指第88條之1的「緊急拘提」，而不包括持拘票所進行的一般拘提。理由在於，只要是進入到私人住所中，無論其係被拘提人或第三人所有，除非有緊急情狀或獲得自願性同意。[26]本書認爲，在搜索決定權回歸後，除前述情形外，所謂的「拘提」自不包括檢察官於非急迫情下所簽發之拘票，否則無異容許偵查機關藉「拘提」之名便宜行「搜索」之實，但若係法院所簽發之拘票於急迫情形下，並無此問題，而仍應有本條第1項第1款之適用。總之，本條款所稱之拘提，限於第88條之1的「緊急拘提」或法院所簽發之拘票於急迫情形下的「拘提」。

本條第1項第3款「有明顯事實足信爲有人在內犯罪而情形急迫者」之規定，須客觀上有明顯可見之犯罪行爲正在進行方可逕行搜索，並非自外即有明顯事實，亦非執行人員主觀上的認知顯有可疑，而是以客觀上一般人均有此合理懷疑足信爲有人在內犯罪者而言。

至於，是否具有急迫性及必要性，應於實施前，依客觀之事實判斷，足認被告、犯罪嫌疑人、現行犯或脫逃人確實在其內者，始得爲之，以避免不必要之廣泛式、地毯式搜索。依本法同條第1項第3款有人在內犯罪而情形急迫所爲之逕行搜索，應限於有明顯事實足信有此情況時始得爲之，以避免濫用。[27]

本條項容許的無令狀搜索，均是針對發現「被告」、「犯罪嫌疑人」而發，既以發現「人」爲目的，則依本條之無令狀搜索，除了結合本法第130條拘捕後對被告之附帶搜索外，不得再爲其他的搜索；亦即本法第131條第1項是爲了抓人而無票進入屋內，只包括「找人」不包括「找物」，故在屋外逮捕被告後，不得依此項進入被告處所無票搜索，且進入屋內後一旦抓到人，即應停止，至多只能依第130條爲附帶搜索。換言之，本法第131條第1項之逕行（緊急）搜索，應指對「人」的搜索，而不包括對「物」的搜索。[28]本條之立法意旨，在授權警察爲達到拘捕人犯（本法§131 I ①、②），或抑止犯罪發生（本法§131 I ③）之目的，得無搜索票進入住宅。依第131條第1項之立法理由：「對於緊急搜索權之發動，應於確有必要之

26 李榮耕，〈拘提及緊急搜索〉，《東海大學法學研究》，第42期，2014.04，141頁以下。

27 檢察機關實施搜索扣押應行注意事項第16點。

28 最高法院102年度台上字第59號判決。

急迫情形下，且有事實足認犯罪嫌疑人或被告確實在其內，始得爲之，以避免濫用緊急搜索權進行不必要的『廣泛式』、『地毯式』及與所欲保全法益顯不相當之搜索」，禁止漫無目的的濫權搜索。

（二）保全證據（物）之緊急搜索

本條第2項規定如後：

本項緊急搜索權發動之主體限於「檢察官」，目的在發現並保全證據，故客體爲「物」。檢察官依本法第131條第2項爲緊急（逕行）搜索時，應以具有相當理由顯示其情況急迫，且如不實施搜索，證據在「二十四」小時內有遭僞造、變造、湮滅或隱匿之危險情形，而無法及時向法院聲請搜索票者爲限。[29]此所謂「相當理由」，應依當時情況是否急迫、犯罪證據是否存在、是否有立即實施搜索之確實必要等情審愼衡量判斷之。檢察官指揮檢察事務官、司法警察官、司法警察執行逕行（緊急）搜索時，爲迅速及便捷起見，得以口頭指揮或發指揮書之方式爲之。但以口頭爲之者，於執行搜索後應補發指揮書。[30]論者有謂，依且前臺灣通訊，提出須爲搜索之條件聲請搜索票後，得解釋爲緊急搜索之條件微乎其微，除非容許檢察官利用緊急搜索之便，邊搜索邊辦案，否則實難想像。[31]本書認爲，此一規定，固較能防止司法警察（官）濫行緊急搜索，但亦可能使司法警察（官）坐失保全證據之良機。解決之道，司法警察（官）執行職務宜善用檢察官與司法警察機關執行職務聯繫辦法第5條之規定，發生法律上之疑義時，得隨時以言詞或電話請求檢察官解答或指示，以兼顧當前法制及犯罪偵查實務。

本條第3項規定，前2項搜索，由檢察官爲之者，應於實施後三日內（此期間爲不變期間）陳報該管法院；由檢察事務官、司法警察（官）爲之者，應於執行後三日內（此期間爲不變期間）報告該管檢察官及法院。法院認爲不應准許者，應於五日內（此期間爲不變期間）撤銷之。

所謂搜索執行後未陳報該管法院或經法院撤銷者，審判時法院得宣告所

---

29 檢察機關實施搜索扣押應行注意事項第18點。

30 檢察機關實施搜索扣押應行注意事項第19點。

31 黃朝義，《犯罪偵查論》，漢興，初版，2004.03，190頁。

扣得之物，不得作爲證據（即無證據能力）。檢察官、檢察事務官、司法警察（官）或司法警察逕行搜索實施或執行完畢，將結果陳報法院後，得於收受該裁定送達後五日內，依本法第404條第2款之規定提起抗告。[32]

選擇題練習

1 關於逕行（緊急）搜索，下列何者正確？[33] (A)指司法警察持搜索票，搜索住宅 (B)適用檢察官，不適用於司法警察 (C)有事實足認現行犯在內者，得實施之 (D)應於實施後24小時內，陳報該管法院

【101年警特四等犯罪偵查】

2 刑事訴訟法上對於緊急搜索之規定，下列敘述何者正確？[34] (A)須情形急迫 (B)非迅速搜索，12小時內證據有僞造、變造、湮滅或隱匿之虞者 (C)應由法官親自爲之 (D)若由檢察官親自爲之須層報檢察長 (E)若由檢察官親自爲之須層報檢察總長 【101年警大二技】

3 下列關於「搜索」之敘述，何者「不」正確？[35] (A)對於犯罪嫌疑人之住宅，須有相當理由可信爲應扣押之物存在時，始得搜索 (B)司法警察逮捕犯罪嫌疑人時，雖無搜索票，仍得逕行搜索其住宅 (C)司法警察因執行拘提而有事實足認被告確實在某處所內，雖無搜索票，仍得逕行搜索該處所(D)司法警察經屋主之自願性同意者，得不使用搜索票，逕行搜索其出租給他人使用之住宅 (E)司法警察於偵查中確有相當理由認爲情況急迫，非迅速搜索，24小時內證據有湮滅之虞者，得逕行搜索 【103年警大二技】

---

32 檢察機關實施搜索扣押應行注意事項第29點。

33 答案爲(C)。

34 答案爲(A)、(D)。

35 答案爲(A)、(B)、(D)、(E)。司法警察因執行拘提適用緊急搜索的情形，應限於第88條之1的「緊急拘提」或法院所簽發之拘票於急迫情形下的「拘提」。

4 警察甲無搜索票，亦無拘票，擬前往乙家搜索，但乙拒絕，甲仍強行進入乙家中，並逮捕搜索丙之身體，甲於下列何種情形下為上述行為，可認為是合法的行為？[36] (A)乙家為常用賭博之處所 (B)丙正在乙自家中與幼童從事性交易 (C)乙家中藏有犯罪證據，情況急迫，非迅速搜索有被湮滅之虞 (D)丙為通緝犯並藏匿於乙家中 (E)乙為假釋人 【103年警大二技】

三、同意搜索

本法第131條之1規定，搜索經受搜索人出於自願性同意者，得不使用搜索票。但執行人員應出示證件，並將其同意之意旨記載於筆錄，故執行人員應於執行搜索場所，當場出示證件，同時將其同意之意旨記載於筆錄（書面）後，始得據以執行搜索，**此之筆錄（書面）只能在搜索之前或當時完成，不能於事後補正。**[37]最高法院認為，所稱自願性同意者，只要受搜索人係在意思自主之情況下，表示同意為已足，不因其有無他人陪同在場，而異其法律效果。[38]就「身體」之搜索而言，僅該本人始有同意之權；就物件、宅第而言，則以其就該搜索標的有無管領、支配之權力為斷（如所有權人、占有或持有人、一般管理人等），故非指單純在場之無權人；其若由無同意權人擅自同意接受搜索，難謂合法[39]。又，受搜索人得隨時撤回其同意，固不待言；撤回之方式，明示及舉凡得使搜索人員瞭解、知悉其意思內容之一切非明示表示，皆無不可；撤回時，搜索應即停止。[40]

然而，為免事後不必要的爭議，仍以有第三人在場為宜，若無在場見證人則應錄音（影），甚至應告知受搜索人搜索標的、原因理由等。[41]此種情形本為「任意偵查」行為，故範圍相當的廣泛，包括對人及對物之搜索。故執行同意搜索時，應注意同意人其對受搜索之標的，有無同意之權，並斟酌

36 答案為(B)、(D)。丙若係現行犯、通緝犯，可無令狀逮捕，係緊急搜索所稱脫逃之人。

37 最高法院100年度台上字第7112號判決。

38 最高法院105年度台上字第1893號判決。

39 最高法院109年度台上字第259號判決（具有參考價值的裁判）。

40 最高法院107年度台上字第2850號判決（具有參考價值的裁判）。

41 林裕順，〈同意搜索→同意受檢〉，《月旦法學教室》，第163期，2016.05，29頁。

同意當時之客觀情境、同意人之精神狀態、理解能力等一切情狀予以判斷，必須受搜索人具有實質之同意能力，方得爲之；執行搜索人員對受搜索人，不得施以任何強暴脅迫、詐欺或其他不正之方法，使其同意。[42]此受搜索人之同意，法條雖未如本法規定夜間訊問要求須徵得被訊問人的同意，但在解釋上應以受搜索人須明示同意爲必要，如此嚴格的解釋，才能避免偵查人員藉此條文將搜索要式性的原則變成例外，以規避法院的審查，而大開違法搜索之門。因此本書認爲，**偵查人員必須「告知」受搜索人並無同意之義務，**否則受搜索人事後必然爭執在「審判中」是受到優勢警力「壓迫下」而「同意」，而非出於「自由意志」、「眞摯同意」，不但取得的證據無證據能力，偵查人員亦難逃違法搜索之罪名。

參、搜索之程序

一、因搜索得開啓鎖扃、封緘、或爲其他必要之處分。執行扣押或搜索時，得封鎖現場，禁止在場人員離去，或禁止前條所定之被告、犯罪嫌疑人或第三人以外之人進入該處所。對於違反前項禁止命令者，得命其離開或交由其適當之人看守至執行終了（本法§144）。

二、法官、檢察官、檢察事務官、司法警察（官）或司法警察執行搜索及扣押，除依法得不用搜索票之情形外，應以搜索票出示於第148條在場之人（本法§145）。此乃昭信於人，知其爲合法之搜索，以免發生誤會。司法警察（官）執行搜索或扣押時，應遵守搜索票上法官對執行人員所爲之指示，針對案情內容之需要執行搜索，不應爲漫無目標之搜索。[43]

三、在有人住居或看守之住宅或其他處所內行搜索或扣押者，應命住居人、看守人或可爲其代表之人在場；如無此等人在場時，得命鄰居之人或就近自治團體之職員在場（本法§148）。警察人員搜索執行完畢，應

---

42 檢察機關實施搜索扣押應行注意事項第23點、檢察機關執行搜索扣押應行注意要點第15點。

43 警察機關執行搜索扣押應行注意要點第11點。

迅將搜索票連同搜索結果報告，繳還法院。[44]在政府機關、軍營、軍艦，軍事上秘密處所內行搜索，應通知該管長官，或可爲其代表之人在場（本法§149），搜索軍事處所，應以會同該管憲兵單位執行爲原則。[45]所謂「通知」是指照會之意，以示對公務機關、軍事機關的尊重，無須徵得該管機關的同意，如未通知所搜得的證據，程序固屬違法，惟尚非不得作爲證據。

四、當事人及審判中之辯護人得於搜索時在場，除有急迫情形外，應將行搜索之日、時及處所通知上列得在場之人，如認爲有必要時，得命被告在場，但被告受拘禁，或認其在場於搜索有妨害者，不在此限（本法§150）。

五、搜索暫時中止者，於必要時，應將該處所閉鎖，並命人看守（本法§151）。

六、搜索之應注意事項

搜索應保守秘密，並應注意受搜索人之名譽（本法§124）。

七、證明書之付與

經搜索而未發見應扣押之物者，應付與證明書於受搜索人（本法§125）。

八、得使用強制力

抗拒搜索者，得用強制力搜索之。但不得逾必要之程度（本法§132）。

九、執行搜索結果之陳報

檢察官或司法警察官於聲請核發之搜索票執行後，其應將執行結果陳報核發搜索票之法院，如未能執行者，應敘明其事由，以書面報告法院，以利查考（本法§132-1）。司法警察（官）執行搜索、扣押後，應製作筆錄，將搜索、扣押過程、執行方法、在場之人及所扣押之物記明於筆錄附卷移送檢察官或法官，並應製作扣押物品收據或無應扣押之物證明書，付與扣押物所有人、持有人、保管人或受搜索人。搜索執行完畢後，如有扣押之物，應將搜索票正本與搜索扣押筆錄影本連同扣押

---

44 警察偵查犯罪手冊第160點。

45 警察偵查犯罪手冊第165點。

物品目錄表影本，以密件封緘註明法院核發搜索票之日期、文號後，儘速函報核發搜索票之法院，不得無故延宕。如未查獲應扣押之物，應於搜索扣押筆錄內敘明，連同搜索票正本，一併函報核發搜索票之法院。其因故未能執行者，應以函文敘明未能執行之事由，並將搜索票繳還核發之法院。

執行緊急（逕行）搜索，或第137條第1項之規定執行附帶扣押，應於執行後三日內，將搜索扣押筆錄（如有扣押物須連同扣押物品目錄表）影本，以密件封緘註明「逕行搜索」字樣，同時分別函報該管檢察署檢察官及法院。但第88條之1第3項之規定逕行搜索住宅及其他處所，應即陳報該管檢察署檢察官及法院。檢察官自行聲請搜索票交付警察人員執行搜索或依本法第131條第2項後段之規定指揮執行緊急（逕行），警察人員於執行完畢後，應於十二小時內以密件封緘回報，俾檢察官陳報法院。[46]

十、暫停搜索、扣押應為之處分

搜索或扣押暫時中止者，於必要時，應將該處所閉鎖，並命人看守（本法§151）。

十一、本法第42條規定搜索應制作筆錄，第146條第2項規定於夜間搜索或扣押者，應記明其事由於筆錄。

十二、執行搜索時，除有不得已之情形外，不得損毀房屋及器物，搜索完畢後，應盡可能恢復原狀。[47]

十三、扣押物若無留存之必要者，不待案件終結，**應以法院之裁定或檢察官命令發還之；其係贓物而無第三人主張權利者，應發還被害人**[48]。搜索發現可為證據或得沒收之物，得扣押之。發現本案應扣押之物為搜索票所未記載者，亦得扣押之，惟應於執行扣押後三日內報告該管檢察官及法院。前項扣押，經法院撤銷者，應將扣押物發還所有人、持有人或保管人。[49]

---

46 警察偵查犯罪手冊第168點。

47 警察偵查犯罪手冊第169點。

48 最高法院107年度台非字第142號判決。

49 警察偵查犯罪手冊第171點。

十四、執行搜索時，得命所有人、持有人或保管人提出或交付應扣押之物，如無正當理由拒絕提出交付或抗拒扣押者，得用強制力扣押之。但扣押物係政府機關、公務員或曾爲公務員之人所持有或保管，且爲職務上應守秘密者，非經該管監督機關或公務員允許不得扣押。被告、犯罪嫌疑人或第三人遺留在犯罪現場之物或所有人、持有人或保管人任意提出或交付之物，經留存者，應依本法第139條至第142條之規定處理。[50]

十五、實施搜索、扣押時，如須被害人、告訴人、告發人或證人辨識指認者，得許其在場。[51]

十六、檢察官對其承辦之案件，認有必要搜索中央政府相當於部會級及其所屬一級以上機關、各直轄市、縣（市）政府、軍事上應秘密之處所、立法院或各直轄市、縣（市）議會、各大專院校或媒體事業機構時，除情況急迫，確有絕對必要即時依法逕行搜索者外，應於向法院聲請搜索票前，報告其主任檢察官層報檢察長，必要時檢察長得召集該案件之承辦檢察官及其主任檢察官共同研商決定是否應行搜索、扣押及其執行方式，檢察官應依該研商結論執行之。如承辦檢察官有不同意見時，應依法務部訂頒之「檢察一體制度透明化實施方案」所定之方式處理。上揭研商結論應留存書面紀錄，如係社會矚目之案件或搜索、扣押之執行足以嚴重影響政府之公信或議會議事之正常進行者，聲請搜索、扣押之檢察署檢察長應報告其上級檢察署檢察長層報最高法院檢察署檢察總長。[52]

---

50 警察偵查犯罪手冊第172點。

51 警察偵查犯罪手冊第176點。

52 檢察機關實施搜索扣押應行注意事項第9、10點。

選擇題練習

1 員警執行搜索任務時，下列注意事項，何者最正確？[53] (A)搜索婦女之身體，無論何種原因，均不得由男警爲之 (B)如遇受搜索人抗拒搜索時，得不擇手段強制搜索，以達成目的爲主 (C)搜索完畢，應迅將搜索票連同搜索結果報告，繳還承辦檢察官 (D)搜索應保守秘密，並應注意受搜索人之名譽【103年警特四等犯罪偵查】

2 對於警察偵查犯罪手冊第172點中，有關執行搜索、扣押之敘述，何者最正確？[54] (A)執行搜索時，得命持有人或保管人提出或交付應扣押之物(B)無正當理由，若抗拒扣押者，也不得強制扣押 (C)若爲職務上應守秘密者，雖經該管監督機關允許仍不得扣押 (D)搜索票所未記載本案應扣押之物，得扣押，並應立即報告該管檢察官及法院【103年警特四等犯罪偵查】

3 下列關於搜索之敘述，何者錯誤？[55] (A)警察人員依刑事訴訟法第131條第1項規定執行逕行搜索，應於執行後3日內函報該管檢察署檢察官及法院 (B)警察人員依刑事訴訟法第88條之1第3項規定逕行搜索住宅及其他處所，應即陳報該管檢察署檢察官 (C)檢察官自行聲請搜索票交付警察人員執行搜索，警察於執行完畢後，應於24小時內以密件封緘回報檢察官 (D)警察人員依刑事訴訟法第137條第1項規定執行附帶扣押，應於執行後3日內函報該管檢察署檢察官及法院【104年警特三等犯罪偵查】

4 關於夜間得入內搜索之處所，下列何者錯誤？[56] (A) 假釋人居住在內 (B)常用爲賭博或妨害風化行爲之處所 (C)列管爲毒品人口之住居所 (D)飲食店等夜間公眾可出入之場所，仍在公開時間內者？【104年警特四等犯罪偵查】

53 答案爲(D)。

54 答案爲(A)。

55 答案爲(C)。依警察機關執行搜索扣押應行注意要點第19點，應爲「12」小時內。

56 答案爲(C)。參照本法第147條。

5 關於搜索的敘述，下列何者錯誤？[57] (A)司法警察（官）搜索以令狀主義爲原則 (B) 司法警察（官）執行拘提犯罪嫌疑人或被告時，雖無搜索票，得逕行搜索其身體、攜帶物件，但不包括其所在處所 (C)雖無搜索票，但司法警察（官）在徵得受搜索人同意，仍得進行搜索 (D)有人住居或看守之住宅或其他處所，以夜間不得入內搜索爲原則 【104年警特四等犯罪偵查】

6 你是偵查隊偵查佐，爲查緝甲涉嫌詐欺犯罪事證並到案說明，經檢察官向院方聲請核發甲住居所搜索票並依職權核發拘票，命你於限期內執行搜索、拘提。經查甲與母親同住，數度埋伏均未見甲。本日18時爲令狀實施期限，你於12時前往該住處查看，仍無法確定甲是否在內，下列作法何者最不適當？[58] (A)出示搜索票進入實施搜索，請甲母在場並將搜索結果載明至搜索扣押筆錄 (B)出示搜索票進入訪查，如確認甲不在內，退出埋伏至18時再持搜索票實施搜索 (C)以查訪方式探詢甲母有關甲動向，如確認甲不在內，檢還搜、拘票 (D)持續在屋外埋伏至甲返回住居所，於期限內執行搜索、拘提

【105年警特四等情境實務】

7 搜索種類，下列何者錯誤？[59] (A)無令狀搜索有附帶搜索、逕行搜索和同意搜索 (B)附帶搜索包括人之身體、衣服口袋、皮包、背包 (C)逕行搜索應於執行後24 小時內，報告該管檢察官及法院 (D)同意搜索執行人員應出示證件，並將受搜索人同意之意旨記載於筆錄 【105年警特四等犯罪偵查】

8 某具司法警察身分之軍方人員，爲調查案件，以同意搜索之方式至嫌疑人私人住家中進行搜索，並起出證物一批，以下敘述何者爲非？[60] (A)具司法警察身分之軍方人員僅得於軍事處所執行司法警察職務，不得於軍事處所外之私人住家執行職務 (B)同意搜索須經當事人自願性同意 (C)依現行刑事訴訟法

---

57 答案爲(B)。參照本法第130條。可搜索其立即可觸及之處所。

58 答案爲(B)。埋伏至18 時已違反夜間不得入內搜索的規定限制，參照本法第146條。

59 答案爲(C)。應爲3日內，參照本法第131條第3項。

60 答案爲(A)、(C)、(D)。參照本法第131條之1。

條文規定，同意搜索仍須於事後聲請搜索票 (D)同意搜索執行人員可不出示證件 (E)該同意意旨須記載於筆錄 【105年警大二技】

9 夜間得入內搜索，不包括下列何者？[61] (A)假釋人住居或使用者 (B)常用為賭博、妨害性自主或妨害風化之行為者 (C)夜店、當舖 (D)旅店、飲食店或其他於夜間公眾可以出入之處所，仍在公開時間內者

【104年警特三等犯罪偵查】

10 下列何者，非屬同意搜索之要件？[62] (A)出於自願性同意 (B)載明筆錄 (C)告知搜索範圍與目的 (D)3日內陳報法院 【104年警特三等犯罪偵查】

11 甲是總統乙的親信，任職於總統府，因涉嫌收受廠商丙不法報酬，經檢察官偵辦追查後，發現總統乙曾指示行政院相關部會執行工程採購時給予廠商丙方便，並有可疑資金流向總統家人海外帳戶。下列敘述，何者與釋字第627號解釋之意旨相符？[63] (A)原則上，檢察官得以總統乙為被告，開始實施偵查 (B)必要時，檢察官得對總統乙之身體進行搜索，惟應先向高等法院或其分院以資深庭長為審判長之法官5人所組成之特別合議庭聲請取得搜索票後，始得為之 (C)必要時，檢察官得搜索總統乙之辦公處所，惟應先向高等法院或其分院以資深庭長為審判長之法官5人所組成之特別合議庭聲請取得搜索票後，始得為之 (D)必要時，檢察官得傳喚總統乙實施訊問，乙無正當理由拒絕訊問時，得向高等法院或其分院以資深庭長為審判長之法官5人所組成之特別合議庭聲請取得拘票後，予以拘提 【105年律、司第一試】

---

61 答案為(C)。參照本法第147條。

62 答案為(D)。參照本法第131條之1。

63 答案為(C)對總統之身體搜索、勘驗、鑑定等，均係妨礙總統職權的正常行使，應先向高等法院或其分院以資深庭長為審判長之法官5人所組成之特別合議庭聲請取得搜索票。參照釋字第627號解釋文。

12 搜索係爲發現被告或犯罪嫌疑人或犯罪證據物件及可得沒收之物，而對人身及下列何者、住宅或其他處所所實施之強制檢查處分？[64] (A)物件、社群網路 (B)物件、電磁紀錄 (C)車體、電磁紀錄 (D)車體、社群網路

【106年警特四等犯罪偵查】

13 關於搜索、扣押的敘述，下列何者錯誤？[65] (A)有人住居或看守之住宅，或其他處所，不得於夜間入內搜索或扣押 (B)旅店、飲食店或其他於夜間公眾可以出入之處所，仍在公開時間內者，夜間亦不得入內搜索或扣押 (C)執行搜索、扣押後，應製作筆錄，將搜索、扣押過程、執行方法、在場之人及所扣押之物記明於筆錄附卷移送檢察官或法官 (D)搜索發現可爲證據或得沒收之物，得扣押之 【106年警特四等犯罪偵查】

14 司法警察實施搜索時，經受搜索人出於自願性同意者，得不使用搜索票，有關搜索事項，下列何者錯誤？[66] (A)司法警察應出示證件，並將其同意記明筆錄 (B)應注意受搜索人有無同意之權 (C)對受搜索人不得使用強暴脅迫詐欺或其他不正方法使其同意 (D)受搜索人同意搜索客廳，當然也包括臥室

【106年警特四等犯罪偵查】

15 有關同意搜索之敘述，下列何者正確？[67] (A)數人對同一處所都有管領權限，共同權限人同意搜索，依「風險承擔理論」仍須經得其他權限人同意，方屬有效搜索 (B)數人對同一處所都有管領權限，共同權限人之同意搜索，不僅須在意思自主之情況下表示，且需有他人陪同在場，方屬有效搜索

---

64 答案爲(B)。參照本法第122條。

65 答案爲(B)。原則上不得於夜間搜索或扣押。參照本法第146條。

66 答案爲(D)。參照本法第131條之1、本書進階思考問題8。

67 有關「風險承擔理論」問題，請參照本章進階思考問題8；甲之父乙是該居住所使用者，警察出示證件，經乙同意並簽同意搜索文書後入內搜索，前階段的搜索行爲合法，無「毒樹果實理論」的適用；依本法第158條之4，選項(D)正確，請參閱本書第十四章「權衡理論」的部分。

(C)警察得知甲在住處販賣毒品，甲之父乙是該居住所使用者，警察出示證件，經乙同意並簽同意搜索文書後入內搜索，因而扣得之毒品，依「毒樹果實理論」不得爲證據　(D)違法同意搜索所取得之證據，依違反法定程序情節與犯罪所生危害等事項綜合考量，容許其作爲認定事實之依據，如符合審判之公平正義及公共利益，不予排除　【107年警特三等犯罪偵查】

16 你持搜索票，帶隊前往甲處搜索，於搜索現場發現數十部燒錄器，然未查獲盜版光碟片。經詢問被搜索人盜版光碟片之去處，其答稱均置於離甲處1公里遠之乙處（爲被搜索人所有）。下列作爲何者正確？[68]　(A)可逕赴乙處搜索，扣押盜版光碟片，搜索扣押筆錄之執行處所應載明於甲處　(B)可逕赴乙處搜索，扣押盜版光碟片，搜索扣押筆錄之執行處所應載明於甲處及乙處　(C)經被搜索人同意搜索乙處並製作筆錄後，再搜索乙處，扣押盜版光碟片　(D)不論被搜索人是否自願性同意，均不得前往乙處搜索，仍需使用搜索票執行搜索　【107年警特三等情境實務】

肆、搜索之限制

一、人身之限制：搜索婦女身體，應命婦女行之（本法§123）。

二、物件之限制：對於政府機關或公務員持有或保管之文書及其他物件應扣押者，應請求交付，但於必要時得搜索之（本法§126）。

三、處所之限制：軍事上密秘之處所，非得該管長官之允許，不得搜索。前項情形，除有妨害國家重大利益者外，不得拒絕（本法§127）。

四、時間之限制：有人居住或看守之住宅或其他處所，原則上不得於夜間入內搜索或扣押（本法§146）。

五、例外情形得於夜間持搜索票，實施搜索。本法有如後之規定：

（一）得一定之人承諾或有急迫情形（本法§146 I）。

（二）日間已開始搜索或扣押者，得繼續至夜間（本法§146 III）。

（三）本法第147條各款之規定，左列處所，夜間亦得入內搜索或扣押：

[68] 答案爲(C)。光碟片置於乙處，若搜索票未記載乙之住所，須得乙之同意方得無令狀搜索。

1.假釋人住居或使用者。

2.旅店、飲食店，或其他於夜間公眾可出入之處所，仍在公開時間內。

3.常用為賭博或妨害性自主或妨害風化之行為者。

以上得於夜間行搜索之例外情形，於實施搜索或扣押時，應將其事由記明於筆錄，以便查考其搜索是否合法，而防搜索人員之濫權（本法§146 II）。

實務認為，欲在上開處所行夜間搜索或扣押，自以已取得「住居人、看守人或可為其代表之人承諾」或「有急迫之情形」者為限。本法對夜間搜索之實施，既有意予以限制在特定情形下始可實施，基於憲法人身自由及居住自由、安寧等有關人權之保障，為避免偵查機關實施強制處分之搜索、扣押時，侵害個人之隱私權及財產權，就刑事訴訟法關於搜索、扣押之規定，自不容許任意為擴張解釋，以確保實施刑事訴訟程序之公務員不致違背法定程序實施搜索、扣押，否則對人權之保障自有不周。是以，該條第1項規定之「承諾」、「急迫情形」，均應為嚴格之解釋。而該項之「承諾」，亦應以當事人之自願且明示之同意為限，而不包括當 事人未為反對表示之情形，亦不得因當事人未為反對之表示即擬制謂當事人係默示同意，否則在受搜索、扣押之當事人因不諳相關法律規定不知可否為拒絕之表示。[69]

第二節　扣押

所謂扣押，係指檢察官或法官對於可為證據或得沒收之物，不待權利人之同意強制取得其占有之處分。其目的為一為保全證據及沒收之物，防止湮滅證物確保將來之執行。

壹、扣押之客體

所謂扣押，係指扣押之客體，一為可為證據之證物，一為得予宣告沒收之物，不問其為動產或不動產，均得為扣押之。本法第133條第1項規定，

69　最高法院108年度台上字第2254號判決（具有參考價值的裁判）。

可爲證據或得沒收之物，得扣押之。例如，爆炸物、槍砲、毒品等違禁物。由於違禁物對於社會公共安全具危險性，因此，基於犯罪預防之目的，不問屬於犯人與否，均沒收之（刑法§38Ⅰ）。至於供犯罪所用或供犯罪預備之物、以犯人所有者爲限，得沒收之。但有特別規定者，從其規定（刑法§38Ⅱ）。[70]警察因執行具體犯罪偵查司法警察職務與一般維護治安之警察任務之不同，具有雙重身分，執行之程序是否合法，應視所執行職務之性質而定。如係執行司法警察之犯罪偵查職務，須符合本法有關搜索之規定，其扣押可爲證據或得沒收之物，始告合法[71]。

此外，立法院於2016年5月27日三讀修正本法沒收與保全扣押等相關條文。此乃因應大統混油案、頂新摻僞假油案、連拉法葉艦採購弊案。由於新法引進「獨立沒收宣告」及「第三人沒收」新制，縱使被告或犯嫌死亡仍可依法追討其不法所得；又如潛逃國外以正被通緝的經濟罪犯，仍可追討不法利得。亦即，扣押之客體不限於本案被告，同時擴及不法利得之第三人（刑法§38-1），在符合法定要件下，法院可判決沒收財產或裁定預先扣押財產。是以爲保全追徵，必要時得酌量扣押犯罪嫌疑人、被告或第三人之財產（本法§133Ⅱ）。

司法警察（官）對於數位證物之搜索、扣押應確實依刑案現場數位證物蒐證手冊之規定辦理。[72]執行搜索、扣押電腦相關設備時，應注意：「（一）以扣押「整套」電腦設備爲宜，包含電腦主機、螢幕、鍵盤、電源線及其他連接線等設備。（二）扣押電腦應符合比例原則，尤其網路公司應特別注意其影響層面。（三）扣押物品時，最好使用原扣押物的包裝或紙箱，以免扣押證物受損，影響其證據力，尤其是電腦主機內含所有重要證據，更須小心拆裝搬運。（四）光碟片、記憶卡隨身碟等電腦輔助記憶體之數量應確實清點，詳載於扣押物品目錄袁，並避免置於光高溫、磁場附近及灰塵場所。（五）數位證物查扣、代保管或搬運，應於包裝盒或機體上足以改變其內資料之按口施以封緘，證物交接並應維持證物監督鍵之完整。數位證物採取後應先進行初篩程序，並評估證物送鑑刑事局之必要性，以決

70 黃朝義，《刑事訴訟法》，新學林，五版，2017.09，281頁。

71 最高法院106年度台上字第1626號判決。

72 刑案現場數位證物蒐證手冊第2點。

定送鑑之先後順序。未送鑑之證物，仍應妥善保存，視察情需要，再行送鑑。」[73]

選擇題練習

1 關於刑案現場數位證物之扣押應注意事項，下列何者錯誤？[74] (A)執行扣押電腦設備時，以扣押數位證據儲存設備為宜，以符合比例原則 (B)扣押物品時，最好使用原扣押物的包裝或紙箱，以免扣押證物受損 (C)光碟片、記憶卡、隨身碟等電腦輔助記憶體之數量應確實清點，詳載於扣押物品目錄表 (D)數位證物查扣、代保管或搬運，應於包裝盒或機體上足以改變其內資料之接口施以封緘 【106年警特四等犯罪偵查】

2 甲涉嫌於民國105年組織詐騙集團，經檢察官偵查後發現甲詐騙所得達新臺幣（下同）5億元，並發現甲名下有於民國98年購入市值3億元之別墅一棟及於民國106年以詐騙所得購入藍寶堅尼跑車一部，並登記在其妻乙之名、何者最為正確？[75] (A)甲所有之別墅，係甲犯罪前所購置，與甲涉嫌之犯罪無關，不得扣押 (B)乙名下之藍寶堅尼跑車，非甲名下之財產，不得扣押 (C)檢察官為確保沒收甲之犯罪所得，避免甲脫產規避追徵之執行，可向法院聲請裁定酌量扣押甲所有之別墅 (D)乙名下之藍寶堅尼跑車，非甲名下之財產，得扣押，但法院不得於判決中諭知沒收 【109司律第一試】

考題觀摩

偵辦電腦犯罪案件時，在執行電腦搜索、扣押及證物處理應分別注意那些事項？ 【105年海巡三等犯罪偵查】

■ **參考解答**：請自行參考前文作答。

---

73 刑案現場數位證物蒐證手冊第9點。

74 答案為(A)。

75 答案為(C)。參閱本法第133條2項之規定

貳、扣押之機關

一、決定扣押之機關

與搜索同，修法前關於決定扣押之機關，偵查中爲檢察官，審判中爲法官。惟修法後，隨著搜索改採「法官保留原則」扣押之決定機關爲法官。

二、執行扣押之機關

原則上由檢察事務官、司法警察（官）執行。惟法官、檢察官亦可親自實施（本法§136）。

參、執行扣押之程序

本法第132條之1規定，檢察官或司法警察官於聲請核發之搜索票執行後，應將執行結果陳報核發搜索票之法院，如未能執行者，應敘明其事由。是以，原則上只能按搜索票所記載之客體扣押。但有以下例外：

一、附帶扣押

附帶扣押係指檢察官、檢察事務官、司法警察（官）執行搜索或扣押時，發現「本案」應扣押之物爲搜索票所未記載者，亦得扣押之（本法§137Ⅰ）。其要件有三：1.必須執法人員合法執行搜索扣押；2.有本案應扣押之物而爲搜索票所未記載；3.限於未發現搜索票所記載之物以前，所發現之本案應扣押之物，始得附帶扣押，以避免有破壞令狀原則之疑慮。[76]

二、另案扣押

所謂「另案扣押」執法人員於搜索時，可能發現與本案無關的證物，例如搜索命案的證物，卻意外發現行賄證據，也可以扣押，分別送交該管法院或檢察官。本書認爲，此種制度開啓偵查人員持一張搜索票即可大肆搜索搜

[76] 傅美惠，《偵查法學》，元照，初版，2012.01，253頁。

索票所載以外的犯罪證物，而其範圍或限度均欠缺明文的規範，易導致偵查程序中違法搜索之情事發生，因此在執行搜索時已經搜索到本案應搜索之標的，其目的已達之際，則不得繼續搜索，以免侵犯到人權，否則即屬違法搜索，有違正當法律程序。例如通緝犯之住宅因實施逕行（緊急）搜索固無須持搜索票，如已逮捕到該通緝犯後，自不得更爲搜索，因而發現之另案證據亦無另案扣押之問題，仍屬違法搜索。由於另案扣押不若附帶扣押具有事後審查機制，然而其與附帶扣押均屬「急迫性的暫時扣押」，並非本案搜索的標的及範圍，因此有文獻認爲，應將另案扣押之物的處理程序，至少比照附帶扣押的處理才妥適。[77]不過。有學者認爲，其實另案扣押與附帶扣押之區分並無太大實益。蓋因，關鍵點在於如何合理解釋本法第133條第1項，可爲證據或得沒收之物，得扣押之。[78]

選擇題練習

下列何者未採法官保留原則或爲法官保留原則之例外？[79] (A)羈押 (B)偵查中之拘提 (C)另案扣押 (D)附帶搜索 (E)第88條之1的緊急拘捕

【100年警大二技】

三、一目瞭然法則

當執法人員在合法搜索或逮捕時，落入目視範圍內的證據或得沒收物，得無令狀扣押。而不論是無令狀或有令狀的搜索行爲，都得適用一目瞭然法則（plain view doctrine）。即執法人員係持拘票或搜索票、經被搜索人同意、追躡現行犯而再進入人民的住宅，只要執法人員的進入行爲合法，即得適用此一法則。特別是「附帶扣押」、「另案扣押」的情形，須遵循此法則來限

[77] 張麗卿，〈附帶扣押與另案扣押〉，收錄於《驗證刑訴改革脈動》，五南，四版，2017.09，133頁。

[78] 黃朝義，《刑事訴訟法》，新學林，五版，2017.09，285頁。

[79] 答案爲(B)、(C)、(D)、(E)。羈押採絕對法官保留原則。

縮無令狀扣押的適用範圍，其要件有二：[80]1.因為合法之搜索、拘提或其他行為，而發現證據或得沒收物；2.有相當理由相信係證據或得沒收之物。英美法謂之為「一目瞭然法則」，於未偏離原程序之常軌中併予扣押此等證據，因較諸原搜索行為，並未擴大或加深對受搜索人隱私，因較諸原搜索行為，並未擴大或加深對受搜索人隱私之干預，自可毋庸重為司法審查。[81]

此要件主要在防止類似空白搜索票之發生，因為若無此要件，警察可能恣意翻箱倒櫃，翻動被搜索人之物品，期待證據出現，與憲法對隱私、財產權之保障有違。參考美國實務認為在遇有「一嗅即知（聞到某物有大麻之氣味）」、「一聽即知」（合法監聽，即偶然他案監聽）」「一觸即知」（合法盤查拍觸人民身體外部）」等情形，亦得類推適用「一目瞭然法則」。[82]

四、非附隨於搜索之扣押

（一）法官保留原則及應記載事項

現行法關於搜索，原則上應依法官之搜索票為之，即採法官保留原則，附隨搜索之扣押亦同受其規範。而非附隨於搜索之扣押與附隨搜索之扣押本質相同，除僅得為證據之物及受扣押標的權利人同意者外，自應一體適用法官保留原則。故本法第133條之1規定，非附隨於搜索之扣押，除以得為證據之物而扣押或經受扣押標的權利人同意者外，應經法官裁定。所謂「得為證據之物」之扣押客體，基於維護人民一般隱私權、保障其訴訟權益及實現公平法院之憲法精神，應依目的性限縮，而認不及於「過去已結束」之通訊內容。是以，檢察官對於「過去已結束」之通訊內容之非附隨搜索之扣押，原則上應向法院聲請核發扣押裁定，不得逕以提出或交付命令之函調方式取得，方符上開保障人民一般隱私權之旨。[83]

前項之同意，執行人員應出示證件，並先告知受扣押標的權利人得拒絕扣押，無須違背自己之意思而為同意，並將其同意之意旨記載於筆錄（本法

---

80 王兆鵬、張明偉、李榮耕，《刑事訴訟法（上）》，新學林，五版，2020.03，327頁。

81 最高法院109年度台上字第259號判決（具有參考價值的裁判）。

82 傅美惠，《偵查法學》，元照，初版，2012.01，256頁。

83 最高法院107年度台上字第2850號判判決（具有參考價值的裁判）。

§133-1 I）。第1項裁定，應記載下列事項：1.案由；2.應受扣押裁定之人及扣押標的。但應受扣押裁定之人不明時，得不予記載；3.得執行之有效期間及逾期不得執行之意旨；法官並得於裁定中，對執行人員為適當之指示。核發第一項裁定之程序，不公開之（本法§133-1 II）。

（二）檢警聲請程序及緊急扣押

本法有關於非附隨於搜索之扣押，原則上採法官保留原則，故偵查中，檢察官認有聲請前條扣押裁定之必要者，應先聲請法院裁定後始得為之；惟於情況急迫時，應得逕行扣押以資因應。又為慎重其程序，且使法院知悉扣押之內容，聲請扣押裁定，應以書狀為之，並記載應扣押之財產及其所有人。又，為避免檢察官濫用逕行扣押，對人民權利造成不必要之侵害，自應課以陳報法院進行事後審查之義務，以維程序正義。至於非法逕行扣押及扣押後未依法陳報者，如扣押物係可為證據之物，則有本法第158條之4規定之適用。

故本法第133條之2規定，偵查中檢察官認有聲請前條扣押裁定之必要時，應以書面記載前條第3項第1款、第2款之事項，並敘述理由，聲請該管法院裁定。司法警察官認有為扣押之必要時，得依前項規定報請檢察官許可後，向該管法院聲請核發扣押裁定。檢察官、檢察事務官、司法警察（官）於偵查中有相當理由認為情況急迫，有立即扣押之必要時，得逕行扣押；檢察官亦得指揮檢察事務官、司法警察（官）（本法§133-2 I）。前項之扣押，由檢察官為之者，應於實施後三日內陳報該管法院；由檢察事務官、司法警察官或司法警察為之者，應於執行後三日內報告該管檢察署檢察官及法院。法院認為不應准許者，應於五日內撤銷之。第1項及第2項之聲請經駁回者，不得聲明不服（本法§133-2 II）。

五、扣押後之處理

（一）本法第139條規定，扣押後之處置如制發收據、封緘等，扣押，應制作收據，詳記扣押物之名目，付與所有人、持有人或保管人。扣押物，應加封緘或其他標識，由扣押之機關或公務員蓋印。警察人員應記明其重量、特徵（如美鈔號碼或其他牌名等），必要時照相或錄影備查。[84]

（二）本法第140條規定，扣押物，因防其喪失或毀損，應爲適當之處置。不便搬運或保管之扣押物，得命人看守，或命所有人或其他適當之人保管。易生危險之扣押物，得毀棄之。如不便搬運或保管者，警察機關得命人看守或交所有人或其他適當人保管，將保管單一併移送檢察官或法官。[85]

（三）本法第141條規定，得沒收之扣押物，有喪失、毀損之虞或不便保管者，得拍賣之。保管其價金。

（四）本法第142條規定，扣押物若無留存之必要者，不待案件終結，應以法院之裁定或檢察官命令發還之；其係贓物而無第三人主張權利者，應發還被害人。扣押物，因所有人、持有人或保管人之請求，得命其負保管之責，暫行發還。扣押物之所有人、持有人或保管人，有正當理由者，於審判中得預納費用請求付與扣押物之影本。[86]

（五）本法第143條規定，被告、犯罪嫌疑人或第三人遺留在犯罪現場之物，或所有人、持有人或保管人任意提出或交付之物經留存者，準用前四條之規定。

（六）如扣押物爲危險物品，無法保管時，得照相或錄影後毀棄之。又得沒收之扣押物，有喪失毀損之虞或不便保管者得照相後拍賣之，保管其價金，但均應先報告檢察官或法官。[87]

（七）扣押物應隨案移送檢察官處理，如係笨重不便搬運或保管者，得命人看守或命所有人或其他適當人員保管，並應將保管單隨案移送，有關扣押物移送及暫保管處理原則如下：[88]

1. 扣押物應立即隨案移送地檢署。其無法立即隨案移送之扣押物，應置放贓證物室暫保管，並應儘速移送地檢署（法院）贓物庫。
2. 對於無法立即隨案移送之扣押物暫保管問題，應隨時請示承辦檢察官，以儘速處理。

---

84 警察偵查犯罪手冊第173點。

85 警察偵查犯罪手冊第174點。

86 本條新修正（2020.01.15）。

87 警察偵查犯罪手冊第175點。

88 警察偵查犯罪手冊第185點。

3.如係大型機械、農機具、電玩機臺等無法立即隨案移送，應由移送單位簽陳該單位主官，另覓暫保管扣押物之妥適處所，指定保管人並造冊列管。

4.如經被害人請求，得視情節認無保管之必要者，應報經檢察官核可後，依本法第142條第2項規定，始得將贓物先行發交被害人保管，並應注意下列情形：

(1)經查確係被害人所有者。

(2)無他人主張權利者。

(3)經被害人說明贓物之品名、規格、特徵等相符，並指認確定者。

(4)被害人應填具贓物認領保管單，詳記贓物品名、規格、數量、特徵等一式二份（正本隨案附送檢察官，副本存卷備查），經簽報機關主官（管）批准後發交被害人保管。

選擇題練習

1 刑事案件扣押證物應隨案移送檢察官處理，但如經被害人請求，得視情節報經檢察官核可，將贓物先行發交被害人保管，依據警察偵查犯罪手冊第185點，下列應注意情形，何者錯誤？[89] (A)被害人填具贓物認領保管單，詳記贓物品名、規格、數量、特徵等一式兩份，並經案件承辦人審核無誤後，始得發還 (B)經查確係被害人所有 (C)無他人主張權利 (D)經被害人說明贓物之品名、規格、特徵等相符，並指認確定 【103年警特四等犯罪偵查】

2 執行電腦犯罪案件之搜索、扣押，下列何者正確？[90] (A)應安裝必要之工具程式，以搜尋受搜索人電腦犯罪證據 (B)搜索對象如爲學校，應由校長會同執行 (C)扣押應包含電腦主機、螢幕、鍵盤、電源線等 (D)電腦證物遭毀損、刪除、格式化，可送刑事警察局偵九大隊鑑識解析

【105年警特四等犯罪偵查】

89 答案爲(A)。

90 答案爲(C)。參照刑案現場數位證物蒐證手冊第9點。

3 「搜索」與「扣押」以發現被告、犯罪證據或其他可得沒收之物爲目的，下列有關搜索、扣押之法令規定與實務上應注意事項，應由獨立於偵查機關以外之有權機關，何者錯誤？[91] (A)搜索令狀原則係指核發權限之主體，應由獨立於偵查機關以外之有權機關，現行法將此權限授予法官行使 (B)非附隨於搜索之扣押，若屬於得爲證據之物而而扣押或經扣押標的權利人同意者，無須經法官裁定 (C)司法警察官或司法警察執行搜索或扣押時，依刑事訴公示第133條之2第3項規定，於偵查中有相當理由認爲情況急迫，有立即羈押之必要時之必要時，雖無扣押裁定，得逕行扣押，惟應於執行指揮後5日內報告該管檢察官 (D)在有人住居或看守之住宅或其他處所內行搜索或扣押者，應命住居人、看守人或可爲其代表之人在場；如無此人在場時，得請鄰居或就近自治團體之職員在場，並出示搜索票或扣押裁定 【109司律第一試】

進階思考

1 某分局偵查小隊長甲獲線報，乙持改造手槍恐嚇被害人，甲趕到現場後隨即將乙制伏，但未告知逮捕事由。甲見乙的小客車停於十公尺距離外之路旁，疑有其他槍枝，於是逕行進入該車搜索，果然發現制式葛拉克（GLOCK）一把，請依實務判決及學者意見說明甲之搜索有無違法之處，該槍枝在審判中能否當成證據使用？

■ 參考解答

關於此一問題，實務與學說見解不同，茲分述如下：

（一）實務見解

實務見解認爲，警員若未依刑事訴訟法之規定，先依法逮捕被告後，再爲附帶搜索，即行扣押，應依本法第158條之4，其有無證據能力之認定，應審酌人權保障及公共利益之均衡維護。[92]

---

91 答案爲(C)。應爲「3」日内。併參照第128條第3項、第133第1項、第148項之規定。

92 最高法院93年度台上字第370號判決參照。

（二）學說看法

有學者認爲，警察執行逮捕，有時只要表明身分與來意並出示相關證件，即能順利完成，此時不具有施以強制力的必要，即警察不必然一定得施以客觀可見的逮捕動作，例如先上手銬或抓住手臂等。因此，不因事先未有明顯的逮捕動作而違法，蓋在得以逮捕情形下，如何執行逮捕與查證，應屬警察的裁量權。本件之所以違法，主要係因乙已離開小客車十公尺之外，不能以附帶搜索之名搜索汽車。[93]

（三）本書意見

本書以爲，若要求逮捕前一定要課以如刑事訴訟法第95條告知義務，在實務運作上不僅不可行，且在論理上亦可議。刑事訴訟法第130條是例示規定，旨在保護執法人員安全，附帶搜索之範圍僅及於「立即可觸及之處所」。如題所示，被逮捕人與小客車相距十公尺之外，明顯違反附帶搜索之規定，依本法第158條之4、93年台上字第664號判例，可認爲甲的搜索違法情節重大，所扣押之槍枝無證據能力。

2 司法警察甲等人在乙宅逮捕已被通緝在案的槍擊要犯乙，逮捕乙後，甲等人得否附帶搜索乙宅其他領域？

■ 參考解答

依本法第130條之附帶搜索，係爲因應搜索本質上帶有急迫性、突襲性之處分，難免發生時間上不及聲請搜索票之急迫情形，於實施拘捕行爲之際，基於保護執行人員人身安全，防止被逮捕人逃亡與湮滅罪證，在必要與不可或缺之限度下所設令狀搜索之例外規定；其目的在於「找物」（發現應扣押物），而非「找人」；然而，執法人員在乙家中爲逮捕時，執法人員即立於乙「勢力範圍」之劣勢，基於保護執行人員人身安全之同一目的，本書認爲，應容許甲等人類推適用附帶搜索之規定乙宅其他領域以防乙之共犯、親人、朋友可能攻擊執法人員，此種執法人員爲保護自己免受攻擊，得查看

93 黃惠婷，〈附帶搜索—評最高法院98年度台上字第310號〉，《刑事法雜誌》，第57卷第2期，2013.04，92頁以下。

是否有危險人物存在。而此種「查看」行爲，美國聯邦最高法院稱之爲「保護性掃視」。其適用的前提有二：1.與逮捕場所「緊密相連」，執法人員不需要有「相當理由」或「合理懷疑」，得自動的爲保護性掃視。2.若在「緊密相連」範圍以外的地方，執法人員必須「合理懷疑」某處可能藏有危險人物時，始能爲保護性掃視。所謂「緊密相連」的地方，係指其範圍應較「立即控制」的範圍爲廣。執法人員只能作「掃視」的搜索，也就是只能以眼睛查看，且因爲查看的目標爲危險人物，執法人員只能查看能容納人的地方，對不可能藏有人的地方（如抽屜），不得爲保護性掃視。[94]

3 甲係某市調查站之幹員，某日接獲線民通報指稱：轄區某里里長乙準備幫市長候選人丙買票，因情況急迫，且二十四小時內有滅證之虞，因不及聲請搜索票即前往乙宅搜索，並於搜索後二十四小時內陳報該管檢察署及法院，試問：甲對乙之搜索程序是否合法？

■ **參考解答**

依本案事實所稱：「二十四小時內有滅證之虞」，應是保全證據的緊急搜索之範疇，依本法第131條第2項，檢察官於偵查中確有相當理由認爲情況急迫，非迅速搜索，二十四小時內證據有僞造、變造、湮滅或隱匿之虞者，得逕行搜索，或指揮檢察事務官、司法警察官或司法警察執行搜索，並層報檢察長。是以，「保全證據的緊急搜索」，除由檢察官親自執行外，檢察事務官、司法警察（官）執行搜索，必須受「檢察官」指揮方得爲之。依法務部調查局組織法第14條規定，調查局人員於執行犯罪調查職務時，視同刑事訴訟法之司法警察（官）。因此甲係司法警察（官），在未受檢察官指揮下，即進入乙宅執行「保全證據的緊急搜索」，其搜索程序自不合法。

4 犯罪嫌疑人甲經檢察官屢傳不到，於是簽發拘票指揮司法警察乙等人將甲拘提到案，但甲終日閉門不出，司法警察乙等人得否進入甲家中拘提甲？

94　王兆鵬、張明偉、李榮耕，《刑事訴訟法（上）》，新學林，五版，2020.03，269頁以下。

■ 參考解答

本案事實涉及第131條第1項第1款、第128條之1如何搭配運用的問題，依修法沿革與精神解釋，除了緊急的情況之外，搜索必須由法官事先審查，檢察官無權爲之。不論是對人或對物的搜索，皆應依本法第122條、第128條之1規定，向法院聲請取得搜索票。總而言之，基於憲法對於隱私權的保障，**司法警察（官）進入私人住宅（非公眾得自由進出之場所）「找人」或「抓人」**，就是本法所謂的「搜索」。是故，偵查機關（包括檢察官）欲進入住宅「搜索」人，除有緊急搜索或同意搜索的情形，原則上必須向法院取得搜索票後，始得進入住宅搜索人。**實務上認爲**，檢察官偵查中，如須實施搜索、扣押，依法必先取得法官核發之搜索票，否則，須有本法第131條緊急或急迫情況，其搜索、扣押始告適法。**故如容許司法警察（官）執檢察官簽發之拘票以實施搜索、扣押，無異鼓勵「假拘提之名而行搜索、扣押之實」，以規避法院就搜索、扣押之合法性審查。**[95]本件偵查程序中，司法警察（官）係執有檢察官簽發之拘票，非法院核發之搜索票，故乙等人拘提甲不合法。

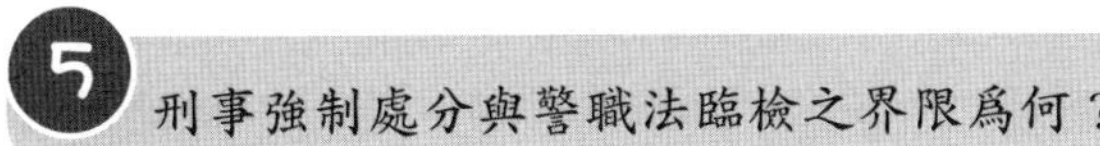

5 刑事強制處分與警職法臨檢之界限爲何？

■ 參考解答

（一）以是否進入住宅或其他類此私人隱密之空間爲界限

警察行使職權之場所依警職法之規定原則上應限於「公共場所或公眾得出入之場所」，不及於「住宅」，[96]除非有警職法第26條規定之住宅內有「人民生命、身體、財產之迫切危害」之情事者，否則不得進入。因此，以「住宅」爲準，當做區分警察職權行使法及刑事訴訟法之適用分野，除非有警職法第26條「即時強制」的情形，否則不論警察找「人」或找「物」，皆應遵守刑事訴訟法有關搜索之規定。

---

95 最高法院99年度台上字第1398號判決。

96 釋字第535號解釋。

（二）以是否已達到「強制」程度爲界限

「臨檢」和「犯罪偵查」的第二個區別在於「是否已達強制程度」。因「臨檢」既屬警察行政行爲的領域，則有關警察執法時的幾個基本原則，諸如比例原則、禁止不當連結原則等，仍可作爲臨檢權限是否超過其限度的抽象原則，然後再依個案去具體判斷。[97]換言之，警察實施臨檢，不僅係維護社會秩序關鍵職權，亦是發現犯罪實施偵查重要勤務。乃積極、主動探求犯罪發生可能事跡，如同受理告訴、告發、自首消極被動接消極被動接收犯罪發生訊息。即便遇緊急必要之情況，但相關臨檢盤查強力作爲仍應限於「任意處分」。不過，若執勤過程另發現犯罪行爲，自可依刑訴法相關規定實施強制處分如搜索、勘驗等等保全證據等。須注意者，不論臨檢，盤查是否被賦予強制力，並不影響國家權力作用的保障，行爲人若妨害國家權力作用之行使，仍可構成刑法上的妨害公務罪。[98]

若以量化爲喻，依照警職法第6條、臨檢的發動門檻爲「合理的懷疑」（reasonable suspicion）：合理的懷疑最典型的警察作爲，就是盤查，其證據強度約30%以上；而刑訴法強制處分的發動門檻爲「相當理由」（probable cause）：在美國只要有probable cause，就可以逮捕、搜索或監聽、羈押等，其證據強度約在45%以上。[99]又臨檢權既屬警察行政行爲的領域，則有關警察執法時的幾個基本原則，例如：比例原則、禁止不當連結原則等，仍可作爲臨檢權是否超過其限度的抽象原則，然後再依個案判斷。此外，社會通念原則亦屬重要，因爲，這一原則與警察的社會形象息息相關，兩者可謂成反比的狀況，若警察的社會形象佳，則社會通念的檢驗標準必低，反之則正好相反。故重視這一標準，理論上應可使警察爲提升自我形象，而謹愼發動臨檢權，即使發動也應充分照顧被臨檢者的權利[100]。

---

[97] 洪文玲、蔡震榮、鄭善印，《警察法規》，國立空中大學印行，修訂再版，2011.08，306頁以下。

[98] 林裕順，〈臨檢盤查「半推半就」〉，《月旦法學教室》，第148期，2015.02，24頁以下。

[99] 内政部警政署印行，《警察職權行使法逐條釋義》，2003.08，第6條部分。

[100] 羅傳賢，《警察法規概論》，五南，初版，2018.01，241頁。

6 警員甲等人某日於「春之戀商務旅館」執行臨檢勤務，經其他房客告知疑似有人旅館內從事性交易，「合理懷疑」犯圖利容留性交易之該名女子可能藏匿於該旅館之某房間內，甲等人遂逐一臨檢其他房間，是否合法？

■ 參考解答

（一）臨檢並非刑訴法上的強制處分

臨檢乃警察對人或場所涉及現在或過去某些不當或違法行爲產生合理懷疑時，爲維持公共秩序及防止危害發生，在公共場所或指定之場所攔阻、盤查人民之一種執行勤務方式。而臨檢與刑事訴訟法之搜索，均係對人或物之查驗、干預，而影響人民之基本權，惟臨檢之發動初始尚非強制處分，其目的在於犯罪預防、維護社會安全，無須令狀即得爲之。但如臨檢過程中發現犯罪行爲或通緝犯，自可依本法相關規定逮捕、搜索。

（二）警察進入「私人住宅或類此隱密空間之處所」找人即是「搜索」

商務旅館固然爲公眾得出入之場所，但其分隔之房間（尤其是已出租訂房者），等同「私人住宅」。如果警察進入「私人住宅或類此處所」找人，在刑訴法的意義上就是「搜索」，警方如欲援引緊急搜索的規定，必須有「明顯事實足信爲有人在內」犯罪之要件，警察才能夠依刑訴法第131條第1項第3款進行緊急搜索，否則即有違釋字第535號不得隨機臨檢的意旨。然而，題示情形，警員甲等人得知有人在旅館內引誘容留使人性交易，但不確定房號，遂逐戶臨檢其他房間，表示其並未掌握明顯事實，不符本法第131條第1項第3款須「有明顯事實足信爲有人在內」的要件，因爲依第131條第1項之立法理由：「對於緊急搜索權之發動，應於確有必要之急迫情形下，且有事實足認犯罪嫌疑人或被告確實在其內，始得爲之，以避免濫用緊急搜索權進行不必要的『廣泛式』、『地毯式』及與所欲保全法益顯不相當之搜索」，故其搜索並不合法。

7 法院應如何審查「同意搜索」之受搜索人是否出於自願性？

【100年警特三等犯罪偵查】

■ 參考解答

實務上認為，在判斷「自願性」同意時，應「綜合一切情狀」判斷。如同自白任意性標準，必須考慮當時一切環境，如執法人員徵詢同意的方式是否有威脅性，同意者主觀意識強弱、教育程度、智商等綜合考慮。[101]又自願性同意之搜索，與一般強制處分不同，不以有「相當理由」為必要，不能單憑多數警察在場或被告受拘禁或執行人員出示用以搜索其他處所之搜索票，即否定其自願性。[102]

8 甲涉嫌強盜殺人，甲暫借住於乙宅。警察無搜索票欲進入甲之住處（即乙宅）搜索，乙同意警察進入搜索，果然找到甲之做案相關證物，請問警察在搜索的過程中，是否合法？若甲、乙合租同層公寓，乙得否代甲同意警察搜索甲之房間？

■ 參考解答

實務上認為，本法第131條之1之自願性同意搜索，同意權人應及於被告或犯罪嫌疑人以外之人。在數人對同一處所均擁有管領權限之情形，如果同意人對於被搜索之處所有得以「獨立同意」之權限（例如父母得同意對未成年子女的房間搜索），則被告或犯罪嫌疑人在主客觀上，應已承擔該共同權限人可能會同意搜索之風險，此即學理上所稱之「風險承擔理論」。[103]本件搜索處所，係受搜索人乙宅，乙既有管領權限，自屬有權捨棄對該屋之隱私，其同意執法人員搜索為合法。反之，第三人若無「獨立同意」之權限，如本題中之乙不得以同居人身分代甲同意警察搜索甲之「房間」，乙至多僅能以其共同權限同意警察對其共同居住空間如「客廳」搜索。

---

101 最高法院94年度台上字第1361號判決。

102 最高法院100年度台上字第4580號判決。

103 最高法院100年度台上字第4430號判決。

9 司法警察甲接獲線報，某市議員樁腳疑似買票行賄，甲隨即前往查賄，但甲一進門未看到選舉人名冊及現金，但卻看到吸毒器具及毒品，對於該吸毒器具及毒品可否予以扣押？若乙係檢察事務官，受檢察官的指揮持搜索票（搜索票僅記載選舉人名冊及現金）前往乙宅搜索，過程中發現選舉人名冊但無鉅額現金，卻在乙的置物櫃內發現千元百貨公司禮券一萬張，此時對於禮券可否扣押之？

■ 參考解答

（一）甲不得扣押吸毒器具及毒品

本案事實涉及無令狀扣押，在法律上未清楚規定要件之前，本書認爲可參考美國聯邦最高法院所創設的「一目瞭然法則」（plain view doctrine）補充我國規定的不足。依該法則，執法人員在合法搜索時，違禁物或證據落入執法人員目視的範圍內，警察得無令狀扣押該物。唯恐一目瞭然法則的濫用，聯邦最高法院強調，執法人員警察在援引該法則時，應嚴守兩個前提要件爲：1.須因爲「合法」的搜索或其他合法的前行爲，而發現應扣押之證物。2.須立即明顯可以認定，所扣押之物爲證據。因此，雖然甲一進門即看到吸毒器具，依「目視」即可知其爲犯罪證據（因爲非搜索票僅記載選舉人名冊及現金，爲「另案」），然而甲搜索之前行爲不合法（不合本法第131條第2項之規定），不得依本法第152條爲另案扣押。

（二）乙得扣押禮券

若乙係以檢察事務官的身分，受檢察官的指揮持搜索票前往乙宅搜索，則搜索合法。過程中發現選舉人名冊但無巨額現金，卻在乙的置物櫃內發現千元百貨公司禮券一萬張，其中禮券的部分，我們可與選舉人名冊做一合理的連結，因爲依照經驗法則，一般人不會在家中囤積巨額禮券，雖搜索票無記載，仍有相當理由確信其爲「本案」（賄選）證據，得依本法第137條爲附帶扣押。

第十四章　通訊監察

第一節　序說

通訊監察，俗稱「監聽」，係指偵查機關根據通訊保障及監察法（下稱通保法）之規定對於犯罪嫌疑者之電話，運用各式監聽設備，在被監聽者處於完全不知的情況，截聽其通話內容之偵查方式。[1]司法警察（官）爲偵查犯罪掌握證據，及因涉及刑案不能或難以其他方法調查證據發現眞實，得實施通訊監察；其要領及程序，應依通訊保障及監察法及其施行細則有關規定辦理。[2]通保法所稱「司法警察機關」，係指內政部警政署與各直轄市、縣（市）警察局所屬分局或刑事警察大隊以上單位、法務部調查局與所屬各外勤調查處（站）、工作組以上單位、國防部憲兵指揮部與所屬各地區憲兵隊以上單位、行政院海岸巡防署與所屬偵防查緝隊、各海巡隊、各機動查緝隊以上單位及其他同級以上之司法警察機關。[3]所稱「有線及無線電信」，包括電信事業所設公共通訊系統及專用電信。所稱「郵件及書信」，指信函、明信片、特製郵簡、新聞紙、雜誌、印刷物、盲人文件、小包、包裹或以電子處理或其他具有通信性質之文件或物品。所稱「言論及談話」，係指人民非利用通訊設備所發表之言論或面對面之對話；其以手語或其他方式表達意思者，亦包括在內。[4]本法中的「通訊」必須含有人的主觀意思或想法之內容交換。而司法警察實施通訊監察所側錄被告與他人之對話內容，若其對話本身即係被告進行犯罪中構成犯罪事實之部分內容，其性質上應屬被告審判外之自白，其得否爲證據，應視其是否具備任意性與眞實性以爲斷，並仍應調查其他補強證據，以察其是否與事實相符。[5]

---

1 何明洲，《犯罪偵查原理與實務》，中央警察大學，再版，2014.08，111頁。

2 警察偵查犯罪手冊第92點。

3 通訊保障及監察法施行細則第3條。

4 通訊保障及監察法施行細則第2條。

5 最高法院107年度台上字第4581號判決。

以GPS追蹤器進行科技定位監控，係將之安裝於特定人或物（車輛），就可以掌握特定人的位置。這種設控方式雖然涉及了通訊設備的使用，但是，仍不會構成通訊監察。其中原因在於此種方式只是取得機器設備按照程式設計及預設指令所傳送，訊號的取得也因而不會構成通訊監察。[6]但自最高法院106年度台上字第3788號判決定位此種偵查方式爲強制處分須取得令狀後，目前部分地院以核發通訊監察書的方式准許GPS偵查，相信這是迫於無奈，亟待修法解決。

通保法最近一次的重大修正是在2014年1月14日，緣由是臺北地方法院簽發的監聽票，其目的原本在於監聽立委柯建銘是否涉入法官收賄案。但是特偵組以同一個案號，來偵辦多個無關案件，聲請監聽，案號目的與監聽目的明顯不同，甚至爆出監聽國會總機的喧然大波，因此引來朝野立委難得一見的取得「共識」快速修法，但也由於修法過程的倉促，亦引來正反兩面的評價。

第二節　通訊監察的類型

一、一般監聽

在一般案件，有事實足認被告或犯罪嫌疑人有通保法第5條第1項規定各款所列重罪，並危害國家安全或社會秩序情節重大，而有相當理由可信其通訊內容與本案有關，且不能或難以其他方法蒐集或調查證據者，得發通訊監察書。

二、緊急監聽

稱「緊急監聽」者，乃係以無令狀所爲之監聽（通保法§6）。若發生

6　李榮耕，《通訊保障及監察法》，新學林，2018.02，19頁以下。相同見解：請參閱林鈺雄，《刑事訴訟法實例解析》，新學林，初版，2019.03，111頁；薛智仁〈GPS跟監、隱私權與刑事法—評最高法院106年度台上字第3788號刑事判決〉，《月旦裁判時報》，第70期，2018.04，50頁以下；許恒達，〈通訊隱私與刑法規制：論「通訊保障及監察法」的刑事責任〉），《東吳法律學報》，第21卷3期，2010.01，119頁以下。

有事實足認被告或罪嫌有犯擄人勒贖或投置炸彈、爆裂物或毒物犯恐嚇取財的嫌疑時，爲防止他人生命身體的急迫危險的情形，得以口頭通知執行機關先予執行通訊監察，再於二十四小時之內補發通訊監察書便可「緊急監聽」（無須令狀），其程序爲司法警察機關向該管檢察官聲請，再由檢察官向向法院陳報，由法院補發通訊監察書。

三、國安監聽

依通保法第7條第1項規定，爲避免國家安全遭受危害，而有監察「外國勢力、境外敵對勢力或其工作人員在境內之通訊」、「外國勢力、境外敵對勢力或其工作人員跨境之通訊」及「外國勢力、境外敵對勢力或其工作人員在境外之通訊」等原因，以蒐集外國勢力或境外敵對勢力情報之必要者，綜理國家情報工作機關首長得核發通訊監察書。此種涉及國家安全之通訊監察。所稱「綜理國家情報工作機關」，係指國家安全局。[7]

而關於第7條第1項各款通訊之受監察人在境內設有戶籍者，其通訊監察書之核發，應先經綜理國家情報工作機關所在地之高等法院專責法官同意。但情況急迫者不在此限（通保法§7 II）。

但若遇有情況急迫情形，綜理國家情報工作機關應即將通訊監察書核發情形，通知綜理國家情報工作機關所在地之高等法院之專責法官補行同意；其未在四十八小時內獲得同意者，應即停止監察（通保法§7 III）。

依第7條規定執行通訊監察所得資料，僅作爲國家安全預警情報之用。但發現有第5條所定情事者，應將所得資料移送司法警察機關、司法機關或軍事審判機關依法處理（通保法§10）。

第三節　通訊監察的基本原則

一、比例原則

比例原則爲所有國家公權力作用之共通原則，而刑事程序強制處分自也

7 通訊保障及監察法施行細則第9條。

不例外。就通訊監察而言，應包括下列衍生原則：

（一）最小侵害原則

最小侵害原則的基本概念為，在諸多可以達成強制處分的手段中，必須要選擇以對於相對人權益侵害最小的方式為之。若是以侵害較小的方式就可達成目的，則使用較強的手段便只是造成相對人不合理且過度的侵害，不當影響其基本權利而已，沒有任何正當性可言。

最小侵害原則為所有執行強制處分時所必須遵循的程序規範，而通訊監察作為強制處分類型之一，當有其適用。不過由於本質上的差異，與其他強制處分相比較，最小侵害原則於通訊監察中更為重要。而通訊監察與傳統搜索扣押間不同之處在於，在執行傳統的搜索扣押時，令狀上的記載，可以有效地特定及限縮搜索的範圍，避免不必要的隱私侵害。有鑑於此，學者建議，法院於核發令狀時，可以依通保法第5條第2項，於通訊監察書上要求執法官員，必須以侵害最小的方式執行通訊監察，減少對於與本案無關之通訊的侵害。[8]

本書認為，上開學者的建議殊值可採，若特偵組能採「間續性通訊監察」方式，就不至於誤認立法院總機是私人電話，發生監聽國會總機的烏龍。

（二）最後手段原則

由於監聽將會對人民隱私權產生嚴重的侵犯，應限於其他偵查手段無法蒐集或調查時，亦即不能或難以其他方法蒐集或調查證據者，方得使用（通保法§5）。實施監聽偵查調查犯罪嫌疑情形及蒐集證據，應本著在不能或以其他方法蒐集或調查證據情況下才得實施，且有時情報諮詢、跟監埋伏等搭配運用方能彰顯其效果。[9]因此，應限於其他偵查手段無法蒐集或調查時，亦即不能或難以其他方法蒐集或調查證據而無法達成偵查目的，方得使用。參考日本的法制、實務，認為監聽必須符合：1.限於涉及重大犯罪案件；2.有充分理由足認嫌疑人犯罪；3.可能藉由該電話聯繫相關犯罪事實之

---

8 李榮耕，〈通訊監察中之最小侵害原則〉，《臺北大學法學論叢》，第82期，2012.06，211頁以下。

9 何明洲，《犯罪偵查原理與實務》，中央警察大學，再版，2014.08，112頁。

情況下；4.實施通訊監聽以外之方法蒐集有關犯罪重要、必要證據有明顯程度；5.認爲通訊監聽的實施於犯罪偵查上不得不然等要件方得實施。[10]

二、相關性原則

監聽程序之開啓，不應由執法人員主觀臆測，應有「相當理由」可信其通訊內容與本案「有關」，方可爲之。實施監聽之相關性原則之判斷，應比刑訴法上搜索扣押之要件更爲嚴格，且應由偵查機關指出具有關聯通訊之高度蓋然性。與搜索現存特定之有體物相較，監聽處分係對於尚未存在之對話，預測其將可能發生而予以監聽，尤其監聽電話之線路除了是供被告使用之外，無關第三人使用之可能性更高，由於實施監聽比傳統之搜索扣押更具有不當擴大侵害國民秘密通訊及隱私權之嚴重性。[11]

三、重罪原則

由通保法第5條第1項第1款可知，監聽原則上係以「重罪」爲主，例外如同條第1項第2款至18款所列舉之罪名，始可監聽。本條項採取「法定刑模式」作爲重罪類型的判斷標準，直接沿用立法者對實體法規範效果建立的價値判斷。[12]

相對的，新法第5條第1項第2款所列舉的則是「罪名模式」，不盡然都是法定刑爲三年以上的重罪。這些犯罪的共通性，在於行爲的隱密性。由於傳統蒐證方式已陷入瓶頸，因此必須透過通訊監察才能有所突破。罪名模式下的犯罪類型，是基於偵查的合目的性與手段之有效性所設定的標準。惟個案中，罪名模式下之犯罪，是否得發動通訊監察，必須嚴格審查是否符合第5條第1項所稱危害國家、經濟秩序或社會秩序情節重大的情況。若爲肯定，才符合重罪原則的要求。

具體言之，有些雖屬於最輕本刑三年以上有期徒刑之罪，但基本上並

---

10 林裕順，〈監聽爭議—大法官說法〉，《司法改革雜誌》，第99期，2013.12，28頁。

11 陳運財，〈國家權力實施通訊監察之界限及其制衡〉，收錄於《偵查與人權》，元照，2014.04，367頁。

12 張麗卿，〈通訊保障及監察法之修正與評析〉，《月旦法學雜誌》，第229期，2014.06，34頁。

無實施監聽必要之情形，例如構成強制性交、傷害致死或遺棄致死之案件，一般而言其犯罪行爲過程不會涉及使用通訊之情形，應自始排除於得實施監聽之範圍，故得實施監聽之案件範圍，除了「重罪原則」外，建議於實際操作上，應再加上「有數人以上之共謀而可能利用通訊作爲犯罪連絡之手段者爲限」之要件，始得對之進行監聽。因爲，此種案件類型往往存在有數人共謀之情形，且常以通訊作爲犯罪之準備、實行或事後湮滅證據等行爲之聯絡或謀議。而同條項第2款至第18款中部分罪名，亦有必要從「比例原則」的觀點檢討是否予以排除適用。總之，對於得實施監聽之案件範圍，應以組織性、集團性或共謀犯罪型態，同時兼顧監聽補充性原則之思考，條文適用上，應加以限縮，而非以法定刑或罪名爲斷。[13]

選擇題練習

1 通訊監察爲偵查犯罪的重要手段，下列之罪何者爲不得聲請通訊監察書之罪？[14] (A)刑法第201條僞變造有價證券罪 (B)貪污治罪條例第11條違背職務行賄罪 (C)刑法第277條第1項傷害罪 (D)證券交易法第173條行賄證交所董事、監事及受雇人違背職務罪 【104年警特四等犯罪偵查】

2 有關通訊保障及監察法規定，下列何種犯罪可聲請通訊監察？[15] (A)竊盜罪 (B)最輕本刑爲3年以下有期徒刑之罪 (C)竊取森林主副產物罪 (D)製造販賣槍炮彈藥 (E)漁會選舉不法案件 【104年警大二技】

3 通訊保障及監察法於民國103年1月29日修正公布，並於6月29日施行，試問下列何者非本次修正重點？[16] (A)增訂通聯紀錄的規範 (B)繼續監察時間之限制 (C)另案監聽之證據排除 (D)監察通訊所得資料保密 【105年警特三等犯罪偵查】

---

13 陳運財，〈國家權力實施通訊監察之界限及其制衡〉，收錄於《偵查與人權》，元照，2014.04，364頁以下。

14 答案爲(C)。參照通保法第5條。

15 答案爲(D)、(E)。參照通訊保障及監察法第5條。

16 答案爲(D)。

4 下列關於通訊保障及監察法的敘述，何者錯誤？[17] (A)通訊監察書，偵查中由檢察官依司法警察機關聲請或依職權以書面聲請該管法院核發 (B)通訊範圍包含言論及談話 (C)通訊使用者資料係指電信使用者姓名或名稱、身分證明文件字號、地址、電信號碼及申請各項電信服務所填列之資料 (D)檢察官偵辦放火罪，有需要時，得由檢察官依職權調取通信紀錄

【105年警特四等犯罪偵查】

5 國家機關依通訊保障及監察法實施監聽時，下列何種方式為禁止之列？[18] (A)截收 (B)監聽 (C)錄音 (D)於私人住宅裝置竊聽器

【106年警特三等犯罪偵查】

6 依通訊保障及監察法及其施行細則之規定，有關緊急通訊監察之敘述，下列何者錯誤？[19] (A)司法警察機關報請檢察官以口頭通知先予執行通訊監察者，應於16小時內備妥文件陳報該管檢察官 (B)檢察官應於口頭通知執行機關之時起24小時內，備聲請書，聲請該管法院補發通訊監察書，並副知執行機關 (C)執行通訊監察，自檢察官向法院聲請之時起24小時未獲法院補發通訊監察書者，執行機關應立即停止監察 (D)法院應設置專責窗口受理聲請，並應於48小時內補發通訊監察書；未於48小時內補發者，應即停止監察

【106年警特三等犯罪偵查】

7 依據通訊保障及監察法第11條之1規定，下列何種情形，應以書面聲請該管法院核發「調取票」？[20] (A)檢警偵辦最輕本刑10年以上有期徒刑之罪 (B)檢警偵辦所犯係強盜、搶奪、詐欺、恐嚇、擄人勒贖 (C)檢察官偵查最重本刑3年以上有期徒刑之罪 (D)國安局之情報監聽

【106年警特三等犯罪偵查】

---

17 答案為(D)。

18 答案為(D)。參照通保法第3條。

19 答案為(C)。48小時未獲法院補發通訊監察書者，執行機關應立即停止監察。參照通保法第6條第2項。

20 答案為(C)。參照通保法第7條、第11條之1第8項。

8 關於通訊保障及監察法第11條之1規定，有關通信紀錄之調取程序，下列何者錯誤？[21] (A)檢察官之聲請權及急迫情形逕調權限最重本刑3年以上有期徒刑之罪 (B)司法警察官調取通信紀錄之聲請權，應報請檢察官許可，向該管法院聲請核發調取票 (C)核發調取票之程序，不公開之 (D)情報工作機關調取使用者資料及通信紀錄應受本法之限制 【106年警特三等犯罪偵查】

9 偵查利用電腦網路犯罪案件，爲調查犯罪嫌疑人犯罪情形及蒐集證據，認有調取通信紀錄之必要時，下列何者之罪得依通訊保障及監察法之規定聲請通訊監察書？[22] (A)刑法第235條散布猥褻物品罪 (B)刑法第339條之3電腦詐欺罪 (C)刑法第358條入侵他人電腦罪 (D)刑法第360條散布電腦病毒罪

【106年警特四等犯罪偵查】

10 有關通訊監察之敘述，下列何者錯誤？[23] (A)執行通訊監察，得於私人住宅裝置竊聽器、錄影設備或其他監察器材 (B)法務部每年應向立法院報告通訊監察執行情形 (C)依規定執行通訊監察所取得之內容或所衍生之證據與監察目的無關者，不得作爲司法偵查、審判之證據 (D)違反規定進行監聽行爲所取得之內容或所衍生之證據，於司法偵查、審判或其他程序中，均不得採爲證據或其他用途 【107年警特四等犯罪偵查】

四、令狀原則

（一）通訊監察書

在2007年6月15修法前，依據通保法第5條第2項規定，通訊監察書，偵查中由檢察官依司法警察機關聲請或依職權核發，審判中由法官依職權核

21 答案爲(D)。國安監聽不適用調取票之規定。參照通保法第7條、第11條之1第8項。

22 答案爲(B)。調取票之門檻爲最重本刑三年以上有期徒刑，而電腦詐欺罪最重可處七年以上有期徒刑。

23 答案爲(A)。

發。惟在2007年修法後，通保法第5條第2項規定，只有「法院」有權簽發通訊監察書。在偵查中，由檢察官聲請該管法院核發通訊監察書；審判中由法官依職權核發。其理由在於舊法規定，使職司犯罪偵查之檢察官與司法警察機關，同時負責通訊監察書之聲請與核發，未設適當之機關間權力制衡機制，以防免憲法保障人民秘密通訊自由遭受不必要侵害，自難謂爲合理、正當之程序規範，而與憲法第12條保障人民秘密通訊自由之意旨不符。[24]

在2014年1月14日修法後，一般之通訊監察應「事先」向法院聲請核發通訊監察書，且法院必須在四十八小時內核復；但例外如「緊急」之通訊監察之情形，應於二十四小時內陳報該管法院「事後」補發通訊監察書，法院並應設置專責窗口受理上開聲請，並應於四十八小時處理完畢，故屬「相對的法官保留原則」。

依通保法第5條第2項：「通訊監察書，偵查中由檢察官依司法警察機關聲請或依職權以書面聲請該管法院核發。聲請書應記載偵、他字案號及第11條之事項，其監察對象非電信服務用戶，應予載明；並檢附相關文件及監察對象住居所之調查資料，釋明有相當理由可信其通訊內容與本案有關，且曾以其他方法調查仍無效果，或以其他方法調查，合理顯示爲不能達成目的或有重大危險情形。檢察官受理聲請案件，應於四小時內核復；如案情複雜，得經檢察長同意延長四小時。法院於接獲檢察官核轉受理聲請案件，應於四十八小時內核復。審判中由法官依職權核發。法官並得於通訊監察書上對執行人員爲適當之指示。」通訊監察聲請案件應由機關首長、刑警大隊大隊長或分局長從嚴審核決行，不得先由業務單位主管代爲決行後再補陳核閱，或逕予二層決行。通訊監察聲請書格式參圖表1-14-1。[25]檢察官受理司法警察機關之聲請後，應審慎評估其必要性、妥適性，依前項重點嚴密審查，以避免浮濫。並應於四小時內核復。如案情複雜，得經檢察長同意延長四小時。[26]法院對於聲請通訊監察之證據，毋庸經嚴格證明，以行自由證明爲已足，如經綜合判斷，具有一定可信度者，亦得據爲准駁。[27]

---

24 釋字第631號解釋。

25 警察機關執行通訊監察管制作業要點第6點。

26 檢察機關實施通訊監察應行注意要點第2點。

27 法院辦理通訊監察案件應行注意事項第10點。

圖表1-14-1　通訊監察聲請書格式

<table>
<tr><td colspan="2">通訊監察聲請書
中華民國　年　月　日
年　字第　　號</td></tr>
<tr><td>偵、他字案號</td><td></td></tr>
<tr><td>案由及涉嫌觸犯之法條</td><td></td></tr>
<tr><td>監察對象</td><td></td></tr>
<tr><td>監察對象是否為電信服務用戶</td><td>是／否</td></tr>
<tr><td>監察之通訊種類及號碼等足資識別之特徵</td><td></td></tr>
<tr><td>受監察處所</td><td></td></tr>
<tr><td>監察理由
（釋明有相當理由可信其通訊內容與本案有關，且曾以其他方法調查仍無效果，或以其他方法調查，合理顯示為不能達成目的或有重大危險情形）</td><td></td></tr>
<tr><td>監察期間
（依第六條第一項規定告知先予執行之時間）</td><td>自　年　月　日起至　年　月　日止
（檢察官口頭通知先予執行之時間：　年　月　日　時　分）</td></tr>
<tr><td>監察方法</td><td></td></tr>
<tr><td>聲請機關</td><td></td></tr>
<tr><td>執行機關</td><td></td></tr>
<tr><td>建置機關（執行處所）</td><td></td></tr>
<tr><td>有關事證資料及附件</td><td></td></tr>
<tr><td colspan="2">上列監察對象因涉及刑案，危害國家安全、經濟秩序或社會秩序情節重大，有相當理由可信其通訊內容與本案有關，且不能或難以其他方法蒐集證據，爰請核發通訊監察書，俾便實施監察。
　　此致
臺灣○○（地方）法院

檢察官　○○○</td></tr>
</table>

本次修法，新增第5條第5項：「通訊監察書之聲請，應以單一監察對象爲限，同一偵、他字或相牽連案件，得同時聲請數張通訊監察書。」的規定，「**一人一案一票**」原則也就是所謂的「禁止一張監聽票吃到飽」。這個修法來由是，特偵組偵辦陳榮和法官貪污一案所扣押之90萬元現金不明其來

源，因此另立100年度特他字第61號案件偵辦，則就此監聽，即應限於與陳榮和法官案件相關者為監聽範圍，但後來卻監聽對象已擴及於與陳榮和法官收賄案無關，然可能涉嫌其他犯罪嫌疑之立法委員柯建銘與林秀濤檢察官及某律師等人，有一張監聽票吃到飽之嫌。[28]

然而本書認為原本在實務上，只要擴線監聽（新增門號），就須重新聲請監聽票，釋明與原犯罪事實之關聯性或新的犯罪事實，理論上不會有「一票吃到飽的情事」。畢竟，「特他字第61號」的情形，係屬於少數檢察官不遵守規範之特例，[29]即使採行「一人一案一票」的做法，也未必能完全防堵，因為只要檢察官專挑審查寬鬆的法官值班時聲請監聽票，其結果恐怕是並無二致。

（二）調取票

1. 聲請及審核機關

依通保法第3條之1：「本法所稱通信紀錄者，謂電信使用人使用電信服務後，電信系統所產生之發送方、接收方之電信號碼、通信時間、使用長度、位址、服務型態、信箱或位置資訊等紀錄。所稱之通訊使用者資料，謂電信使用者姓名或名稱、身分證明文件字號、地址、電信號碼及申請各項電信服務所填列之資料。」通信（通聯）紀錄及通信者使用資料之調取常運用於「前偵查領域」。透過通信（通聯）紀錄之調取，經過解析後，得以描繪出持用該電信號碼者之行動軌跡圖，有利於警方循線調查，拼湊出嫌犯之人際網絡與犯罪事證。[30]

依新增之通保法第11條之1第1至4項規定：「檢察官偵查最重本刑三年以上有期徒刑之罪，有事實足認通信紀錄及通信使用者資料於本案之偵查有必要性及關聯性時，除有急迫情形不及事先聲請者外，應以書面聲請該管法院核發調取票。聲請書之應記載事項，準用前條第一項之規定。司法警察官因調查犯罪嫌疑人犯罪情形及蒐集證據，認有調取通信紀錄之必要時，得依

[28] 檢察官評鑑委員會102年度檢評字第19號決議書。

[29] 特偵組未依照實務作法，導致以門號控管的機制失靈。

[30] 傅美惠，〈通訊保障及監察法修正評析─以通聯紀錄「調取票」為中心〉，收錄於《法務部廖正豪前部長七秩華誕祝壽論文集：刑事訴訟法卷》，五南，初版，2016.07，223頁。

前項規定，報請檢察官許可後，向該管法院聲請核發『調取票』。檢察官、司法警察官爲偵辦最輕本刑十年以上有期徒刑之罪、強盜、搶奪、詐欺、恐嚇、擄人勒贖，及違反人口販運防制法、槍砲彈藥刀械管制條例、懲治走私條例、毒品危害防制條例、組織犯罪防制條例等罪，而有需要時，得由檢察官依職權或司法警察官向檢察官聲請同意後，調取通信紀錄，不受前二項之限制。第一項之急迫原因消滅後，應向法院補行聲請調取票。」由此可知，**檢警欲調取本案有關的通信（通聯）紀錄及通信用者資料，原則上也須取得令狀（調取票）**。檢察官依本法第11條之1第1項規定聲請調取票時，得指定檢察事務官或書記官持聲請書向法院辦理。但法院於審核聲請書認有必要請檢察官說明時，檢察官應即以適當方式向法院爲必要之說明。司法警察官依本法第11條之1第2項規定聲請調取票時，應請該案件之承辦人或熟悉案情之人員持聲請書向檢察官及法院辦理聲請事宜，以便必要時得就案情及聲請之理由加以解說。[31]由此可知，偵查中案件，僅檢察官得聲請、補行聲請或核轉許可司法警察官聲請核發調取票。司法警察機關不得逕向法院聲請。[32]司法警察官依通保法第11條之1第2項報請檢察官許可或依同法第11條之1第3項聲請檢察官同意者，應備聲請書載明前項內容，向檢察機關爲之。檢察官受理司法警察官報請許可或聲請同意之案件，應儘速爲准駁之核復。法院接獲檢察官聲請或核轉許可司法警察官聲請之案件，亦同。法院核發調取票調取通信（通聯）紀錄或通訊使用者資料者，執行機關應於調取完畢後，將調取票送繳法院。[33]司法警察官於調取通信（通聯）紀錄後，應將執行結果陳報許可或同意聲請之檢察官，如未能執行者，應敘明其事由。[34]調取票聲請書參圖表1-14-2。

2. 立法檢討

依照通保法第11條之1的規定，檢察官對於通信（通聯）紀錄及使用者資料，**採取的是「重罪原則」（最重本刑三年有期徒刑以上之罪）、「關聯性」及「令狀原則」**。這樣的規範方式，或許確保了檢察官不能動輒取得人

---

31 檢察機關實施通訊監察應行注意要點第7點。

32 法院辦理通訊監察應行注意事項第6點之1。

33 通訊保障及監察法施行細則第13條之1。

34 檢察機關實施通訊監察應行注意要點第10點。

民的個人資料，但是卻可能有矯枉過正的疑慮。因為同屬於人民受憲法保障的秘密通訊自由及通訊隱私，但是相較於通訊內容，通信（通聯）紀錄及使用者資料畢竟還是屬於私密程度較低的資訊。

此次修法，雖然立意良善，但調取之範圍若嚴守法條文義僅限於「犯罪偵查」且須「重罪」，對於受理民眾查詢失物、失蹤人口、自殺、電話騷擾等公益案件、違反秩序案件以及家庭暴力聲請保護之案件，警察機關將無法協助調取通信（通聯）紀錄，[35]將使得許多輕微，但發生頻仍的犯罪（如侵占遺失物或賭博）可能因而落入無以偵查的困境。[36]此外，也使過去常發生民眾向警方求助，如家人打電話透露尋死念頭，或者登山失聯，警方基於救人優先的理念，長期以來與電信公司建立合作窗口，向電信公司調閱即時發話位置，恐將延誤即時救援輕生或失蹤民眾時機。[37] 因此有學者主張，對於非刑事追訴目的（犯罪偵查）之通信（通聯）紀錄調取，執行救助或災害防免之職務（如：警察職權行使法第28條第1項、行政執行法第36條、消防法第16條、社會救助法第26條等），基於國家保護義務及維護社會安全之需求，據以調取通信（通聯）紀錄，不因通保法第11條之1之增訂而受影響。[38]

不過，還是有論者認同，偵查機關在符合特定要件下得向電信業者請求交付通信（通聯）紀錄以及電信業者於特定情形下得提供通信（通聯）紀錄為特定目的外之調查利用，的確有採取法律保留的必要。但是，關於犯罪行為人（含共犯）之「通信（通聯）紀錄的調取」，則無採取法官保留之必要。蓋因：第一，犯嫌（合共犯）通信（通聯）紀錄的調取行為本身，雖屬積極的干預處分，惟與拘提、逮捕或搜索扣押之直接干預處分有異，對於犯嫌合理的隱私期待侵害性不高，且接受查詢的電信業者在守密義務及協助義務之間，必須盡到提供資訊之範圍與調取目的相符的把關者的角色，特定提供個資的範圍，可發揮部分節制個資不當使用的功能。第二，有關偵查機關調取通信（通聯）紀錄的必要性而言，較屬於定型化的調查作為，有無調取

---

35 黃朝義，《刑事訴訟法》，新學林，五版，2017.09，345頁。

36 李榮耕，〈簡評2014年新修正的通訊保障及監察法—一次不知所為何來的修法〉，《月旦法學雜誌》，第227期，2014.04，165頁。

37 張麗卿，〈通訊保障及監察法之修正與評析〉，《月旦法學雜誌》，第229期，2014.06，39頁。

38 陳重言，〈刑事追訴目的之通信（通聯）紀錄調取與使用—兼評2014年初通保修法〉，《檢察新論》，第16期，2014.07，44頁以下。

的必要性，應該尊重偵查機關調查犯罪的專業判斷及急迫性的判斷餘地，故得由法院就個案介入審查的空間其實極其有限。[39]

本書認爲，調閱通聯在犯罪偵查扮演舉足輕重之地位，有時現場基礎薄弱時，通信（通聯）紀錄的分析就顯得非常關鍵，因爲每通電話都會留下偵查痕跡，特別是在布線有其困難度之下，通信（通聯）紀錄分析就成了案情研判、刑案偵查重要依據。[40]但是通聯即使經比對分析，也無法知悉其談話內容，對隱私權之干預尚不能與通話內容等量齊觀，實務上多爲查證持用人所在位置與聯繫對象，影響的範圍還包括檢察官辦理死亡案件，若無法找出死者生前跟哪些人通過電話，也難追查死者身分，若依新法文義解釋規定使很多案件不能調通聯，就連民眾在山區失聯、或是企圖自殺等營救也是，恐錯失搶救先機影響救災、救命。而參照德國刑事訴訟法第98條a以下，並不像我國有如此嚴格法官保留之規定。

此次修法尚有一大問題點，依行政函釋，由於通保法新增第11條之1第2項、第3項均僅規定「通信（通聯）紀錄」（通聯）而未規定「通信使用者資料」，故司法警察機關認有調取「通信使用者資料」必要時，依文義解釋，應無須依上述程序報請檢察官許可後向法院聲請核發調取票（調取票格式參圖表1-13-2），或聲請檢察官同意後調取，可依法第230條第2項或第231條第2項之規定，向電信業者調取。[41]這造成身爲偵查輔助機關的司法警察（官）調取「通信使用者資料」時，反而未受到如同偵查主體檢察官般嚴格的奇特現象。[42]本書認爲，此有可能係立法疏漏。但如果不是，基於「通信使用者資料」（包含姓名、身分證字號、地址及各項電信服務所填之資料）較通信（通聯）紀錄而言，須受更大的隱私權保障，如立法者認爲司法警察（官）調取「通信使用者資料」尚不須聲請調取票，則舉重明輕，通信（通聯）紀錄之調取也不須聲請令狀才是。

最後，聲請調取票被駁回是否得救濟，是一大疑義。亦即，於2014年1

39 陳運財，〈偵查法體系的基礎理論〉，《月旦法學雜誌》，第229期，2014.06，16頁。

40 何明洲，《犯罪偵查原理與實務》，中央警察大學，再版，2014.08，149頁。

41 法務部103年8月25日法檢字第10300162300號函釋。

42 傅美惠，〈通訊保障及監察法修正評析—以通聯紀錄「調取票」爲中心〉，收錄於《法務部廖正豪前部長七秩華誕祝壽論文集：刑事訴訟法卷》，五南，初版，2016.07，208頁。

圖表1-14-2　調取票聲請書格式

（單位全銜）調取票聲請書

發文日期：
發文字號：
壹、案由及涉嫌觸犯之法條：
貳、調取通信（通聯）紀錄

□單向通信（通聯）紀錄
□雙向通信（通聯）紀錄
【固網（市話）　　線，行動電話　　線，其他　　線】
調取之電信號碼或手機序號
起迄時間：民國　年　月　日　時至　年　月　日　時
其他〈請詳填：　　　　　　　　　　　　〉

參、聲請依據：司法警察官依通訊保障及監察法第十一條之一第二項規定提出聲請
肆、執行機關：
伍、聲請理由：
因　　　　　　　案件，認有調取上列通信（通聯）紀錄之必要，爰依通訊保障及監察法第十一條之一第二項之規定，聲請核發調取票，以便執行。
此致
臺灣○○（地方）法院檢察署
臺灣○○（地方）法院
正本：臺灣○○（地方）法院檢察署、臺灣○○（地方）法院
副本：
機關首長章戳
中華民國　年　月　日

檢察官審查結果	□許可 【固網（市話）　線，行動電話　線，其他　線】 □不許可，理由：	審查時間	年　月　日 時　分
法院裁定結果	□核發 【固網（市話）　線，行動電話　線，其他　線】 □不核發，理由：	簽發調取票時間	年　月　日 時　分
		簽收人	

承辦人姓名：　　　　　電話：　　　　　傳真：

月29日於修法後，本法第404條第1項第2款及第416條第1項第1款之「通訊監察」概念，是否包含「通信（通聯）紀錄之調取在內」，因爲，以第11條之1對於調取通信（通聯）紀錄之書面要式，亦特意使用有別於通訊監察書之調取票。同法第16條之1第3項第1款，更是將通信（通聯）紀錄之調取與通訊監察並列，明確表現出兩者之概念差異。有文獻主張，在我國參照德國刑事訴訟法第101條增訂對於通信（通聯）紀錄調取之獨立救濟規定前，應採肯定見解。[43]本書認爲，「通信（通聯）紀錄之調取」相較於「通信監察內容」而言，對隱私權較爲輕微，依「舉重以明輕」的法理，法制上既容許檢察官得對「監聽」之聲請提抗告，則對於較輕微之「通信（通聯）紀錄之調取」聲請，當亦得提起救濟。

選擇題練習

1 關於電話通聯分析與偵查應用，下列何項爲「最」正確的敘述？[44]
(A)通聯分析結果可得知特定人的交往對象及可能住居所位置 (B)電話通聯紀錄資料，含有日期、時間、通話秒數、通話對象門號、簡訊文字內容及基地臺等內容 (C)手機序號可調閱通聯紀錄，但無法判定手機廠牌 (D)日本行動電話門號在國內漫遊時，因非屬國內行動電話公司，故無從調閱通聯紀錄
【103年警特四等犯罪偵查】

43 陳重言，〈刑事追訴目的之通信（通聯）紀錄調取與使用—兼評2014年初通保修法〉，《檢察新論》，第16期，2014.07，58頁。

44 答案爲(A)。調閱通聯尚無法得知訊息文字內容。

2 通訊保障及監察法中「通訊紀錄」所指爲何？[45] (A)簡訊內容 (B)簡訊發送電話門號 (C)接收電話門號 (D)基地臺地址 (E)接收影像

【104年警大二技】

六、特定明確原則

通保法第11條第1項第2、3款規定，此乃特定明確原則明文化。除本條規定外，釋字第631號解釋理由書中也說明道，法院於核發通訊監察書時，必須明確記載「通訊監察之期間、『對象』、方式等事項」。準此，特定明確原則屬於通訊監察所應遵循的憲法規範。特定明確原則的要求，目的係在確保偵查機關所執行的通訊監察確實有相當理由，不會恣意侵害與本案無關或沒有必要的通訊內容。按照此一概念，執法機關只得監察令狀上記載之被通訊監察對象所參與，而與本案有關的通訊。非被監察對象所爲，或與本案無關者，則非令狀所容許得監察之通訊，而不得監聽（錄）之，否則便屬監察令狀上所未記載之通訊，而爲違法的通訊監察。此意涵與最小侵害原則相仿，是依據令狀原則所衍生的特定明確原則，執法人員僅得監察與本案有關之通訊，於執行時，必須要以對於監察對象侵害最小的方式爲之。[46]

例如，在2013年九月政爭事件中，特偵組檢察官於偵辦系爭案件時，雖依法定程序檢附相關證據資料向法院聲請監聽0972***235號電話，明知其欲監聽之0972門號之電話基本資料申登人記載爲「立法院」，卻未謹愼查證該記載立法院之電話究爲何人持有使用，而誤認該門號持用人爲立法委員之助理，該聲請監聽案經組長及總長審核時，亦未督導鄭深元檢察官深入查證，率予核准向法院聲請監聽，即違反特定明確原則。[47]

---

45 答案爲(B)、(C)、(D)。參照通訊保障及監察法第3條之1。

46 李榮耕，〈通訊監察中之最小侵害原則〉，《臺北大學法學論叢》，第82期，2012.06，216頁。

47 檢察官評鑑委員會102年度檢評字第19號決議書。

七、期間逾越禁止原則

通保法第12條第1項規定：「第5條、第6條之通訊監察期間，每次不得逾『三十』日，第7條之通訊監察期間，每次不得逾一年；其有繼續監察之必要者，應釋明具體理由，至遲於期間屆滿之二日前，提出聲請。但第5條、第6條繼續之監察期間，不得逾『一年』，執行機關如有繼續監察之必要者，應依第5條、第6條重行聲請。」本條係爲有效保障受監察人權益，並使法官有合理時間審酌通訊監察期間屆滿後有無繼續監察必要，至於偵查或審判中之通訊監察有無停止之必要，偵查主體之檢察官或審理案件之法官知之甚詳，且停止監察並無侵害人權之虞，故第5條、第6條之通訊監察期間屆滿前，偵查中即得由檢察官、審判中由法官停止監察。[48]

不過，這樣的規定有學者提出質疑，將通訊監察的期間限制爲一年，或許是爲避免長時間通訊監察所可能帶來的隱私嚴重侵害，但是卻又容許執行機關在有需要時，得依第5及6條向法院重新提出聲請，繼續進行通訊監察。就實際運作來說，恐怕與修正前並不會有太大差異。[49]

通保法第12條第3項規定：「第7條之通訊監察期間屆滿前，綜理國家情報工作機關首長認已無監察之必要者，應即停止監察。」此亦爲期間逾越禁止原則的要求，立法者希望如無監察必要者，監察機關能主動停止，降低侵害通訊自由的程度。

八、事後主動告知原則

由於「受告知權」爲正當法律程序之一環，但監聽本身有其特殊性，不適宜「事前」告知，只能在監聽結束後告知受監聽人，因此，通保法第15條第3、4項規定：「法院對於第一項陳報，除有具體理由足認通知有妨害監察目的之虞或不能通知之情形外，應通知受監察人。前項不通知之原因消滅後，執行機關應報由檢察官、綜理國家情報工作機關陳報法院補行通知。原因未消滅者，應於前項陳報後每三個月向法院補行陳報未消滅之情形。逾期

48 張麗卿，〈通訊保障及監察法之修正與評析〉，《月旦法學雜誌》，第229期，2014.06，36頁。

49 李榮耕，〈簡評2014年新修正的通訊保障及監察法—一次不知所爲何來的修法〉，《月旦法學雜誌》，第227期，2014.04，167頁。

未陳報者，法院應於十四日內主動通知受監察人。」執行機關於監察通訊結束後（含續監部分）七日內，聲請及執行通訊監察案件承辦人員應確實依規定填具「通訊監察執行結果報告表」，送交管制編組人員或專責人員彙整，並得輸入電腦，以利統計執行成果。[50]

透過此項通事後告知程序，除了讓當事人獲悉權利被侵害後，檢視通訊監察的適當性與合法性，也能使執行機關更能小心謹慎，合法行事。除了事後主動告知義務外，依新法第18條，主管機關必須建立「連續流程履歷紀錄」並與原本的通訊監察管理系統進行整合。此外，新法第32條之1尚設立了「國會監督機制」。這些規定，都以預防違法監聽爲目標，有利於事後監督。[51]

九、監察通訊所得資料禁止外流原則

通保法第18條第1項規定：「依本法監察通訊所得資料，不得提供與其他機關（構）、團體或個人。但符合第5條或第7條規定之監察目的或其他法律另有規定者，不在此限。」例如在2013年「九月政爭」中，檢察總長針對偵查中個案所獲得的資料直接向總統報告案情，然而根據通保法第18條第1項，檢察總長不得將監察通訊所得資料提供給其他機關（構）、團體或個人，其他機關自然包含總統在內，因此即使是監聽所得內容是屬於「行政調查」的資料，檢察總長亦不得讓屬於「其他機關」的總統知悉，否則將坐實總統指揮或是干涉偵查中案件的權力，亦有違憲法權力分立與制衡原則。[52]

違反本法或其他法律之規定監察他人通訊或洩漏、提供、使用監察通訊所得之資料者，負損害賠償責任（通保法§19）。公務員或受委託行使公權力之人，執行職務時違反本法或其他法律之規定監察他人通訊或洩漏、提供、使用監察通訊所得之資料者，國家應負損害賠償責任（通保法§22Ⅰ）。

50 警察機關執行通訊監察管制作業要點第9點。

51 張麗卿，〈通訊保障及監察法之修正與評析〉，《月旦法學雜誌》，第229期，2014.06，37頁。

52 張嘉尹，〈誰跨過了憲政主義的邊界？—「九月政爭」的憲法學詮釋〉，《台灣法學雜誌》，第234期，2013年10月，7頁。

第四節　另案監聽之證據能力

不同於刑事訴訟法有明文規定「另案扣押」之要件及執行，通保法原無明文規定是否「允許另案監聽」以及「另案監聽所得可否作爲證據」，因此，對於這種在偵查實務上並不罕見地執行監聽「本案」，卻另外監聽到「他案」內容時，監聽之合法性及監聽內容之證據能力等，應如何處理。基本上可以區分以下兩種基本類型：

一、2014年1月修法前

（一）偶然（意外）的另案監聽

倘若，在合法監聽本案的情形下，恰巧獲得他案的犯罪證據資料，屬於本案依法定程序監聽中偶然獲得之另案證據，如必須等待授權才能續行監聽的話，則重要通訊內容恐稍縱即逝。此種情形，應否容許其作爲另案之證據使用，依照最高法院97年度台上字第2633號判決之意旨，**基於與「另案扣押」相同之法理及善意例外原則**，如另案監聽亦屬於通保法第5條第1項規定得監察之犯罪，或雖非該條項所列舉之犯罪，**但與本案通訊監察書所記載之罪名有關聯性者，自應容許將該「另案監聽」所偶然獲得之資料作爲另案之證據使用**。學說上認爲，此實務見解易受詬病者，係何謂基於與「另案扣押」相同之法理，爲不確定法律概念，此問題應屬執法人員如依法定程序亦有發現該證據之「必然性（必然發現）」，或「事實上按照個案之情況存有合法蒐證之可能」之範疇，而允許另案監聽取得之證據。另案監聽之證據使用，應主要以立法者所劃定之允許通訊監察爲範圍，**其主張，偶然（意外）的另案監聽，仍必須符合「重罪列舉原則」或具有「關聯性犯罪」始可作爲證據使用**。[53]

---

53 楊雲驊，〈立委司法關説案衍生的「另案監聽」與「刑事證據程序外使用」等問題思考〉，《台灣法學雜誌》，第233期，2013.10，47頁以下；傅美惠，《偵查法學》，元照，初版，2012.01，328頁；林鈺雄，〈監聽法治化作爲政爭成果〉，自由時報，2013.10.07。

（二）惡意（蓄意）的另案監聽

如果偵查機關自始即利用以監聽「他案」爲目標，卻佯稱本案之監聽而聲請核發通訊監察書，以達另案監聽之效果，企圖規避檢察官或法官對他案監聽准許與否之審查，此種情形，無異於未取得令狀，即由偵查機關逕行實施監聽，間接違反「令狀原則」、列舉重罪原則及監察理由（如相關性原則、補充性原則）之審查，由於執行監聽機關之惡性重大，該監聽所得他案資料，**此種情形在學理上被亦被稱爲「他案監聽」（亦有學者稱爲「聲東擊西式」的監聽）**。例如，爲蒐集無明顯證據足以認定犯罪嫌疑人涉及某強盜案件之證據，偵查人員乃先以犯罪嫌疑人持有槍械之事證，取得監聽之通訊監察書（本案），進而利用此一通訊監察書以監聽犯罪嫌疑人有無涉及強盜罪之事證「他案」。此一監聽之過程，自始主要係爲偵查強盜罪之涉案情形，在形式上，偵查人員雖擁有對持有槍械之通訊監察書，惟該通訊監察書所載之內容並非以「強盜罪」（他案）爲監聽對象與範圍，根本上已屬非法監聽。

最高法院97年度台上字第2633號判決認爲，若「另案監聽」所取得之證據，如若係偵查機關自始即以有本案監聽之罪名而聲請核發通訊監察書，於其監聽過程中發現另案之證據者，因該監聽自始即不符正當法律程序，且執行機關之惡性重大，則其所取得之監聽資料及所衍生之證據，不論係在通保法第5條第5項增訂之前、後，悉應予「絕對排除」，不得作爲另案之證據使用。**此實務見解對違法監聽，惡性重大，採絕對排除其證據能力，無疑對保障人民秘密通訊自由邁出一大步，該判決極具標竿意義**。2007年修法後，通保法明定違法監聽所得證據禁止之規定，「違反本條規定進行監聽行爲『**情節重大**』者，所取得之內容或所衍生之證據，於司法偵查、審判或其他程序中，均不得採爲證據。學者認爲，在個案中，如確有發生，此種嚴重違法情況，自然不能以有效偵查蒐證爲由而掩飾其違法性，此時通保法第5條第5項已有證據禁止的明文規定，甚至不論是刑事案件、行政案件或監察案件，都已有明確依據，**起碼在偵查機關蓄意欺瞞法院進行違法監聽，應認爲構成「情節重大」**，否則此規定將形同虛設。[54]

---

[54] 楊雲驊，〈立委司法關說案衍生的「另案監聽」與「刑事證據程序外使用」等問題思考〉，《台灣法學雜誌》，第233期，2013.10，48頁；傅美惠，《偵查法學》，元照，初

二、2014年1月修法後

（一）「違反」第5及6條或7條者證據能力絕對排除

在2014年1月修法後，立法者不區分「違反情節是否重大」，依修正後條文，只要是「違反」第5、6或7條所執行的通訊監察，無論是因而取得本案或非本案（另案）的通訊內容及其衍生證據，都當然無證據能力，應予排除。

（二）「符合」第5、6條或7條者仍須區分「本案」或「另案」

若係「符合」第5、6條或7條的規定所執行的通訊監察所取得的通訊內容及衍生證據有無證據能力，還是必須要區分其爲「本案」或「另案」：

1. 若爲「本案」之用，因通訊監察係依法執行，所以不會有依第18條之1排除的問題，自有證據能力。
2. 若爲「另案」（他案），原則上其無證據能力（通保法§18-1Ⅰ本文），例外地在該另案（他案）通訊內容於七日內陳報於法院，經法院審查認可該另案與本案有關聯性，或屬於第5條第1項所列各款之罪時，可以不被排除（通保法§18-1Ⅰ但書）。通保法第18條之1第1項「所稱其他案件」，指與原核准進行通訊監察之監察對象或涉嫌觸犯法條不同者。[55]換言之，另案（他案）通訊內容在具有「關聯性」或「重罪」的前提下，且經法院認可，仍可作爲證據之用。至於與依法執行監聽之本案之間有無關聯性的判斷，應以該另案（他案）是否與本案具有實體法上之一罪關係，例如想像競合犯、結合犯；或雖無實體法上一罪關係，惟係出於本案被告整體或概括之犯意且與本案觸犯構成犯罪要件之罪名相同、或是與本案被告之犯行有方法或結果的牽連關係者；以及是否合於本案監察目的之共犯參與本案的謀議、實行或事後幫助的行爲，以資認定。[56]此時，法院在認可該另案監聽之證

版，2012.01，326頁；楊雲驊，〈另案監聽—評最高法院97年度台上字第2633號判決〉，《台灣法學雜誌》，第116期，2008.11，171頁以下。

55 通訊保障及監察法施行細則第16條之1第1項。

56 李榮耕，〈簡評2014年新修正的通訊保障及監察法—一次不知所爲何來的修法〉，《月旦法學雜誌》，第227期，2014.04，172頁。

據資料得否使用時，應注意該另案監聽是否「偶然善意」而取得。[57]

反面推論，若係未受法院認可、與本案無關聯性，或非屬重罪者，自無證據能力。例如，偶然監聽所得之另案（他案）犯罪內容，縱屬通保法所定得監聽之罪名，但與本案被告之犯罪事實並無關聯性，或不具共犯關係之第三人之犯罪資訊，仍不得作爲證據使用。[58]

三、立法檢討

有論質疑，[59]通保法第18條之1第1項但書所規定的發現後「七日」內補行陳報法院的法理依據何在，頗令人費解，蓋參考美國聯邦通訊監察法18 U.S.C. § 2517（5）之規定並未嚴格規定「七日」的限制，僅要求儘速陳報法院而已。此一規定將使證據能力有無之判斷提前至公判庭前之程序，一旦案件將來沒有起訴，一般而論，較無疑義；但若起訴之後，該起訴前之法院認可，是否會拘束正式審理之法院判斷，將形成重要之爭議。換言之，被告是否可以再次挑戰「已認可」之實質拘束力，或檢察官於公判庭要求再次審查關聯性，以作爲有證據能力之依據，將是問題所在。若廣泛容許，將使此一條文形成具文，但若禁止再次審查，那被告在先前認可之程序中完全沒有表達意見之機會，日後在公判庭上亦不容許再次爭執，勢必將嚴重侵害被告參與審判之訴訟權。

再者，「七日」的起算期間也有疑問，蓋係從錄得內容時開始起算？抑或發現爲另案證據時開始起算？解釋上即有爭議產生。有學者認爲，這是混淆「通訊監察執行」與「通訊監察結果」的立法。[60]由於實務上是以機器一律監錄，再由人力事後聽取的方式執行，故所謂「發現時」不會是存錄通訊內容時，也不會是偵查官員領取儲存光碟時，而是其實際聽取光碟內容

---

57 黃朝義，《刑事訴訟法》，新學林，五版，2017.09，336頁。

58 陳運財，〈國家權力實施通訊監察之界限及其制衡〉，《偵查與人權》，元照，2014.04，381頁。

59 林麗瑩，〈「新修通訊保障及監察法的檢討」會議綜述〉，《月旦法學雜誌》，第230期，2014.07，316頁。

60 楊雲驊，〈失衡的天平—評新修正通訊保障及監察法第18條之1〉，《檢察新論》，第16期，2014.07，7頁。

時，但是外界根本無從得知偵查官員什麼時候接觸到光碟儲存的內容，所以條文中「發現」的時間點最後恐怕也是由偵查機關說了算。[61]針對此點，已有行政命令補充解釋，是以「報告檢察官時起算」，[62]法院受理本法第18條之1第1項但書規定陳報認可通訊監察內容案件，應注意有無以書面記載施行細則第16條之1第2項各款事項，及是否具體釋明其於發現後七日內補行陳報。[63]

至於，第18條之1第2項該如何詮釋，也不無疑問？由於該條項所規範的客體主要是，**「執行通訊監察所取得與監察目的無關的通訊內容及其衍生證據」**，其法律效果爲「不得作爲司法偵查、審判、其他程序之證據或其他用途」及「依第17條第2項規定予以銷毀」。問題是，第18條之1第1項既然已經規定了另案證據的使用及程序，而通訊監察所得資料與「監察目的」無關者本來就是應依第17條第2項銷毀，如此一來，第2項的立法目的爲何，顯得模糊不清。對此，有學者主張，所謂與監察目的無關者，應嚴格限縮解釋爲一切與「刑事犯罪」無關的衍生資訊。[64]更有主張，本項「監察目的」應從寬認定，做合憲性解釋。例如，監聽到「毒品」以外之內容均爲「與監察目的無關者」，若目的外使用確有「確保國家安全，維護社會秩序以及保護個人權利」之必要者，不應一概在禁止範圍之列。[65]本書基本上認同此一見解，不過由於「監聽」是犯罪偵查之手段，再怎麼從寬解釋，其所蒐集的證據也只能證明「刑事不法」，不能挪爲「行政不法」用途。

最後，若嚴格貫徹本條文之規定，恐怕造成法規範間相互衝突或矛盾，也將產生執法上難以適從之困惑。因爲依照本法新增部分，限制公務員於發現非原監聽目的且不符合監聽案由之犯罪行爲，日後不得作爲調查（偵查）、追訴犯罪之證據，將來也不得作成監聽譯文（通保法§13 Ⅳ），否

---

61 李榮耕，〈簡評2014年新修正的通訊保障及監察法—一次不知所爲何來的修法〉，《月旦法學雜誌》，第227期，2014.04，173頁以下。

62 通訊保障及監察法施行細則第16條之1第2項。

63 法院辦理通訊監察案件應行注意事項第23條之1。

64 張麗卿，〈通訊保障及監察法之修正與評析〉，《月旦法學雜誌》，第229期，2014.06，44頁。

65 楊雲驊，〈失衡的天平—評新修正通訊保障及監察法第18條之1〉，《檢察新論》，第16期，2014.07，20頁。

則可能將受刑事追訴處罰（通保法§27），此與本法第230、231條規定司法警察（官）知有犯罪嫌疑應即開始調查，以及第241條公務員因執行職務知有犯罪嫌疑者，應為告發之規定顯然構成矛盾。[66]亦即，若並非偵查機關故意設局為之另案監聽，該偶然而得之證據資料，雖然部分之證據能力遭禁止（譯文不得提出於審判庭），但仍可成為偵查發動之依據。[67]蓋第13條第4項所定監錄內容顯然與監察目的無關者，不得作成譯文，並不包含依本法第18條之1第1項但書陳報法院審查其他案件之內容，故執法人員遇此類情形，仍得發動偵查。

第五節　違反通保法之處罰及國會監督

一、假借職務或業務上之權力機會

執行或協助執行通訊監察之公務員或從業人員，假借職務或業務上之權力、機會或方法，犯前項之罪者，處六月以上五年以下有期徒刑。意圖營利而犯前二項之罪者，處一年以上七年以下有期徒刑（通保法§24）。明知為違法監察通訊所得之資料，而無故洩漏或交付之者，處三年以下有期徒刑。意圖營利而犯前項之罪者，處六月以上五年以下有期徒刑（通保法§25）。

二、洩漏通訊監察所得資料之處罰

通保法第27條規定：「公務員或曾任公務員之人因職務知悉或持有依本法或其他法律之規定監察通訊所得應秘密之資料，而無故洩漏或交付之者，處三年以下有期徒刑。法官或檢察官執行本法而有法官法第30條第2項或第89條第4項各款情事者，應移送個案評鑑。公務員或曾任公務員之人違反第18條第2項、第3項規定，將本案通訊監察資料挪作他用者，處三年以下有期徒刑。」依本條之規定，公務員洩漏資料刑罰，除構成要件如同刑法

66 黃朝義，〈通聯記錄調取與另案監聽修法評析〉，《中央警察大學法學論集》，第26期，2014.04，19頁以下。

67 黃朝義，《刑事訴訟法》，新學林，五版，2017.09，336頁。

第132條須爲「應秘密」事項外，其構成要件包含必須係「無故」洩漏或交付者始足當之，而實務認爲「無故」限於「無正當理由」者，始足當之。有學者主張，如果檢察總長所交付記者會的監察資料，目的係在揭發民意代表以及司法官員等涉及司法重大關說弊案，則符合刑事訴訟法第245條第3項之「依法令或維護公共利益或保護合法權益必要」之要求，其交付之行爲既有正當事由，應不構成「無故」洩漏或交付之構成要件。亦即，檢察總長對於所交付記者會的監察資料有「判斷餘地」，法院不應以自己之判斷取代檢察總長之判斷，而下級檢察機關也不宜否定上級檢察機關之裁量。[68]

但依本書之見，如果認爲「司法關說醜聞，實屬涉及重大公益事件，公眾在此應有知的權利，其召開記者會公開應屬有正當理由。」則檢察總長應自行決定「公布」，而不是在向總統「報告」後，方才決定公布。蓋檢察總長係總統提名，立法院同意後任命，更何況與總統之間並無組織上的隸屬關係，理應獨立行使職權。因此，總長「私下」向總統「報告」，其動機已經啓人疑竇，而「報告」後方予簽結，沒隔多久後隨即召開記者會，時間點的「巧合」，很難不令人有介入政爭的聯想，恐怕所謂的「公共利益」亦已喪失了正當事由。

至於，非公務員，但因職務或業務知悉或持有依本法或其他法律之規定監察通訊所得應秘密之資料，而無故洩漏或交付之者，處二年以下有期徒刑、拘役或新臺幣2萬元以下罰金（通保法§28）。

三、國會監督

依本法第32條之1：「法務部每年應向立法院報告通訊監察執行情形。立法院於必要時，得請求法務部報告並調閱相關資料。立法院得隨時派員至建置機關、電信事業、郵政事業或其他協助執行通訊監察之機關、事業及處所，或使用電子監督設備，監督通訊監察執行情形。本法未規定者，依立法院職權行使法或其他法律之規定。」此爲國會對通訊監察執行情形的監督規定。

68 楊雲驊，〈刑事訴訟法偵查不公開與刑法洩漏國防以外機密罪之關係—以臺灣臺北地方法院102年度矚易字第1號判決爲例〉，《月旦裁判時報》，第27期，2014.06，43頁以下。

考題觀摩

通訊保障及監察法於民國88年7月14日公布迄今，歷經三次修正。最近一次係於103年1月29日修正公布，並自同年6月29日施行，聲請監聽之條件及程序更爲嚴謹，在人權保障上更臻完善，惟部分修正內容將造成實務執行之困難，損害當事人之權益。試說明本次修法重點。並分析未來可能有那些實務上執行困難之處。【104年警特三等犯罪偵查】

■ **參考解答**：請自行參考前文作答。

選擇題練習

1. 下列何者「不」是新修正之通訊保障及監察法內容？[69] (A)通信紀錄納入規範 (B)監聽票一案一卷 (C)監錄內容顯然與監察目的無關者，不得作成譯文 (D)增訂調取通信紀錄採令狀主義【103年警特三等犯罪偵查】

2. 新修正之通訊保障及監察法相關規定，下列何者正確？[70] (A)檢察機關受理之緊急監察案件，應於3日內陳報該管法院補發通訊監察書 (B)通訊監察結束後，檢察官、綜理國家情報工作機關應於14日內主動通知受監察人 (C)依規定執行通訊監察所取得之內容或所衍生之證據與監察目的無關者，不得作爲司法偵查、審判之證據 (D)內政部每年應向立法院報告通訊監察執行情形【103年警特三等犯罪偵查】

[69] 答案爲(C)。

[70] 答案爲(C)。

進階思考

依通保法的29條規定：「監察他人之通訊，而有下列情形之一者，不罰：一、依法律規定而爲者。二、電信事業或郵政機關（構）人員基於提供公共電信或郵政服務之目的，而依有關法令執行者。三、監察者爲通訊之一方或已得通訊之一方事先同意，而非出於不法目的者。」則「得一方同意之監聽」是否當然阻卻違法？

■ 參考解答

（一）否定說（基於合理隱私的期待）

通保法第29條第3款（阻卻違法監聽事由）的前提係建立於「非法監聽」之上，因此，也就無由以該款作爲承認得一方同意的監聽類型，屬於合法監聽之基礎。況且，雙方秘密溝通是受基本權所保障，非當事人之一方所能代爲同意。從而通訊他方的隱私期待，以及當事人間瞬間性的對話亦應予以保障。[71]

（二）肯定說（基於虛僞朋友理論）

若受話者「事後」轉述給執法人員，對談話人而言，已「無合理隱私期待可言」，即學說上所謂的「虛僞朋友理論」，如認「事後」轉述給執法人員未侵犯談話人隱私權，則可反推「事先」得一方同意之監聽，非違法監聽。再者，通訊談話之他方所爲之秘密錄音，常是種自衛行爲，此時若要求警察於實施同意竊聽、錄音前事先聲請准許通訊監察，恐將錯失竊聽、錄音時機，將使證據取得有時變得不可能。當嫌犯任意將訊息通知相對人，就算嫌犯對該訊息有該相對人不得對其他人揭露的主觀期待，但不符社會通念，況且「合理的隱私期待」的理論亦不能無限上綱，應不包括以犯罪爲目的爲內容的談話。[72]

---

71 黃朝義，《刑事訴訟法》，新學林，五版，2017.09，339頁；林鈺雄，《刑事訴訟法（上）》，新學林，八版，2017.09，332頁；最高法院93年度台上字第2949號判決。

72 張麗卿，《刑事訴訟法理論與運用》，五南，十五版，2020.09，301頁；王兆鵬、張明偉、李榮耕，《刑事訴訟法（上）》，新學林，五版，2020.03，349頁。

（三）折衷說

在被司法警察人員秘密錄音的他造當事人具有相當之犯罪嫌疑的前提下，且就被錄音之他造而言，其會話是在不甚期待，甚至是放棄其合理隱私期待之情況下所爲，此時「同意監聽」方具有合法性基礎。**例如，犯罪嫌疑人明知交談之對象是警察人員，且警察人員未使用不當手段誘導或脅迫犯罪嫌疑人談話，且有秘密錄音之必要者，始可例外承認其爲合法偵查手段**，否則偵查機關欲實施秘密錄音，仍應事先依法取得通訊監察書後，始得進行此種當事人之間的監聽。[73]

考題觀摩

甲爲地政局科員，承辦乙祭祀公業土地變更登記事宜。甲私下約乙會面，對乙表示可通融其變更登記，但乙必須和甲預立佣金2億元之土地仲介契約，作爲變更登記酬勞並掩飾賄款本質。甲、乙討價還價後以4千萬元成交。乙應允並交付前金1千萬元後越想越反悔，認爲甲根本是趁機敲竹槓，遂向警方報案。本案承辦警官丙以證人地位詢問乙並製作筆錄（證據1-1），但丙未曾告知乙因陳述恐自證己罪之拒絕證言權。此外，丙於乙同意下，爲乙的手機安裝電話自動錄音軟體，並指示乙用該手機打給甲。乙遂與不知情的甲通話，錄得甲表示會盡速完成變更登記、乙表示於完成變更登記後會分次支付等對話內容。乙隨即將該錄音（證據2）交給警官丙，由警方將甲涉貪案件一併移送該管地檢署。

檢方偵查期間，檢察官丁曾以證人地位傳訊乙出庭作證，但漏未告知乙因陳述恐自證己罪之拒絕證言權，乙依法具結後詳爲陳述（證據1-2）。本案終結偵查後，檢察官以違背職務收賄罪名起訴甲，起訴書並援引上開電話錄音（證據2）及乙在警詢及偵查中之證言（證據1-1、1-2），作爲對甲不利之證據。試分析被告甲之辯護人所爲下述之抗辯有無理由？

（一）乙偵查中向檢察官丁所爲之證言（即證據1-2）乃違法取得證據，不得作爲對甲不利之證據。（20分）

（二）乙向警官丙所爲之證言（即證據1-1）乃違法取得證據，不得作爲對甲不利之證據。（20分）

（三）警方取得電話錄音（證據2）之程序，係利用甲的不知情而誘

[73] 陳運財，〈國家權力實施通訊監察之界限及其制衡〉，收錄於《偵查與人權》，元照，2014.04，372頁。

導其自證己罪，侵害緘默權且違反訊（詢）問被告之告知義務的規定，此外亦構成詐欺之不正方法，故甲不利於己之陳述，不得作爲對甲不利之證據。（20 分）

（四）警方取得電話錄音（證據2）之程序，係違反「通訊保障及監察法」規定，未依法事先取得通訊監察書，乃違法監聽錄音，錄音內容不得採爲證據。（20分）

（五）電話錄音（證據2）之內容屬於「審判外陳述」，乃傳聞證據，且因不符任何一種法定例外規定，故不得作爲裁判之基礎。（20分）

（答題除引用相關之學說或實務見解外，應就本案之論斷提出個人意見）

【107年司法官第二試】

■ **參考解答**：請自行瀏覽考選部官網[74]

[74] https://wwwc.moex.gov.tw/main/news/wfrmNews.aspx?kind=3&menu_id=42&news_id=3589

第十五章 證 據

第一節 導論

壹、證據之種類

一、人證

稱人證者，乃以人爲證據之方法。以人之特別學識、經驗或所經歷之事實，所爲之陳述作爲證據之資料。凡證人之證言、鑑定人之鑑定報告、被告及共犯、被害人、告訴人、告發人等之陳述均屬之。故證人只是人證的一種，兩者不可混淆。在公訴程序中，由於係以檢察官代表國家對被告起訴，被害人因非訴訟當事人，且被害人本身對自身受害遭遇知之甚詳，故亦得以證人角色出現。[1]

二、物證

以物的存在或狀態爲證據方法者，稱其物爲證物。本法第164條規定審判長應將證物提示當事人、代理人、辯護人或輔佐人，使其辨認。

三、書證

（一）證物之文書（又稱文書證據），單以文書之外形作爲證據之用。如猥褻之圖書，及其他物品、誣告書狀、僞造之文書。本法第164條規定審判長應將證物提示當事人、代理人、辯護人或輔佐人，使其辨認。前項證物如係文書而被告不解其意義者，應告以要旨。

（二）狹義書證：專指證據書類（又稱證據文書），單以文書內容爲證據。如偵訊筆錄、警詢筆錄、公證書、通訊監察之譯文。本法第165條規

1 黃朝義，〈犯罪被害人權益保障與程序參與權〉，收錄於《法務部廖正豪前部長七秩華誕祝壽論文集：刑事訴訟法卷》，五南，初版，2016.04，122頁。

定卷宗內之筆錄及其他文書可為證據者，審判長應向當事人、代理人、辯護人或輔佐人宣讀或告以要旨。前項文書，有關風化、公安或有毀損他人名譽之虞者，應交當事人、代理人、辯護人或輔佐人閱覽，不得宣讀；如被告不解其意義者，應告以要旨。

（三）本法第165條之1規定，前條之規定，於文書外之證物有與文書相同之效用者，準用之。錄音、錄影、電磁紀錄或其他相類之證物可為證據者，審判長應以適當之設備，顯示聲音、影像、符號或資料，使當事人、代理人、辯護人或輔佐人辨認或告以要旨。

選擇題練習

暴力討債集團打電話到向地下錢莊借錢的小吃店家，對於店家主人告以：若未能於 3 天內繳息還錢，生意就不要做了。法庭上檢方提出上述通話監聽「錄音帶之內容」及其「譯文」用以證明恐嚇行為。對於前述兩項得為證據之「錄音帶之內容」及其「譯文」，法院應如何進行證據調查。下列敘述，何者最為正確？[2]　(A)對於「錄音帶之內容」，應依刑事訴訟法第164條第1項所定物證之調查程序進行證據調查　(B)對於「錄音帶之內容」，應依刑事訴訟法第164條第2項文書證物之調查程序進行證據調查　(C)對於「譯文」，應依刑事訴訟法第165條第1項書證之調查程序進行證據調查　(D)對於「譯文」，應依刑事訴訟法第165條之1準用書證之調查程序進行證據調查

【107年司法官、律師第一試】

四、主要證據與補強證據

凡足以證明待證事實之證據，稱為「主要證據」。例如被害人甲以證人身分，陳述其被害經過，[3]則甲之證言可為主要證據。

而為強化主要證據之證明力之證據法則為「補強證據」，例如被害人

2　答案為(C)。「譯文」屬於狹義的書證。

3　最高法院93年台上字第6578號判例。

就被害事實所爲之陳述，目的在於使被告受刑事處罰，與被告處於絕對相反之立場，其陳述之證明力，相對於與被告無利害關係之證人所爲陳述較爲薄弱。故被害人就被害事實之陳述，必須就其他方面調查又與事實相符，亦即應調查其他補強證據以擔保其陳述確有相當之眞實性。

這裡所指的「補強證據」，係指除被害人之陳述本身以外，其他足以證明其陳述之被害事實確實具有相當程度眞實性之證據而言。並非以證明全部被害事實爲必要，倘其得以佐證被害人陳述之被害事實，非屬虛構，亦即得以保障其眞實性者，即爲已足。[4]

舉例說明

最高法院認爲[5]，社工人員、輔導人員、醫師及心理師等專業人士依性侵害犯罪防制法第15條介入性侵害案件之偵查、審判程序，兼負有協助偵、審機關發見眞實之義務與功能，與外國法制之專家證人同其作用。因此，社工或輔導人員就其所介入輔導個案經過之直接觀察及以個人實際經驗爲基礎所爲之書面或言詞陳述，即屬於見聞經過之證人性質，屬與被害人陳述不具同一性之「獨立」法定證據方法，亦屬於判斷被害人陳述憑信性之「補強證據」的一種。

五、直接證據與間接證據

直接證據係指直接證明事實證據，然而只有直接證據之人證或被告之自白，而別無間接證據之物證或補強證據，仍不許僅憑藉著直接證據即爲被告犯罪之認定，否則仍屬違法判決。證據的種類並無優劣之分，並不一定物證就一定優於人證，儘管本法規定被告或共犯自白不得作爲有罪判決之唯一證據，仍須要有補強證據來擔保自白的眞實性（§156 II），補強證據也並不一定以物證爲必要，人證亦無不可，但必須與事實相符。

通常法院判決在犯罪證明上的有罪證據，大多數爲間接證據（間接證據，是指對於要證事實而證明間接事實存在之證據，又稱情況證據。通常指

4 最高法院103年度台上字第4183號判決。

5 最高法院106年度台上字第1629號判決。

物證而言，因其所證明者僅爲他項事實，在藉此項事實本於推理作用，以證明待證事實）並非直接證據，而係間接證據或情況證據，其所證明的犯罪大都是間接事實，再由此間接事實推測直接事實之存在，故在一般案件以間接證據或情況證據來證明犯罪者居多。因此，在舉證方面，原告提出的多數之間接證據或情況證據，須足以認定間接事實必然導出直接事實者，法院方足以認定被告犯罪（例如起出被告的兇刀、血衣，又有目擊證人看見被告於死亡時間之前匆匆離開犯罪現場，或一般車禍現場所遺留的各項跡證等綜合研判所得之心證）。

六、供述證據與非供述證據

此乃依證據資料之性質所爲之區別。供述證據係以某人言詞陳述之內爲證據資料（如：被告之自白、證人之證言）；非供述證據，則指供述證據以外其他一切證據而言（如：物證）。[6]兩者區別之實益在於供述證據中會涉到自白之證據能力與傳聞證據上之證據能力問題（特別注重自由意志與眞實性之瑕疵）。供述證據之證據適格，以具備任意性爲必要；必具任意性之供述證據，始有進一步檢視傳聞證據是否符合傳聞法則例外規定之必要。[7]然而非供述證據（物證），由於並不涉及人之自由陳述意志，亦無記憶、陳述與說謊等不可靠因素，如並非違法蒐集之證據需加以排除，原則上具有證據能力。[8]

「非供述證據」，以物（包括一般之物及文書）之存在或狀態爲其證據，通常具有客觀性與長時間不會變易性及某程度之不可代替性，甚或係於不間斷、有規律之過程中所取得，並無預見日後可能會被提供作爲證據之僞造動機。是就認定事實所憑之證據以言，「非供述證據」（尤其具有現代化科技產品性質者）應屬優勢證據，其評價上之裁量，自較「供述證據」爲強。[9]

---

6 朱石炎，《刑事訴訟法論》，三民，九版，2020.09，190頁。

7 最高法院105年度台上字第61號判決。

8 黃朝義，《刑事訴訟法》，新學林，五版，2017.09，532頁。

9 最高法院107年度台上字第3182號判決。

七、本證與反證

本證乃指證明犯罪事實證據，又稱爲有罪證據或防禦證據；反證則爲證明犯罪事實不存在之證據，又稱無罪證據或防禦證據。

在竊取機車之案件中，原告之一方的檢察官或自訴人用以證明被告竊取機車之犯罪事實之證據，爲本證；例如：被告於檢察官提出其竊取機車之證據後，提出其案發當時不在場之證明，是反證。[10]

八、數位證據

隨著我國社會電腦資訊及網際網路科技之快速發展，利用電腦、網路犯罪已屬常態，而對此形態之犯罪，相關數位證據之蒐集、處理及如何因應，已屬重要課題。一般而言，數位證據具無限複製性、複製具無差異性、增刪修改具無痕跡性、製作人具不易確定性、內容非屬人類感官可直接理解（即須透過電腦設備呈現內容）。因有上開特性，數位證據之複製品與原件具眞實性及同一性，有相同之效果，惟複製過程仍屬人爲操作，且因複製之無差異性與無痕跡性，不能免於作僞、變造，原則上欲以之證明某待證事項，須提出原件供調查，或雖提出複製品，當事人不爭執或經與原件核對證明相符者，得作爲證據。然如原件滅失或提出困難，當事人對複製品之眞實性有爭執時，非當然排除其證據能力。此時法院應審查證據取得之過程是否合法（即通過「證據使用禁止」之要求），及勘驗或鑑定複製品，苟未經過人爲作僞、變造，該複製品即係原件內容之重現，並未摻雜任何人之作用，致影響內容所顯現之眞實性，如經合法調查，自有證據能力。至於能否藉由該複製品，證明確有與其具備同一性之原件存在，並作爲被告有無犯罪事實之判斷依據，則屬證據證明力之問題。[11]

---

10 林俊寬，《刑事訴訟法：基礎理論與實務運用》，五南，初版，2013.07，147頁。

11 最高法院107年度台上字第3724號判決。

貳、證據資料與證據方法

對於證據方法予以調查後所得到之內容，稱爲證據資料。例如：訊問證人而獲得的證言、被告自白或對於證物的調查而瞭解其物的性質等。[12]證據方法，是指法院爲發現某項事實所得利用要素之物體，分爲人的證據方法與物的證據方法。本法所規定的證據方法有五：可分爲人的證據方法（例如：被告之任意性自白、證人、鑑定人）；與物的證據方法（例如：勘驗、文書）。

參、證據法上之重要原則

一、無罪推定原則

本法第154條第1項規定「被告未經審判證明有罪確定前，推定其爲無罪」。世界人權宣言第11條第1項規定：「凡受刑事控告者，在未經獲得辯護上所需的一切保證的公開審判而依法證實有罪以前，有權被視爲無罪。」此乃揭示國際公認之刑事訴訟無罪推定基本原則。本條第1項之增訂乃係加重本法當事人進行主義色彩，導正社會上仍存有之預斷有罪舊念，並本法保障被告人權提供其基礎，從而檢察官須善盡舉證責任，證明被告有罪，俾推翻無罪之推定。

在整個刑事訴訟程序中，國家偵查機關對被告有合理懷疑，起訴後經法院審理仍無確切證據，確信被告犯罪，法院不得爲有罪判決，在未經有罪判決確定前，法院應推定被告無罪。被告否認犯罪或否認各項犯罪所示之證據，縱無可取，或所提之反證無法成立，法院仍不得因反證的犯罪論據無法成立，即推斷其罪行。在彈劾原則之下，公判程序中犯罪事實的證明，檢察官應負實質的舉證責任（本法§161Ⅰ），此乃檢察官的客觀法定義務。

被告得就被訴事實指出有利之證明方法（本法§161-1），使其得以行使「**積極訴訟防禦權**」，並有「緘默權」（本法§95Ⅰ②）使其得以行使「消極訴訟防禦權」。此兩者合稱**被告訴訟防禦權**。因此，各訴訟主體所能

12 張麗卿，《刑事訴訟法理論與運用》，五南，十五版，2020.09，330頁。

實施之訴訟行爲，而依其訴訟程序的發展所形成的訴訟狀態來看，在相當程度上受到無罪推定原則的支配。惟，無罪推定的存在目的，只是爲了讓犯罪嫌疑人在在刑事程序中，能與國家壓倒性的力量抗衡，並非賦予個人「不得質疑其無罪」的特權，[13]檢察官或自訴人仍可提出讓法院確信的證據證明被告有罪。

選擇題練習

有關刑事訴訟法第154條無罪推定原則之規定，下列敘述何者正確？[14]
(A)檢察官起訴前推定犯罪嫌疑人無罪 (B)被告經起訴後即不可推定其無罪 (C)被告未經審判證明有罪確定前，推定其爲無罪 (D)被告經審判證明無罪確定前，皆應推定爲有罪 【101年警大二技】

二、罪疑唯輕原則（有疑應利於被告原則）

此原則乃指，**實體事實**的認定，若法院已經用盡法定證據方法與調查程序仍無法證明被告有罪者，則應該對被告爲有利的認定。

三、證據裁判原則

本法第154條第2項規定「犯罪事實應依證據認定之，無證據不得認定犯罪事實」。此犯罪事實是指所憑之證據，雖不以直接證據爲限，間接證據亦包括在內；然而無論直接或間接證據，其爲訴訟上之證明，須於通常一般之人均不致有所懷疑，而得確信其爲眞實者，始得據爲有罪之認定。[15]**因此法官對於案件在審理中所認定的「犯罪事實」，必須百分之百得確定，才能判決被告有罪**。而「起訴事實」爲檢察官所認定之犯罪構成要件該當的事實，有時與檢察官起訴的犯罪事實會發生認定上不一致時，則發生如何判定

---

13 蕭宏宜，〈無罪推定的實有與流變〉，收錄於《法務部廖正豪前部長七秩華誕祝壽論文集：刑事訴訟法卷》，五南，初版，2016.07，47頁。

14 答案爲(C)。

15 最高法院76年台上字第4986號判例。

爲同一案件的問題。

簡言之，「無證據即無犯罪」，學理上稱之爲「證據裁判原則」。

四、自由心證原則

自由心證是指法院對於審理案件的犯罪事實是否眞實應自從評價證據中求確信以判斷事實之眞僞，法律不加干涉法官如何評價證據或用如何之方式評價證據。本法第155條規定：「無證據能力、未經合法調查之證據，不得作爲判斷之依據。證據之證明力，由法院本於確信自由判斷。但不得違背經驗法則及論理法則。」對於證據證明力委由法官自由評價形成心證，而法律不加以限制（本法§155Ⅰ）。對於證據種類的取捨與強弱本法並無限制法院，而由法院本於心證自由認定。因此，在審判程序中不因嫌疑證據數量增多就一定不利於被告，重點在於法院依憑的證據以證明被告犯罪的基礎（證據的價值）是否有理由、是否具有客觀的價值與正確性，須載明於判決書中（本法§379Ⅰ）。

五、證據能力與證據證明力

本法第155條所謂的「證據能力」，係指符合法律所規定之證據適格，而得成爲證明犯罪事實存在與否之證據資格。無證據能力之證據資料，應予以排除，不得作爲判斷之依據。而證明力則指其證據於證明某種事實，具有何等實質之價值。[16]

因此，證據能力乃決定證據資料在審判庭上「資格」之「有無」層次，證據證明力則爲效力「強弱」之問題。亦即有證據能力，非必有證據證明力。倘認其有證據能力，其證明力如何，則由法院於不違背經驗法則及論理法則，本於確信自由判斷之。並非有證據能力，即當然認其證明力無疑，而就待證事實認均具有證明力，亦不能以證明力不足而否定其證據能力。

16　最高法院103年度台上字第3010號判決。

六、嚴格證明與自由證明

證據證明力依程度不同，可分爲嚴格的證明與自由的證明。稱「嚴格的證明」者，是指用以證明犯罪而提出法庭的證據資料必須具有證據能力，且經合法的證據調查程序，始得做爲判斷犯罪事實的依據。有了證據能力的證據，才有法官評價證據之證據證明力的問題。與嚴格證明相對之名詞爲「自由證明」，乃指無須使用具有證據能力之證據與不受限於嚴格的證據調查程序，即可做爲判斷事實之依據。

其，嚴格的證明主要適用於「審判」程序，針對實體事項（如：本案犯罪事實有罪或無罪），其心證程度需臻於毫無合理懷疑的「確信」[17]。自由的證明主要適用的領域則包含審判程序外之程序事項（如：聲請法官迴避、起訴審查、刑求抗辯、無關刑之量定事實、羈押裁定、簡式審判等），其心證要求僅需至證據優勢、使法院大致相信如此之「釋明」即爲已足。

七、直接審理原則

直接審理原則，是指於法院審理時必須於審判期日依照法定程序直接審理調查，而且調查的證據須爲原始證據始得做爲裁判之基礎。舉凡法院無法直接審理，或非以書面審理之證據，簡單來說就是法官直接面對接觸被告來審判。其中心思想在於：（一）排除原始證據與法院之間的隔閡，使得法院能獲得正確之心證。（二）使被告對證據直接作推敲或反駁之機會，使被告悅服審判之結果。（三）強調證據與法庭審判之關係，法院依法定之證據方法踐行法定之調查程序，例如證物之勘驗以明證物之物理性與本案犯罪之關聯性。本法受大陸法系影響，得爲證據之資料，須符合直接審理原則，是證據資料若不能直接之方式加以調查者，如單純傳聞之詞、調查報告、警察機關案件之移送書、意見書，原則上俱無必然的證據能力。

違背嚴格證明法則未必違背直接審理原則，例如法院於審判期日傳訊證人到庭作證，然卻疏未令其具結。反之，違背直接審理原則者，必然是違背嚴格證明法則。違反直接審理原則，屬於違反「依法應於審判期日調查之證據而未調查之違法」，構成上訴第三審之理由（本法§379⑩）。

---

17 最高法院76年台上字第4986號判例。

八、意見法則

意見法則是針對供述證據（以人的供述提供立證其陳述的內容爲眞實）而言，本法第160條規定證人之個人意見或推測之詞，除以實際經驗爲基礎者外，不得作爲證據。法官訊問證人時，應注意告知證人爲明確之陳述，勿摻雜非以實際經驗爲基礎之個人意見或推測之詞。[18]

舉例說明

當天某甲離開家後，就沒有回來，所以他妻子慘死家中，一定是他殺妻。「一定是他殺的」這句話即屬推測之詞，無證據能力。

第二節　自白法則

壹、自白之任意性與真實性

第156條第1項：「被告之自白，非出於強暴、脅迫、利誘、詐欺、疲勞訊問、違法羈押或其他不正之方法，且與事實相符者，得爲證據。」所謂「自白」，係被告不利於己陳述之一種。**狹義自白專指對自己犯罪事實全部或主要部分爲承認之肯定供述**；而其他不利之陳述，則指狹義自白以外僅就犯罪事實一部或其間接事實爲明示或默示之承認，因與事實之立證相結合足以認定犯罪成立者而言。[19]而所稱「**強暴**」係指透過對人直接或間接於身體上造成不良影響的強制行爲（如：拳打腳踢、強光照射、坐冰塊、灌水、電擊等）；「**脅迫**」係指以未來的惡害通知讓人心生恐怖，造成其意思決定自由受到影響而言（如：作勢打人、暗示將刑求、恐嚇不准交保、放話讓媒體知道等）；「**利誘**」係指以法律沒有規定的有利表示，讓被詢問人誤以爲係具有拘束力的條件交換，進而影響其陳述之決定[20]（如：司法警察人員向被

---

18 法院辦理刑事訴訟案件應行注意事項第94點。

19 最高法院108年度台上字第3866號判決（具有參考價值的裁判）。

20 莊忠進，《偵訊學》，商鼎，初版，2011.08，26頁以下。

詢問人表示若承認犯罪一定會獲得不起訴、緩起訴、緩刑或無罪等，事實上這已超過司法警之權限）；「詐欺」係指傳遞不實之資訊使人陷於錯誤因而自白而言。「詐欺」與「利誘」往往係一體兩面，但如提醒被訊（詢）問人刑法第57條，如態度良好法官「可能」會輕判，則屬善意的建議或教示而非「詐欺」與「利誘」。

被告或共犯之自白可採爲有罪判決基礎，須具備「任意性」、「眞實性」二個要件，其一、爲自白須出於任意性，始具有證據能力。所謂自白之「任意性」，是指被告或共犯的陳述係出於「自由意志」，沒有任何外力干擾，如果自白之取得係以強暴、脅迫、利誘、詐欺、疲勞訊問、違法羈押等不正方法（強暴、脅迫、利誘、詐欺、疲勞訊問、違法羈押皆是不正方法之例示推定，所謂其他不正方法如麻醉分析、催眠術、不正之誘導訊（詢）問、故意延遲訊（詢）問等），違反本法第156條第1項程序之取得自白，則不具有證據能力。並不因被告事後同意，而得以治療其違法性，亦不得解除其證據禁止之效果。但是如前後自白不一者，有一非出於任意性自白，固無證據能力，另一自白出於任意性則不受影響，仍有證據能力。爲落實對被告之緘默權保障，本法第156條第4項規定：「被告未經自白，又無證據，不得僅因其拒絕陳述或保持緘默，而推斷其罪行。」

舉例說明

在〈鄭性澤案〉中，被告雖在警詢中曾寫下2份自白書，承認持改造克拉克手槍對被害人開2槍的行爲，又向檢察官改稱：「未開槍射擊警察，及『（之前爲何承認有對警察開槍？）因我害怕，該2槍沒射擊過。』」等語。確定判決認被告有遭刑求取供的情形，其理由在於：「被告在槍戰後豐原醫院接受治療期間，沒有左眼瘀血、浮腫紀錄。惟被告在書寫自白書時，在錄影螢幕上顯示左眼呈現紅腫狀態。審酌其書寫自白書前，既遭刑求逼供，則其稍後，又被警察詢問，地點同在豐原分局刑事組，且依警詢筆錄內容，警察是在詢問被告姓名等資料，並爲權利告知後，即詢問被告之前自白是否在其意識清醒下製作，隨後，其命被告陳述犯案經過，而被告所陳述涉案內容，也與其自白書所載內容大同小異等情，再審法院認爲其在警詢中的自白，是受其在書寫自白書前，遭警察不當刑求壓力的延續，並非出於任意性。」

貳、自白之真實性

本法第156條第2項規定：「被告或共犯之自白，不得作爲有罪判決之唯一證據，仍應調查其他必要之證據，以察其是否與事實相符」，其立法目的爲避免過分偏重自白，有害於眞實發見及人權保障，乃欲以補強證據擔保自白之眞實性；亦即以補強證據之存在，藉之限制自白在證據上之價値。**而所謂「補強證據」，則指除該自白本身外，其他足資以證明自白之犯罪事實確具有相當程度眞實性之證據而言**。因此該補強證據（其他必要之證據），自亦須具備證據能力，經合法調查，且就其證明力之程度，非謂自白爲主要證據，其證明力當然較爲強大，其他必要之證據爲次要或補充性之證據，證明力當然較爲薄弱，而應依其他必要證據之質量，與自白相互印證，綜合判斷，足以確信自白犯罪事實之眞實性，始足當之。[21]

警察機關偵查犯罪，查證犯罪嫌疑人之供述是否實在，應注意：「（一）犯罪嫌疑人及其共同正犯之供述須合乎情理與經驗法則，且必須與現場實際情況及痕跡證物相吻合。（二）所供犯罪動機及犯行經過，尤其是有關人、事、時、地、物等因，均須逐項查證明確。（三）主嫌犯與共犯及證人之供詞，如有矛盾不實，應深入查證明確。犯罪嫌疑人雖經自白，警察機關仍應調查其他證據以察其是否與事實相符。查證時，應嚴守秘密，並講求迅速、深入、徹底與完整。」[22]

參、共同被告或共犯之對質詰問權

釋字第582號解釋指出，刑事被告「詰問證人之權利」，係憲法第16條所衍生之訴訟防禦權，此等權利之一，亦屬憲法第8條第1項規定「非由法院依法定程序不得審問處罰」之正當法律程序所保障之權利。爲確保被告對證人之詰問權，**證人於審判中，應依法定程序，到場具結陳述，並接受被告之詰問，其陳述始得作爲認定被告犯罪事實之判斷依據**。刑事審判上之共同被告，係爲訴訟經濟等原因，由檢察官或自訴人合併或追加起訴，或由法院合

---

21 釋字第582號解釋、最高法院74年台覆字第10號判例。

22 警察偵查犯罪手冊第178、179點。

併審判所形成，其間各別被告及犯罪事實仍獨立存在。**故共同被告對其他共同被告之案件而言，爲被告以外之第三人，本質上屬於「證人」**，自不能因案件合併關係而影響其他共同被告原享有之上開憲法上權利。也就是說不能因爲是共同被告之關係，就否定其詰問其他共同被告之權利。因此該共同被告應立於證人之地位而爲陳述，不得以其依共同被告身分所爲陳述逕採爲不利於其他共同被告之證據，蓋共同被告於其他共同被告案件乃證人之地位，應適用「人證」之法定調查程序。

肆、自白之調查原則

一、出於不正方法取得自白應優先調查

本法第156條第3項規定：「被告陳述其自白係出於不正之方法者，應先於其他事證而爲調查。該自白如係經檢察官提出者，法院應命檢察官就自白之出於自由意志，指出證明之方法。」本條項係參酌英、美法例一般認爲自白是否出於任意性，爲先決之事實問題，法官應先予調查並決定之。而大陸法系國家則認爲自白之證據能力，爲程序之事實，法院得依職權審理調查之，我國實務見解亦認爲被告主張自白非出於任意時，法院應依職權先於其他事證而爲調查而自白是否出於任意。故自白是否具有證據能力之要件，如有疑義，自宜先予查明，以免造成法官因具瑕疵之自白而產生不利於被告之結果。[23]又本條文第3項後段增訂「該自白如係經檢察官提出者，法院應命檢察官就自白之出於自由意志，指出證明之方法。」本法原以職權主義爲原則，有關被告自白之證據能力，**檢察官不負舉證之責，惟如被告主張其自白並非出於任意，始由法院依職權加以調查。然實務運作之結果，反使被告必須證明其自白非出於任意，否則被告之自白即不容被推翻。事實上，被告欲證明其自白非出於任意，十分困難**。所以2003年之修正則以當事人進行主義爲原則，是站在人權保障及以當事人進行主義爲原則之立場，**規定檢察官應就自白任意性之爭執負舉證責任，俾配合時代趨勢及國情需要**。至於所稱指出證明方法，例如檢察官得提出訊問被告之錄音帶或錄影帶或其他人證，

---

23 最高法院23年上字第836號判例。

以證明被告之自白係出於自由意志。實務認爲，若被告已提出證據主張其自白非出於任意性，法院自應深入調查，非可僅憑負責偵訊被告人員已證述未以不正方法取供，即駁回此項調查證據之聲請。[24]

二、非出於不正方法取得之自白原則上應最後調查

本法第161條之3規定：「法院對於得爲證據之被告自白，除有特別規定外，非於有關犯罪事實之其他證據調查完畢後，不得調查。」被告對於犯罪事實之自白，僅屬刑事審判所憑證據之一種，爲防止法官過分依賴該項自白而形成預斷，因此，對於得爲證據之自白，其調查之次序應予限制。而本條所稱「除有特別規定外」，乃指本法第449條、第451條之1、第273之1、第273之2的簡易、簡式審判程序，此類程序貴在簡捷迅速，所以例外容許法院先就得爲證據之被告自白爲調查。

共犯且爲共同被告，或共犯但非爲共同被告於「警詢筆錄之自白」，雖依本法第159條之2、第159條之3，均得爲證據時，且符合本法第156條第1項「任意性」與「眞實性」之要件後，仍須有補強證據，始得爲有罪證據。故共同被告或共犯之自白，顯比一般證人之證據力爲弱。共犯在警詢筆錄之陳述與在法院審理時以證人身分所爲之陳述不一致者，檢察官得以將共犯之警詢筆錄所爲之供述來彈劾共犯於法庭陳述的不實，但不得以共犯之警詢筆錄作爲證明被告犯罪之證據，蓋共犯在警詢筆錄之陳述爲傳聞證據。

選擇題練習

1 本法第156條第2項規定，被告或共犯之自白，不得作爲有罪判決之唯一證據。依實務見解其中所謂的共犯不包括何者？[25] (A)共同正犯 (B)教唆犯 (C)幫助犯 (D)對向犯 【101年警大二技】

---

24 最高法院91年台上字第2908號判例。

25 答案爲(D)。法院辦理刑事訴訟案件應行注意事項第2點之2：「刑訴法所稱『共犯』，原即包括正犯、教唆犯及幫助犯，不受刑法第四章規定『正犯與共犯』、『正犯或共犯』影響，務請注意適用。」

2 下列關於自白的論述，何者正確？[26] (A)被告承認兇刀指紋係本人所有 (B)共同被告對於同案之被告犯罪之陳述亦爲自白 (C)刑事訴訟法第98條對於訊問被告的要求，係出於自白憑信性 (D)被告主張不在場證明

【104年警特三等犯罪偵查】

3 有關犯罪嫌疑人已被司法警察發覺之犯罪坦承供述者，稱爲：[27] (A)自首 (B)自白 (C)投案 (D)備案 【106年警特四等犯罪偵查】

第三節　證據排除法則

壹、序說

刑事訴訟重在發現實體眞實，使刑法得以正確適用，形成公正之裁判，是以認定事實、蒐集證據即成爲刑事裁判最基本課題之一。然而，違背法定程序蒐集、調查而得之證據，是否亦認其有證據能力，素有爭議。英美法系國家由於判例長期累積而形成證據排除法則（Exclusionary Rule of Evidence），將違法取得證據事先加以排除，使其不得作爲認定事實之依據。

違法蒐集之行爲一般發生於偵查階段，大致上可分爲兩種類型，即「對人之違法偵查」與「對物之違法偵查」，對人之違法偵查，由於涉及「自由意志」、「任意性」之問題，一般而言，多採「絕對排除」之觀點。如不正訊問所取得之自白，本法第156條第1項即係採「絕對排除」之立場。蓋因，不具有任意性之證據，往往直接影響其證據證明力。

然而，對「物」之違法偵查，由於證物本身，性質、形狀並不產生變化，例如違法搜索扣押證據排除之要件判斷係存在於「有無破壞令狀原則」

26 答案爲(A)。

27 答案爲(B)。

之精神，參外國案例及我國實務多採「相對排除」之觀點。[28]例如違反令狀搜索取得之證物，依本法第158條之4採「相對排除」的立場。而違反緊急搜索取得之證物，依本法第131條第3項：「前二項搜索，由檢察官爲之者，應於實施後三日內陳報該管法院；由檢察事務官、司法警察（官）爲之者，應於執行後三日內報告該管檢察署檢察官及法院。法院認爲不應准許者，應於五日內撤銷之」。同條第4項：「第1項、第2項之搜索執行後未陳報該管法院或經法院撤銷者，審判時法院『得』宣告所扣得之物，不得作爲證據。」其立法理由謂：「爲維程序正義，避免緊急搜索權之濫用，對於執行緊急搜索後拒不陳報該管法院或緊急搜索本即不應准許者，應將所得之證據排除。」緊急搜索如經法院裁定撤銷者，其因搜索所扣押之物是否仍得爲證據，須由將來爲審判之法院依本法第158條之4規定，審酌人權保障與公共利益之均衡維護認定之，[29]可見實務對無令狀搜索取得證據合法性之認定，亦係採「相對排除」的立場。

貳、權衡理論

隨著治安之要求及現實之需要，證據排除法則之例外情形適用有漸廣之趨勢，亦即不能因爲只有某一小瑕疵，就癱瘓了整個刑事訴訟程序。因此在2003年參考日本的「相對排除理論」，德國之「權衡理論」亦爲多數主張，亦即法院在裁判時應就個案利益與刑事追訴利益彼此間權衡評估，故新增本法第158條之4規定：「除法律另有規定外，實施刑事訴訟程序之公務員因違背法定程序取得之證據，其有無證據能力之認定，應審酌人權保障及公共利益之均衡維護。」何等證據應禁止使用須探究規範的立法目的及違法情節而定。例如搜索採令狀原則與法官保留原則的目的，在於法官對聲請的搜索審核是否符合法律要件。若依假設偵查流程推斷，違反令狀原則的搜索回溯到搜索前毫無阻礙地取得搜索票時，已實施的瑕疵搜索所取得之證據應該仍具有證據能力。本條立法理由列出七項法官應綜合考量要項：1.違反法定程序之情節；2.違反法定程序之主觀意圖；3.侵害犯罪嫌疑人或被告權益

28 黃朝義，《刑事訴訟法》，新學林，五版，2017.09，607頁以下。

29 檢察機關實施搜索扣押應行注意事項第30點。

之種類及輕重；4.犯罪所生之危險或實害；5.禁止使用該證據對於預防偵查機關違反偵查之效果；6.偵查機關發現該證據之必然性；7.證據取得之違法對於被告訴訟防禦不利之程度。以上因素綜合考量結果法院得禁止使用該項證據。是以，法院於個案審理中，應依上述七點就證據取得之違法對被告訴訟上防禦不利益之程度等情狀予以審酌，以決定應否賦予證據能力。[30]檢察官對法院於個案權衡時，亦應注意法院是否斟酌此七點事項。[31]

參、毒樹果實理論之原則及其例外

一、原則

違法取得的證據，依證據排除法則，應將之排除，不得作爲證據；同樣地，先前基於違法取得的證據，即使再透過合法程序所取得的證據，亦不可作爲證據，此即所謂「毒樹果實理論」（fruits of the poisonous tree doctrine）是英美法系之「證據排除法則」之進一步概念的延伸，乃謂偵查人員基於違法手段取得之證據，依法該證據無證據能力（毒樹），從而依據該違法所得之證據爲線索，轉而改爲合法手段進一步獲得之證據（毒果），因受到前次違法取證之污染，仍不得具有證據能力。換言之，凡經由非法方式所取得的證據，即是「毒樹」；進而獲得的其他衍生證據，縱然是合法取得，亦爲「毒果」。在我國法下，成爲毒樹的對象包含：非任意性自白的供述證據，以及違法取得的非供述（如違法搜索扣押及勘驗所取得）證據；成爲毒果的對象有：基於非任意性自白所取的衍生證據及違法搜索扣押及勘驗所取得的衍生證據。實施刑事訴訟程序之公務員於違法取得證據後，復據以進一步取得衍生證據，縱與先前之違法取證具有如毒樹、毒果之因果關聯性，然該進一步採證程序，苟屬合法且與先前違法取證係個別獨立之偵查行爲；必先前違法之取證，與嗣後取得衍生證據之行爲，**二者前後密切結合致均可視爲衍生證據取得程序之一部**，且先前取證程序中所存在之違法事由並影響及於其後衍生證據之調查、取得，始得依其違法之具體情況，分別適用

---

30 最高法院93年台上字第664號判例。

31 檢察機關辦理刑事訴訟案件應行注意事項第63點。

刑事訴訟法證據排除之相關規定，認無證據能力。[32]

德國刑事訴訟法亦有類似本法第156條第1項絕對禁止使用的規定，第136條之1第3項第2段規定「違反禁止規定取得之自白，即使被告本人同意使用，亦不得作爲證據」[33]，即沒有證據能力，然而根據此禁止使用證據的規定，它的射程範圍如何不無爭議。但德國學說上亦肯認美國的毒樹果實理論的運用。例如，透過要脅手段使被告認罪後再循線找到更多其他犯罪證據，則衍生證據亦被禁用[34]。

舉例說明

在〈鄭性澤案〉中，臺灣高等法院臺中分院最後認定[35]：「若被告第一次自白係出於偵（調）查人員以不正方法取得，該次自白因欠缺任意性即不得爲證據，嗣後由不同偵（調）查人員再次爲訊（詢）問，並未使用不正方法而取得被告第二次之自白，則其第一次自白是否加以排除，須視第二次自白能否隔絕第一次非任意性自白之影響而定，此即學理上所指非任意性自白之延續效力問題，亦即以第一次自白之不正方法爲『因』，第二次自白爲『果』，依具體個案客觀情狀加以觀察認定，倘兩者具有因果關係，則第二次自白應予排除，否則，即具有證據能力。」該判決雖未提及毒樹果實理論，但其論證過程已將其意涵表露無遺。

二、例外

根據美國實務發展出來的案例，毒樹果實理論有以下例外的規定，必須具體衡量衍生證據與違法取證行爲間的關聯[36]，以決定是否排除：

（一）**獨立來源**（Independent Untamed Source）：如果衍生證據可以從獨立的來源獲得時，則該證據不需要加以排除。例如，員警無令狀進入倉庫，但等到取得搜索票後才開始搜索，由於法官核發

[32] 最高法院102年度台上字第3254號判決。

[33] *Satzger/Schluckebier/Widmaier*, StPO, 3. Aufl. 2018, § 136a Rn. 62ff.

[34] *Beulke* , Strafprozessrecht, 12. Aufl., 2012, §136a Rn. 144.

[35] 臺灣高等法院臺中分院105年度再字第3號刑事判決。

[36] 張麗卿，《刑事訴訟法理論與運用》，五南，十五版，2020.09，354頁以下。

搜索票之決定未受之前非法進入的行爲影響，美國聯邦最高法院認定之後搜索合法[37]。又如偵訊之主體、環境及情狀已有明顯變更而爲被告所明知，除非證據足以證明被告先前所受心理上之強制狀態延續至其後應訊之時，否則應認已遮斷前次非任意性自白之延續效力。[38]

（二）**稀釋原則**（Purged Taint）：違法取得的證據與衍生證據之間，若有其他合法的偵查行爲介入，則產生稀釋的現象，則衍生證據可以使用，以避免將會造成執法人員一旦違法取證，證據即永久禁用，因此有承認例外的必要[39]。

（三）**不可避免之發現**（Inevitable Discovery）：若該證據縱然不經違法行爲亦可發現，則無須加以排除。即執法人員雖不法取證，但即令無此等的不法行爲，該證據亦無可避免地會被發現[40]。

（四）**善意例外**（Good Faith Exception）：偵查機關並非惡意違法取證（例如誤以爲無效的搜索票爲有效，進而爲搜索行爲），則其所取得的衍生證據無須排除[41]。

三、自白與「毒樹果實理論」之關聯性

（一）當自白為毒樹時

此時應區分執法人員取得自白是否違反本法第156條第1項的規定：

1. 當執法人員前階段行爲係違反第156條第1項規定，就該自白所衍生之證據，應適用毒樹果實理論而排除之。除非檢察官證明符合毒樹果實理論的例外（如稀釋法理），否則後續行爲取得衍生證據無證據能力。
2. 如果執法人員前階段行爲係違反第156條第1項「以外」之規定（如第

---

37 Murray v. United States, 487 U.S. 533 (1988).

38 最高法院108年度台上字第1736號判決。

39 Wong Sun v. United States, 371U.S. 471(1963).

40 Nix v. Wlliams, 467U.S. 431(1984).

41 United States v. Leon, 468U.S. 897(1984).

95條、第93條之1、第100條之3等），就該自白所衍生之證據，原則上應適用毒樹果實理論而排除之。例外如檢察官能證明初始自白具任意性時，則不適用毒樹果實理論，從而自白所衍生之證據當然有證據能力。若檢察官不能（不願）證明初始自白具任意性時，仍得證明衍生證據符合毒樹果實原則的例外（如稀釋法理例外使衍生證據具證據能力）。[42]

（二）當自白為毒果時

1. 例如執法人員初始行爲違反搜索、扣押、逮捕規定，但第二個取得自白行爲合法，不當然依自白法則排除自白。**蓋因被告自白之「主觀」動機雖然複雜，未必直接受前次非法行爲的影響，只要「客觀」上，自白是利用初始非法行爲的產物，即應適用毒樹果實原則以否定自白之證據能力，否則不能達到嚇阻違法偵查之目的。**警察拘捕人民時，通常會產生緊張、恐懼、無力而造成意志不自由。我國實務認爲，被告之自由意志，如與不正方法具有因果關係而受影響時，不問施用不正方法之人是否爲有訊問權人或其他第三人，亦不論被施用不正方法之人是否即爲被告，且亦不以當場施用此等不正方法爲必要，**舉凡足以影響被告自由意志所爲之自白，均應認爲不具自白任意性**，方符憲法所揭示「實質正當法律程序」之意旨。**又若被告先前受上開不正之方法，精神上受恐懼、壓迫等不利之狀態**，有事實足證已延伸至其後未受不正方法所爲之自白時，該後者之自白，仍不具有證據能力。[43]從毒樹果實理論排除之理由觀之，國家機關因爲違法搜索而是否取得更高的證據優勢，不能因爲國家如本案機關違法發現證人後，再依日後的合法、獨立之偵查手段，使供述證據敗部復活而有證據能力。[44]

學說上有主張，被告在經法院交保釋放、數日後自願返回警察局而自白，這些事實應認爲足以稀釋非法逮捕的瑕疵，**因爲非法逮捕與自白之間的**

42　王兆鵬、張明偉、李榮耕，《刑事訴訟法（上）》，新學林，五版，2020.03，559頁以下。

43　最高法院100年度台上字第3146號、97年度台上字第5705號、96年度台上字第811號、95年度台上字第1365號判決。

44　黃朝義，〈毒樹果實理論上實務具體運作—簡評最高法院102年度台上字第3254號刑事判決〉，《月旦裁判時報》，第27期，2014.06，49頁。

關聯性已非常遙遠，因此該自白得爲證據。[45]

但有不同意見認爲，仍應視不同的情形分別觀察，不能一律因爲時間距離違法搜索「已久」，就認爲兩者沒有任何「關聯性」，因爲切斷「關聯性」之重點並非「時間」之長短，亦非「訊問之場景」，應由檢察官舉證該證據被發現之必然性是否不受違法搜索之影響而存在。[46]

概念釐清

● 自白法則與違法證據排除原則之區別[47]

	自白法則	違法證據排除原則
概念	自白法則的誕生，原本是基於虛偽排除的想法，亦即，以脅迫或利誘等不正取供，類型上導出虛偽陳述之風險甚高，故一律予以排除。	相對的，非法搜索取得之物證，基本上對證據物之型態內容並不會造成改變，並無虛偽排除之問題，重點在嚇阻違法偵查。
權利侵害性不同（侵害源不同）	主要係排除對「人」之違法偵查，非任意性的自白供述，尤其是緘默權受到侵害。	主要係排除對「物」之違法偵查，因非法搜索不正方式取證之過程，侵害住居或通訊隱私等權。
適用對象不同	自白法則專以犯罪嫌疑人或被告之自白（供述證據）為限。	證據排除法則並不以供述證據為限，而重在規範證物的違法取得。
效果不同	自白法則乃絕對排除非任意性之自白，一旦認定自白之取得係出於威脅或利誘等不正方法，即無證據能力，並無例外。	證據排除法則（權衡理論），一般均認應視其違法情節是否重大，而設有例外個案中應視違反情節而為不同之處理。

45 王兆鵬、張明偉、李榮耕，《刑事訴訟法（上）》，新學林，五版，2020.03，559頁以下。

46 黃朝義，〈毒樹果實理論上實務具體運作—簡評最高法院102年度台上字第3254號刑事判決〉，《月旦裁判時報》，第27期，2014.06，51頁。

47 陳運財，〈違法證據排除法則之回顧與展望〉，《月旦法學雜誌》，第113期，2004.10，34～35頁；黃朝義，《刑事訴訟法》，新學林，五版，2017.09，601～613頁。

第四節 傳聞法則

傳聞法則示意圖

- 原則：1.證據須具供述性（被告以外之人在審判外言詞或書面之陳述）
  2.保障被告對不利證人之對質詰問權
- 非傳聞：
  - 1.非供述證據（ex.物證）
  - 2.本法第159條第2項
    - (1)起訴審查
    - (2)簡式、簡易判決程序
    - (3)強制處分之審查及證據保全程序（ex：羈押、搜索、鑑定留置等）
- 例外：
  - 1.本法規定
    - (1)於審判外向法官、檢察官之陳述（§159之1）
    - (2)與審判中先前不一致的警詢陳述（§159之2）
    - (3)審判中不能到庭之警詢陳述（§159之3）
    - (4)特信性文書（§159之4）
    - (5)當事人同意之傳述（§159之5）
  - 2.其他法律：ex.性侵害犯罪防治法第17條、兒童及少年性剝削防制條例第13條
  - 3.學說：驚駭或興奮陳述、臨終陳述、已記錄之回憶

壹、序說

我國於2003年修法前之本法第159條：「證人於審判外之陳述，除法律有規定者外，不得作爲證據。」國內學者歷來就本條之規定，究竟係有關直接審理之規定或有關傳聞法則之規定，各自本於立場，屢有爭議。

2003年雖明文引進「傳聞法則」，惟並非於所有程序均適用。依第159條第2項規定，法院依第161條第2項所爲裁定定期通知檢察官補正，或裁定

駁回起訴之情形，及法院以簡式審判程序或簡易判決處刑者及協商程序中，不適用傳聞法則。至於羈押、搜索、鑑定留置、許可證據保全及其他依法所爲強制處分之審查，亦不適用傳聞法則。此外，尙有第159條之1至159之5條等傳聞例外之規定不適用傳聞法則，相較於英美日等國，我國傳聞例外之規定明顯不足，而且在五種傳聞例外之法定類型中，又存在三種美國法所未見之傳聞例外（即第159條之1、第159條之2與第159之5）[48]。因此，從英美法系發展出來的傳聞法則如何在歐陸法系的我國適用調整，須賴國內學說及實務見解對於傳聞例外規定之檢討與解釋，以爲補充。

又，在2004年7月釋字第582號解釋公布後，此等規定，有部分與被告憲法上所保障之對質詰問權產生衝突（如醫療鑑定報告是否仍屬於傳聞之例外即不無疑問），本書將對此議題一併深入探討。

貳、傳聞法則與傳聞證據

一、我國引進傳聞法則之緣由

傳聞法則乃係由英、美法發展而來，與當事人進行主義有密切關聯，其主要之作用即在確保當事人之反對詰問權。由於傳聞證據，有悖直接審理主義及言詞審理主義諸原則，影響程序正義之實現，應予排斥。一般而言，傳聞證據之所以原則不具有證據能力，主要在於證人往往有「知覺」、「記憶」、「表達能力」及「眞誠性」等瑕疵，[49]而使供述內容不眞實。而傳聞證據既屬於聽聞之證據，大部分並非供述者本身親眼目睹之證據，且係以法庭外之供述爲內容。基此，爲避免誤判危險之產生，未經反詰問驗證之證據，原則上不承認其具有證據能力。此一排除傳聞證據適用之法則，在英美法中稱之爲「傳聞法則」。[50]

傳聞法則的核心並非強調證言「眞實性」的保障，而是強調當事人「對質詰問的程序性權利」的保障。美國憲法增修條文第6條即規定，被告

48 張明偉，〈先前不一致陳述與傳聞例外〉，收錄於氏著《傳聞例外》，元照，初版，2016.04，157頁。

49 王兆鵬、張明偉、李榮耕，《刑事訴訟法（下）》，新學林，五版，2020.11，203頁。

50 黃朝義，《刑事訴訟法》，新學林，五版，2017.09，616頁。

有與對造證人對質的權利，[51]**而聯合國《公民權利和政治權利公約》第14條也規定，與證人對質是被告人的權利。**是以，傳聞法則最大價值在於其程序功能。

二、傳聞證據之定義

「傳聞法則」既是排除傳聞證據適用之法則，則何謂「傳聞」，即有先予釐清之必要。一般而言，**傳聞證據係指聽聞之證據，並非供述者本身親眼目睹之證據（含傳聞供述、代替供述之書面、錄音帶等）**。以審判庭爲基準以考量證據之性質時，傳聞證據自屬於以「審判庭外」之「供述」爲內容之證據。此種傳聞證據亦有別於一般非供述證據（物證）。[52]例如，照片除非係作爲供述之一部使用，或著重在利用照相之機械性記錄功能形成事物報告的過程，而具有與人之供述同一性質，始應依供述證據定其證據能力外，概屬於非供述證據，並無傳聞法則之適用。[53]至於，電子通訊紀錄，大多具有陳述者甫於察覺後自願紀錄的眞實性特徵，較無詐僞、傳述錯誤的風險，可爲傳聞例外。不過，若其非在事件發生後立即作成之陳述，則仍然具有其供述特質，必須以對質詰問來檢驗其眞實性，仍然應受傳聞法則拘束。[54]

不過，從我國法第159條條文文義觀之，似乎並未對「傳聞」做定義性之規定。[55]有文獻參酌美國聯邦刑事證據法第801條（C）的規定，將其定義**爲「審判外」所爲之「陳述或所發生之敘述性動作」，而「提出於法庭」用來證明該敘述事項之眞實性之證據。**[56]這個看法提出後，最高法院亦有相呼應之闡述：「傳聞法則須符合1.**『審判外』**陳述2.**『被告以外之人』**陳述**3.舉證之一方引述該陳述之目的係用以證明該陳述所『直接主張內容之眞實**

[51] Amendment VI (1791).

[52] 黃朝義，《刑事訴訟法》，新學林，五版，2017.09，618頁以下。

[53] 最高法院99年度台上字第2519號判決。

[54] 張明偉，〈電子證據之傳聞疑義〉，《東吳法律學報》，第29卷第3期，2018.01，29頁以下。

[55] 王兆鵬、張明偉、李榮耕，《刑事訴訟法（下）》，新學林，五版，2020.11，220頁。

[56] 陳運財，〈傳聞法則之理論與實踐〉，收錄於王兆鵬、陳運財等著，《傳聞法則理論與實踐》，元照，2003.09，47頁。

性』等三要件。」[57]簡單來說，就是言語書面的陳述或與其相當的敘述性動作。[58]

若以類型來區分，傳聞證據基本上可分爲以供述筆錄之形式提出（傳聞書面），或以證人之證言方式提出（傳聞供述）兩種。[59]

參、我國法明文規定的傳聞例外

一、法官面前之傳聞陳述

本法第159條之1之規定，被告以外之人於審判外向法官所爲之陳述，得爲證據。被告以外之人於偵查中向檢察官所爲之陳述，除顯有不可信之情況者外，亦得爲證據。故而，被告以外之人（含共同被告、共犯、證人、鑑定人、被害人）於法官面前依循法定程序所爲之書面或言詞陳述，不論係於其他刑事案件之準備程序、審判期日或民事事件乃至其他訴訟程序之陳述，均得作爲證據，法院就被告以外之人接受審訊時所製成之訊問、審判筆錄或陳述之錄音或錄影紀錄，在踐行本法第165條或第165條之1所定調查程序後，得援爲判決之基礎。不過，第159條之1並非以保護刑事被告知對質詰問權爲核心，只是因應大陸法系職權主義模式對傳聞法則所爲之調整[60]。另所謂不可信之情況，法院應審酌被告以外之人於陳述時之外在環境及情況，例如：陳述時之心理狀況、有無受到外力干擾等，以爲判斷之依據，故係決定陳述有無證據能力，而非決定陳述內容之證明力。[61]

是以，依照本法第159條之1第1項規定，似乎從字面上解釋不問處於何種訴訟程序之下，只要在任意陳述的信用性已受到確定保障的情況，便得爲證據。**本書認爲，在法官面前所爲的陳述並不等於可信度較高，更不表示對**

---

57 最高法院93年度台上字第3360號；93年度台非字第117號判決同旨。

58 張明偉，〈英美傳聞法則與對質條款的歷史觀察〉，收錄於氏著《傳聞例外》，元照，初版，2016.04，34頁。

59 黃朝義，《刑事訴訟法》，新學林，五版，2017.09，618頁以下。

60 張明偉，〈試探傳聞例外之法理基礎〉，收錄於氏著《傳聞例外》，元照，初版，2016.04，141頁以下。

61 法院辦理刑事訴訟案件應行注意事項第89點。

質詰問權獲得保障，所以第159條之1第1項使得我國傳聞證據雖有其名，卻因廣泛的承認例外得爲證據的情況，而讓傳聞證據立法的美意大打折扣。因此，在現行法下，於法官面前的訊問筆錄，縱然有經具結且有可信性，仍應賦予被告詰問的機會，除非有不能供述的情形。

是以，在解讀此條項文義時，**國內不少學者皆認爲，在法官面前的訊問筆錄，縱然有經具結且有可信性，仍應賦予被告詰問機會**，除非有不能供述的情形。因此，爲保障被告的反對詰問權，本條文字有修正之必要，在條文修正前，參酌釋字582號解釋意旨，**應限縮解釋**，於先前之程序中並未行使反對詰問權詰問證人之被告，於適用本條項時，應加上**「傳喚不能」（客觀不能）、「被告放棄」或「所在不明」**此等要件，**否則仍應盡可能傳喚該陳述人到庭。**[62]

換言之，**本條項規定限縮解釋結果，應僅限於被告在其他訴訟程序已經在法官面前對該證人踐行過詰問程序者**，倘未賦予本案被告或其辯護人行使詰問之機會，當被告爭執而主張聲請傳訊該證人時，除非該證人有因死亡等傳喚不能之情事，應盡可能傳喚該證人到庭陳述。此外，如果證人主張其偵查中之陳述是出於警察誘導或脅迫等情形，即通常不具較審判中所強調的公開審理及具結之所爲陳述的可信情況。[63]

二、檢察官面前所爲之傳聞陳述

無論偵查中被告以外之人所爲之供述，或被告以外之人向檢察官所提之書面陳述，性質上均屬傳聞證據。然偵查中檢察官向被告以外之人所取得之供述，原則上均能遵守法律規定，因此除顯有不可信之情況外，得爲證據（本法§159-1 II）。立法理由稱：**「偵查中檢察官向被告以外之人所取得之陳述，原則上均能遵守法律規定，不致違法取供，其可信性極高。」但本書認爲，於檢察官面前所爲的陳述並不等於可信度較高，更不表示詰問權獲得保障**。由於此條項並未限定所謂「必要性」之要件，因而在解讀上，容易

---

62 張麗卿，〈傳聞與共同被告的調查〉，《月旦法學教室》，第95期，2010.09，18～19頁；陳運財，《傳聞法則—理論與實踐》，元照，二版，2004.09，64頁。

63 黃朝義，《刑事訴訟法》，新學林，五版，2017.09，628頁；陳運財，〈傳聞法則及其例外之實務運作問題檢討〉，《台灣法學雜誌》，第94期，2007.05，143頁。

有證人在檢察官面前之前述，原則上有證據能力，例外（即有顯有不可信之場合）才屬於無證據能力之證據，此與日本刑事訴訟法之規定，明顯不同。[64]**該偵訊筆錄究竟有無可信性應由檢察官證明之，因此並非當然有證據能力**。新近決議認為：「被害人、共同被告、共同正犯等被告以外之人，在偵查中未經具結之陳述，依通常情形，其信用性仍遠高於在警詢等所為之陳述，衡諸其等於警詢等所為之陳述，均無須具結，卻於具有「特信性」、「必要性」時，即得為證據，則若謂該偵查中未經具結之陳述，一概無證據能力，無異反而不如警詢等之陳述，顯然失衡。因此，被告以外之人於偵查中未經具結所為之陳述，如與警詢等陳述同具有「特信性」、「必要性」時，依「舉輕以明重」原則，本於本法第159條之2、第159條之3之同一法理，例外認為有證據能力。」[65]

惟論者有謂，對於被告以外之第三人，檢察官非以證人身分傳喚取得之陳述筆錄，該決議應直接適用本法第159條之1第2項之規定以判斷其有無證據能力，不應違背立法本旨、法律適用原則，捨本逐末類推適用第159條之2、第159條之3規定，蓋類推適用以法律未明文規定為前提。[66]

本書認為，檢察官是與被告對立的當事人，與公判庭之法官相提並論已有所不當，且不致違法取供之論點無科學實證根據。**因此，偵訊筆錄若一定要與在法官面前陳述同樣構成傳聞例外，至少應本於與第1項相同之法理，一樣限縮解釋，以「傳喚不能」（客觀不能）、「被告放棄」或「所在不明」為其適用條件。**

三、與審判中先前不一致的陳述

本法第159條之2：「被告以外之人（含共同被告、共犯、證人、鑑定人、被害人等）於檢察事務官、司法警察（官）調查中所為之陳述，與審判中不符時，其先前之陳述具有較可信之特別情況，且為證明犯罪事實存否所必要者，得為證據。」換言之，法院此時不採審判筆錄，而採警詢筆錄為證

---

64 黃朝義，《刑事訴訟法》，新學林，五版，2017.09，628頁。

65 最高法院102年度第13次（102.09.03）刑事庭會議決議。

66 石木欽，〈刑事訴訟法第159條之1第2項適用之範圍〉，收錄於《法務部廖正豪前部長七秩華誕祝壽論文集：刑事訴訟法卷》，五南，初版，2016.07，263頁以下。

據。蓋所謂「案重初供」，有時候被告以外之人於案發不久後記憶猶新或尚未受被告威脅，其初始的供述反較為可信。

實務見解認為，**僅有於「證人供述前後矛盾」之時，且於前所供述者具有「可信性」以及「使用證據必要性」時，方有本條的適用。**[67]條文所稱「具有較可信之特別情況」，係指其陳述係在較為可信為眞實之情況下所為而言，何者之情況較為可信，由法院比較其前、後陳述時之外在環境及狀況加以判斷。此係屬於證據能力之要件，例如：陳述時有無其他訴訟關係人在場，陳述時之心理狀況、有無受到強暴、脅迫、詐欺、利誘等外力之干擾。又法院在調查被告以外之人先前不一致陳述是否具有特別可信情況時，亦應注意保障被告詰問之權利，並予被告陳述意見之機會，倘採用先前不一致陳述為判決基礎時，並須將其理由載明，以昭公信。[68]因此，警詢筆錄須具有前述要件時，始能成為傳聞例外。

「**可信性**」的情形如：被告以外之人在警局應詢時出於「自然之發言」，被告尚未緝獲或到案，並無任何人情壓力，而審判中則有同時在庭之情形，經審酌判斷比較其審判外與審判中陳述之外部情況，認其審判階段受到被告或外力干擾，先前之陳述係出於「自然之發言」而比較可信。至於「**使用證據之必要性**」，乃指就具體個案案情及相關證據予以判斷，其主要待證事實之存在或不存在，已無從再從同一供述者取得與先前相同之陳述內容，縱以其他證據替代，亦無由達到同一目的之情形。例如，無法再取得與其先前相同之陳述內容，而有使用其警詢陳述之必要。[69]

舉例說明

在〈鄭性澤案〉中法官問證人梁漢璋：「你在警局為何提到羅武雄有一把黑色的手槍交給鄭性澤？」證人梁漢璋：「在警局時我是跟警察說羅武雄是拿東西跟鄭性澤交頭。」此外，證人吳銘堂就羅武雄交付槍枝給被告的前後陳述內容亦並非一致，證人吳銘堂於警詢中稱：「只看見羅武雄帶槍，另其在包廂內開槍後，有看見其與鄭性澤在換子彈。」但其在原審時證稱：「我是看到羅武雄與鄭性澤在交換東西，交換完後就看到羅武雄

67 最高法院98年度台上字第5503號判決。

68 法院辦理刑事訴訟案件應行注意事項第90點、最高法院102年度台上字第236號判決。

69 最高法院106年度台上字第1955號判決。

在推子彈。但這和的前所提到的交槍，是二回事。」最後高等法院認定[70]：「證人吳銘堂依其所坐位置，雖較能看清楚羅武雄與被告間的互動，然其亦稱：有看見羅武雄與被告在『換子彈』或『推子彈』等語，可知，羅武雄如果只是單純將其所持有的制式克拉克手槍交給被告，怎會出現『換子彈』或『推子彈』動作？依證人梁漢璋及吳銘堂所述，應係將羅武雄在朝天花板開槍後，向被告要子彈，被告將改造克拉克手槍交給羅武雄，羅武雄從該槍枝取走子彈後，再將改造克拉克手槍還給被告的過程，誤認爲羅武雄只有交槍的動作，尚難爲被告不利的認定。」

從此案例可知，法院認定證人警詢時陳述並不具備「可信性」以及「使用證據必要性」，所以當其與審判時供述內容有不一致的情形，法院還是以審判時的陳述作爲判決依據。

而所謂「先前不一致的陳述」，與一般傳聞陳述主要不同在於：1.審判外陳述之人現正於法院作證。2.由於先前陳述時離案發時間較近，該審判外的陳述與審判中的證詞相較，極具證據價值。[71]

新近的實務見解認爲：「若該陳述之重要待證事實部分，與審判中之陳述有所不符，包括審判中改稱忘記、不知道等雖非完全相異，但實質內容已有不符者在內，……。」屬本條所規範之情形。[72]

此外，國內不少學者認爲，雖然條文所規定的是「被告以外之人於檢察事務官、司法警察（官）調查中所爲之陳述」，但解釋上不必拘泥於司法警察人員或檢察事務官「調查中」所爲之陳述，而應包含到庭證人先前在審判外對法官、檢察官或第三人（如政風人員）之不一致的陳述。[73]

本書認爲，上開擴張解釋雖不無道理，但如此解釋恐有逸脫條文文義之虞，因此若將來本條修正時，或可納入此一意見，列入參考。

---

70 臺灣高等法院臺中分院105年度再字第3號刑事判決。

71 王兆鵬、張明偉、李榮耕，《刑事訴訟法（下）》，新學林，五版，2020.11，221頁。

72 最高法院101年度台上字第1561號判決。

73 陳運財，〈共同被告於檢察官偵查訊問時所爲之陳述之證據能力—評九八年度台上字第四四三七號判決〉，《台灣法學雜誌》，第153期，2010.06，217頁以下；相同意見：吳巡龍，〈我國傳聞例外範圍的擴大〉，《台灣法學雜誌》，第175期，2011.05，116頁；王兆鵬、張明偉、李榮耕，《刑事訴訟法（下）》，新學林，五版，2020.11，228頁。

四、不能到庭之警詢陳述

被告以外之人於審判中有下列情形之一，其於檢察事務官、司法警察官或司法警察調查中所為之陳述，經證明具有可信之特別情況，且為證明犯罪事實之存否所必要者，得為證據：1.死亡者。2.身心障礙致記憶喪失或無法陳述者。3.滯留國外或所在不明而無法傳喚或傳喚不到者。4.到庭後無正當理由拒絕陳述者（本法§159-3）。

如被告以外之人於檢察事務官、司法警察（官）調查中之陳述，係在可信之特別情況下所為，且為證明犯罪事實之存否所為必要，而於審判程序中，發生事實上無從為直接審理之原因時，仍不承認該陳述之證據適格，即有違背實體眞實發見之訴訟目的。

不過，第159條之3的規定，只因為證人死亡、無法記憶或傳喚，則可成為證據，對於被告而言有失公允，因為警詢筆錄並未經具結，亦未賦予被告對質詰問的權利。是以，學者咸認為應予嚴格解釋：即，依當時的環境與陳述之情況判斷，得確信該陳述人之知覺、記憶、表達、眞誠性之全部或一部並無瑕疵而得認為該審判外之陳述具有特別之可信性，始足當之。[74]尤其是第159條之3的第3款「傳喚不到」更應限縮解釋，亦即：「傳喚不到應係指『滯留國外或所在不明所無法傳喚或傳喚不到』而言，並非謂『一經傳喚未到』，不問其是否『滯留國外或所在不明』，均得依該條款規定處理。」換言之，法院不得僅因證人經合法傳喚不到，即逕行認有符合第159條之3的第3款，而是仍應調查究明證人有無因「滯留國外或所在不明」而無法傳喚或傳喚不到的情形，例如查詢入出境資料及出國原因等。[75]

五、特信性文書

依本法第159條之4的規定，下列文書亦得為證據：「一、除顯有不可信之情況外，公務員職務上製作之紀錄文書、證明文書。二、除顯有不可信之情況外，從事業務之人於業務上或通常業務過程所須製作之紀錄文書、

74　王兆鵬、張明偉、李榮耕，《刑事訴訟法（下）》，新學林，五版，2020.11，237頁。

75　陳運財，〈傳聞法則及其例外之實務運作問題檢討〉，《台灣法學雜誌》，第94期，2007.05，139頁。

證明文書。三、除前二款之情形外，其他於可信之特別情況下所製作之文書。」

上述各種文書如經提出於法院，用以證明所載事項爲眞實者，乃係傳聞證據性質，本無證據能力，該類文書之所以可以成爲傳聞法則的例外，主要之原因仍在於其「特信性」。

依立法理由，本法第159條之4第1款之特信文書應以「隨時得受公開檢查之狀態，設有錯誤，甚易發現而予以及時糾正者」爲限。本書認爲，基於此類文書具有高度的「客觀性」、「例行性」以及「公示性」，所以成爲傳聞證據的例外，故同條第2、3款之文書亦應做同一解釋。

但有實務見解認爲，第1、2款之文書，以其文書本身之特性而足以擔保其可信性，故立法上原則承認其有證據能力，僅在該文書存有顯不可信之消極條件時，始例外加以排除；而第3款之概括性文書，以其種類繁多而無從預定，必以具有積極條件於「可信之特別情況下所製作」才承認其證據能力，而不以上揭二款文書分別具有「公示性」、「例行性」之特性爲必要。[76]

然而，依第159條之4第3款之立法理由，所謂與公務員職務上製作之文書及業務文件具有同等程度可信性之文書，例如官方公報、統計表、體育紀錄、學術論文、家譜等，基於前開相同之理由，亦應准其有證據能力。是以，解釋「特信性」的標準，該款與第1、2款應無不同，蓋從條文文字安排來看，第1、2款是例示規定，第3款是概括規定。總之，本條之特信文書應以立法理由所稱之「隨時得受公開檢查之狀態，設有錯誤，甚易發現而予以及時糾正者」爲限。又依釋字第582號解釋意旨，除非有「客觀上不能受詰問」之情形，否則「於審判中，仍應依法踐行詰問程序」，而第159條之4的文書在該號解釋公布前，因此本書認爲，依釋字第582號的意旨，解釋本條要件上應更爲嚴格。

六、當事人同意之傳聞陳述

本法第159條之5的規定，即所謂的「當事人同意之傳聞陳述」，揆其

76　最高法院100年度台上字第4813號判決。

立法理由，在於傳聞證據乃未經當事人之反對詰問予以核實，應予排斥。惟若當事人已放棄對原供述人之反對詰問權，於審判程序表明同意等傳聞證據可作爲證據，基於證據資料越豐富，越有助於眞實發見之理念，此時，法院自可承認該傳聞證據之證據能力。可知其適用並不以「不符前四條之規定」爲要件。故如法院認爲適當，不論該傳聞證據是否具備本法第159條之1至第159條之4所定情形，均容許作爲證據。[77]

由於當事人同意放棄反對詰問權，對其訴訟上權利影響甚鉅，因此本書認爲該條之同意應基於「眞摯」事前允許，亦即應建立在當事人充分明瞭或有辯護之人協助下後所爲之同意決定[78]，方才符合立法本旨。

至於當事人、代理人或辯護人於法院調查證據時，知有第159條第1項不得爲證據情形，而未於言詞辯論終結前聲明異議者，應視爲已有將該等傳聞證據採爲證據之同意（本法§159-5 II）亦即，只要是被告以外之人向第三者、司法警察（官）、檢察官、法官等任何人之陳述，只要當事人同意或不爭執，均得援引此條文而成爲證據。與是否曾爲具結無涉。[79]須注意者，此擬制同意的發生，必須是當事人、代理人或辯護人知有傳聞禁止的存在爲前提。

肆、我國立法理由所承認的傳聞例外及其檢討

依本法第159條第1項立法理由所示，本條所謂除「法律有規定者」外，係指同法第159條之1至第159條之5及第206條等規定，此外，尙包括性侵害犯罪防制法第15條第2項、兒童及少年性交易防治條例第10條第2項、家庭暴力防治法第28條第2項、組織犯罪防制條例第12條及檢肅流氓條例中有關秘密證人筆錄等多種刑事訴訟特別規定之情形。

然而爲何前揭規定，可以成爲傳聞例外，立法理由並未再進一步說明，在釋字第582號公布之後，除有「**客觀上不能受詰問**」之情形，否則「於審判中，仍應依法踐行詰問程序」，這些傳聞例外亦應受到合憲性的檢

77　最高法院104年度第3次刑事庭會議決議。

78　黃朝義，《刑事訴訟法》，新學林，五版，2017.09，636頁。

79　王兆鵬、張明偉、李榮耕，《刑事訴訟法（下）》，新學林，五版，2020.11，243頁。

驗，以下舉例探討之：

一、鑑定報告書不應為傳聞例外

依159條之立法理由，所謂「法律有規定者」之傳聞例外，尚包括鑑定報告書。茲以醫療鑑定報告書為例，其因不具有例行公務或業務的特性，非屬於是第159條之4第1、2款之公務上或業務上之特信性文書[80]。此外，第159條之4第3款之特信性文書，亦應具有通常製作的特性[81]，故亦非本法第159條之4第3款的特信性文書。總之，醫療鑑定報告書，並不符合本法第159條之4的情況，其性質仍屬被告以外之人於審判外之書面陳述，屬於「傳聞證據」而非傳聞之例外。蓋因鑑定報告書具有傳聞證據的性質，應由實際為鑑定之人出庭報告說明，讓訴訟對造可對之詰問，方符合傳聞證據排除法則的規範目的及憲法保障對質詰問權的法理。[82]

至於，被告以外的第三人所做的測謊鑑定報告書，論者有謂得成為傳聞例外，有證據能力，[83]但本書認為，此種情形畢竟剝奪了被告的反對詰問權，解釋上應從嚴，即原則上應不容許，除非符合第159條之5之「同意」，方許例外成為證據。[84]

惟，實務上對於鑑定報告的認定，主要仍依循著本法第159條的修法意旨，而認為只要鑑定人是依本法第208條由審判長、受命法官或檢察官選任，或由法院或檢察官所囑託，鑑定人於鑑定前具結，以及鑑定報告內有載明鑑定經過與結果，做成的報告即有證據能力。

甚至擴張適用認為，「檢察機關概括選任鑑定人或概括囑託鑑定機關、團體，再轉知司法警察官、司法警察於調查犯罪時參考辦理之作為，係

80 張熙懷、葉建廷，〈我國傳聞法則之例外規定—特信性文書〉，收錄於王兆鵬、陳運財編《傳聞法則理論與實踐》，元照，2003.09，216頁。

81 陳運財，〈傳聞法則之理論及其實踐〉，《月旦法學雜誌》，第97期，2003. 06，101頁。

82 張麗卿，〈醫療糾紛鑑定與對質詰問權〉，收錄於《醫療人權與刑法正義》，元照，2014.01，324頁。

83 吳巡龍，〈科學證據與測謊的證據能力〉，收錄於《刑事訴訟與證據法實務》，新學林，初版，2006.11，252頁。

84 陳運財，〈傳聞法則之理論與實踐〉，收錄於王兆鵬、陳運財，《傳聞法則理論與實踐》，元照，初版，2003.09，75頁以下。

爲因應現行刑事訴訟法增訂傳聞法則及其例外規定之實務運作而爲。此種由司法警察（官）依檢察機關所概括選任之鑑定人或囑託鑑定機關、團體所爲之鑑定結果，與檢察官選任或囑託爲鑑定者，性質上並無差異，同具有證據能力。」[85]

此類實務見解引發學者質疑，因爲最高法院並未說明，上級檢察首長事先概括指定鑑定單位，允許司法警察可以送鑑定，與檢察一體所要達成的統一起訴標準之目的有何關係？即便學說上有認爲檢察一體目的在於有效打擊犯罪，處理的仍是檢察體系內部關係，並不包括對司法警察進行指揮或授權。再者，現行刑事訴訟法中不同訴訟主體（例如：法院、檢察官、司法警察）擁有不同的權限，是立法者有意的安排。在此，最高法院在司法警察命鑑定的情況以檢察一體的說理，使其擁有原本由法院與檢察官才有的權限，可能不當擴張。[86]

參考國外實務，儘管美國有部分的判決，允許檢察官引用特信性文書傳聞例外（聯邦證據法則第803條第6、8款），以鑑定報告取代鑑定人當庭證詞，[87] **但在我國不應比照，蓋釋字第582號解釋於2004年7月，故2003年2月本法增訂之第208條第2項以及最高法院75年台上5555號判例見解皆已不合時宜，鑑定機關之自然人仍應到庭接受詰問，否則鑑定報告結果將左右判決，法院的審理恐將淪爲橡皮圖章，徒具形式而已。**遺憾的是，釋字582號解釋公布後，最高法院95年度第9次刑事庭會議決議竟仍援用75年台上5555號判例之見解，此點頗令人費解。**依本書見解，本法雖然增訂了第208條第2項，但第208條第1項，未做修正，結果是仍有允許鑑定機關之自然人不到庭接受詰問的空間，而導致最高法院不將此號判例廢止主要理由。**本法第208條第1項：「法院或檢察官得囑託醫院、學校或其他相當之機關、團體爲鑑定，或審查他人之鑑定，並準用第203條至第206條之1之規定；其須以言詞報告或說明時，得命實施鑑定或審查之人爲之。」最高法院75台

---

85 最高法院102年度台上字第118號、101年度台上字第3789號、101年度台上字第2779號、101年度台上字第3951號、101年度台上字第3926號、99年度台上字第8128號判決。

86 李佳玟，〈鑑定報告與傳聞例外〉，收錄於氏著《程序正義的鋼索》，元照，2014.06，268頁。

87 李佳玟，〈鑑定報告與傳聞例外〉，收錄於氏著《程序正義的鋼索》，元照，2014.06，293頁。

上5555號判例謂：「囑託機關鑑定，並無必須命實際爲鑑定之人爲具結之明文，此觀同法第208條第2項，已將該法第202條之規定排除，未在準用之列，不難明瞭。原審綜合卷內相關證據爲判斷，縱未命該醫院實際爲鑑定之人簽名蓋章及具結，仍不得任意指爲採證違背法則。」[88]此號判例爲醫療鑑定報告之鑑定人提供不出庭接受被告對質詰問的合理依據，然而這顯然牴觸憲法保障被告對質詰問權的本旨。蓋釋字第582號解釋謂：「被告以外之人，不論『法律』上所冠之名稱或身分爲何，就憲法詰問權之意義，皆爲證人，皆爲詰問權行使之對象。[89]」又最高法院40年台上字第71號判例亦曾指出：「鑑定人之鑑定，雖足爲證據資料之一種，但鑑定報告顯有疑義時，審理事實之法院，仍應調查其他必要之證據，以資認定，**不得專憑不實不盡之鑑定報告，作爲判決之唯一證據**。」是以，參酌釋字第582號解釋精神，及前揭判例所指「仍應調查其他必要之證據」，應包含「命鑑定人出庭接受詰問」，唯有如此解釋，方符憲法保障人民基本權之本旨，並能落實將證人與鑑定人均列爲詰問對象之意旨。是以，本書認爲，最高法院75台上5555號判例應停止適用。

二、性侵保護措施與對質詰問權保障間之衝突

依本法第159條之立法理由，所謂「法律有規定者」之傳聞例外尙包括性侵害犯罪防制法第15條第2項（現爲第17條）。

依現行性侵害犯罪防治法第16條第1項規定：「對被害人之訊問或詰問，得依聲請或依職權在法庭外爲之，或利用聲音、影像傳送之科技設備或其他適當隔離措施，將被害人與被告或法官隔離。被害人經傳喚到庭作證時，如因心智障礙或身心創傷，認當庭詰問有致其不能自由陳述或完全陳述之虞者，法官、軍事審判官應採取前項隔離詰問之措施。」其立法理由指出，又性侵害犯罪被害人遭受侵害後，**身心通常均受嚴重創傷，以致面對被告時，常懼怕而無法完整陳述事實經過**，非僅限於智障或未滿十六歲被害人而已，爲保護其權益，爰予修正，擴大適用隔離措施之範圍；另因應日前科

88　本號判例經最高法院95年度第9次刑事庭會議決議仍予保留。

89　王兆鵬，〈從憲法解釋看被告訴訟基本權與詰問權〉，收錄於《辯護權與詰問權》，元照，2007.01，初版，157頁。

技設備之多元化，有關法庭外之訊問或詰問方式，並不限於雙向視訊系統，舉凡利用聲音、影像傳送之科技設備均得爲之。

同法條第2項又規定：「被害人經傳喚到庭作證時，如因心智障礙或身心創傷，認當庭詰問有致其不能自由陳述或完全陳述之虞者，法官、軍事審判官應採取前項隔離詰問之措施。」其立法理由指出，性侵害被害人於遭受性侵害後，時常因身心狀況致無法於加害人面前自由陳述或爲完全陳述，其心智發生障礙或身心受有創傷，尤其在面對被告或其辯護人之詰問，被告或其辯護人之不當言詞或動作，一旦爲之，縱經檢察官或法官予以制止，對被害人之傷害已然造成，甚至加深其心理創傷，倘爲亂倫案件，其情形更爲嚴重；爲避免性侵害被害人於交互詰問之過程受到二度傷害，採此方式訊問證人，不但兼顧保障被告訴訟上對質權且可保護被害人不受二度傷害。

另有論者認爲，被害人的身心創傷，可以作爲限制被告質問權的理由，但應注意以下的前提要件：即簡言之，訊問或質問是否可能導致被害人二度創傷，並非任由法院「想當然爾」加以臆測，而應建立在專家意見的基礎之上，且經由相應的證明（如鑑定）爲之。若眞的不適合由被告當庭質問時，至少應選擇僞裝或隔離措施的替代手段，保障被告向被害人間接提問的可能，而非遽然剝奪被告的質問機會。[90]

新近實務認爲，[91]性侵害犯罪防治法乃刑事訴訟法第159條第1項之特別規定，具例外規定之性質，其解釋、適用，自應依循前揭憲法意旨，從嚴爲之。依此，所謂「因性侵害致身心創傷無法陳述」，係指被害人因本案所涉性侵害爭議，致身心創傷而無法於審判中陳述。基於憲法保障刑事被告訴訟上防禦權之意旨，刑事被告詰問證人之機會應受到最大可能之保障，是系爭規定應僅限於被害人因其身心創傷狀況，客觀上已無法合理期待其就被害情形到庭再爲陳述者，始有其適用。有爭議時，法院應依檢察官之舉證爲必要之調查（如經專業鑑定程序、函調相關身心狀況資料），被告亦得就調查方法、程序與結果等，行使陳述意見、辯論與詰問相關證人、鑑定人等防禦權，以確認被害人於開庭時確有因性侵害致身心創傷無法陳述之情狀。被害

---

90 林鈺雄，〈性侵害案件與對質詰問之限制—歐洲人權法院與我國實務裁判之比較評析〉，收錄於《最高法院刑事裁判評釋》，元照，2013.12，247頁。

91 司法院釋字第789號解釋理由書。

人之具體情況尚未能確認者，法院仍應依聲請盡可能傳喚被害人到庭。於個案情形，如可採行適當之審判保護措施，例如採被害人法庭外訊問或詰問，或利用聲音、影像傳送之科技設備等隔離措施而爲隔離訊問或詰問等（性侵害犯罪防治法第16條第1項參照），以兼顧有效保護被害人與刑事訴訟發現眞實之需求者，系爭規定即尚無適用餘地。

其次，系爭規定所謂「經證明具有可信之特別情況」，係指性侵害案件，經適當之調查程序，依被害人警詢陳述作成時之時空環境與相關因素綜合判斷，除足資證明該警詢陳述非出於強暴、脅迫、誘導、詐欺、疲勞訊問或其他不當外力干擾外，並應於避免受性別刻板印象影響之前提下，個案斟酌詢問者有無經專業訓練、有無採行陪同制、被害人陳述時點及其與案發時點之間距、陳述之神情態度及情緒反應、表達之方式及內容之詳盡程度等情況，足以證明縱未經對質詰問，該陳述亦具有信用性獲得確定保障之特別情況而言。檢察官對此應負舉證責任，指出證明之方法。

性侵害案件，被害人無法到庭陳述並接受詰問，而例外依系爭規定以合於前述意旨之警詢陳述作爲證據者，於後續訴訟程序，爲避免被告訴訟上防禦權蒙受潛在不利益，法院基於憲法公平審判原則，應採取有效之訴訟上補償措施，以適當平衡被告無法詰問被害人之防禦權損失。包括在調查證據程序上，強化被告對其他證人之對質、詰問權；在證據評價上，法院尤不得以被害人之警詢陳述爲被告有罪判決之唯一或主要證據，並應有其他確實之補強證據，以支持警詢陳述所涉犯罪事實之眞實性。[92]

---

92 學說上認爲，本號解釋特別強調對質質詰問的容許例外，尤其是「防禦法則」與「佐證法則」。簡單說，關於性侵害案件，基於保護被害人的需求，被告防禦權尤其是對質詰問權，雖受限制，但仍應符合容許例外始得作爲對其不利裁判之基礎。尤其是在最佳防禦手段（當庭對質詰問）不可得時，仍應盡力補償被告的防禦權損失，至少要退而求其次，依照「防禦法則」求取次佳防禦方案（包含蒙面、變聲、錄影、間接提問等），且依「佐證法則」，縱使例外使用未經對質詰問的證詞，也不得作爲有罪裁判的唯一或主要證據。請參閱林鈺雄，〈刑事訴訟法的發展趨勢—從公平審判原則出發〉，《月旦法學雜誌》，第300期，2020.05，187～189頁。

三、檢肅流氓條例與對質詰問權保障間之衝突

依159條之立法理由，所謂「法律有規定者」之傳聞例外尚包括檢肅流氓條例中有關秘密證人筆錄。

但大法官在2008年指出：「刑事案件中，任何人（包括檢舉人、被害人）於他人案件，除法律另有規定外，皆有為證人之義務，證人應履行到場義務、具結義務、受訊問與對質、詰問之義務以及據實陳述之義務。檢肅流氓程序之被移送人可能遭受之感訓處分，屬嚴重拘束人身自由處遇，其對證人之對質、詰問權，自應與刑事被告同受憲法之保障。**檢肅流氓條例第12條第1項規定，未依個案情形考量採取其他限制較輕微之手段，是否仍然不足以保護證人之安全或擔保證人出於自由意志陳述意見，即得限制被移送人對證人之對質、詰問權與閱卷權之規定，顯已對於被移送人訴訟上之防禦權，造成過度之限制，與憲法第23條比例原則之意旨不符**，有違憲法第8條正當法律程序原則及憲法第16條訴訟權之保障。」[93]而在大法官宣告檢肅流氓條例相關規定違憲後，立法院已於2009年1月，廢止該條例。然而在本法傳聞法則修正後，依組織犯罪條例第12條仍規定，訊問證人之筆錄，以在檢察官或法官面前作成，並經踐行刑事訴訟法所定訊問證人之程序者為限，始得採為證據，與本法第159條之2在適用上應有矛盾或衝突，[94]將來宜在修法上做配套調整。

伍、我國學說上所承認之傳聞例外

我國的傳聞法則有所缺陷，蓋與美、日實務相比，我國傳聞例外僅區區數條，實乃嚴重不足，此乃立法疏漏。以下簡略介紹我國學說上認為現行法制上所應類推適用之傳聞例外：

93 釋字第636號解釋理由書。

94 張明偉，〈組織犯罪案件審判之傳聞法則適用〉，收錄於氏著《傳聞例外》，元照，初版，2016.04，216頁。

一、驚駭或興奮的表述

承認此種例外，法理基礎在於，審判外之陳述人在興奮或驚嚇狀況下，大概不會說謊。因爲在這種情形下，常人通常無暇思考，應無虛僞之可能，但必須是興奮或驚嚇之後的短暫時間內短暫的陳述方屬之。[95]

二、臨終陳述

承認此種例外，法理基礎在於「人之將死，其言也善」。在有關命案之追訴程序中，陳述人自信即將死，而就有關其所信死亡原因或情況所爲之陳述，其陳述虛僞可能性極低，應可爲傳聞之例外，但即將死亡之人對於他人死亡原因的陳述，則不屬之。此種情形可類推適用本法第159條之3的規定。不過這畢竟限制了人民憲法所保障的反對詰問權的行使，故學者建議還是修法明文較無違憲疑慮。[96]

三、已記錄之回憶

若審判中之證人作證時，完全無法記得當時情況，但在待證事實發生當時或發生之後，曾記錄待證事實，該紀錄得爲證據。因爲此乃第一手知識，通常是親自見聞之事實。而且記錄時間密切。況且，記錄人於審判中作證，也未必能想起當時狀況。當然，其紀錄必須精確且當時的記憶清晰，自不待言。[97]

四、共謀者於實行犯罪之陳述

此一例外有三要件：（一）陳述人與當事人間必須有「共謀關係」（包含同謀共同正犯、教唆犯及幫助犯）。（二）陳述必須在「共謀犯案的

---

95 吳巡龍，〈傳聞法則實務問題的探討〉，收錄於氏著《刑事訴訟與證據法實務》，新學林，2006.11，251頁。

96 陳運財，〈傳聞法則與直接審理〉，《月旦法學教室》，第21期，2004.07，134頁；王兆鵬、張明偉、李榮耕，《刑事訴訟法（上）》，新學林，四版，2018.09，238頁；吳巡龍，〈傳聞法則實務問題的探討〉，收錄於氏著《刑事訴訟與證據法實務》，新學林，2006.11，255頁。

97 王兆鵬，《美國刑事訴訟法》，元照，二版，2007. 09，521～522頁；吳巡龍，〈傳聞法則實務問題的探討〉，收錄於《刑事訴訟與證據法實務》，新學林，2006.11，252頁。

過程進行中」作成（例如共謀者一人被逮捕時，即視爲終止共謀關係）。（三）必須爲共謀之目的所做陳述（例如正犯對幫助犯要求提供槍枝的言語時間點必須是在犯案正進行中）。[98]但同樣的話若在偵訊時說，而若無法證明爲犯案當時所說，即非共謀之目的所做之陳述。

五、當場印象

被告以外之人審判外的陳述，雖未經詰問或具結，但轉述之人係轉述親眼目睹或無意間聽聞的瞬間印象，依據經驗法則可相信該陳述虛假可能性極低，可例外成爲證據，但前提是該轉述之人曾到庭具結。[99]

陸、對質詰問權容許例外之四大法則

此說主張，傳聞法則主要之目的在於保障被告的對質詰問權，而傳聞例外可能與這個目的相衝突。換言之，即使形式上不違反傳聞的規定，但實質上卻有可能侵害了被告的質問權。**質問權作爲程序最低標準的核心內涵在於：刑事被告在整個程序，至少應享有一次面對面、全方位去挑戰、質疑及發問不利證人的機會**。不過，質問權保障亦非毫無例外，干預質問權並非一概不許。關鍵在於，法院在何等情形下，能夠採納未經質問的例外容許？由於質問權屬於公平審判程序的基本要求，而採納未經質問的證詞應否例外容許，亦應回歸公平審判原則的角度，透過平衡與補償措施，確保整個程序的公平性，使其對被告的不利降到最低。學說上建議，具體應用到質問的容許例外，得以下列四大法則來檢驗。即，**一、義務法則**：法院採納未經質問的證詞之前，是否努力促成證人親自到庭，盡國家機關的傳訊、拘提之義務。**二、歸責法則**：是否無可歸責於國家的事由而導致無法質問。**三、防禦法則**：是否給予被告防禦機會來補償。**四、佐證法則**：系爭不利證詞是否作爲判決唯一或主要證據。[100]

---

98 王兆鵬，《美國刑事訴訟法》，元照，二版，2007.09，522～524頁。

99 吳巡龍，〈傳聞法則實務問題的探討〉，收錄於《刑事訴訟與證據法實務》，新學林，2006.11，251頁。

100 林鈺雄，《刑事訴訟法實例研習》，新學林，三版，2021.02，227頁以下；林鈺雄，〈對近年來實務有陸續採納前述四大法則的趨勢，如最高法院103年度台上字第2182號、103年度台上字第4086、104年度台上字第289號、105年度台上字第757號、108年度台上字第627號等判決及司法院釋字第789號解釋。

選擇題練習

1 關於傳聞法則之敘述，下列何者正確？[101] (A)家譜於可信之特別情況下，得爲證據 (B)起訴審查程序適用傳聞法則 (C)強制處分的審查程序適用傳聞法則 (D)共同被告於民事訴訟程序中向法官所爲之陳述，不得作爲證據

【95年警佐班】

2 有關傳聞法則的意義，下列敘述何者爲是？[102] (A)傳聞法則的前提要件，乃是認定被告以外之人於審判外之陳述具有不可靠性 (B)刑事訴訟法第159條之2，得適用於審判中共同被告翻供的情形 (C)執行酒測勤務的員警依其「目測」所作的報告，有傳聞法則例外規定之適用 (D)傳聞證據具有證明能力 (E)刑事訴訟法第159條之5非任意自白經被告同意其證據能力

【99年警大二技】

3 某刑案目擊證人甲向司法警察乙陳述丙爲加害人，而警察乙當時未錄影、錄音或製作詢問筆錄，嗣後法院公審時，因甲所在不明而無法傳喚。依實務見解，下列敘述何者正確？[103] (A)乙之經驗陳述非屬傳聞證詞 (B)刑事訴訟法第159條之3僅明定「……所爲之陳述」，而無明文要求被告以外之人之陳述皆須記載於筆錄或有錄影、錄音爲憑證始得作爲證據，故乙代替甲到庭陳述之傳聞證據，可以具有傳聞之例外 (C)乙之陳述雖屬傳聞證詞，但其未依法製作

質詰問觀點的傳聞法則（一）／對質詰問例外與傳聞例外之衝突與出路－歐洲人權法院與我國最高法院裁判之比較評析〉，《台灣本土法學》，第119期，91頁以下。

101 答案爲(A)並非爲個案或是預料該文書可能提出於刑事程序上而作。

102 答案爲(A)、(B)、(C)。

103 答案爲(C)。

詢問筆錄，且未錄影、錄音，使得甲之陳述欠缺證據之形式成立要素，且乙非親自見聞犯罪事實發生經過之人，故無傳聞例外之適用 (D)因乙違反刑事訴訟法第100條之1連續錄影、錄音之規定，故處罰其傳聞證詞不得作爲傳聞之例外 【101年警大二技】

4 下列關於傳聞法則的論述，何者錯誤？[104] (A)偵查員之查訪報告屬傳聞證據，仍應踐行直接審理原則 (B)被告於檢察官面前所爲之陳述，有證據能力 (C)美國人自訴被臺灣人打傷，於地方法院起訴時，已離開臺灣，其偵查筆錄仍有證據能力 (D)檢察官在法庭上提出户籍謄本證明被告婚姻關係仍然存續之事實，屬傳聞證據，無證據能力 【104年警特三等犯罪偵查】

考題觀摩

甲經營賭博性電子遊戲場，爲免遭管區派出所取締，涉嫌行賄請求警員乙惠予照顧，不要動輒取締，並約定由甲自民國（下同）100年12月份起，每月交付新臺幣（下同）20,000元給乙。調查局線民丙，於100年12月20日，向調查局密報稱：「曾聽聞甲曾向顧客表示，安啦！管區警員乙，已打點好了。」經製作調查筆錄在案。調查員懷疑甲、乙二人涉有不法情事，爲過濾線索的眞實性，於翌日12月21日自行秘密監聽，發現甲、乙二人之通話内容提及「茶葉好了，有空過來喝」等曖昧用語。調查員研判是二人約定之暗語，遂於同年月28日檢具丙告發之調查筆錄及上開監聽譯文，洽請檢察官向法院聲請核發通訊監察書，監聽甲、乙二人手機號碼的通話。法院核准聲請，並於通訊監察書上載明監聽期間爲：「自100年12月30日上午10時起至101年1月30日上午10時止」。調查員於101年2月1日通知甲、乙二人到案説明，甲、乙均否認犯罪。偵查中檢察官以證人身分傳喚丙，丙具結後供稱：「向調查員所供全是道聽塗説」，檢察官認爲丙於調查局之供述較爲可信，偵查終結，以甲、乙分別涉犯違背職務行賄、受賄罪，於101年5月1日提起公訴。檢察官並提出線民丙之調查筆錄、監聽之錄音光碟及監聽譯文，作爲證據。其中，監聽譯文是由調查局人員製作但未經簽名，内容則載明：「兩手機通話時間爲100年12月31日XX點XX分至YY分…甲手機發話：…茶葉好了可以來喝了…乙手機回話：謝謝啦！馬上

104 答案爲(D)。

過去喝。下個月初，可能有自強活動（意指分局有擴大臨檢之暗語）」。

檢察官於起訴書中，除指明甲、乙二人於100年12月31日行賄、受賄20,000元外，另於第一審辯論終結前，追加起訴甲、乙二人101年1月份之行賄、受賄之犯行。經法院審理結果，認爲甲、乙100年12月份之行賄、受賄部分固然成立犯罪，但檢察官追加起訴101年1月份的部分，屬犯罪不能證明，遂於判決主文就100年12月份甲之行賄，乙之受賄，分別論處罪刑；對於追加起訴部分，認爲不成立犯罪部分，未於主文另爲宣告，僅於理由說明追加起訴部分，犯罪不能證明，爰不另爲無罪之諭知。試問：

（一）100年12月31日之監聽光碟及監聽譯文，得否作爲認定甲乙二人有罪之證據？（35分）

（二）檢察官認爲丙於偵查中訊問時已翻供，故本案審判中未再聲請傳喚丙爲證人，經法院依職權傳喚丙未到，法院得否採用調查員詢問丙之調查筆錄作爲證據？（35分）

（三）法院審理結果，第一審法院判決之諭知方式是否正確？檢察官對於第一審判決未提起上訴，僅被告上訴之情形，試問第二審法院之審判範圍爲何？（30分）

（答題除引用相關之學說或實務見解外，應就本案之論斷附具個人見解）

【107年律師第二試】

第五節 證據調查

壹、檢察官之舉證責任

一、原則

本法第161條規定檢察官就被告犯罪事實，「應」負舉證責任，並指出證明之方法。因此檢察官舉證的性質應指向檢察官的舉證責任，是屬國家追訴犯罪的法定義務。本書認爲，我國訴訟構造改採改良式當事人進行主義後，檢察官的舉證責任是「實質」的舉證責任，須說服法院證明被告有罪，而非像過去一樣，僅行禮如儀陳述「如起訴書所載請鈞院依法判決」後，證明被告有罪的責任即交由法院接手。亦即，規範檢察官舉證責任之內涵，除證據之提出外，另應就被告犯罪事實，指明道出其證明方法，以說服法官，藉此督促檢察官善盡實行公訴之職責。

二、例外

（一）公眾週知

公眾週知之事實，毋庸舉證（本法§157）。此係指具有通常知識經驗之一般人所通曉且無可置疑而顯著之事實而言，如該事實非一般人所知悉或並非顯著或尚有爭執，即與公眾週知事實之性質，尚不相當，自仍應舉證證明，始可認定，否則即有違認定事實應憑證據之法則。[105]如自然的物理現象，生活的常態，就普通經驗無須爭執的之事項。法官在審理具體案例時，對於一般公知或週知之法律或事實之認識，由其專責認定之，法官在認知此法律或事實時，應告知當事人，並使其提供有關知識的機會。

（二）事實於法院已顯著或為其職務上所已知

事實於法院已顯著，或爲其職務上所已知者，毋庸舉證（本法§158）。

（三）法律上推定的事實

乃以法律規定，如甲事實已被證明，而無反對證明，即可推定有乙事實的存在。於此情形，無論審判官的心證如何，審判官均非認有乙事實存在不可。故法律上的推定乃屬自由心證之限制，當事人得以反對證明推翻之。申言之，只要當事人無反證之提出時，審判官當推定該事實爲眞正。

三、特別法的規定

貪污治罪條例第6條之1規定，檢察官於偵查中，針對特定犯罪，發現公務員本人及其配偶、未成年子女自公務員涉嫌犯罪時及其後三年內，有財產增加與收入顯不相當時，得命本人就來源可疑之財產提出說明，無正當理由未爲說明、無法提出合理說明或說明不實者，處五年以下有期徒刑、拘役

105 最高法院86年台上字第6213號判例。

或科或併科不明來源財產額度以下之罰金。之所以例外採檢察官舉證順序之倒置的立法，乃近年來貪瀆弊案頻傳，嚴重衝擊國民對政府之信賴。惟貪污具有隱密性，被發現時常已距犯罪時日甚久，證據可能已被湮滅，犯罪所得多被隱匿，查證頗爲困難，影響打擊貪腐之成效。雖然如此，檢察官仍應實質舉證，證明推定事實和已知的事實具有高度合理關聯性。

2016年立法院於《洗錢防制法》增訂第18條，「以集團性或常習性方式犯洗錢罪者，有事實足以證明行爲人所得支配之財產或財產上利益，係取自其他違法行爲所得者，沒收之。」規定規避洗錢規定所取得的不明財產罪，及其未遂行爲的處罰；擴大本法沒收範圍及於洗錢犯罪的財物或財產上利益標的。這也是「舉證責任倒置」的規定，檢察官有權將嫌犯的其他可疑財產沒收，若嫌犯提出反證，才可以返還。

貳、檢察官之舉證與法院之審理

當事人、代理人、辯護人或輔佐人得聲請調查證據，並「得」於調查證據時，詢問證人、鑑定人、或被告。審判長除認爲有不當者外，不得禁止之（本法§163 I）。法院爲發現眞實，得依職權裁量是否進行證據之調查，以強化當事人進行主義的色彩，於此刑事訴訟架構中，法院依職權調查證據僅具補充性、輔佐性。法院於公平正義之維護，或對被告之利益有重大關係事項等例外情形下，法院有義務依職權調查證據，此部分屬於法院「應」依職權調查的部分。爲確保法院超然、中立之立場，法院於調查證據前，**應先給予當事人陳述意見之機會**（本法§163 II、III），以決定是否介入調查，以發現事實眞相。聲請調查證據爲當事人在訴訟程序上攻擊防禦的重要權利，當事人或辯護人得於審判期日前，提出證據或聲請調查證據（本法§275），上述增修的規定足以說明**法院不再主動蒐集或調查證據，尤其是法庭之調查證據程序則交由當事人來主導，透過準備程序的配合，使得訴訟程序得以集中於調查證據程序與言詞辯論程序**。

此外，告訴人爲最接近犯罪事實之人，但並非刑事訴訟程序中之「當事人」以必要之參與程序，亦有助於刑事訴訟目的之達成，故應賦予告訴人得以輔助檢察官使之適正達成追訴目的之機會，2020年新增第163條第4項，規定告訴人得就證據調查事項向檢察官陳述意見，並請求檢察官向法院聲請調查證據檢察官受告訴人之請求後，非當然受其拘束，仍應本於職權，斟酌具體個案之相關情事，始得向法院提出聲請，以免延宕訴訟或耗費司法資源。

參、調查證據之程序與聲請證據之駁回

依德國學說，法定證據方法限於：被告、證人、鑑定人、勘驗、文書等五種[106]。但我國有學者認爲，本法有關人證、鑑定、通譯及勘驗等之調查規定，屬對於證據的「調查方式」的規範，而並非直接對證據種類設以限制。本法對於證據方法或證據資料有無證據能力，設有法定限制或排除規定者這是實質問題，惟對形式的證據種類或分類，則並無所謂法定之說[107]。事實上就我國實務運作而言，兩者雖有概念上差異但並無嚴重的矛盾衝突。例如告訴人、告發人或被害人陳述，皆可爲證據方法，但實務上又將其歸類於證人概念之下[108]。

本法第163條之1規定：「當事人、代理人、辯護人或輔佐人聲請調查證據，應以書狀分別具體記載下列事項： 一、聲請調查之證據及其與待證事實之關係。二、聲請傳喚之證人、鑑定人、通譯之姓名、性別、住居所及預期詰問所需之時間。三、聲請調查之證據文書或其他文書之目錄。若僅聲請調查證據文書或其他文書之一部分者，應將該部分明確標示。調查證據聲請書狀，應按他造人數提出繕本。法院於接受繕本後，應速送達。不能提出第1項之書狀而有正當理由或其情況急迫者，得以言詞爲之。前項情形，聲請人應就第1項各款所列事項分別陳明，由書記官製作筆錄，如他造不在場者，應將筆錄送達。」

關於聲請調查證據之駁回，本法第163條之2規定：「當事人、代理人、辯護人或輔佐人聲請調查之證據，法院認爲不必要者，得以裁定駁回之。下列情形，應認爲不必要：一、不能調查者。二、與待證事實無重要關係者。三、待證事實已臻明瞭無再調查之必要者。四、同一證據再行聲請

106 *Roxin / Schünemann*, Strafverfahrensrecht , 29. Aufl., 2017, §24, Rn. 2.

107 陳運財，〈嚴格證明法則〉，《月旦法學教室》，第23期，2004.09，133頁以下。

108 最高法院93年台上字第463號判例。

者。」

本條第1款所謂「欠缺必要性之證據」，不予調查，自可認於判決無影響，例如：無證據能力之證據，既無爲證據之資格，即不應作爲證據加以調查。無從調查之證據方法，譬如所有不明或逃匿國外無從傳訊之證人，或無從調取之證物之類是。

本條第2款的情形，即證據與待證事實是否有重要關係，應以該證據所證明者，能否推翻原審判決所確認之事實，而得據以爲不同之認定爲斷。若其係枝節性之問題，或屬被害經過細節，既非待證事實所關重要之點，即欠缺調查之必要性。

至於本條第3款的情形，所證明之事項已臻明瞭，自無再行調查必要之證據。以免意在延滯訴訟，故爲無益之調查聲請。

而本條第4款稱「同一證據再行聲請調查者。」係指在待證事實同一之情形下，就同一證據重複聲請調查，如因待證事實不同，而有取得不同證據資料之必要時，自不在此限。凡上述情形，應屬非應於審判期日調查之證據。

肆、物證、書證與準文書之調查

所謂「物證」並非只有包括實體之物質，舉凡可以跟現場位置、犯罪事件、被害者、嫌犯等做有效連結的各種物體、現象、狀態或情況等，均可作爲證據之用。[109]物證調查之內容包括普通證物與書證。前者乃指以物體之存在而足以證明犯罪者，例如財產犯罪之贓物、兇殺案中之兇器等。後者，則指以文書所載內容爲犯罪之證據者，例如公務員在刑事追訴中所作成之筆錄。[110]

一、普通物證之調查—向當事人等提示證物並令其辨認

依本法第164條第1項規定：「審判長應將證物提示當事人、代理人、辯護人或輔佐人，使其辨認」，亦即證物須踐行「實物提示」，使之透過調

109 曾春橋、莊忠進，《刑案現場處理與採證》，元照，初版，2014.04，2頁。

110 林山田，《刑事程序法》，五南，五版，2004.09，444頁。

查證據程序以顯現於審判庭，令當事人、代理人、辯護人或輔佐人辨認，始得採爲認定事實之基礎。此「實物提示」規定，於當事人對於「有無證物存在」或「證物之同一性」有爭議時，更須嚴格遵守，否則難認證據經合法調查，並有礙被告防禦權利及可能影響判決結果。[111]。

二、書證之調查─向當事人宣讀或告以要旨

本法第165條：「卷宗內之筆錄及其他文書可爲證據者，審判長應向當事人、代理人、辯護人或輔佐人宣讀或告以要旨。前項文書，有關風化、公安或有毀損他人名譽之虞者，應交當事人、代理人、辯護人或輔佐人閱覽，不得宣讀；如被告不解其意義者，應告以要旨。」故書證係指在法院或法官之面前，依照法定之程序予以制作，始可作爲證據。包括偵查機關所作成之文書，如屬於各種強制處分之筆錄，亦可視爲書證。刑事訴訟採爲判決基礎之證據，固得援用起訴前或另案之訴訟紀錄，但爲發現眞實起見，除有特別規定及不須調查或不易調查之情形外，法院仍應詳予調查。書證的範圍包括：訊問、搜索、扣押筆錄、民事、刑事判決、告訴狀、診斷書、鑑定書等。[112]

三、準文書之調查─向當事人顯示影音資料或告以要旨

至於準文書乃係於文書外之證物有與文書相同之效用者，準用之。錄音、錄影、電磁紀錄或其他相類之證物可爲證據者，審判長應以適當之設備，顯示聲音、影像、符號或資料，使當事人、代理人、辯護人或輔佐人辨認或告以要旨（§165-1）。

111 最高法院103年度台上字第463號判決。

112 張麗卿，《刑事訴訟法理論與運用》，五南，十五版，2020.09，358頁。

伍、人證之調查

一、人證之意義

人證者，乃以人之特別學識經驗或其所經歷之事實，所爲之陳述，作爲其證據資料。他人的傳聞，因非經歷的事實，所爲陳述，不得採爲證據資料。

二、人證與證人的區別

人證與證人的區別：人證因其身分的不同，可分爲：（一）證人的證言。（二）鑑定人的鑑定報告。（三）被告之陳述。（四）共犯之陳述。（五）被害人之陳述。（六）告訴人的陳述。（七）告發人之陳述。（八）自訴人的陳述。至於被害人本質上屬於證人，其陳述被害經過，亦應依人證之法定偵查、審判程序具結，方得作爲證據。[113]故所謂人證者，乃以人爲證據之方法。以人之特別學識、經驗或所經歷之事實，所爲之陳述作爲證據之資料。

證人者，乃指在檢察官或審判長或受命法官面前，「限於」就其所曾經親自見聞或經歷之事實，據實陳述之第三人。共同被告之一人或數人，就僅關於他共同被告之事實爲證人時，仍得爲「證人」。非共犯之共同被告（例如同時犯），在其自己刑事案件所爲自己不利於己之陳述爲「自白」，但在涉及其他共同被告之陳述，則爲「證言」。

故證人亦爲人證的一種。告發人雖無妨爲證人即令其具結，但其證據之證明力，仍應斟酌情節，自由心證判斷之。[114]鑑定證人具有鑑定人及證人身分，但本法第210條規定，應適用人證的規定，鑑定證人就證言陳述部分具有證人身分。

---

113 最高法院93年台上字第6578號判例。

114 最高法院93年台上字第6578號判例。

三、證人於審判外之指認

（一）概念

由於審判外指認之時間點較接近案發時，證人之記憶尚屬新鮮，隨著時間經過，不僅記憶已受影響，且常有許多干擾因素，例如來自被告之脅迫或誘惑，或證人對於冗長訴訟程序已產生倦怠，或證人置身事外的心態，相較之下，故證人於「審判外指認」之證據價值常較「審判內」指認為高。[115]然而，我國法未如美國聯邦證據法在對「傳聞」下定義時，將「審判外指認」排除在外，因此仍應依本法第159條之1至159條之3的規定，逐條檢驗其證據能力。

（二）實務上指認之程序

現行刑事訴訟法並無關於指認犯罪嫌疑人、被告程序之規定，如何經由被害人、檢舉人或目擊證人以正確指認犯罪嫌疑人或被告，自應依「個案具體情形」為適當之處理。[116]除非有拒絕證言權，所有證人均有參與指認程序之義務。[117]但由於指認過程中所可能形成之記憶污染、判斷誤導導致證人的記憶可能模糊不清而誤認，因此學說與司法實務皆主張應有一套嚴謹的法則，茲將實務指認過程介紹如下：

1. 單一相片指認或證人與被告一對一指認

過去實務指認程序，大都將犯罪嫌疑人或被告一人帶至證人面前，或向證人提示犯罪嫌疑人或被告一人口卡片或相片，令證人指證；此等由證人與犯罪嫌疑人或被告一對一、或向證人提示犯罪嫌疑人或被告單一照片或口卡片之指證方式，**因其具有被指證者即為犯罪行為人之強烈暗示性，證人常受影響，以致指證錯誤之情形屢屢發生，甚至造成無辜者常被誤判有罪**，其真實性極有可疑。[118]此號判決，雖不認為一對一或單一指認違法，但也點出了其瑕疵所在，其在法院自由心證的證明力，自然相對降低。

---

115 吳巡龍，〈審判外指認之證據能力與「門山指認法則」〉，收錄於《刑事訴訟與證據法實務》，新學林，初版，2006.11，155～156頁。

116 最高法院103年度台上字第2833號判決。

117 楊雲驊，〈偵查中之指認程序〉，《台灣法學雜誌》，第92期，2007.03，105頁。

118 最高法院94年度台上第478號判決。

2. 眞人列隊指認

新近的實務見解有鑑於「單一相片指認」或「證人與被告一對一指認」的瑕疵，認爲除非有例外情形，否則應採「眞人列隊指認」，該實務見解謂：「案發後之初次指認，無論係於司法警察（官）調查或檢察官偵查中所爲，對案件偵查之方向甚或審判心證之形成，常有重大之影響，自當力求慎重無訛，故除被告或犯罪嫌疑人係社會（地區）知名人士、與指認人熟識之人、現行犯、準現行犯或具顯著特徵、曾與指認人長期且近距接觸或其他無誤認之虞者，得單獨供指認外，皆應依訴訟制度健全國家之例，以『眞人列隊指認』方式爲之，不宜由單獨一人，或僅提供單一照片或陳舊相片，以供指認，更不得予以任何暗示、誘導，否則其踐行之指認程序即非適法，難認已具備傳聞法則例外之可信性要件。」[119]

3. 門山指認法則

依照現行警政署頒布的「警察機關實施指認犯罪嫌疑人程序要領」及「警察偵查犯罪手冊」第91點，指認程序應遵守：(1)指認前應由指認人先陳述犯罪嫌疑人特徵；(2)指認前不得有任何可能暗示、誘導之安排出現；(3)指認前必須告訴指認人，犯罪嫌疑人並不一定存在於被指認人之中；(4)實施指認，應於偵訊室或適當處所爲之；(5)應爲非一對一之成列指認（選擇式指認）；(6)被指認之數人在外形上不得有重大差異；(7)實施指認應拍攝被指認人照片，並製作紀錄表附於筆錄；(8)實施照片指認，不得以單一相片提供指認，並避免提供老舊照片指認。而檢察機關辦理刑事訴訟案件應行注意事項第99點亦規定：「檢察官對於有必要指認犯罪嫌疑人或被告之案件，爲期勿枉勿縱，應審愼爲之，確實依照本法之規定，實施全程錄音及必要時全程錄影，並依案情之需要，以各檢察署所設置單面指認玻璃及雙向視訊系統，實地操作使用。指認前應由指認人先陳述犯罪嫌疑人之特徵，於有數人可供指認時，對於可供選擇指認之人，其外型不得有重大之差異。指認前必須告知指認人，眞正之犯罪嫌疑人並不一定存在於被指認人之中，且不得有任何可能誘導之安排出現。檢察官行訊問或檢察事務官行詢問並製作指認之供述筆錄時，應要求證人將目擊經過、現場視線及犯罪嫌疑人之容貌、

---

[119] 最高法院103年度台非字第404號判決。

外型、衣著或其他明顯特徵等查證結果予以詳述，命書記官一併附記於筆錄內，以便與指認之結果進行核對查考。」可知，現行檢警的實施指認的方式，以「眞人列隊指認」爲原則，禁止「單一相片指認」或「證人與被告一對一指認」。

雖然，「眞人列隊指認」較「單一相片指認」或「證人與被告一對一指認」的瑕疵些微。然而「眞人列隊指認」，仍非無發生錯誤的可能。學者建議可參照美國的「門山指認法則」（Manson Test），來判斷指認的正確性，其判斷標準有五：(1)犯罪發生時指認人有無觀看行爲人之機會？(2)指認人於案發時注意行爲人之程度爲何？(3)指認人先前對行爲人特徵描述之準確度如何？(4)指認時指認人之確定程度如何？(5)犯罪發生時與指認時相距時間之長短。依美國的「門山指認法則」，審判外指認程序正當與否，並非以「單一指認」或「排列指認」作爲唯一的區別標準，而在於指認人對於被告之印象，是否在於警方指認程序之前，或係受警方之不當暗示或誘導始形成。[120]「門山指認法則」的判斷標準亦爲我國最高法院採納，該判決指出：「苟指認人係基於其親歷事實之知覺記憶而爲指認，並無受不當暗示或誘導介入之影響，就其於目睹犯罪事實時所處之環境，確能對犯罪行爲人觀察明白、認知犯罪行爲人行爲之內容，且該事後依憑其個人知覺及記憶所爲之指認，復未違背經驗法則或論理法則，即難僅因指認人之指認程序與上開要領規範未盡相符，而遽認其無證據能力。」[121]因爲，此判決事實之證人李某係現職之警員，受過警察之專業訓練，李某經迫近距離之追捕與抗拒動作，得以接續清晰目睹被告之面貌。其於案發時所處之環境既確能對犯罪行爲人觀察明白，即令在警詢時係爲單一指認，而與指認要領之規範未盡相符，但李某依憑其個人親歷事實之知覺記憶所爲之指認，尚無受誘導而爲不正確指認之可能。因此，其審判外指認自應具有證據能力。[122]總結來說，固然檢警應遵守規定，儘量以「眞人列隊指認」爲原則，但即使爲遵守規定，

120 吳巡龍，〈審判外指認之證據能力與「門山指認法則」〉，《刑事訴訟與證據法實務》，新學林，初版，2006.11，163頁以下。

121 最高法院100年度台上字第925號判決。

122 吳巡龍，〈指認—最高法院100年度台上字第925號刑事判決評析〉，《月旦裁判時報》，第14期，2012.04，79頁以下。

其「指認」在審判上非絕對無證據能力，依「門山指認法則」仍應依具體個案分別認定其有無證據能力。

4. 防制指認錯誤的改進之道

由於法對此可說沒有完整、詳細的相關規定，論者有謂，至少現行法第205條之2可作爲偵查中指認之法律依據，至於其具體內容，法務部及內政部均已有詳盡且符合世界潮流的指認規則、標準等以資補充。[123]

基於「審判外指認」潛藏著許多危險，指認人指認時可能受警察有意或無意的暗示之影響，且指認人一旦指認某人爲行爲人，以後很少會改變先前之指認，故指認時應通知律師到場，因爲律師可對有暗示性之指認適時提出異議。由於單獨的犯罪人或其相片帶給指認人指認之方式具有被指認者即係行爲人之暗示性，原則上應加以避免。[124]不過，這不適用於相片指認，因爲證人爲相片指認時，被告本人並不在場，而辯護人爲被告的代理人，無理由獨邀辯護人在場，此與一般「成列指認」被告本人在場之情形有所不同。[125]

考題觀摩

偵查人員實施被害人、檢舉人或目擊證人指認犯罪嫌疑入時，應依循的指認要領爲何？並請檢討現行指認過程中可能出現的問題及其改進之道。 【103年警特三等犯罪偵查】

■ **參考解答**：請自行參考前文作答。

---

123 楊雲驊，〈偵查中之指認程序〉，《台灣法學雜誌》，第92期，2007.03，119頁。

124 吳巡龍，〈審判外指認之證據能力與「門山指認法則」〉，《刑事訴訟與證據法實務》，新學林，初版，2006.11，171～172頁。

125 王兆鵬、張明偉、李榮耕，《刑事訴訟法（下）》，新學林，五版，2020.11，386頁以下。

選擇題練習

1 下列何者爲實施被害人指認犯罪嫌疑人之要領？[126] (A)指認前得由指認人先陳述犯罪嫌疑人特徵 (B)實施指認，得於偵訊室或適當處所爲之 (C)指認前必須告訴指認人，犯罪嫌疑人並不一定存在於被指認人之中 (D)實施指認不需拍攝被指認人照片，但應製作紀錄表附於筆錄

【103年警特三等犯罪偵查】

2 偵查人員實施被害人、檢舉人或目擊證人指認犯罪嫌疑人時，應注意要領，下列選項何者「錯誤」？[127] (A)應爲非一對一之成列指認 (B)指認人於指認前，不可先陳述犯罪嫌疑人特徵 (C)指認前必須告知指認人，犯罪嫌疑人並不一定存在於被指認人之中 (D)實施照片指認，不可以單一相片提供指認，並避免提供老舊照片指認 【103年警特四等犯罪偵查】

3 下列關於指認之要領，何者錯誤？[128] (A)指認前應由指認人先陳述犯罪嫌疑人特徵 (B)指認前爲避免指認錯誤，必須告訴指認人，犯罪嫌疑人一定存在於被指認人之中 (C)實施指認，應於偵訊室或適當處所爲之 (D)被指認之數人在外形上不得有重大差異 【105年警特四等犯罪偵查】

4 有關實施被害人指認犯罪嫌疑人，下列何者正確？[129] (A)指認前必須告訴指認人，犯罪嫌疑人並不一定存在於被指認人之中 (B)應爲一對一之成列指認 (C)被害人不得陳述犯罪嫌疑人特徵 (D)不得以照片指認代替眞人指認

【107年警特四等犯罪偵查】

---

126 答案爲(C)。

127 答案爲(B)。

128 答案爲(B)應告訴指認人，犯罪嫌疑人「不」一定存在於被指認人之中，避免先入爲主。

129 答案爲(A)。

四、共同被告與證人關係

（一）圖示。

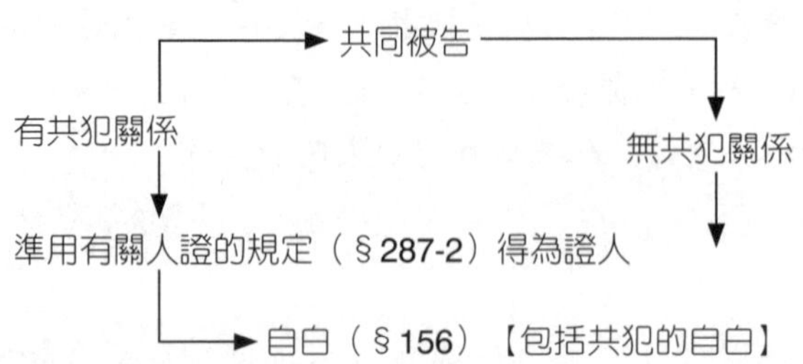

（二）非共同被告之共犯或其他具有相牽連關係之人，得爲證人。共犯未必爲共同被告，反之，共同被告非必爲共犯。如本法第186條有關證人之具結義務與不得令具結者，包括與本案有共犯或有藏匿犯人、及湮滅證據、僞證、贓物各罪之關係或嫌疑者。

（三）共同被告非必爲共犯，共同被告中之一人關於自白之事項爲陳述，不得爲證人，因爲係以被告之身分爲陳述，自不得爲證人。但是，共同被告中之一人，僅就他共同被告事項爲陳述，得爲證人（本法第180條第2項規定對於共同被告或自訴人中一人或數人有前項關係，而就僅關於他共同被告或他共同自訴人之事項爲證人者，不得拒絕證言，既不得拒絕證言，當然得爲證人）。

（四）共同被告不利於己的陳述（包括自白與自認），得採爲其他共同被告犯罪證據，爲此不利之供述，依本法第156條規定共犯自白，仍應調查其他必要的證據，以認定之，如共同被告之甲在審訊時供稱毒品是在另一共同被告之乙處購得，並稱丙當時在場，購得毒品係不利於乙之陳述，丙之在場的事實則可爲補強證據。

（五）本法第156條第1項所稱被告，不限於自己被告案件，即具有共犯或其他相牽連關係之共同被告，亦包括在內。

五、共同被告的調查方式

本法第287條之1規定：「法院認爲適當時，得依職權或當事人或辯護人之聲請，以裁定將共同被告之調查證據或辯論程序分離或合併。前項情形，因共同被告之利害相反，而有保護被告權利之必要者，應分離調查證據或辯論。」第287條之2規定：「法院就被告本人之案件調查共同被告時，該共同被告準用有關人證之規定。」**因爲共同被告對其他共同被告之案件而言，爲被告以外之第三人，本質上屬於證人，法院就被告本人之案件調查共同被告時，該共同被告對於被告本人之案件具證人之適格，自應準用有關人證之規定**。自不能因案件合併關係而影響其他共同被告原享有之上開憲法上權利。過去最高法院31年上字第2423號及46年台上字第419號判例所稱共同被告不利於己之陳述得採爲其他共同被告犯罪（事實認定）之證據一節，對其他共同被告案件之審判而言，未使該共同被告立於證人之地位而爲陳述，逕以其依共同被告身分所爲陳述採爲不利於其他共同被告之證據，乃否定共同被告於其他共同被告案件之證人適格，排除人證之法定調查程序，業經釋字第582號解釋宣告違憲。

是故，共同被告於審判上不利其他被告的陳述，皆應適用關於人證的規定，且刑事審判基於憲法正當法律程序原則，對於犯罪事實之認定，爲避免偏重於自白，所以無論共同被告於審判上的自白無論對於其他被告是否有利，仍需要其他必要的證據，以使得罪證確鑿無疑。因此共同被告或共犯具備證人適格要件的前提是：共同被告自白具有任意性，且必須分離審判，應該命其具結，且非屬傳聞證據，並保障被告的對質詰問權。故此時法院應先命具結，再行交互詰問之程序。

選擇題練習

有關共同被告之調查證據程序之敘述，下列何者錯誤？[130]　(A)法院認爲適當時，得依職權或當事人或辯護人之聲請，以裁定將共同被告之調查證據程序分離　(B)法院因共同被告之利害相反，而有保護被告權利之必要者，得分離調查證據　(C)法院就被告本人之案件調查共同被告時，該共同被告準用有關人證之規定　(D)共同被告分離進行調查證據，若無得拒絕證言之情形，應命具結且受詰問　【106年警特三等犯罪偵查】

---

130 答案爲(B)。法院因共同被告之利害相反，而有保護被告權利之必要者，「應」分離調查證據。參照本法第287條之1。

六、證人的義務與制裁

（一）證人之傳喚

本法第175條規定，傳喚證人，原則上應用傳票。傳票，應記載左列事項：

1. 證人之姓名、性別及住、居所。
2. 待證之事由。
3. 應到之日、時、處所。
4. 無正當理由不到場者，得處罰鍰及命拘提。
5. 證人得請求日費及旅費。

傳票，於偵查中由檢察官簽名，審判中由審判長或受命法官簽名。傳票至遲應於到場期日二十四小時前送達。但有急迫情形者，不在此限。對於監所證人之傳喚準用之（本法§176）。

（二）作證義務

本法176條之1規定，除法律另有規定者外，不問何人，於他人之案件，有爲證人之義務。刑事訴訟係採實質的眞實發見主義，欲認定事實，自須賴證據以證明。而證人係指在他人之訴訟案件中，陳述自己所見所聞具體事實之第三人，爲證據之一種，故凡居住於我國領域內，應服從我國法權之人，無分國籍身分，均有在他人爲被告之案件中作證之義務，俾能發見事實眞相。故除法律另有規定者外，不問何人，於他人之案件均有爲證人之義務。依第176條之2規定，法院因當事人、代理人、辯護人或輔佐人聲請調查證據，而有傳喚證人之必要者，爲聲請之人應促使證人到場。

（三）證人之到場義務與就地訊問

本法第178條規定：「證人經合法傳喚，無正當理由而不到場者，得科以新臺幣三萬元以下之罰鍰，並得拘提之；再傳不到者，亦同。前項科罰鍰之處分，由法院裁定之。檢察官爲傳喚者，應聲請該管法院裁定之。對於前項裁定，得提起抗告。拘提證人，準用本法第77條至第83條及本法第89條至第91條之規定。」

告發人爲刑事訴訟當事人以外之第三人，法院如認爲有命其作證之必要時，自得依本法第178條關於證人之規定傳喚之，無正當理由而不到場者，並得加以拘提，強制其到場作證，以達發見眞實之目的。[131]

本法第177條規定：「證人不能到場或有其他必要情形，得於聽取當事人及辯護人之意見後，就其所在或於其所在地法院訊問之。前項情形，證人所在與法院間有聲音及影像相互傳送之科技設備而得直接訊問，經法院認爲適當者，得以該設備訊問之。 當事人、辯護人及代理人得於前2項訊問證人時在場並得詰問之；其訊問之日時及處所，應預行通知之。」故訊問證人之方式，除傳統之當庭訊問或就地訊問外，如證人所在與法院間有聲音及影像相互傳送之科技設備而得直接訊問者，例如：性侵害犯罪防治法第16條第1項規定之雙向電視系統等，則與證人親自到庭以言詞陳述，無甚差別，爲因應現代資訊社會之快速變遷及避免在押人犯之提解戒護之安全與勞費，審判期日外，發生本條第1項之情況，若證人所在與法院間有聲音及影像相互傳送之科技設備而得直接訊問時，法院斟酌個案情況認爲適當者，以該設備訊問之，即無不合。

七、拒絕證言權

訊問證人的目的，乃在獲得案件之事實眞相，故證人負有據實陳述的義務，如經供前或供後具結，而對於案情有重要關係之事項，爲虛僞的陳述者，須負僞證罪。

證人因身分、業務或公務上關係，如據實陳述，則有背人情，或違背其業務或公務上應保守之秘密，不據實陳述則犯僞證罪，法律上無期待可能性，故本法規定，凡具有一定關係之人得拒絕證證言，茲分述如下：

（一）基於公務上的關係得拒絕證言

本法第179條規定：「以公務員或曾爲公務員之人爲證人，而就其職務上應守秘密之事項訊問者，應得該管監督機關或公務員之允許。前項允許，除有妨害國家之利益者外，不得拒絕。」至於總統並無上級機關，得否行使拒絕證言權，不無疑問？大法官認爲，[132]總統依憲法及憲法增修條文所賦予

[131] 釋字第249號解釋。

[132] 釋字第627號解釋。

之行政權範圍內，就有關國家安全、國防及外交之資訊，認爲其公開可能影響國家安全與國家利益而應屬國家機密者，有決定不予公開之權力。總統依其國家機密特權，就國家機密事項於刑事訴訟程序應享有拒絕證言權，並於拒絕證言權範圍內，有拒絕提交相關證物之權。至於，**所謂「妨害國家之利益」的認定，應由法院來裁量。**[133]而總統對於駁回之處分或裁定如有不服，得聲明異議或抗告，由高等法院或其分院以資深庭長爲審判長之法官五人組成特別合議庭審理之。特別合議庭裁定前，原處分或裁定應停止執行。足見總統拒絕證言或拒交證物是否有理，須受司法審查[134]，非可自行認定之。

（二）因涉及當事人之特定親屬得拒絕證言

本法第180條第1項規定，近親屬之拒絕證言權。證人有左列情形之一者，得拒絕證言：

1. 現爲或曾爲被告或自訴人之配偶、直系血親、三親等內旁系血親、二親等內之姻親或家長、家屬者。
2. 與被告或自訴人訂有婚約者。
3. 現爲或曾爲被告或自訴人之法定代理人或現由或曾由被告或自訴人爲其法定代理人者。

對於共同被告或自訴人中一人或數人有前項關係，而就僅關於他共同被告或他共同自訴人之事項爲證人者，不得拒絕證言（本法§180 II）。至於證人與告訴人間，因非本法第180條第1項各款規範之情形，因此在法無明文規定的情形下，自不包括告訴人在內，故證人即使與告訴人有一定之身分關係者，仍不得拒絕證言。

其立法目的在於，證人本應負據實陳述證言之義務，惟證人如與當事人具有本法第180條所定一定身分關係之情形，難免互爲容隱，欲求據實證言，顯無期待可能性，法律乃賦予其得爲拒絕證言之特權。

此種特權，並非絕對性，如證人放棄其特權，其證言仍具有容許性，必證人主張其特權，始得拒絕。**是證人於作證時，只須釋明其與訴訟當事人**

133 張麗卿，〈刑事程序中之拒絕證言權〉，收錄於《林山田教授紀念論文集》，元照，初版，2008.11，455頁。

134 朱石炎，《刑事訴訟法論》，三民，九版，2020.09，269頁。

間有一定之身分關係，即得主張概括拒絕證言，法院或檢察官即應予許可，不問其證言內容是否涉及任何私密，或有無致該當事人受刑事訴追或處罰之危險，均不得再行訊問。若法院或檢察官強使證人為證言，所取得之證人證言，因違反法律正當程序，不論是否出於蓄意而為，概不具證言容許性，應予排除。[135]

（三）因自身利害關係得拒絕證言

證人恐因陳述致自己或與其有第180條第1項關係之人受刑事追訴或處罰者，得拒絕證言，本法於第181條乃「不自證己罪特權」（Privilege Against Self-Incrimination）之明文化。此權利源自於英美法。美國聯邦憲法修正案第5條：「任何人於任何刑事案件中，不得被迫成為對己不利之證人。」此一權利已是法治國家刑事程序中之基本規定，亦常見於各人權條約及各國家之法律或判決中。[136]此項拒絕證言權，係基於人性考量，避免證人於偽證處罰之壓力下，據實陳述而強為對己不利之證言，以保障證人不自證己罪之權利；至被告對證人之對質詰問權，則為憲法所保障之基本訴訟權。**而此項證人拒絕證言權（選擇權），與被告之緘默權，同屬其不自證己罪之特權**。依本法第186條第2項，法院或檢察官於「證人有第181情形者，應告以得拒絕證言」之義務。**凡此，均在免除證人因陳述而自入於罪，或因陳述不實而受偽證之處罰，或不陳述而受罰鍰處罰，而陷於抉擇之三難困境**。此項拒絕證言告知之規定，雖為保護「證人」而設，非「**當事人**」所能主張。此外，證人不自證己罪之權利，應由審判長審酌後，予以准駁（處分），非證人所得自行恣意決定，**亦非謂證人一主張不自證己罪，審判長即應准許之**。[137]

（四）基於業務上秘密之拒絕證言權

本法第182條規定：「證人為醫師、藥師、助產士、宗教師、律師、辯護人、公證人、會計師或其業務上佐理人或曾任此等職務之人，就其因業務

135 最高法院100年度台上字第5064號判決。

136 李榮耕，〈拒絕證言告知義務之違反及其法律效果—簡評最高法院98年度台上字第5952號判決〉，《台灣法學雜誌》，第153期，2010.06，225頁。

137 最高法院109年度台上字第598號判決（具有參考價值的裁判）。

所知悉有關他人秘密之事項受訊問者，除經本人允許者外，得拒絕證言。」蓋此等執行業務之人對其因業務所知悉有關他人之秘密，本有守密義務，若違反，可能觸犯刑法第316條之刑責，固本條之立法目的在於不強人所難。

有問題的是，新聞從業人員，似乎不包括本法第182條之範圍內。學說上認為，此問題可以分從二方面來看。**如果媒體的消息來源得自特定人，此提供消息者信賴媒體不會揭露來源，那麼，新聞從業人員應享有拒絕證言權**；蓋媒體如果透露消息來源，將間接使提供消息者曝光，因此也享有此權。**反之，媒體所持有的資訊若是自己查訪所得，就沒有拒絕證言權**，在此情況下，媒體持有的文件資料就可以搜索扣押。但有例外，即若係自己所研析找出的事實與獲得的資訊有不可分的關係時，以致如果公布該項事實即可能使提供消息者曝光時，則此時應允以拒絕證言權。[138]此外，另有文獻主張，新聞記者的拒絕證言權非屬絕對之權利。**亦即，如有更重大的社會利益時，則拒絕證言權應退讓。如新聞記者掌握足以影響判決結果之重要資訊，卻仍容其拒絕證言，誤判之可能性即大爲增加。**[139]

八、拒絕證言應予釋明

本法第183條有關證人拒絕證言之程序規定，證人拒絕證言者，應將拒絕之原因釋明之。但於第181條情形，得命具結以代釋明。拒絕證言之許可或駁回，偵查中由檢察官命令之，審判中由審判長或受命法官裁定之。

九、具結之義務及拒絕證言權之告知義務

本法第186條規定：「證人應命具結。但有下列情形之一者，不得令其具結：一、未滿十六歲者。二、因精神障礙，不解具結意義及效果者。證人有第181條之情形者，應告以得拒絕證言。」證人除有法定免除具結原因外，不論在偵查、審判中，均須具結。**具結之作用，在使證人能在認識偽證處罰的負擔下據實陳述，以發見眞實**，故原則上證人應負具結之義務，而得

[138] 張麗卿，〈刑事程序中之拒絕證言權〉，收錄於《刑與思—林山田教授紀念論文集》，元照，初版，2008.11，453頁以下。

[139] 王兆鵬，〈論新聞記者的拒絕證言權〉，《月旦法學雜誌》，第134期，2006.01，211頁。

免除此項義務者，應以無法理解具結之意義及效果者爲限，若在法律上不得令其具結之人，而誤命其具結者，即不發生具結之效力。[140]除此之外，證人的陳述，如未經具結者，不足採爲判決的基礎，僅能供事實上的參考。蓋依本法第158條之3規定：「證人、鑑定人依法應具結而未具結者，其證言或鑑定意見，不得作爲證據。」所謂「依法應具結而未具結者」，**係指檢察官或法官依法以證人身分傳喚被告以外之人到庭作證，或雖非以證人身分傳喚到庭，而於訊問調查過程中，轉換爲證人身分調查時，始有具結之問題**。若檢察官非以證人身分傳喚而以共犯、共同被告身分傳喚到庭爲訊問時，其身分既非證人，即與「依法應具結」之要件不合，縱未命其具結，純屬檢察官調查證據職權之適法行使，當無違法可言。[141]

十、具結的程序

（一）具結，應於訊問前爲之。但應否具結有疑義者，得命於訊問後爲之，此爲本法第188條規定具結的時期。

（二）具結應於結文內記載當據實陳述，決無匿、飾、增、減等語；其於訊問後具結者，結文內應記載係據實陳述，並無匿、飾、增、減等語。結文應命證人朗讀；證人不能朗讀者，應命書記官朗讀，於必要時並說明其意義。結文命證人簽名、蓋章或按指印。證人係依第177條第2項以科技設備訊問者，經具結之結文得以電信傳眞或其他科技設備傳送予法院或檢察署，再行補送原本。第177條第2項證人訊問及前項結文傳送之辦法，由司法院會同行政院定之。（本法§189）。

（三）證人具結前，應告以具結之義務及僞證之處罰。對於不令具結之證人，應告以當據實陳述，不得匿、飾、增、減（本法§187）。證人有第181條之情形者，應告以得拒絕證言。

（四）拒絕具結或證言及不實具結之處罰

證人無正當理由拒絕具結或證言者，得處以新臺幣3萬元以下之罰，於第183條第1項但書情形爲不實之具結者，亦同（本法§193）。

---

140 最高法院30年非字第24號判例。

141 最高法院101年度台上字第109號判決。

十一、證人之訊問

（一）證人準用被告訊問

第74條、98條、99條、第100條之1第1項、第2項之規定，於證人之訊問準用之（本法§192）。

（二）證人之人別訊問

訊問證人，應先調查其人有無錯誤及與被告或自訴人有無第180條第1項之關係。證人與被告或自訴人有第180條第1項之關係者，應告以得拒絕證言（本法§185）。

（三）有關證人陳述方法之規定

訊問證人，應命其就訊問事項之始末連續陳述（本法§190）。

證人陳述後，為使其陳述明確或為判斷其眞僞，應爲適當之訊問。

（四）訊問證人之囑託之規定

審判長或檢察官得囑託證人所在地之法官或檢察官訊問證人；如證人不在該地者，該法官、檢察官得轉囑託其所在地之法官、檢察官。第177條第3項之規定，於受託訊問證人時準用之。

受託法官或檢察官訊問證人者，與本案繫屬之法院審判長或檢察官有同一之權限（本法§195）。

（五）再行傳訊之限制

證人已由法官合法訊問，且於訊問時予當事人詰問之機會，其陳述明確別無訊問之必要者，不得再行傳喚（本法§196）。

（六）司法警察（官）證人通知及詢問之準用規定

本法第196條之1規定：「司法警察（官）或司法警察因調查犯罪嫌疑人犯罪情形及蒐集證據之必要，得使用通知書通知證人到場詢問。第71條之1第2項、第73條、第74條、第175條第2項第1款至第3款、第4項、第177條第1項、第3項、第179條至第182條、第184條、第185條及第192條之規定，於前項證人之通知及詢問準用之。」司法警察（官）因調查犯罪嫌疑人及蒐集證據之必要，得使用通知書通知證人到場詢問。並於第2項列舉司法警察

（官）得準用偵查、審判中有關訊問證人之規定，**其中同法第186條第1項「證人應命具結」之規定，並不在準用之列**。是司法警察（官）於調查中詢問證人，並不生應命證人具結之問題。[142]

（七）訊問證人應依本法第41條之規定，製作筆錄應當場製作，其依法未具結者，應記明其事由於筆錄

十二、證人的權利

證人得請求法定之日費及旅費。但被拘提或無正當理由，拒絕具結或證言者，不在此限。前項請求，應於訊問完畢後十日內，向法院爲之。但旅費得請求預行酌給。

第六節　證人之詰問

一、證人詰問之目的

交互詰問之意義在保障被告直接面對面，詰問不利於己之證人的權利，此項詰問權之重點在於保障被告，亦有稱爲交叉詢問，就是刑事案件在法院開庭調查證據時，可以由被告（或其辯護律師）、檢察官分別對證人直接問話，使證人講出對自己一方有力的證據；或是發現對方所舉的證人爲不實的虛僞陳述遂而不被採信。

因爲進行交互詰問，必須遵守一定的順序，一方問完才輪到另一方發問，所以才稱交互詰問。交互詰問乃發現眞實的最佳之方法，其基於兩點原理：第一、各造當事人對於己方「有利」之所在以及他造「不利」之所在，最爲關切或熟悉，故委由兩造當事人「提出證據」，最能全盤托出而無遺漏；第二、透過反詰問「質問證人」揭露出潛藏在證據內部之謬誤訊息，最能檢驗證言之憑信性。

此外，證人於反詰問時，就主詰問所陳述有關被告本人之事項，不得

---

142 最高法院100年度台上字第6216號判決。

拒絕證言（本法§181-1）。按爲發見眞實，並保障被告之反對詰問權，被告以外之人於反詰問（包含覆反詰問）時，就主詰問（包含覆主詰問）所陳述有關被告本人之事項，不得拒絕證言。亦即，證人不能在主詰問時暢所欲言，但在反詰問閉口不談，因爲主詰問之證人係由當事人所聲請傳喚，彼此之間關係較爲友善；而在反詰問時由他造當事人發問，目的在打擊主詰問時證言的憑信性，若在這時候才行使拒絕證言權閉口不談，對他造當事人甚爲不公平，也有礙於眞實之發現。

二、詰問之類型

詰問可分爲偵查中之詰問與審判中之詰問二種：

（一）偵查中之詰問

檢察官訊問證人、鑑定人時，如被告在場者，被告得親自詰問；詰問有不當者，檢察官得禁止之（本法§248Ⅰ）。然而被告在偵查程序中被檢察官就其所涉嫌之犯罪予以調查而詰問證人時，無法獲得辯護人之協助，故在此情況之下，被告對證人能予以適當之詰問，並不容易。

另外，如有偵訊被害人之必要時，得有人陪同在場陳述意見。由於被害人受害後心理、生理、工作等極待重建之特殊性，1997年增訂第248條之1規定，被害人於偵查中受訊問時，得由其法定代理人、配偶、直系或三親等內旁系血親、家長、家屬、醫師或社工人員陪同在場，並得陳述意見，以減少二度傷害。

（二）審判中之詰問

偵查中對證人所爲之詰問，因偵查不公開之故（本法§245Ⅰ），所以對證人之詰問亦在不公開之情況進行。但審判原則上公開進行，故對證人之詰問亦公開爲之，且被告對證人之詰問，尚可獲得辯護人之協助，因此審判中被告較爲自由，是以審判中之詰問較易進行。詰問的主體是「當事人」；但不包括輔佐人，而詰問之客體是證人及鑑定人。若有「不當詰問」的情事，例如：詰問有：誤導證人、臆測之詞、模糊不明確、性侵害犯罪之被告或其辯護人詰問或提出有關被害人與被告以外之人之性經驗證據（性侵害犯罪防治法§16Ⅲ），審判長除認其有不當者，限制或禁止之外（本法

§167）。當事人、代理人或辯護人就證人、鑑定人之詰問及回答，亦得以違背法令或不當為由，聲明「異議」[143]（本法§167-1）。茲將審判中所進行之詰問，整理如圖表1-15-1。

圖表1-15-1　詰問順序

詰問順序	①主詰問	②反詰問	③覆主詰問	④覆反詰問
詰問主體	聲請傳喚之當事人、代理人或辯護人（§166 II）	他造之當事人、代理人或辯護人（§166 II）	聲請傳喚之當事人、代理人或辯護人。（§166 II）	他造當事人、代理人或辯護人為之。（§166 II）
證人性質	友性證人[145]	敵性證人[146]	友性證人	敵性證人
詰問目的	1.釐清待證事項及其相關事項（§166-1 I） 2.為辯明證人、鑑定人陳述之證明力的必要事項（§166-1 II）	1.反詰問應就主詰問所顯現之事項及其相關事項或為辯明證人、鑑定人之陳述證明力所必要之事項行之。（§166-2） 2.行反詰問時，就支持自己主張之新事項，經審判長許可，得為詰問。依此所為之詰問，就該新事項視為主詰問。（§166-3） 3.行反詰問於必要時，得為誘導詰問。反詰問之	1.覆主詰問應就反詰問所顯現之事項及其相關事項行之。（§166-4） 2.行覆主詰問時，就支持自己主張之新事項，得為詰問。 3.依此所為之詰問，就該新事項視為主詰問。（§166-4 III準用§166-3）	1.覆反詰問，應就辯明覆主詰問所顯現證據證明力必要之事項行之。（§166-5） 2.行覆反詰問，依反詰問之方式行之。（§166-5）

143 在香港電影的審判程序中我們常看到，辯護人或檢控官對於他造的誘導詰問或不當詰問，會當庭表示「反對」（Objection）（就是我國法的「異議」），依本法第167之2第2項，審判長對於前項之異議，應立即處分。

144 若證人係由當事人之一造所傳之主詰問，就由其先發問，此類證人通常對當事人之一造較為友善。

145 證人係由他造所傳，此類證人通常對當事人之一造較具敵對關係。

圖表1-15-1 詰問順序（續）

詰問順序	①主詰問	②反詰問	③覆主詰問	④覆反詰問
詰問目的		作用乃在「彈劾」證人、鑑定人供述之「憑信性」，及引出在主詰問時未揭露或被隱瞞之另一部分事實，而達發見眞實之目的。		
得否誘導詰問	1.原則於行主詰問時，不得為「誘導詰問。」[143]有例外情形，得為誘導詰問（§166-1Ⅲ）。 2.例外有本法第166條之7第2項列舉10款不得詰問事項。但第5款至第8款之情形，於有正當理由時，不在此限 3.這是因為誘導詰問乃指詰問者對供述者暗示其所希望之供述內容，而於「問話中含有答話」之詰問方式。就實務經驗而言，由當事人、代理人、辯護人或輔佐人聲請傳喚之證人、鑑定人，	1.行反詰問時，因證人、鑑定人通常非屬行反詰問一造之友性證人，較不易發生證人、鑑定人附和詰問者而為非真實供述之情形，故允許為誘導詰問。再者，從另一角度觀察，經由反對詰問程序而發現證人、鑑定人於主詰問時之供述是否真實，透過誘導詰問，更能發揮推敲真實之效果。 2.然而，行反詰問時，證人、鑑定人亦有迎合或屈服於詰問者意思之可能或遭致羞辱之危險。因	1.覆主詰問與主詰問同，依主詰問之方式為之。故原則不得為誘導詰問，例外有第166條之1第3項情形，得為誘導詰問。 2.例外有本法第166條之7第2項列舉10款不得詰問事項。但第5款至第8款之情形，於有正當理由時，不在此限。	1.行覆反詰問時，依反詰問之方式行之。故於必要時，得為誘導詰問，理由與反詰問同。 2.例外有本法第166條之7第2項不得詰問事項。但第5款至第8款之情形，於有正當理由時，不在此限。

146 所謂「誘導詰問」是指詰問者對供述者暗示其所希望之供述內容，而於問話中含有答話之詰問方式，例如詰問者詰問證人：「你是否於某年某月某日下午，於某處看見被告拿刀殺人？」而證人只能在問話人限定之時、地、人範圍內回答。

圖表1-15-1 詰問順序（續）

詰問順序	①主詰問	②反詰問	③覆主詰問	④覆反詰問
得否誘導詰問	一般是有利於該造當事人之「友性證人」。因此，若行主詰問者為誘導詰問，證人頗有可能迎合主詰問者之意思，而做非真實之供述。故而，原則上在行主詰問時不得為誘導詰問，惟為發見真實之必要或無導出虛偽供述之危險時（參照英美法之例外），[148]則例外允許於行主詰問時，為誘導詰問。	**此，對於反詰問之誘導詰問亦應有適當之規範，**故第166條之7第2項列舉10款不得詰問事項。但第5款至第8款之情形，於有正當理由時，不在此限。		
得否拒絕證言	被詰問者有§§179～182者，得拒絕證言。	被告以外之人於反詰問時，就主詰問所陳述有關被告本人之事項，不得拒絕證言。（§181-1）	被詰問者有§§179～182者，得拒絕證言。	被告以外之人於覆反詰問時，就覆主詰問所陳述有關被告本人之事項，不得拒絕證言。（§§166-5、181-1）

147 英美法准許主詰問爲誘導詰問之例外包括：一、幼童：因爲幼童不能抓住問題的重點。二、證人有不正常的膽怯、沉默、驚嚇；無瞭、或無反應；因疾病或年老而不穩定。三、有敵意或反感證人：如對於詰問不願意回答之人或有敵意者，得爲誘導詰問。四、對於無爭執事項：例如證人姓名、地址、與當事人關係，目的在節省審判時間。五、鑑定人：因爲鑑定人爲有專業知識之人，對誘導詰問有比較高的抗拒性。六、回復記憶：當證人過去知道某些事實，在審判中忘記，詰問人以過去事實提醒證人。引自王兆鵬、張明偉、李榮耕，《刑事訴訟法（下）》，新學林，五版，2020.11，320頁。

第七節　鑑定及通譯

壹、序說

所謂鑑定，乃指基於特定知識經驗所得知一般性法則，或具體案例中適用該法則的判斷或意見。[148]檢察官或法院之選任，以從事鑑定之人，即爲鑑定人。換言之鑑定，乃指具有特別知識之第三者，以其專門知識或特別專長經驗爲具體之判斷，並據以提出報告，以作爲訴訟之證據資料，則鑑定人（機關）爲準備報告所爲資料之蒐集，自與審判程序中所爲之證據蒐集、調查不同，當無受訴訟法上相關證據法則規制之餘地[149]。

檢察官或法院有可能選任學者專家擔任鑑定工作，亦有可能委請機關團體，例如大學、研究機構或醫院，從事鑑定。[150]有些犯罪之成立須經過鑑定才能認定，例如：指紋之同異，非經指紋學專家精密鑑定，不足以資識別，[151]又如筆跡核對，必須就其內容，依法付與鑑定，始足以資判斷，[152]再如犯罪時之責任能力、[153]醫療糾紛等。[154]另外，由於現今科技的進步，偵查實務上常使用DNA相關鑑定來偵辦性侵害案件、親子血緣爭議、命案偵查、大型災難罹難者身分比對、毒品證物掉包、無名屍體身分確認等，[155]因此，在採證鑑定上無可否認地已廣被接受。然而在DNA鑑定之具體鑑定方法上，應加強取樣要件，以擔保其科學上之信賴度。[156]

而鑑定人受選任擔任鑑定工作，於法定之日費、旅費外，亦得向法院

148 林裕順，〈科學判官VS.專家證人—概括選任鑑定之誤用與檢討〉，收錄於氏著《人民參審與司法改革》，新學林，初版，2015.06，227頁。

149 107年度台上字第2691號判決。

150 林山田，《刑事程序法》，五南，五版，2004.09，456頁。

151 最高法院32年上字第2136號判例。

152 最高法院31年上字第2200號判例。

153 張麗卿，〈責任能力的判斷與司法精神鑑定〉，收錄於《司法精神醫學》，元照，三版，2011.04，259頁。

154 張麗卿，〈醫療糾紛鑑定與刑事責任認定〉，收錄於《醫療人權與刑法正義》，元照，初版，2014.01，82頁以下。

155 曾春橋、莊忠進，《刑案現場處理與採證》，元照，初版，2014.04，205頁。

156 黃朝義，《刑事訴訟法》，新學林，五版，2017.09，644頁。

請求相當之報酬及預行酌給或償還因鑑定所支出之費用（本法§209）。由於鑑定人亦爲一種人證，故鑑定除有特別規定外，準用人證之規定（本法§197）。行鑑定時，如有必要，法院或檢察官得通知當事人、代理人或辯護人到場（本法§206-1）。鑑定有不完備者，得命增加人數或命他人繼續或另行鑑定（本法§207）。至於所謂「鑑定證人」乃指訊問依特別知識得知已往事實之人者，就特別知識而陳述，有如鑑定人；但就其就已往事實而陳述，則又有如證人。因其具有不可替代性，故仍宜視爲證人，依本法規定，故對其訊問應適用關於人證之規定（本法§210）。因此，鑑定證人並不具鑑定人之權限。

一、鑑定人之選任

本法第198條規定：「鑑定人由審判長、受命法官或檢察官就下列之人選任一人或數人充之：一、就鑑定事項有特別知識經驗者。二、經政府機關委任有鑑定職務者。」由此可知鑑定人之選任主體爲法院或檢察官，而客體則爲有「特別知識經驗」之第三人。

二、鑑定人之可代替性

鑑定人不限於特定之人，凡有特別知識經驗者均可爲鑑定人，故鑑定人有代替性，所以鑑定人經傳喚不到場，雖可以由法院裁定罰鍰（本法§197準用§178Ⅰ），但不能拘提（本法§199）。反觀證人對於待證事項，陳述自己的所見所聞；證人陳述「事實」，而非提供意見。證人有不可替代性。此外，鑑定人應具結，並據實提供專業意見（本法§202），如果故意提供虛僞的鑑定意見，可能成立刑法上之僞證罪（刑法§168）。[157]

三、鑑定人之可拒卻性

（一）聲請拒卻鑑定人之原因及時期

當事人得依聲請法官迴避之原因，拒卻鑑定人。但不得以鑑定人於

[157] 張麗卿，《刑事訴訟法理論與運用》，五南，十五版，2020.09，377頁。

該案件曾爲證人或鑑定人爲拒卻之原因。鑑定人已就鑑定事項爲陳述或報告後，不得拒卻。但拒卻之原因發生在後或知悉在後者，不在此限（本法§200）。

（二）拒卻鑑定人之程序

拒卻鑑定人，應將拒卻之原因及前條第二項但書之事實釋明之。拒卻鑑定人之許可或駁回，偵查中由檢察官命令之，審判中由審判長或受命法官裁定之（本法§201）。

四、鑑定人之處所

鑑定原則上應於法院內爲之，例外如審判長、受命法官或檢察官於必要時，得使鑑定人於法院外爲鑑定。前項情形，得將關於鑑定之物，交付鑑定人。因鑑定被告心神或身體之必要，得預定七日以下之期間，將被告送入醫院或其他適當之處所（本法§203）。

五、鑑定必要之處分

（一）鑑定處分之許可

鑑定人因鑑定之必要，得經審判長、受命法官或檢察官之許可，檢查身體、解剖屍體、毀壞物體或進入有人住居或看守之住宅或其他處所。第127條、第146條至第149條、第215條、第216條第1項及第217條之規定，於前項情形準用之（本法§204）。

鑑定人因鑑定之必要，有時須進入有人住居或看守之住宅或其他處所爲鑑定，爲使鑑定人爲前開行爲時，有法律上之依據，故須經審判長、受命法官或檢察官之許可後才得進入該等處所爲鑑定。蓋鑑定人既得進入有人住居或看守之住宅或其他處所，故須準用搜索相關規定，以保障軍事處所之秘密及人民之居住安寧。又被告以外之人並非案件當事人，欲對其爲檢查身體之鑑定，自應以有相當理由可認爲於調查犯罪情形時有必要者爲限，俾避免侵害人權。若係檢查婦女身體，亦應命醫師或婦女行之，以保障人權，故有準用第215條之必要。此外，鑑定人如因鑑定之必要，得經審判長、受命法官或檢察官之許可，檢閱卷宗及證物，並得請求蒐集或調取之。鑑定人得請求訊問被告、自訴人或證人，並許其在場及直接發問（本法§205）。

（二）鑑定許可書（本法§204-1）

鑑定人因鑑定之必要，得經審判長、受命法官或檢察官之許可，檢查身體、解剖屍體、毀壞物體或進入有人住居或看守之住宅或其他處所（本法§204 I）。前條第1項之許可，應用許可書。但於審判長、受命法官或檢察官前爲之者，不在此限。

許可書，應記載下列事項：

1. 案由。
2. 應檢查之身體、解剖之屍體、毀壞之物體或進入有人住居或看守之住宅或其他處所。
3. 應鑑定事項。
4. 鑑定人之姓名。
5. 執行之期間。

許可書，於偵查中由檢察官簽名，審判中由審判長或受命法官簽名。

檢查身體，得於第1項許可書內附加認爲適當之條件。

鑑定人因鑑定之必要，得依前條規定，經審判長、受命法官或檢察官之許可，檢查身體、解剖屍體，毀壞物體或進入有人住居或看守之住宅或其他處所，因此，爲求適用上之明確，實有設計許可書制度之必要，亦即由有權許可者簽發許可書，記載許可鑑定事項、鑑定人之姓名及執行之期間等，並明示許可書爲要式行爲，但若有「有權發許可書」之審判長、受命法官或檢察官在場時，得不用許可書。至於檢查身體之方式，例如：檢查指紋、足印、血型等，宜視情形於許可書內附加認爲適當之條件，俾防止鑑定人有過度之處置。

鑑定人爲第204條第1項之處分時，應出示前條第1項之許可書及可證明其身分之文件。許可書於執行期間屆滿後不得執行，應即將許可書交還（本法§204-2）。

鑑定人員不同於法官、檢察官或司法警察人員，故鑑定人爲第204條第1項之處分時，依第204條之1第1項之規定既須用許可書，自應出示許可書及證明其身分之文件，以免誤會。許可書依第204條之1第2項規定，既記載執行期間，則鑑定應在有效期間內開始執行，一旦執行期間屆滿，無論是否已完成鑑定，均不得繼續執行，以免發生弊端。

（三）檢查身體之鑑定處分

1. 鑑定人取得許可（本法§205-1）

鑑定人因鑑定之必要，得經審判長、受命法官或檢察官之許可，採取分泌物、排泄物、血液、毛髮或其他出自或附著身體之物，並得採取指紋、腳印、聲調、筆跡、照相或其他相類之行爲。前項處分，應於第204條之1第2項許可書中載明。依目前各種科學鑑定之實際需要，鑑定人實施鑑定時，往往有必要採取被鑑定人之分泌物、排泄物、血液、毛髮或其他出自或附著身體之物，或採取指紋、腳印、聲調、筆跡、照相或爲其他相類之行爲，爲應實務之需要並兼顧人權之保障，參考德國刑事訴訟法第81條a第1項之立法例，於本法第205條之1第1項明定鑑定人得經審判長、受命法官或檢察官之許可而爲之，以資適用。又，鑑定人實施鑑定時，所爲之行爲，屬審判長、受命法官或檢察官之處分，故明定應於第204條之1第2項許可書中載明，以求明確。**檢查身體之鑑定處分可分爲：**[158]

(1)對嫌犯檢查身體之鑑定處分

由於本法第205條之1目的在於鑑定。故須符合下列要件：

①對嫌犯之強制鑑定措施

所指嫌犯，是指具有犯罪嫌疑之人。

②必須具備鑑定措施許可書

鑑定人經檢察官許可，於許可書記載刑訴法第204條之1所應記載之事項。

③沒有健康損害之危險

由於本項強制鑑定措施是身體的干預與入侵，故須無害於嫌犯的身體健康，如是持續性或是對嫌犯的身體或精神狀態有傷害時，就不能實施。危害健康的情形，無法以幾近確定的可能性加以排除，就應認爲具有危險性。不能單純以干預種類判斷，應以嫌犯的健康狀況爲基準。

④符合強制鑑定措施之必要目的

鑑定措施的目的主要在確認訴訟中的重要事實，包括：間接證明犯罪

---

158 張麗卿，〈檢查身體之鑑定處分〉，收錄於《驗證刑訴改革脈動》，五南，四版，2017.09，230～231頁。

參與嫌犯的罪責，或可能影響犯罪法律效果的判斷。尤其，這些事實可能是嫌犯的身體特徵。

(2)而對第三人檢查身體之鑑定處分有關第三人的強制鑑定處分，須遵守下列原則：

①必要原則之遵守

必要性非僅指最後的手段性，因爲當檢察官認爲如果既有的證據資料，不足以澄清事實或不足以排除犯罪事實，亦得對第三人實施鑑定。例如，既有的證據將會再度消滅（如行爲人推翻之前的自白時），只要鑑定人基於鑑定之必要，即得爲之。

②可預期爲證人之原則

第三人必須是可預期爲證人之人；例如：能期待證人可爲陳述。不過，第三人如享有拒絕證言權時，則應享有拒絕接受鑑定處分之權限。因爲，該等受檢查之人將來都有可能被傳喚爲證人，故得依與拒絕證言之同一法理，加以拒絕。

③跡證原則之要求

跡證原則是指，鑑定措施只能對犯罪後留下之跡證與遺留在證人身上的犯罪後果實施。「犯罪後留下之跡證」係指，身體上之變化得以推斷犯罪行爲人及犯罪行爲之實施；「遺留在證人身上之犯罪後果」則是，一切因犯罪而產生之身體變化。須注意者，本法第204條適用範圍只限制在身體表面的鑑定措施，包括自然身體狀態的開啓，例如：張開嘴巴檢查牙齒，但不允許身體的入侵；或如：抽取胃液或利用X光照射或探視內部。

2. 偵查輔助機關拘捕犯嫌或被告之採樣處分（本法§205-2）

本法第205條之2將取證範圍限制在毛髮、唾液等這些侵害相對微小的項目上，立法者顯然有意限縮司法警察之無令狀的身體檢查的範圍。因而未將血液列入本條的取證範圍，立法目的不僅在於讓司法警察及時取證，透過可採證範圍的限制，立法者有意限縮司法警察無令狀身體檢查可能的範圍與手段，基於此前提，侵害性高過抽血的導尿採證程序，自然被排除在本條授權之外。[159]

至於法無明文之「自願性同意採尿」，以類推適用性質上相近之刑事訴訟法第131條之1受搜索人自願性同意搜索，及第133條之1受扣押標的權利人同意 扣押之規定，經犯罪嫌疑人或被告出於自願性同意，由司法警察（官）出示證件表明身分，告知得拒絕，無須違背自己之意思而爲同意，並於實施採尿前將同意之意旨記載於書面，作爲同意採尿之生效要件。又此所謂之自願性同意，係以一般意識健全具有是非辨別能力之人，得以理解或意識採尿之意義、方式及效果，而有參與該訴訟程序及表達意見之機會，可以自我決定選擇同意或拒絕，非出於警方明示或暗示之強暴、脅迫或其他不正方法施壓所爲同意爲實質要件，尤應綜合徵求同意之地點及方式，是否自然而非具威脅性、同意者之主觀意識強弱、教育水準、年齡、智力程度、精神狀態及其自主意志是否已爲警方以不正方法所屈服等一切情狀，加以審酌判斷。若不符合上揭強制採尿及自願性同意採尿，而取得尿液之情形，爲兼顧程序正義及發現實體眞實，則由法院依刑事訴訟法第158條之4規定，就個人基本人權之保障及公共利益之均衡維護，依比例原則及法益權衡原則，予以客觀之判斷其證據能力。[160]

不過，**第205條之2授權偵查輔助機關得無令狀（除非符合前文所提到的「自願性同意採尿的要件」）身體檢查的的範圍限於「非」侵入性之強制處分**，對於侵入性之強制處分，如：導尿、抽血非本條適用範圍。引起爭議的是，依警政署因應2013年刑法第185條之3的修法所制定的「取締酒駕拒測處理程序」，其中包括：「命令其作吐氣檢測」（本法§205-2）、檢附時間、地點、情況及違規人個資相關資料向檢察官聲請（抽血）鑑定許可書（本法§§205-1、204-1）、強制抽血前會再勸其配合吐氣檢測，不配合者予強制抽血。

學者質疑，將本法第205條之1作爲移送拒測駕駛人強制抽血法律依據，有極大問題。蓋姑且不論一般警察根本不具本法第205條之1所稱之鑑定人資格，而本法其他法條亦未授予檢察官所謂職權鑑定許可。如此作法明

---

159 李佳玟，〈急診室中的強制導尿—簡評最高法院99年度台上字第40號判決〉，《台灣法學雜誌》，第158期，2010.08，223頁以下。

160 最高法院108年度台上字第2817號判判決（具有參考價值的裁判）。

顯與本法不符，因爲這根本不能稱爲「許可」而是直接下命的強制處分。[161]因爲，本法第205條之1的規定，合併同法第204條、第204條之1觀察，只有檢察官與法官才有以許可書委託專業人士進行的權限。既然偵查輔助機關無實行侵入性身體檢查的權限，自然不能委任醫療專業人員代爲進行。因此，制訂在先之道路交通管理處罰條例第35條第5項雖然文義上賦予警察自行將拒絕酒測的駕駛人送醫療處所強制抽血的權限，但在本法增訂第205條之2後，道路交通管理處罰條例之適用必須限縮。[162]本書亦認爲，依後法優於前法原則，本法的規定應優先適用。

（四）第三人無正當理由拒絕鑑定之處罰（本法§204-3）

被告以外之人無正當理由拒絕第204條第1項之檢查身體處分者，得處以新臺幣3萬元以下之罰鍰，並準用第178條第2項及第3項之規定。無正當理由拒絕第204條第1項之處分者，審判長、受命法官或檢察官得率同鑑定人實施之，並準用關於勘驗之規定。

六、鑑定報告書及機關鑑定

鑑定爲僅依特別學識經驗方得以知悉之法則，鑑定人就受託之鑑定事項以書面報告者，其內容應包括「鑑定之經過及其結果」，（本法§206Ⅰ）所稱「鑑定之結果」，乃鑑定人就鑑定之經過，依其專業知識或經驗，對於鑑定事項所做之判斷、論證。鑑定書面除應明確說明其鑑定之結果外，鑑定之經過尤其必須翔實記載，俾當事人或訴訟關係人得以質疑該鑑定形成之公信力，使鑑定之結果臻至客觀、正確。苟有欠缺，法院應命補正，必要時並得通知實施鑑定之人以言詞報告或說明（本法§206Ⅲ），不得專憑鑑定書面，即作爲判決之證據。[163]但實務上遇機關鑑定時，往往依據本法第208條第1項，法院或檢察官得囑託醫院、學校或其他相當之機關、團體爲鑑定，

---

161 吳耀宗，〈檢察官依職權核發鑑定許可書強制抽血違法〉，《台灣法學雜誌》，第228期，2013.07，15頁以下；吳耀宗，〈刑法防制酒駕新規定無漏洞惟執法誤解與立法謬錯〉，《月旦法學雜誌》，第221期，2013.10，203頁。

162 李佳玟，〈治酒駕用重典？——一個實證與規範的考察〉，收錄於《程序正義的鋼索》，元照，2014.06，153頁以下。

163 最高法院101年度台上字第591號判決。

或審查他人之鑑定，並準用第203條至第206條之1之規定；其須以言詞報告或說明時，「得」命實施鑑定或審查之人爲之。這個「得」字代表法院有裁量權，可不命實施鑑定或審查之自然人到庭說明，此當然構成了對質保障權的衝突，迭遭學說上批評，相關問題請參閱本書傳聞法則之章節。

貳、鑑定留置

一、令狀原則（本法§203-1）

第203條第3項情形（因鑑定被告心神或身體之必要，得預定七日以下之期間，將被告送入醫院或其他適當之處所），**應用鑑定留置票**。但經拘提、逮捕到場，**其期間未逾二十四小時者，不在此限。換言之，被告經拘捕到場，其期間未逾二十四小時，檢察官認爲有必要鑑定被告心神時，毋庸聲請簽發鑑定留置票**。鑑定留置票，應記載下列事項：

（一）被告之姓名、性別、年齡、出生地及住所或居所。

（二）案由。

（三）應鑑定事項。

（四）應留置之處所及預定之期間。

（五）如不服鑑定留置之救濟方法。

將被告送入醫院或其他適當之處所鑑定，影響人身自由，應依令狀執行，以保護人權，防止濫用（本法§203-1 Ⅲ）。第71條第3項之規定，於鑑定留置票準用之（本法§203-1 Ⅲ）。鑑定留置票，由法官簽名（本法§203-1 Ⅳ）。檢察官認有鑑定留置必要時，向法院聲請簽發之。

二、鑑定留置之執行（本法§203-2）

執行鑑定留置，由司法警察將被告送入留置處所，該處所管理人員查驗人別無誤後，應於鑑定留置票附記送入之年、月、日、時並簽名。第89條、第90條之規定，於執行鑑定留置準用之。司法警察執行鑑定留置時，應注意被告之身體及名譽，免受不必要之損害，斯爲當然之理；再者被告若抗拒司法警察鑑定留置之執行，爲落實鑑定之目的，司法警察自得使用強制力爲之，但應以必要之程度爲限。

執行鑑定留置時，鑑定留置票應分別送交檢察官、鑑定人、辯護人、被告及其指定之親友。因執行鑑定留置有必要時，法院或檢察官得依職權或依留置處所管理人員之聲請，命司法警察看守被告。由於鑑定留置影響人身自由，因此，於將被告送鑑定時，自應將鑑定留置票送交檢察官、鑑定人、辯護人、被告或其指定之親友，法院或檢察官得依職權或依聲請，命令司法警察看守鑑定留置中之被告，以符實際需要。

三、鑑定留置期間及處所（本法§203-3）

鑑定留置之預定期間，法院得於審判中依職權或偵查中依檢察官之聲請裁定縮短或延長之。但延長之期間不得逾二月。鑑定留置期間，乃爲達鑑定目的而必要之時間，因鑑定事項之內容、檢查之方法、種類及難易程度等而有所不同，審判長、受命法官及檢察官初始所預定之時間，與實際所需之時間未必全然一致，爲求彈性處理，因此，審判中由法院依職權；偵查中由檢察官向法院聲請而裁定縮短或延長之，自有必要。

鑑定留置之處所，因安全或其他正當事由之必要，法院得於審判中依職權或偵查中依檢察官之聲請裁定變更之。鑑定留置之執行，非必要全程派有司法警察看守，若發生安全上之顧慮，或有其他正當事由之必要，自應許由法院斟酌情形，裁定變更鑑定留置處所，較爲妥適，法院爲裁定時，應通知檢察官、鑑定人、辯護人、被告及其指定之親友。鑑定留置之預定時間及處所均爲鑑定留置票之應記載事項，若經法院裁定變更，自應再行通知檢察官、鑑定人、辯護人、被告及其指定之親友，以保障鑑定留置人之權利。

四、鑑定留置期日數視爲羈押日數（本法§203-4）

對被告執行第203條第3項之鑑定者，其鑑定留置期間之日數，視爲羈押之日數。鑑定留置影響人身自由，與羈押同爲對被告之一種強制處分，因而對被告執行鑑定留置者，其留置期間之日數自應視爲羈押之日數，俾被告於執行時得折抵刑期。

參、測謊鑑定

一、概說

測謊係利用科學儀器去測試是否有說謊，因爲人在下意識試圖說謊時，會因爲心理的變化而產生生理變化（諸如：呼吸、心跳等），透過生理的變化來判斷是否有說謊。雖目前我國法制並無測謊之法律具體授權，惟測謊仍須經過受測者之同意。在權益放棄之前提下（類似同意搜索之法理），國家機關始得在得受測者同意之情形下，實施測謊。

二、性質

測謊的性質在學說上有區分爲「供述說」與「心理檢查說」，前者認爲測謊非以其生理變化作爲獨立的證據，而是藉由受測者回答的內容與測謊的關係對照而得；後者則非以受測者回答的內容作爲證據，而是僅以其回答時的心理變化作爲非供述證據使用，[164]實務上採後說。[165]

三、證據能力

由於測謊之特殊之處在於，必須得到受測者之同意、配合才有可能作成，雖涉及隱私權及緘默權之侵犯，但因不得使用強制力，並非傳統意義上的強制處分，故無令狀原則之適用。

雖然如此，**本書認爲絕不可單僅憑「測謊未過」當作認定有罪的唯一偵辦方向**。例如，轟動一時江國慶案，即是過度信賴測謊鑑定而造成的冤案。在1996年10月1日，調查局對空軍作戰司令部福利站的員工和支援士兵實施測謊檢測，結果只有江國慶一人未通過。10月2日晚間，江國慶被送到禁閉室，由專案人員的「反情報總隊」進行連續三十七小時的疲勞訊問和刑求逼供，迫使他自承犯案，並寫下自白書。當時的空軍政戰主任取得自白書之後，就自行宣布破案。之所以會鎖定江國慶進行刑求，與他測謊未過有關，

---

164 張麗卿，《刑事訴訟法理論與運用》，五南，十五版，2020.09，338頁。

165 最高法院95年度台上字第1797號判決。

但之所以測謊未過，很可能係受測人緊張、害怕所致的心理反應，未必代表說謊。

綜合學說及實務的見解，對被告測謊有必須要有以下的要件才具備證據能力：[166]

（一）應「事先告知」受測者在法律上無接受測謊之義務。

（二）應向受測者說明測謊機器操作之原理及檢測進行之程序、目的、用途、效果；並且「徵得受測者眞摯之同意」。

（三）於測謊過程中，各個質問不能以「強制或誘導方式」爲之。亦即測謊鑑定，對被告而言具有「供述或溝通」之性質，應受不自證己罪原則之保護。

（四）雙方當事人對於測謊「結果」表示同意。

（五）測謊員須受良好之專業訓練與相當之經驗、測謊儀器品質良好且運作正常、受測人身心及意識狀態正常且測謊環境良好。

總之，測謊程序須具備上述前提要件，始賦予證據能力，非謂機關之測謊鑑定報告書當然具有證據能力。且其鑑定結果僅能供爲審判上之參酌，其證明力如何，法院仍有自由判斷之權限。

考題觀摩

測謊證據之證據能力爲何？實施測謊鑑定，須符合測謊之基本要件爲何？　【107年警特三等犯罪偵查（刑事警察人員）】

■ **參考解答**：請自行參考前文作答。

肆、通譯

通譯爲翻譯語言互通雙方意思之人，不懂國語，無法與法官、檢察官或訴訟關係人之語言溝通或被告、證人爲聾啞者時，即需通譯以傳達意思；依本法第211條規定，通譯準用鑑定之規定，即有到場、具結、請求日費、旅

166 黃朝義，《刑事訴訟法》，新學林，五版，2017.09，640頁；最高法院103年度台上字第126號、最高法院98年度台上字第4790號判決。

費及報酬之權利，當事人亦得聲請拒卻通譯。通譯如有爲虛僞譯述之情事，與鑑定人、證人相同，應負僞證之罪責（刑法§168）。

選擇題練習

1 關於鑑定留置之敘述，下列何者正確？[167] (A)被告對於鑑定留置之裁定不得抗告 (B)被告經拘提到場，其期間未逾24小時，檢察官認爲有必要鑑定被告心神時，毋庸聲請簽發鑑定留置票 (C)鑑定留置期間之日數不算入羈押之日數 (D)鑑定留置期間原則上得預定7日以下，裁定延長之期間不得逾3月 【95年警佐班】

2 警察據報得知某KTV有人使用毒品助興，經前往查緝，果發現甲等人在包廂有類似K他命粉末。然警察百般勸說，甲等均不願配合協助調查。試問警察爲確認甲等有無吸食毒品，強制取得「血液」之相關法律依據爲何？[168] (A)刑事訴訟法第204條鑑定之必要處分 (B)刑事訴訟法第204條之3第2項準用勘驗處分 (C)刑事訴訟法第219條準用搜索程序 (D)刑事訴訟法第132條強制力之使用 (E)刑事訴訟法第205條之2採證行爲 【97年警大二技】

3 警員丙接獲線報，前往青年公園查緝毒品交易，果見多次進出警局前科累累的毒販甲正欲交付不明男子乙一小包白色粉末，丙隨即撲上逮捕甲，慌亂中乙逃逸，但甲卻將該小包白粉含在口中。若警員丙有意強制取得毒販甲含在口腔內小包白粉，法律依據爲何？[169] (A)依刑事訴訟法第130條附帶搜索其口腔並扣押該小包白粉 (B)依刑事訴訟法第131條逕行搜索其口腔並扣押該小包白粉 (C)依刑事訴訟法第204條之1等規定強制採取 (D)依刑事訴訟法第205條之2強制採樣檢查 【99年警佐班】

---

167 答案爲(B)。

168 答案爲(A)、(B)、(C)、(D)。刑事訴訟法第205條之2強制採樣處分行爲不包含抽取「血液」或「胃液」等「侵入性」處分。

169 答案爲(A)。題示情形與身體檢查、鑑定處分無關（非侵入性），附帶搜索即可。

4 刑事訴訟法關於鑑定之規定，下列敘述何者正確？[170] (A)當事人得以鑑定人於該案件曾爲證人爲拒卻之原因 (B)鑑定人無正當理由而不到場者，得拘提之 (C)鑑定人以自然人爲限 (D)檢察官得選任鑑定人 【100年警佐班】

5 下列有關鑑定之敘述，何者正確？[171] (A)當事人於鑑定時知悉鑑定人曾爲被害人之配偶，得拒卻之 (B)當事人得以鑑定人於該案件曾爲鑑定人爲拒卻之原因 (C)鑑定人已就鑑定事項爲報告後，當事人才知悉得拒卻之原因，仍不得拒卻 (D)因鑑定被告心神之必要，得預定10日以下之期間，將被告送入醫院 【101年警佐班】

6 下列關於採證、鑑定許可書之敘述，何者錯誤？[172] (A)對經拘捕到案之犯嫌，得違反其意思，採取其指紋、照相、測量身高或類似之行爲 (B)有合理懷疑認爲採取毛髮、唾液、尿液、聲調或吐氣得作爲犯罪之證據時，並得採取之 (C)自行到場之犯嫌，不接受採證，有採證必要者，得報請該管檢察官勘驗或請求核發鑑定許可書，強制採取 (D)請求檢察官核發鑑定許可書時，應以書面爲之，但如案件已有檢察官指揮者，得以言詞爲之

【104年警特三等犯罪偵查】

7 下列關於刑事訴訟法上鑑定留置之規定，何者錯誤？[173] (A)鑑定留置屬法官保留之強制處分 (B)爲鑑定被告之精神狀態，得預定10日以下之期間，將被告送入醫院或其他適當處所 (C)鑑定留置之預定期間，法院得於審判中延長，但不得逾2個月 (D)鑑定留置期間之日數，視爲羈押之日數

【104年警特三等犯罪偵查】

---

170 答案爲(D)。參照本法第198、199、第200條第1項準用17、18條。

171 答案爲(A)。參照本法第第200條第1項準用17、18條、第203條第3項。

172 答案爲(B)。強制處分必須具有「相當理由」較高的門檻，而非合理懷疑爾。

173 答案爲(B)。應爲7日以下，參照本法第203條第3項。

8 有關鑑定及鑑定人之敘述，下列何者錯誤？[174] (A)鑑定爲一種調查證據之方法 (B)鑑定人經選定後，負有到場義務，如無故不到，得科以罰鍰 (C)得以鑑定人於該案件曾爲證人或鑑定人爲拒卻之原因 (D)鑑定人應於鑑定前具結 【106年警特三等犯罪偵查】

9 有關「勘驗」之敘述，下列何者正確？[175] (A)勘驗之主體僅限於司法警察官或司法警察 (B)行勘驗時，不得命證人、鑑定人到場 (C)勘驗非調查證據之一種方法 (D)解剖屍體係勘驗處分，非相驗事項

【106年警特三等犯罪偵查】

10 你偵辦一起工作職場性侵案件，甲女稱乙男在2個月前對她性侵，並提出乙男事後道歉及賠償的簡訊作爲憑證，檢視簡訊內容未與性侵有關，而通知乙男到案説明，其矢口否認性侵，表示道歉及賠償係工作上的糾紛，另指曾拒絕甲女告白，其懷恨在心所以誣告他。因案件相隔已久，遂請測謊專家協助，經測謊結果，乙男對性侵甲女的問題上有不實反應。你如何解讀此測謊結果？[176] (A)不實反應表示乙男做人不實在，與本案無關聯 (B)測謊之科學性薄弱，難以從此不實反應證實乙男涉案 (C)表示乙男對相關案情未完全説實話，仍需其他證據以連結犯罪行爲 (D)不實反應顯示有説謊，可直接與犯罪行爲進行連結 【106年警特三等情境實務】

11 15歲之甲目擊乙搶奪丙皮包，偵查中檢察官命甲具結後證稱：「當日夜間確實看到乙當街對丙搶奪皮包」等語。審判中被告乙主張：「甲年僅15歲，檢察官逕命具結，其證詞不具證據能力」等語，被告乙之辯護人另抗辯：「證人甲有深度近視，卻僅配帶不足度數之眼鏡，於夜間應該看不清楚搶奪行爲人是否爲被告乙，其證詞不能證明被告有罪」等語，依實務見解，下列敘述何者

174 答案爲(C)。

175 答案爲(D)。

176 答案爲(C)。測謊測謊之科學性並不薄弱，但仍須具備一定之條件始具備證據能力，其鑑定結果僅能供爲審判上之參酌，仍須調查其他證據，不能以此即認定被告有罪。

正確？[177] (A)檢察官誤命未滿16歲之證人甲具結作證，其所爲證言乃無具結能力者之證言，仍有證據能力 (B)檢察官誤命未滿16歲之證人甲具結作證，其作證之法定程序於法有違，其證言自無證據能力 (C)被告乙之辯護人所爲之抗辯係屬證據能力有無的問題，與證詞之證據價值無關 (D)檢察官誤命未滿16歲之證人甲具結作證，已生具結之效力，如有虛僞陳述，應以僞證罪處罰

【108司律第一試】

12 司法警察詢問證人時，證人有刑事訴訟法第180條第1項之情形。應告知得拒絕證言，下列何者依該條項不得拒絕證言？[178] (A)曾爲犯罪嫌疑人之配偶 (B)爲犯罪嫌疑人之直系血親 (C)現爲犯罪嫌疑人之三親等姻親 (D)曾爲犯罪嫌疑人之法定代理人

【109警特三等犯罪偵查學（刑事警察人員）】

13 鑑定人由審判長、受命法官或檢察官就鑑定事項有特別知識經驗者或經政府機關委任有鑑定職務者之人選任一人或數人充之。有關刑事訴訟法對於「鑑定」之敘述，下列何者錯誤？[179] (A)鑑定人，不得拘提 (B)鑑定人應於鑑定前具結,其結文內應記載必爲公正誠實之鑑定等語 (C)執行鑑定留置,由司法警察將被告送入拘留所，並實施查驗人別無誤後，再由管理人員於鑑定留置票附記送入之年、月、日、時並簽名 (D)當事人得依聲請法官迴避之原因，拒卻鑑定人。但不得以鑑定人於該案件曾爲證人或鑑定人爲拒卻之原因。鑑定人已就鑑定事項爲陳述或報告後，不得拒卻。但拒卻之原因發生在後或知悉在後者，不在此限

【109警特三等犯罪偵查】

---

177 答案爲(A)。最高法院106年度台上字第3524號判決。

178 答案爲(C)。

179 答案爲(C)。留置處所而非拘留所。參閱本法第199、200、202及203條之2。

第八節 勘驗及相驗

壹、序說

「勘驗」係指透過**五官作用**，對於物（包含人之身體）之存在及其狀態所為之認知過程。而相驗則專指檢察官就轄區內遇有「**非病死或可疑為非病死者**」的情形，因恐涉及犯罪，而必須加以檢驗。至於「鑑定」係指僅依特別學識經驗方得以知悉之法則以及適用該法則所取得之意見判斷結果。

貳、鑑定、勘驗及相驗之區分

三者之間雖概念不同，但非無易混淆之處，茲區如下：

一、發動依據不同

（一）鑑定與勘驗之區別差異在於，**實施時「實施者有無必要作判斷」與「實施者有無必要具備特別專業知識」之程度上**。以贓物車體號碼有無被變造為例，警察依其經驗僅就外觀或簡單地檢驗即可判斷者，即屬廣義勘驗之範疇（警察之實質勘察行為）；反之，倘需進一步強調專業技術與經驗方得以加以分辨者，例如屬於非解剖物體（車體）即無法得知部分，便屬於鑑定之範圍。

（二）檢察官遇有病死或可疑為非病死事實發生時應儘速為之，如發現有犯罪嫌疑時，應繼續為必要之勘驗及調查（本法§218）。

二、主體不同

（一）「鑑定」係指鑑定人依特別學識經驗方得以知悉之法則以及適用該法則所取得之意見判斷結果。

（二）**「法院」或「檢察官」為「勘驗」執行主體**；而司法警察（官）調查犯罪有必要時，得封鎖犯罪現場，並為「即時勘察」（本法§§230 III、231 III），**然而「即時勘察」本質上仍屬於「勘驗」，故學說上認為，在解釋上，「即時勘察」的發動，應該僅限於犯罪發生後之即**

時勘察，倘欲將司法警察（官）「實質上的勘驗」所製作之實質上的勘驗筆錄（犯罪現場實況紀錄）作爲證據使用，依法該筆錄製作者仍將被列爲證人之一種，而於法庭中接受詰問（本法§166以下）亦即應事後受到司法審查。[180]

（三）「相驗」，係指檢察官得命檢察事務官會同法醫師、醫師或檢驗員執行，可以說是「**勘驗之先行程序**」。如案件顯無涉及犯罪嫌疑，則原則上檢察官無親自參與之必要，以節省有限之偵查犯罪之資源。惟相驗完畢後，應即將相關之卷證陳報檢察官（本法§218 III），此時檢察官如發現有犯罪之嫌疑時，即應繼續爲必要之勘驗及調查。[181]

三、客體不同

（一）「鑑定」係對於需要以專業知識或經驗，加以分析、實驗、臨床診斷刑事案件之特定事物，以其而做判斷，以作爲偵查或審判之參考。

（二）「勘驗」範圍則較廣，包含：履勘犯罪場所或其他與案情有關係之處所、檢查身體、檢驗屍體、解剖屍體、檢查與案情有關係之物件、其他必要之處分皆屬之（本法§213）。

（三）而「相驗」則專指檢察官遇有「非病死或可疑爲非病死」者的情形，因恐涉及犯罪，而必須加以檢驗，如需解剖，則非相驗事項，而係「勘驗」。故「相驗」可能爲偵查之開端，而實施勘驗時，已先知有犯罪嫌疑，且已開始偵查甚或案已起訴。[182]

四、證據方法不同

鑑定係「人的證據方法」；「勘驗」則應屬於「物的證據方法」，而「相驗」亦同。

180 黃朝義，《刑事訴訟法》，新學林，五版，2017.09，310頁以下。

181 林俊寬，《刑事訴訟法：基礎理論與實務運用》，五南，初版，2013.07，222頁。

182 朱石炎，《刑事訴訟法論》，三民，九版，2020.09，327頁。

五、後續處理不同

（一）「鑑定」與「勘驗」同具有「偵查作爲」之屬性，採證後之「鑑定結果」或「勘驗結果」分別以「鑑定報告書」或「勘驗筆錄」等方式提出於法院。法院調查證據及犯罪情形，以勘驗爲妥，以期發現眞實，不得以法文規定係「得實施勘驗」，輒將該項程序任意省略。勘驗應製作筆錄，記載勘驗始末及其情況，並履行法定之方式，如有勘驗物之狀態，非文字所能形容者，宜製作圖畫或照片附於筆錄之後。履勘犯所，檢驗屍傷或屍骨，均應將當場勘驗情形詳細記載，不得有含糊模稜或遺漏之處。

舉例說明

例如殺人案件自殺、他殺、過失致死，應當場留心辨別，倘係毒殺者，應須立予搜索有無殘餘之毒物。又如勘驗盜所，應察看周圍之狀況，並注意事主有無裝假捏報情形；其他如放火案件，目的物被燒之結果，是否已喪失其效用（全部或一部）；傷害案件，被害人受傷之程度，是否已達重傷；至性侵害、墮胎、毀損等案件，關於生理上所呈之異狀，與物質上所受之損害（喪失效用，抑僅減少價值），均應親驗明白，不可專憑他人報告。[183]

（二）「相驗」完畢後，應製作驗斷書、相驗屍體證明書。[184]檢察官發現有犯罪嫌疑時，應繼續爲必要之勘驗及調查（本法§218 III）。

選擇題練習

1 勘驗現場有檢察官、書記官、檢察事務官及司法警察。請問下列何者爲製作勘驗筆錄之主體？[185] (A)檢察官 (B)書記官 (C)檢察事務官 (D)司法警察 【101年警大二技】

183 法院辦理刑事訴訟案件應行注意事項第127點。

184 林俊益，《刑事訴訟法概論（上）》，新學林，十四版，2014.09，590頁。

185 答案爲(A)。

2 有關鑑定及鑑定人之敘述，下列何者錯誤？[186] (A)鑑定爲一種調查證據之方法 (B)鑑定人經選定後，負有到場義務，如無故不到，得科以罰鍰 (C)得以鑑定人於該案件曾爲證人或鑑定人爲拒卻之原因 (D)鑑定人應於鑑定前具結 【106年警特三等犯罪偵查】

3 有關「勘驗」之敘述，下列何者正確？[187] (A)勘驗之主體僅限於司法警察官或司法警察 (B)行勘驗時，不得命證人、鑑定人到場 (C)勘驗非調查證據之一種方法 (D)解剖屍體係勘驗處分，非相驗事項

【106年警特三等犯罪偵查】

進階思考

1 證據能力與嚴格證明法則有何關聯性？

■ 參考解答

（一）甲說

「證據能力」係指，某項證據能否提到法庭上調查的問題，即證據有無「資格」或「容許性」的問題。質言之，具備「證據能力」是行合法調查程序的前提，兩者之間並非擇一，亦非包括關係。基於此項階段性的規範，要特別強調的是，無證據能力的證據，在第一階段審查後，即應予以排除，不容許再提出法庭中作爲認定犯罪事實的證據予以調查，因此縱使無證據能力的證據，於法庭上合法調查程序，亦不會因此敗部復活。溯及的取得證據能力。而「嚴格證明法則」，乃重在對某項證據是否得容許提出法庭調查，而非形式意義上的證據分類的問題。本法有關人證、鑑定、通譯及勘驗等之調查規定，屬對於證據的「調查方式」的規範，而並非直接對證據種類設以限制。概念上，必須要留意的是，刑訴法對於證據方法或證據資料有無證據能力，是設有法定限制或排除規定的，這是實質問題，惟對形式的證據種類

[186] 答案爲(C)。參照本法第200條。

[187] 答案爲(D)。

或分類，則並無所謂法定之說。再者，以法定證據方法一語，易與現行法所排斥之「證據法定主義」的用語混淆。[188]證據能力之問題，不容許法官自由判斷，自然不會因爲合法證據調查程序而使本無證據能力之證據具有證據能力，也不會因爲透過證據調查程序之後，而使原本有證據能力之證據變成無證據能力之證據。亦即，證據能力之有無並不受證據調查之影響。[189]

（二）乙說

證據資料，未經禁止使用者，再須經過嚴格證明之調查程序後，取得證據能力，所謂「合法調查」必須以法律所定的證據方法爲限。本法列舉被告、證人、文書（書證）、鑑定、勘驗五種證據方法及其程序。另外，有學說認爲，雖然本法第155條規定「證據能力」與「證據證明力」，但第1項與第2項順序顚倒，應當調整。更具體的說，該條第1條是自由心證的規定；第2項規定：「無證據能力，未經合法調查，不得作爲判斷之依據。」**是以，經由合法的蒐集證據程序，並且經過法定調查程序所獲得的證據，方具備裁判上的證據資格（證據能力），可以作爲判決的依據。在邏輯上，應先規定嚴格證明法則，再規定自由心證主義，比較合乎證據法則體系的法理。**[190]例如，被告經過合法傳喚，訊問機關踐行告知義務後，被告基於自由意願的供述，具備證據能力。合法搜索被告或第三人，並依法扣押的證物，具備證據能力。證人經過合法傳喚，在法庭上具結後的供述，才有證據能力。

（三）本書意見

自本法2003年於第273條第1項第4款及同條第2項修正後，**原則上無證據能力之證據不應進入審判庭**。亦即，在準備程序中即應將無證據能力之證據就加以攔截。此觀修正理由謂：「當事人對於卷內已經存在之證據或證物，其證據能力如有爭執，即可先予調查，**倘法院依本法之規定，認定該證據無證據能力者，即不得於審判期日主張之**，是有第4款及第2項之規定，以節省勞費。」自明。是以修法後，除非準備程序之功能未被充分落實，否則

188 陳運財，〈嚴格證明法則〉，《月旦法學教室》，第23期，2004.09，133～136頁。

189 黃朝義，《刑事訴訟法》，新學林，五版，2017.09，535頁。

190 張麗卿，《刑事訴訟法理論與運用》，五南，十五版，2020.09，332頁。

照現行法制的操作，不應出現「證據未經禁止使用者，再須經過嚴格證明之調查程序後，方取得證據能力」的情形。

2 偵查機關未遵守本法第93條第1項即時訊問之規定，亦即「遲延訊問」是否構成第156條第1項之「不正方法」？

參考解答

（一）實務見解

最高法院101年度台上字第2165號判決：「倘檢察官或司法警察（官）專爲取得自白，對於拘提、逮捕到場之被告或犯罪嫌疑人爲遲延訊（詢）問，利用其突遭拘捕，心存畏懼、恐慌之際，爲使被告或犯罪嫌疑人自白或取得正犯與共犯之犯罪資料，而不斷以交談、探詢、引導或由多人輪番之方法爲說服之行爲，待取得被告或犯罪嫌疑人已屈服之說詞或是掌握案情後，始依正常程序製作筆錄並錄音。**在此情形下，被告或犯罪嫌疑人精神及身體可認處於恐懼、壓迫之環境，意思之自由受到壓制，其因此所作之陳述，難謂出於任意性，此種偵查手段非但與憲法保障人身自由所必須踐行之實質正當法律程序相悖，且與第156條第1項「其他不正之方法」之要件相符，其證據能力自應予以排除。而將被告或犯罪嫌疑人轉換爲證人加以訊問**，有上揭情形者亦同。但檢察官之遲延訊問確有正當理由者，不在此限，自不待言。

（二）學說看法

若按判決所稱的被告「突遭拘捕，心存畏懼、恐慌」等情形，則反倒應待被告較爲平靜時再行訊問，而非立即訊問。雖然，檢警延遲訊問，可能會對被告的人身自由造成不必要的時間拖延與限制，但也可能有其偵查技巧的運用，而有其偵查自由形成的空間。因此，單純的延遲，不應斷然被指爲不正訊問，其因此取得的自白不應因此而無證據能力。[191]因而，偵查機關未遵

191 許澤天，〈檢察官之訊問目的與被告地位保障／最高院101台上2165判決〉，《台灣法學雜誌》，第209期，2012.10，212頁以下。

守本法第93條第1項遲延訊問或遲延錄音（影）的並不當然構成本法第156條第1項之「不正方法」，未能即時訊問的原因及客觀情狀不一而足，有係爲了利用被告或犯罪嫌疑人的恐慌畏懼造成心理上的壓力，誘使其配合，以取得自白，**有可能只是單純的怠惰慵懶。是以，訊問是否均屬不正方法，還必須要依個案認定。**[192]

（三）本書意見

本書認爲，實務見解較可採。蓋果如學者所言：「被告突遭拘捕，心存畏懼、恐慌等情形，則反倒應待被告較爲平靜時再行訊問，而非立即訊問。檢警延遲訊問可能是其偵查技巧的運用」，則本法第93條第1項「即時訊問」之規定，顯然毫無意義，徒成具文。蓋即使是單純的怠惰慵懶所造成的遲延訊問，仍然會造成被告等待、恐慌不安的情緒，而影響自白的任意性。**依本書之見，只要是偵查機關之所爲，有可能會導致供述失去眞實性或影響任意性，都應該解釋成第156條第1項之「不正方法」**。是以，單純的遲延訊（詢）問即使不能視爲「不正訊（詢）問」，但亦應該「**推定**」爲「不正訊（詢）問」。也就是說此際應由檢察官舉反證推翻，例如：延遲訊（詢）問是因被告身體不適、錄音設備損壞等情形。何況，依最高法院101年度台上字第2165號判決事實，**檢察官不但延遲訊問，並且其間有一小時二十三分之錄音空白（錄音不連續）**。而偵查庭爲不公開之偵訊處所，對被告或犯罪嫌疑人而言，**其環境具有相當之壓迫性，而被告又提出刑求抗辯**，似非全屬無稽，該段未經錄音之時間，檢警究竟有何作爲？難免啓人「不正訊（詢）問」之疑竇，已非學者所言之單純遲延訊（詢）問而已。

3 兩以上共犯之證言得否互爲補強證據？

---

192 李榮耕，〈遲延訊問與自白之證據能力／最高院101台上2165判決〉，《台灣法學雜誌》，第226期，2013.06，214頁以下。

■ 參考解答

（一）肯定說

此說認爲，不同之人所爲之陳述，無論其身分係「**共同被告**」、「**共同正犯**」、教唆犯、幫助犯、告訴人、被害人或一般證人，既屬各自獨立之證據方法，並非不能互相作爲補強證據，祇是不能僅以其中一項，作爲認定被告犯罪之唯一證據而已；又供述證據與非供述證據，乃係不同類型之證據方法，祇要證據能力無虞，後者當然亦可資爲前者之補強證據。[193]

（二）折衷說

若對向正犯之供述彼此一致者，得互爲補強證據。[194]

（三）否定說

兩名以上共犯之自白，倘爲任意共犯、聚合犯，或對向犯之一方共同正犯之自白，不問是否屬於同一程序，縱所自白內容一致，因仍屬自白之範疇，究非自白以外之其他必要證據，**故此所謂其他必要證據，應求諸於該等共犯自白以外，實際存在之有關被告與犯罪者間相關聯之一切證據**，必其中一共犯之自白先有補強證據，而後始得以該自白爲其他共犯自白之補強證據。除非係對向犯之雙方所爲之自白，因已合致犯罪構成要件之事實而各自獨立成立犯罪外，否則，**兩名以上共犯之自白，不問是否屬於同一程序（共同被告）或有無轉換爲證人訊問，即令所述內容一致，因仍屬自白之範疇，究非自白以外之其他必要證據**。故兩共犯之自白仍屬自白本身，縱使相符，亦不能逕以共犯兩者之自白相互間作爲證明其中一共犯所自白犯罪事實之補強證據。[195]

從釋字第582號解釋亦採取此種觀點，本書較贊成否定說，蓋實質上補強證據若非屬獨立於自白以外之證據，係無法成爲補強證據，倘共犯分別所爲之陳述，無其他具體之補強證據存在，其陳述本身已有問題，法院卻將此

---

193 最高法院103年度台上字第3717號判決。

194 最高法院100年度台上字第5502號、100年度台上字第5857號判決。

195 最高法院102年度台上字第4744號、101年度台上字第2207號、100年度台上字第7303號、100年度台上字第572號、99年度字第台上4209號判決、臺灣高等法院100矚再更（三）第1號判決。

有問題之兩共犯陳述互爲補強，以認定另一人之涉案，可謂違反了對於補強法則之法理要求。[196]換言之，被告自白的補強必須使用被告自白以外的證據，共同被告的自白應具有補強證據之適格。**甚至即便被告自白與共同被告之自白的內容吻合，依然不能認爲共同被告所爲不利被告之供述可與其他被告自白相互補強，便認定被告有罪。**[197]因爲，共同被告之間往往有互相推諉構陷、串供等問題，其自白虛僞的成分相當高。

4 權衡理論是否適用於供述證據倘檢察官於偵查中，爲蓄意規避踐行刑事訴訟法第95條所定之告知義務，對於犯罪嫌疑人以「訴訟關係人」（證人）之身分予以傳喚，命具結陳述後，再採其證言爲不利之證據，列爲被告，提起公訴，其證據能力應如何認定？【99年司法官類似題】

■ 參考解答

此涉及權衡理論得否適用於供述證據的問題，有如下看法：

（一）肯定說

有關「權衡」的適用範圍，最高法院92年度台上字第4003號判決及部分學者認爲應包含供述與非供述證據。[198]其因此所取得之自白，有無證據能力，仍應權衡個案違背法定程序之情節、侵害被告權益之種類及輕重、對於被告訴訟上防禦不利益之程度、犯罪所生之危害或實害等情形，兼顧人權保障及公共利益之均衡維護，審酌判斷之。

（二）否定說

國內有不少學者認爲所謂之「權衡理論」之效力僅及於非供述證據而不包含供述證據。**蓋供述證據中，以有無證據能力之判斷係以「有無」危害任意性之違法行爲存在與否爲主；相對地，非供述證據中，以證物之蒐集爲**

196 黃朝義，《刑事訴訟法》，新學林，五版，2017.09，587、599頁。

197 李佳玟，〈邱和順等人被控擄人勒贖撕票案〉，收錄於《程序正義的鋼索》，元照，2014.06，42頁。

198 林鈺雄，《刑事訴訟法（上）》，新學林，十版，2020.09，191頁。

例，有無證據能力之判斷係以違法之「輕重」為主。是違背法定程序取得「共同被告、證人或鑑定人」之供述證據，其不得成為有罪依據，一律不得為證據。蓋因，刑事訴訟法已有極為詳密之規定，其目的在確保程序之公平並幫助發現眞實（例如命證人具結），如違反該等程序規定，該「供述」應無成為有罪證據之可能，法院裁量權萎縮至零。簡言之，以「自白」法則為例，其所保障的是被告的陳述「自由」（如緘默權），關鍵點重在供述是否具「任意性」（如果供述不具任意性則虛僞可能性甚高）；非抑制取證過程的違反，故違反的情節輕重並非所問。既然兩者的侵害性質不相同，其違反的效果亦自然迥異。[199]

實務上，並非完全採取肯定說，如最高法院96年度台上字第6688號判決稱：「供述證據與非供述證據之性質不同，一般認供述證據之採取過程如果違法，即係侵害了個人自由意思，故而應嚴格禁止，而蒐集非供述證據之過程如果違背法定程序，則因證物之型態並未改變，尚不生不可信之問題。」足見學界的多數意見，已為部分實務所接受。

（三）結語

本書認為，否定說的見解較為可採，蓋此無異剝奪被告緘默權及律師權之行使，係不正訊問方法，應依本法第156條第1項絕對排除其供述的證據能力。

司法警察調查犯罪未依照扣押程序查扣相關證據，其證據能力如何？

■ 參考解答

發生刑案後，一般民眾往往係透過110向警方報案，再由警察局勤務指揮中心就近指派制服員警先行趕赴現場處理。因此，多數的案件，均為派出所或分局警備隊警員首先到達現場。此時，實施任意勘查將遺留在犯罪現場之證物留存者，並非實施搜索所得扣押之物，但即使係任意偵查所獲得之證

[199] 黃朝義，《刑事訴訟法》，新學林，五版，2017.09，612頁；張麗卿，《刑事訴訟法理論與運用》，五南，十四版，2018.09，355頁；陳運財，〈違法證據排除法則之回顧與展望〉，《月旦法學雜誌》，第113期，2004.10，34～35頁。

物，仍應依本法第143條規定扣押之程序辦理。如果未依扣押程序辦理，並非當然無證據能力，依照本法第416條第2項規定「前項之搜索、扣押經撤銷者，審判時法院得宣告所扣得之物，不得作爲證據」，審判時法院得依照本法第158條之4規定權衡人權保障與公共利益之均衡維護，認定違法取證之證據能力有無。

私人不法取證，是否有證據排除法則之適用？

■ 參考解答

原則上應採否定說理由如下：

實務上認爲，私人非法取證之動機，或來自對於國家發動偵查權之不可期待，或因犯罪行爲本質上具有隱密性、不公開性，產生蒐證上之困窘，難以取得直接之證據，冀求證明刑事被告之犯行之故，而私人不法取證並無普遍性，且對方私人得請求民事損害賠償或訴諸刑事追訴或其他法律救濟機制，無須藉助證據排除法則之極端救濟方式將證據加以排除，即能達到嚇阻私人不法行爲之效果，如將私人不法取得之證據一律予以排除，不僅使犯行足以構成法律上非難之被告逍遙法外，而私人尙需面臨民、刑之訟累，在結果上反而顯得失衡，且縱採證據排除法則，亦難抑制私人不法取證之效果。是偵查機關「違法」偵查蒐證與私人「不法」取證，乃兩種完全不同之取證態樣，兩者所取得之證據排除與否，理論基礎及思維方向應非可等量齊觀，私人不法取證，難以證據排除法則作爲其排除之依據及基準，應認私人所取得之證據，原則上無證據排除原則之適用。惟如私人故意對被告使用暴力、刑求等方式，而取得被告之自白或證人之證述，因違背任意性，且有虛僞高度可能性，基於避免間接鼓勵私人以暴力方式取證，應例外排除該證據之證據能力。[200]

至於學說上的意見大致亦與實務雷同，證據排除法則之適用，主要在於抑制違法偵查，其適用範圍並不包含私人之違法取證。例外如：1.私人若係基於偵查機關之委託、教唆或共謀之情形，在本質上應認屬於偵查機關之活

---

200 最高法院101年度台上字第3561號、99年度台上字第3168號、98年度台上字第578號判決。

動。[201]2.但若私人蒐證所取得之證據係出於暴力、刑求者，可能必須適用證據排除法則，[202]因此取得之陳述，應類推適用本法第156條第1項，絕對排除證據能力。[203]

不得作爲證據的情形有哪些？

■ **參考解答**

本法第155條所謂無證據能力，係指不得作爲證據者而言。茲舉述如次：[204]

（一）筆錄內所載之被告陳述與錄音或錄影之內容不符者，其不符之部分，原則上無證據能力（§100-1 Ⅱ）。

（二）被告因受強暴、脅迫、利誘、詐欺、疲勞訊問、違法羈押或其他不正方法所爲之自白，其自白不具證據能力（§156 Ⅰ）。

（三）實施刑事訴訟程序之公務員違背本法第93條之1第2項、第100條之3第1項之規定，或檢察事務官、司法警察（官）詢問受拘提、逮捕之被告或犯罪嫌疑人，違背本法第95條第2款、第3款之規定，所取得被告或犯罪嫌疑人之自白及其他不利之陳述，不具證據能力，但經證明其等違背上述規定，非出於惡意，且該自白或陳述係出於自由意志者，不在此限（§158-2）。

（四）證人、鑑定人依法應具結而未具結，其證言或鑑定意見，無證據能力（§158-3）。

（五）被告以外之人於審判外之言詞或書面陳述，除法律有規定者外，不具證據能力（§159）。

（六）證人之個人意見或推測之詞，非以實際經驗爲基礎者，不具證據

201 黃朝義，《刑事訴訟法》，新學林，五版，2017.09，613頁。

202 楊雲驊，〈私人不法取證之證據能力—評最高法院98年度台上字第578號判決〉，《台灣法學雜誌》，第135期，2009.09，277頁以下。

203 吳巡龍，〈私人取證〉，《月旦法學教室》，第133期，2013.11，36頁以下。

204 法院辦理刑事訴訟案件應行注意事項第79點。

能力（§160）。

（七）被告以外之人，包括共同被告、共犯及其他證人因受恫嚇、侮辱、利誘、詐欺或其他不正方法所爲不利於被告之陳述，不具證據能力（§166-7）。

（八）關於組織犯罪防制條例之罪，訊問證人之筆錄非於檢察官、法官面前作成或未經踐行刑事訴訟法所定訊問證人之程序者，無證據能力（組織犯罪防制條例§12）。

8 若檢察官於偵查中未踐行本法第95條第1項各款之告知義務，法律效果爲何？

■ **參考解答**

（一）實務見解

本法第95條第1項規定，訊問被告應先告知「犯罪嫌疑及所犯所有罪名」（第1款）、「得保持緘默，無須違背自己之意思而爲陳述」（第2款）、「得選任辯護人」（第3款）及「得請求調查有利之證據」（第4款）等事項，旨在使被告得適切行使法律所賦予之防禦權，兼顧實質的眞實發現及程序之正義，以維護審判程序之公平，若檢察官於偵查中未踐行前開程序，刑事訴訟法對此所生之法律效果雖乏特別規定，但參諸同法第158條之4意旨，依權衡理論，以爲認定有無證據能力之標準。[205]

（二）本書見解

本書認爲，此問題應區別看待，若「檢察官」違反本法第95條第1項2、3款緘默權及律師權之告知，由於皆爲被告相當重要的權利，對自白任意性有嚴重影響，不能直接適用本法第158條之2第2項，因本法第158條之2第2項並未將檢察官納入規範之範圍。但亦不宜依本法第158條之4之規定權衡，蓋權衡理論，本屬非供述證據違法取證之問題。解決之道，應可「類推

205 最高法院100年度台上字第687號判決。

適用」本法第158條之2第2項本文之規定，全部無證據能力。[206]至於「檢察官」違反本法第95條第1項1、4款之告知，因為對自白任意性較不具直接影響，本法第158條之2未規定法律效果，本書意見與實務見解同，依本法第158條之4意旨，權衡認定證據能力之有無。

若檢察事務官、司法警察（官）詢問違反本法第95條第1項2、3款緘默權及律師權之告知，若合乎「拘捕」前提下直接適用本法第158條之2第2項當無疑問，而違反本法第95條第1項1、4款之告知與「檢察官」未告知同，依本法第158條之4意旨，權衡認定證據能力之有無。

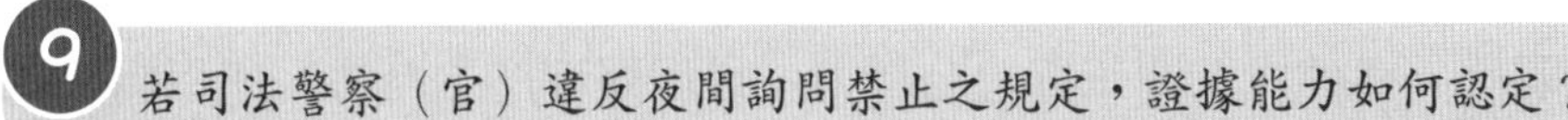
9 若司法警察（官）違反夜間詢問禁止之規定，證據能力如何認定？

■ **參考解答**

由於夜間乃休息之時間，為尊重人權及保障程序之合法性，並避免疲勞詢問，本法已於第100條之3第1項規定，除該條但書所列之情形外，司法警察（官）詢問犯罪嫌疑人時，不得於夜間為之。是違背該條所取得之自白及其他不利之陳述，本法第158條之2第1項本文，原則上亦無證據能力，不得作為證據。但書的情形是指執法人員若能證明其違背上開法定程序非出於惡意，且所取得之自白或陳述係出於被告或犯罪嫌疑人之自由意志者，則不受證據強制排除之限制，此際應由檢察官舉證司法警察（官）違反第100條之3的規定「非出於惡意」且犯嫌之自白係出於「任意性」。否則，若違反夜間詢問之禁止，其「強度」已達本法第98條之「不正方法」，應認為該自白不具任意性，其法律效果應係本法第156條第1項，絕對無證據能力。[207]

犯罪嫌疑人於明示同意夜間詢問後，該次筆錄製作完成前，**亦得於任何時間變更其同意，改拒絕繼續接受夜間詢問**，司法警察（官）並應即時停止其詢問之行為。不得僅因已取得犯罪嫌疑人之同意，即謂司法警察（官）有權繼續詢問犯罪嫌疑人至全部詢問事項完成為止，或於同一夜間，司法警察官或司法警察有權多次詢問犯罪嫌疑人並製作筆錄，否則無異變相限制犯罪

206 黃朝義，《犯罪偵查論》，漢興，初版，2004.03，125頁。

207 黃朝義，《犯罪偵查論》，漢興，初版，2004.03，129頁。

嫌疑人同意權之行使[208]此一見解也為學說上所支持。[209]如有爭執是否有同法第158條之2第1項本文之適用，應由檢察官負舉證責任。

10 某分局刑事偵查佐，因禁不起女犯罪嫌疑人挑逗，在與其「炒飯」之前，刻意關掉錄音錄影設備，因此其後做筆錄時，全程未錄音錄影，其警詢筆錄證據能力如何？

■ **參考解答**

警詢筆錄，在訴訟程序中，時有被告或辯解非其真意，或辯解遭受刑求，屢遭質疑，為建立詢問筆錄之公信力，以擔保程序之合法，所以詢問過程應全程連續錄音並錄影，並應於一定期間內妥為保存，偵審機關如認為有必要時即可調取勘驗，以期發現真實。因此，為確保自白之任意性，違反第100條之1第1項，應依第100條之1第2項規定：「筆錄內所載之被告陳述與錄音或錄影之內容不符者，除有前項但書情形外其不符之部分，不得作為證據。」然而，若偵查機關自始至終未為全程錄音錄影時，並無「不符部分」的問題，對此應如何認定此筆錄之證據能力，分析學說與實務的見解：

（一）絕對排除說（適用§100-1 Ⅱ）

依本法第100條之1本文規範之意旨，應係對於國家偵審機關於訊問被告時，賦予全程錄音錄影之義務，且透過錄音、錄影方式，以監督國家偵審機關是否依法定程序以進行訊問程序。因而本條規定，應非只是為擔保筆錄之正確性而已，其亦有確保訊問程序合法性之目的。所以不論是（全程連續）錄音或是假造之錄音、錄影效果不清楚等，皆違反第1項規定，而應有第2項之適用，若根本未錄音、錄影，等於筆錄的記載全部不符，該筆錄內容均無證據能力。[210]

---

208 最高法院100年度台上字第687號判決。

209 陳運財，〈夜間詢問禁止原則〉，收錄於氏著《偵查與人權》，元照，初版，2014.04，139頁。

210 何賴傑，〈訊問被告未全程連續錄音錄影之法律效果—評最高法院88年度台上字5073、5762、6752號判決及臺北地院88年度訴字第862號判決〉，《月旦法學雜誌》，2000.07，

（二）權衡說

有論者認爲，甲說的見解對偵查機關而言，太過嚴苛，可能過度妨礙法院發現眞實而背離法治國原則的要求。應依照本法第158條之4權衡理論來決定其證據能力。[211]

（三）不利推定說

由於權衡說具有不確定性，易使偵查機關產生僥倖的心理，加上本法第158條之4不宜適用於違法取得之自白，就理論言，從立法沿革及理由來看，本條全程錄音具有「防範偵查機關使用不正方法詢問以擔保自白任意性」之規範目的。**遂有不少學者主張「不利推定說」。亦即，若偵查機關違反全程連續錄音（影）的規定時，先推定被告自白不具任意性；但例外容許檢察官舉反證推翻。**換言之，錄音、影之規定在於自白任意性之證明，若國家機關疏未踐行此一程序，難以證明之後果自由檢察官負擔。此亦爲較多數實務見解所採。[212]

（四）本書見解

絕對排除說的見解對偵查機關而言，太過嚴苛，至於權衡說具有不確定性，易使偵查機關產生僥倖的心理，加上本法第158條之4不宜適用於違法取得之供述證據（自白），而不利推定說較符合改良式當事人進行主義的精神，故較爲可採。

165頁。

211 楊雲驊，〈違反全程連續錄音錄影義務法律效果的再檢討—評最高法院90年度台上字第7137號判決〉，《台灣法學雜誌》，第40期，2002年7月，52頁以下。最高法院101年度台上字第270號判決亦採之。

212 陳運財，〈偵訊錄音之研究—評最高法院88年度台上字第5762號刑事判決〉，《偵查與人權》，元照，2014.04，162頁；黃朝義，《刑事訴訟法》，新學林，五版，2017.09，573頁；林鈺雄，《刑事訴訟法（上）》，新學林，十版，2020.09，178頁以下；吳巡龍，〈新法施行後錄音（影）有瑕疵時，被告筆錄證據能力的判斷及自白之證明〉，《月旦法學雜誌》，第113期，2004.10，70頁。最高法院98年度台上字第5182號、101年度台上字第892號判決亦採之。

11

甲當街搶奪婦女皮包，被警員P逮捕並帶往警局。在警局，P詢問甲並製作筆錄。P先詢問甲是否要選任辯護人，甲表示不需要。詢問進行中，甲又表示要選任辯護人，P告訴甲，等詢問結束後，會讓甲選任辯護人，P即繼續詢問，甲也自白犯罪。詢問結束，甲在筆錄上簽名，並要求影印一份筆錄給伊，P表示甲無權要求影印筆錄，因而拒絕。案經檢察官提起公訴，審判時，甲的辯護人L主張，警員P不讓被告甲選任辯護人，顯有違法，警員P到庭證稱沒有不讓甲選任辯護人。L要求勘驗警員P詢問錄音帶，經法院當庭播放該卷錄音帶，發現該卷錄音帶內容完全空白。審理終結，法院採認甲在警局所為之自白及其他證據，判處甲罪刑。試問法院採認甲自白之程序合法性。

【107年一般警特三等】

■ 參考解答

（一）警詢時P未讓甲選任辯護人不合法

1. 依刑事訴訟法（下稱本法）第100條之2準用95條第1項第3款之規定可知，警員P須告知甲得選任辯護人。雖然P告知甲得選任辯護人時，而經甲表示不需選任。但甲於詢問過程中，已表示欲選任辯護人，依本法第27條第1項：「被告得隨時選任辯護人。犯罪嫌疑人受司法警察官或司法警察調查者，亦同。」；第95條第2項：「無辯護人之被告表示已選任辯護人時，應即停止訊問。但被告同意續行訊問者，不在此限。」；第93條之1第1項第5款「被告或犯罪嫌疑人因表示選任辯護人之意思，而等候辯護人到場致未予訊問者。但等候時間不得逾四小時。」；第93條之1第2項「前項各款情形之經過時間內不得訊問。」
2. 因此P應停止警詢，等候辯護人到場再行詢問，但其竟拒絕甲選任辯護人要求，實質上侵害了甲接受辯護人援助之憲法基本權（釋字第654號參照），依本法第158條之2第1項「違背第93條之1第2項、第100條之3第3項之規定，所取得被告或犯罪嫌疑人之自白及其他不利之陳述，不得作為證據。但經證明其違背非出於惡意，且該自白或陳述係出於自由意志者，不在此限。」

（二）警詢時P拒絕甲要求影印筆錄合法

依本法第33條第2項前段規定：「無辯護人之被告於審判中得預納費用請求付與卷內筆錄之影本」，但偵查中無此權利，故P拒絕影印筆錄於法無違。

（三）警詢時未全程連續錄音違法

依本法100條之2準用第100條之1第1項，警詢時應全程錄音（影）時，若筆錄內所載之被告陳述與錄音或錄影之內容不符，依第100條之1第2項規定不得作爲證據。」然而，若偵查機關自始至終未爲錄音（依題示可知，該錄音帶爲空白，顯然根本並未錄音，並無「不符部分」的問題），則證據能力應如何認定，對此爭議，學說及實務，有「絕對排除說」、「權衡說」及「不利推定說」，絕對排除說的見解對偵查機關而言，太過嚴苛，至於權衡說具有不確定性，易使偵查機關產生僥倖的心理，加上本法第158條之4不宜適用於違法取得之供述證據（自白），因此不利推定說較爲多數實務見解及學說所採。依不利推定說，先推定警詢時被告自白不具任意性；但例外容許檢察官舉反證推翻。

（四）結語

綜合以上，本件因爲P警詢時違反「等候辯護人經過時間內不得訊問」、「應全程錄音（影）」等規定，所取得被告或犯罪嫌疑人之自白及其他不利之陳述，原則上無證據能力，不得作爲證據。除非檢察官經證明P違背非出於蓄意，且被告甲自白或陳述係出於自由意志者，始例外得採爲證據。

在偵查程序及審判程序給予被告對質詰問的機會，得否相互補正或取代？

■ 參考解答

（一）肯定說

實務見解主張[213]，未經被告行使詰問權之被告以外之人於審判外向法官

213 最高法院95年度台上字第6675號判決應是最主要開端之代表，之後102年度台上字第1266號

所為之陳述，定性上「應屬未經完足調查之證據」，非謂無證據能力。此項詰問權之欠缺，得於審判中由被告行使以補正，而完足為經合法調查之證據。值得注意的是，近來有部分學者支持此新說[214]。

之後的最高法院判決大致遵循這個意見，如最高法院97年度台上字第1276號判決稱：「於檢察官偵查中經具結陳述，本有證據能力，雖未經上訴人等於檢察官偵查程序為詰問，但已於第一審審判中經補正詰問程序，而完足合法調查之證據。」；最高法院100年度台上字第6685號判決亦謂：「……其未經詰問者，僅屬未經合法調查之證據，並非無證據能力，而禁止證據之使用。此項詰問權之欠缺，非不得於審判中由被告行使以資補正，而完足為經合法調查之證據。」，此類見解在我國傳聞法則的實務發展中，具有舉足輕重之地位。

另有文獻持類似觀點認為，**對質詰問權的保障是要求在審判階段來實踐，在偵查階段應該是沒有絕對的要求，也就是「刑事被告在整個程序中，對於不利證人應享有至少一次的面對面、對質詰問的機會」**[215]。在偵查階段沒有給予對質詰問權的保障無所謂，重點是整個程序中有一次對質詰問的機會就足夠。

（二）否定說

但本書認為，**「對於不利證人應享有至少一次的面對面、對質詰問的機會」不能由偵查程序中的詰問可以取代**。蓋因，偵查程序與審判程序之詰問顯然不同，審判中至少有閱卷及事前準備問題的時間與機會，且審判中交互詰問亦有一定的法定程序，非偵查程序所能比擬。[216]是以，偵查中檢察官訊問證人時，原則上被告既無與審判中相同之詰問證人權的保障，而證人後來於審判期日經依法傳喚到庭調查，仍不改變其於審判外時所為陳述為傳聞證據的性質，除非經被告依第159條之5規定同意作為證據，否則該偵訊筆錄

判決仍依循這個見解。

214 楊雲驊，〈眾裡尋他千百度—最高法院對於刑事訴訟法第一五九條之一解釋之評析〉，《台灣法學雜誌》，第120期，2009.01，83～84頁。

215 林鈺雄，〈第三屆學術與實務之對話—對質詰問觀點的傳聞法則〉，《台灣法學雜誌》，第119期，2009.01，135～136頁。

216 黃朝義，《刑事訴訟法》，新學林，五版，2017.09，631頁。

仍無證據能力。**因此，並無所謂審判中因被告行使詰問而補正偵查中詰問權欠缺的問題。**職故，實務一方面指摘偵查中檢察官訊問證人與審判中人證之調查程序性質有別，另一方面又認爲「該未經被告詰問之偵查中供述，亦非不得於審判中由被告行使以資補足」的見解，難謂允當。[217]

大陸地區公安機關的警詢筆錄得否適用我國傳聞例外之規定？

■ **參考解答**

（一）實務見解

實務上認爲，依海峽兩岸關係協會與財團法人海峽交流基金會（海基會）共同簽訂「海峽兩岸共同打擊犯罪及司法互助協議」之內容，其中關於「調查取證」規定：「雙方同意依己方規定相互協助調查取證，包括取得證言及陳述；提供書證、物證及視聽資料；確定關係人所在或確認其身分；勘驗、鑑定、檢查、訪視、調查；搜索及扣押等」。依此司法互助協議之精神，我方既可請求大陸地區公安協助調查取證，則被告以外之人於大陸地區公安機關調查（詢問）時所爲之陳述，經載明於筆錄或書面紀錄，爲傳聞證據之一種，在解釋上可類推適用本法第159條之2或同條之3等規定；而大陸地區公安機關所製作之紀錄文書或證明文書，應可適用同法第159條之4規定。[218]

（二）學說看法

事實上大陸與臺灣一樣，刑事訴訟法都欠缺關於確認證據眞實性之規定，臺灣法院更沒有能力確認中國證據蒐集與保管程序的合法性與可靠性。即便雙邊有簽訂所謂的司法互助協議，然而這個協議並沒有任何手段可確保簽約的他方忠實且誠實的履行司法互助的義務。[219]就法理上而言，大陸公

217 陳運財，〈第159條之1第2項檢訊筆錄實務爭議問題檢討〉，收錄於《刑事法學現代化動向—黃東熊教授八秩華誕祝壽論文集》，2012.11，146頁以下。

218 最高法院101年度台上字第900號、102年度台上字第675號判決。

219 李佳玟，〈實物提示，原則或例外？〉，收錄於《程序正義的鋼索》，元照，2014.06，223頁。

安的警詢筆錄本質上即是針對偵查個案做，不符合本法第159條之4的修法意旨。再者，臺灣司法警察人員製作的警詢筆錄，必須在具備第159條之3「傳喚不能」及「可信性」等要件，始例外容許作為證據，若依司法互助協議，大陸公安製作的警詢筆錄卻能逕行取得證據之證據評價，對臺灣警察而言，顯非公允。因此，被告以外之製作詢問筆錄，在解釋上，不得類推適用本法第159條之4第3款規定承認其證據能力。[220]

（三）本書意見

本書認為，大陸地區公安機關並非屬我國偵查輔助機關，其所製作之證人筆錄，不能直接適用本法第159條之2。而就第159條之3而言，若符合「傳喚不能」及「可信性」等要件，應可成為傳聞之例外。至於第159條之4第3款的部分，本書前文提到過，實務將此要件放得太寬，事實上該款仍須符合「隨時得受公開檢查之狀態，設有錯誤，甚易發現而予以及時糾正者」為限，始能成為傳聞之例外。然而大陸地區公安機關製作的警詢筆錄不可能讓我方「隨時公開檢查」，因此並沒有類推適用之基礎，且其偵查程序對人權之保障也未較臺灣嚴謹，自不可能因司法互助協議，頓然成為傳聞之例外。

14 除經立法院審議之司法互助協定（協議）另有規定者外，被告以外之人在外國警察機關警員詢問時所為陳述，能否依刑事訴訟法傳聞例外相關規定，判斷有無證據能力？

■ 參考解答

最高法院多數意見認為[221]，此種情形（未簽訂司法互助協議）係外國司法警察機關針對具體個案之調查作為，不具例行性之要件，亦難期待有高度之信用性，非屬刑事訴訟法第159條之4所定之特信性文書。

本法第159條之2、第159條之3所規定之警詢筆錄，因法律明文規定原

---

220 陳運財，〈兩岸刑事司法互助之程序法觀點的再檢討〉，收錄於《偵查與人權》，元照，初版，2014.04，470頁以下。

221 最高法院107年度第1次刑事庭會議決議。

則上爲無證據能力，必於符合條文所定之要件，始例外承認得爲證據。由於被告以外之人在域外所爲之警詢陳述，性質上與我國警詢筆錄雷同，同屬傳聞證據，在法秩序上宜爲同一之規範，爲相同之處理。若法律就其中之一未設規範，自應援引類似規定，加以適用，始能適合社會通念。在被告詰問權應受保障之前提下，被告以外之人在域外所爲之警詢陳述，應類推適用本法第159條之2、第159條之3等規定，據以定其證據能力之有無。

當事人同意後能否撤回或再爭執？

■ 參考解答

（一）實務見解

最高法院98年度台上字第4219號判決謂：「該等傳聞證據，在第一審程序中，縱因當事人、辯護人有同法第159條之5第2項規定擬制同意作爲證據而例外取得證據能力之情形，然在第二審程序調查證據時，當事人或辯護人非不得重新就其證據能力予以爭執或聲明異議，此時，第二審法院即應重新審認其證據能力之有無，否則即難謂爲適法。」依此判決邏輯，當事人雖於原審「擬制同意」傳聞證據作爲證據，則當事人縱於原審「明示同意」傳聞證據作爲證據，於第二審程序亦應可以撤回同意；且當事人既可於第二審撤回同意，爲免程序浪費，理論上亦應准許當事人在原審嗣後程序中撤回同意。

（二）否定說

此說認爲，若當事人已明示同意作爲證據之傳聞證據，經法院審查具備適當性要件後，若已就該證據踐行法定之調查程序，基於維護訴訟程序安定性、確實性之要求，即無許當事人再行撤回同意之理。[222]

（三）限制肯定說

如最高法院99年度台上字第717號判決基於訴訟程序安定的要求，原則上不准許當事人事後任意撤回同意或再事爭執。但有三種情形得例外允許

222 最高法院100年度台上字第6246號判決。

之，即審理事實之法院，於1.尚未進行該證據之調查；2.或他造當事人未提出異議；3.法院認爲撤回同意係屬適當者，應生准予撤回之效力。[223]

學說上亦有不乏傾向此說之論者。氏謂，一旦同意並經證據調查後，倘若承認其可撤回，其結果將使訴訟程序陷入混亂，因而原則上不容許同意後之撤回。蓋因一經證據調查終結後，法院業已形成心證。但如於證據調查實施前，當事人另外提出撤回同意之聲請，且此聲請對於對造當事人並無重大利益影響時，例外許可其撤回。[224]

16 監聽譯文與實際內容不符時其證據能力應如何認定？

■ 參考解答

（一）依勘驗結果認定

由於實務上一般都會就監察所得的通訊內容作成譯文紙本，此說認爲，司法警察依據監聽錄音結果予以翻譯而製作之通訊監察譯文，乃該監聽錄音帶內容之顯示，爲所謂之「派生證據」。於被告或訴訟關係人對監聽譯文眞實性發生爭執或有所懷疑時，法院即應依本法第165條之1第2項之規定，勘驗該監聽錄音帶以踐行調查證據之程序，俾確認該錄音聲音是否爲通訊者本人及其內容與通訊監察譯文之記載是否相符，以確保被告之訴訟防禦權行使及判決結果之正確性。尚難以法院於審判期日踐行提示監聽譯文供當事人辨認或告以要旨，即謂該監聽錄音帶證據已經合法調查。[225]

（二）「類推適用」本法第100條之1第2項

另外，最高法院99年度台上字第5503號判決認爲：「警察所爲監聽譯文如經勘驗結果，確與實際監聽錄音內容不符，即應「類推適用」本法第

---

[223] 法院辦理刑事訴訟案件應行注意事項第93點、最高法院102年度台上字第979號判決亦採此說。

[224] 黃朝義，〈從比較法觀點論同意證據與擬制同意證據—兼論合意證據〉，收錄於《刑事法學現代化動向—黃東熊教授八秩華誕祝壽論文集》，台灣法學，2012.11，228頁；類似見解：吳巡龍，〈同意傳聞作爲證據後再爭執〉，《台灣法學雜誌》，第161期，2010.10，191頁以下。

[225] 最高法院103年度台上字第463號判決。

100條之1第2項規定，其不符之部分，不得作爲證據，應以實際錄音內容爲準，否則難謂符合證據法則」（本書認爲，這號判決可能是參考1968年，美國一件毒品監聽案的例子，「被告在電話中跟對方講，那一天賣給你多少毒品，檢察官指監聽有合法的監聽票，但聯邦最高法院則認爲，被告若知悉警察正在監聽，就不會在電話中講這些談話內容，因此被告在監聽中的談話內容得類推爲自白」）。

（三）視偵查機關是否合法執行

有實務見解認爲，監聽譯文有無證據能力，應取決於通訊監察是否合法執行。只要偵查機關所進行的通訊監察合法，監聽譯文就有證據能力的見解，[226]，但本書認爲並不妥當。

（四）依傳聞法則調查

部分學者指出，「監聽譯文」源自言語供述的轉化記載，並經偵查人員切割擷取、演繹潤飾，相關內容未經利害關係人說明驗證，難免有失之主觀、片面難以窺其全貌之情形。所以，性質上屬於「傳聞證據」，除非合於傳聞法則之例外規定，否則沒有證據能力，不能作爲證據調查之用。[227]亦即偵查機關監聽被告等所使用電話，獲知、記錄毒品交易之通話內容，此一「監聽」雖然類似「勘驗」處分之性質，但如將錄音結果予以翻譯而製作之監聽譯文，應要求制作譯文司法警察審判期日到庭作證，方得作爲證據使用。[228]因此，「監聽譯文」性質上屬於供述證據，此說應屬可採。

裁量分離審判所應考量之因素爲何？

---

226 最高法院101年度台上字第167號；最高法院101年度台上字第285號判決。

227 林裕順，〈特偵組「剷巨惡」務先「立標竿」〉，《台灣法學雜誌》，第234期，2013.10，18頁；林裕順，〈監聽譯文，空口白話〉，《月旦法學教室》，第135期，2013.10，30～32頁；李榮耕，〈通訊監察的證據能力〉，《月旦法學教室》，第132期，2013.10，36～37頁。

228 林裕順，〈監聽通話≠偵訊取供—簡評最高法院98年度台上字第6832號判決〉，收錄於氏著《人民參審與司法改革》，新學林，初版，2015.06，542頁。

■ 參考解答

學說上認為，「裁量分離」考量之重點，應綜合考慮「本案之情節、性質態樣、與其他案件之關聯、被告之性格及情狀、本案審理之進行程度、證據調查階段、法院之人與物的資源設備」等諸多因素，藉以判斷合併或分離對被告或其他情事的影響。[229]另有主張，關鍵應在於是否能滿足合併審判所預期之目的—「訴訟經濟」，如不能達到訴訟經濟的效益，反而造成較分離審判更不經濟的結果，法院原則上應傾向於為分離審判之裁定。例如共同被告人數眾多、證據龐雜時，對同一證人之詰問或反詰問，共同被告之不同辯護人會以不同理由提出異議，在此情形下，法院自得依職權或當事人聲請裁定，以避免訴訟之不經濟。本書認為，除應考量前述因素外，尚應注意適用前提是無共同被告間無利害關係相反的情形，假如合併後法院發現共同被告間有互相推諉、構陷之虞時，則應裁定分離程序。[230]蓋審理共同被告，若不先進行分離程序，將易使被告及證人身分混淆，導致程序混亂[231]。

18 甲、乙二人因缺錢花用，合意共同勒贖丙，甲、乙二人果勒贖丙得款新臺幣500萬元後釋放丙。嗣經警查獲報請檢察官偵辦。乙在警詢及檢察事務官詢問時供承甲及自己之犯行，在檢察官二次偵訊時，乙以被告身分亦自由對答或連續陳述承認甲及自己之犯行，然未經具結。而甲則否認犯行。經檢察官偵查後，以甲、乙二人涉犯刑法第347條第1項擄人勒贖罪提起公訴。在法院審理時，甲仍否認犯罪，答辯稱：「乙在檢察官二次偵訊時講到我的部分是以證人身分說明，但乙都沒有以證人身分具結，違反刑事訴訟法第186條證人應命具結之規定，乙所說有關我的部分並沒有證據能力，不能當做證據。」試問：甲的答辯是否有理？　【104年警特三等犯罪偵查】

229 陳運財，〈共同被告之調查〉，《律師雜誌》，第286期，2003.07，113頁。
王兆鵬、張明偉、李榮耕，《刑事訴訟法（下）》，新學林，五版，2020.11，27頁。

230 張麗卿，《刑事訴訟法理論與運用》，五南，十五版，2020.09，103頁。

231 花滿堂，《刑事訴訟法爭議問題研究》，新學林，初版，2018.05，67頁。

■ 重點提示

乙在本案中與甲的關係是共同被告，共同被告之案件而言，爲被告以外之第三人，本質上屬於證人，因此就其有關於甲的供述係居於證人（親歷見聞犯罪事實）的地位所爲之「證言」。依本法第287條之2，應準用人證之規定，故乙須行人證的調查方法，並須同法第186條具結，否則依同法第158條之3無證據能力。題示情形，乙的證言「顯然不利於甲，且利害關係相反」，依同法第287條之1，尚須裁定分離調查證據或辯論，但依釋字第582號解釋之意旨，不得剝奪被告甲與證人乙對質詰問的權利。綜合以上，甲的答辯有理由。

19 共同被告所行使者，究竟爲緘默權或拒絕證言權？

■ 參考解答

（一）視裁判是否分離說

學者認爲，應分別情形以觀。在合併審判分離前，共同被告仍爲被告身分，所行使者爲緘默權；在分離審判後，其身分即轉換爲證人，其所行使者爲拒絕證言權。[232]

（二）兩者併存說

實務上認爲，共同被告在同一訴訟程序中同時併存以證人身分之陳述，囿於法律知識之不足，實難期待能明白分辨究竟何時爲被告身分、何時係居於證人地位，而得以適時行使其各該當之權利。**而被告之緘默權與免於自陷入罪之拒絕證言權，同屬不自證己罪之範疇，兩者得以兼容併存，並無齟齬。行使與否，一概賦予被告、證人之選擇。**因此，若檢察官同時又贅餘告知被告之緘默權，**然此兩種權利本具有同質性，互不排斥，**是以此項程序上之瑕疵，並不會因此造成對該共同被告陳述自由選擇權之行使有所妨害，

232 王兆鵬、張明偉、李榮耕，《刑事訴訟法（下）》，新學林，五版，2020.11，354頁；張麗卿，〈刑事程序中之拒絕證言權〉，收錄於《刑與思—林山田教授紀念論文集》，元照，初版，2008.11，457頁。

其此部分之陳述，自得作爲其他共同被告犯罪之證據。[233]

違反不自證己罪之「告知義務」對於被告本人有無證據能力？

■ 參考解答

（一）依權利領域理論應採否定說

最高法院判例[234]及新近的實務見解[235]認爲：「**拒絕證言權，專屬證人之權利，非當事人所得主張**，證人拒絕證言權及法院告知義務之規定，皆爲保護證人而設，非爲保護被告，法院或檢察官違反告知義務所生之法律效果，僅對證人生效，故違反告知義務之證人證詞，對訴訟當事人仍具證據能力。」此說乃係基於「權利領域理論」，認爲不自證己罪之拒絕證言權，屬證人自己之權利，他人不得代爲主張，亦有不少學者採此說，[236]若未告知等於藉具結程式強迫證人必須爲眞實陳述，違反「不自證己罪原則」，應依第156條第1項規定，其所爲之陳述不得成爲對該證人之不利證據。[237]

（二）依權衡法則判斷

部分實務見解主張：「倘其於被告本人之案件，應認屬因違背法定程序所取得之證據，適用本法第158條之4所定均衡原則爲審酌、判斷其有無證據能力，而非謂純屬證據證明力之問題。」學說上不乏支持此說之論者。最新實務認爲，我國證據排除法則並不生主張證據排除的當事人適格問題，如採權利領域說，將主張排除者侷限於權利受侵害的人，不免過於狹隘，並欠

233 最高法院98年度台上字第5952號判決。

234 最高法院25年上字第25號判例。

235 最高法院101年台上字第641號判決。

236 王兆鵬、張明偉、李榮耕，《刑事訴訟法（下）》，新學林，五版，2020.11，352頁以下；李榮耕，〈拒絕證言告知義務之違反及其法律效果—簡評最高法院98年度台上字第5952號判決〉，《台灣法學雜誌》，第153期，2010.06，229頁；陳樸生，《刑事證據法》，三版，1995，286頁。

237 張麗卿，〈刑事程序中之拒絕證言權〉，收錄於《林山田教授紀念論文集》，元照，初版，2008.11，452頁。

缺正當性。且本法第181條之證人拒絕證言權不僅在於保護證人免於陷於三難困境以致自證己罪，亦同時使被告免於陷入困境之證人所爲虛僞不實陳述之危險。因此，法院或檢察官如有違反本法第186條第2項之告知程序，所取得證人之證詞，不僅侵害證人之權利，也讓證人因不知可拒絕證言而產生誣攀或推諉被告之危險，自應容許被告主張證據排除。但爲兼顧程序正義及發現實體眞實，法院應適用本法第158條之4規定權衡判斷證人證言證據能力之有無。[238]

被告私行選任鑑定人之鑑定有無證據能力？

■ **參考解答**

（一）否定說

不論鑑定人或鑑定機關、學校、團體均應由檢察官或法官視具體個案之需要而爲選任，始符合本法第198條、第208條之規定，否則所爲鑑定即屬於審判外之陳述，爲傳聞證據。[239]

（二）肯定說

由於鑑定之結果常左右審判之結果，則鑑定人之選任僅由法官一人決定，不容當事人參與決定過程，會流於法官專擅的危險，即令鑑定結果正確，也難令當事人心服。我國既已改偏向當事人進行主義，當事人對於孰最適合爲鑑定人，會較法官更深入研究探求，所以宜由當事人參與選任鑑定人之決定過程。[240]若採否定說，當事人一方的檢察官，卻有選任權，在武器不平等的情況下，對被告是不公平的。故在改良式當事人進行主義下，應該承認被告有權選任的鑑定人，檢察官也有加以反詰問的機會，並不會造成所謂有礙眞實發現的情形發生。[241]

238 最高法院109年台上字第2638號判決（本判決作成前已事先徵詢各刑事庭，故爲統一見解）。

239 最高法院97年度台上字第1846號、95年度台上字第6648號判決。

240 王兆鵬、張明偉、李榮耕，《刑事訴訟法（下）》，新學林，五版，2020.11，391頁。

241 黃朝義，《刑事訴訟法》，新學林，五版，2017.09，492頁。

近來，有實務見解認爲，該鑑定人非由法院或檢察官指定，而係被告自行選定，在下列的條件下尙許憑爲彈劾證據：1.若當事人於審理中一致同意作爲證據，基於尊重當事人之證據處分權。2.被告方面提出，且有利於被告。3.客觀上並無顯然不適當者，基於尊重當事人之證據處分權，及證據資料越豐富，越有助於發現眞實之理念，若無任意性或外在附隨環境、條件限制之疑慮，允宜認屬適格之證據。[242]

考題觀摩

「測謊係以問卷（控制問題法、混合問題法）詢問受測者，受測者回答時之生理反應經儀器記錄後，據以研判回答之問題有無說謊。」試問：依最高法院判決，爲確保日後法庭證據使用，測謊施測時應注意事項爲何？

【98年警佐班】

■ **參考解答**

請自行參考前文作答。

---

[242] 最高法院99年度台上字第2618號判決。

第十六章　裁　判

第一節　序說

裁判乃「審判」機關判斷事實與法律規定，就刑事實體上或程序上所爲之「決定」，包括「裁定」與「判決」；[1]但不包含檢察機關所爲之決定爲「處分」（如不起訴處分）或「命令」。

第二節　裁判之種類

壹、實體裁判與形式裁判

所謂實體裁判，乃就實體法（包含普通刑法及特別刑法）之規定，而決定被告有無犯罪及其應負刑責者。當案件具備訴訟條件時，即應爲實體裁判以終結案件，實體裁判應經實體審理。例如無罪、免刑或科刑之判決，及更定其刑或定其應執行之刑之裁定（本法§477Ⅰ）。而形式裁判又稱訴訟裁判，通常係對程序事項所爲的裁判，故又稱爲程序裁判，形式裁判僅須形式審理即爲已足。本法所爲之裁判，若屬程序事項者，大多以「裁定」爲之，例如：羈押之裁定、駁回調查聲請、證人、鑑定人或通譯罰鍰之裁定等。少部分以「判決」爲之，如免訴、不受理、管轄錯誤判決，可不經言詞辯論爲之。

貳、終局裁判與中間裁判

所謂終局裁判，係指以終結訴訟爲目的所爲之裁判。包含：無罪、免刑或科刑、免訴之判決。中間裁判則指訴訟進行中而非以終結訴訟爲目的之裁

---

[1] 有關裁判之效力、救濟及確定，請參閱本書審判、上訴及抗告等章節。

判，通常係以「裁定」之方式爲之，例如：羈押被告、具保、移轉管轄、法官迴避、延長羈押等裁定。

參、判決與裁定

判決與裁定有以下之不同，茲分述如下：

一、要式性

「判決」具有一定之程（格）式；「裁定」無嚴格程式規定。

二、作成主體

「判決」原則上由法院（或合議庭）爲之，不得由審判長、受命法官單獨爲之（但簡式審判沒有合議庭，爲例外）。「裁定」得由法院、審判長、受命法官、受託法官爲之。

三、須否言詞辯論

「判決」之審理方式，除有特別規定外（如第三審），應經當事人之言詞辯論。（本法§221）而「裁定」則不以言詞辯論爲必要。

四、救濟管道

「判決」之救濟方式爲上訴、非常上訴或再審；而「裁定」救濟方式則爲抗告、準抗告、聲明異議；確定後如爲實體裁定得非常上訴，但不得再審。

選擇題練習

下列何者爲實體裁判？[2] (A)無罪判決 (B)免訴判決 (C)不受理判決 (D)管轄錯誤判決 【100年警大二技】

2 答案爲(A)。

第十七章　證據保全

第一節　序說

所謂「證據保全」，係指預定提出供調查之證據有湮滅、僞造、變造、藏匿或礙難使用之虞時，基於發見眞實與保障被告防禦及答辯權之目的，按訴訟程序進行之階段，由告訴人、犯罪嫌疑人、被告或辯護人向檢察官，或由當事人、辯護人向法院提出聲請，使檢察官或法院爲一定之保全處分）。此爲防止證據滅失或發生礙難使用情形之預防措施，與調查證據之概念有別。在偵查中（本法§219-1Ⅰ）及審判中（須於第一審之第一次審判期日前，本法§219-4Ⅰ）皆可聲請。

第二節　受理機關

一、偵查中

案件已經移送或報告檢察官者，應向偵查中之該管檢察官聲請（本法§219-3前段），但案件尙未移送或報告檢察官者，應向調查之司法警察（官）所屬機關所在地之地方法院檢察署檢察官聲請（本法§219-3後段）。

二、偵查中

應向第一審法院或受命法官;但遇有急迫情形時，亦得向受訊問人住居地或證物所在地之地方法院聲請爲保全證據處分。

第三節　限時處分

一、偵查中

聲請合法且有理由：檢察官應於五日內爲保全處分因證據保全均有一定時效或急迫性，檢察官受理聲請後，除認聲請爲不合法或無理由予以駁回者外，應於五日內爲保全之處分。惟若其聲請不合法或無理由，檢察官應予以駁回爲確保告訴人、犯罪嫌疑人及被告之訴訟權益。此外，檢察官受理證據保全之聲請後逾法定期間未爲保全處分或駁回聲請時，聲請人得直接向該管法院聲請保全證據，以尋求救濟（本法§219-1 II、III）。

二、審判中

法院受理保全證據之聲請，認爲聲請不合法律上程式或法律上不應准許或無理由者，應即以裁定駁回之。但其不合法律上之程式可以補正者，應定期間先命補正。法院或受命法官認爲保全證據之聲請有理由時，應以裁定准許之（本法§219-4 IV、V）。

第四節　救濟方式

一、偵查中

（一）檢察官駁回保全證據之聲請或未於受理聲請後五日內爲保全處分者，聲請人得逕向該管法院聲請保全證據（本法§219-1 III）。

（二）法院對於該聲請，於裁定前應徵詢檢察官之意見：

1. 法院認爲聲請不合法律上之程式，或法律上不應准許或無理由者，應以裁定駁回之。須注意者，本裁定依不可抗告（本法§219-2 I）但其不合法律上之程式可以補正者，應定期間先命補正。
2. 法院認爲聲請有理由者：應爲准許保全證據之裁定。本裁定不可抗告（本法§219-2 II）。

二、審判中

法院對於證據保全聲請所為之裁定，其性質上屬訴訟程序之裁定，為求相關法律效果儘速確定，故不許提出抗告（本法§219-4 Ⅵ）。

第五節　相關人士之在場陳述權

告訴人、犯罪嫌疑人、被告、辯護人或代理人於偵查中，除有妨害證據保全之虞者外，對於其聲請保全之證據，得於實施保全證據時在場。蓋告訴人、犯罪嫌疑人、被告或辯護人於偵查中，得聲請檢察官或法院保全證據，屬新創之規定，故犯罪嫌疑人等得否在場，宜有明確規範。為因應實際之需要，便於進行保全證據（本法§219-6）。

第六節　保管機關

一、偵查中

偵查中之案件因尚未繫屬於法院，且檢察官有蒐集及調查相關證據之權責，故不論在司法警察（官）先行調查階段或已由檢察官指揮偵查者，檢察官因實施保全處分所得之證據資料，均應由該檢察官保管之。而案件經司法警察機關移送、報告，或移轉管轄予他檢察官偵辦後，前開證據資料即應移交予承辦檢察官，此亦為當然之理，無待明文規定。至於案件於檢察官偵查中，由法院裁定命為保全者，亦應由法院送交該管檢察官保管。但案件若於司法警察官或司法警察調查中，經法院裁定准許保全證據者，因尚無本案之承辦檢察官，法院實施保全所得之證據資料，應送交該司法警察（官）所屬機關所在地之地方法院檢察署檢察官保管（本法§219-7 Ⅰ）。

二、審判中

至於審判中，法院實施保全所得之證據，則直接由命保全之法院保管。惟訴訟繫屬於他法院者，爲保全之法院應不待受訴法院之調取，應即送交該法院（本法§219-7 II）。

各　論

第2編

第一審

第一章 偵 查

第一節 序說─偵查程序之開啓

刑事訴訟程序中之「偵查」，乃偵查機關就人犯之發現、確保、犯罪事實之調查證據之發現、蒐集及保全爲內容，以決定有無犯罪嫌疑，應否提起公訴之偵查機關活動。偵查機關有主體偵查機關與輔助偵查機關之分，檢察官乃偵查主體，司法警察官或司法警察則係偵查之輔助機關。[1]

偵查程序乃檢察官就具體案件爲準備提起公訴之蒐證及保全證據之程序。若依偵查時是否可實施本法所規定之強制處分而分，偵查可分爲「任意偵查」與「強制偵查」。本法第228條第3項規定：「實施偵查非有必要，不得先行傳訊被告。」此即學理上所稱「任意偵查」，不同於「強制偵查」之相對概念。本條規定「實施偵查非有必要」，乃指出偵查權之發動須符合偵查比例原則，客觀上須在偵查利益與保障人權間符合一定比例的要求。本條規定「不得先行傳訊被告」，而須先實施任意偵查，蒐集到相當的證據而發現被告犯罪嫌疑重大者，始有傳訊的偵查活動。實施偵查之公務員有違反者，即屬偵查權之濫用。就人權保障之觀點而言，偵查之實施若以「任意偵查」即可達到目的，就沒有必要實施強制處分。

本法第228條第1項稱之爲「偵查法定原則」，本法第228條第2項規定，檢察官得限期命令檢察事務官或司法警察（官）調查及發交調查，以及第231條之1檢察官對於司法警察（官）移送案件有不完備得命令補足及調查，故現行法制下檢察官爲本法之偵查主體。依照本法第228條第1項規定偵查之端緒，檢察官因告訴、告發、自首或其他情事知有犯罪嫌疑者，應即開始偵查，於此始有「偵查程序之開啓」。可知，「偵查程序之開啓」，並非只有告訴、告發、自首等列舉事由，第228條第1項爲「例示規定」（即告訴、告發、自首只是舉例說明而已），檢警只要知有犯罪嫌疑情事者，皆應即開啓偵查程序，以下即分節介紹偵查程序的開啓原因。所

1 最高法院99年台上字第8207號判決。

圖表2-1-1　告訴乃論與非告訴乃論之區別

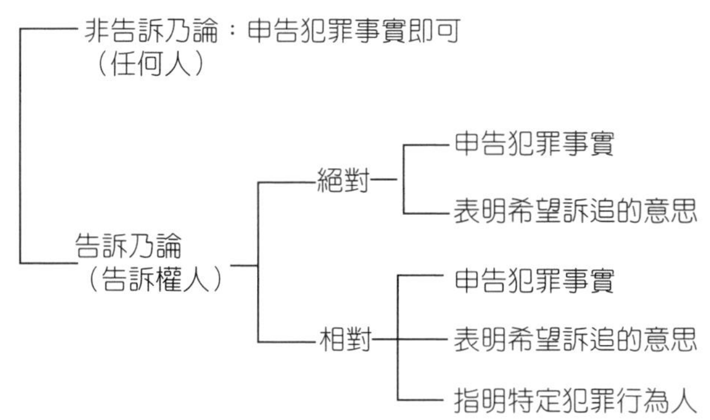

謂「知有犯罪嫌疑」，即係指檢警不須確信某人犯罪，只要具備「初始懷疑」（Der Anfangsverdacht）的程度，偵查人員即應開始偵查。但此一犯罪嫌疑範圍不得過寬，仍須要有「**充足事實的依據**」（zureichende tatsächliche Anhaltspunkte）始可。參考德國刑事訴訟法第152條第2項：「除有特別規定外，於具備『**充足事實的依據**』時，偵查人員即有義務啓動偵查程序。」此所謂「充足事實的依據」並非執法人員的主觀猜測，而是依其經驗推斷這些行爲通常可作爲犯罪的「**最初懷疑**」[2]。司法警察有接受檢察官之要求協助偵查之責，但當獲悉某人犯行時，亦可主動展開犯罪調查[3]。此之謂「知有犯罪嫌疑」之依據，自不以「具有證據能力」之證據爲限，諸如地方風聞、新聞輿情及秘密證人之舉發，皆可資爲開始調查或偵查之證據資料。[4]

由本法第228條第1項規定，檢察官因告訴、告發、自首或其他情事知有犯罪嫌疑者，應即開始偵查。由本條項可知「偵查程序之開啓」，並非只有告訴、告發、自首等列舉事由，第228條第1項爲「**例示規定**」（即告訴、告發、自首只是舉例說明而已），檢警只要知有犯罪嫌疑情事者，皆應即開啓偵查程序。而前文所提到的「臨檢」程序，如「攔停」、「盤查」及「查證身分」等，雖是屬於一種行政檢查（警察機關蒐集及查詢資料的行

2　*Radtke / Hohmann*, StPO, 2011, §152 Rn. 16.

3　*Kral / Eausch*, Strafverfahrensrecht, 2013, S. 19.

4　最高法院108年度台上字第3611號判決（具有參考價值的裁判）。

爲），但這些方式常可發現犯罪嫌疑而爲開啓偵查的端緒。[5]由前述可知，「**知有犯罪嫌疑**」不但是行政檢（調）查與犯罪偵查間的通關橋樑，區隔行政檢（調）查與犯罪偵查之重要依據，也可以說是「**程序換軌的鎖鑰**」。[6]

第二節　告訴

壹、告訴之意義

所謂告訴者，是指犯罪之被害人，或法律規定有告訴權之人，向偵查機關申告犯罪事實，請求訴追犯罪之訴訟行爲。告訴能力是以意思能力爲準。[7]

舉例說明

甲開車載其妻乙爲心神喪失之人，其十三歲之子丙與五歲之女兒丁，途中等候紅燈時被大卡車自後撞及，甲受傷昏迷不醒，乙、丙、丁均受輕傷爲昏迷，若乙、丙、丁三人均表示告訴，如三人提出告訴時有意思能力，三人所提之告訴均爲合法告訴。

偵查機關原則上並不受到告訴人意思的拘束，告訴只是偵查發動的原因。不過，對於告訴乃論之罪則屬例外，須有告訴權人的告訴，國家始能發動追訴，發動訴追條件決定於告訴權人是否提出告訴，告訴具有完成訴追條件之作用。須注意者，告訴乃論之罪告訴權人雖未提告訴、偵查機關只要知具有犯罪嫌疑即可發動偵查，簡言之，提起公訴之條件與偵查機關開啓偵查之要件不可混淆。

5　白取祐司，《刑事訴訟法》，日本評論社，第10版，2021.03，100頁。

6　林朝雲，〈論取締酒駕與刑事程序〉，《東吳法研論集》，第10卷，2020.06，21頁以下。

7　最高法院72年台上字第629號判例。

貳、告訴乃論罪

一、告訴乃論之罪與非告訴乃論之罪

告訴的案件分爲告訴乃論之罪的案件與非告訴乃論之罪的案件，非告訴乃論之罪的告訴爲偵查發動之原因。**告訴乃論之罪的告訴不僅是偵查發動的原因，也是訴追犯罪之條件，但非偵查的絕對條件，偵查機關可不待告訴權人的告訴而發動偵查**。因此，告訴乃論之罪的現行犯，未經告訴者僅爲追訴條件不完備而已，既非偵查機關發動偵查之原因，只要有重大犯罪嫌疑的原因發生，偵查機關自得逕行發動偵查，而不待告訴權人之告訴，蓋因偵查機關是否對告訴乃論之罪發動偵查是依照本法第228條第1項「偵查法定原則」決定，並非決定於「是否能預期告訴權人提出告訴」作爲發動偵查之依據，而此標準只是適用在「偵查比例原則」上之審酌因素之一。告訴乃論之罪的案件，是以告訴爲訴追條件，未經告訴，檢察官無法提起公訴。至於偵查與起訴之案件是否爲告訴乃論之罪的案件仍應由檢察官認定，不受告訴人意思之拘束。

至於刑法上何罪爲告訴乃論之罪，通常是看該章最後一條的規定。以普通傷害罪爲例。刑法第277條普通傷害罪規定：「傷害人之身體或健康者，處三年以下有期徒刑、拘役或一千元以下罰金（Ⅰ）。犯前項之罪因而致人於死者，處無期徒刑或七年以上有期徒刑；致重傷者，處三年以上十年以下有期徒刑（Ⅱ）。」而傷害罪章的最後一條第287條規定：「第277條第1項、第281條、第284條及第285條之罪，須告訴乃論。但公務員於執行職務時，犯第277條第1項之罪者，不在此限。」我們可以知道，一般人犯普通傷害罪（刑法§277Ⅰ），是告訴乃論罪；但若被害人傷重致死（刑法§277Ⅱ），則爲非告訴乃論罪。而公務員於執行職務時犯普通傷害罪，也爲非告訴乃論之罪。

此外，有鑑於在一連串醫療暴力的案例中，無論是基於醫病關係、醫院管理、恐遭報復、畏於纏訟或是一念之仁等因素，事實上的確有許多醫療暴力之受害人未爲告訴或撤回告訴，以致相關之肢體暴力未能獲得處罰。長此以往，恐將令整體醫療環境安全之維護更形惡化。醫療法第24條修正爲「醫療機構應保持環境整潔、秩序安寧，不得妨礙公共衛生及安全。爲保障病人就醫安全，任何人不得以強暴、脅迫、恐嚇或其他非法之方法，妨礙醫療業務之執行，致生危害醫療安全或其設施。醫療機構應採必要措施，以確保醫事人員執行醫療業務時之安全。違反第2項規定者，警察機關應協助排除或制止之；如涉及刑事責任者，應移送該管檢察官偵辦。」又依醫療法第106條第1項：「違反第24條第2項規定者，處新臺幣三萬元以上五萬元以下罰鍰。如觸犯刑事責任者，應移送司法機關辦理。」可知，對於醫護人員之傷害行爲，修正爲「非」告訴乃論之罪，檢警機關知悉後應即主動偵辦不受告訴權人意思拘束，即使告訴權人欲撤回告訴，也不影響檢察官偵查、提起公訴。

二、絕對告訴乃論之罪與相對告訴乃論之罪

告訴乃論之罪，可分爲絕對告訴乃論之罪與相對告訴乃論之罪。前者犯罪之告訴，除須「申告犯罪事實」外，尙須表示希望「訴追意思」，但並不以指明犯人爲必要，縱令犯人全未指明，或誤指他人，其告訴仍爲有效。此類犯罪重在申告犯罪事實，凡觸犯各該罪者，不問之間身分如何，均須告訴乃論。如傷害罪、侵入住宅罪、妨礙秘密罪等均是。後者犯罪之告訴，重在犯人必具備一定身分者，始得提出告訴。除向偵查機關申告犯罪事實及表示希望訴追之意思外，尙須指明犯人。如親屬間竊盜、侵占、詐欺等罪均是。又，告訴乃論之罪，告訴人祇須表示訴究之意思爲已足，不以明示其所告訴者爲何項罪名爲必要。告訴人在偵查中已一再表示要告訴，雖未明示其所告訴之罪名，但依其所陳述之事實，仍無礙於告訴之有效成立。[8]

參、告訴之主體

告訴權人，本法所稱「得爲告訴之人」，不以犯罪之被害人爲限，本法所規定「其他特定人」，亦得爲告訴權人。

---

8 最高法院74年台上字第1281號判例。

一、犯罪之被害人

指「直接」被害之人（是指自然人不包括法人、非法人團體在內）。間接或附帶受害之人，雖在民法上有請求損害賠償之權，但非本法第232條所稱「被害人」，與第487條所定「因犯罪而受損害之人」有別。[9]但被害人之告訴權係專屬於一身之權利，原則上不得讓與或繼承。但如犯罪之侵害有繼續性之情形，則隨被侵害之權利（如所有權、專利權、著作權等）之移轉，而將移轉前所爲之侵害之告訴權，也隨同移轉之。

若爲刑法第271至363條之罪，屬侵害個人法益，則個人得視爲「直接」被害人。若爲國家、社會法益被侵害，其被害者爲國家社會，此類犯罪，個人得否同時爲被害人，必須視法益性質而定，茲分述如下：

（一）單純性法益

此類犯罪單純保護國家社會法益，如僞證、湮滅證據等罪，個人並非犯罪直接被害人，不得提告訴。

（二）關聯性法益

此類犯罪行爲，有數法益同時被侵害，且其中互相關聯，實體法上雖僅擇一保護，但在程序法上，仍得爲犯罪被害人。

舉例說明

例如一把火燒數家之情形，雖觸犯公共危險罪，但個人生命或財產法益也同時直接被侵害，故被害人可自訴或告訴。早期實務的意見曾認爲，以一狀誣告三人誣告罪爲妨害國家審判權之罪，僅能成立一誣告罪，不過此號判例嗣後經最高法院95年度第5次刑事庭會議決議不再援用。故現行以一訴狀誣告數人，除侵害國家司法權外，個人名譽法益亦同時被侵害，故個人亦應得以提起公然侮辱或誹謗罪的自訴或告訴。

（三）重層性法益

此類犯罪行爲，同時侵害數法益，在實體法按法益計算罪數，在程序法

9　最高法院22年上字第55號判例。

上亦有可能爲直接被害人，應許其自訴或告訴。

舉例說明

犯刑法第126條凌虐數人犯，構成數罪；刑法第221條妨害性自主，強制性交二人，爲二罪。[10]

二、被害人之法定代理人或配偶

本法第233條第1項屬「獨立告訴權」，不受被害人意思的拘束可獨立提出告訴，不同於本法第233條第2項規定之代理告訴權。例如甲乙爲夫妻雖早已分居，但未辦理離婚，乙與丙男同居多時且懷孕，乙將此事告知其父丁，卻遭受丁痛打一頓成傷，單就丁傷害之犯行，甲、乙均有告訴權。

（一）法定代理人之告訴權

是否具有法定代理人的身分得提出告訴，應以告訴時，被害人是否已死亡或是否成年爲準。如提出告訴時，被害人已有行爲能力，或被害人已死亡者，依本法第233條第2項規定由一定的親屬提出告訴，此告訴的性質稱爲「傳來告訴權」或稱「代理告訴權」，不生規定法定代理人的告訴權問題。被害人之告訴權與被害人法定代理人之告訴權，各自獨立而存在。被害人提出告訴後，其法定代理人仍得獨立告訴，是以告訴乃論之罪，法定代理人撤回其獨立之告訴，於被害人已先提出之告訴，毫無影響，法院不得因被害人之法定代理人撤回其獨立告訴，而就被害人之告訴，併爲不受理之判決。[11]

舉例說明

若被害人爲未成年人，其法定代理人原則上具有獨立告訴權（本法§233 I），其舉例如下：例如丙之生父母爲丁、戊，丙女自幼爲甲、乙二人收養，丙女現年十八歲，卻遭養父甲強制性交，本案如甲、乙對丙女之收養關係有效的話，則生父母丁、戊自非其法定代理人，則非告訴權人，故本案只有乙、丙始具有告訴權。

---

10 張麗卿，《刑事訴訟法理論與運用》，五南，十五版，2020.09，457頁以下。

11 最高法院70年台上字第6859號判例。

（二）配偶之告訴權

應依告訴權取得原因之不同，分犯罪告訴權及被害告訴權。

1. 犯罪告訴權

指因他人犯罪而取得告訴權，係以「告訴時」身分爲準。本法第233條第1項獨立被害人之法定代理人或配偶（此配偶非被害人），得獨立告訴。

舉例說明

甲與前配偶丁離婚後，與乙結婚，在婚姻關係存續中被丙殺害，告訴權人爲乙而非丁。

2. 被害告訴權

是以「犯罪時」具有一定之身分爲限。至於告訴時是否具有一定身分關係（此配偶係被害人），則與告訴無關。

舉例說明

甲、乙爲夫妻，甲與人通姦，而乙提出告訴時，兩人已離婚，乙已非甲的配偶，仍得依本法第234條第2項規定爲告訴，因爲乙告訴權的有無，是以犯罪時具有一定之身分關係爲準。又如甲與乙結婚，結婚前甲即與丙女斷絕來往，婚後甲與丁女發生性關係，此事爲乙得知，乙即與甲離婚，離婚後三個月時，若乙仍可對甲、丁提出告訴，對丙則不得提出告訴，蓋因乙取得告訴是以甲、乙在婚姻關係存續中具有一定身分關係爲限。反之，若犯罪時並無一定之身分則非告訴權人。

三、已死被害人之特定親屬的告訴權

被害人已死者，得由其配偶、直系血親、三親等內之旁系血親、二親等內之姻親或家長、家屬告訴。本法第233條第2項，又稱傳來告訴權。此乃代理權，非固有權，與本法第233條第1項固有權不同。

舉例說明

甲公然侮辱乙，乙當時就表示不願告訴，不久乙死亡，其配偶依第233條第2項固得提出告訴。但依該條但書之規定，不得與乙生前明示之意思相反，故其配偶不得告訴。假使被害人之法定代理人爲被告或該法定代理人之配偶或四親等內之血親、三親等內之姻親或家長、家屬爲被告者，被害人之直系血親、三親等內之旁系血親、二親等內之姻親或家長、家屬得獨立告訴。

本法第233條第1項與第2項在適用上，應以告訴時有無在被害人死亡前行使爲準。如被害人死亡前並未行使告訴權者，告訴權人仍得依本法第233條第1項獨立行使告訴權，如被害人死亡則告訴權人須依本法第233條第2項行使告訴權（本法§235）。

第233條第1項是屬「固有告訴權」，其時效以知悉犯人之時起六個月計算告訴時效。該條第2項是屬「代理告訴權」，以本人告訴的期間爲準。

舉例說明

甲打傷乙，乙在六個月內均未提出告訴，其後乙死亡，其兄丙代乙提出告訴，其告訴既已逾告訴期間，檢察官應依本法第252條第5款爲不起訴處分。

四、特定犯罪之專屬告訴權人

本類型之告訴乃論罪，是一種「限定告訴權」。亦即，將告訴權限定於專屬特定之人，並無第236條代行告訴人之適用。

依本法第234條第1項（刑法§230）、第2項（刑法§240 II）等規定，同時此亦屬於一種「被害告訴權」，以「犯罪時」的身分決定其告訴權有無，故第234第1、2項所稱之「配偶」必是「犯罪行爲人之配偶」。而本法第234條第3項（刑法§298）、4項（刑法§312）所規定的情形，同時亦是一種「犯罪告訴權」，此係因犯罪嫌疑者犯罪而取得其告訴權，故其告訴權之有無，以「告訴時」的身分爲準，此類告訴權並非犯罪直接被害而取得，其所指之「配偶」爲「被害人之配偶」。

（一）血親性交罪

刑法第230條，乃處罰與直系或三親等內旁系血親之罪，因爲合意性交之雙方，皆係犯罪行爲人而無直接被害人。故無法依據本法第232、233條定其告訴權人。因此，本法第234條第1項乃另行規定告訴權人爲「本人之直系血親尊親屬」、「配偶或其直系血親尊親屬」。

（二）和誘有配偶之人罪

此類型犯罪乃爲顧及名譽與家庭和睦，僅賦予「配偶一人」專屬告訴權。

舉例說明

甲、乙爲夫妻，丙、丁爲甲之父母，戊、庚爲乙之父母，若乙女被其友人辛和誘脫離家庭，僅「甲」居於配偶的身分有告訴權。

（三）略誘婦女罪

刑法第298條之妨害自由罪，意圖使婦女與自己或他人結婚而略誘之者，依刑法308條第2項規定，爲尊重被誘人之意思，其告訴以不違反被略誘人之意思爲限，故其亦具有代理權之性質。

舉例說明

本法第233條第1項之被略誘人有配偶時，其配偶仍有本法第233條第1項之獨立告訴權。但因爲被誘人常在受限制而無法行使告訴權中，自應許其一定親屬，得爲告訴，如被略誘人之直系血親、三親等內之旁系血親，二親等內之姻親或家長、家屬，故學理上亦稱之爲「補充告訴權」，此項告訴權均不影響告訴權人獨立告訴權之行使。[12]

（四）妨害名譽及信用罪

刑法第312條之妨害名譽及信用罪，已死者之親屬得爲告訴。此亦屬於

12 司法院院解字第89號。

一種「**補充告訴權**」，**因爲犯罪行爲時被害人已死**。須注意者，本罪只有死者的配偶、直系血親、三親等內的旁系血親、二親等內的姻親或家長、家屬等，方能就本罪提出告訴（本法§234 Ⅳ）。由於本罪之直系血親並無親等之限制，史上曾發生於1976年，即在韓愈卒後1152年，有人撰文謂：「韓愈曾於潮州染風流病，以致體力過度消耗……。」韓愈之第三十九代直系血親因而興訟，被告被判罰金300元。故學者建議應限縮死者的遺族告訴權範圍，避免浪費寶貴的訴訟資源。[13]

五、指定代行告訴人

本法第236條有關代行告訴人的規定，告訴乃論之罪，無得爲告訴之人或得爲告訴之人不能行使告訴權者，該管檢察官得依利害關係人之聲請或依職權指定代行告訴人。第233條第2項但書之規定，本條準用之。

告訴乃論之罪，因「無得爲告訴之人」（指如被妨害名譽之婦女已死亡，又無本法第233條規定所列得爲告訴之人），或「得爲告訴之人不能行使告訴權者」（如心智缺陷、身體罹患重病或所在不明等原因致事實上不能行使其告訴權皆是）與不爲告訴之情形不同，爲充實其訴追條件，本法第236條第1項規定該管檢察官得依利害關係人之聲請，或依職權指定代行告訴人。

肆、告訴之程序

一、得委任代理人行之

告訴，得委任代理人行之。但檢察官或司法警察官認爲必要得命本人到場（本法§236-1 Ⅰ）。**告訴人於偵查中，得委任代理人，該代理人並不以具備律師資格者爲限**。告訴代理人不論爲律師或非律師，於偵查中，基於偵查不公開原則，不得檢閱、抄錄或攝影卷宗、證物。外國人如委任告訴代理人，其委任狀或授權書之審核，應與受理本國人案件持相同之態度，如依卷證資料已足認其委任或授權爲眞正，而他造亦不爭執，即無須要求其委任狀

---

[13] 林山田，《刑法各罪論（上）》，自刊，五版，2006.11，270頁。

或授權書應經認證。[14]蓋衡諸偵查及審判實務，得提起告訴之人或因欠缺專業智識，或受時間、地域、隱私維護等因素限制而不便親自爲之，而已提起告訴者，亦時有無法由本人到場應訊之情形，此於被害人爲法人組織、跨國企業及妨害性自主、侵害智慧財產權犯罪等案件更爲常見。此乃爲因應實際需要，並協助偵查之實施。至於檢察官或司法警察官爲偵查犯罪所必要，認應由告訴人本人親自到場時，仍得命其到場。

法律許可告訴人得委任代理人爲之，且不以律師爲限。不過，委任他人爲告訴人，須以有告訴權人明示爲必要。

舉例說明

甲乙爲夫妻，甲爲船員，上船前乃書面委託書囑其好友丙，若知其妻乙有外遇時，即向警方提出告訴，當乙與丁發生姦情時，爲丙查知，並向警方提出通姦告訴，故甲的委託告訴有效。嗣後縱然丙與丁達成和解，甲仍不得撤回告訴。

告訴人得於審判中委任代理人到場陳述意見，但法院認爲必要得命本人到場。前項委任應提出委任書狀於法院，並準用第28條、第32條及第33條第1項之規定，但代理人爲非律師者於審判中，對於卷宗及證物不得檢閱、抄錄或攝影（本法§271-1）。如爲指定代行告訴人則不得委任代理人到場（本法§236-2）。代行告訴人之指定具有公益之性質，且檢察官於指定代行告訴人時亦已考量受指定人之資格及能力，自不許受指定代行告訴之人再委任代理人。

本法於2019年12月「被害人訴訟參與制度」增訂後，成爲被害人、告訴人及訴訟參與人「被害人三軌制」。由於後兩者皆有代理人之選項，故告訴代理人與訴訟參與代理人之程序權利及適用或準用規定，可能發生彼此重合的現象。以閱卷權爲例，即應依個案先區分有無參與訴訟及屬何種身分，以定其權利範圍及效果。[15]

14 檢察機關辦理刑事訴訟案件應行注意事項第91點、法院辦理刑事訴訟案件應行注意事項第133點。

15 林鈺雄，《刑事訴訟法（下）》，新學林，十版，2020.09，151頁。

二、以書狀或言詞向檢察官或司法警察官爲之

（一）告訴、告發，應以書狀或言詞向檢察官或司法警察官爲之；其以言詞爲之者，應制作筆錄。爲便利言詞告訴、告發，得設置申告鈴（本法§242Ⅰ）。故告訴得以言詞爲之，檢察機關遇有以言詞告訴、告發、自首者，應立即製作筆錄，向告訴、告發、自首人朗讀或令其閱覽，詢以記載有無錯誤後，命其簽名、蓋章或按指印，如係委託他人代行告訴者，應注意其委任是否眞確及本人有無意思能力，與是否自由表示。[16]警察機關受理之告訴乃論案件，均應詳予記錄後即報告直屬長官，並注意是否有誣告、謊報等情事。受理告訴並應詢問有告訴權人是否提出告訴，記明於筆錄，以維護當事人權益。[17]如有被害人死亡、無得爲告訴之人、得爲告訴之人不能行使告訴權或撤回告訴等情形之一者，均應移送檢察官核辦。[18]

（二）檢察官或司法警察（官）實施偵查，發見犯罪事實之全部或一部係告訴乃論之罪而未經告訴者，於被害人或其他得爲告訴之人到案陳述時，應訊問其是否告訴，記明筆錄（本法§242 Ⅱ）。

（三）本法第41條第2項至第4項及第43條之規定，於前2項筆錄準用之（本法§242 Ⅲ）。

（四）請求乃論的程序：刑法第116條及第118條請求乃論之罪，外國政府之請求，得經外交部長函請司法行政最高長官令知該管檢察官（本法§243Ⅰ）。

（五）司法警察（官）受理告訴乃論案件，應注意下列事項：[19]

1.告訴人應有告訴權。

2.由代理人代爲告訴者，應出具委任書狀。

3.未逾越六個月之告訴期間。但得爲告訴之人有數人者，其一人遲誤期間者，分別計算，效力不及於他人。

4.未曾撤回告訴或未曾經調解委員會調解成立。

5.撤回告訴，應於第一審辯論終結前。

---

16 檢察機關辦理刑事訴訟案件應行注意事項第95點。

17 警察偵查犯罪手冊第52點。

18 警察偵查犯罪手冊第58點。

19 警察偵查犯罪手冊第55點。

6.犯罪被害人已死亡者，依刑事訴訟法第233條第2項規定，得為告訴之人行使告訴權，不得與被害人明示之意思相反。

7.告訴人或其代理人之意見。

8.委任代理代行告訴之案件，警察人員認為必要時，得命告訴權人本人到場。

9.告訴人係外國法人時，告訴代理人所提出之委任書狀應經公證程序及我國駐外單位驗證。但依現有資料可推定其委任為真實，且對造當事人亦未爭執者，不在此限。

伍、告訴之期間

告訴乃論之罪為尊重被害人之意思固以告訴權人告訴為訴追條件，但又為避免犯罪久懸不定，定有一定得告訴期間。本法第237條規定，告訴乃論之罪，其告訴應自得為告訴之人知悉犯人之時起，於六個月內為之。得為告訴人之有數人，其一人遲誤期間者，其效力不及於他人。以下為告訴期間的特性：

一、告訴乃論之罪有「六」個月期間之限制。

二、有告訴權人始有告訴期間之計算。

三、期間之計算以「知悉」犯人之時起起算，並非自犯罪成立時起算。所稱「知悉」，係指確知犯人之犯罪行為而言，如初意疑其有此犯行，而未得確實證據，及發見確實證據，始行告訴，則不得以告訴人前此之遲疑，未經申告，遂謂告訴為逾越法定期間。[20]

代行告訴之時效是從告訴人知悉犯人開始起算，並非從代行告訴人知悉開始起算。本法第233條第2項之傳來告訴權是從已死之告訴權人知悉犯人開始起算，並非從傳來告訴權人知悉犯人開始起算。

四、犯罪行為有繼續之狀態者（如妨害行動自由、擄人勒贖罪），應自得為告訴之人，知悉犯人最後一次行為或行為終了之時起算。[21]

五、自訴配偶與人通姦經判決不受理確定，復向檢察官告訴，雖已經逾

[20] 最高法院28年上字第919號判例。

[21] 釋字第108號解釋。

六個月，惟自訴其配偶與人通姦具有追訴之意思，既因自訴即含有告訴之意思，檢察官於收到不受理之判決後，如認爲應行起訴者，應將某甲之自訴視爲告訴即可開始偵查，[22]毋須另行告訴，如告訴人再行告訴亦應認爲合法。

六、起訴爲非告訴乃論之罪，審判中法院認爲告訴乃論之罪，法院應允許告訴人補正欠缺之告訴。惟限於在第一審法院審理中始得補行告訴，告訴人之補行告訴，仍應向檢察官或司法警察官爲之，由檢察官或司法警察官製作筆錄後補送法院，始爲合法告訴。[23]

選擇題練習

1 有關告訴乃論罪之處理或觀念，依實務見解，下列何者正確？[24]　(A)被害人年僅16歲，未婚，且無訴訟行爲能力，其提出之告訴無效　(B)被害人及其法定代理人均提出告訴，之後法定代理人撤回告訴，則其撤回效力及於被害人所提之告訴　(C)被害人已死亡，其配偶得與被害人明示之意思相反而提出告訴　(D)被害人未向檢察官或司法警察官提出告訴，於法院審理中補向法院提出告訴後，仍須向檢察官或司法警察官提出告訴

【107年警特三等犯罪偵查（刑事警察人員）】

2 乙與丙訂定買賣古董花瓶契約，並約定翌日將花瓶交付給丙，當乙回家時，發現該花瓶已被其子甲竊取變賣，致無法交付於丙，令丙無法將花瓶價賣他人而受有損失。下列敘述何者最爲正確？[25]　(A)乙向偵查機關申告犯罪事實、請求訴追之意思表示，其告訴即屬合法　(B)乙除向偵查機關申告犯罪事實、請求訴追之意思表示外，且須指明犯人爲甲，其告訴始爲合法　(C)丙亦爲本案竊盜罪之直接被害人，具有告訴權，得向偵查機關申告犯罪、請求訴追之意思表示　(D)甲所犯之罪屬非告訴乃論之罪，乙僅須向偵查機關報案即可

【109年司律第一試】

22　司法院院解字第1844號。

23　司法院院解字第2105號。

24　答案爲(D)。參照司法院院解字第2105號。

25　答案爲(B)。刑法第324條親屬間犯竊盜罪爲相對告訴乃論之罪。

3 下列有關告訴之敘述，何者最正確？[26] (A)甲女10歲，因父母離婚，由父親任監護人。嗣其母發現女童父親對女童強制性交，於告訴期間擬對女童父親提出告訴，因其已離婚又無監護權，其告訴不合法 (B)甲女未滿14歲，向母親丙哭訴1個月內遭父親乙性侵害3次，丙於告訴期間，至派出所以言詞向司法警察人員表明聲請保護令暨對乙提出告訴，受理之司法警察問明後並未製作筆錄。丙之告訴，因未依法製作筆錄，其告訴不合法定程式 (C)乙駕駛自用小客車，與駕駛某客運股份有限公司公車之司機甲發生行車糾紛，乙因一時氣憤，徒手敲擊該公車車門玻璃，使該車門玻璃破裂，經該客運公司提出告訴，告訴不合法 (D)媒體報導名演員甲酒後鬧事打傷丙，雖丙尚未告訴，檢察官閱報後，得立即主動分案偵辦甲涉嫌傷害罪 【108年司律第一試】

陸、告訴之效力

一、告訴爲一種訴訟行爲

須符合刑事訴訟之法定程式行爲，始生訴訟之法律效果。因此無論告訴或告訴的撤回，均應依照訴訟法規定的定型行爲爲之。例如告訴乃論之罪之撤回，告訴人須於第一審辯論終結前以書面或言詞表示撤回告訴之意思。

二、絕對告訴乃論之罪之犯罪主體並不以具有特定關係爲必要

無特定關係之人與之共犯者，亦須告訴乃論此類犯罪，重在「犯罪事實」。故共犯絕對的告訴乃論之罪者，對於共犯之一人告訴者，其效力及於其他共犯。

相對告訴乃論之罪，以具有特定關係爲要件，重在「犯罪之人」，對於無特定關係不須告訴乃論之人之告訴。其效力並非當然及於有特定關係須告訴乃論之共犯；反之，對於有特定關係須告訴乃論之人告訴者，其無特定關係不須告訴乃論之其他共犯本不待其告訴，得逕行追訴處罰。蓋此類犯罪，在有特定關係之人犯之，固須告訴乃論，在無特定關係之人犯之，則爲非告訴乃論之罪，自不能因與有特定關係爲告訴乃論之人共犯，亦須告訴乃論。

26 答案爲(D)。爲本法第228條第1項檢察官「因其他情事」知悉犯罪嫌疑，發動偵查。

三、告訴不可分原則

此原則乃指告訴乃論之罪，僅對於共犯中之一人，或是僅對於犯罪事實之一部提出告訴，其告訴之效力是否及於其他共犯，或犯罪事實之全部。前者，學理上稱「主觀不可分」。後者，學理上稱「客觀不可分」。依此原則，使原不在告訴人告訴範圍之共犯或犯罪事實，得以爲告訴效力所及。

（一）主觀告訴不可分（人的不可分）

告訴乃論之罪之「告訴」爲訴追條件。考其本法第239條規定，告訴乃論之罪，對於共犯之一人告訴者，其效力及於其他共犯，立法旨意在於共犯間對於犯罪本身有互相利用之關係，爲求偵查之便利，追訴條件之充實，自無須爲逐一提出告訴。告訴乃論之罪，係以犯罪事實爲基礎，基於此犯罪事實之特質，乃賦與告訴權人之告訴權。告訴，係對於犯罪事實爲之，並非對於特定之犯人爲之，與公訴之提起有別。因之，告訴權人僅就該犯罪事實是否告訴有自由決定之權，並無自由選擇告訴之人犯之權。

1. 本法第239條規定：「告訴乃論之罪，對於共犯中之一人告訴或撤回告訴者，其效力及於其他共犯。」本條所謂之共犯是指告訴乃論之罪的共犯，而不及於非告訴乃論之其他共犯。自訴因無準用偵查之告訴不可分之原則，故本法第239條於此不適用之。

2. 對共犯中之一人提起自訴，復就另一共犯向檢察官爲告訴者，應分別依自訴及公訴之程序辦理。兩者顯有不同。

3. 告訴主觀不可分之原則，仍適用於公訴第一審審判程序。告訴乃論之罪，告訴人於第一審辯論終結前，對於共犯中之一人撤回告訴，其效力及於偵查中之其他共犯。

（二）客觀告訴不可分（事的不可分）

告訴人對於共犯中之一人告訴，基於告訴對事效力，檢察官當就其他共犯實施偵查，不受告訴人告訴意思的拘束。

基於單一訴訟客體之基本概念之推演，對於告訴乃論之罪，僅就犯罪事實一部告訴者，其效力是否會及於全部。

在非告訴乃論之罪，告訴人撤回告訴者，僅該告訴人喪失告訴人之地位，並不影響案件之偵查起訴，蓋非告訴乃論之罪之告訴，僅爲偵查發動之原因，不受告訴人意思之拘束。

柒、撤回告訴

一、撤回告訴之時期

本法第238條第1項規定，告訴乃論之罪，告訴人於第一審辯論終結前，得撤回其告訴。

二、撤回告訴之效果

本法第238條第2項規定，撤回告訴之人，不得再行告訴。本條所謂撤回告訴之人是指已經提出告訴之人，撤回告訴。並非指其他尚有告訴權之人之告訴。撤回告訴無論是在司法警察官或檢察官前，或在法官審判時所爲之撤回，均生撤回之效力。但案件起訴後，已進入審判程序，仍以向法院表示撤回爲宜。

撤回告訴，適用本法第239條告訴不可分之原則。

第三節 告發

告發，乃指得爲告訴之人以外之第三人，知有犯罪嫌疑者，向偵查機關申告犯罪事實。依其申告之「犯罪事實」，其爲依法得爲告訴之人時，則得爲告訴。究竟爲告訴或是告發是依其申告之犯罪事實的內容而定。偵查機關受理案件，如經核其申告之內容並非依法得爲告訴之人時（例如並非犯罪被害人或其他告訴權人），因偵查機關已知犯罪事實，則應視爲告發。因爲告發無期間的限制，無須知悉犯人爲何人，無須表示追訴之意思。本法第240條規定，一般人不問何人知有犯罪嫌疑者，得爲告發，而告訴之提起者則限於有告訴權之人（包括被害人本人或其他有告訴權人）。故本法係採任意告發原則，不論何人，知有犯罪嫌疑者，得爲告發，告發只需申告犯罪事實，不需知悉犯罪嫌疑人，亦不需請求處罰犯罪嫌疑人。[27]但本法第241條規定，「公務員」因執行職務知有犯罪嫌疑者，「應」為告發（義務告發）。

第四節　自首

犯人對於「未發覺」之犯罪，自行向偵查機關報告自己犯罪事實而聽候裁判之謂。裁判上一罪，其一部分犯罪已因案被發覺，雖在檢察官或司法警察官訊問時，被告陳述其未被發現之部分犯罪行為，並不符合刑法第62條之規定，不應認有自首之效力。[28]所謂「已發覺」，係指有偵查犯罪職權之公務員已知悉犯罪事實與犯罪之人而言，而所謂知悉，固不以確知其為犯罪之人為必要，但必其犯罪事實，確實存在，且為該管公務員所確知，始屬相當。如犯罪事實並不存在而懷疑其已發生，或雖已發生，而為該管公務員所不知，僅係推測其已發生而與事實巧合，均與已發覺之情形有別。[29]

惟，僅係「單純主觀上之懷疑」，尚不得謂為「發覺」。相反地，倘有偵查犯罪權限之機關或人員由各方得之現場跡證（如贓物、作案工具、血跡等檢體）、目擊證人等客觀性證據已可直接指向特定行為人犯案，足以構建其與具體案件間直接、明確及緊密之關聯，使行為人具有較其他排查對象具有更高之作案嫌疑，此時即可認「有確切之根據得合理之可疑」將行為人提昇為「犯罪嫌疑人」，即應認其犯罪已被「發覺」。[30]

若於偵查機關已發覺犯罪之後，方自動到案者，應視為「投案」。[31]受理自首時，應詢明犯罪嫌疑人欲主動告知之犯罪行為；如犯罪嫌疑人係對已被發覺之犯罪坦誠供述者，屬「自白」非「自首」。並應注意自首案件是否為他人頂替，或有無不正當之企圖，及其身心是否正常，以防疏誤。[32]

27　警察偵查犯罪手冊第53點。

28　最高法院73年度第2次刑事庭會議決議。

29　最高法院75年台上字第1634號判例。

30　最高法院108年度台上字第31號判決（具有參考價值的裁判）。

31　林山田，《刑法通論（下）》，自刊，十版，2008.01，510頁。

32　警察偵查犯罪手冊第60、61點。

第五節　其他情事

所謂「其他情事」，諸如：從媒體得知某官員於某BOT決標案中可能收受不法回扣、某上市公司與股市大戶疑似從事內線交易等。[33]至於刑法上的請求乃論之罪，如犯妨害國交罪章，經外交部長函請法務部令知該管檢察官，檢察官因而知有犯罪嫌疑者，亦應即發動偵查。請求乃論並無期間之限制，此與告訴乃論之罪不同。[34]此外，尚包括現行犯的逮捕（本法§88Ⅰ）、相驗（本法§218）、自訴案件所爲之管轄錯誤判決（本法§336Ⅱ）、監察院之移送、[35]政風單位之函送、被害人報案檢舉、司法警察（官）之報告或移送、**員警臨檢盤查（警察這一連串的臨檢、盤查係在偵查機關所掌握的事實尚不足以構成犯罪嫌疑開啓正式偵查的前階段，德國學說上稱爲「前偵查領域」**（Vorfeldermittlungen），這些主要是以犯罪預防爲導向的警務工作[36]，但是在發現犯罪嫌疑後，即轉爲犯罪偵查）、發現屍體後，做死因分類，經相驗的結果是因非自然死亡（非病死或可疑爲非病死）者[37]，尤其是人之相貌於變成屍體後，變化會很大，有些就算近親亦常有認錯案例，必須採取指紋、毛髮比對鑑識[38]，偵查人員只要因以上這些原因知有犯罪嫌疑者，皆可爲偵查之開端。

第六節　偵查機關與檢警關係

壹、偵查機關

從條文結構來看，我國較接近仿德國法，以「檢察官」爲「偵查程序的

33 林鈺雄，《刑事訴訟法（下）》，新學林，八版，2017.09，85頁以下。

34 林山田，《刑事程序法》，五南，五版，2004.09，522頁。

35 黃朝義，《犯罪偵查論》，漢興，初版，2004.03，75頁以下。

36 *Allgayer*, StPO , 1. Aufl., 2016, §152, Rn. 62ff.

37 白取祐司，《刑事訴訟法》，日本評論社，第10版，2021.03，106頁。

38 黃鈞隆，《犯罪偵查實務》，五南，增訂二版，2017.09，128頁。

主要機關」（Herrin des Ermittlungsverfahrens），司法警察為其偵查輔助機關，原則上檢察官對於警察偵辦的案件有司法上指揮監督權[39]。偵查機關包含以下之檢察官和司法警察（官）。

一、檢察官

依法院組織法第60條：「檢察官之職權包括：一、實施偵查、提起公訴、實行公訴、協助自訴、擔當自訴及指揮刑事裁判之執行。二、其他法令所定職務之執行。」依本法第228條第1項規定：「檢察官因告訴、告發、自首或其他情事知有犯罪嫌疑者，應即開始偵查。學理上稱「偵查法定原則」。本法第228條第2項規定：「前項偵查，檢察官得限期命檢察事務官，第230條之司法警察官或第231條之司法警察調查犯罪情形及蒐集證據，並提出報告，必要時，得將相關卷證一併發交。」由此可知，檢察官在偵查過程中，居於主導之地位。

檢察官在內部關係而言，依法院組織法第63條：「檢察總長依本法及其他法律之規定，指揮監督該署檢察官及高等法院以下各級法院及分院檢察署檢察官。檢察長依本法及其他法律之規定，指揮監督該署檢察官及其所屬檢察署檢察官。檢察官應服從前二項指揮監督長官之命令。」此即「檢察一體」原則，故檢察官在檢察體系內，具有上命下從關係。

然而就外部關係而言，同法第61條：「檢察官對於法院，獨立行使職權。」由此可知，檢察官對於法院而言是獨立的機關。實務曾發生花蓮地檢署檢察官未經花蓮地檢署檢察長核可的所謂「起訴書」，郵寄到同一辦公區的花蓮地方法院，法務部、最高檢察署認為此舉未遵守「檢察一體」等規定，辦案不依法定程序，未蓋用機關印信亦未對外揭示公告，起訴案不生法律效力。但依本法第264條第1項及法院組織法第61條規定，是由檢察官向管轄法院提起公訴，檢察官對於法院獨立行使職權，並非由檢察長名義由檢察機關向管轄法院提起公訴，所以花蓮地院認為起訴有效而予以受理。

---

39 *Joecks*, StPO, 4. Aufl., 2015, §163, Rn. 4.

二、偵查輔助機關

（一）一級司法警察官

本法第229條第1項規定，左列各員，於其管轄區域內爲司法警察官，有「協助」檢察官偵查犯罪之職權：

1. 警政署署長、警察局局長或警察總隊總隊長。
2. 憲兵隊長官。
3. 依法令關於特定事項，得依相當於前2款司法警察官之職權者。

所稱「憲兵隊長官」，係指依調度司法警察條例第2條第3項規定，爲憲兵隊營長以上長官。所稱「依法令關於特定事項，得行司法警察官之職權者」是指依據海岸巡防法第10條第1項規定，巡防機關主管業務之簡任職、上校、警監、關務監以上人員，執行海岸巡防法第4條所定犯罪調查職務時，視同本法第229條之司法警察官、法務部調查局組織法第14條第1項之簡任職以上調查人員。

前項司法警察官，應將調查之結果，移送該管檢察官；如接受被拘提或逮捕之犯罪嫌疑人，除有特別規定外，應解送該管檢察官。但檢察官命其解送者，應即解送（本法§229 II）。被告或犯罪嫌疑人未經拘提或逮捕者，不得解送（本法§229 III）。

（二）二級司法警察官

依本法第230條第1項規定，下列各員爲司法警察官，應受檢察官之「指揮」，偵查犯罪：

1. 警察官長。
2. 憲兵隊官長、士官。
3. 依法令關於特定事項，得行司法警察官之職權者。

所稱「憲兵隊官長」是指依調度司法警察條例規定，指憲兵隊連長以下官長。所稱「依法令關於特定事項，得行司法警察官之職權者」是指海岸巡防法第10條第2項「薦任職、上尉、警正、高級關務員以上之人員」、法務部調查局組織法第14條第2項之薦任職以上調查人員。

前項司法警察官知有犯罪嫌疑者，應即開始調查，並將調查之情形報告該管檢察官及前條之司法警察官（本法§230 II）。前項實施調查有必要時，得封鎖犯罪現場，並爲即時之勘察（本法§230 III）。實施封鎖時，應派員於封鎖線外警戒。非經現場指揮官同意，任何人不得進入，以免破壞現場跡證。經許可進入現場者，應著帽套、手套、鞋套或其他裝備。[40]對於住宅或車輛實施勘察採證，除有急迫情形或經當事人出於自願性同意者外，應用搜索票。有前項急迫情形者，應報請檢察官指揮實施勘察採證；經當事人同意者，應將同意意旨及勘察採證範圍告知同意人，並請其於勘察採證同意書內簽名捺印。[41]

（三）受檢察官之「指揮」偵查犯罪之司法警察

下列各員爲司法警察，應受檢察官及司法警察官之命令，偵查犯罪：

1. 警察。
2. 憲兵。
3. 依法令關於特定事項，得行司法警察之職權者。

稱「依法令關於特定事項，得行司法警察官之職權者」是指海岸巡防法第10條第3項、法務部調查局組織法第14條第3項之海巡、調查人員。

司法警察知有犯罪嫌疑者，應即開始調查，並將調查之情形報告該管檢察官及司法警察官（本法§231 II）。實施前項調查有必要時，得封鎖犯罪現場，並爲即時之勘察（本法§231 III）。

三、檢察事務官

依法院組織法第第66條之2的規定：「各級法院及其分院檢察署設檢察事務官室，置檢察事務官，薦任第七職等至第九職等；檢察事務官在二人以上者，置主任檢察事務官，薦任第九職等或簡任第十職等；並得視業務需要分組辦事，各組組長由檢察事務官兼任，不另列等。」其職權的範圍依同法第66條之3第1項：「檢察事務官受檢察官之指揮，處理下列事務：一、實施搜索、扣押、勘驗或執行拘提。二、詢問告訴人、告發人、被告、證人或鑑定人。三、襄助檢察官執行其他第60條所定之職權。」

至於檢察事務官究竟應視爲檢察官抑或司法警察官，則應視其處理事

---

40 警察偵查犯罪手冊第65點。

41 警察偵查犯罪手冊第74點。

項而定。同法第66條之3第2項：「檢察事務官處理前項前二款事務，視為刑事訴訟法第230條第1項之司法警察官。由此可知，若其處理者為實施搜索、扣押、勘驗或執行拘提、詢問告訴人、告發人、被告、證人或鑑定人，則應視為司法警察官。若處理者為執行同法第60條所定之職權，如實施偵查、提起公訴、實行公訴、協助自訴、擔當自訴及指揮刑事裁判之執行等，則相當於檢察官。

貳、檢警關係之定位

揆諸刑事訴訟法第229條第2項、第230條第2項、第231條第2項規定，司法警察（官）除受檢察官指揮、協助偵查外，知有犯罪嫌疑應即開始調查，並將其情形報告檢察官。由此可知，我國檢警關係並非採行日本的雙偵查主體制度。所謂「雙偵查主體」，係指日本警察在犯罪偵查上為初始、主要的偵查機關，得獨立行使偵查權，但畢竟檢察官較具有法律上的專門知識且在偵辦政治壓力的案件上有比較自由的空間，因此刑事訴訟法亦授予檢察官補充偵查權，在檢察官親自偵查的情形得指揮司法警察協助偵查 。基於雙偵查主體的特性，日本警察有所謂「微罪處分」權，即檢察官授權警察就指定輕罪案件可自行處置而不移送。這類檢察官指定的案件固然因其地域而有所不同，但一般不外乎是一些犯罪情節、金額輕微的竊盜、詐欺、侵占賭博和贓物等犯罪等案件[42]。本書認為，從訴訟經濟、節省司法資源的角度，我國未來可賦予司法警察「微罪處分」權，但必須有配套。以交通裁罰來說，為避免取締交通違規的警察行政裁量權過大，交通部訂有「道路交通管理事件統一裁罰基準及處理細則」；內政部警政署也訂頒「交通違規稽查與輕微違規勸導作業注意事項」，以防濫權裁量。因此在肯認司法警察「微罪處分」權的前提下，必須要有如何杜絕民代關說、提升員警法學素養、被害人之保護及防止司法裁量權濫用等配套措施。

42 酒卷匡，《刑事訴訟法》，有斐閣，初版，2015.11，179頁。

考題觀摩

民眾甲違規停車，遭取締時與警方拉扯並出手攻擊執勤警員，被帶回派出所。甲質疑警方執法過當，打電話請市議員到場協助，市議員抵達派出所後，以監督市政身分關切，暗示警方將大事化小，一定得放人。你是該所所長，應如何回應市議員之關切及處理本案？

【107年警特三等情境實務（刑事警察人員）】

■ 參考解答

（一）系爭事實已非警察得裁量之範圍

1. 所謂警察裁量是警察機關在法律授權範圍內，根據當時情勢判斷作成之決定。蓋警察工作的性質，往往面臨各種複雜的情形，必須迅速採取適當之措施，故應善用「警察裁量權」，始得以隨機應變，情理法兼顧。例如：交通警察面對大幅違規停車的情形，在「決定」是否取締時，屬決定裁量；開罰單或進行拖吊，則屬手段裁量[43]，只要裁量時已充分考量違規事實、情節之輕重，並遵守行政程序法第10條規定，不逾越法定之裁量範圍，符合法規授權之目的，原則上無瑕疵可指。
2. 然而，依題示甲遭取締時與警方拉扯並出手攻擊執勤警員，已涉及刑法第135條第1項的「事中妨害公務罪」，已非警察得裁量之事項。

（二）依偵查法定原則，警方有移送甲予檢察官之義務

1. 揆諸刑事訴訟法（下稱本法）第229條第2項、第230條第2項、第231條第2項規定，司法警察（官）除受檢察官指揮、協助偵查外，知有犯罪嫌疑應即開始調查，並將其情形報告檢察官。由此可知，我國檢警關係並非採行日本的雙偵查主體制度。
2. 依本法第92條第2項前段：「司法警察官、司法警察逮捕或接受現行犯者，應即解送檢察官」，依題示，警方已知甲有「事中妨害公務罪」的犯罪嫌疑，依本法第88將現行犯逮捕後，應即解送檢察官。

（三）結語

依現行法，司法警察（官）知有犯罪嫌疑即有主動偵查的義務與責任，並無自行處置而予不移送檢察官之裁量權，蓋我國的犯罪偵查體制則與日本不

43 李惠宗，《行政法要義》，元照，七版，2016年9月，155頁。

同，並不若日本警察有微罪處分權，得自行終結偵查犯罪。所謂「微罪處分」權，即檢察官授權警察就指定輕罪案件可自行處置而不移送，一般不外乎是一些犯罪情節、金額輕微的竊盜、詐欺、侵占賭博和贓物等犯罪等案件，即使我國未來修法賦予司法警察（官）「微罪處分」權，但甲所犯之「妨害公務罪」也不屬於「微罪」。因此如我是所長，將回覆議員：「甲因已觸犯妨害公務罪，依法應展開犯罪調查並將甲解送予檢察官，警方不得自行終結偵查犯罪。」

然而，儘管我國檢察官具有偵查程序主要機關的地位，有透過警察偵查犯罪之權力，但這並不妨礙司法警察擁有本身的初步犯罪調查的權限[44]，只不過警方在犯罪偵查方面沒有最終決定權，司法警察必須盡可能在毫無任何延遲狀況下將所調查之卷證資料及犯嫌函送或移交該管檢察官。然而，當司法警察產生對某人的犯罪嫌疑時，仍不影響其具有刑事程序發動的「最初行動權」（Erster Zugriff der Poliezei）[45]。

警察機關偵查刑案，有下列情形之一者，應將全案「移」送管轄法院或檢察署：（一）全案經調查完畢，認有犯罪嫌疑者。（二）全案雖未調查完畢，但經依法提起自訴或向檢察官告訴者。（三）檢察官命令移送者。（四）其他有即時移送必要者。[46]

有下列情形之一者，得「函」送管轄法院或檢察署：（一）告訴乃論案件，經撤回告訴，或尚未調查完竣，而告訴權人已向檢察官告訴者。（二）證據證明力薄弱或行爲事實是否構成犯罪顯有疑義者。（三）犯罪證據不明確，但被害人堅持提出告訴者。[47]由此可知，經由司法警察機關移（函）送之案件，通常再由檢察官續行偵查，蒐集及調查證據資料，以決定起訴或不起訴處分。原則上司法警察機關偵查犯罪之第一階段，檢察官對移送之案件，應爲第二階段之偵查，對於司法警察機關偵查有欠完備者，予以補充；並使偵查對犯罪的調查，證據的蒐集更加完備與合法性，及去除對司法警

---

44 *Göbel*, Strafprozess, 8. Aufl., 2013, S. 1.

45 *Radtke / Hohmann*, StPO , 1. Aufl., 2011, § 163, Rn. 10.

46 警察偵查犯罪手冊第186點。「移」送係連同犯嫌及卷證、筆錄、照片等併送院、檢。

47 警察偵查犯罪手冊第187點。「函」送係將卷證、筆錄、照片等交付院、檢，不含犯嫌。

察機關犯罪調查之不信任感。在實務上，司法警察機關移送之資料，檢察官再爲調查以決定是否起訴或不起訴處分。依本法第247條規定，關於偵查事項，檢察官得請該管機關爲必要之報告。

本書認爲，檢警之間不宜視爲有上下主從的隸屬關係，而應著眼於偵查犯罪偵查任務上之指揮監督關係，非從機關隸屬之從屬關係來看，因爲發動偵查權的主體雖爲檢察官，其從屬關係僅限於特定工作範圍與特定人員。藉此以觀，警察機關在本法規定之下，因非偵查權發動的機關，故稱之爲「偵查之輔助機關」，並非無理由。但是所謂「輔助」非屬一般行政法上之「職務協助」，此關係已經結合「任務從屬」與「職務輔助」兩種職務行使的關係，以符合法所賦予檢察官適當地執行公訴權之行使。而本法第231條之1規定，學理上稱「立案請求權」，或稱「退案請求權」。此條規定，乃指司法警察機關移送或報告之案件，檢察官認爲事實不清及證據不完備，發回司法警察（官）命其補足或調查後，再行移送或報告。實務上檢察官退回的案例有：酒駕移送但經檢察官認定非駕駛者、將賭客誤爲電玩業者移送、性侵害案件未予密封保密。[48]

本書認爲，依本法第228條至第231條之1之規定不應視爲維護檢察官偵查主導機關的法制地位，當成一種主從關係。學者指出，**所謂的「檢警關係」應非上命下從的關係，而是法律監督的屬性**，就偵查階段而言，由司法警察機關應負主要的、第一線的調查職責，檢察官對於調查結果移送之案件，基本上僅做證據審查及篩選。以易受政治外力介入或須較高度之法律知識而不宜或不便由司法警察機關偵查的案件爲限。檢察官的權責應係爲篩選有無足以提起公訴之犯罪嫌疑，判定是否行使追訴權之必要範圍內爲限。若係爲制衡司法警察之濫權，應充分保障犯罪嫌疑人接受辯護人援助之機會，提升其防禦權益，並透過法院對強制處分之司法審查及積極適用違法證據排除法則，始爲正解。而非拘泥於所謂偵查主宰的意識型態，一味地強調檢察官「偵查主體」之角色，確立檢警之間的「將兵關係」。[49]

檢察官在法制上既屬犯罪偵查之主體機關，既稱有主導權，那麼就不應

---

48 何招凡，《偵訊技巧、筆錄製作與移送實務》，五南，初版，2016.08，305頁。

49 陳運財，〈檢警關係定位問題之研究〉，收錄於《偵查與人權》，元照，初版，2014.04，38～55頁。

存在著得將案件退回司法警察機關辦理之理。蓋基於偵查之必要，檢察官應透過請求警察協助或指揮警察辦案之方式，以完成犯罪「偵查」之任務。[50]從檢警機關之偵查活動考察，偵查應包括「證據蒐集」與「證據篩選」兩個層面。證據蒐集面較重視「事實與合目的層面」；證據篩選面屬於偵查之「法律與規範的層面」。**而理想之檢警關係應將「證據之蒐集面」全數交由警察機關負責，至於「證據篩選面」則交由檢察官負責**，並以此爲起訴、不起訴或緩起訴處分之決定依據，方爲的論。**檢察官應扮演證據審查者客觀的角色，不宜直接以退案方式指揮偵查，而應參酌刑事訴訟法第161條第2項之規定（類似法院起訴審查之作法），認司法警察機關調查未完備者，得指出不足的地方，通知司法警察機關限期補足。**逾期未補足，或移送案件顯不足認定犯罪嫌疑人有成立犯罪之可能時，宜逕爲不起訴處分，藉此對司法警察機關形成慎重偵查的壓力，則司法警察機關在蒐集證據自會小心謹慎避免違法。**解決之道，應建構「雙偵查主體」關係，此時的檢察官只有在警察機關所移送者未符合起訴要求下，再爲「補充偵查」或退回警察機關「補足證據」。**[51]本書認爲，如：被害人向警察機關告訴之傷害案件，檢察官發現沒有附上驗傷單，自得要求警察機關補上此一證據資料，否則難認被告有足夠犯嫌將其起訴。

就實務運作層面而言，檢察官偵查犯罪者以被動偵查者居大多數，檢察官於司法警察機關偵查移送後，始與刑事案犯嫌發生接觸，並且只是依據司法警察之偵查成果，而爲提起公訴或不起訴處分之依據，故有學者認爲，檢察機關只是擔綱「控訴機關」的角色，而非實質上的「偵查機關」。亦即，檢察官通常只在偵查程序上擔任形式上之指揮官，但在實際上對於司法警察之偵查擔任法律監督的角色而已，或者只是對於司法警察所移送之案件加以篩漏或過濾，而無實質偵查功能。[52]因應改良式當事人進行主義的修法，檢察官於刑事程序中所負任務的重心應移往審判期日，其偵查任務也應該產生質變，儘量以事後之法律監督或證據能力之判斷爲核心。[53]

---

50 黃朝義，《犯罪偵查論》，漢興，初版，2004.03，28頁以下。

51 黃朝義，《刑事訴訟法》，新學林，五版，2017.09，157頁以下。

52 林山田，《刑事程序法》，五南，五版，2004.09，170頁。

53 江玉女，〈檢警關係之虛與實〉，收錄於《法務部廖正豪前部長七秩華誕祝壽論文集：刑參考外國法制，美國警察在法律上並非檢察官之輔助機關，與檢察官處於獨立之地位，檢察官是扮演法律顧問之角色；而日本警察與檢察官均擁有偵查權，案件發生後，一般先由司法警察進行偵查，但檢察官亦可實施偵查，彼此間係互相協助的關係，採「雙偵查主體制」，均可爲我國改進之參考。依本書之見，在現行體制下，檢警定位可從專業分工的角度來看，既然檢察官是擔任公訴人的角色，何種證據資料能使被告定罪科刑、何種蒐證過程會被法院認定違法而無證據能力，其較能掌握法院的見解，於此範圍內應承認其對警察有主導的地位。但就拘捕嫌犯、案情研判、跟蹤監視、犯罪偵查計畫之擬定、如何與歹徒周旋，警方較具專業能力，尤其刑警的歷練是採師徒制的經驗傳承，於此方面檢察官應尊重警方之判斷，不宜強調其偵查主宰之地位，否則反而影響破案。如此理解，較能符合我國現行法制及偵查實務所需。

考題觀摩

（一）請依刑事訴訟法第229條、第230條、第231條說明何者身分之人爲司法警察官、司法警察，以及與檢察官的關係。

（二）另請就刑事訴訟法第231條之1，說明檢察官對於司法警察（官）移送案件認爲調查未完備者之處置權限。

【105年警特三等犯罪偵查】

■ **參考解答**：請自行參考前文作答。

第七節　偵查之實施

壹、偵查不公開原則

一、概念

此原則亦稱「秘密偵查原則」，亦即偵查行動過程與偵查內容均不得對外透漏消息，特別應防止媒體得知；否則，因爲風聲走漏，將會發生湮滅證

事訴訟法卷》，五南，初版，2016.07，190頁。

據、勾串共犯或僞證及其他共犯逃匿等情事，徒增刑事追訴之困難，況且，依據無罪推定原則之意旨，任何犯嫌直到判決確定有罪之前，均應推定其爲無辜（本法§154Ⅰ）而提早將偵查過程公開將使犯罪嫌疑人之名譽、隱私或其他權益可能造成莫大損傷；受調查者若屬商業公司，公司名譽必然受損，而會造成財務危機，提前倒閉之嚴重後果。[54]因此，偵查中案件應確實遵守此一原則，否則會影響破案，甚至侵害到社會或個人法益，因犯罪被嫌疑人並非皆爲眞正犯罪者。此外，對於檢舉犯罪或提供破案線索之人應保守其身分秘密，防止曝光，避免發生不良後果，同時亦不得損害其名譽及信用。[55]

是故，偵查不公開之原則亦有將其稱爲「名譽保護原則」而本法第245條第2項但書所謂「行爲不當足以影響偵查秩序」在解釋上，最大盲點在於語意過於模糊。實務上容易因基於偵查不公開之原則，而限制辯護人在場權。然「影響偵查秩序」與偵查不公開無關，乃係指辯護人的行爲足以影響偵查的進行，例如大聲吵鬧等行爲。因此，在解釋上應予以限縮。[56]因此同條項但書規定之解釋，有關偵訊中限制辯護人在場提供法律援助之例外情形，應係指當在場之辯護人提供法律援助的方式已達到干擾偵查人合法偵訊的情況下，例如律師代替犯嫌回答偵訊人員之問題等，即屬「行爲不當足以影響偵查秩序者」，始得例外地限制辯護人在場提供法律援助的權利。[57]

二、目的

此原則之目的有：（一）防止被告逃亡，確保犯罪偵查程序之順利進行，以保護社會秩序。（二）保障犯罪嫌疑人之名譽與信用，避免嗣後獲不起訴處分之犯罪嫌疑人於犯罪偵查期間遭受名譽損害。（三）保障審判獨立，避免影響法官心證。（四）避免證人因於偵查中作證指控而遭受不必要的騷擾。[58]

---

54 林山田，《刑事程序法》，五南，五版，2004.09，58頁以下。

55 何明洲，《犯罪偵查原理與實務》，中央警察大學，再版，2014.08，10頁。

56 黃朝義，《刑事訴訟法》，新學林，五版，2017.09，148頁以下。

57 陳運財，〈辯護人偵訊在場權之理論與實際〉，收錄於《法務部廖正豪前部長七秩華誕祝壽論文集：刑事訴訟法卷》，五南，初版，2016.07，78頁。

58 王兆鵬、張明偉、李榮耕，《刑事訴訟法（上）》，新學林，四版，2018.09，647頁以下。

三、第245條第3項除外規定的解釋

由於偵查不公開原則旨在保障偵查之效能及案件當事人或關係人之權益，故其本質上並非絕對不受限制之原則既然偵查不公開並不是絕對不可違反的義務，故於第245條第3項除書之情形中，縱有洩漏偵查資訊之情事，亦無受處罰之必要在解釋上，應分別就偵查人員、辯護人等不同角色定位及行使權利的性質的不同，分別討論：

（一）偵查人員

本法雖然明定爲秘密偵查原則，可是在實務上卻常成爲公開偵查原則，因爲秘密與否，完全由檢警自由認定，往往只是對於犯罪嫌疑人是秘密，可是對於媒體卻是公開。司法警察執行臨檢、搜索、扣押或逮捕，常有SNG車同行，雖可展現警察之破案績效；卻導致「人民公審」之負面影響。況且，電視媒體做起類似司法警察之偵查或追緝工作，淪爲嫌犯之傳聲筒，[59]無異於空中串供。以1997年白曉燕案爲例，媒體之種種舉動終於驚動了綁匪陳進興、林春生及高天民，終將被害者撕票逃逸。是以，偵查人員若擅自舉行記者會宣布案情的內容，如有屬於應秘密之事項，又無正當化事由者，自可成立構成刑法第132條第1項之洩漏公務秘密罪。

（二）辯護人

如司法警察偵破刑案，舉行記者會宣布案情的內容屬於應秘密之事項者，就辯護人而言，遇有下述情形爲平衡報導、回復嫌疑人或被告合法權益得爲自辯：1.指摘或批評實施偵查法違反法定程序之違法或不當者。2.有利於被告之證據，經請求偵查機關調查未果，爲行使被告防禦之必要，需公開揭露一定佐偵查資訊，以蒐集保全有利證據者。3.因偵查機關先行公開揭露偵查資訊，致嫌疑人或被告有受不公平審判之虞。[60]

亦即，辯護人爲維護被告訴訟上之防禦權益或合法權益，在不涉及串證或湮滅、僞造或變造證據的界限範圍內，得適度公開揭露相關的偵查資訊。

---

59 林山田，《刑事程序法》，五南，五版，2004.09，525頁。

60 陳運財，〈檢警關係定位問題之研究〉，收錄於《偵查與人權》，元照，初版，2014.04，83頁。

上開處理原則，至於起訴後辯護人透過閱卷取得相關的偵查卷證資料，得否公開揭露，應做同一解釋。

（三）新聞媒體

新聞媒體從業人員採訪及報導犯罪事件，**本屬其表現自由的方式及滿足國民知的權利的保障範圍，並非刑事訴訟法第245條第3項所定守密義務之主體**。惟新聞從業人員對於偵查中應秘密之事項，關於新聞媒體報導偵查資訊是否適當的判斷標準，本項規定所列的除外事由，亦可作為新聞媒體報導的權衡依據。倘有唆使或協助偵查人員洩漏或交付之行為者，依刑法第31條第1項，仍然有可能成立刑法第132條第1項之不具身分關係之共犯。[61]

四、對辯護人之通知

偵查中訊問被告或犯罪嫌疑人時，應將訊問之日、時及處所通知辯護人。但情形急迫者，不在此限（本法§245 Ⅳ）。

五、偵查不公開作業辦法之特別規定

（一）必要時得適度公開或揭露之事項[62]

案件在偵查中，有下列各款情形之一者，經審酌公共利益之維護或合法權益之保護，認有必要時，偵查機關或偵查輔助機關得適度公開或揭露偵查程序或偵查內容。但其他法律有不得公開或揭露資訊之特別規定者，從其規定（§8 Ⅰ）。

1. 對於國家安全、社會治安有重大影響、重大災難或其他社會矚目案件，有適度公開說明之必要。

2. 越獄脫逃之人犯或通緝犯，經緝獲歸案。

3. 影響社會大眾生命、身體、自由、財產之安全，有告知民眾注意防範之必要。

[61] 陳運財，〈檢警關係定位問題之研究〉，收錄於《偵查與人權》，元照，初版，2014.04，89頁以下。

[62] 本條係新修正（2019.03）。

4.對於社會治安有重大影響之案件，依據查證，足認為犯罪嫌疑人，而有告知民眾注意防範或有籲請民眾協助指認之必要。

5.對於社會治安有重大影響之案件，被告或犯罪嫌疑人逃亡、藏匿或不詳，為期早日查獲或防止再犯，籲請社會大眾協助提供偵查之線索及證物，或懸賞緝捕。

6.對於現時難以取得或調查之證據，為被告、犯罪嫌疑人行使防禦權之必要，而請求社會大眾協助提供證據或資訊。

7.對於媒體查證、報導或網路社群傳述之內容與事實不符，影響被告、犯罪嫌疑人、被害人或其他訴訟關係人之名譽、隱私等重大權益或影響案件之偵查，認有澄清之必要。

前項第1款至第3款及第7款得適度公開或揭露之偵查程序及偵查內容，應經去識別化處理，且對於犯罪行為不得作詳盡深刻之描述或加入個人評論（本法§8 II）。

（二）不得公開或揭露之事項[63]

前條得適度公開或揭露之案件，除法律另有規定外，下列事項不得公開或揭露之（§9 I）：

1.被告、少年或犯罪嫌疑人之具體供述及是否自首或自白。

2.有關尚未聲請或實施、應繼續實施之逮捕、羈押、搜索、扣押、限制出境、資金清查、通訊監察等偵查方法或計畫。

3.有關勘驗、現場模擬或鑑定之詳細時程及計畫。

4.有招致湮滅、偽造、變造證據之虞者。

5.被害人被挾持中尚未脫險，安全堪虞者。

6.偵查中之卷宗、筆錄、影音資料、照片、電磁紀錄或其他重要文件、物品。

7.被告或犯罪嫌疑人之犯罪前科資料。

8.被告、犯罪嫌疑人或訴訟關係人之性向、親屬關係、族群、交友狀況、宗教信仰或其他無關案情、公共利益等隱私事項。

9.有關被害人或其親屬之照片、姓名、其他足以識別其身分之資訊及有

---

63 本條係新修正（2019.03）。

關其隱私或名譽之事項。

10. 有關少年事件之資料、少年或兒童之照片、姓名、居住處所、就讀學校、家長、家屬姓名及其案件之內容，或其他足以識別其身分之資訊。

11. 檢舉人或證人之姓名、身分資料、居住處所、聯絡方式、其他足以識別其身分之資訊及其陳述之內容或所提出之證據。

前項第六款之影音資料、照片或物品，有前條第一項第一款、第七款之情形，而有特別說明或澄清之必要者，於以書面敘明理由，經機關首長核准，以去識別化處理後，得適度公開之。但爲維護重大公共利益之情形，得不以去識別化處理（§9 II）。

被告或犯罪嫌疑人有前條第一項第四款至第六款之情形者，必要時得公開其聲音、面貌之圖畫、相片、影音、犯罪前科、犯罪情節或其他相類之資訊（§9 III）。

案件在偵查中，不得帶同媒體辦案，或不當使被告、犯罪嫌疑人受媒體拍攝、直接採訪或藉由監視器畫面拍攝；亦不得發表公開聲明指稱被告或犯罪嫌疑人有罪，或對審判結果作出預斷（§9 IV）。

選擇題練習

1 關於告訴之敘述，下列何者正確？[64] (A)告訴乃論罪以告訴爲偵查要件 (B)得爲告訴之人有數人，其中一人遲誤告訴期間者，其效力及於他人 (C)代行告訴不得與被害人明示之意思相反 (D)對配偶撤回通姦罪之告訴者，其效力及於相姦人 【95年警佐班】

2 「司法警察（官）知有犯罪嫌疑者，應即開始調查。」，以下敘述何者爲是？[65] (A)表明司法警察（官）爲偵查主體 (B)此宣示出發動偵查之法定原則 (C)表示司法警察（官）具有偵查裁量權 (D)司法警察（官）只有在被動告知有犯罪嫌疑時才應開始調查 【102年警佐班】

64 答案爲(C)。

65 答案爲(B)。

3 前題中的「知有犯罪嫌疑」者，所謂「嫌疑」，學理上應屬下列何者？[66] (A)充分懷疑 (B)重大懷疑 (C)非合理懷疑 (D)單純的初始懷疑 【102年警佐班】

4 刑事訴訟法第229條第2項規定之司法警察官職權，下列敘述何者爲是？[67] (A)應將調查之情形報告該管檢察官 (B)應將調查之結果函送該管檢察官 (C)應將調查之情形解送該管檢察官 (D)應將調查之結果移送該管檢察官 【102年警佐班】

5 刑事訴訟法第230條第2項規定之司法警察官職權，下列敘述何者爲是？[68] (A)應將調查之情形報告該管檢察官及同法第229條之司法警察官 (B)應將調查之結果函送該管檢察官及同法第229條之司法警察官 (C)應將調查之情形解送該管檢察官及第229條之司法警察官 (D)應將調查之結果移送該管檢察官及同法第229條之司法警察官 【102年警佐班】

6 有關檢警關係之敘述，何者爲是？[69] (A)檢察官與警察兩者在專業上趨於一致 (B)司法警察人員於刑事訴訟法上受賦有「初步調查權」 (C)警察人員因只是偵查輔助人員，因此無須受有「刑事法學」教育 (D)檢察官因是偵查主體，所以專業訓練偏向於偵查與蒐證 【102年警佐班】

7 下列敘述何者爲是？[70] (A)在整個行政系統上，檢警不同機關之配置，亦即檢察官並非是警察機關之上級機關 (B)司法警察官因調查犯罪嫌疑人之犯罪情形及蒐集證據，認爲有搜索之必要時，可以逕向法院聲請核發搜索票 (C)檢察官可向警察機關爲退案，所以警察機關的人員便可依此主動直接向法

---

66 答案爲(D)。

67 答案爲(D)。

68 答案爲(A)。

69 答案爲(B)。

70 答案爲(A)。

院聲請核發搜索票　(D)刑事訴訟法第231條之1所規範的「發回」程序或同法第228條第2項規定檢察官得限期命司法警察人員「調查」等規定，與檢察官作爲唯一偵查主體機關的法制設計相契合　【102年警佐班】

8 有關刑事訴訟法第231條之1退案規定之批判，何者爲非？[71]　(A)偵查階段中之偵查主導權屬於檢察官，因此檢察官應負所有偵查成敗之責任，依法絕對無法擁有所謂的「退回」案件的情形　(B)檢察官擁有偵查主導權，其發現偵查結果未完備時，即應自己繼續偵查　(C)透過退案制度的設計更能鞏固檢察官「偵查主體」的地位　(D)在偵查作爲上，警察機關爲協辦機關，所以理論上不應接受退案　【102年警佐班】

9 有關刑事訴訟法中新修訂的「偵查不公開」原則之規定，下列敘述何者爲是？[72]　(A)偵查不公開作業辦法，由司法院訂定之　(B)偵查中訊問被告或犯罪嫌疑人時，情況急迫者可不通知辯護人訊問之日時及處所　(C)只要一有依法令或維護公共利益或保護合法權益之情形，即可公開或揭露偵查中所知悉之事項予執行法定職務必要範圍以外之人員　(D)須遵守偵查不公開原則之主體僅限於公務員，非公務員之辯護人、告訴代理人　【102年警佐班】

10 依刑事訴訟法之規定，下列何者須遵守偵查不公開原則？[73]　(A)受法院委託之鑑定人　(B)告訴代理人　(C)被告　(D)辯護人　(E)證人

【102年警大二技】

11 依據警察偵查犯罪手冊第187點，下列何者不是警察機關偵查刑案，得函送管轄法院或檢察署之規定？[74]　(A)證據證明力薄弱或行爲事實是否構成犯罪

---

71 答案爲(C)。

72 答案爲(B)。

73 答案爲(B)、(D)。

74 答案爲(D)。

顯有疑義者 (B)犯罪證據不明確，但被害人堅持提出告訴者 (C)告訴乃論案件，經撤回告訴，或尚未調查完竣，而告訴權人已向檢察官告訴者 (D)全案經調查完畢，認有犯罪嫌疑者 【103年警特三等犯罪偵查】

12 依刑事訴訟法第245條以及偵查不公開作業辦法之規定，案件在偵查中，在一定情形下，除法令有特別規定外，經審酌公共利益之維護或合法權益之維護，認有必要時，得適度公開或揭露。問下列何種情形不屬之？[75] (A)案件經調查，犯罪事實查證明確者 (B)越獄脫逃之人，經緝捕歸案者 (C)影響社會大眾生命、身體、自由、財產之安全，有告知民眾注意防範之必要者 (D)對於媒體報導與偵查事實不符之澄清 【103年警佐班】

13 關於告訴乃論的敘述，下列何者正確？[76] (A)應於知悉犯罪時1年內提出告訴 (B)得爲告訴之人有數人，其一人遲誤期間，其效力不及於他人 (C)對於共犯之一人告訴或撤回告訴，其效力不及於其他共犯 (D)告訴後不得撤回 【104年警特四等犯罪偵查】

14 下列關於告訴權之敘述，何者錯誤？[77] (A)被害人未成年，無完全之行爲能力，仍得獨立告訴 (B)被害人已死亡，得由其配偶提起告訴，但告訴乃論之罪不得與被害人明示意思相反 (C)告訴權人得捨棄告訴權 (D)撤回告訴之人，不得再行告訴 【104年警特三等犯罪偵查】

15 下列關於偵查之敘述，何者正確？[78] (A)臺中市政府警察局第六分局分局長應將調查之結果，移送臺中地方法院檢察署 (B)偵查員對於偵查結果，應報告分局長，不必陳報該管檢察官 (C)憲兵隊長對於被告或犯罪嫌疑人未

---

75 答案爲(A)。參照偵查不公開作業辦法第9條第1項。

76 答案爲(B)。參照本法第237、238、239條。

77 答案爲(C)。參照本法第233、237、238條。

78 答案爲(A)。參照本法第231、231條之1。

經拘提或逮捕者，得解送地方法院檢察署 (D)檢察官得對於司法警察官移送之案件，認有調查未完備，應依職權再行調查，不得退回，命其補足

【104年警特三等犯罪偵查】

16 下列關於偵查不公開原則之敘述，何者正確？[79] (A)證人於偵查中受訊問時，得由其法定代理人、配偶、直系血親或三親等內旁系血親陪同在場 (B)檢察官於偵查中訊問被告時，辯護人得在場，但不得陳述意見 (C)檢察官爲維護公共利益，得公開揭露偵查中因執行職務知悉之事項 (D)偵查中訊問被告時，毋庸通知辯護人 【104年律、司第一試】

17 下列何種情形，被告得委任代理人到場？[80] (A)起訴罪名爲告訴乃論之罪 (B)管轄錯誤 (C)起訴罪名爲公然侮辱罪 (D)對被告無審判權

【105年律、司第一試】

18 有關我國「檢警關係」之敘述，下列何者錯誤？[81] (A)依法院組織法第66條之3規定，檢察事務官視爲刑事訴訟法第230條第1項之司法警察官 (B)我國在檢警關係上向採「檢主警輔」之原則，檢察官爲偵查主體，警察爲偵查輔助機關 (C)我國刑事訴訟法於民國86年12月19日作了相當幅度之修正，增訂第231條之1「退案審查權」 (D)我國刑事訴訟法於民國86年12月19日增訂第228條之1，並且賦予警察機關「微罪處理權」 【106年警特三等犯罪偵查】

---

79 答案爲(C)。參照本法第245條、偵查不公開作業辦法第9條。

80 答案爲(C)。公然侮辱罪爲最重本刑拘役或專科罰金之案件，參照刑法第309第1項、本法第36條及236條之1被告得委任代理人到場。

81 答案爲(D)。我國迄今尚未仿效日本增訂賦予警察機關「微罪處理權」。

貳、偵查中之訊問

一、就地訊問被告

本法第246條規定，遇被告不能到場，或有其他必要情形，得就其所在訊問之。說明偵查中被告訊問的地點不是在公開的法庭內爲之，如遇被告不能到場或有必要情形，得就其所在訊問之。如羈押、逮捕地，借提人犯的指定場所均可。關於偵查事項，檢察官得請該管機關爲必要之報告（本法§247）

二、在偵查中被告對證人、鑑定人之詰問程序

訊問證人、鑑定人時，如被告在場者，被告得親自詰問；詰問有不當者，檢察官得禁止之。預料證人、鑑定人於審判時不能訊問者，應命被告在場，但恐證人、鑑定人於被告前不能自由陳述者，不在此限（本法§248）。

三、被害人之訊問及其陪同人員的在場陳述意見權

被害人於偵查中受訊問或詢問時，其法定代理人、配偶、直系或三親等內旁系血親、家長、家屬、醫師、心理師、輔導人員、社工人員或其信賴之人，**經被害人同意後，得陪同在場，並得陳述意見**。前項規定，於得陪同在場之人爲被告，或檢察官、檢察事務官、司法警察官或司法警察認其在場，有礙偵查程序之進行時，不適用之（本法§248-1）[82]。蓋在大陸法系之下，

---

[82] 原條文關於偵查中之陪同制度，係考量被害人受害後心理、生理、工作等急待重建之特殊性，在未獲重建前需獨自面對被告，恐有二度傷害之虞，爰明定具一定資格或關係之人得陪同在場及陳述意見。惟在個案中透過陪同在場協助，得促使被害人維持情緒穩定者，未必以原條文所定資格或關係之人爲限。爰參考性侵害犯罪防治法第15條第1項規定，增列心理師、輔導人員等資格，並參考德國刑事訴訟法第406 F 條第2項規定，增列受被害人信賴之人亦得爲陪同人，以敷實務運作所需。而所謂「其信賴之人」係指關係緊密之重要他人。又爲尊重被害人意願，具本條所定資格或關係而得陪同之人，於偵查中陪同在場時，自以經被害人同意爲前。另刪除「於司法警察官或司法警察調查時，亦同。」，增列「或詢問」，列爲第一項。參考性侵害犯罪防治法第15條第2項規定，增訂第2項明定具有第1項身分之人爲被告時，不得陪同在場。另參考德國刑事訴訟法第406 F條第2項、第406 G條第

被害人非證據方法，須以證人之身分經法院調查詢問其供述且經具結始有證據能力（本法§§160、166-6）。故依本條在偵查中訊問被害人之規定原則上仍無證據能力（本法§159）。

參、偵查中修復式正義的展現

2019年12月10日修正，2020年1月8日公布增訂的本法第248條之2及第271條之4關於檢察官於偵查中或法院於言詞辯論終結前得將案件移付調解，或依被告及被害人的聲請，轉介適當機關、機構或團體進行修復，即將「修復式司法」制度明文化；另增訂本法第248條之3關於被害人隱私保護、第271條之3陪同在場等規定，都在避免被害人受到「二度傷害」；又，增訂第七編之三的「被害人訴訟參與」制度（本法第455條之38至46），使被害人得以參與訴訟，讓被害人觀點可以適時反映給法官，減少隔離感，藉由被害人參與程序，瞭解訴訟之經過情形及維護其人性尊嚴，期能彌補其痛苦與不安。[83]有關審判中修復式正義的程序及「被害人訴訟參與」制度，本書容後再述，以下先介紹偵查中修復式正義的程序：

一、偵查中之移付調解及轉介修復式司法程序

本法第248條之2規定，檢察官於偵查中得將案件移付調解；或依被告及被害人之聲請，轉介適當機關、機構或團體進行修復。前項修復之聲請，被害人無行為能力、限制行為能力或死亡者，得由其法定代理人、直系血親或配偶為之。[84]

4項規定，如陪同人在場經認有礙偵查程序之進行時，得拒絕其在場（2020.01.08）。

83 最高法院109年度台上字第2446號判決（具有參考價值的判決）。

84 本條新增，「修復式正義」或稱「修復式司法」（Restorative Justice），旨在藉由有建設性之參與及對話，在尊重、理解及溝通之氛圍下，尋求彌補被害人之損害、痛苦及不安，以眞正滿足被害人之需要，並修復因衝突而破裂之社會關係。我國既有之調解制度固在一定程度上發揮解決糾紛及修復關係之功能，惟調解所能投入之時間及資源較為有限，故為貫徹修復式司法之精神並提升其成效，亦有必要將部分案件轉介適當機關、機構或團體，而由專業之修復促進者以更充分之時間及更完整之資源來進行修復式司法程序。又法務部自99年9月1日起擇定部分地方法院檢察署試辦修復式司法方案，嗣自101年9月1日起擴大於全國各地方法院檢察署試辦，並自99年9月起辦理修復促進者培訓工作，在本土實踐上業已

二、偵查中之隱私保護及其隔離措施

本法第248條之3規定，檢察官於偵查中應注意被害人及其家屬隱私之保護。被害人於偵查中受訊問時，檢察官依被害人之聲請或依職權，審酌案件情節及被害人之身心狀況後，得利用遮蔽設備，將被害人與被告、第三人適當隔離。前二項規定，於檢察事務官、司法警察官或司法警察調查時，準用之。[85]

肆、請求附近軍民之輔助

本法第249條規定，實施偵查遇有急迫情形，得命在場或附近之人爲相當之輔助，檢察官於必要時，並得請附近軍事官長派遣軍隊輔助。

伍、無管轄權時之通知與移送

依本法第250條規定，檢察官知有犯罪嫌疑而不屬於其管轄，或於開始

累積相當之經驗，爲明確宣示修復式司法於我國刑事程序之重要價值，實應予以正式法制化，而以法律明定關於移付調解及轉介修復式司法程序之授權規範，爰參考德國刑事訴訟法第155 A 條之規範內容，明定檢察官於偵查中，斟酌被告、被害人或其家屬進行調解之意願與達成調解之可能性、適當性，認爲適當者，得使用既有之調解制度而將案件移付調解，或於被告及被害人均 聲請參與修復式司法程序時，檢察官得將案件轉介適當機關、機構或團體進行修復，由該機關、機構或團體就被告、被害人是否適合進入修復式司法程序予以綜合評估，如認該案不適宜進入修復，則將該案移由檢察官繼續偵查；反之，則由該機關、機構或團體指派之人擔任修復促進者進行修復式司法程序，並於個案完成修復時，將個案結案報告送回檢察官，以供檢察官偵查之參考。
於被害人無行爲能力、限制行爲能力或死亡之情形，爲使被害人之家屬仍得藉由修復式司法療癒創傷、復原破裂的關係，爰參酌第319條第1項之規定。（2020.01.08）

85 一、本條新增。二、爲避免被害人及其家屬之隱私於偵查中遭受侵害，並參酌司法改革國是會議關於「保障隱私、維護尊嚴」之決議內容，爰於第1項明定檢察官於偵查程序中保障被害人及其家屬隱私之義務。三、考量被害人於偵查中面對被告時，常因懼怕或憤怒而難以維持情緒平穩，及爲維護被害人之名譽及隱私，避免第三人識別其樣貌，而增加被害人之心理負擔，甚而造成被害人之二度傷害。爰參考性侵害犯罪防治法第16條第1項規定，明定檢察官依被害人聲請或依職權，得綜合考量案件情節、被害人身心狀況，如犯罪性質、被害人之年齡、心理精神狀況及其他情事等，採取適當之隔離措施，使被告及第三人無法識別其樣貌。檢察官於個案中可視案件情節及檢察署設備等具體情況，採用遮蔽屏風、聲音及影像相互傳送之科技設備或其他措施，將被害人與被告、第三人適當隔離，爰增訂本條第2項。四、第3項明定偵查輔助機關調查時，準用前二項規定。（2020.01.08）

偵查後，認爲案件不屬其管轄者，應即分別通知或移送該管檢察官，但有急迫情形時，應爲必要之處分。

選擇題練習

1 警察以釣魚偵查方式偵辦兒童及少年性交易防制條例第29條「散布促使人爲性交易之訊息罪」案件，下列何者正確？[86]　(A)如果是誘捕偵查則屬非法　(B)如果是誘捕偵查所得之證據並無證據能力　(C)可向行爲人主動談及性交易邀約內容，誘使行爲人同意性交易　(D)如果是陷害教唆則屬非法

【103年警特三等犯罪偵查】

2 有關「誘捕偵查」，我國司法實務見解之敘述，下列何者錯誤？[87]　(A)陷害教唆（創造犯意型之誘捕偵查）所取得之證據，應絕對排除，絕無證據能力　(B)釣魚偵查（提供機會型之誘捕偵查）所取得之證據，採相對排除，非無證據能力　(C)我國最高法院將誘捕偵查區分爲「創造犯意型」與「提供機會型」二種情形　(D)創造犯意型之誘捕，我國最高法院判決稱之爲「釣魚偵查」，屬偵查犯罪技巧之範疇

【106年警特三等犯罪偵查】

第八節　偵查停止

一、民事法律關係未決

本法第261條規定，犯罪是否成立或刑罰應否免除，以民事法律關係爲斷者，檢察官應於民事訴訟終結前，停止偵查。但必須該民事訴訟之法律關係確爲犯罪是否成立或刑罰應否免除之先決問題者，始可停止，不得以有該規定，輒予擱置，延滯案件之進行。例如通姦罪是否成立，決定於婚姻之法律關係是否存立，而此民事法律關係之民事訴訟尚未判決前，檢察官應於民

86 答案爲(D)。

87 答案爲(D)。

事訴訟終結前，停止偵查。至於是否要等到民事訴訟判決確定，法律並未規定，既無此限制，則由檢察官視個案認定之，惟避免刑事認定的結果關係到犯罪成否或對被告出入罪責之間甚大影響者，檢察官仍以民事訴訟判決確定後再開偵查爲宜。[88]

二、同一案件業已提出自訴

本法第323條規定，同一案件經檢察官依第228條規定開始偵查者，不得再行自訴。但告訴乃論之罪，經犯罪之直接被害人提起自訴者，不在此限。於開始偵查後，檢察官知有自訴在先或前項但書之情形者，應即停止偵查，將案件移送法院。但遇有急迫情形，檢察官仍應爲必要之處分。故檢察官知有自訴在先或告訴乃論之罪，經犯罪之直接被害人提起自訴者，皆應停止偵查。

第九節　偵查之終結

偵查之終結，乃檢察官依偵查所得之證據，而決定其處理結果之意思表示。除認爲案件不屬其管轄者，應即分別通知或移送該管檢察官（本法§250）外，其偵查終結而爲處分，有起訴或不起訴或緩起訴三種情形。

壹、起訴

檢察官依偵查所得之證據，足認爲被告有犯罪嫌疑者，應提起公訴（本法§251 I）。被告之所在不明者，亦應提起公訴（本法§251 II）。本條規定被告所在不明，是指被告雖可得確定爲何人，但行蹤不明，無法確知其所在，未免追訴權時效完成，本法規範之意旨即在此。惟偵查之目的除保全證據外尚有保全被告以爲提起公訴之準備，如被告所在不明，顯然偵查之目的未達之外，如起訴被告不到庭之原因又是因爲被告所在不明無法傳

88 檢察機關辦理刑事訴訟案件應行注意事項第116點。

喚者，同理檢察官仍然無法完成追訴犯罪之目的，偵查程序中檢察官既未能掌握犯罪嫌疑人，偵查目的未達者，檢察官自不得終結偵查而起訴被告。不過，照法條文義觀之，本法第251條第1項對於起訴法定之要件，僅就檢察官認定被告之犯罪嫌疑而言，似乎並未對被告之保全作爲本法起訴之要件，又有同條第2項之規定，權衡上述公訴之價值，似應修法解決此問題爲宜。

告訴乃論之罪，未經得爲告訴之人告訴的案件，檢察官應如何處理，依釋字第48號解釋，檢察官勿庸爲任何處分。

貳、不起訴處分

檢察官就偵查結果，認爲欠缺訴訟條件或處罰條件，或認爲無起訴的必要，決定不向法院提起公訴，而依法定程序以書面對外表示之處分命令。不起訴處分之可分爲：

一、絕對不起訴處分

以下情形檢察官「應」爲不起訴處分：

（一）欠缺形式訴訟條件

1. 告訴或請求乃論之罪，其告訴或請求已經撤回或已逾告訴期間者（本法§252⑤）

此種追訴之條件，既經撤回，或其告訴已逾法定六個月之告訴期間，即屬欠缺或違背規定，無法追訴。

2. 被告已死亡者（本法§252⑥）

實務上認爲，[89]本款之「死亡」係專指事實上自然死亡而言，不包括因失蹤死亡宣告之情形在內。

3. 法院對於被告無審判權者（本法§252⑦）

若法院對被告無審判權，檢察官即使起訴，法院亦應依本法第303條第6款下不受理判決，故無起訴實益。

89　最高法院67年度7月24日刑事庭會議決議。

4. 其他法定理由（本法§255Ⅰ）

檢察官依本法第252條至第254條以外之事由，即「其他法定理由」認爲應依照本法第255條規定爲不起訴處分者。所謂其他法定理由之不起訴處分，包含告訴不合法或依法不得告訴而告訴。[90]例如：不起訴處分確定後無本法第260條之事由而再行告訴、同一案件經提起自訴後，再行告訴或請求（本法§324）。又如撤回自訴後再行告訴之情形，須爲不起訴處分者（本法§325Ⅳ）。[91]此外，少年法院或地方法院少年法庭依少年事件處理法第27條第1項第1款之規定（**少年法院依調查之結果，認少年觸犯刑罰法律，且有左列情形之一者，應以裁定移送於有管轄權之法院檢察署檢察官：1.犯最輕本刑爲五年以上有期徒刑之罪者。**）移送之刑事案件，經檢察官調查結果，認爲非屬該款所列之罪者，應按本法第255條第1項爲不起訴之處分，俟處分確定後，將原案件函送該管少年法院或少年法庭另依保護事件程序處理。[92]

（二）欠缺實體訴訟條件

1. 曾經判決確定者（本法§252①）

所稱「曾經判決確定」，係指同一案件曾經實體上判決確定而言。例如：**則指有罪、無罪、免訴等實體上判決**。檢察官即使起訴，法院亦應依本法第302條第1款下免訴判決，故無起訴實益。至於程序上之判決，例如：不受理或管轄錯誤之判決，並無實質確定力，縱使判決確定，亦無本款之適用。

2. 時效已完成者（本法§252②）

所稱「時效已完成」，係指包括追訴權及追訴權時效而言。檢察官即使起訴，法院亦應依本法第302條第2款下免訴判決，故無起訴實益。

3. 曾經大赦者（本法§252③）

所稱「大赦」，係指依赦免法第2條，對於一般或特定犯罪所爲之罪刑宣告及追訴權消滅而言，故案件曾經大赦，檢察官即使起訴，法院亦應依本

---

90 釋字第48號解釋。

91 司法院院解字第1345號解釋。

92 檢察機關辦理刑事訴訟案件應行注意事項第105點。

法第302條第3款下免訴判決，故無起訴實益。

4. 犯罪後之法律已廢止其刑罰者（本法§252④）

若國家之刑罰權既因法律之廢止而不復存在，則國家追訴權自然亦因而喪失。檢察官即使起訴，法院亦應依本法第302條第4款下免訴判決，故無起訴實益。

（三）欠缺處罰條件

1. 行為不罰者（本法§252⑧）

即行為具有構成要件該當性、阻卻違法性或責任之事由。

2. 法律應免除其刑者（本法§252⑨）

所稱「免除其刑」，專指「應」免除的情形。例如：刑法第288條第3項規定，懷胎婦女因疾病或其他防止生命上危險之必要，而犯墮胎罪者，免除其刑。至於「得」免除其刑者，例如：刑法第23條但書、第24條第1項但書、第61條等情形，因免除與否，乃法院之裁量權，是否免除尚未可知，故檢察官仍可行使追訴權，自不包括在本款之內。

3. 犯罪嫌疑不足者（本法§252⑩）

檢察官提起公訴，須達高度犯罪嫌疑。若犯罪嫌疑不足，檢察官即使起訴，法院亦應依本法第301條第1項下無罪判決，故無起訴之必要。

二、相對（職權）不起訴處分

以下情形，檢察官「得」為不起訴處分，換言之，是否提起公訴，檢察官有裁量權限。

（一）輕微案件

檢察官於本法第376條第1項各款所規定不得上訴於第三審之案件[93]，參酌刑法第57條所列事項，認為以不起訴為適當者，得為不起訴之處分（本法§253）。本法第376條第1項所規定之案件屬於「情節輕微」不得上訴第三審之案件，檢察官本於職權認以不起訴為適當者，得為不起訴處分。此處分命令具有實質的確定力。案件是否為本法第376條由檢察官認定自不待言，

---

93 配合第376條第2項之增訂，修正第253條規定（2017.11）。

本條規定「以不起訴爲適當」是由檢察官判斷基於公共利益有無追訴之必要，又本條規定「參酌刑法第57條所列事項」是由檢察官以罪責爲基礎，審酌之一切情狀。檢察官綜合個案判斷是否裁量不起訴（又稱「便宜不起訴」）。

（二）於執行刑無實益

例如：被告犯數罪時，其一罪以受重刑之確定判決，檢察官認爲他罪雖行起訴，於應執行之刑無重大關係者，得爲不起訴處分。此之處分命令具有實質的確定力（本法§254）。

（三）證人保護法之特別規定（污點證人條款）

依證人保護法第14條第2項：「被告或犯罪嫌疑人雖非前項案件之正犯或共犯，但於偵查中供述其犯罪之前手、後手或相關犯罪之網絡，因而使檢察官得以追訴與該犯罪相關之第2條所列刑事案件之被告者，參酌其犯罪情節之輕重、被害人所受之損害、防止重大犯罪危害社會治安之重要性及公共利益等事項，以其所供述他人之犯罪情節或法定刑較重於其本身所涉之罪且經檢察官事先同意者爲限，就其因供述所涉之犯罪，『得』爲不起訴處分。」

證人保護法所稱「證人」，並非「單純」指就過去親身經歷事實作出陳述的第三人。**該法第14條第1項所指的「證人」是同法第2條所列舉之罪的犯罪嫌疑人、被告。第14條第2項所指的「證人」也限於犯罪嫌疑人或被告，但非證人保護法第2條所列之罪的正犯或共犯。所以，此類證人俗稱「污點證人」**。實務上透過給予污點證人處罰上或不予起訴的優惠，鼓勵「窩裡反」，供出其他涉案人。

（四）少年事件處理法之特別規定

少年事件處理法第67條第1項前段：「檢察官依偵查之結果，對於少年犯最重本刑五年以下有期徒刑之罪，參酌刑法第57條有關規定，認以不起訴處分而受保護處分爲適當者，『得』爲不起訴處分。」所稱「少年」者，依同法第2條：「謂十二歲以上十八歲未滿之人。」

參、緩起訴處分

一、概念

即檢察官暫緩起訴之處分，或者說是一種附條件的便宜不起訴處分，待「條件成就」之後處分才會確定，「處分確定」之後被告終局才能獲得不起訴之利益（本法§§253-3、260）。

二、類型

緩起訴之最大效用在有效疏解訟源。爲避免檢察官濫權，其類型有二：即「單純緩起訴」（本法§253-1）及「附條件之緩起訴」（本法§253-2）。

三、要件

緩起訴案件之範圍限於「死刑、無期徒刑、最輕本刑三年以上有期徒刑以外之罪檢察官參酌刑法第57條所列事項及公共利益之維護」，得爲緩起訴處分。此外，並應參考刑法有關緩刑之規定，得定一至三年之緩起訴期間（本法§253-1 I）。

在導入緩起訴制度之同時，除考慮其監督機制外，並應顧及其他相關之制度。檢察官可以選擇多種之方式終結案件，如何避免相同案件做不同之處理即產生疑問。且所謂「參酌刑法第57條所列事項及公共利益之維護」似乎太過於抽象、模糊，欠缺一客觀之標準，檢察官如何操作恐係一大難題，且不易與「犯罪嫌疑不足」區隔。[94]有學者指出，所稱「參酌刑法第57條」，即是檢察官考慮是否爲緩起訴時，應僅限於審酌各款後認爲被告罪責輕微之情形；否則，縱使屬於得爲緩起訴之案件，但若被告罪責重大，如犯罪動機卑劣且手段殘忍者，就不應爲緩起訴處分。[95]而關於「公共利益的維護」係指有無起訴之公共利益，必須從法政策的觀點去瞭解，非僅考慮特別預防的

[94] 黃朝義，《刑事訴訟法》，新學林，五版，2017.09，389頁。

[95] 林鈺雄，《刑事訴訟法（下）》，新學林，十版，2020.09，151頁。

問題，尚須兼顧一般預防的觀點。例如，商店竊盜或交通事故所造成的輕微傷害，如果這些犯罪有顯著升高的跡象，可認爲有公共的起訴利益。更精確地說係指是否違反追訴之公共利益，主要是考慮一般民眾對該緩起訴處分之觀感。[96]

四、得命被告履行之規定

檢察官爲緩起訴處分者，得命被告於一定期間內遵守或履行下列各款事項（本法§253-2Ⅰ）：

（一）向被害人道歉。

（二）立悔過書。

（三）向被害人支付相當數額之財產或非財產上之損害賠償。

（四）向公庫支付一定金額，並得由該管檢察署依規定提撥一定比率補助相關公益團體或地方自治團體。

（五）向該管檢察署指定之政府機關、政府機構、行政法人、社區或其他符合公益目的之機構或團體提供四十小時以上二百四十小時以下之義務勞務。

（六）完成戒癮治療、精神治療、心理輔導或其他適當之處遇措施。

（七）保護被害人安全之必要命令。

（八）預防再犯所爲之必要命令。

此乃基於個別預防、鼓勵被告自新及復歸社會之目的，因而賦予檢察官於「緩起訴」時，得命被告遵守一定之條件或事項之權力。

由於第1項第3款至第6款之各該應遵守事項，因課以被告履行一定負擔之義務，人身自由及財產將遭拘束，且產生未經裁判即終局處理案件之實質效果，自應考慮被告之意願，增列第2項前段；又爲求檢察官處分得以貫徹及有效執行，自宜使第1項第3款、第4款會被告爲一定給付之處分得爲民事強制執行之執行名義以符合公平，故本法明定檢察官命被告遵守或履行前項第3款至第6款之事項，應得被告之同意；第3款、第4款並得爲民事強制執行名義（本法§253-2Ⅱ）。2014年5月，爲配合預算法，將收支納入國

[96] 張麗卿，《刑事訴訟法理論與運用》，五南，十五版，2020.09，474頁以下。

庫，故修正原條文第1項第4款，明訂向公庫支付一定金額，並得由該管檢察署視需要提撥一定比率補助相關公益團體或地方自治團體。

本法第253條之2第1項情形，應附記於緩起訴處分書內（本法§253-2 Ⅲ），以杜爭議。第253條之2第1項之期間，不得逾緩起訴期間（本法§253-2 Ⅳ），蓋其期限若逾緩起訴期間，則有違緩起訴制度之精神。

五、期間

依條文設計，緩起訴期間有三個時點：第一是，檢察官爲緩起訴的決定時；第二是，緩起訴的確定時，因爲緩起訴後可能還有再議或交付審判程序後才能確定；最後是，緩起訴形式確定後，所課予的負擔或指示履行完成，在緩起訴期間經過前未被撤銷所有條件成就時才發生最終的實質確定力（本法§260）。

至於依本法第253條之2規定命應履行負擔之緩起訴處分確定後，得再依行政罰法第26條第2項處罰鍰，是否違憲？乃多年來之爭議，釋字第751號（106.07.21）日前做出統一解釋解釋認爲：「行政罰法第26條第2項雖未將『緩起訴處分確定』明列其中，**惟緩起訴處分實屬附條件之便宜不起訴處分。再者，應履行之負擔非得被告同意，檢察官亦無從強制其負擔，尤不能認具刑罰之性質**。故經緩起訴處分確定者，解釋上自得適用95年2月5日施行之行政罰法第26條第2項規定，依違反行政法上義務規定裁處之。

六、效力

（一）追訴權時效停止

追訴權之時效，於緩起訴之期間內，停止進行。刑法第83條第3項之規定，於前項之停止原因，不適用之（本法§253-1 Ⅱ、Ⅲ）。蓋爲對於繼續存在的一定狀態予以尊重，藉以維持社會秩序及其安定性，刑法設有刑罰權因時效完成而消滅之規定，然而，時效之期間，並非一旦進行，即不得停止，法律仍規定於若干情形下，時效之期間，因一定之原因而停止進行，例如：依刑法第83條第1項之規定，案件因偵查、起訴或審判之程序不能開始或繼續時，時效期間即停止進行。而「緩起訴」所定猶豫期間，亦產生偵查或審判程序無法開始或進行之效果，基於同一法理，且爲避免「緩起訴」期間尚未屆滿，追訴權時效已完成，導致「緩起訴」嗣後經撤銷時，對被告已無法追訴之問題，故於本法第253條之1第2項明訂時效停止進行之規定。

又時效停止原因如繼續存在、歷時過久，竟仍任令停止進行，則時效不易完成，固然有違刑法時效制度設計之意。然而，如一律依刑法第83條第3項適用有關停止原因視爲消滅的規定，於「緩起訴」之情形下，參酌其案件適用之範圍，及「緩起訴」所定一至三年之猶豫期間，則停止原因將極易被視爲消滅，而與停止前已經過之期間，一併計算追訴權時效，如此本法第253條之1第2項之規定，將失其意義，爲貫徹「緩起訴」制度之立法目的，故於本條第3項明定不適用刑法第83條第3項之規定。

（二）排除自訴之效力

若告訴乃論之罪經被害人訴請偵查，檢察官作出「緩起訴」處分後，於猶豫期間內，被害人得否依修正後之本法第323條第1項但書，改提自訴，即成問題。如認被害人改提自訴係屬合法，則檢察官之「緩起訴」處分即失其意義，爲了貫徹「緩起訴」制度之立法意旨及公訴優先之立法政策，故明訂第323條第1項但書之規定，於緩起訴期間，不適用之（本法§253-1 Ⅳ）。

七、緩起訴處分之撤銷

檢察官於緩起訴期間內，有左列情形之一者，檢察官得依職權或依告訴人之聲請撤銷原處分，繼續偵查或起訴（本法§253-3 Ⅰ）：

（一）於期間內故意更犯有期徒刑以上刑之罪，經檢察官提起公訴者。

（二）緩起訴前，因「**故意**」犯他罪，而在緩起訴期間內受「**有期徒刑以上**」刑之宣告者。

（三）違背第253條之2第1項各款之應遵守或履行事項者。

蓋「緩起訴」處分於猶豫期間內，尚未具有實質之確定力，檢察官於期間內，可對被告繼續觀察，使被告知所警惕，以改過遷善，達到個別預防之目的。但若於「緩起訴」期間內，被告故意更犯有期徒刑以上刑之罪經檢察官提起公訴；或前犯他罪，於期間內經法院判處有期徒刑以上之罪；或未遵守檢察官所命應遵守之事項，此時被告顯無反省警惕之情或根本欠缺反省警惕之能力，與「緩起訴」制度設計之目的有違，故於本法第253條之3第1項明定前開各款情形檢察官得依職權或依告訴人之聲請，將被告「緩起訴」之處分撤銷。

若被告對檢察官所命應遵守之事項已履行全部或部分後，嗣「緩起訴」之處分經依法撤銷，此時該已履行之部分，應如何處理？易滋疑義，故明定檢察官撤銷緩起訴之處分時，被告已履行之部分，不得請求返還或賠償（本法第253-3 II）。

選擇題練習

1 依刑事訴訟法規定，緩起訴期間最長爲幾年？[97] (A)5年 (B)3年 (C)2年 (D)1年 【101年警特三等犯罪偵查】

2 關於緩起訴處分，下列敘述何者不正確？[98] (A)被告所犯爲公務員違背職務之收賄罪，檢察官參酌刑法第57條所列事項及公共利益之維護，認以緩起訴爲適當者，得定1年以上3年以下之緩起訴期間爲緩起訴處分 (B)同一案件經檢察官緩起訴者，犯罪被害人不得再行自訴 (C)違犯施用K他命毒品罪者，檢察官得違反被告之意願而強制其接受戒癮治療 (D)檢察官得命被告向被害者支付相當數額之非財產上之損害賠償 (E)於緩起訴處分期間內，被告故意更犯罪，經提起公訴者，檢察官得依職權撤銷原處分 【102年警大二技】

3 檢察官爲緩起訴處分之後，於具備一定條件下，仍得提起公訴，下列何者不屬之？[99] (A)被告未履行負擔 (B)發現新事實或新證據 (C)被告因故意或過失更犯有期徒刑以上刑之罪 (D)緩起訴前，因故意犯他罪，而在緩起訴期間內受有期徒刑以上刑之宣告 【103年警大二技】

---

97 答案爲(B)。

98 答案爲(A)、(C)、(E)。理由：一、緩起訴案件不適用於重罪。二、檢察官命被告遵守或履行第253條之2第1項第3款至第6款之事項，應得被告之同意。三、須犯「有期徒刑」以上刑之罪，經檢察官提起公訴者才得撤銷，若是拘役、專科罰金之罪不得援用此款撤銷。

99 答案爲(C)。

第十節 再議

再議者，係指案經檢察官偵查終結後，對於其不起訴、緩起訴或撤銷緩起訴等處分命令不服所爲之救濟程序，雖屬本法救濟程序之一種，但其作用在於增強檢察一體的內部監督機制，以強化偵查的功能。

壹、聲請再議之主體與確定

一、檢察官偵查終結，爲不起訴、緩起訴，或檢察官撤銷緩起訴、撤回公訴等處分，本法允許一定之人提起再議

（一）告訴人聲請再議（本法§256 II）。

（二）檢察官撤銷緩起訴，被告亦得聲請再議（本法§256-1）。

（三）死刑、無期徒刑或最輕本刑三年以上有期徒刑之案件，因犯罪嫌疑不足，經檢察官爲不起訴之處分，或第253條之1之案件經檢察官爲緩起訴之處分者，如無得聲請再議之人時，原檢察官應依職權逕送直接上級法院檢察署檢察長或檢察總長再議，並通知告發人（本法§256 III）。使得偵查終結的案件，因原檢察官不當的不起訴或緩起訴或撤銷緩起訴之處分，得以獲得糾正的救濟程序。

（四）檢察官撤回公訴，告訴人得依照本法第270條聲請再議。

聲請再議之人限於告訴權人且實行告訴者，方得爲之（院解字第1576號）。

二、不起訴處分何時確定，可分二種情形

（一）是指有告訴人之案件，告訴人未聲請再議或再議期間已過，或聲請再議後撤回，或再議遭駁回後未聲請法院交付審判，則已無救濟之途，不起訴之案件即告確定。

（二）是在如無告訴人又非檢察官職權再議之案件，或是本法第256條第1項但書規定之案件，一旦不起訴處分作成時即告確定。

貳、聲請再議之程序

告訴人接受不起訴或緩起訴處分書後，得於十日內以書狀敘述不服之理由，經原檢察官向直接上級法院檢察署檢察長或檢察總長聲請再議。但第253條、第253條之1之處分曾經告訴人同意者，不得聲請再議（本法§256 I）。

不起訴或緩起訴處分得聲請再議者，其再議期間及聲請再議之直接上級法院檢察署檢察長或檢察總長，應記載於送達告訴人處分書正本（本法§256 II）。

參、聲請再議之處分

一、原檢察官對於再議之聲請所爲之處置有三

（一）認爲有理由，除前條情形（是指原檢察官撤銷緩起訴後被告聲請再議，經原檢察官撤銷其處分，使回復至原來「緩起訴」之狀態，故無繼續偵查或起訴之問題）外，應撤銷原處分（不起訴或緩起訴）而繼續偵查或起訴（本法§257 I）。

（二）認爲無理由者，應即將該案卷宗及證物送交上級法院檢察署檢察長或檢察總長（本法第§257 II）。

（三）聲請再議已逾再議期間或不合法（如聲請再議未敘明理由）者，不問聲請再議有無理由，逕行駁回之（本法第§257 III）。

二、原法院檢察署檢察長

原法院檢察署檢察長認爲必要時，於將該案卷宗及證物送交上級法院檢察長或檢察總長前，得親自或命令他檢察官再行偵查，分別撤銷或維持原處分，其維持原處分者，應即送交（本法§257 IV）。

三、上級法院檢察署檢察長或檢察總長

上級法院檢察長或檢察總長，認再議爲無理由者，應予駁回。應製作處分書駁回再議之聲請，並知照原檢察官。如認爲再議爲有理由者，第256

條之1之情形應撤銷原處分，有第256條之情形者，應分別情形為不同之處分：

（一）偵查未完備者，得親自或命令他檢察官再行偵查，或命令原檢察署檢察官續行偵查，偵查結果如認為應行起訴者，固應提起公訴，若仍認為應不起訴處分，應再為不起訴處分，告訴人對此不起訴處分，仍得聲請再議。

（二）偵查已完備者，命令原法院檢察署檢察官起訴（本法§258）。

肆、行政簽結之適法性

然而在實務上，依據犯罪嫌疑的程度，而有偵字案與他字案的差別，若屬偵字案，相對人才是被告；若屬他字案，則因只是關係人，欠缺本法所賦予救濟的權利。例如：告訴人於再議期間經過再議駁回後，以發現新事實、新證據或有再審原因為理由，請求起訴，經檢察官查明並無可以起訴之新事實、新證據或有再審之原因者，**於簽結後，祇須將理由以書面通知告訴人，不必再製作不起訴處分書**。其由上級檢察長於再議期間經過後，復令偵查者亦同。[100]原檢察官接受聲請再議書狀，應先行查核聲請人是否為告訴人、已否逾七日之期間及其聲請有無理由，並製作審核聲請再議意見書。若聲請人非告訴人或聲請已逾期者，其再議聲請為不合法，原檢察官應駁回再議之聲請，並予簽結。認為有理由者，應自行撤銷原處分，繼續偵查或起訴。繼續偵查之結果，仍得為不起訴處分或緩起訴處分，並另製作不起訴處分書或緩起訴處分書，依法送達。認為無理由者，應將審核聲請再議意見書連同卷宗及證物儘速送交上級檢察署檢察長或檢察總長，不得無故延宕。原檢察署檢察長於原檢察官認聲請為無理由，應行送交卷證時，如認案件尚有偵查之必要，在送交前得親自或指定其他檢察官再行偵查。其聲請逾期者，原檢察長應予駁回。告訴人於不起訴處分書或緩起訴處分書送達前，聲請再議而不合程式者，如以言詞聲請，未具書狀，或具書狀未敘理由等，應通知其依本法第256條第1項前段規定辦理。[101]

---

[100] 檢察機關辦理刑事訴訟案件應行注意事項第110點。

[101] 檢察機關辦理刑事訴訟案件應行注意事項第111點。

然而「檢察機關辦理刑事訴訟案件應行注意事項」係法務部依職權發布之行政規則能否以職權命令規避法律，有違法律保留原則之虞；對於「他案」之傳喚，易生突襲、妨礙被告防禦權行使、證人依本法受保障之拒絕證言權、被告緘默權等適法性疑慮。

第十一節　交付審判制度

壹、概念

本法第258條之1規定，交付審查制度給予告訴人不服上級法院檢察署駁回再議之處分而向法院謀求救濟之程序。乃針對檢察官起訴裁量之制衡，由法院介入審查，以提供告訴人多一層救濟程序，基於保障被告審級利益，向第一審法院聲請交付審判。爲防止濫行提起聲請，虛耗訴訟資源，必須委任律師提出理由狀，程序始合法。是以，交付審判程序，是一種起訴前之外部監督程序，而阻斷檢察官不起訴處分、緩起訴處分之確定，固非延續檢察官之偵查，究其實質仍具有類似偵查之性格，受委任之律師聲請檢閱偵查卷證，應向該管檢察署檢察官爲之。[102]

貳、交付審判之聲請與撤回、裁定

一、不服駁回再議處分之聲請交付審判

1. 本法第258條之1第1項規定，告訴人不服前條之駁回處分者，得於接受處分書後十日內委任律師提出理由狀，向該管第一審法院聲請交付審判。本條「告訴人不服前條之駁回處分者」是指不起訴處分的再議被駁回或緩起訴處分的再議被駁回。另外，還包括撤回起訴的再議被駁回。以上三種情形均屬不服駁回再議處分之聲請交付審判

2. 本法第258條之1第2項規定，律師受前項之委任，得檢閱偵查卷宗及

---

102 最高法院109年度台抗字第116號裁定（具有參考價值的裁判）。

證物並得抄錄或攝影。但涉及另案偵查不公開或其他依法應予保密之事項，得限制或禁止之。此時，該管法院雖於偵查階段本於偵查不公開，委任之律師得檢閱本案偵查卷宗及證物並得抄錄或攝影，乃因檢察官已經不起訴處分，尚不會發生與偵查不公開原則相牴觸之情形發生，故爲法所允。律師受告訴人委任聲請交付審判，如欲檢閱、抄錄或攝影偵查卷宗及證物，不論是否已向法院提出理由狀，均應向該管檢察署檢察官聲請之，律師如誤向法院聲請，法院應移由該管檢察官處理。該卷宗或證物如由法院調借中，法院應速將卷證送還檢察官，以俾檢察官判斷是否有涉及另案偵查不公開或其他依法應予保密之情形。法院如知悉律師聲請閱卷，於交付審判裁定前，宜酌留其提出補充理由狀之時間。另法院如需向檢察官調借卷證時，並宜考量律師閱卷之需求，儘量於其閱畢後再行調借，以免卷證往返之勞費。[103]

3. 本法第258條之1第3項規定，於第30條第1項之規定，於前二項之情形準用之。

二、撤回交付審判之聲請

本法第258條之2第1項規定，交付審判之聲請，於法院裁定前，得撤回之，於裁定交付審判後第一審辯論終結前，亦同。

本法第258條之2第2項規定，撤回交付審判之聲請，書記官應速通知被告。

本法第258條之2第3項規定，撤回交付審判聲請之人，不得再行聲請交付審判。

三、聲請交付審判之裁定

本法第258條之3第1項規定，聲請交付審判之裁定，法院應以合議行之。法院受理聲請交付審判之案件，應詳加審核有無管轄權、聲請人是否爲告訴人、已否逾十日之期間、有無委任律師提出理由狀等法定要件，及其聲請有無理由。故法院於審查交付審判之聲請有無理由時，得爲必要之調查，惟其調查範圍，應以偵查中曾發現之證據爲限，不可就聲請人新提出之證據

103 法院辦理刑事訴訟案件應行注意事項第135點。

再爲調查，亦不可蒐集偵查卷以外之證據。除認爲不起訴處分書所載理由違背經驗法則、論理法則或其他證據法則，否則，不宜率予裁定交付審判。駁回交付審判聲請之裁定，不得抗告；被告對於法院爲交付審判之裁定，則得提起抗告。而法院爲交付審判之裁定，因該案件視爲提起公訴，法院允宜於裁定理由中敘明被告所涉嫌之犯罪事實、證據及所犯法條，俾使被告行使防禦權，並利於審判程序之進行。[104]

本法第258條之3第2項規定，法院認交付審判之聲請不合法或無理由者，應駁回之；認爲有理由者，應爲交付審判之裁定，並將正本送達於聲請人、檢察官及被告。同法第258條之3第3項規定，法院爲前項裁定前，得爲必要之調查。所謂「調查」是指被告有無重大犯罪嫌疑之可能而足以構成起訴之要件者爲調查之基準。同法第258條之3第4項規定，法院爲交付審判之裁定時，視爲案件已提起公訴。此時檢察官應依照裁定書之內容，另行製作起訴書，向第一審管轄法院起訴。

本法第258條之3第5項規定，被告對於第2項交付審判之裁定，得提起抗告；駁回之裁定，不得抗告。

四、交付審查程序之準用規定

本法第258條之4規定，交付審判之程序，除法律別有規定外，適用第二編第一章第三節之規定。

第十二節　不起訴處分之效力

一、撤銷羈押

本法第259條第1項規定，羈押之被告受不起訴之處分者，視爲撤銷羈押，檢察官應將被告釋放，並應即時通知法院。

---

104 法院辦理刑事訴訟案件應行注意事項第134點。

二、扣押物之發還

本法第259條第2項規定，扣押物應即發還，但應沒收或為偵查他罪或他被告之用應留存者，不在此限。

三、單獨宣告沒收之聲請

本法第259條之1規定，檢察官依第253條或第253條之1為不起訴或緩起訴之處分者，對供犯罪所用、供犯罪預備或因犯罪所得之物，以屬於被告者為限，得單獨聲請法院宣告沒收。

四、再行起訴之限制

本法第260條規定，不起訴已確定或緩起訴處分期滿未經撤銷者，非有左列情形之一者，不得對於同一案件再行起訴。再行起訴之情形分述如後：

（一）發現新事實或新證據，是指不起訴處分之前已經存在之事實而發現在後，或指於偵查中未經調查斟酌或注意之已經提出之證據，導致原不起訴所認定之事實有錯誤者而言。只須不起訴處分以前，未經發現且足認被告有犯罪嫌疑為已足，並不以確能證明犯罪為要件。例如甲因殺乙未遂，因罪嫌不足經檢察官不起訴處分案，嗣因於另傷害乙案中而自白犯罪，告稱：前次就想把他殺掉未達目的。此時檢察官得以發現新事實新證據再行起訴甲。

（二）本法第420條第1項第1款、第2款、第4款或第5款所定得為再審原因之情形，是指所憑之證物、證言、鑑定已證明為虛偽、偽造、變造之情形，以及原處分所憑之法院之裁判已經確定裁判變更者。參與偵查或不起訴之檢察官，因該案件犯職務上之罪已經證明者。

（三）倘因欠缺形式訴訟條件而為不起訴處分確定，因僅具有形式確定力，**該形式訴訟條件若經補正**（如告訴乃論之罪，未經合法告訴而不起訴處分，嗣經有告訴權人提出告訴），檢察官自得重行起訴而不受刑事訴訟法第260條之限制。**至於因欠缺實質訴訟條件而為不起訴處分確定，具有實質確定力**，惟其前提要件須確有該實質條件欠缺之存在，若本無該實質條件之欠缺，檢察官誤認有欠缺（如案件未曾判決確定，或時效未完成，檢察官誤以為已判決確定，或時效已完成）而為不起訴處分確定，該不起訴處分即存有明顯之重大瑕疵，且無從補正。違背法令之不起訴處分，如無得聲請再議之人，於處分時即告確定，別無救濟之途，**唯有認其係當然無效，不生實質確定力**，方足以維持法律之尊嚴。而該不起訴處分之犯罪嫌疑，既未經檢察官爲實體審認，縱重行起訴，對被告而言，亦無遭受二重追訴之疑慮。[105]

（四）有本法第260條之情形續行偵查結果認爲仍應維持不起訴處分，只須分別陳報上級機關或函告告訴人即可，均不必再爲不起訴之處分。

進階思考

1

甲的外公有攝護腺癌、中風、高血壓、糖尿病等病史，某日下午，因敗血症、泌尿道感染及意識昏迷，送至醫院急診。治療後雖一度好轉，但當晚仍出現敗血症休克情形，醫院立即予以急救，40分鐘後因病患仍無自發性心跳及呼吸，經在場的病患配偶及其他家屬表示希望停止急救後，才宣告病患死亡並開立死亡診斷書。不過，病患死亡後，甲竟突然衝至醫院，未經交談即以拳頭毆擊主治醫師乙，並造成乙「腦震盪併發短暫意識喪失、四肢抽搐、頸部扭傷與面部挫傷」的傷害。試問：

（一）甲之罪嫌，應以何罪論斷？

（二）若乙對甲提告訴後撤回，檢察官是否應依刑事訴訟法第252條第5款爲不起訴處分？

■ 參考解答

（一）甲應依刑法第277條第1項的普通傷害罪處斷

1. 甲揮拳毆擊乙應成立刑法第309條第2項的加重公然侮辱罪

刑法第309條：「公然侮辱人者，處拘役或三百元以下罰金。以強暴犯前項之罪者，處一年以下有期徒刑、拘役或五百元以下罰金。」依題示情形，甲當眾毆擊乙，乃以強暴手段對乙所作之輕蔑表示，有害於其感情名譽，也足使乙在精神上、心理上感受到難堪。在無阻卻故意及責任的情況下，應成立刑法第309條第2項之加重公然侮辱罪。

105 最高法院99年度台上字第7730號判決。

2. **甲揮拳毆擊乙應成立刑法第277條第1項的普通傷害罪**

依刑法第277條第1項：「傷害人之身體或健康者，處三年以下有期徒刑、拘役或一千元以下罰金。」所謂的「傷害」，實務見解採「生理機能障礙說」，**主張生理機能障礙者基於生理學立場，認爲使人之生理機能發生障礙，或使健康狀態導致不良變更者，即爲「傷害」**。依題示情形，以拳頭毆擊主治醫師乙，並造成乙「腦震盪併發短暫意識喪失、四肢抽搐、頸部扭傷與面部挫傷」之生理機能障礙。在無阻卻故意及責任的前提下，應成立刑法第277條第1項之傷害罪。

3. 小結

在本案例中，甲在無阻卻故意及責任的情況下，成立刑法第277條第1項之傷害罪，同時亦成立刑法第309條第2項之加重公然侮辱罪。依刑法第55條，從較重之傷害罪處斷。

（二）檢察官仍應將甲起訴

有鑑於醫療暴力頻傳，恐將使整體醫療環境安全之維護更形惡化並造成施暴者僥倖的心理，依醫療法第24條、醫療法第106條第1項之修正規定，爲非告訴乃論之罪。

承上所述，依刑法第287條，普通傷害罪本須告訴乃論。但依2014年1月修正後的醫療法第24條，對於醫護人員之傷害行爲，既爲「非」告訴乃論之罪，檢警機關知悉後應即主動偵辦，並不受告訴權人意思拘束。

被害人提出告訴後撤回，亦不生撤回效力，檢察官依本法第251條，只要認爲有足夠的犯罪嫌疑，即可提起公訴。

2 甲爲某大集團的總裁，因其子早逝，不願見其孫乙揮霍，只給少許的零用金供其花用，乙乃夥同其友丙共同竊盜，偷走甲的蟠龍古董花瓶拿去典當，甲非常氣憤，向檢察官告訴乙竊盜，檢察官在偵查中另查出丙係共犯，試問：

（一）假設在檢察官偵結以前，甲受乙母之哀求，對乙撤回告訴，效力是否及於丙？

（二）若丙是甲的外孫，檢察官先對乙偵結起訴進入第一審審判程序，而檢察官對於丙是否牽涉其中尚在調查，甲受其妻之壓力，只願對乙撤回告訴，其撤回之效力是否及於仍在偵查程序之丙？

■ 參考解答

（一）甲對於乙撤回告訴的效力不及於丙

1. 依刑法第324條：「於直系血親、配偶或同財共居親屬之間，犯本章之罪者，得免除其刑。前項親屬或其他五親等內血親或三親等內姻親之間，犯本章之罪者，須告訴乃論。」可知，親屬間竊盜爲相對告訴乃論之罪。本題中，告訴人甲與乙的關係爲祖孫，依民法規定爲二親等直系血親，係刑法第324條之五親等內血親。因此，其告訴後得撤回對乙之告訴。

   依本法第239規定：「告訴乃論之罪，對於共犯之一人撤回告訴者，其效力及於其他共犯。但刑法第239之罪，對於配偶撤回告訴者，其效力不及於相姦人。」所稱「共犯」，係指共犯告訴乃論之罪者，故其撤回之效力，不及於相對告訴乃論之罪無特定身分關係之人。所以，依「告訴不可分原則」，甲對乙提出告訴後效力及於無特定身分關係之丙（因爲竊盜罪爲非告訴乃論之罪毋待被害人提出告訴），但撤回效力不及於相對告訴乃論之罪無特定身分關係之人之丙。

2. 丙非甲之親屬，其所涉犯之竊盜罪，仍爲非告訴乃論之罪（不得撤回），是甲對於乙撤回告訴的效力不及於丙。

（二）此一問題，實務與學說見解不同

1. 乙、丙皆係甲之孫（二親等直系血親）依刑法第324條第2項，乙丙所犯者皆爲相對告訴乃論之罪。甲對乙撤回告訴，其撤回之效力是否及於仍在偵查程序之丙？此一問題有兩說：

   (1)學說認爲，所謂「告訴不可分之原則」，係規定於本法第二編第二章第一節偵查中之第239條，亦即該條係規定於偵查程序中，僅於偵查程序始有其適用，而同法第二編第一章第三節審判程序中並無準用該條之規定，故於第一審辯論終結前對告訴

乃論之罪之共犯中一人撤回告訴者，其效力不及於在偵查中之其他共犯，此與同法第238條第1項告訴人得於第一審辯論終結前撤回其告訴之規定，不可相提並論。

(2)實務認為，告訴乃論之罪，於第一審辯論終結前，得撤回其告訴，即告訴不可分之原則，均規定於刑事訴訟法第二編第一章第一節「偵查」之第238條及第239條，在審判中既得撤回其告訴，其及於共犯之效力，應無偵查中或審判中之分。況撤回告訴乃撤回所告訴之犯罪事實，只對審判中之一人因撤回告訴諭知不受理，而仍就偵查中其他共犯追訴，情法亦難持平，自不能因其係在偵查中或審判中撤回其告訴而異其效果。故在第一審辯論終結前撤回告訴者，其效力亦應及於偵查中之其他共犯。

2. 小結：最高法院74年度第6次刑事庭會議決議採(2)說，但本書以為，撤回效力及於其他共犯，必須在起訴前偵查中，始有適用。此與第238條告訴人得於第一審辯論終結前撤回其告訴，係屬二事。因此共犯倘繫屬於不同級法院，或一共犯在偵查中，一共犯在法院繫屬中者，對第一審繫屬之共犯或偵查中之共犯撤回時，其效力不及於其他共犯。是甲對乙撤回告訴的效力不及於丙。

3 撤回告訴之人，依本法規定第238條第2項規定，不得再行告訴，其法律效果為何？

■ 參考解答

（一）偵查中撤回告訴，與未經告訴無異，檢察官毋庸為任何處分。再行告訴，始應依本法第252條第5款處分不起訴。

（二）告訴乃論之罪，經撤回告訴或未經告訴（包括不得再行告訴），法院仍應依本法第303條第3款諭知不受理判決。

（三）已不得為告訴者，依本法第322條規定即不得再行自訴。

（四）撤回告訴，僅及於撤回告訴之人，其他之人仍得為告訴。如被害人甲被丙毆傷，由甲及其妻乙向檢察官告訴；起訴後妻乙撤回告訴，對於甲告訴之效力並無影響。

4 告訴乃論須補行告訴之情形爲何？如僅向法院補行告訴是否可發生補正告訴之效力？

■ 參考解答

（一）告訴乃論之罪須要補行告訴之情形，計有四種

1. 檢察官起訴未經告訴之告訴乃論之罪，法院發現爲告訴乃論之罪。
2. 檢察官起訴告訴乃論之罪，法院發現爲非告訴乃論之罪。
3. 檢察官起訴非告訴乃論之罪，法院發現爲告訴乃論之罪。
4. 檢察官起訴之犯罪事實其中一部爲告訴乃論之罪，法院發現全部是非告訴乃論之罪。

依照實務見解1.、3.情形均得於第二審言詞辯論終結前補行告訴，2.、4.無須補行告訴。[106]

（二）此乃欠缺訴訟條件之情形，法院不得受理審判

告訴乃論之罪，告訴人如未向檢察官或司法警察官告訴，在法院審理中，縱可補行告訴，仍應向檢察官或司法警察官爲之，然後再由檢察官或司法警察官將該告訴狀或言詞告訴之筆錄補送法院，始得爲合法告訴。[107]

誘捕偵查之適法性爲何？

■ 參考解答

（一）實務見解區分爲：[108]

1. 若屬於犯意誘發型，則屬於「陷害教唆」，若已經逾越了偵查必要且

---

106 司法院院解字第2105號。

107 最高法院74年台上字第4314號判例。

108 最高法院92年度台上字第4558號判決爲代表；100年度台上字第444號、106年度台上字第違憲法之基本人權，應無證據能力。

2. 若為機會提供型，則係刑事偵查技術上所謂之「釣魚」範疇，並未違背人權保障之意旨且為維護公共利益所必要，則非無證據能力。

（二）學說看法

前述實務見解太過偏向於偵查機關之主觀基準，等於實質上將行為人刑法以及行為罪責偷渡為人格罪責，故學者多認為應以較客觀的標準判斷：

1. 機會提供型

(1)依以下標準客觀判斷

誘捕偵查實施之要件，原則上必須具備：①被告自己犯罪或被告自己主動式的意欲犯罪之情形；②偵查人員須懷有合理性的嫌疑證明被告具有實施此類犯行之犯罪傾向；③誘捕之實施僅在於為取得證明該犯罪之證據為限；④非實施誘捕偵查無法取得欲得到之證據或幾乎無法取得之情形；⑤誘捕之實施僅在於為取得證明該犯罪之證據為限，非實施誘捕偵查無法取得欲得到之證據或幾乎無法取得之情形；⑥誘捕偵查是否針對重大、隱密、不易發現之犯行方得以實施（例如毒品犯罪、組織犯罪、貪污、賄賂罪等）；⑦實施時雖不至需有令狀之憑藉，但實施前應取得主管長官之事前允許或先行陳報獲准等要件。[109]

(2)依比例原則判斷

誘捕偵查的實施應限於無直接犯罪被害人的情形，且必須通過「必要性原則」（如使用一般偵查方式無法偵破的重大犯罪）及「狹義的比例原則」（如機會提供型的手段與偵查目的間是否顯失均衡）的檢驗。因此，關於無實施誘捕偵查之必要或違反手段相當性之「機會提供型」的誘捕偵查，應適用證據排除法則，採絕對排除，以收嚇阻違法誘捕偵查之效。至於，警職法第3條第3項之規定，依立法意旨，應解釋為明文禁止警察人員使用誘捕行為引誘或教唆原無犯意之人實行犯罪。惟此並不表示對於已有犯意之人施以誘捕手段縱使合法均得使用任何的誘捕手段，實施偵查。亦即，對已有犯意之人施以誘捕手段縱使合法，亦不得適用本條項之反向論述而作為執行的

683號判決同旨。

[109] 黃朝義，《刑事訴訟法》，新學林，五版，2017.09，372頁。

依據。（亦即，警職法第3條第3項之規定，並非「機會提供型」之授權條款）。[110]

(3)本書見解

本書認為，依警職法第3條：「警察行使職權，不得逾越所欲達成執行目的之必要限度，且應以對人民權益侵害最少之適當方法為之。警察行使職權已達成其目的，或依當時情形，認為目的無法達成時，應依職權或因義務人、利害關係人之申請終止執行。警察行使職權，不得以引誘、教唆人民犯罪或其他違法之手段為之。」其實務見解認為：「警職法第3條明定**比例原則及目的性考量**，警察行使職權若已達成執行目的或認為目的無法達成時，應即停止其職權之行使，以避免不當之繼續行使，造成不成比例之傷害。」[111]此與學說看法相近及判準也不謀而合。**亦即，在機會提供型之誘捕偵查，也非當然合法，仍須符合比例原則。**

2. 犯意誘發型

而對於「犯意誘發型」的偵查，學說上多認為，**犯意誘發等於係國家在製造犯罪，在此等情形之違法情節重大**，應一概排除其取證的證據能力較為妥適或應認此種誘捕偵查所為之追訴，構成追訴權的濫用，法院應為免訴或不受理，而足使檢察官提起之公訴失其效力。[112]

考題觀摩

在刑案偵查實務上，偶見有所謂之「陷害教唆」、「釣魚」之辦案手段，試分別舉例並就證據法說明是否得為犯罪事實之證據。

【107年警特三等偵查法學（警察法制人員）】

■ **參考解答**：請自行參考前文作答。

---

[110] 陳運財，〈誘捕偵查—兼評日本最高裁判所平成16年7月12日第一小法庭1815號大麻取締法違反等案件〉，收錄於《偵查與人權》，2014.04，435頁以下。

[111] 內政部警政署印行，《警察職權行使法逐條釋義》，2003.08，第3條部分。

[112] 黃朝義，《刑事訴訟法》，新學林，五版，2017.09，371頁；陳運財，〈誘捕偵查—兼評日本最高裁判所平成16年7月12日第一小法庭1815號大麻取締法違反等案件〉，收錄於《偵查與人權》，2014.04，445頁。

6 若緩起訴猶豫期間內發現新事實或新證據本不應緩起訴而卻爲緩起訴者，檢察官得否未經撤銷緩起訴處分，即直接逕行起訴？

■ 參考解答

（一）肯定說

最高法院94年台非字第215號判例謂見圖2-1-1：「在緩起訴期間內，尚無實質確定力可言（箭頭③至④）。且依第260條第1款規定，於不起訴處分確定或緩起訴處分期滿未經撤銷者，仍得以發現新事實或新證據爲由，對於同一案件再行起訴（箭頭⑤）。本於同一法理，在緩起訴期間內，倘發現新事實或新證據，而認已不宜緩起訴，又無同法第253條之3第1項所列得撤銷緩起訴處分之事由者，自得就同一案件逕行起訴，原緩起訴處分並因此失其效力。復因與同法第260條所定應受實質確定力拘束情形不同，當無所謂起訴程序違背規定之可言。」即原緩起訴處分自動失其效力，毋庸先經撤銷程序。學說上亦有持肯定的論者，雖然最高法院目的性擴張之解釋有所不當，蓋第260條應僅適用於緩起訴處分期滿未經撤銷之情形。但若僅以立法者創設緩起訴撤銷制度爲理由，即否認此種情形得直接逕行起訴，恐有違立

圖2-1-1　緩起訴流程

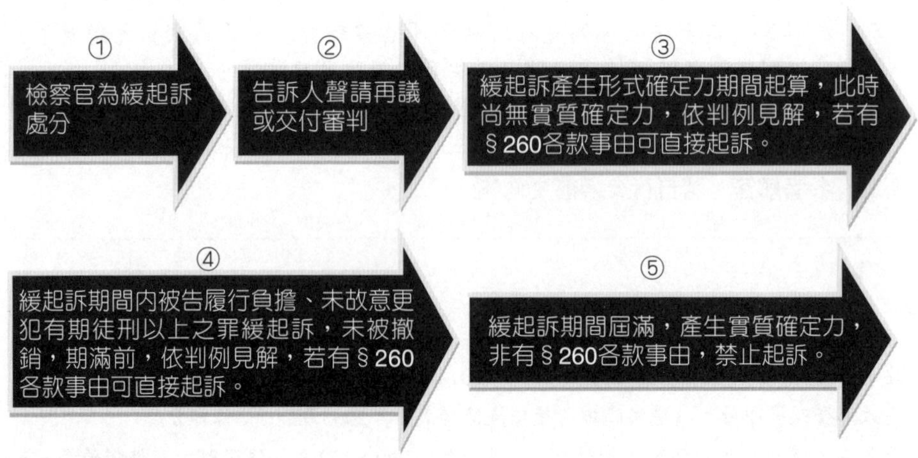

法本旨。[113]

（二）否定說

本說認爲，此種情形屬於立法漏洞，但類似檢察官先爲緩起訴處分且處分本身確定後，在猶豫期間內又不欲維持原處分的情形，則應將緩起訴處分撤銷。既然存在類似性，那麼就不應厚此薄彼，故應類推適用（而非直接適用）撤銷緩起訴之規定。因爲若採逕行起訴（肯定）說，確定的緩起訴處分因未經撤銷而形式外觀仍然存在，被告甚而可能因信賴此一外觀而爲行止，例如繼續履行負擔並期待至期間屆滿。連帶地，由於不經撤銷程序，被告也因而喪失再議程序來救濟的機會，應以類似性爲由，先由檢察官類推適用撤銷緩起訴規定，始能去除原緩起訴處分拘束，再予以合法起訴。[114]

7 甲是A市政府警察局巡佐，其友人乙在轄區外經營大型職業賭場，甲經常到乙經營之大型職業賭場處喝茶聊天，乙爲避免該賭場遭查緝，付給甲新臺幣（下同）10萬元，請甲關照，甲收受，而未調查或通報乙經營之大型職業賭場。又某日下午甲率同仁到轄區內之丙經營之「白美人護膚坊」臨檢，查獲丙容留該店年僅16歲之少女店員丁與客人性交易，丙涉有兒童及少年性剝削防制條例第32條第1項前段之「容留使少年爲有對價之性交行爲罪」。甲當場私下對丙表示，如招待他到有女陪侍的黑美人酒店飲宴喝酒，甲即可改依失蹤人口案只處理16歲之少女丁，而不將丙移送法辦。丙同意，私下帶甲到黑美人酒店飲宴喝酒至深夜12時，丙共花費6萬元，而甲果未將丙移送法辦。後經A市政府警察局督察室查獲。在督察室警官詢問時，甲稱依警察勤務條例第3條規定：「警察勤務之實施，應晝夜執行，普及轄區。」警察原各有管轄區域，於管轄區域內始有調查犯罪之職權，警察並非得於管轄區域外調查犯罪，故其並無調查或通報乙經營大型職業賭場之責；而其將少女丁以失蹤人口案處理，屬行政裁量權，並未違法云云。惟督察室仍認爲甲涉有刑責。試說明甲收到金錢

113 何賴傑，〈緩起訴處分之撤銷與再行起訴—最高法院相關判決之評釋〉，《台灣法學雜誌》，第92期，2007.03，94頁以下。

114 林鈺雄，〈緩起訴期間內發現新事證之再行起訴—評94年台非字第215號判例〉，收錄於《最高法院刑事裁判評釋》，元照，初版，2013.12，334頁以下。

10萬元，而未調查或通報轄區外其友人乙經營之大型職業賭場，及甲接受丙至有女陪侍酒店飲宴喝酒共花費6萬元，而未將丙移送法辦，甲成立何罪名？

【106年警特三等犯罪偵查與偵查法學】

◎**思考關鍵**：表面上考的是刑法，但實際上解題的關鍵，必須運用刑事訴訟法啓動偵查程序的概念。

首先，甲係巡佐爲刑法上第10條第2項的刑法上公務員並無問題。但其收受「甲收到金錢10萬元，而未調查或通報轄區外其友人乙經營之大型職業賭場，及甲接受丙至有女陪侍酒店飲宴喝酒共花費6萬元，而未將丙移送法辦」，是否構成違背職務收受賄賂罪，這牽涉到法定職務職務關聯性的問題[115]。

很多人或許會認爲，如同甲所抗辯的「警察並非得於管轄區域外調查犯罪」，那麼其收受賄賂或不正利益既非法定職務就不具職務關聯性。曾有一部分最高法院法官認爲，貪污治罪條例第4條第1項第5款所謂「職務」，係指公務員法定職務權限範圍內，並有具體影響可能之事務。如收取賭場經營者之金錢，然因其無在自己所屬管轄區域外調查犯罪之職權，自無成立對於違背職務之行爲收受賄賂罪之餘地（該決議的否定說）。

然而，依此邏輯，警察可以相約各自到他方的警勤區收取金錢，而不構成收受賄賂罪，但這明顯是不符一般國民的法律感情的。該決議的多數見解採肯定說（甲說），主要理由係從刑事訴訟法第231條第2項規定出發：「司法警察知有犯罪嫌疑者，應即開始調查，並將調查之情形報告該管檢察官及前條之司法警察官。」可見警察偵查犯罪並無管轄區域之限制。內政部警政署亦頒訂「警察機關通報越區辦案應行注意事項」，其第1點即揭示：「爲提升打擊犯罪能力，發揮各級警察機關整體偵防力量，避免於越區辦案時因配合不當，致生不良後果，特訂定本注意事項。」又於「各級警察機關處理刑案逐級報告紀律規定」第3點第1款明定（本爲第2點，105.3.24移列爲第3點）：「各級警察機關或員警個人發現犯罪或受理報案，不論其爲特

115 林朝雲，〈論法定職務權限與賄賂罪中「職務行爲」的關聯性〉，《警大法學論集》，第29期，2015.10，155頁以下。

殊刑案、重大刑案或普通刑案，均應立即處置迅速報告分局勤務指揮中心，按照規定層級列管，不得隱匿、延誤或作虛僞陳報擅自結案。」足見警察機關雖有轄區之劃分，然此僅爲便利警察勤務之派定、規劃、指揮、督導及考核而已，非指警察僅能於自己所屬管轄區域內協助偵查犯罪。

■ 參考解答

（一）甲收到金錢10萬元，成立「違背」職務行爲收受賄賂罪

所謂「賄賂」係指以金錢或得以金錢計算之財物，作爲收買公務員職務的對價行爲而言。依題旨，甲是警察局巡佐，惟既發覺有經營職業賭場之犯罪行爲，仍有依刑訴法調查或通報等協助偵查犯罪之職責，但其竟違背此項職務而收取對價10萬元，自應成立對於「違背」職務之行爲收受賄賂罪。

（二）甲接受丙至有女陪侍酒店飲宴，喝酒共花費6萬元，而未將丙移送法辦之行爲，成立違背職務行爲的收受「不正利益」罪

1. 所謂「不正利益」則係指賄賂以外，足以供人需要或滿足人慾望之一切有形、無形之利益而言。實務上認爲，以不法之方法，平白使人與之爲性交行爲者，則其不法所獲得者，雖僅爲心理、生理上之滿足，自仍屬不正利益之一種。所以甲接受「性招待或喝花酒」，與其職務自具對價關係（最高法院99年台上4191、105台上1372號判決）。題示情形，甲收受的不是6萬元的實體物，而是收受6萬元的「不正利益」。
2. 甲至轄區內丙經營之「白美人護膚坊」臨檢，查獲丙容留該店年僅16歲之少女店員丁與客人性交易，已知丙涉有兒童及少年性剝削防制條例第32條第1項前段之「容留使少年爲有對價之性交行爲罪」之犯罪嫌疑。依刑事訴訟法第231條第2項規定：「司法警察知有犯罪嫌疑者，應即開始調查，並將調查之情形報告該管檢察官及前條之司法警察官。」應即啓動犯罪調查程序，並無裁量權。所稱行政上裁量權乃指單純涉及行政不法事項（如取締交通違規）而言，但丙之行爲已經具有初始的犯罪嫌疑，我國警察並無不予偵查犯罪之裁量權。
3. 甲先行求後收受，僅論以後階段的收受行爲即爲已足。因此甲上述行爲成立違背職務行爲的收受「不正利益」罪。

（三）**競合**

甲之前、後行爲構成刑法第122條、貪污治罪條例第4條第1項第5款違背職務行爲之收受「賄賂」及「不正利益」罪。依特別法優於普通法原則，僅論處貪污治罪條例第4條第1項第5款即爲已足。又，前後收受「賄賂」及「不正利益」的行爲，因犯意各別，且時間並非緊密接續，依刑法第50條數罪併罰之。

〔問題延伸〕

承上題，甲是否成立刑法第231條第2項之公務員包庇圖利性交猥褻罪？

■ **參考解答**

（一）**特別法與普通法的關係**

依兒童及少年性剝削防制條例第32條：「引誘、容留、招募、媒介、協助或以他法，使兒童或少年爲有對價之性交或猥褻行爲者，處一年以上七年以下有期徒刑，得併科新臺幣三百萬元以下罰金。以詐術犯之者，亦同。意圖營利而犯前項之罪者，處三年以上十年以下有期徒刑，併科新臺幣五百萬元以下罰金。媒介、交付、收受、運送、藏匿前二項被害人或使之隱避者，處一年以上七年以下有期徒刑，得併科新臺幣三百萬元以下罰金。前項交付、收受、運送、藏匿行爲之媒介者，亦同。前四項之未遂犯罰之。」及同條例第41條「公務員或經選舉產生之公職人員犯本條例之罪，或包庇他人犯本條例之罪者，依各該條項之規定，加重其刑至二分之一。」這兩個條文係刑法第231條「爲意圖使男女與他人爲性交或猥褻之行爲，而引誘、容留或媒介以營利者，處五年以下有期徒刑，得併科十萬元以下罰金。以詐術犯之者，亦同。公務員包庇他人犯前項之罪者，依前項之規定加重其刑至二分之一。」之特別規定。

（二）**公務員包庇罪之認定**

刑法上所謂包庇，係指對於他人之犯罪行爲，積極加以包容庇護，使該犯人順利遂行其犯罪行爲，並降低遭發覺機率之行爲者言，其性質係屬幫助犯之一種，而與消極縱容之行爲不同（最高法院99年度台上字第5947號判決）。易言之，該包庇固與單純不舉發之消極縱容有別，須有積極掩蔽庇護之行爲，始能成立。

警察執行勤務，依警察勤務條例第11條規定，其方式包括勤區查察、巡邏、臨檢、守望、值班與備勤，其不論積極採取甚或消極不採取任一勤務執行方式，均攸關警察任務目的之能否圓滿達成，故透露警察之勤務計畫，不論其既定內容係積極作爲或消極不作爲，均足以影響取締效果，助長犯罪。從而，若警察爲使他人得以規避查緝，趁隙進行犯罪，而告知警察勤務，既已爲告知之積極行爲，且有助益他人犯罪之完成，即屬包庇，要不因其所告知之內容係積極作爲或消極不作爲，有所不同（最高法院100年台上6422號判決）。

（三）甲之行爲依實務見解不構成包庇

依實務見解，公務員包庇圖利容留性交罪，須積極的行爲，單純不舉發之消極縱容不屬之。但如果透露警察之勤務計畫，不論其既定內容係積極作爲或消極不作爲，均可成立該罪。

如題所示，「甲當場私下對丙表示，如招待他到有女陪侍的黑美人酒店飲宴喝酒，甲即可改依失蹤人口案只處理16歲之少女丁，而不將丙移送法辦。」應屬單純不舉發之消極縱容行爲，不構成公務員包庇圖利容留性交罪。

第二章　公　訴

第一節　公訴的意義

所謂提起公訴，係指國家權力機關依職權向法院請求對被告犯罪事實的認定，以爲刑罰權的宣示。[1]以彈劾原則觀點，檢察官憑信其主觀的嫌疑認定，客觀的嫌疑證據顯現於起訴書中，向該管法院提起公訴，應說明起訴之犯罪事實範圍與對象爲何。另一方面，同一案件，法院如要變更起訴法條起訴中限定被告的具體犯罪類型，法院同時亦受到起訴書的限制（本法§300）。

第二節　卷證併送制與起訴狀一本主義

壹、卷證併送制

依本法第264條第2項、第3項之規定：「起訴書，應記載左列事項：1.被告之姓名、性別、年齡、籍貫、職業、住所或居所或其他足資辨別之特徵。2.犯罪事實及證據並所犯法條。起訴時，應將卷宗及證物一併送交法院。」可知，在我國起訴之方式不採起訴狀一本主義及訴因主義，而採書面及卷證併送制，起訴書須記載犯罪事實、證據並所犯法條，使法院以犯罪事實爲審判之對象；審判之認定事實適用法律。由於檢察官於起訴之同時，並將一切用以證明被告有罪之證據移送於法院，而使法院得於審判前，先與檢察官之證據接觸，**導致此一制度迭遭質疑，容易使審判法官對被告產生不利之偏見，而形成由審判官來繼承檢察官之心證與工作之心態**。若檢察官移送於法院之證據大部分爲傳聞證據，審判法官未於正式審判前得與大量傳聞證據接觸，實有違當事人機會均等原則，而有導致誤判之危險。

1　柯耀程，《刑事程序法》，一品，初版，2019.02，339頁。

貳、起訴狀一本主義

在當事人審判機會對等的原則下，爲使檢察官與法院絕緣，於審判時依程序的進行，同時逐一提出證據，以證明各所主張的事實。日本刑事訴訟法第256條明文規定，檢察官起訴書內不得添附使法官就案件有抱持預斷之虞的書類、其他物品，使得公訴的提起，對於法院而言，是在限定審判的範圍，同時也是以明確被告防禦之範圍爲目的。從而，於刑事訴訟法中明文規定，起訴書內記載公訴事實時應明示訴因，在不妨害公訴事實同一性的限度內，雖容許爲訴因的變更，但此一情形應給予被告有充裕的時間得爲充分的防禦之準備。日本此套制度稱爲「起訴狀一本主義（卷證不並送制）及訴因制度」

採「起訴狀一本主義」（卷證不併送制）制度下，偵查機關於偵查階段所取得之被告嫌疑（或相關證據），避免法官預斷。而訴因制度可使法院審判之對象特定，而被告亦可將防禦範圍限定於訴因上。是以，爲期被告防禦之方便，對於被告而言，只要得以表示法院的法律評價或法律判斷之程度即可達到訴因特定之目的。[2]起訴狀一本主義、訴因制度均爲當事人進行原則下的產物，其目的在擺脫歐陸法系的傳統，將公訴之提起視爲把被告的嫌疑由檢察官延續到法官的行爲，是防止法官預斷之制度與程序。如檢察官起訴的具體事實發生與審理上事實有很大的差距時，審理的法官不能逕自爲訴因的變更。

論者有謂，以日本實施當事人進行原則當作借鏡，可以發現日本訴訟實務運作上，由於國民特性緣故，僅形式上有當事人進行原則的軀殼，實質上卻缺乏當事人進行原則的辯論精神，大多數的案件仍以書面證據作爲審判的對象，辯論只是行禮如儀；尤其，檢察官高達99.8%的起訴有罪維持率，更是所謂可以防止法官先入爲主判斷的「起訴狀一本主義」的最大諷刺，故在清楚得知日本實施起訴狀一本主義的實情後，應該毋庸將起訴狀一本主義奉爲唯一聖典。[3]

雖然如此，本書認爲，本法既朝當事人進行原則修正，應強化當事人

---

[2] 黃朝義，《刑事訴訟法》，新學林，五版，2017.09，431頁。

[3] 張麗卿，《刑事訴訟法理論與運用》，五南，十五版，2020.09，501頁。

訴訟地位，增強當事人主義色彩，使被告得有與起訴書所載辨明犯罪嫌疑之機會、陳述反於被訴事實之有利事實，藉此淡化糾問色彩，並符合無罪推定之理念，以求因仍採卷證併送制度之平衡。從新制定的「國民法官法」（109.07）第43條採起訴狀一本主義的趨向來看，未來本法亦有可能做配套修正。

第三節 中間審查程序

壹、概念

所謂「中間審查程序」，又稱「起訴審查制度」，係指本法第161條第2項規定，「法院於第一次審判期日前，認爲檢察官指出之證明方法顯不足認定被告有成立犯罪之可能時，應以裁定定期通知檢察官補正，逾時未補正者，得以裁定駁回起訴」，同條第3項規定「駁回起訴之裁定已確定者，非有第260條各款情形之一，不得對於同一案件再行起訴」，同條第4項規定「違反前項規定，再行起訴者，應諭知不受理判決」。

貳、實務具體運作方式

一、法院裁定駁回之標準

法院於第一次審判期日前，審查檢察官起訴或移送併辦意旨，依客觀之論理與經驗法則，從形式上審查，即可判斷被告「顯無成立犯罪之可能」者，例如：[4]

（一）起訴書證據及所犯法條欄所記載之證據明顯與卷證資料不符，檢察官又未提出其他證據可資證明被告犯罪。

（二）僅以被告或共犯之自白或告訴人之指訴，或被害人之陳述爲唯一之證據即行起訴。

4 法院辦理刑事訴訟案件應行注意事項第95點。

（三）以證人與實際經驗無關之個人意見或臆測之詞等顯然無證據能力之資料（有無證據能力不明或尚有爭議，即非顯然）作為起訴證據，又別無其他證據足資證明被告成立犯罪。

（四）檢察官所指出之證明方法過於空泛，如僅稱有證物若干箱或帳冊若干本為憑，至於該證物或帳冊之具體內容為何，均未經說明。

（五）相關事證未經鑑定或勘驗，如扣案物是否為毒品、被告尿液有無毒物反應、竊占土地坐落何處等，苟未經鑑定或勘驗，顯不足以認定被告有成立犯罪可能等情形，均應以裁定定出相當合理之期間通知檢察官補正證明方法。其期間，宜審酌個案情形及補正所需時間，妥適定之。

二、法院通知補正之諭知

法院通知檢察官補正被告犯罪之證明方法，乃因法院認為檢察官指出之證明方法顯不足認定被告有成立犯罪之可能，故法院除於主文諭知：「應補正被告犯罪之證據及指出證明之方法」外，於理由欄內自應說明其認為檢察官指出之證明方法顯不足認定被告有成立犯罪可能之理由，俾使檢察官將來如不服駁回起訴之裁定時，得據以向上級審法院陳明其抗告之理由。

三、法院駁回時之救濟及確定後之效力

法院駁回檢察官起訴之裁定，依本法第403條第1項規定，當事人若有不服者，得抗告於直接上級法院，法院於該駁回起訴之裁定中，應明確記載駁回起訴之理由。

法院駁回起訴之裁定確定後，具有限制之確定力，非有本法第260條各款情形之一，檢察官不得對於同一案件再行起訴。法院對於再行起訴之案件，應詳實審核是否具備法定要件，如僅提出相同於原案之事證，或未舉出新事實、新證據，或未提出該當於本法第420條第1項第1款、第2款、第4款或第5款所定得為再審原因之情形者，法院應諭知不受理之判決。

第四節　提起公訴之效力

壹、對人之效力

本法第266條規定，提起公訴之效力不及於檢察官所指被告以外之人。雖爲共犯如未經檢察官列爲被告予以起訴，法院仍不得予以審判。

提起公訴之範圍，即應依起訴書所記載之事項，定其人及物之範圍。法院判決事項不得超過起訴事項，以法院判決結果所認定之犯罪事實爲準。至於，起訴之被告是否與審判對象同一，學說及實務有以下諸說：

一、意思說

此說乃以檢察官實際上認定之意思被告者爲準，亦即，對於何人提起公訴，專以檢察官之眞正意思來決定。惟以意思說之見解爲主之結果，檢察官之意思屬其內心世界領域，基本上無法很客觀的予以獲知，很難爲一般人所接受。[5]

二、表示說

即以起訴書狀所載之姓名爲準，判定檢察官所起訴之被告爲何人。例如：在「冒名」的情形，審判之被告，是否即檢察官所指之被告，固應以起訴書所載被告之姓名、性別、年齡、職業，或其他足資辨別之特徵爲準。但該被告是否業已起訴，仍應以檢察官所指爲審判對象之被告，即爲刑罰權對象者，爲其區別標準。

舉例說明

張三冒李四之名，檢察官以李四之名起訴，如審判中法院判明檢察官所指之被告爲張三，縱以李四之名起訴，法院不得以張三非檢察官所指爲被告之人，亦不得以李四之名起訴之李四，爲檢察官所指被告之人。[6]

5　黃朝義，《刑事訴訟法》，新學林，五版，2017.09，431頁。

6　最高法院71年台上字第101號、51年台上字第59號判例。

因之，在被告冒用他人姓名應訊，檢察官未發覺，起訴書乃記載被冒用者之姓名、年籍等資料時，其起訴之對象仍爲被告其人無誤，法院審判時，亦以該被告爲審判之對象，縱於判決確定後始發現上揭錯誤，法院非不得以「裁定方式更正」；此與非眞正犯罪行爲之人，冒名頂替接受偵查、審判之情形，迥然不同。[7]

三、行動（爲）說

即以實際上實施訴訟行爲之被告及法院眞正審理對象爲準。

舉例說明

在「頂替」的情形，實務認爲，檢察官根據某甲自認犯罪而起訴，經法院傳訊，發覺甲之自認係丁「頂替」，除丁應移送偵查外，某甲既經起訴，法院自應予以審判。[8]可知，在此種情形，實際應訊之人係甲，法院得對之審判。

四、我國實務併用「表示說」與「行動（爲）說」

由上述可知，我國實務係以類型化區分，分別採「表示說」與「行動（爲）說」。亦即，若起訴書登載被告姓名並無錯誤而係「冒名」時，此時採「表示說」，法院得以「裁定方式更正」。即使起訴書單純記載被告姓名錯誤，顯然係文字誤寫而不影響全案情節與判決本旨的情形，亦同。[9]如係二審時始法院發現，應撤銷一審判決，更正姓名後自爲判決。但是在「頂替」的情形，例外採「行動（爲）說」，應對頂替者下無罪判決，同時告發其頂替罪，由檢察官另行偵查起訴。但是在「冒名頂替」的情形，則又回歸「表示說」。關於法院對於被告錯誤的情形可參考圖表2-2-1。

7 最高法院99年度台上字第300號判決。

8 司法院院解字第1098號。

9 釋字第43號解釋。

舉例說明

甲、乙二人共同犯罪，乙冒甲名頂替到案，檢察官偵查起訴及第一審判決，均誤認乙爲甲本人，乙且更冒甲名提起上訴，第二審審理中，發覺乙頂冒甲名，將眞甲逮捕到案，此時第二審對於此種訴訟主體錯誤之判決，應將原第一審判決撤銷，對甲另爲判決，以資救濟。至乙之犯罪部分，自應逕送該管檢察官另行偵查起訴。[10]

圖表2-2-1

訴訟關係	刑罰權的對象	姓　名	案　件	法院處理
數個	相同（為同一被告）	不同（姓名錯誤）	同一案件	刑訴法第8條競合管轄
數個	不相同（為不同被告）	相同（被告錯誤）	非同一案件	分別判決
數個	不相同	不相同（被告錯誤）	非同一案件（頂替）	分別判決
一個	相同	不同（姓名錯誤）	同一案件（姓名錯誤）	裁定更正姓名即可。
一個	不相同	相同（被告錯誤）	非同一案件（被告錯誤，冒名頂替）	1.無罪 2.另行起訴判決

貳、對事之效力（物的效力範圍）

本法第267條規定，檢察官就同一案件犯罪事實一部起訴者，其效力及於全部。學說上稱「公訴不可分」或稱「起訴不可分」、「審判不可分」。檢察官於偵查中發現有裁判上一罪關係之案件於法院審理中者，如欲移送該法院併案審理時，應敘明併案部分之犯罪事實及併案之理由，並知會該審理案件實行公訴之檢察官。[11]檢察官起訴的犯罪事實，既爲檢察官選擇社會已

10 司法院院解字第1729號、569號。

11 檢察機關辦理刑事訴訟案件應行注意事項第128點。

發生的犯罪事實做爲起訴的對象，其目的在使檢察官於法庭活動中，舉證上的主張與舉證責任，以確定法院審理犯罪事實的範圍，並得以確定被告訴訟防禦權的範圍與行使。亦即，刑法上之想像競合犯與繼續犯，檢察官雖僅指明一部事實而起訴，應以一罪處斷，包括全部犯罪事實。如爲數罪併罰案件，法院不得就未經起訴之犯罪審判，因其犯罪事實本屬數個，各有獨立刑罰權，並非不可分，不發生第267條之效力。反之，如爲實質上（**接續犯、吸收犯、結合犯、加重結果犯**）或裁判上一罪（**想像競合犯**），檢察官就同一案件已經起訴者，不得再行起訴，稱爲「雙重起訴之禁止原則」，故如對於已經起訴之案件再行起訴，受訴法院應對於後來之起訴爲不受理之判決（本法§303②）。因爲就全部事實起訴者，效力及於全部。[12]

舉例說明

買票行賄，學說多認爲是集合犯，但實務上統一見解如認爲「在刑法評價上，以視爲數個舉動之接續實行，合爲包括之一行爲予以評價，較爲合理，於此情形，即得依接續犯論以包括之一罪。否則，如係分別起意，則仍依數罪併合處罰，方符立法本旨。」[13]因爲就一般情形而言，「買票」只是爲使候選人於當次選舉當選，但就犯罪本質而言，不可能只買一張，除非能證明行爲人係分別起意，否則就一部買票行爲起訴者，其效力應及於全部買票行爲。又如吸食毒品（毒危§10），學說多認爲是集合犯，但實務上認爲應「一罪一罰」（數罪併罰）。[14]如認係集合犯，若同一人吸毒，在實體法上係「一人犯一罪」，在程序法上則爲「一案件」。但若採實務見解，在實體法上係「一人犯數罪」，在程序法上則爲「數案件」，就無本法第267條之適用。

參、對法院之效力（法院審判之範圍）

本法第268條規定，法院不得就未經起訴之犯罪審判。學說上稱「不告不理原則」此原則反面推論可導出法院「告即應理」之義務。若事實審法院

12 張麗卿，《刑事訴訟法理論與運用》，五南，十四版，2018.09，519頁。

13 最高法院99年度第5次刑事庭會議決議。

14 最高法院96年度第9次刑事庭會議決議。

審理結果發現未經起訴之他罪，既非實質上一罪或裁判上一罪而係數罪，非審判效力所及，如法院審判此未經起訴之部分，則屬於「未告而理」之「訴外裁判」，與「漏未判決」、「漏判」之情形不同，茲以簡表區分如下述圖表2-2-2。

以下就檢察官起訴的犯罪事實，而法院如何於此範圍內審理判決，依照以下各種情形分析如下：

（一）檢察官就全部犯罪事實起訴

1. 檢察官以數罪起訴

(1)法院認爲係裁判上一罪，既判力及於全部，毋庸分別諭知。

(2)法院認爲係數罪，其中一罪漏判，應爲補判。所謂「漏判」之定義，是指數罪併罰之案件，法院僅就其中一罪諭知罪刑，對於其他一罪或數罪，未加裁判。既未於主文內明白諭知，且復未於理由內加以論斷者，即係就其他一罪或數罪，未加裁判，即所謂「漏判」。反之，對於其他一罪或數罪，如曾在主文內明白諭知，或雖未在主文內明白諭知，惟在理由內確曾加

圖表2-2-2

	漏未判決	漏判	訴外裁判
檢察官起訴的犯罪事實	實質上一罪或裁判上一罪，一部起訴或上訴而效力及於他部之情形	實體法數罪、程序法上數案件，各部皆已起訴或上訴之情形	實體法數罪、程序法上數案件，其中之一部未起訴或上訴之情形
對法院之效力	1.由於該他部已繫屬於法院，若法院未予裁判者而言。此即構成本法所稱第379條第12款前段「已受請求之事項未予判決」之判決當然違背法令。 2.應透過上訴或非常上訴救濟。	1.由於各部皆已起訴或上訴而繫屬於法院，但法院就其中之一部未為審判之情形。 2.就未為審判之部分，應透過「補判」救濟之。	1.由於其中之一部未起訴或上訴，不發生訴訟繫屬，若法院竟予判決，此即構成所謂「訴外裁判」，係指本法所稱第379條第12款後段「未受請求之事項予以判決」之判決當然違背法令。 2.應透過上訴或非常上訴救濟。

以論斷者，僅係判決違法，尚難認爲「漏判」。[15]至於數罪併罰案件其中一罪有無判決，應以主文之記載爲準。若係無罪判決，即以其理由有無論及爲準。[16]

2. 檢察官以一罪起訴

(1)法院認爲係數罪，則生補判。

(2)法院認爲一罪（如強盜殺人罪之結合犯）

①一部有罪，他部無罪、不受理或免訴，則對於後者於判決理由中說明即可，毋庸另外諭知，不生補判。

②一部無罪，他部不受理或免訴，仍應分別諭知，若未分別諭知，則生補判。

（二）檢察官僅就一部犯罪事實起訴（即生顯在性事實是否及於潛在性事實之問題）

1. 法院認係數罪，檢察官起訴之效力，不及於未起訴之部分，則生違法判決。如以殺人罪起訴，法院對未起訴之強盜罪與殺人罪數罪併罰。

2. 法院認爲係一罪時

①起訴部分與未起訴部分均爲有罪，具有審判不可分之情形。檢察官函請法院審理未起訴部分，毋庸另行起訴。檢察官就被告之全部犯罪事實以實質上或裁判上一罪起訴者，因其刑罰權單一，在審判上爲一不可分割之單一訴訟客體，法院自應就全部犯罪事實予以合一審判，以一判決終結之，如僅就其中一部分加以審認，而置其他部分於不論，即屬本法第379條第12款所稱「已受請求之事項未予判決」之違法；此與可分之數罪如有漏判，仍可補判之情形，迥然有別。[17]

②起訴部分有罪，未經起訴部分無罪、不受理或免訴者，不得就未經起訴部分，加以審理，否則，即爲違法判決。不具審判不可分之情形。

③起訴部分無罪、不受理、免訴，縱未起訴部分有罪，法院亦不得加以審理，否則爲違法判決。

---

15 司法院院解字第2510號解釋。

16 最高法院73年台上字第4124號判例。

17 最高法院88年台上字第4382號判例。

由上可知，究竟是「一罪」或「數罪」，係由法院就檢察官所起訴或上訴之事實來認定。

選擇題練習

1 為刑事訴訟法第268條：「法院不得就未經起訴之犯罪審判。」與下列何種原則關係最為密切？[18] (A)起訴法定原則 (B)法官法定原則 (C)法官保留原則 (D)不告不理原則 【103年警大二技】

2 甲公然侮辱A之後，第二天又夥同乙共同傷害A，A乃向檢察官提起甲傷害之告訴，就上述事實，下列敘述何者正確？[19] (A)檢察官就甲傷害A的部分提起公訴時，法院得就乙傷害A的部分審判之 (B)檢察官得就乙傷害A的部分提起公訴 (C)檢察官得就甲公然侮辱A的部分提起公訴 (D)檢察官就甲傷害A的部分提起公訴時，法院得就甲公然侮辱A的部分審判之【103年警大二技】

3 刑事訴訟法第268條：「法院不得就未經起訴之犯罪審判」，此規定與下列何者無關？[20] (A)改良式當事人主義 (B)控訴原則 (C)彈劾主義 (D)不告不理原則 【103年警佐班】

4 關於單一案件（案件單一性）下列敘述何者不正確？[21] (A)法院對於單一案件有全部的管轄權 (B)檢察官就單一案件之犯罪事實之一部起訴，其效力及於全部 (C)檢察官就單一案件之犯罪事實之一部不起訴，其效力及於全部，其他部分不得再行起訴 (D)強盜殺人係屬單一案件 【103年警佐班】

18 答案為(D)。

19 答案為(B)。

20 答案為(A)。

21 答案為(C)。

第五節　公訴之追加

公訴之追加，乃指檢察官起訴後於第一審辯論終結前，得就與本案相牽連之犯罪或本罪之誣告罪，追加起訴之謂（本法§265），爲訴訟合併之一種。檢察官實行公訴時，如遇有追加起訴之情形，應於追加起訴後，立即簽報檢察長，並通知原起訴檢察官，以利稽考。[22]所謂「相牽連之犯罪」，係指同法第7條所列之相牽連之案件，且必爲可以獨立之新訴，並非指有方法與結果之牽連關係者而言。[23]

因此，因公訴之追加，前提是：一、於第一審辯論終結前。二、追加之新訴，係與本案相牽連之犯罪或本罪之誣告罪。得追加起訴的情形如下：

（一）一人犯數罪者（即刑法上之數罪併罰）。

（二）數人共犯一罪或數罪者（可能有共同被告之情形）。

（三）數人同時在同一處所各別犯罪者（此非共同正犯或共犯，乃刑法上之同時犯）。

（四）犯與本罪有關係之藏匿人犯、湮滅證據、僞證、贓物各罪者（即刑法上之事後共犯）。

（五）本罪之誣告罪（非相牽連案件，訴訟經濟之考量）。

前文得追加起訴之相牽連案件，**限於與最初起訴之案件有訴訟資料之「共通性」且應由受訴法院依訴訟程度決定是否准許**。倘若檢察官之追加起訴，雖屬刑事訴訟法第7條所定之相牽連案件，然案情繁雜如併案審理難期訴訟經濟（例如一人另犯其他繁雜數罪、數人共犯其他繁雜數罪、數人同時在同一處所各別犯繁雜之罪），對於先前提起之案件及追加起訴案件之順利、迅速、妥善審結，客觀上顯然有影響，反而有害於本訴或追加起訴被告之訴訟防禦權及辯護依賴權有效行使；或法院已實質調查審理相當進度或時日，相牽連案件之事實高度重疊，足令一般通常人對法官能否本於客觀中立與公正之立場續行併案審判，產生合理懷疑，對追加起訴併案審理案件恐存預斷成見，有不當侵害被告受憲法保障公平審判權利之疑慮；或依訴訟進行

22 檢察機關辦理刑事訴訟案件應行注意事項第130點。

23 最高法院83年台抗字第270號判例。

程度實質上已無併案審理之實益或可能等情形，法院自可不受檢察官任意追加起訴之拘束。[24]

第六節　公訴之撤回

檢察官於第一審辯論終結前，發現有應不起訴或以不起訴爲適當之情形者，得撤回起訴。撤回起訴，應提出撤回書敘述理由（本法§269）。基於檢察一體之原則，擬撤回起訴之案件如係由其他檢察官提起公訴者，撤回起訴書應先知會提起公訴之檢察官表示意見，經檢察長核可後，始得提出。原起訴檢察官如認其起訴之案件有應不起訴或以不起訴爲適當之情形時，亦得請實行公訴之檢察官撤回起訴，並準用上開程序辦理。[25]

撤回起訴後與不起訴處分有同一效力，準用本法第255條至第260條之規定（本法§270），法院毋庸再爲任何判決，因爲對法院而言，訴訟繫屬已消滅。

進階思考

1 張三冒用李四之名詐欺，並到庭應訊，經檢察官以李四之名起訴，審判中經法院發覺，問起訴對張三是否有效，法院應如何處理？

■ **參考解答**

檢察官起訴之對象爲張三，僅姓名錯誤，並不影響起訴之效力。法院僅須在判決書被告欄部分加以更正即可。因之，若在被告「冒名」應訊之情形，檢察官未發覺，起訴書乃記載被冒用者之姓名、年籍等資料時，其起訴之對象仍爲被告其人無誤，法院審判時，亦以該被告爲審判之對象，縱於判決確定後始發現上揭錯誤，法院非不得以「裁定方式更正」；此與非眞正犯

24 最高法院108年度台上字第4365號判決（具有參考價值的裁判）。

25 檢察機關辦理刑事訴訟案件應行注意事項第130點。

罪行爲之人，冒名頂替接受偵查、審判之情形，迥然不同。[26]

2 甲毆傷乙，爲逃避刑責，遂教唆其小弟丙頂罪，丙向檢警供稱，是其毆傷乙。試問：

（一）偵查終結，檢方將丙起訴，至審判中始發現錯誤，院檢雙方應如何處理？

（二）如果是甲從背後槍殺乙，其小弟丙向檢警供稱：「我就是甲，乙卻實係我所殺」，第一審判決丙有期徒刑十二年，丙覺得太重，在第二審翻供，供出實情，請問法院應如何處理？

參考解答

（一）本題涉及「頂替」之情形，檢察官應重新偵查，再起訴甲，法院應對於丙就本案爲無罪判決，並義務告發丙頂替罪：

1. 甲毆傷乙，檢察官偵查時，丙「頂替」實際犯罪之人甲，自認犯罪。由於無論依表示說或行動說，檢察官起訴的對象均爲丙，而審判中始發現甲係眞正犯罪人，依本法第266條「起訴之效力，不及於檢察官所指被告以外之人」。所以法院不能直接審判甲。依實務見解，如於審判中發覺此種頂替情形，除應將甲移送偵查外，丙既經起訴，法院自應予以審判（院解字第1098號解釋）。因此，檢察官應重新偵查，再起訴甲。此時法院應本於審理結果分別判決。不得指爲同一事件。反之，如檢察官始終未起訴甲，縱其係眞正犯罪之人，法院亦不得加以審判。
2. 承上所述，故如於第一審審判中發現此一情形，由於丙未毆傷乙，應對於丙就本案爲無罪判決（因丙並非實際犯罪行爲人），就實際犯人甲另行起訴，但丙涉及刑法第164條第2項頂替罪罪嫌，依本法第241條之規定，向檢察官義務告發，由檢察官依刑法第164條第2項，另行偵查、起訴。

---

26 最高法院99年度台上字第300號判決。

（二）本題乃涉及「冒名頂替」，法院應撤銷原判決另行判決，並職務告發丙頂替罪

1. 甲開槍殺乙，致乙死亡。丙頂替甲，以甲名字應訊，係所謂的「冒名頂替」，依照實務的意見，係以表示說來處理（院解字第569號解釋）。檢察官以甲之名字起訴丙，檢察官起訴的對象是甲之犯罪事實，對象也是甲。也就是，訴訟關係並不存在於冒名頂替之丙，仍存於檢察官依據起訴書所載之意思而認定之實際犯罪行為人甲。
2. 假設第一審法院判丙有期徒刑十二年，第二審審理中，丙供出實情係頂替甲。本案對甲言，屬被告未經到庭而逕行審判，違反本法第281條、第379條第6款之規定，依照實務的見解，此時第二審對於此種訴訟主體錯誤之判決，應將原第一審判決撤銷，另行判決。至於丙涉及刑法第164條第2項頂替罪罪嫌，依本法第241條之規定，向檢察官義務告發，由檢察官依刑法第164條第2項，另行偵查、予以起訴（院解字第1729號解釋）。

3 甲、乙共同決意以怪手竊取郵局提款機，到達現場遇見不認識的丙正竊取郵局之財物，乃各自進行竊取行動，甲開怪手將提款機自牆壁挖出後，放入乙駕駛之貨車載走，丙亦竊得其想要之財物，案經檢察官偵查終結，以竊盜罪起訴甲，於一審辯論終結前，檢察官又為下列各種追加起訴，法院應如何判決？

（一）檢察官追加起訴乙竊盜

（二）檢察官追加起訴丙竊盜

（三）檢察官追加起訴甲毀壞建築物 【改編自100年警大二技】

■ **參考解答**

（一）法院應為實體判決

依本法第266條：「起訴之效力，不及於檢察官所指被告以外之人。」所以檢察官一開始未起訴乙，效力未及於乙。題示情形，甲、乙是竊盜罪之共同正犯（甲、乙共同決意），依第7條第2款「數人共犯一罪」為相牽連案件，依照第265條「於第一審辯論終結前，得就與本案相牽連之犯罪或本罪之誣告罪，追加起訴。追加起訴，得於審判期日以言詞為之。」檢察官之追加起訴既然合法，法院自應爲實體判決。

（二）檢察官追加起訴丙竊盜，法院應爲實體判決

甲、丙之關係爲「同時犯」，係本法第7條第3款之「同時犯」的相牽連案件，依照第265條，檢察官之追加起訴「合法」，法院自應爲實體判決，而非不受理判決。

（三）法院應爲不受理判決

題示情形，甲犯刑法上第353條之毀損建築物罪與同法320條之竊盜罪，依同法第55條爲「想像競合犯」，在程序法乃「裁判上一罪」，依本法第267條規定：「檢察官就同一案件犯罪事實一部起訴者，其效力及於全部。」依照「公訴不可分」原則，檢察官起訴甲竊盜罪之同時，就等於連同將毀壞建築物罪一併起訴，若嗣後再追加起訴，等於重複起訴。依照本法第303條第2款：「已經提起公訴或自訴之案件，在同一法院重行起訴者」，法院應諭知不受理之判決。

第三章　自　訴

第一節　序說

所謂自訴者，係指犯罪之直接被害人，逕向法院請求對於被告確定其刑罰權之有無及其範圍之訴訟行為。在自訴程序中，自訴人取代檢察官於審判中原告地位，行使犯罪追訴權。我國刑事訴訟法原則上採檢察官代表國家實施公訴主義，例外情形始允許被害人得以自己名義為原告逕向法院提起訴訟之權利，稱被害人訴追主義（又稱私人訴追主義）。

我國採強制委任律師代理之自訴制度，在於保護被害人權益，同時亦在限制自訴，避免自訴浮濫。本法第329條第2項規定，檢察官於審判期日所得為之訴訟行為，於自訴程序，由自訴代理人為之（本法§329 I）。實務上認為，自訴人若具有律師資格者，無須委任律師為代理人，蓋因本法雖無如民事訴訟法第466條之1第1項於第三審上訴採強制律師代理制，但上訴人或其法定代理人具有律師資格者，不在此限規定。據此法理，亦應為同一解釋。此外，自訴案件於第二、三亦審應委任律師為代理人[1]。蓋實務認為，自訴案件，被告不服第一審判決，提起第二審上訴，自訴人並未上訴，惟第二審為事實審，仍須由自訴代理人為訴訟行為。或認此有強迫自訴人選任律師為代理人之嫌，但自訴人既選擇自訴程序，即有忍受之義務。但學說上有採反對之立場，其理由在於自訴程序之所以採行律師強制代理制度，旨在防止濫訴，提高追訴犯罪效能，並合於當事人進行的訴訟構造。若第一審法院諭知被告有罪，第二審上訴係由被告提起，**而自訴人認已達追訴之目的而未提起上訴，自訴人並無濫訴之情形**，於第二審上訴自無再次強制其委任律師為代理人之必要。是即便上訴審理程序中自訴人未委任律師到場，亦僅其為調查證據等訴訟行為可能較為拙劣而受法院不利益之判斷而已，對被告所提之合法上訴並不生影響。此種情形，第二審法院固可依職權曉諭被上訴之自訴人委任律師協助訴訟，惟縱若自訴人置之不理，法院亦不得據此而逕以不

1　最高法院94年第6、7次刑事庭會議決議。

受理判決終結程序，仍應就被告合法上訴繼續審理而為實體判決，否則將有害於被告之上訴權益。[2]本書認為，就立法目的觀之，當以學說上的意見較為可採。

第二節　自訴之主體

犯罪之被害人得提起自訴，但其無行為能力，或限制行為能力或死亡者，得由其法定代理人、直系血親或配偶為之（本法§319 I）。前項自訴之提起，應委任律師行之（本法§319 II）。本法第319條第1項以及第2項分別規定，適格之自訴人以及自訴不可分之原則。「被害人」包括自然人及法人（是指財團法人或社團法人），法人為被害人時，由其代表人提起自訴。非法人團體或未依法註冊之外國法人因無法人資格，故亦不得以公司名義提起自訴。所謂「被害」必須以直接被害為必要，[3]法院若已查明自訴人並非該物之所有權人，亦非有管領權之人時，應直接認定其並非直接被害之人。[4]犯罪被害人以犯罪之「**直接**」被害人為限，通常是以何者法益受到侵害為準，如間接受害者不得提起自訴。在國家或社會法益的情形，若與國家或社會同時被害之個人，仍不失為因犯罪而直接被害之。[5]

舉例說明

凌虐人犯之瀆職罪，被凌虐人得提起自訴。公共危險罪之被燒毀之房屋所有人，亦得提起自訴。又如，偽證罪因他人是否被害繫於執行偵查或審判職務之公務員是否採信其陳述而定，並不因偽證行為而直接受到損害，故不得提起自訴。

---

2 陳運財，〈自訴強制律師代理制度於上訴審之準用問題〉《月旦法學教室》，第53期，2007.03，20～21頁。

3 最高法院80年度第3次刑事庭會議決議。

4 最高法院68年台上字第214號判例。

5 最高法院50年台非字第45號、73年台上字第4817號判例。

第三節　自訴之限制

壹、直系尊親屬或配偶之限制

本法第321條：「對於直系尊親屬或配偶，不得提起自訴。」所謂「直系尊親屬」，不以直系「血親」尊親屬爲限，即直系「姻親」尊親屬亦包括在內。[6]所謂配偶係指其婚姻關係在法律上並非無效者而言。[7]若直系卑親屬與他人共同對於直系尊親屬提起自訴，或其自訴之被告除直系尊親屬外，尚列有他人，且非與直系尊親屬爲親告罪之共犯者，則直系卑親屬對於直系尊親屬之自訴部分雖非合法，其非卑親屬之他人所提起之自訴及以直系尊親屬以外之人爲被告所提起之自訴，均應認爲適法。[8]

蓋自訴人爲當事人一造之原告，若立法者不限制，將使至親或夫妻直接對簿公堂，有礙人倫秩序及家庭和諧。釋字第569號見解認爲，本法雖規定不得對配偶提起自訴，但對於與其配偶共犯告訴乃論罪之人，得依法提起自訴。蓋對於配偶不得提起自訴，係爲防止配偶間因自訴而對簿公堂，致影響夫妻和睦及家庭和諧，乃爲維護人倫關係所爲之合理限制，尚未逾越立法機關自由形成之範圍；且人民依刑事訴訟法相關規定，並非不得對其配偶提出告訴。但對於與其配偶共犯告訴乃論罪之人，得依法提起自訴。蓋其非爲維持家庭和諧及人倫關係所必要，故許其提起自訴。

貳、重罪之限制

本法第319條第3項：「犯罪事實之一部提起自訴者，他部雖不得自訴亦以得提起自訴論。但不得提起自訴部分係較重之罪，或其第一審屬於高等法院管轄，或第321條之情形者，不在此限。」其情形分述如後：

6 最高法院24年上字第3966號判例。

7 最高法院27年上字第2165號判例。

8 最高法院25年上字第2639號判例。

（一）不得提起自訴部分係較重之罪

同一案件，其不得提起自訴部分係較得提起自訴之罪較重之罪，則全部不得自訴。如僞證罪不得提起自訴，僞造文書罪得提起自訴，後罪較前罪爲輕不得自訴。

（二）第一審屬於高等法院管轄之案件

此類案件，多屬內亂罪、外患罪及妨害國交罪等純粹侵害國家法益之犯罪，個人無法成爲「直接」被害人，因此限制提起自訴。

（三）同一案件，其不得提起自訴之部分有本法第321條之情形者，全部不得自訴

然而，若是被告有二人以上而其中有不具直系尊親屬或配偶身分者在內，或自訴人有二人以上而其中有不具直系卑親屬或配偶身分者在內時，各部分之自訴仍應受理。[9]

參、已不得告訴或請求乃論罪之限制

告訴或請求乃論之罪，不得再行自訴（本法§322）。本條規定「已不得爲告訴或請求者」，包括：刑法第239條之通姦罪配偶已經縱容或宥恕（刑法§245 II）、已逾告訴期間六個月（本法§237）、已撤回告訴或自訴（本法§238 II）及被害人已死亡，由其配偶、直系血親所提起之自訴，但爲告訴乃論罪、被害人生前已明示不願追究之意思。如有上述情形得不得再行自訴（本法§233 II）。

肆、非告訴乃論罪已開始偵查者

同一案件經檢察官依本法第228條規定開始偵查者，不得再行自訴。但告訴乃論之罪，經犯罪之直接被害人提起自訴者，不在此限（本法§323 I）。本法第323條第1項學理上稱「公訴優先原則」，防止以自訴干擾公訴。舊法第323條原只規定，檢方知有自訴時，應停止偵查，將案件移

---

9 朱石炎，《刑事訴訟法論》，三民，九版，2020.09，504頁。

送法院。於1990年許阿桂檢察官曾發生偵辦「華隆集團炒作股票案」時，「嫌犯」之一的華隆集團負責人依本條規定違法提起自訴，迫使許阿桂停止偵查，惟許檢察官認爲自訴不合法而拒絕停止偵查（因爲提起自訴者應爲被害人而非嫌犯），致生爭議。但法務部當時以「無論是否合法，都必須停止偵查」爲由下令停止偵查，不過此見解在日後遭法院推翻。有鑑於此，於2000年2月9日立法院將第323條第1項本文規定修正爲：「同一案件經檢察官依第228條規定開始偵查者，不得再行自訴。」改採「公訴優先原則」。但這只限於非告訴乃論案件。因爲第323條第1項但書規定：「但告訴乃論之罪，經犯罪之直接被害人提起自訴者，不在此限。」

依本法第323條第2項規定，於開始偵查後，檢察官知有自訴在先或告訴乃論之罪，經犯罪之直接被害人提起自訴者，應即停止偵查，將案件移送法院。但遇有急迫情形，檢察官仍應爲必要之處分。所謂「開始偵查」是指檢察署受理案件開始「分案」而言。亦即被害人已有自訴在先而檢察官偵查開始在後，則其自訴爲合法。

第四節　應諭知不受理判決之情形

下列情形不得提起自訴，否則法院應諭知不受理判決：

一、非本法第319條第1項規定，非直接犯罪被害人提起自訴者。

二、違反本法第319條第2項規定，自訴之提起未委任律師者，依第329條第2項規定，自訴人未委任代理人，法院應定期間以裁定命其委任代理人；逾期仍不委任者，應諭知不受理之判決。蓋本法既改採自訴強制律師代理制度，如自訴人未委任代理人，其程式即有未合，法院應先定期命其補正。如逾期仍不委任代理人，足見自訴人濫行自訴或不重視其訴訟，法院自應諭知不受理之判決。

三、犯罪被害人係無行爲能力人或限制行爲能力之人提起自訴者或非死亡之犯罪被害人，而由其直系尊親屬或配偶，提起自訴者。

四、違反本法第321條規定，對於直系尊親屬或配偶，提起自訴者。

五、違反本法第322條之規定，告訴或請求乃論之罪「已不得爲告訴或請求者」，而提起自訴者。

六、違反本法第323條第1項本文規定，「公訴優先原則」，而提起自訴者。

七、違反本法第324條規定，同一案件經提起自訴者，再行告訴或請求。同一案件提起自訴後，不得再行告訴或請求，應不限於提起自訴之人，任何人之告訴權或請求權均受到限制。自訴有告訴的效力，故檢察官既不可能對於已經提起自訴的同一案件提起公訴，自無受理告訴或請求之必要。例如甲一狀誣告乙、丙二人，乙提起自訴後，丙提起告訴，檢察官應爲不起訴處分，將案件送法院合併審理。[10]

八、違反本法第325條第4項規定，撤回自訴之人，再行自訴者。

九、違反本法第326條第4項規定，對已有實質的確定力駁回自訴之裁定，於同一案件再行自訴者。

十、違反鄉鎮市調解條例第25條第2項規定，對於已成立調解之事件提起自訴者。

十一、違反少年事件處理法第65條第2項，對於少年提起自訴者。

十二、依本法第331條規定，自訴代理人經合法通知無正當理由不到庭者，亦應諭知不受理之判決。蓋本法已於2003年改採自訴強制律師代理制度，如非必要，不須傳喚自訴人到庭，自訴人縱不到庭或到庭不爲陳述，於訴訟已無大影響，不宜有失權效果之規定。而爲落實自訴強制律師代理制度，於自訴代理人經合法通知，無正當理由不到庭時，法院應改期審理，再行通知自訴代理人，並同時告知自訴人，以便自訴人決定是否另行委任代理人。如自訴代理人無正當理由，仍不到庭者，可見其不重視自訴或係濫行訴訟，法院自應諭知不受理之判決，以終結自訴程序，惟此屬形式判決，仍不影響自訴人實質之訴訟權。

10 司法院院解字第1739號。

選擇題練習

1 甲藝人因乙製作人在錄製節目時罵其「死人妖」，遂向法院自訴乙公然侮辱罪嫌。經法院裁定命令甲1個月內委任具律師資格之人爲自訴代理人，但甲以其曾在大學刑事訴訟法學分班進修，具備法律知識，故向法院陳報不委任律師爲代理人。下列敘述，何者正確？[11] (A)法院應裁定駁回自訴 (B)法院應通知檢察官擔當自訴 (C)法院應准許甲之請求 (D)法院應不受理判決

【107年司律第一試】

2 甲與其妻乙感情不睦，某日持槍朝乙射擊，惟槍法不準誤中一旁之丙，致丙受傷。被害人丙得否委任律師對甲過失傷害之行爲提起自訴？[12] (A)得。乙對甲涉嫌殺人未遂之部分，依法雖不得提起自訴，但對於被害人丙之自訴權不生影響，丙仍得對甲提起過失傷害罪之自訴 (B)得。乙對甲涉嫌殺人未遂之部分，依法雖不得提起自訴，但過失傷害罪係告訴乃論之案件，故被害人丙仍得對甲提起過失傷害罪之自訴 (C)不得。甲係一行爲觸犯殺人未遂罪及過失傷害罪，被害人丙自訴之提起，未經另一被害人乙之同意，不得爲之 (D)不得。甲犯罪事實中之殺人未遂部分，依法配偶乙對其不得提起自訴，且係較重之罪，故被害人丙對甲犯罪事實中之過失傷害部分，不得自訴

【108年司律第一試】

3 甲之子乙業已成年，卻不務正業，且經常對甲父惡言相向。某日，甲忍無可忍，夥同友人丙共同將乙施以監禁，以示懲罰。被害人乙得否委任律師對丙提起妨害自由罪之自訴？[13] (A)得。乙對父親甲雖不得提起自訴，惟基於被害人自訴權之保障，乙仍得對共同正犯之丙涉嫌妨害自由之行爲提起自訴 (B)得。乙對共同正犯甲或丙妨害自由之行爲，均得提起自訴，且依自訴不可分原

---

11 答案爲(D)。參見本法第329條：「檢察官於審判期日所得爲之訴訟行爲，於自訴程序，由自訴代理人爲之。自訴人未委任代理人，法院應定期間以裁定命其委任代理人；逾期仍不委任者，應諭知不受理之判決。」

12 答案爲(D)。參見本法第321條及第319條第3項。

13 答案爲(A)。參見本法第321條。

則，對共同正犯丙自訴之效力及於甲 (C)不得。乙對父親甲之行爲依法既不得提起自訴，依自訴之主觀不可分原則，對共同正犯之丙亦不得自訴 (D)不得。刑法第302條妨害自由罪爲非告訴乃論之案件，乙對父親甲之行爲依法既不得提起自訴，則對共同正犯之丙亦不得自訴 【109年司律第一試】

第五節 自訴之撤回

自訴之撤回，是指自訴人對於已經提起的訴訟表示撤回之意，使得已經繫屬於法院之訴訟歸於消滅之謂。自訴之撤回限於告訴或請求乃論之罪。

壹、自訴撤回之限制

本法對自訴撤回設有限制，敘述如下：

一、主動撤回

依本法第325條規定，告訴或請求乃論之罪，自訴人於第一審辯論終結前，得撤回其自訴，並應以書狀爲之。但於審判期日或受訊問時，得以言詞爲之。

書記官應速將撤回自訴之事由，通知被告。撤回自訴之人，不得再行自訴或告訴或請求。

二、曉諭撤回

（一）本法326條第4項規定，法官或受命法官，得於第一次審判期日前，訊問自訴人、被告及調查證據，於發現案件係民事或利用自訴程序恫嚇被告者，得曉諭自訴人撤回自訴。「得曉諭撤回者」，以告訴或請求乃論之罪者爲限。[14]

（二）提起自訴，與告訴不同，設有數人共犯告訴乃論之罪，被害人於

14 司法院院解字第3349號。

提起自訴後，對於共犯中之一人請求撤回自訴，其效力自不能及於共犯。[15]

貳、撤回自訴後之效力

一、撤回自訴後，檢察官不得依本法第260條規定，以具有該條所列情形之一，對於同一案件再行起訴。自訴人亦同。

二、撤回自訴之效力，僅拘束撤回之人。並不及於撤回自訴人以外之自訴人。對於共犯之一人撤回自訴，效力不及於其他共同被告。[16]

三、實質上或裁判上一罪，其訴訟關係是否因撤回自訴而消滅，仍應視其撤回之效力是否及於全部，若一部爲告訴乃論之罪，自訴人就這部分撤回自訴，效力並不及於非告訴乃論之罪。若全部爲告訴乃論之罪，就其中一部撤回自訴，效力不及於其他未撤回之部分。

四、撤回自訴後，訴訟繫屬消滅，法院毋庸爲任何裁判。[17]

五、自訴撤回之效力，與確定判決之情形不同，其效力僅及於撤回部分。故自訴撤回後發生的新事實，爲非告訴乃論之罪，檢察官仍得偵查起訴。[18]撤回自訴與檢察官之撤回起訴並無限制者有別。如於自訴之後，許自訴人任意撤回，不加限制，恐將藉自訴程序做爲敲詐之工具。

選擇題練習

甲被訴打傷乙，下列敘述，何者錯誤？[19] (A)乙未經合法告訴，法院應諭知不受理判決 (B)乙撤回告訴，法院應諭知不受理判決 (C)乙已逾告訴期間，法院應諭知不受理判決 (D)乙撤回自訴，法院應諭知不受理判決

【104年警特三等犯罪偵查】

---

15 司法院院解字第2306號。

16 司法院院解字第2306號。

17 司法院院解字第1739號。

18 司法院院解字第1393號。

19 答案爲(D)。撤回自訴後，訴訟繫屬消滅，等於未曾自訴，法院毋庸爲任何裁判，其他選項參照本法第303條各款。

第六節 自訴的擔當與承受

依本法第332條規定，自訴人於辯論終結前，喪失行爲能力或死亡者，得由第319條第1項所列得爲提起自訴之人，於一個月內聲請法院承受訴訟；如無承受訴訟之人或逾期不爲承受者，法院應分別情形，逕行判決或通知檢察官擔當訴訟。

所謂「自訴之擔當」，乃指是由檢察官代自訴人爲原告而進行訴訟。自訴人仍不失爲原告，並非由檢察官取代自訴人而爲當事人。所謂「自訴之承受」，乃指自訴人於辯論終結前喪失行爲能力或死亡者，得由應法定代理人、直系血親或配偶，於一個月內聲請法院承受訴訟之謂。此承受訴訟之人，即取得自訴人之地位而代替之，原自訴人因承受自訴而喪失其當事人之地位。

第七節 反訴

壹、反訴的意義

反訴者，乃自訴之被告，於自訴人提起自訴所進行之訴訟程序中，利用其自訴程序反對自訴人提起之訴訟。故本法第338條規定，提起自訴之被害人犯罪，與自訴事實直接相關，而被告爲其被害人，該被告於第一審辯論終結前提起之。由該條文得知：

一、須先有自訴之提起

提起反訴之前必先有自訴之提起，但自訴是否合法提起或嗣後被裁定駁回或不受理判決者，均非所問。

二、須於第一審辯論終結前提起

反訴原爲利用自訴程序而設，若自訴案件已經第一審辯論終結，其訴訟程序既已完成，自無法再予以利用，自無必要合併審判。

三、須自訴尚在法院繫屬中

自訴因被害人之起訴而繫屬於法院，因自訴不合法被駁回或被害人撤回時，繫屬不存在，故須在自訴繫屬中始可提起反訴，如繫屬已消滅，則不得提起自訴。惟在自訴繫屬中提起反訴，嗣後自訴之繫屬不存在時，反訴仍然有效，不因自訴之繫屬不再繼續而受影響。[20]

四、須與自訴事實直接相關

所謂「與自訴事實直接相關」是對於提起再反訴的禁止條文，其目的乃在避免訴訟趨於複雜混亂起見，欲提起再反訴者仍須另行自訴。

五、須以自訴人爲被告

反訴之被告以自訴人爲限，對自訴人以外之第三人不得爲之。因爲被害人無行爲能力或限制行爲能力人，其法定代理人、直系血親或配偶所提起之反訴，自訴之被告雖不得對於提起自訴之法定代理人、直系血親或配偶提起反訴，亦不得對於自訴內容之犯罪被害人本身提起反訴，因爲自訴內容之犯罪被害人本身爲無行爲能力人，欠缺爲原告之當事人能力，既不得爲自訴人，自不得對之提起反訴。同理，本訴之被告如爲無行爲能力人，其法定代理人或直系血親亦不得對之提起反訴。

貳、反訴之判決

一、宜本反訴合併判決

反訴與自訴之訴訟程序合併爲之，以同時判決爲宜，但有必要時，如反訴之案件情節繁複，非若自訴案件之簡易，得於自訴判決後判決之。故本法第341條規定，反訴應與自訴同時判決。但有必要時，得於自訴判決後判決之。至於反訴於自訴判決前而爲判決，則非法之所許。

20 張麗卿，《刑事訴訟法理論與運用》，五南，十五版，2020.09，538頁。

二、本反訴其一撤回法院仍應判決

反訴有其獨立性，雖因自訴之繫屬而提起，但既經提起之後，即發生訴訟之拘束力，二者訴訟關係究屬獨立各別的訴訟，並非不可分離。法院對此具有獨立關係之各別訴訟，均負有裁判之義務。故自訴雖經撤回，其效力不影響反訴（本法§342）法院仍應就反訴而爲裁判，反之，反訴的撤回，亦不影響自訴。

選擇題練習

下列何種自訴之情形，法院「不」應諭知不受理判決？[21] (A)直接對配偶提起自訴 (B)被害人對直系尊親屬提起自訴 (C)直接被害人對檢察官開始偵查之告訴乃論案件提起自訴 (D)被害人對檢察官已偵查終結之非告訴乃論案件提起自訴 【100年警大二技】

第八節　自訴準用公訴之規定

本法第343條規定，自訴程序，除本章有特別規定外，準用第246條、第249條及前章第二節、第三節關於公訴之規定。

進階思考

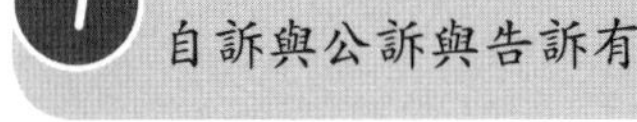

1 自訴與公訴與告訴有何不同，試比較之。

■ **參考解答**

（一）自訴程序僅準用公訴章起訴及審判之規定，並不準用偵查一節之規定。

[21] 答案爲(C)。

（二）自訴與公訴相同，均為起訴之訴訟行為，主觀上是可分的。而告訴乃訴追條件，提出告訴未必起訴。

（三）自訴兼具告訴之性質，基於主觀之告訴不可分，告訴效力及於其他共犯，但對其他共犯並不生起訴的效力。

2 甲曾公然揚言要教訓乙，甲懷恨在心，意圖報復，某日見乙乘機車，遂以傷害之故意將乙撞成輕傷。乙對於甲提起傷害之自訴，第一審言詞辯論終結前，甲對乙提起恐嚇之反訴，試問法院應如何處理？

■ **參考解答**

本法第338條規定，提起自訴之被害人犯罪，與自訴事實直接相關，而被告為其被害人，該被告於第一審辯論終結前提起之。由該條文得知，反訴之原告必係自訴之被告，且必係與自訴事實有關的犯罪被害人，得提出反訴之時期必係在自訴程序之第一審言詞辯論終結前提起之。立法之目的在於防止濫訴，而對反訴之提起加以限制，本題甲之反訴事實顯與乙之自訴之事實並無直接相關，自屬不得提起反訴而提起反訴，法院應依照本法第339條準用第334條規定諭知反訴不受理判決。

第四章　審　判

第一節　序說

審判者，乃指法院對於原告起訴的被告及犯罪事實，確定刑罰權的有無及其範圍而實施的訴訟程序。審判之流程如圖表2-4-1。

第二節　審判之開始

第一審之審判程序，因下列之原因而開始：

一、經檢察官提起公訴（本法§251）、自訴人提起自訴（本法§319）。

二、因無管轄權之法院諭知管轄錯誤之判決，將該案件移送於有管轄權之法院（本法§304）。

三、相牽連案件經裁定移送合併審判（本法§6）。

四、因裁定指定或移轉管轄者（本法§§9、10）。

五、第二審法院將案件發回原審法院審判者（本法§369Ⅰ但書）。

六、三審法院將案件發回原審法院，或發交第一審法院管轄者（本法§399、400）。

七、開始再審之裁定確定（本法§436）。

八、非常上訴而發交原審法院更為審理。

圖表2-4-1

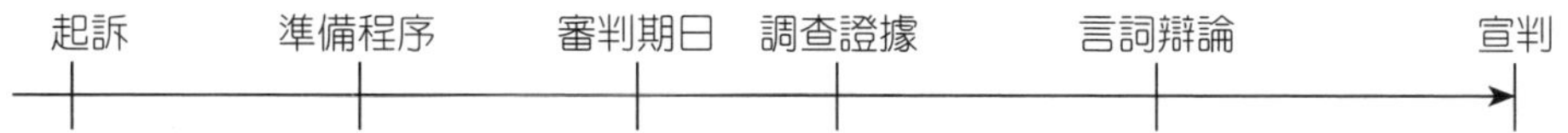

第三節　審判期日之指定

審判期日爲法院集合訴訟當事人與訴訟關係人於一定處所爲訴訟行爲之日期。

一、傳喚及通知

本法第271條規定：「審判期日，應傳喚被告或其代理人，並通知檢察官、辯護人、輔佐人。審判期日，應傳喚被害人或其家屬並予陳述意見之機會。但經合法傳喚無正當理由不到場，或陳明不願到場，或法院認爲不必要或不適宜者，不在此限」。

二、傳票送達期間

本法第272條規定，第一次審判期日之傳票，至遲應於七日前送達；刑法第61條所列各罪之案件至遲應於五日前送達。

三、委任告訴代理人之準用規定

2003年本法增訂第271條之1規定：「告訴人得於審判中委任代理人到場陳述意見。但法院認爲必要時，得命本人到場。前項委任應提出委任書狀於法院，並準用第28條、第32條及第33條之規定。但代理人爲非律師者於審判中，對於卷宗及證物不得檢閱、抄錄或攝影。」

此乃配合本法第236條之1之增訂，增列本條第1項，准許告訴人得於審判中委任代理人到場陳述意見，惟法院認爲必要時，仍得命告訴人本人到場。告訴人於審判中委任代理人到場者，應提出委任書狀於法院，代理人人數之限制及文書之送達則應準用本法第28條、第32條之規定。又告訴人委任代理人於審判中到場陳述意見，僅爲公訴之輔助，關於代理人之資格尚無準用第29條規定之必要，告訴人委任律師或非律師爲代理人均無不可。若告訴人委任律師爲代理人，因律師具備法律專業知識，且就業務之執行須受律師法有關律師倫理、忠誠及信譽義務之規範，於立法政策上，允宜準用第33條之規定，賦予其閱卷之權利，除方便代理人瞭解案件進行情形，用以維護告訴人權益外，更可藉由閱卷而提供檢察官有關攻擊防禦之資料，爰於本條第2項明定告訴人於審判中委任代理人之程式及相關準用規定。至於告訴人委任非律師為代理人者，因就其處理事務，尚乏類似律師法之執業規範及監督懲戒機制，仍不宜賦予其閱卷權，故於本條第2項但書規定其對於卷宗及證物不得檢閱、抄錄或攝影。

第四節　準備程序之進行

準備程序係為審判程序而作準備，審判程序才是刑事審判之重心而審判期日必須嚴格遵守直接審理原則與言詞審理原則，因此「準備程序」之進行，必須在無違審判期日採行直接審理原則與言詞審理原則之大前提下，而進行準備程序，始合目的。不能因進行準備程序，致使審判程序空洞化或破壞直接審理原則之精神。換言之，準備程序之行為應僅有「準備性」而非「替代性」（替代審判期日之程序）。[1]法院為使審判順利進行，迅速終結起見，應於審判期日前，實施各種準備程序，茲分述如後：

一、準備程序程序應處理之事項

法院得於第一次審判期日前，傳喚被告或其代理人，並通知檢察官、辯護人、輔佐人到庭，行準備程序，為下列各款事項之處理：

（一）起訴效力所及之範圍與有無應變更檢察官所引應適用法條之情形。

（二）訊問被告、代理人及辯護人對檢察官起訴事實是否為認罪之答辯，及決定可否適用簡式審判程序或簡易程序。

（三）案件及證據之重要爭點。

（四）有關證據能力之意見。

（五）曉諭為證據調查之聲請。

1　林俊益，〈準備程序與審判程序〉，收錄於《民刑事訴訟新制論文集》，司法院編印，初版，2003.12，213～214頁。

（六）證據調查之範圍、次序及方法。

（七）命提出證物或可爲證據之文書。

（八）其他與審判有關之事項。

前條之規定，於行準備程序準用之（本法§273 Ⅲ）。第一項程序處理之事項，應由書記官製作筆錄，並由到庭之人緊接其記載之末行簽名、蓋章或按指印（本法§273 Ⅳ）。第1項之人經合法傳喚或通知，無正當理由不到庭者，法院得對到庭之人行準備程序（本法§273 Ⅴ）。

二、有關證據能力之意見

於本法第273條第1項第4款之情形，法院依本法之規定認定無證據能力者，該證據不得於審判期日主張之。又當事人對於卷內已經存在之證據或證物，其證據能力如有爭執，即可先予調查，倘法院依本法之規定，認定該證據無證據能力者，即不得於審判期日主張之，以節省勞費（本法§273 Ⅱ）。

三、訴訟程式有欠缺而其情形可補正情形

起訴或其他訴訟行爲，於法律上必備之程式有欠缺而其情形可補正者，法院應定期間，以裁定命其補正（本法§273 Ⅵ）。

四、審判期日前關於證據之處理

法院於審判期日前，爲左列各種處分：

（一）法院得於審判期日前，得調取或命提出證物（本法§274）。

（二）當事人或辯護人，得於審判期日前，提出證據及聲請法院爲前條之處分（本法§275）。

（三）法院預料證人不能於審判期日到場者，得於審判期日前訊問之。法院得於審判期日前，命爲鑑定及通譯（本法§276）。

（四）法院得於審判期日前，爲搜索、扣押及勘驗（本法§277）。

（五）法院得於審判期日前，就必要之事項，請求該管機關報告（本法§278）。

五、受命法官之指定及其權限

行合議審判之案件，爲準備審判起見，得以庭員一人爲受命法官，於審判期日前，使行準備程序，以處理第273條第1項、第274條、第276條至第278條規定之事項。受命法官行準備程序，與法院或審判長有同一之權限。但第121條之裁定，不在此限（本法§279）。

蓋受命法官於準備程序中，既不再從事實質之證據調查，爰將有關「訊問被告及調查證據」之文字修正爲「使行準備程序」，以處理修正條文第273條第1項所規定之各款事項。另第274條、第276條、第277條、第278條關於調查證據之規定，常有助於審判之進行，且有其必要，乃併規定亦爲受命法官得處理之事項。受命法官於準備程序中，既不再主動蒐集證據及進行證據之實質調查，而依修正條文第273條第1項規定行準備程序時，已可訊問被告，故舊條文將第2項「關於訊問被告，及蒐集或調查證據」等字，修正爲「行準備程序」。

第五節　審判程序之進行

爲貫徹本法所採得言詞辯論主義、直接審理主義及公開審理主義，故審判應在公開審判法庭之組織形式下審判，其應出庭之人員如下：

壹、出庭之人員及法庭組織

一、法官、檢察官、書記官的出庭

審判期日，應由法官、檢察官及書記官出庭（本法§280）。

二、被告的出庭

審判期日，除有特別規定外，被告不到庭者，不得審判。許被告用代理人之案件，得由代理人到庭（本法§281）。被告在庭時，不得拘束其身體。但得命人看守（本法§282）。被告到庭後，非經審判長許可，不得退庭。審判長因命被告在庭，得爲相當處分（本法§283）。

三、審判中修復式正義的展現

（一）審判中之隱私保護及隔離遮蔽

本法第271之2規定，法院於審判中應注意被害人及其家屬隱私之保護。被害人依第271條第2項之規定到場者，法院依被害人之聲請或依職權，審酌案件情節及被害人之身心狀況，並聽取當事人及辯護人之意見後，得利用遮蔽設備，將被害人與被告、旁聽人適當隔離。[2]

（二）審判中之被害人陪同措施

本法第271條之3規定，被害人之法定代理人、配偶、直系或三親等內旁系血親、家長、家屬、醫師、心理師、輔導人員、社工人員或其信賴之人，經被害人同意後，得於審判中陪同被害人在場。前項規定，於得陪同在場之人爲被告時，不適用之。[3]

---

[2] 一、本條新增。二、刑事審判程序原則上係於公開法庭行之，爲避免在場之人，於法院進行人別訊問、當事人、代理人或辯護人於詰問證人、鑑定人，或進行其他證據調查時，獲知被害人或其家屬之隱私，例如出生年月日、住居所、身分證字號等得以直接或間接方式識別該個人之資料，而造成其等之困擾，並參酌司法改革國是會議關於「法院於行公開審理程序時，應保障被害人或其家屬之隱私，如非必要，不揭露被害人之相關個資」之決議內容，故規定法院於訴訟程序進行中，應注意被害人及其家屬隱私之保護，爰於本條第一項明定之。三、考量被害人於審判中面對被告時，常因懼怕或憤怒而難以維持情緒平穩，及爲維護被害人之名譽及隱私，避免旁聽之人識別其樣貌，而增加被害人之心理負擔，甚而造成被害人之二度傷害。爰參酌性侵害犯罪防治法第16條、日本刑事訴訟法第316條之39第4項、第5項之規定，明定法院依被害人之聲請或依職權，於綜合考量案件情節及被害人之身心狀況，如犯罪性質、被害人之年齡、心理精神狀況及其他情事，並聽取當事人及辯護人之意見後，得使用適當之遮蔽措施，使被告、在場旁聽之人無法識別被害人之樣貌。法院於個案中可視案件情節及法庭設備等具體情況，採用遮蔽屏風、聲音及影像相互傳送之科技設備或其他措施，將被害人與被告、旁聽人適當隔離，爰增訂本條第2項（2020.01.08）。

[3] 一、本條新增。二、被害人於犯罪發生後，如使其獨自面對被告，恐有受到二度傷害之虞。是爲協助被害人於審判中到場時維持情緒穩定，爰參酌性侵害犯罪防治法第15條、日本刑事訴訟法第316條之39第1項、德國刑事訴訟法第406 F條第2項、第406 G條之規定，明定被害人之一定親屬、醫師、心理師、輔導人員、社工人員或其信賴之人得陪同在場。而所稱「其信賴之人」，係指與被害人關係緊密之重要他人，例如褓母、同性伴侶、好友等均屬之。又爲尊重被害人意願，具本條所定資格或關係而得陪同之人，於審判中陪同在場時，自以經被害人同意爲前提，爰增訂本條第1項。另陪同制度之目的在於藉由陪同人之在

（三）審判中之移付調解及轉介修復式司法程序

本法第271條之4規定，法院於言詞辯論終結前，得將案件移付調解；或依被告及被害人之聲請，於聽取檢察官、代理人、辯護人及輔佐人之意見後，轉介適當機關、機構或團體進行修復。前項修復之聲請，被害人無行爲能力、限制行爲能力或死亡者，得由其法定代理人、直系血親或配偶爲之。[4]

四、辯護人之出庭

第31條第1項所定之案件無辯護人到庭者，不得審判。但宣示判決，不在此限（本法第284條）。

場協助，使被害人維持情緒穩定，陪同人自不得有妨害法官訊問或當事人、代理人或辯護人詰問之行爲。如陪同人有影響訴訟進行之不當言行，或影響被害人、證人、鑑定人或其他訴訟關係人陳述時，自應由審判長視具體情況適時勸告或制止，俾維持法庭秩序，附此敘明。三、被告既經檢察官認有犯罪嫌疑而起訴，自不宜使其陪同被害人在場，故參考性侵害犯罪防治法第15條第2項之規定，明定具有第1項身分之人爲被告時，不得陪同在場，爰增訂本條第2項（2020.01.08）。

4 一、本條新增。二、「修復式正義」或稱「修復式司法」（Restorative Justice），旨在藉由有建設性之參與及對話，在尊重、理解及溝通之氛圍下，尋求彌補被害人之損害、痛苦及不安，以眞正滿足被害人之需要，並修復因衝突而破裂之社會關係。我國既有之調解制度固在一定程度上發揮解決糾紛及修復關係之功能，惟調解所能投入之時間及資源較爲有限，故爲貫徹修復式司法之精神並提升其成效，亦有必要將部分案件轉介適當機關、機構或團體，而由專業之修復促進者以更充分之時間及更完整之資源來進行修復式司法程序。又法務部自99年9月1日起擇定部分地方法院檢察署試辦修復式司法方案，嗣自101年9月1日起擴大於全國各地方法院檢察署試辦，並自99年9月起辦理修復促進者培訓工作，在本土實踐上業已累積相當之經驗，爲明確宣示修復式司法於我國刑事程序之重要價值，實應予以正式法制化，而以法律明定關於移付調解及轉介修復式司法程序之授權規範，爰參考德國刑事訴訟法第155 A條之規範內容，明定法院於訴訟繫屬後、言詞辯論終結前，斟酌被告、被害人或其家屬進行調解之意願與達成調解之可能性、適當性，認爲適當者，得使用既有之調解制度而將案件移付調解，或於被告及被害人均聲請參與修復式司法程序時，法院於聽取檢察官、代理人、辯護人及輔佐人之意見後，得將案件轉介適當機關、機構或團體進行修復，由該機關、機構或團體就被告、被害人是否適合進入修復式司法程序予以綜合評估，如認該案不適宜進入修復，則將該案移由法院繼續審理；反之，則由該機關、機構或團體指派之人擔任修復促進者進行修復式司法程序，並於個案完成修復時，將個案結案報告送回法院，以供法院審理時參考，爰新增第一項之規定。三、又於被害人無行爲能力、限制行爲能力或死亡之情形，爲使被害人之家屬仍得藉由修復式司法療癒創傷、復原破裂的關係，爰參酌第319條第1項之規定，於第2項明定之（2020.01.08）。

五、合議審判

除簡式審判程序、簡易程序及第376條第1項第1款、第2款所列之罪之案件外，第一審應行合議審判[5]（本法§284-1）。

貳、審判的次序

審判的順序，可指程序事項優先於實體事項而言。也有指本法實體審理的順序而言。茲分述如後：

一、審判開始朗讀案由

依本法第285條規定，審判期日，以朗讀案由爲始。由書記官朗讀被告及其所犯罪名。

二、人別訊問與檢察官陳述起訴要旨

本法第286條規定，審判長依第94條訊問被告後，檢察官應陳述起訴之要旨。審判之法官先對被告做人別訊問後，如人別無誤時，再由檢察官陳述起訴要旨。

三、被告權利之告知義務

本法第287條規定，檢察官陳述起訴要旨後，審判長應告知被告第95條規定事項。爲加強當事人進行主義之色彩，應由當事人扮演積極主動的角色，不得就被告被訴事實進行訊問，故本法第288條第3項規定除簡式審判程序案件外，審判長就被告被訴事實爲訊問者，應於調查證據程序之最後行之。

四、共同被告訴訟程序之分離或合併

本法第287條之1規定，法院認爲適當時，得依職權或當事人或辯護人

---

[5] 配合第376條第2項之增訂，修正第284條之1部分文字（2017.11）。

之聲請，以裁定將共同被告之調查證據或辯論程序分離或合併。前項情形，因共同被告之利害相反，而有保護被告權利之必要者，應分離調查證據或辯論。

五、調查共同被告準用關於人證之規定

本法第287條之2規定，法院就被告本人之案件調查共同被告時，該共同被告準用有關人證之規定。該條所指「共同被告」是指共同被告中之一人所爲不利於己之陳述而關係到他共同被告之事項者，本條規定「準用」人證之規定。反之，如無關係到他共同被告之事項自無準用人證之規定，目的以確保共同被告關係他共同被告不利事項所爲陳述之眞實性。

六、調查證據程序

調查證據程序乃究明事實眞相之過程，被告有罪無罪決諸於此過程。貫徹直接審理原則、言詞審理原則、公開審理原則、集中審理原則。可謂刑事訴訟程序之審判之重心。

依本法第288條第1項規定：「調查證據應於第287條程序完畢後行之。」蓋有關訴訟程序之進行，以採當事人間互爲攻擊、防禦之型態爲基本原則，法院不立於絕對主導之地位，亦即法院依職權調查證據，退居於補充、輔助之性質。因此，在通常情形下，法院應係在當事人聲請調查之證據全部或主要部分均已調查完畢後，始補充進行。

同條第2項規定：「審判長對於準備程序中當事人不爭執之被告以外之人之陳述，得僅以宣讀或告以要旨代之。但法院認有必要者，不在此限。」審判長對於準備程序中當事人不爭執之被告以外之人之陳述，得僅以宣讀或告以要旨代之。但法院認有必要者，不在此限。除簡式審判程序案件外，審判長就被告被訴事實爲訊問者，應於調查證據程序之最後行之。審判長就被告科刑資料之調查，應於前項事實訊問後行之。審判長對於當事人準備程序中不爭執之被告以外之人之陳述，爲節省勞費，得僅以宣讀或告以要旨之方式代替證據之調查，但法院如認爲有必要，則例外仍應調查之，爲免爭議，故明定本條第2項，以資適用。

同條第3項規定：「除簡式審判程序案件外，審判長就被告被訴事實爲

訊問者，應於調查證據程序之最後行之。」爲避免法官於調查證據之始，即對被告形成先入爲主之偏見，且助於導正偵審實務過度偏重被告自白之傾向，並於理念上符合無罪推定原則，要求審判長就被告被訴事實爲訊問者，原則上應於調查證據程序之最後行之。至於適用簡式審判程序之案件，因審判長須先訊問被告以確認其對於被訴事實是否爲有罪之陳述，乃能決定調查證據之方式，故於第3項併設除外之規定，以避免適用時發生扞格。

同條第4項規定：「審判長就被告科刑資料之調查，應於前項事實訊問後行之。」由於我國刑事訴訟不採陪審制，認定犯罪事實與科刑均由同一法官爲之，爲恐與犯罪事實無關之科刑資料會影響法官認定事實的心證，則該等科刑資料應不得先於犯罪事實之證據而調查，乃明定審判長就被告科刑資料之調查，應於其被訴事實訊問後行之。

七、陳述意見權及提出有利證據之告知

本法第288條之1規定，審判長每調查一證據畢，應詢問當事人有無意見。審判長應告知被告得提出有利之證據。此乃被告之權利。

八、證據證明力之辯論

本法第288條之2規定，法院應予當事人、代理人、辯護人或輔佐人，以辯論證據證明力之適當機會。此乃當事人於訴訟上之權利。

九、聲明異議

本法第288條之3規定，當事人、代理人、辯護人或輔佐人對於審判長或受命法官有關證據調查或訴訟指揮之處分不服者，除有特別規定外，得向法院聲明異議。法院應就前項異議裁定之。

蓋刑事程序已趨向於當事人間互爲攻擊、防禦行爲之型態，法院不再立於絕對主導之地位，因此在訴訟程序中，兩造當事人各盡其法庭抗爭技術之能事，法庭活動更爲活潑，惟若對於審判長或受命法官之訴訟指揮事項無論「不合法」或「不適當」，均毫無限制地認得爲聲明異議之對象，亦即若准許當事人對於審判長、受命法官「裁量權」範圍之訴訟指揮妥當性進行爭

議，則可能會導致訴訟程序之拖延。亦可能因各人主觀上對於適當與否之看法不同而爭端不休，不符訴訟經濟原則，並與裁量權行使之性質有悖。因此，當事人或辯護人異議權之對象，應僅限於「不法」之處分，而不包括「不當」之處分。另所謂審判長或受命法官有關證據調查或訴訟指揮之「處分」，其包含積極之行為及消極之不作為，是以審判長或受命法官怠於調查證據或維持訴訟秩序，時而有違法情事，當事人、代理人、辯護人或輔佐人均得向法院聲明異議。

十、言詞辯論

本法第289條規定，調查證據完畢後，應命依左列次序就事實及法律分別辯論之：（一）檢察官。（二）被告。（三）辯護人。前項辯論後，應命依同一次序，就科刑範圍辯論之。於科刑辯論前，並應予到場之告訴人、被害人或其家屬或其他依法得陳述意見之人就科刑範圍表示意見之機會。已依前二項辯論者，得再為辯論，審判長亦得命再行辯論。[6]

十一、被告最後陳述

本法第290條規定，審判長於宣示辯論終結前，最後應詢問被告有無陳述。

十二、判決與宣示

為使法院就行合議審判之案件能有充分時間詳為評議及製作判決書，俾提升裁判品質，本法第311條規定（2018.11修正），行獨任審判之案件宣示判決，應自辯論終結之日起二星期內為之；行合議審判者，應於三星期內為之。但案情繁雜或有特殊情形者，不在此限。宣示判決被告不在場亦得為之（本法§312）。宣示判決不以參與之法官為限（本法§313）。

6　本條新修正（2020.01.15）。

第六節　再開辯論及審判之更新與連續

一、言詞辯論之再開

本法第291條規定，辯論終結後，遇有必要情形，法院得命再開辯論。本條所稱之辯論，指廣義的辯論而言，且得承續前次之程序再開，以前之程序完全有效，再開之程序由法院裁定為之，屬於指揮訴訟程序的裁定不得抗告（本法§404）。辯論終結後，如發現有調查不完備或審理有遺漏者，應許命再開辯論。若當事人聲請調查之證據，確有調查之必要，未經再開辯論予以調查者，屬於審判期日應行調查之證據未予調查，其判決即屬違背法令。[7]

二、審判程序的更新與連續

本法第292條規定，審判期日，應由參與之法官始終出庭；如有更易者，應更新審判程序。參與審判期日前準備程序之法官有更易者，毋庸更新其程序。

本法第293條規定，審判非一次期日所能終結者，除有特別情形外，應於次日連續開庭；如下次開庭因事故間隔至十五日以上者，應更新審判程序。

第七節　審判之停止

審判之停止，指審判開始前，或審判開始後，因具有法定之原因，而暫時停止訴訟程序。停止審判，應以裁定為之。

7 最高法院41年台上字第438號判例。

一、停止審判之原因

（一）被告心神喪失者

應於其回復以前停止審判（本法§294 I）。蓋以被告得在訴訟上為自己辯護，而保護其利益，必具有自由決定其意思能力，即訴訟能力。如心神喪失，即完全缺乏其為自己辯護之能力，自應停止其審判程序。又心神是否喪失，乃屬醫學上精神病科之專門學問，非有專門精神病醫學研究之人予以診察鑑定，不足以資斷定。而鑑定報告之內容不完備或仍有疑義者，即應另行鑑定，或命原為鑑定之機關，就鑑定之經過及其結果更為補充說明，使臻完備，以期充分保障被告之訴訟權。[8]

（二）被告因疾病不能到庭者

應於其能到庭以前停止審判（本法§294 II）。

前二項被告顯有應諭知無罪或免刑判決之情形者，得不待其到庭，逕行判決（本法§294 III）。許用代理人案件委任有代理人者，不適用前3項之規定（本法§294 IV）。

（三）相關之他罪判決

犯罪是否成立以他罪為斷，而他罪已經起訴者，得於其判決確定前，停止本罪之審判（本法§295）。

（四）無關之他罪判決

被告犯有他罪已經起訴應受重刑之判決，法院認為本罪科刑於應執行之刑無重大關係者，得於他罪判決確定前停止本罪之審判（本法§296）。

（五）與民事判決相關

犯罪是否成立或刑罰應否免除，以民事法律關係為斷，而民事已經起訴者，得於其程序終結前停止審判（本法§297）。

8　最高法院100年度台上字第4128號判決。

二、停止審判之回復

本法第298條規定，第294條第1項、第2項及第295條至第297條停止審判之原因消滅時，法院應繼續審判，當事人亦得聲請法院繼續審判。

第八節　判決

判決者，乃法院基於當事人之請求所爲之判斷，亦即法院就實體法上或程序法上對於訴訟關係之權利義務所爲拘束力之意思表示。依判決之性質分爲五種判決：

一、有罪判決

（一）類型

1. 科刑判決

本法第299條第1項本文規定，被告犯罪已經證明者，應諭知科刑之判決。法院於何種情形之下應諭知科刑判決，即指法官經調查證據程序之進行，就當事人爲法律以及事實進行辯論，法官本於自由心證的判斷，足以確信被告無任何合理的懷疑存在，[9]任何足以認爲使人可得懷疑的犯罪事證均已被排除，即所謂的超越合理懷疑的程度，被告的犯罪始可認爲已經證明，於此之際，應諭知被告科刑之判決。[10]

2. 免刑判決

本法第299條第1項但書規定，被告犯罪已經證明者，但有免除其刑之規定者，應諭知免刑之判決。所謂「免除其刑」，包含：「必免除其刑」（刑法§288 III）、「得免除其刑」（刑法§§324、35 I）、「應減輕或免除其刑」（刑法§§27、102 III、166、167）及「得減輕或免除其刑」（刑法§§23但書、24但書）等情形。

9　最高法院76年台上字第4986號判例。

10　最高法院54年台上字第1894號判例。

依刑法第61條規定，爲前項免刑判決前，並得斟酌情形經告訴人或自訴人同意，命被告爲左列各款事項（本法§299 II）：

(1)向被害人道歉。

(2)立悔過書。

(3)向被害人支付相當數額之慰撫金。

前項情形，應附記於判決書內（本法§299 III）。

本條第2項第3款並得爲民事強制執行名義（本法§299 IV）。

（二）變更起訴法條

依照本法第300條：「法院就科刑判決得就起訴之犯罪事實，變更檢察官所引應適用之法條。」係指法院於不妨害事實之同一範圍內，自由認定事實，適用法律而言。例如：檢察官認爲係刑法278條之「重傷害」故意，但法院審理結果認爲是刑法277條之「普通傷害」故意，仍得於之「同一事實」範圍內變更起訴法條，依刑法277條第1項判決，不受檢察官起訴時法律見解之拘束。法院雖可變更檢察官所引應適用之法條，但不能任意爲之。**刑事判決得就起訴之犯罪事實變更檢察官所引應適用之法條者，以科刑或免刑之判決爲限**，諭知被告無罪之判決，自無變更法條之可言。[11]

關於起訴事實是否同一，過去實務採「社會事實關係同一說」及「法律事實同一說」。所謂「社會事實關係同一說」是指社會基本事實之同一性，例如：起訴書認定之事實，爲被告見被害人右手帶有金手鍊，意圖搶奪，拉其右手，同時取出剪刀，欲將金手鍊剪斷奪取等情，顯與原判決認定被告強制猥褻之犯罪事實兩歧，[12]亦即，搶奪未遂不得變更成強制猥褻。所謂「法律事實同一說」乃指適用之罪名或構成要件之間彼此具有相同或類似性，例如：起訴書，係指上訴人有詐欺事實，並無一語涉及行求賄賂，且詐欺與行賄，乃截然不同之兩事，要無事實同一之可言，[13]自不得變更起訴法條。

這兩說的見解，雖然實務有意限縮法院變更法條的範圍，但對被告而

11 最高法院32年上字第2192號判例。

12 最高法院43年台上字第62號判例。

13 最高法院69年台上字第1802號判例。

言仍屬無法預測，而不利被告其防禦，近來學說[14]及部分實務判決[15]傾向「訴之目的及侵害行爲之內容同一說」，主張以侵害行爲的「時間」、「地點」、「行爲客體」、「侵害目的」是否相同來決定有無同一性。基於權衡被告防禦權利益及訴訟經濟之觀點，此說與「基本事實同一說」相較，限縮被告防禦範圍，即使仍不利被告行使防禦權，但此缺陷可由法院行使告知義務，使被告有充分防禦辯明機會來彌補，不致於形成突襲性裁判。且對被告而言，再次受追訴審判之不利益未必小於防禦範圍擴大之不利益。[16]

至於其追訴權時效期間之計算，應以起訴法條爲準，抑或以法院變更法條後判決所適用之法條爲準。此應視法院變更法條後其判決所適用之法條究係較原起訴法條爲輕或重之罪名及該罪名所適用追訴權時效期間之長短不同，而異其計算之依據。如判決時因變更後之輕罪已罹於追訴權時效而消滅，即應依變更法條後之輕罪所適用之追訴權時效期間計算，諭知免訴之判決；若係變更爲較重之罪名，且適用之追訴權時效期間亦較長時，如原起訴之法條於判決時其追訴權既已罹於時效消滅，自無再予變更法條之餘地，應逕依起訴法條所適用之輕罪較短之追訴權時效期間計算，據而爲免訴判決之諭知，不得變更法條再爲重罪之判決。[17]

選擇題練習

Makiyo毆傷計程車司機案，檢察官對Makiyo以「重傷未遂」罪起訴，但法官卻判處「普通傷害罪」，造成既等差異之因素爲何？[18] (A)院檢雙方對於行爲人主觀犯意之認定有所不同 (B)院檢雙方對於被害人受傷程度之認定有所不同 (C)院檢雙方對於行爲人道歉誠意之認定有所不同 (D)院檢雙方對於行爲人應付賠償金之認定有所不同 【101年警佐班】

14 張麗卿，《刑事訴訟法理論與運用》，五南，十五版，2020.09，159頁。

15 最高法院101年度台上字第5182號、99年度台上字第2911號判決。

16 吳巡龍，〈同一案件變更法條〉，《月旦法學教室》，第127期，2013.05，30～32頁。

17 最高法院108年度台非字第80號判決（具有參考價值的裁判）。

18 答案爲(A)。

二、無罪判決

本法第301條規定，不能證明被告犯罪或其行爲不罰者，應諭知無罪之判決。因未滿十四歲或心神喪失而其行爲不罰，認爲有諭知保安處分之必要者，並應諭知其處分及期間。法官於何種情形之下應對被告爲無罪之判決，是指法官經過審判程序認爲被告之犯罪無法證明或其行爲不罰，應對於被告諭知無罪之判決。

三、免訴判決

本法第302條規定，案件有左列情形之一者，應諭知免訴之判決：

（一）曾經判決確定者（本法§302①）

所稱「曾經判決確定」，係指同一案件曾經實體上判決確定而言。例如：**有罪、無罪、免訴等實體上判決**。事實上、實質上與裁判上一罪之案件，因國家刑罰權只有一個，故就上列犯罪之一部分判決，效力及於全部。檢察官若就其中一部起訴，法院亦應依本法第302條第1款下免訴判決。至於程序上之判決，例如：不受理或管轄錯誤之判決，並無實質確定力，縱使判決確定，亦無本款之適用。實務認爲，確定判決（既判力）對於時間效力之範圍應以「最後審理事實法院之『宣示』判決日」爲判斷之標準。[19]

若對於判決確定之各罪，已經裁定其應執行之刑者，如又重複裁定其應執行之刑。自係違反一事不再理之原則，即屬違背法令，對於後裁定，得提起非常上訴。[20]

（二）時效已完成者（本法§302②）

所稱「時效已完成」，係指包括追訴權及追訴權時效而言。檢察官即使起訴，法院亦應依本法第302條第2款下免訴判決。

（三）曾經大赦者（本法§302③）

所稱「大赦」，係指依赦免法第2條，對於一般或特定犯罪所爲之罪刑

---

19 最高法院82年度第4次刑事庭會議決議。

20 最高法院68年台非字第50號判例。

宣告及追訴權消滅而言，故案件曾經大赦，檢察官即使起訴，法院亦應依本法第302條第3款下免訴判決。

（四）犯罪後之法律已廢止其刑罰者（本法§302④）

若國家之刑罰權既因法律之廢止而不復存在，則國家追訴權自然亦因而喪失。檢察官即使起訴，法院亦應依本法第302條第4款下免訴判決。

選擇題練習

1. 曾經判決確定者法院應諭知下列何種判決？[21]　(A)免刑判決　(B)免訴判決　(C)無罪判決　(D)不受理判決　【103年警佐班】

2. 甲自訴乙傷害，經法院判決有罪（下稱前案），甲於法院判決送達後因前揭受傷醫治無效，因傷致死，始終未據得提起自訴之人上訴，檢察官認甲之死亡與乙之加害有因果關係，遂對乙以傷害致人於死罪提起公訴（下稱後案），下列敘述何者正確？[22]　(A)甲死亡後，檢察官未擔當訴訟，故前案尚未確定　(B)前案與後案爲同一事實，前案既經判決確定，後案應諭知免訴判決　(C)前案與後案爲同一事實，前案既未判決確定，後案應諭知不受理判決　(D)前案與後案爲不同事實，前案雖經判決確定，後案仍應爲實體判決　【109司律第一試】

四、不受理判決

依本法「先程序，後實體」原則，第303條規定，案件有左列情形之一者，應諭知不受理之判決，不得進入實體審判：

（一）起訴之程序違背規定者

起訴之程序違背規定者，法院應諭知不受理之判決。所稱「起訴之程序

[21] 答案爲(B)。

[22] 答案爲(B)。本法第343條準用第302條第1款。

違背規定者」，係指同條第2至7款以外之其他程序違法情形而言。上開條款僅係就「起訴之程序違背規定」之情形，規定其法律效果，並不包括起訴之被告或其犯罪事實，在實體法上應諭知無罪，或有應諭知免訴或免刑之情形在內。故法院就起訴事實審理結果，若認被告有應諭知無罪、免訴或免刑之情形者，仍應依法為無罪、免訴或免刑之判決，不能以此反推起訴之程序違背規定，而逕依上揭規定諭知不受理判決[23]。

提起公訴或自訴，違背本法第264條或第320條的規定。例如：1.以法人為被告而提起公訴；[24]2.檢察官已函請並辦得方式稱提起公訴，而未正式提出起訴書於法院；[25]3.自訴人未按被告之人數，提出繕本，經法院限期補正，而逾期未補正；[26]4.對政府機關提起自訴。[27]5.於緩起訴期間內，違背本法第253條之3第1項規定，未先經檢察官依職權或依告訴人之聲請撤銷緩起訴處分即行起訴（或聲請簡易判決處刑）者[28]，6.檢察官逕以公函對被告提起公訴，而未依規定附具起訴書，或起訴書未記載被告之姓名及犯罪事實，或所記載之內容不足以辨識其起訴之對象或犯罪之基本事實等均屬之，[29]皆應認其起訴之程序違背規定。

又如，少年刑事案件，應由地方法院少年法庭依少年事件處理法處理之，但少年法庭調查結果，認為少年犯最輕本刑為五年以上有期徒刑以上之刑之罪者，應以裁定移送於有管轄權之法院檢察官，同法第3條第1款、第27條第1項分別定有明文，是少年犯罪原則上應由少年法庭處理（少年法庭有先議權），必於少年法庭裁定移送後，檢察官始能偵辦。若第一審檢察官竟於受移送前逕行提起公訴，其起訴程序顯然違反規定，應諭知不受理判決。[30]

[23] 最高法院107年度2391號判決。

[24] 最高法院54年台上字第1894號判例。

[25] 最高法院28年上字第1605號判例。

[26] 司法院院解字第1320號解釋。

[27] 最高法院72年台上字第4190號判例。

[28] 最高法院100年度台非字第229號判決。

[29] 最高法院107年度台非字第2391號判決。

[30] 最高法院71年上字第5561號判例。

（二）已經提起公訴或自訴之案件，在同一法院重行起訴者

此乃基於「一事不再理」（ne bis in idem）的憲法原則，又稱爲「禁止雙重危險」（Protection against double jeopardy）原則，避免司法資源浪費及造成人民之訟累，故禁止二重起訴，此一法理於被害人提起自訴亦同。此種情形包含：1.先提起公訴後，又再提起公訴；2.先提起自訴後，又再提起自訴；3.先提起自訴後，又再提起公訴等。然而若先提起之公訴或自訴並不合法，則無本款之適用。[31]

（三）告訴或請求乃論之罪，未經告訴、請求，或其告訴、請求經撤回或已逾告訴期間者

此種形式追訴之條件，既經撤回，或其告訴已逾法定六個月之告訴期間，即屬欠缺或違背規定，無法追訴。

（四）曾為不起訴處分、撤回起訴或緩起訴期滿未經撤銷，而違背第260條之規定再行起訴者

同一案件曾爲檢察官爲不起訴之處分或撤回起訴確定，或緩起訴期滿未經撤銷後，依據第260條者，非有下列：1.發現新事實或新證據者；2.有第420條第1、2、4、5款規定得爲再審原因之情形者，不得再行起訴者，否則應諭知不受理判決。

所謂曾爲「不起訴處分」，係指檢察官就該案偵查結果，認爲應不起訴，制作處分書經送達確定者而言，若雖經不起訴處分，而有聲請再議權之人已聲請再議，則該不起訴處分即屬未經確定。[32]由於告發案件，並無得爲聲請再議之人，因此一經檢察官爲不起訴處分後即屬確定。[33]又，緩起訴期滿未經撤銷者，具有實質確定力，若無第260條各款規定情形之一者，不得對於同一案件再行起訴。若檢察官違反該條規定再行起訴時，法院自應諭知不受理之判決。

---

31 最高法院61年台上字第387號判例。

32 最高法院45年台上字第43號判例。

33 最高法院32年台上字第423號判例。

（五）被告死亡者或為被告之法人已不存續者

本款之「死亡」係專指事實上自然死亡而言，不包括因失蹤死亡宣告之情形在內。[34]蓋刑事訴訟乃國家實行刑罰權所實施之訴訟程序，係以被告爲訴訟之主體，如被告一旦死亡，其訴訟主體即失其存在，訴訟程序之效力不應發生。因之，被告死亡後，他造當事人提起上訴，應認爲不合法予以駁回。[35]

而當被告之法人人格消滅時，審判之對象即不存在，其情形與自然人之被告死亡者相同，因此，當作爲被告之法人已不存續時，法院亦應諭知不受理之判決。

（六）對於被告無審判權者

過去現役軍人犯陸海空軍刑法之罪，依軍事審判法之規定，應由軍事法院加以審判，普通法院並無審判權，但是自2013年因洪仲丘事件修法後，除非戰時，否則無本款之適用。

（七）依本法第8條之規定不得為審判者

同一案件繫屬於有管轄權之數法院者，應由繫屬在先之法院審判之；但經共同之直接上級法院裁定，亦得由繫屬在後之法院審判（本法§8）。本款不受理判決之理由與第2款相同，差別只在於：第2款是在同一法院重複起訴；而本款是在不同法院重複起訴。

五、管轄錯誤判決

本法第304條規定，無管轄權之案件，應諭知管轄錯誤之判決，並同時諭知移送於管轄法院。所謂「無管轄權」係指屬於其他普通法院管轄之案件，若係無審判權之案件應爲不受理判決。至於管轄權之有無，依事物管轄及土地管轄之有關規定而爲斷。而自訴案件，應由自訴人之聲明，始將該案件移送於管轄法院（本法§335）。

---

34 最高法院67年度7月24日刑事庭會議決議。

35 最高法院 101年度第5次刑事庭會議決議。

六、程序判決原因競合時之處理

而管轄錯誤、不受理、免訴之判決雖均爲程序判決，惟如原因併存時，除同時存在無審判權及無管轄權之原因，應諭知不受理之判決，及同一案件重行起訴，且先起訴之案件已判決確定時，後起訴之案件應爲免訴判決等情形外，**以管轄錯誤之判決優先於不受理之判決，不受理之判決優先於免訴判決而爲適用**。[36]又同爲不受理事由，必不合於刑事訴訟法第303條第2款至第7款所列舉之程序違背規定者，始有第1款概括規定之適用，而以數個程序違背規定爲競合之欠缺時，應以不適法理由程度較重者予以裁判，其中第5款被告死亡者，因其爲當事人一方之訴訟主體既已不存在，則在程度上，其不適法當然較諸其他各款事由爲重。[37]

選擇題練習

下列何種情形，法院應諭知不受理判決？[38] (A)曾經判決確定者 (B)曾經大赦者 (C)對於被告無審判權者 (D)行爲不罰者 【102警大二技】

第九節　一造缺席判決與兩造缺席判決

到庭判決，乃法院本於被告到庭審理而爲之判決。缺席判決，乃法院未經被告到庭審理而逕爲之判決。我國採直接審理主義及言詞審理主義爲原則，故判決應本於被告到庭之陳述爲之，在許用代理人之案件，經被告委任代理人到庭者，視爲本人到庭。

---

36 最高法院103年度台上字第2843號判決。

37 最高法院101年度台上字第2301號判決。

38 答案爲(C)。

壹、一造缺席判決

本法例外之情形，在被告不到庭或到庭不為陳述者，亦得逕行判決，稱「得不待其陳述而為判決」，又稱「一造缺席判決」。所謂無正當理由不到庭，係指依社會通常觀念，認為非正當之原因而不到庭者而言。被告有無不到庭的正當理由，解釋上應以可歸責於被告，由被告自行放棄到庭的權利者為限[39]。其情形分述如後：

一、本法第305條規定，被告拒絕陳述者，得不待其陳述逕行判決；其未受許可而退庭者亦同。

二、本法第306條規定，法院認為應科拘役、罰金或應諭知免刑或無罪之案件，被告經合法傳喚無正當理由不到庭者，得不待其陳述，逕行判決。反面推論，有期徒刑以上之案件，即無本條適用。

三、本法第294條第3項規定，被告心神喪失或因疾病而顯有應諭知無罪或免刑判決之情形，得不待其陳述，逕行判決。

四、本法第331條規定，自訴代理人二次經合法傳喚，無正當理由不到庭。

五、本法第371條規定，被告經合法傳喚而無正當理由不到庭者。

選擇題練習

下列何種情形，法院得不待被告陳述，逕行判決？[40]（複選題）　(A)被告拒絕陳述　(B)法院認為應科處有期徒刑以上之案件，被告經合法傳喚無正當理由不到庭　(C)第二審被告經合法傳喚無正當理由不到庭　(D)被告因疾病不能到庭，而顯有應諭知無罪或免刑判決之情形　(E)被告未受許可而退庭

【103年警大二技】

貳、兩造缺席判決

言詞審理原則之例外，稱不經言詞辯論而為判決，此又稱「兩造缺席判

39　最高法院108年度上字第172號判決。

40　答案為(A)、(C)、(D)、(E)。

決」，其情形如下：

一、本法第307條及第343條規定諭知免訴、不受理及管轄錯誤判決。

二、本法第372條規定，第二審法院對於不合法之上訴及對原審諭知管轄錯誤、免訴或不受理判決上訴時，認為其無理由駁回上訴，或有理由而發回之判決。

三、本法第389條規定第三審判決。

四、本法第444條規定非常上訴。

五、本法第437條第1項及第2項規定，為受判決人之利益聲請再審，受判決人已死亡或再審判決前審死亡。

六、本法第449條規定之簡易訴訟程序。

七、本法第455條之4之協商判決。

第十節　判決書的記載

一、應記載事項

本法第308條規定，判決書應分別記載其裁判之主文與理由；有罪之判決書並應記載事實，且得與理由合併記載。

二、主文之記載

本法第309條規定，有罪之判決書，應於主文內載明所犯之罪，並分別情形，記載下列事項：

（一）諭知之主刑、從刑或刑之免除。

（二）諭知有期徒刑或拘役者，如易科罰金，其折算之標準。

（三）諭知罰金者，如易服勞役，其折算之標準。

（四）諭知易以訓誡者，其諭知。

（五）諭知緩刑者，其緩刑之期間。

（六）諭知保安處分者，其處分及期間。

三、理由之記載

本法第310條規定下：

（一）認定犯罪事實所憑之證據及其認定之理由。

（二）對於被告有利之證據不採納者，其理由。

（三）科刑時就刑法第57條或第58條規定事項所審酌之情形。

（四）刑罰有加重、減輕或免除者，其理由。

（五）易以訓誡或緩刑者，其理由。

（六）諭知保安處分者，其理由。

（七）適用之法律。

四、簡易判決書之記載

本法第310條之1規定，有罪判決，諭知六月以下有期徒刑或拘役得易科罰金、罰金或免刑者，其判決書得僅記載判決主文、犯罪事實及證據名稱、對於被告有利證據不採之理由及應適用之法條。前項判決，法院認定之犯罪事實與起訴書之記載相同者，得引用之。

第十一節　判決書的宣示與登報

一、宣示判決之時期

本法第311條規定，宣示判決，應自辯論終結之日起十四日內爲之。宣示判決時，被告雖不在庭亦應爲之（本法§312），亦不以參與審判之法官爲限（本法§313）。

二、得上訴判決之宣示方法

依本法第314條規定，判決得爲上訴者，其上訴期間及提出上訴狀之法院，應於宣示時一併告知，並應記載於送達被告之判決正本。前項判決正本，應並送達於告訴人及告發人，告訴人於上訴期間內，得向檢察官陳述意見。於本法314條之1規定有罪判決之正本，應附記論罪之法條全文。

三、判決書之登報

本法第315條規定，犯刑法僞證及誣告罪章或妨害名譽及信用罪章之罪者，因被害人或其他有告訴權人之聲請，得將判決書全部或一部登報，其費用由被告負擔。

第十二節　判決與羈押被告、扣押物之關係

一、判決對羈押之效力

本法第316條規定，羈押之被告，經論知無罪、免訴、免刑、緩刑、罰金或易以訓誡或第303條第3款、第4款不受理之判決者，視爲撤銷羈押。但上訴期間內或上訴中，得命具保、責付或限制住居，如不能具保、責付或限制住居，而有必要情形者，並得繼續羈押之。

二、判決後扣押物之處分

本法第317條規定，扣押物未經論知沒收者，應即發還。但上訴期間內或上訴中遇有必要情形，得繼續扣押之。

三、扣押贓物之處理

本法第318條規定，扣押之贓物，依第142條第1項應發還被害人者，應不待其請求即行發還。依第142條第2項暫行發還之物無他項論知者，視爲已有發還之裁定。

第十三節 簡式審判程序

一、適用範圍

依本法第273條之1第1項規定，簡式審判程序之適用，「係以被告所犯為死刑、無期徒刑、最輕本刑三年以上有期徒刑以外之罪，且非屬高等法院管轄第一審之案件，又被告已就被訴事實為有罪之陳述為其前提。」故而，行簡式審判程序之案件，被告所犯均非重罪，當事人對於犯罪事實之認定及應適用之處罰法律亦無爭執。為合理紓減法院製作裁判書之負擔，俾使有限司法資源能作充分有效之運用，且可減輕法院審理案件之負擔，以達訴訟經濟之要求；另一方面亦可使訴訟儘速終結，讓被告免於訟累。本於「明案速判」之原則，於審理中檢察官陳述起訴要旨後，被告先就被訴事實為有罪之陳述，案情已臻明確，斯時審判長可以於告知被告簡式審判之旨後，聽取當事人、代理人、辯護人及輔佐人之意見後，裁定進行簡式審判之程序。

由於被告必須為有罪之陳述，是事實審法院得裁定進行簡式審判程序者，應以法院認定與被告陳述相符之「有罪」判決為限。

二、程序轉換與更新

本法第273條之1第2、3項規定，「法院為前項裁定後，認有不得或不宜者，應撤銷原裁定，依通常程序審判之。前項情形，應更新審判程序。但當事人無異議者，不在此限。」理由在於，法院為前項之裁定後，若審慎再酌結果，認為不得或不宜進行簡式審判程序，例如：法院嗣後懷疑被告自白是否具有眞實性，則基於刑事訴訟重在實現正義及發見眞實之必要，自以仍依通常程序慎重處理為當；又如一案中數共同被告，僅其中一部分被告自白犯罪，或被告對於裁判上一罪之案件僅就部分自白犯罪時，因該等情形有證據共通的關係，若割裂適用而異其審理程序，對於訴訟經濟之實現，要無助益，此時，自亦以適用通常程序為宜。行簡式審判程序之裁定若經撤銷改依通常程序進行審判時，審判長應更新審理程序，但檢察官、被告若對於程序之進行無意見，則宜有例外之規定。

三、證據調查程序之簡化

簡式審判程序之證據調查，不受第159條第1項、第161條之2、第161條之3、第163條之1及第164條至第170條規定之限制。蓋簡式審判程序，貴在審判程序之簡省便捷，故調查證據之程序宜由審判長便宜行事，以適當之方法行之即可，又因被告對於犯罪事實並不爭執，可認定被告亦無行使反對詰問權之意，因此有關傳聞證據之證據能力限制規定毋庸予以適用。再者，簡式審判程序中證據調查之程序亦予簡化，關於證據調查之次序、方法之預定、證據調查請求之限制、證據調查之方法，證人、鑑定人詰問之方式等，均不須強制適用。由此可知，簡式審判雖仍經言詞辯論而爲審理，但不行合議審判，不適用傳聞法則，其他的證據調查的程式亦予簡化。

四、適用簡式審判程序之有罪判決書製作

本法第310條之2規定，適用簡式審判程序之有罪判決書之製作，準用第454條之規定。蓋簡式審判程序之適用，係以被告所犯爲死刑、無期徒刑、最輕本刑三年以上有期徒刑以外之罪，且非屬高等法院管轄第一審之案件，又被告已就被訴事實爲有罪之陳述爲其前提。故而，**行簡式審判程序之案件，被告所犯均「非重罪」，當事人對於犯罪事實之認定及應適用之處罰法律亦無爭執**。爲合理紓減法院製作裁判書之負擔，俾使有限司法資源能作充分有效之運用，凡適用簡式審判程序之有罪判決，其判決書之製作，應準用第454條有關簡易判決之規定。

進階思考

1　準備程序中受命法官是否得篩選證據能力之有無？

■ **參考解答**

（一）否定說

行合議審判案件之受命法官，由於舊法時期受命法官於準備程序多半負責廣泛的蒐集證據及實質的證據調查之工作。故2003年修法明文限定其

權限僅在於行準備程序之事項，在此範圍內受命法官有與審判長相同之權限，故本法第273條第2項之裁定，亦非受命法官所能單獨認定。[41]且依本法第273條第1項受命法官本在處理有關證據能力之意見，非認定證據能力之有無，而第279條第1項更規定受命法官行準備程序所得處理者為第273第1項，同條第273條第2項則不與焉，則關於一般證據能力之認定，尤非受命法官所得為。[42]

總之，此說看法大致是認為：「證據能力有無爭議之調查」與「證據能力有無之判斷」應分別為之，不能混為一談。[43]

（二）肯定說

受命法官應得對證據是否具備證據能力先為形式上之判斷，（此並非為調查證據），一旦發現無證據能力即應加以排除，以避免無證據能力之證據進入法院後，造成訴訟程序之浪費，陷被告於不利之地位，而有違無罪推定原則與公平法院之理念。[44]

本書認為，就修法目的而言，準備程序的詮釋，自不宜純粹從字面上觀察，強調僅係在「準備」，而「準備程序」中之「法院」亦不必囿於文字上的理解，非限縮在「合議庭」或「獨任制法官」不可。亦即，雖然第279條規定受命法官於準備程序所得調查者為第273條第1項之事實，未包括第273條之證據能力的認定，但從如何發揮「使審判程序密集、順暢」功能的修法目的而言，應認為受命法官有權篩選排除沒有證據能力的證據較為妥適。[45]

法院是否能對於準備程序中之被告或證人訊問？

---

41 林鈺雄，《刑事訴訟法（下）》，新學林，十版，2020.09，276頁；相同意見：林永謀，《刑事訴訟法釋論（中）》，自版，初版，2007.02，463頁。

42 林永謀，《刑事訴訟法釋論（中）》，自版，初版，2007.02，462頁以下；相同意見：朱石炎，《刑事訴訟法論》，三民，九版，2020.09，445頁。

43 林俊益，〈準備程序有關證據能力有爭議之調查—最高法院94年度台上字第7274號判決闡析〉，《月旦法學雜誌》，第139期，2006.12，256頁。

44 黃朝義，〈修法後準備程序運作之剖析與展望〉，《月旦法學雜誌》，第113期，2004.10，16～25頁。

45 張麗卿，《刑事訴訟法理論與運用》，五南，十五版，2020.09，562頁。

■ 參考解答

（一）原則否定

實務採原則否定之見解，蓋實務向來主張，關於證人、鑑定人之調查、詰問，尤爲當事人間攻擊、防禦最重要之法庭活動，亦爲法院形成心證之所繫，除依同法第276第1項規定，法院預料證人不能於審判期日到場之情形者外，不得於準備程序訊問證人，致使審判程序空洞化，破壞直接審理原則與言詞審理原則。[46]前開見解，也爲部分國內學者所支持。亦即，法院於準備程序，原則只能蒐集、齊聚人與物之證據，至於調查證據之程序本身，若無特殊理由，本不應提前於準備程序進行，雖得於準備程序訊問證人預料證人不能於審判期日到場，但以「預料證人不能於審判期日到場之情形」爲前提，不得於準備程序訊問證人，以免造成審判期日空洞化的結果。[47]

惟須注意者，就前揭所陳，有學者指出，此號判例理解上不應斷章取義，否則勢必影響事實審受命法官於準備程序處理事項之權限，更影響刑事訴訟新制採行集中審理制之效能。蓋只有適用直接審理原則之待證事項，於準備程序訊問證人，始有破壞直接審理原則之可能；如無適用直接審理原則之待證事項，縱或於準備程序訊問證人，自無破壞直接審理原則之可言。是以該判例要旨所稱「不得於準備程序訊問證人」之證人，應係指其「待證事項」有適用直接審理原則之情形而言。[48]

（二）例外肯定

爲符合集中審理制度之立法本旨，最高法院指出，依本法第276條第1項規定，其所稱「預料證人不能於審判期日到場」之原因，須有一定之客觀事實，可認其於審判期日不能到場並不違背證人義務，例如因疾病即將住院手術治療，或行將出國，短期內無法返國，或路途遙遠，因故交通恐將阻絕，或其他特殊事故，於審判期日到場確有困難者，方足當之。必以此從嚴

---

46 最高法院93年台上字第2033號判例參照。

47 林鈺雄，《刑事訴訟法（下）》，新學林，十版，2020.09，269頁。

48 林俊益，〈不得於準備程序訊問證人之辨正〉，《月旦法學教室》，第57期，2007.07，20～21頁。

之限制，不得僅以證人空泛陳稱：「審判期日不能到場」，甚或由受命法官逕行言詞諭知「預料該證人不能於審判期日到庭」，即行訊問或詰問證人程序，爲實質之證據調查。[49]

有論者肯定前開判例之立場，認爲第276條之適用應以個案具備「確保證據之必要性」爲解釋基準，蓋準備程序「非但不負責證據之蒐集，更不再從事證據之調查」的基本立場，可提前於準備程序訊問證人須有一定之客觀事實爲前提，從嚴解釋方可。[50]

歸納學說與實務的多數意見，法院（原則包含受命法官）關於「實體上」爭點事項原則不得對準備程序中被告或證人訊問，且例外情況應從嚴認定，至於「程序上」事實之爭點仍得爲必要之訊問。例如，關於準備程序中對於證據能力有爭執，其搜索扣押等程序是否合法，是否應調查，法院自有裁量權。[51]

3 更新審判程序後，得否逕行援引前次審判筆錄？

■ 參考解答

（一）肯定說

此說認爲，審判程序已經更新者，證人或其他訴訟關係人於更新前所爲之陳述，固不可直接採爲證據，然其更新前所爲供述，既經記明筆錄，該筆錄即視爲書證，審判長向當事人、辯護人宣讀或告以要旨後，採爲判決之證據，自屬合法。[52]

---

49 最高法院93年台上字第5185號判例；94年度台上字第68號、94年度台上字第624號判決同旨。

50 楊雲驊，〈準備程序之訊問證人〉，《月旦法學教室》，第34期，2005.08，24～25頁。

51 林俊益，〈刑事準備程序中事實上之爭點整理—最高法院96年度台上字第204號判決析述〉，《月旦法學雜誌》，第148期，2007.09，267頁；紀俊乾，〈刑事訴訟準備程序中受命法官的證據處理〉，《司法周刊》，第1277期，2006.03。

52 最高法院94年度台上字第2979號判決。

（二）否定說

否定說認爲，於更新審判程序後，應命上訴人陳述上訴要旨，及依法調查證據，倘未踐行上開程序即命辯論終結，逕行判決，即屬違法。[53]

4

甲與鄰居A不睦，二人爭吵拉扯，甲用力推倒A，致A後腦碰及牆壁，輕微擦傷。事隔二日之後，A在家中休息，突然從椅子上傾倒，前額撞及地面，不醒人事，經其父B召救護車送醫，住院治療一個月，A始終昏迷，成爲植物人，B不得已將A轉往安養中心看護。B懷疑A之傷勢，與日前和甲拉扯跌坐後腦碰壁有關，隨即以甲涉犯傷害致重傷罪，向警局提出告訴。B嗣後爲支應A醫療看護費用，需處分A的資產，向法院聲請裁定宣告A爲禁治產人，法院於兩個月內完成A之禁治產宣告，選定B爲監護人，擔任A之法定代理人。案件經警局移送檢察官偵查終結後，以甲觸犯傷害致重傷罪嫌提起公訴，惟法院審理結果，認定A之重傷結果與甲之傷害行爲之間並無相當因果關係，逕依傷害罪論處甲罪刑。且本案審理中，甲未經選任辯護人，法院亦未指定律師爲甲辯護。試詳細析論下列問題：

（一）法院以傷害罪論罪科刑，是否構成未受請求事項予以判決之違法？理由爲何？

（二）本案法院論處傷害罪之判決，訴訟條件有無欠缺？法院於程序上應如何處理？

（三）本案全部審理程序未有辯護人到場辯護，程序是否合法？

（四）第一審法院審理結果，逕行認定甲僅成立傷害罪，而未經罪名變更之告知，該判決之效力如何？

（答題除引用相關之學說或實務見解外，應就本案之論斷附具個人意見）

【106年律師二試】

本題評分要點：

1.有無案件同一性之判斷。

2.事後取得告訴權之溯及效力與訴訟條件欠缺補正之必要性。

3.因適用罪名之變更，致有無適用強制辯護之必要。

4.未踐行起訴罪名之變更（較輕罪名）下，所爲判決之合法性。

---

53 最高法院100年度台上字第2029號判決。

■ 參考解答[54]

（一）傷害罪與傷害致重傷罪屬同一案件，檢察官以傷害致重傷罪提起公訴，法院審理後依傷害罪論罪科刑，不構成訴外裁判之違法

1. 案件同一性之判斷標準：學說上對於起訴之犯罪事實與法院認定之犯罪事實是否具有同一性，學說眾說紛紜（應敘述學說）[55]。我國實務一向採基本社會事實同一說。申言之，以訴之目的及侵害性行為之內容作為標準判斷。

2. 實務見解認為：按裁判上或實質上一罪，基於審判不可分原則，其一部事實起訴者，依刑事訴訟法第267條之規定，其效力應及於全部，受訴法院對於未經起訴之他部分犯罪事實，自應一併審判，此為犯罪事實之一部擴張；基於審判不可分之同一訴訟理論，其全部事實起訴者，受訴法院認為一部犯罪不能證明或行為不罰時，僅於判決理由內說明不另為無罪之諭知即可，亦毋庸於主文內為無罪之

54 本解答內文係引用考選部公布之官方版本。

55 學說上大致有：1.基本事實關係同一說：早期實務過去曾經採基本事實關係同一說，作為判斷犯罪事實的「事實」上是否同一的標準。簡單來說，基本的事實關係是否同一，係以社會事實為準，當起訴事實與判決事實的「基本社會事實關係相同，就有同一性；除此之外，就算犯罪的時日、處所、方法、被害物體、行為人數、犯罪形式（如正共犯態樣，或既遂、未遂等）、被害法益、所犯罪名等存有差異，亦在所不問。2.訴之目的及侵害行為內容說：現在，實務認定案件是否具事實上同一，係由「訴之目的及侵害行為內容」是否相同作為判斷標準，即侵害行為的時間、地點、行為客體及侵害目的是否同一來決定。3.自然生活觀點的單一生活事實說（新同一案件說）：近來，對於現今實務以「訴之目的及侵害行為內容」是否相同為標準，判斷事實是否同一的看法，有部分學者檢討。由於2005年的刑法修正，已將過往競合論中牽連犯、連續犯的規定刪除，論者稱「舊競合論」已經瓦解，宜建立「新競合論」，此亦直接影響傳統對於判斷案件同一性的操作模式，所以應藉此機會建立「新同一案件」的判斷基準，導正「實體法上一罪，為訴訟法上一訴訟客體，且審判上不能分割」的錯誤認知，主張「實體法上的罪數概念，不等於訴訟法上的犯罪事實概念」，進而提出「新案件同一性」的概念。所謂新案件同一性，對於犯罪事實的判斷基準在於，以「按照自然生活觀點的單一生活事實」為基礎。此屬於事實層面的判斷，與實體法的競合（罪數）判斷，屬於規範層面，而有所不同。惟礙於各種案件彼此間的差異，新案件同一性認為，對於自然生活觀點的單一生活事實，可能沒有辦法提出精確完整的判斷標準，也就是無法將之高度抽象化到可以對個案進行要件公式化的判斷，因為此一判斷是繫諸於個別具體生活事實之上。不過，在多數的案例，還是可以歸納出幾個判斷基準，即犯罪行為的地點、時間、對象，以及侵害的目的等，藉此確定審判的範圍。以上諸學說請參閱張麗卿，《刑事訴訟法理論與運用》，五南，十四版，2018.09，164頁以下。

宣示，此爲犯罪事實之一部縮減。至刑事訴訟法第300條規定有罪之判決，得就起訴之犯罪事實，變更檢察官所引應適用之法條，其所謂犯罪事實，係指單純一罪之單一事實及實質上一罪之全部犯罪事實而言，始有變更起訴法條之適用；亦即在不擴張及減縮原訴之原則下，法院得就有罪判決，於不妨害基本社會事實同一之範圍內，自由認定事實，變更檢察官所引應適用之法條而言。三者不能混爲一談。

（二）訴訟條件欠缺，於起訴後、審判中得否補正，應視欠缺之情形而定，學說上對此容有不同見解，立法例亦不盡相同

1. 所謂訴訟條件係指法院就案件得爲實體裁判之前提要件。訴訟條件的欠缺，於起訴之後、審理之中，能否加以補正？此於我國，法無明文，德國實務、通說，持肯定說；法國相反；日本戰前採同法國，戰後採同德國，但仍有異說。我國學者間乃有主張訴訟條件之欠缺，究竟應否准予補正，必須調和「法的安定性」與「法的具體妥當性」經作適當之衡量後，始可決定；倘准予補正反較不許補正，更能符合訴訟整體利益，且對被告亦不致發生不當之損害者，爲達訴訟之合目的性，自應許可其補正。蓋此種情形，如不許其補正，必於諭知不受理後再行起訴，徒增程序上之繁瑣，並無實益，故許其補正。細言之，學說上已發展出因當事人未異議而治癒；對被告權益未生影響而治癒；基於訴訟經濟考量而治癒；及不得治癒之瑕疵等區分。既於學理上圓融合理，在實務運作上，亦合情便民。兼顧被害人權益照料，無礙被告訴訟防禦權行使，實質正義可獲彰顯。本此，檢察官以非告訴乃論之罪起訴，經法院審理結果，認爲係犯告訴乃論之罪，或裁判上一罪，其犯罪事實之一部，係告訴乃論之罪，未經告訴者，仍應許其於起訴後補正（參看司法院院字第2105號解釋），此因檢察官公訴提起之作爲，並無可受非難的情形存在，而被害人之權益亦由此獲得適當維護。且此種告訴之補正，依上述司法院解釋，猶不限於第一審，縱是在第二審，亦得爲之。

2. 告訴乃論之罪，無得爲告訴之人或得爲告訴之人不能行使告訴權者，該管檢察官得依利害關係人之聲請或依職權指定代行告訴人，刑事訴訟法第236條第1項固定有明文，此代行告訴制度之設計，本具有充實訴訟要件，滿足公共利益之用意，是檢察官指定代行告訴人之指定方式，並無一定限制。若檢察官偵查結果，認爲被告所涉，非屬告訴乃論之罪（例如殺人未遂、重傷害），本不生指定代行告訴問題；但在案件調、偵查中，如被害人已成年、無配偶，傷重陷於昏迷，其父母不諳法律，基於親情，單憑國民法律感情，向司法警察（官）或檢察官表示欲對於該加害之被告，提出控訴，此情固不生合法告訴之效力，嗣於檢察官依非告訴乃論罪名提起公訴後，審判中，被害人之父母，經人指點，依法向民事法院聲准宣告禁治產，並取得監護人（法定代理人）身分，而刑事案件審理結果，認屬告訴乃論之罪，則先前該父母之不合法告訴瑕疵，當認已經治癒，並發生補正告訴之效果，此部分訴訟條件無欠缺，法院爲實體的罪刑判決，尙難謂程序違法。

3. 個人見解（略）。

（三）案件應否行強制辯護，應從辯護的實質意義解釋

1. 刑事訴訟程序具有發展的性格，案件從偵查中程序開始至宣判爲止，凡屬刑事訴訟法第31條所規定之案件，無論是法定的強制辯護案件（或稱應用辯護人之案件）或裁定的強制辯護案件（或稱已經指定辯護人之件），對於可能受重罪裁判、審級利益減縮、申低收入戶、原住民，以及其他訴訟防禦能力特別薄弱之被告，爲平等保障其訴訟權，刑事訴訟法及平民法律扶助法設有保護其辯護權之規定。
2. 雖然刑事訴訟法第284條規定強制辯護之具體意義，同法第379條第6款亦定有違反之法律效果，但我國最高法院的判決中，再三揭示強制辯護案件特別應重視實質辯護之意旨。基於此案件在偵查中，被告是否受強制辯護規定之保護，警詢階段應由司法警察判斷、偵查中應由檢察官判斷被告有無特殊身分。起訴後基於被告身分關係之強制辯護案件，除應注意其偵查中是否受強制辯護之保障，應起訴後應由法院判斷之，至是否屬於重罪件（最輕本刑三年以上有期徒

刑）強制辯護，應依起訴法條決之。法院於告知新罪名屬於重罪案件時，該等案件均屬應行強制辯護案件，即使於準備程序，法院不得明知該案已有辯護人，而未待辯護人到場即進行程序，否則即有侵害強制辯護案件被告受實質辯護保障，侵害其辯護權之外，亦違反正當法律程序。

3. 案件經上訴後，上訴審法院判斷案件是否應行強制辯護，主要依下級法院判決所適用之法條，惟起訴書起訴法條爲重罪案件，即使第一審變更起訴法條爲輕罪，經檢察官上訴主張屬重罪案件之情形，第二審法院仍應行強制辯護。
4. 實務雖認爲是否違背強制辯護，應以法院判決結果所適用法條爲準，換言之，起訴法條雖屬重罪，但法院變更起法條依輕罪論科之情形，即不違反強制辯護，此種以結論反推過程不違法，實非正當法律程序當有的概念。
5. 個人見解（略）。

（四）本案法院應認爲告訴條件之欠缺，於原來告訴人不合法告訴事後取得告訴權時，應已補正，其瑕疵已經治癒，法院變更起訴法條，告知新罪名，依傷害罪論科

1. 告訴乃論之罪，無得爲告訴之人或得爲告訴之人不能行使告訴權者，該管檢察官得依利害關係人之聲請或依職權指定代行告訴人，刑事訴訟法第236條第1項固定有明文，此代行告訴制度之設計，本具有充實訴訟要件，滿足公共利益之用意，是檢察官指定代行告訴人之指定方式，並無一定限制。若檢察官偵查結果，認爲被告所涉，非屬告訴乃論之罪（例如殺人未遂、重傷害），本不生指定代行告訴問題；但在案件調、偵查中，如被害人已成年、無配偶，傷重陷於昏迷，其父母不諳法律，基於親情，單憑國民法律感情，向司法警察（官）或檢察官表示欲對於該加害之被告，提出控訴，此情固不生合法告訴之效力，嗣於檢察官依非告訴乃論罪名提起公訴後，審判中，被害人之父母，經人指點，依法向民事法院聲准宣告禁治產，並取得監護人（法定代理人）身分，而刑事案件審理結果，認屬告訴乃論之罪，則先前該父母之不合法告訴瑕疵，當認已經治癒，並發生補正告訴之效果，此部分訴訟條件無欠缺，法院爲實體的罪刑判決，尙難謂程序違法。唯有如此理解，才能確實保護被害人，符合現代進步的刑事訴訟法律思潮。

2. 從而，就本案而言犯罪之調、偵查機關既已開始對被告爲相關調、偵查程序，被告並再三就其被訴之涉嫌犯行，進行實體辯論，若因被害人不能行使告訴權，而要檢察官再行指定代行告訴人，或由嗣後成爲被害人之法定代理人，再補提告訴，重起繁瑣之偵查、訴訟程序，委實不合訴訟經濟原則。尤其，告訴期間早已經過，被害人權益豈非受剝奪，實質正義如何彰顯，法的具體妥當性竟被湮沒，其不符合刑事訴訟法的基本目的，淺而可見。
3. 刑事訴訟法第300條規定有罪之判決，得就起訴之犯罪事實，變更檢察官所引應適用之法條，其所謂犯罪事實，係指單純一罪之單一事實及實質上一罪之全部犯罪事實而言，始有變更起訴法條之適用；亦即在不擴張及減縮原訴之原則下，法院得就有罪判決，於不妨害基本社會事實同一之範圍內，自由認定事實，變更檢察官所引應適用之法條而言。本案傷害致死罪與傷害罪，屬同一事實，檢察官已就犯罪事實全部起訴，法院就致死部分，認爲並非傷害的加重結果，只需於理由欄敘明小就傷害致死部分立加重結果犯，而非於理由敘明就傷害致死部分不另爲無罪之諭知，故應變更起訴法條，告知新罪名。
4. 個人見解（略）。

第3編

上　訴

第一章　通　則

第一節　上訴的意義

上訴乃係對於下級法院未確定之判決向直接上級法院聲明不服而請求救濟之方法。因法院審判案件，難免有疏漏之處，致使認事用法或量刑上產生錯誤或不當之情事。如一經判決即無法更正，自非訴訟制度的目的。法律爲謀救濟之道，故將審判分爲三級，而設上訴制度，以資救濟。使訴訟當事人及其他有上訴權人，對於判決不服者，於法定期間內，得聲請上級法院，撤銷或變更。

第二節　上訴審的構造與立法例

一、事實審與法律審

裁判有無錯誤分爲三方面：（一）訴訟程序有無違法。（二）事實的認定有無錯誤。（三）法令之解釋與適用有無錯誤。此三者包括實體法與程序法。在各項錯誤中，實體法與程序法互相影響。如採證違法而導致認定事實錯誤，同時可能涉及法律錯誤。在上訴審專審查原裁判有無違背法令者，謂之法律審。審查原裁判有無違背法令與事實之認定有無錯誤者，謂之事實審。本法規定，第一審與第二審均爲事實審與法律審，第三審之最高法院則以法律審爲原則。

二、覆審、續審與事後審

覆審制乃上訴審法院就原第一審調查之證據資料，重新重覆審理調查之意。包括原審中未發現之新提出之事實及證據資料，由法官依重新調查之證據資料，認定事實而予以裁判，不受原審之拘束，其實施之訴訟程序與第一審實施者，完全無異，目的在貫徹直接審理主義。

續審制乃第二審為第一審之訴訟程序，凡在第一審所為之訴訟行為，於第二審亦有效力。但除依第一審所調查之證據資料外，當事人得提出新的攻擊或防禦方法，在第一審就事實或證據所未為主張或陳述者，得追加為之。第二審對此後發現之新事實新證據，予以審理調查，對原審所調查之證據資料，不必重覆調查，法官就原審與後續發現所調查之證據資料，形成其心證而認定事實，如與原審認定內容相一致，則駁回上訴，如不一致，則將原判決撤銷自為判決。「事後審查審制」係指上訴審之審判並非針對案件本身進行審查，而是針對上訴理由書內所指摘之各個上訴理由為判斷之基礎，審查該案件所為之判決妥當與否，或者審查所為判決之程序有無違誤之審判方式。

我國刑事訴訟第二審採覆審制，本法第364條規定：第二審之審判，除本章另有特別規定外，準用第一審審判之規定。同法第366條規定：「第二審法院應就原審判決經上訴之部分調查之。」是除檢察官陳述起訴要旨，改為上訴人陳述上訴要旨外，第一審調查之有關上訴部分之證據資料，第二審均應重覆調查之。如未經調查逕與採用，即構成第155條第2項未經合法調查之證據，不得作為判斷之依據之違法。在現行法採覆審架構下，二審法院當然原則上應自為判決，惟未來若朝事後審查審修法，在事後審查審之制度下，應認為對於有理由之上訴仍應以發回更審為原則，例外始得自為判決。如此一來，方可：落實第一審堅實事實審之角色說明、貫徹事後審查審之本質，如符合比較法上之觀察。[1]

第三節　上訴主體

上訴之主體，即具有上訴權人，依本法之規定，有上訴權者，除訴訟之當事人外，尚有被告之法定代理人，或配偶，得為被告之利益，獨立上訴；被告原審之代理人，或辯護人，不與被告明示之意思相反，亦得為被告之利

[1] 黃朝義，《刑事訴訟法》，新學林，五版，2017.09，742頁以下。

益而上訴。茲分述上訴權人如後：

一、檢察官

檢察官乃代表國家行使追訴權者，除對於公訴案件，得提起上訴外，對於自訴案件，亦得獨立提起上訴，以達追訴犯罪之目的。本法第344條第1項規定當事人不服判決得以上訴於上級法院，同條第3項則規定檢察官得爲被告之利益而上訴，檢察官之上訴，以原審法院配置之檢察署檢察官爲限。

告訴人或被害人對於下級法院之判決有不服者，亦得具備理由，請求檢察官上訴，除顯無理由者外，檢察官不得拒絕。檢察官爲被告之利益，亦得上訴。宣告死刑之案件，原審法院應不待上訴依職權逕送該管上級法院審判，並通知當事人（本法§344 Ⅳ、Ⅴ[2]）。前項情形，視爲被告已提起上訴（本法§344 Ⅵ）。

二、自訴人

在自訴案件中，自訴人與檢察官相同，可提起上訴。如自訴人於辯論終結後喪失行爲能力或死亡者，得由第319條第1項所列得爲提起自訴之人上訴（本法§344 Ⅱ），即由其法定代理人、直系血親或配偶以自己名義提起上訴，如無上述情形，則不得以自己名義提起上訴。[3]

三、被告

被告，其上訴應以受有不利益之裁判，爲求自己利益起見，而請求救濟方得爲之。但就於被告是否有利，應自客觀事實以認定之，而非專以是否違科刑之判決而定。如對於免訴之判決，請求無罪判決；不受理判決，請求

2　死刑係生命刑，於執行後如發現爲冤獄，將無法補救。爲保障人權，宣告死刑之案件，原審法院應不待上訴依職權逕送該管上級法院審判。至於無期徒刑因屬自由刑，當事人本得自行決定是否提起上訴，此與宣告死刑之情形有別。被告受無期徒刑之判決後折服，願及早入監執行者，自應尊重其意願，原條文第5項原定：宣告無期徒刑之案件應不待上訴依職權逕送該管上級法院之規定，無異剝奪被告期能及早確定而不上訴之權益，爰將「或無期徒刑」等文字予以刪除（2020.01.15修正）。

3　最高法院62年台上字第1286號判例。

爲免訴獲無罪判決，均爲於被告有利者。又如被告於第二審業已爭執強奪罪名，即得提起第三審上訴，反之，第二審認屬罪名較輕的竊盜罪，被告上訴主張強奪罪，顯非爲自己的利益提起上訴，上訴即難謂爲合法。

四、被告之法定代理人或配偶

被告之法定代理人或配偶，得爲被告之利益獨立上訴（本法§345）。所謂獨立上訴者，即不受被告意思的拘束。縱被告未經上訴，或撤回上訴或捨棄上訴權，被告之法定代理人或配偶，在法定上訴期間內，仍得逕行上訴，不受被告之影響。但若被告之法定代理人得代理原因消滅或配偶之身分關係業已不存在時，則不得由任何人以法定代理人的名義獨立提起上訴。此項身分的標準，是以上訴時爲準。此項上訴，應以被告生存者爲前提，如被告業已死亡，則訴訟主體已不存在，被告之法定代理人或配偶，即無法提起上訴。

五、被告原審之代理人或辯護人

原審之代理人或辯護人，得爲被告之利益而上訴。但不得與被告明示之意思相反（本法§346）。法律賦予此等人之上訴權亦加以限制，以不得爲被告明示之意思相反爲限，此與被告之法定代理人或配偶得爲獨立上訴者不同。此原審的代理人應指被告的原審代理人，如自訴人的原審代理人，自得爲自訴人的利益，而代自訴人提起上訴，當然是爲被告的不利益上訴。此種上訴權爲代行的性質，非屬獨立上訴權的行使，均應以被告之名義行之，如以自己名義行之，則屬違背法律上的程式，但法院應定期間命其補正之。[4]

六、自訴案件之檢察官

檢察官對於自訴案之判決，得獨立上訴，不受自訴人意思得拘束，且不問是否有利或不利於被告的上訴（本法§347）。

---

[4] 釋字第306號解釋。

第四節　上訴之範圍

壹、序說

按上訴，係對下級法院之判決聲明不服之方法，而上訴審法院則藉由上訴聲明以特定審判之對象，是其範圍自應以上訴權人之意思爲準，倘原審判決之各部分具有可分性、且當事人之眞意甚爲明確者，即可對原審判決之一部分表示不服，此時自無適用本法（舊法）第348條規定之餘地[5]。

舊法第348條第1項前段規定：「上訴得對於判決之一部爲之。」明文允許一部上訴。惟若當事人意思不明確時，則適用舊法第348條第1項後段規定：「未聲明爲一部者，視爲**全部**上訴。」同條第2項則規定：「對於判決之一部上訴者，其有關係之部分，視爲亦已上訴。」，**即所謂「上訴不可分」原則**。依向來實務見解，所謂「有關係部分」指判決之各部分在審判上無從分割，因一部上訴而其全部必受影響者而言[6]。然而這樣一來，當事人很容易受到裁判上突襲。

於是，2021年5月，本法第348修正爲：「上訴得對於判決之一部爲（第1項）。對於判決之一部上訴者，**其有關係之部分，視爲亦已上訴**。但有關係之部分爲無罪、免訴或不受理者，不在此限。（第2項）上訴得明示僅就判決之刑、沒收或保安處分一部爲之。（第3項）」

其修正要旨如下：

一、修正本法第348條上訴範圍之規定，尊重當事人擇定之上訴範圍

依新法，當事人不服原判決提起上訴，不用再擔心法院審理的範圍與當事人想要上訴的範圍不一樣，也不用再害怕沒有上訴的部分被納入審理而導致可能遭受到更不利的結果。本次修正刪除舊法第348條第1項後段「未聲明爲一部者，視爲全部上訴」之規定，**未來當事人提起上訴，不再像過去舊**

5 最高法院106台非字第648號判決（具有參考價值的裁判）。

6 最高法院22年台上字第1058號判例。

法時代，若未聲明就其中一部分上訴，就直接被當作「全部」上訴；此外，當事人若未表明上訴的範圍，法院認爲不明確時，應向當事人說明及確認，尊重當事人擇定的上訴範圍，避免當事人受到裁判的突襲。

本次修正，亦於第348條第2項「對於判決之一部上訴者，其有關係之部分，視爲亦已上訴。」規定，增加「但有關係之部分爲無罪、免訴或不受理者，不在此限。」之除外規定，使已受無罪、免訴或不受理認定的部分，不會因當事人就其他部分的上訴，而一併受到上訴審的審判，以避免被告受到裁判之突襲，也符合當事人進行主義的精神。

此外，第348條增加第3項規定「上訴得明示僅就判決之刑、沒收或保安處分一部爲之」，未來當事人若對於法院認定的事實沒有意見，也可以只針對判決的量刑、沒收或保安處分的部分提起上訴，避免當事人準備訴訟的勞累。

二、維持程序安定，增訂刑事訴訟法施行法第7條之13

配合本法第348條之修正，本次也增訂刑事訴訟法施行法第7條之13，明訂新法施行前已繫屬於各級法院之案件，於施行後適用舊法將案件審結；另提起再審或非常上訴之情形，亦一體適用舊法規定，維持程序的安定性。

貳、一部上訴

一、此項一部上訴是指上訴審法院，應就上訴部分加以審理及判決。其情形約有下列情形：

1. 若被告有數人，檢察官或自訴人得對於一部分之被告，提起上訴。各個被告，對於自己判決部分，提起上訴。
2. 被告犯數罪，經一個判決分別宣告其罪之刑者。檢察官、自訴人或被告，對於其中一罪或數罪之判決不服者，得分別提起上訴。
3. 對於併合處罰，定其應執行刑部分中之一罪得提起上訴。
4. 前3項情形對於適用法律或量刑輕重，認爲不當者，檢察官、自訴人或被告均得爲一部之上訴。

對於判決之一部上訴者，其有關係之部分，視爲亦已上訴。所謂有關係之部分，係指判決之各部分在審判上無從分割，因一部上訴而其全部受影響者而言。[7]單一案件之一部上訴效力，是否會及於未上訴的部分，本法第348條第2項規定，對於判決之一部上訴者，其有關係之部分，視爲亦已上訴，學理上稱「上訴不可分的原則」。本於訴訟主義之理論，其不服之範圍，應以當事人或其他有上訴權人的意思爲準。所稱「上訴之全部或一部」，係從上訴權人之上訴範圍者而言。**而所稱「判決全部或一部」，係從原審判決之範圍而言，應分別以觀**。本法第348條第2項規定對於判決之一部上訴者，其有關係之部分，視爲亦已上訴。但有關係之部分爲無罪、免訴或不受理者，不在此限。因之，對於單一案件判決或數罪案件判決之一部上訴者，其未經上訴之部分，亦應以是否與上訴部分在審判上是否具有不可分之關係，來定其是否上級審審判之範圍。而起訴之犯罪事實，究屬爲可分之數罪併罰，抑爲具單一性不可分關係之實質上或裁判上一罪，檢察官起訴書如有所主張，固足爲法院審判之參考。然縱公訴人主張起訴事實屬實質上一罪或裁判上一罪關係之案件，經法院審理結果，認應屬併罰數罪之關係時，則爲法院認事、用法職權之適法行使，並不受檢察官主張之拘束。此際，於認係屬單一性案件之情形，因其起訴對法院僅發生一個訴訟關係，如經審理結果，認定其中一部分成立犯罪，他部分不能證明犯罪者，即應就有罪部分於判決主文諭知論處之罪刑，而就無罪部分，經於判決理由欄予以說明論斷後，敘明不另於判決主文爲無罪之諭知即可，以符訴訟主義一訴一判之原理；反之，如認起訴之部分事實，不能證明被告犯罪，且依起訴之全部犯罪事實觀之，亦與其他有罪部分並無實質上或裁判上一罪關係者，即應就該部分另爲無罪之判決，**不得以公訴意旨認有上述一罪關係，即謂應受其拘束**，而僅於理由欄說明不另爲無罪之諭知。於後者之情形，**法院既認被告被訴之各罪間並「無」實質上一罪或裁判上一罪關係，其間不生上揭所謂之上訴不可分關係，則被告僅就其中有罪部分提起上訴，自無從因審判不可分之關係，認**其對有罪部分之上訴效力及於應另諭知無罪部分。[8]**本此結論，「有罪」與「有罪」間始生不可分關係，若一部「無罪」，與其他「有罪」，就無審判不可分之關係。**

7　最高法院22年上字第1058號判例。

8　最高法院100年度台上字第4890號判決。

因此，對下級審判決一部上訴是否有審判不可分之關係，應依上級審法院認定是否爲單一案件而定，其他部分是否爲上訴效力所及，應依下列情形定之：

二、下級審按數罪判決，經一部上訴時

（一）上級審亦認爲數罪，上訴的效力不及未上訴的部分。

（二）上級審認爲係一罪：

1.上訴不合法，駁回其上訴，上訴的效力不及未上訴的部分。

2.上訴無理由：

(1)上訴部分原判決無罪，即與其他未上訴部分不生審判不可之關係，上訴的效力不及未上訴的部分。

(2)上訴部分原判決有罪，因與未上訴部分具有審判不可分關係，且判決顯有不當者，應視爲亦已上訴。

(3)上訴有理由：

①上訴部分不論原判決有罪、無罪，如與未上訴部分具有審判不可分關係，應視爲亦已上訴。

②上訴部分其原判決有罪，但未上訴部分爲無罪、免訴或不受理判決者，既不生審判不可分關係，效力自不及於未上訴之部分。

三、下級審以一罪判決經一部上訴時

（一）上級審認係數罪，效力不及於未經上訴部分。

（二）上級審亦認爲一罪：

1.原判決全部有罪者，而上訴有理由時，上訴審應就其有關係的部分加以審理。

2.原判決一部有罪，他部無罪、不受理、免訴判決。

一部上訴爲無理由，未上訴部分並無違法或不當，毋庸重行判決，因無審判不可分之關係，亦非既判力效力所及，不得將原判決一併撤銷，重爲論知「上訴駁回」。但是如一部上訴爲無理由，而未上訴部分有違法或不當，其與上訴部分則有審判不可分之關係，其有關係部分既視爲亦已上訴，亦應撤銷原判決另爲適當之判決。

3.原判決一部無罪，他部不受理判決者，理由同前2.。

貳、全部上訴

未聲明爲一部者，視爲全部上訴如被告犯數罪，經一個判決分別宣告其罪之刑，檢察官、自訴人、被告，對於該判決提起上訴，而未說明對於數罪中某罪不服者，視爲全部提起上訴。

第五節　上訴之期間與程式

上訴爲要式行爲，應遵守一定程式，其應遵守之時間及程序分述如後：

一、上訴期間

上訴期間爲二十日，自送達判決後起算。但判決宣示後送達前之上訴，亦有效力（本法§349）。上訴期間之起算，以送達判決之日爲準，期間之始日不得算入，期間之末日，如値例假日或其他休息日，亦不得算入。提起上訴之當事人，如不在原審法院所在居住，應將在途期間，扣除計算。原審送達判決程序如不合法，則上訴期間，無從進行，因之，當事人無論何時提起上訴，均不得謂爲逾期。[9]

二、上訴程式

關於上訴之程式，法律規定，提起上訴，應以上訴書狀提出於原審法院爲之上訴書狀，應按他造當事人之人數，提出繕本（本法§350）。當事人提出上訴書狀之繕本，法院書記官應送達於他造當事人，俾知上訴之意旨；其捨棄上訴權或撤回上訴，祇應由書記官通知他造當事人，法院無須予以任

9　法院辦理刑事訴訟案件應行注意事項第164點。

何裁判。[10]

三、在監所被告之上訴

在監獄或看守所之被告，於上訴期間內向監所長官提出上訴書狀者，視爲上訴期間內之上訴。被告不能自作上訴書狀者，監所公務員應爲之代作。監所長官接受上訴書狀後，應附記接受之年、月、日、時，送交原審法院。被告之上訴書狀，未經監所長官提出者，原審法院之書記官於接到上訴書狀後，應即通知監所長官（本法§351）。上訴無論爲被告或自訴人或檢察官提起者，除上訴書狀經監所長官轉提者外，均應以書狀提出於法院之日爲準，不得以作成日期爲準。苟其提出書狀之日，業已逾期，則作成書狀之日，雖在法定期間以內，亦不能生上訴效力。對於抗告書狀之提起，亦應爲同樣之注意。[11]

第六節　上訴的捨棄與撤回

上訴權之捨棄，是指當事人於得爲上訴之期間前，表示拋棄行使上訴權之意思（本法§353）。上訴於判決前，得撤回之案件經第三審法院發回原審法院，或發交與原審法院同級之他法院者，亦同。蓋我國刑事訴訟制度已由職權進行主義改採改良式當事人進行主義，如容許上訴人於更審程序中得撤回上訴，以尊重其意願，強化當事人之訴訟自主權，自較合乎改良式當事人進行主義之原則，並兼顧訴訟經濟。況且當事人既信服第一審判決而自願撤回第二審上訴，法院亦無強令其續行訴訟之理（本法§354）。由於撤回上訴，係提起上訴之人，於提起上訴後，表示不求裁判之意思，其由被告提起上訴者，**惟被告本人有撤回之權，非第三人所能代爲撤回**。[12]此外，當事人得捨棄其上訴權。本法捨棄或撤回上訴相關條文如下：

---

10 法院辦理刑事訴訟案件應行注意事項第167點。

11 法院辦理刑事訴訟案件應行注意事項第165點。

12 最高法院22年抗字第2625號判例。

一、撤回上訴之限制—被告同意

爲被告之利益而上訴者，非得被告之同意，不得撤回（本法§355）。

二、撤回上訴之限制—檢察官同意

自訴人上訴者，非得檢察官之同意，不得撤回（本法§356）。

三、捨棄或撤回上訴之管轄

捨棄上訴權，應向原審法院爲之。撤回上訴，應向上訴審法院爲之。但於該案卷宗送交上訴審法院以前，得向原審法院爲之（本法§357）。

四、捨棄或撤回上訴之程式

捨棄上訴權及撤回上訴，應以書狀爲之。但於審判期日，得以言詞爲之。第351條之規定，於被告捨棄上訴權或撤回上訴準用之（本法§358）。捨棄上訴權及撤回上訴，除於審判期日，得以言詞爲之外，餘概應用書狀。其以言詞爲之者，應聽其自由表示，不得有強制、暗示、引逗等情事，遇有於審判期日前訊問時，以言詞撤回上訴者，應即諭知補具書狀。又被告捨棄上訴權及撤回上訴之效力，不影響其法定代理人或配偶獨立之上訴權。[13]

五、捨棄或撤回上訴之效力

捨棄上訴權或撤回上訴者，喪失其上訴權（本法§359）。被告上訴後，第一審判決即處於不確定狀況，至其撤回上訴時，**因喪失其上訴權，始告確定，故應以撤回上訴日爲判決確定之日**。[14]但撤回上訴僅對於撤回之一造發生效果，如經當事人兩造各自提起上訴，則一造之撤回，於他造上訴之存在，並不受其影響。[15]

13 法院辦理刑事訴訟案件應行注意事項第166點。

14 最高法院84年度第9次刑事庭會議決議。

15 最高法院23年抗字第434號判例。

實質上或裁判上之一罪，僅撤回其一部上訴者，雖所餘者爲一部上訴，但因其有關係之部分，視爲亦已上訴，上訴審法院仍應就其全部加以審判，故該一部撤回上訴等於未撤回。[16]

六、捨棄或撤回上訴之通知

捨棄上訴權或撤回上訴，書記官應速通知他造當事人（本法§360）。

[16] 最高法院62年度第1次刑事庭會議決議。

第二章　第二審

第一節　序說

不服地方法院或分院所爲之第一審判決，而向高等法院或分院請求撤銷或變更原判決之上訴方法，稱爲第二審上訴。管轄之法院，通常爲高等法院。本法第361條規定，不服地方法院之第一審判決而上訴者，應向管轄第二審之高等法院爲之。上訴書狀應敘述「具體理由」。提起第二審上訴之目的，在於請求第二審法院撤銷、變更原判決，自須提出具體理由（本法§361 II）。本法於2007年增訂第2項，明定上訴書狀應敘述具體理由。**所稱「具體理由」，係指須就不服之判決爲具體之指摘而言，如僅泛稱原判決認事用法不當或採證違法、判決不公等，均非具體理由。**[1]上訴書狀未敘述上訴理由者，應於上訴期間屆滿後二十日內補提理由書於原審法院。逾期未補提者，原審法院應定期間先命補正（本法§361 III）。因爲，上訴書狀必須具備理由，雖爲上訴必備之程式，惟上訴書狀未記載理由者，亦不宜逕生影響上訴權益之效果，於2007年增訂第3項，明定得於上訴期間屆滿後二十日內自行補提理由書於原審法院，以保障其權益。又原審法院對上訴書狀有無記載理由，應爲形式上之審查，認有欠缺，且未據上訴人自行補正者，應定期間先命補正，爰於第3項後段明定。至上訴理由是否具體，係屬第二審法院審查範圍，不在命補正之列。又雖已逾法院裁定命補正期間，並不當然發生失權效果，在法院尚未據以爲裁判前，仍得提出理由書狀以爲補正。

第二節　第一審法院對於上訴之處理

上訴既係向原審法院提出，則原審法院對上訴案件應分別情形而爲左列

1　法院辦理刑事訴訟案件應行注意事項第162點。

處理：

一、裁定駁回

本法第362條規定，原審法院認爲上訴不合法律上之程式或法律上不應准許或其上訴權已經喪失者，應以裁定駁回之。但其不合法律上之程式可補正者，應定期間先命補正，不得逕予駁回。其上訴雖無理由，但原判決不當或違法者，應予撤銷或發回。在被告上訴或爲被告之利益而上訴之案件，除原判決適用法條不當而撤銷者外，不得僅因量刑不當而撤銷。[2]

原審無罪判決，已同時諭知對被告不利之監護處分，而與僅單純宣告被告無罪之判決不同，自應認被告具有上訴利益，[3]不得逕予駁回。

二、檢送卷證與解送被告

本法第363條規定，除前條情形外，原審法院應速將該案卷宗及證物送交第二審法院。被告在看守所或監獄而不在第二審法院所在地者，原審法院應命將被告解送第二審法院所在地之看守所或監獄，並通知第二審法院。

第三節　第二審上訴之審理及判決

有關第二審上訴之審理程序，本法規定如下：

壹、審理程序

審判長依第94條訊問被告後，應命上訴人陳述上訴之要旨。本法第366條規定，第二審法院，應就原審判決經上訴之部分調查之。

2　法院辦理刑事訴訟案件應行注意事項第163點。

3　最高法院106年度第9次刑事庭會議決議。

貳、判決方式

本法第364條規定，第二審之審判，除本章有特別規定外，準用第一審審判之規定。第二審審判範圍，雖應僅就經上訴之部分加以調查，但並非如第三審以上訴理由所指摘之事項爲限。故凡第一審所得審理者，第二審均得審理之。例如上訴人對於事實點並未加以攻擊，而實際上第一審認定之事實不無可疑者，第二審自應本其職權，重加研鞫。其因上訴而審得結果，如應爲與第一審相異之判決時，其上訴即爲有理由，應爲與第一審相同之判決時，即爲無理由，不得單就當事人上訴理由所主張之事項，爲審理之範圍。[4]其審判程序，以準用第一審審判程序爲原則，但須注意者，即在第一審程序，被告在審判期日不出庭者，除許用代理人案件外，原則上不許開庭審判，如在第二審程序，則被告經合法傳喚無正當理由不出庭者，仍得開庭審判，並得不待其陳述，逕行判決，惟仍聽取他造當事人之陳述，並調查必要之證據。蓋此項條文，專爲防訴訟延滯之弊而設，乃兩造審理主義之例外，而非言詞審理主義之例外，不可誤解爲不待被告陳述，即可逕用書面審理。[5]第二審判決方式如下：

一、駁回之判決

（一）上訴不合法─形式上之駁回

第二審法院認爲上訴有第362條前段之情形者，應以判決駁回之。但其情形可以補正而未經原審法院命其補正者，審判長應定期間先命補正（本法§367）。

（二）上訴無理由─實體上之駁回

第二審法院認爲上訴無理由者，應以判決駁回之（本法§368）。

4 法院辦理刑事訴訟案件應行注意事項第169點。

5 法院辦理刑事訴訟案件應行注意事項第170點。

二、撤銷之判決

（一）撤銷原判決一自為判決

第二審法院認爲上訴有理由，或上訴雖無理由，而原判不當或違法者，應將原審判決經上訴之部分撤銷，就該案件自爲「第二審」判決。（本法§369 I 本文）第二審法院因原審判決未諭知管轄錯誤係不當而撤銷之者，如第二審法院有第一審管轄權，應自爲「第一審」之判決（本法§369 II）。

（二）撤銷原判決一發回原審

若因原審判決諭知管轄錯誤、免訴、不受理係不當而撤銷之者，得以判決將該案件發回原審法院（除此情形，第二審法院並無將案件發回原審法院更審之情形）。所謂發回原審法院更審之情形，是指「因原審判決諭知管轄錯誤、免訴、不受理係不當而撤銷之者，得以判決將該案件發回原審法院」（本法§369 I 但書）。

第四節　不利益變更禁止原則

由被告上訴或爲被告之利益而上訴者，第二審法院不得諭知較重於原審判決之刑，本法第370條第1項前段定有明文，此即所謂「不利益禁止變更原則」，但此原則並非禁止第二審做出任何不利於被告之變更，而是僅止於禁止「原審判決之刑」之不利變更。依此，不利益禁止變更原則其功能僅在爲第二審法院劃定量刑之外部界限，**只要量刑結果未超出第一審判決之刑，即無不利益變更的問題**。又按量刑之輕重，固屬事實審法院得依職權裁量之事項，惟仍應受罪刑相當、比例原則及公平原則之限制，始爲適法，此即所謂「罪刑相當原則」。換言之，此爲在第二審法院量刑時本必須遵守實體法的規定，尤其宣告刑不得超出法定量刑空間，在此範圍內「科刑時應以行爲人之責任爲基礎，並審酌刑法第57條一切情狀」。**倘若第二審認定被告之犯罪情節較第一審爲輕微時，基於「罪刑相當原則」的要求，第二審量刑亦應隨之減輕**。是「不利益禁止變更原則」及「罪刑相當原則」雖分別出於保障程序上被告之上訴決定權或正確適用實體法的要求，兩者概念應有區別，惟在適用上彼此相互關連。[6]

「不利益變更禁止原則」，其立法目的在避免被告因上訴結果而較其原審判決更爲不利，導致其不敢上訴救濟。此原則適用條件如下：

一、僅被告合法上訴

若檢察官或自訴人同時爲被告之不利益提起合法上訴者，則無此原則之適用。但如檢察官或自訴人上訴不合法或無理由時，仍有不利益變更禁止原則之適用。

二、爲被告之利益而上訴者

此種情形包括檢察官爲被告之利益提起上訴（§344 Ⅳ），亦有適用。依實務見解宣告死刑之案件，應不待上訴依職權逕送上訴審法院，並通知當事人，「視爲被告提起上訴」。[7]**本書認爲，此種職權逕送上訴（§344 Ⅴ）的情形既視爲「被告提起上訴」，當解爲「爲被告之利益」而上訴，有不利益變更禁止原則之適用。**

三、第二審判決

依本法第370條文義，此原則乃第二審判決時應注意的情形。但因同法第439條規定：「爲受判決人之利益聲請再審之案件，諭知有罪判決者，不得諭知較重於原確定判決之刑」及第447條第2項但書規定：「非常上訴之案件，原審依判決前之程序，更爲審理，不得諭知較重於原確定判決之刑。」可知再審及非常上訴亦有本原則之適用。至於第三審雖無明文，但學者認爲，就立法目的而言，本原則在於保護被告，避免本末倒置，防止被告因爲害怕上訴可能遭受更不利益而不上訴，並無區分第二審或第三審之必要。[8]

---

6 最高法院108年度台上字第2274號判決（具有參考價值的裁判）。

7 法院辦理刑事訴訟案件應行注意事項第161點。

8 黃朝義，《刑事訴訟法》，新學林，五版，2017.09，765頁。

四、第二審法院不得諭知較重於原審判決之刑

此種情形包括第三審撤銷發回二審更審時，本於立法目的解釋，當亦有本原則之適用。所謂原審判決，係指第一審判決而言，並不包括經本院發回更審案件之第二審法院前次判決在內。**所謂原審判決，係指第一審判決而言，並不包括經本院發回更審案件之第二審法院前次判決在內。**是以，提起第三審上訴，經撤銷其上訴審部分之判決，發回原審法院更審，是該更審前該部分之第二審判決，既經本院撤銷，已失其效力，原審更審後之判決自不受其拘束，無其所謂不利益變更禁止之適用。也就是說，發回二審更審時，須受原第一審判決之拘束而非之前的第二審。[9]

所謂的「刑」基本上是指主刑與從刑。過去的一般的見解認爲緩刑、易科罰金或保安處分部分不包括在內，然而，實務近來見解已改變，認爲形式上比較外，尙須整體綜合觀察對應比較。凡使被告之自由、財產、名譽等受較大損害者，即有實質上之不利益。而緩刑宣告本質上無異恩赦，得消滅刑罰權之效果。在法律上或社會上之價值判斷，顯有利於被告。若無同條但書所定例外情形，將第一審諭知之緩刑宣告撤銷，即屬不利益變更[10]。

此外，實務尙認爲，易服勞役之換刑處分與量刑之輕重無關，不受禁止不利益變更原則之拘束。[11]至於褫奪公權，本書認爲應屬較重之刑，有此原則之適用。

2014年，本法增訂第370條第2項：「前項所稱刑，指宣告刑及數罪併罰所定應執行之刑」。理由在於爲保護被告之上訴權，宣告刑之加重固然對於被告造成不利益之結果，數罪併罰所定應執行之刑之加重對於被告之不利益之結果更是直接而明顯。同條第3項「第1項規定，於第一審或第二審數罪併罰之判決，一部上訴經撤銷後，另以裁定定其應執行之刑時，準用之。」蓋爲保障被告上訴權，於第一審或第二審數罪併罰之判決於另以裁定定其應執行刑時，亦應有本條不利益變更禁止之適用。

亦即，分屬不同案件之數罪併罰，倘一裁判宣告數罪之刑，曾經定其執

---

9 最高法院26年渝上字第988號判例。

10 最高法院99年度台上字第4684號判決。

11 最高法院100年度台上字第2160號判決。

行刑，再與其他裁判宣告之刑定其執行刑時，在法理上亦應同受此原則之拘束。[12]

至於修正後刑法沒收已非從刑，係獨立於刑罰及保安處分以外之法律效果，其性質類似不當得利之衡平措施。故修正後刑法關於犯罪所得之沒收，並無刑事訴訟法第370條第1、2項關於不利益變更禁止原則之適用。[13]

五、須非因原審判決適用法條不當[14]

所謂適用法條不當，指凡對於第一審判決所引用之刑法法條所變更者，皆包含之，並非專指刑法分則上之法條而言。[15]依我國實務見解，不論刑法總則或分則之法條變更，都屬於適用法條不當。例如：由未遂犯變更爲既遂、教唆犯變更爲共同正犯等等。論者有謂，此等實務之見解過於廣泛，導致本原則大幅限縮無法合理適用。[16]

第五節　第一審判決書之引用及提起上訴的特別記載

第二審判決書，得引用第一審判決書所記載之事實、證據及理由，對案情重要事項第一審未予論述，或於第二審提出有利於被告之證據或辯解不予採納者，應補充記載其理由（本法§373）。

第二審判決，被告或自訴人得爲上訴者，應併將提出上訴理由書之期間，記載於送達之判決正本（本法§374）。

---

12 最高法院109年度台非字第25號判決（具有參考價值的裁判）。

13 最高法院107年度台上字第3559號判決（具有參考價值的裁判）。

14 有關本例外條款之批評，可參閱薛智仁，〈刑事程序之不利益變更禁止原則—以最高法院判決之變遷爲中心〉，《月旦法學雜誌》，第209期，2012.09，132頁以下。

15 最高法院32年上字第969號判例。

16 黃朝義，《刑事訴訟法》，新學林，五版，2017.09，765頁。

進階思考

本法第361條所稱上訴二審之「具體理由」，應如何界定？

■ 參考解答

關於此問題，實務大致有以下兩種看法：

（一）嚴格認定說[17]

所謂具體理由，必係依據卷內既有訴訟資料或提出新事證，指摘或表明第一審判決有何採證認事、用法或量刑等足以影響判決本旨之不當或違法，而構成應予撤銷之具體事由，始克當之（例如：依憑證據法則具體指出所採證據何以不具證據能力，或依憑卷證資料，明確指出所爲證據證明力之判斷如何違背經驗、論理法則）。倘僅泛言原判決認定事實錯誤、違背法令、量刑失之過重或輕縱，而未依上揭意旨指出具體事由，或形式上雖已指出具體事由，然該事由縱使屬實，亦不足以認爲原判決有何不當或違法者（例如：對不具有調查必要性之證據，法院未依聲請調查亦未說明理由，或援用證據不當，但除去該證據仍應爲同一事實之認定），皆難謂係具體理由。

（二）從寬認定說[18]

第二審法院審酌是否合於法定具體理由要件，應就上訴書狀所述理由及第一審判決之認事、用法或量刑，暨卷內所有訴訟資料等項，兼顧保障被告之權益，而爲整體、綜合觀察，不容偏廢，始符立法本旨。準此，被告之上訴理由縱使形式上未盡符合法定具體理由之嚴格要件，第二審法院仍應斟酌第一審判決有無顯然於判決有影響之不當或違法，兼及是否有礙於被告之權益，倘認有此情形，應認第二審上訴係屬合法，而爲實體審理，以充分保障人民之訴訟權及實現具體正義。

（三）本書見解

學說上認爲，所謂的「具體理由」，應依一般人民之普遍認知爲準。「嚴格認定說」以某事實爭執或量刑理由，乃原審法院自由裁量之權或業經

17　此說以最高法院97年度台上字第892號判決可爲代表；100年度台上字第4203號判決同旨。

18　此說以最高法院98年台上字第2796號判決、98年度台上字第5354號判決爲代表。

原審法院斟酌考量，即認定人民之上訴不備「具體理由」。**此種解釋方式，顯然背離一般人民之普遍認知。**[19]

再者，被告收受判決後，在無辯護人協助之情形下自行提起上訴，而未提出理由或自行撰寫，往往遭以上訴理由不合法而駁回上訴，尤其在具體之實務運作上，被告根本不知道何謂具體之上訴理由，因而造成許多案件因不合法上訴而遭駁回確定，此對被告之權益影響甚大。[20]

因此本書認爲，在上訴審未採全面律師強制代理的前提下，**所謂上訴的「具體理由」，只要不是空泛指陳「判決不公、法官偏頗」等情事，而言之有物，皆應「從寬認定」**。蓋一般人民對法律概念難以掌握，遑論明確指出所爲證據證明力之判斷如何違背經驗、論理法則，是以「嚴格認定說」無異於實質剝奪無資力聘請律師的被告上訴請求救濟的憲法權利。

最高法院對於此一長年來的爭議，已於106年度第8次刑事庭會議決議（106.07.08），達成共識，**所稱「具體理由」，並不以其書狀應引用卷內訴訟資料，具體指摘原審判決不當或違法之事實，亦不以於以新事實或新證據爲上訴理由時，應具體記載足以影響判決結果之情形爲必要**，顯採從寬認定的看法。

至於強制辯護案件，第一審判決後，未教示被告得請求原審辯護人提出上訴理由狀，致被告未經選任辯護人或指定辯護人的協助，逕行提起上訴，上訴後未重新選任辯護人，在該案件合法上訴於第二審法院而得以開始實體審理程序之前，第二審法院是否應爲被告另行指定辯護人，以協助被告提出其上訴之具體理由；向有爭議。新近實務認爲，第二審應從程序上駁回其上訴，毋庸進入實體審理程序，亦無爲被告指定辯護人爲其提起合法上訴或辯護之必要。[21]

---

19 王兆鵬、張明偉、李榮耕，《刑事訴訟法（下）》，新學林，四版，2018.09，429頁以下。

20 黃朝義，《刑事訴訟法》，新學林，五版，2017.09，737頁。

21 最高法院106年度第12次刑事庭會議決議。

第三章　第三審

第一節　序說

第三審上訴的意義，是指不服高等法院或分院之第一審判決或第二審判決，以違背法令爲理由，而向最高法院請求撤銷或變更原判決之上訴方法，上訴於第三審，必須是得上訴第三審之案件，得提起第三審上訴之案件，原則上以經過高等法院或分院所爲之第二審判決者爲限；關於內亂罪、外患罪或妨害國交罪，以高等法院爲第一審，則高等法院對該類案件所爲之第一審判決，亦得上訴於第三審。其與上訴第二審法院之上訴程序所不同者，爲上訴第三審須以判決違背法令爲理由，亦即上訴於第三審法院須有上訴之理由，且必須以判決違背法令爲限。第三審訴訟程序與第二審判決不同，而爲法律之終審，故稱之爲法律審。至於判決違背法令之情形，依本法規定，區分爲判決違背法令、判決不適用法則或適用不當、判決有當然違背法令之情事、以及其他訴訟程序違背法令而顯然於判決有影響等。

第二節　上訴第三審案件之限制

下列各罪之案件，經第二審判決者，不得上訴於第三審法院（本法§376Ⅰ）但第一審法院所爲無罪、免訴、不受理或管轄錯誤之判決，經第二審法院撤銷並諭知有罪之判決者，被告或得爲被告利益上訴之人得提起上訴：

一、最重本刑爲三年以下有期徒刑、拘役或專科罰金之罪。

二、刑法第320條、第321條之竊盜罪。

三、刑法第335條、第336條第2項之侵占罪。

四、刑法第339條、第341條之詐欺罪。

五、刑法第342條之背信罪。

六、刑法第346條之恐嚇罪。

七、刑法第349條第1項之贓物罪。

本條項係於2017年11月最新修正。其修正目的，乃爲本屬不得上訴第三審法院之輕罪案件，經第二審法院撤銷第一審法院所爲無罪、免訴、不受理或管轄錯誤判決，並諭知有罪判決（含科刑判決及免刑判決）者，將使被告於初次受有罪判決後即告確定，而無法依通常程序請求上訴審法院審查，以尋求救濟之機會，與憲法第16條保障人民訴訟權之意旨有違。爲有效保障人民訴訟權，避免錯誤或冤抑，應予被告或得爲被告利益上訴之人至少一次上訴救濟之機會。雖未規定不得上訴第三審法院之罪，苟未經第一審法院判決，待上訴後，經第二審法院以第一審法院漏未判決，且與上訴部分，有裁判上一罪關係，經第二審法院併爲有罪判決之情形，亦得提起第三審上訴。然訴訟權保障之核心內容，在人民權利遭受侵害時，必須給予向法院提起訴訟，請求依正當法律程序公平審判，以獲得「及時有效救濟」之機會。是爲貫徹上開修法目的，及司法院釋字第752號解釋精神，**使初次受有罪判決之被告或得爲被告利益上訴之人，至少一次上訴救濟之機會**，此種情形，亦應適用刑事訴訟法第376條第1項之規定，賦予被告或得爲被告利益上訴之人得提起第三審上訴之機會。[1]

反過來說，即使屬刑事訴訟法第376條第1項各款所列之案件，第一審判決有罪，經第二審法院撤銷並改諭知無罪者，即便案件尚未確定，檢察官之追訴權仍未完全耗盡，然而作爲當事人之檢察官既已於第二審盡其主張及調查證據之能事，猶無法說服法院確信被告有罪，則其基於追訴權而得行使上訴之範圍，應受推定無罪之阻隔。換言之，**被告於無罪推定原則下，應享有受該無罪判決保護的安定地位，實不宜再容許檢察官提起上訴**。準此，上訴權對被告和檢察官之意義既有不同，前者在給予被告上訴權以資救濟；後者檢察官難認有任何權利受侵害或剝奪，充其量只是國家追訴犯罪之權益受到影響，縱檢察官於上訴權有所退讓，亦無違訴訟平等原則。[2]

本法第376條第1項第1款注重在「刑」者，實務認爲，[3]不得上訴於最高法院之案件，若經過刑法總則的加重超過三年者，因其本質非屬法定刑之延

1 最高法院107年度台上字第3183號判決。

2 最高法院109年度台上字第144號判決（具有參考價值的裁判）。

3 最高法院42年台上字第616號判例。

伸，例如，依刑法第134條規定加重其刑至二分之一者，一旦超過三年，即非屬於不得上訴第三審之案件。因此刑法總則的加重而超過者，不可以上訴至第三審，倘依刑法分則的加重而超過者，則可以上訴到第三審法院。

然學說認爲並不妥適。依法條文義「最重本刑」在文義上並不排斥刑法總則之加重。另一方面，由於刑度之限制產生限制人民訴訟權之效果，基於人權保障之立場，本應作最有利人民之解釋。因此，所謂之「最重本刑」應包含刑法總則與分則之加重。[4]

爲配合釋字第752號解釋（106.07.28）意旨，本法於第376條第2項增訂：「依前項但書規定上訴，經第三審法院撤銷並發回原審法院判決者，不得上訴於第三審法院。」[5]此乃因第1項但書規定已賦予被告或得爲被告利益上訴之人就初次有罪判決上訴救濟之機會，已足以有效保障人民訴訟權，爲兼顧第三審法院合理之案件負荷，以發揮原有法律審之功能。[6]

修正後刑事訴訟法第376條第2項所稱「依前項但書規定上訴」者，其適用範圍應以「被告初次被論處同條第1項各款所列不得上訴於第三審法院之罪名，而依上述新修正第376條第1項但書規定提起第三審上訴者」爲限。若其先前上訴於第三審法院，並非「依前揭但書規定之上訴」，則與前揭新修正第376條第2項所規定「依前項但書規定上訴」之前提不合，即無該條第2項關於不得再上訴於第三審法院規定之適用。故在此情形，被告係經第二審更審後始初次改判同條第1項各款所列不得上訴於第三審法院之罪名者，即無上述新修正條文第2項規定之適用。[7]

4 黃朝義，《刑事訴訟法》，新學林，五版，2017.09，777頁。

5 第1項但書規定已賦予被告或得爲被告利益上訴之人就初次有罪判決上訴救濟之機會，已足以有效保障人民訴訟權，爲兼顧第三審法院合理之案件負荷，以發揮原有法律審之功能，依第1項但書規定上訴，經第三審法院撤銷並發回原審法院判決者，不得就第二審法院所爲更審判決，上訴於第三審法院，爰增訂第2項規定。

6 有關本號解釋的評析，請參閱柯耀程，〈限制三審上訴之規範檢討—評釋字第七五二號解釋〉，《月旦法學雜誌》，第271期，2017.11，147頁以下。

7 最高法院106年度台上字第2780號判決。

第三節　速審法限制上訴第三審之規定

刑事妥速審判法（下稱速審法）第8條規定：[8]「案件自第一審繫屬日起已逾六年且經最高法院第三次以上發回後，第二審法院更審維持第一審所為無罪判決，或其所為無罪之更審判決，如於更審前曾經同審級法院為二次以上無罪判決者，不得上訴於最高法院」若案件自第一審繫屬日起已逾六年，且經最高法院發回更審三次以上，此時若第二審法院更審仍維持第一審所為無罪判決，或其所為無罪之更審判決，如於更審前曾經同審級法院二次以上為無罪判決者（即連同最後一次更審判決在內，有三次以上為無罪判決），則檢察官、自訴人歷經多次更審，仍無法將被告定罪，若仍允許檢察官或自訴人就無罪判決一再上訴，被告因此必須承受更多之焦慮及不安，有礙被告接受公正、合法、迅速審判之權，與「無罪推定原則」相悖。且合理限制檢察官、自訴人之上訴權，可使檢察官、自訴人積極落實實質舉證責任，爰於本條明定此項無罪判決不得上訴於最高法院。本條所規定六年期間計算，於再審、非常上訴之情形，自判決確定日起至更為審判繫屬前之期間，應予扣除。

速審法第9條規定：[9]「除前條情形外，第二審法院維持第一審所為無罪判決，提起上訴之理由，以下列事項為限：一、判決所適用之法令牴觸憲法。二、判決違背司法院解釋。三、判決違背判例。刑事訴訟法第377條至第379條、第393條第1款規定，於前項案件之審理，不適用之。」刑事訴訟法已改採改良式當事人進行主義，檢察官對於起訴之案件，自訴人對於提起自訴之案件，均應負實質舉證責任。案件於第一審判決無罪，第二審法院仍維持第一審所為無罪判決，若仍允許檢察官或自訴人就無罪判決一再上訴，

---

8 有關速審法第8條之立法簡評請參閱李榮耕，〈簡評新制定之刑事妥速審判法—以美國法制為比較〉，《法學新論》，第40期，2013.02，17頁以下；吳巡龍，〈從美國制度檢視我國速審法限制上訴〉，《台灣法學雜誌》，第216期，2013.01，68頁以下；朱朝亮，〈妥速審判法第7條減刑要件之探討〉，《台灣法學雜誌》，第216期，2013.01，90頁以下。

9 有關速審法第9條之立法簡評請參閱陳運財，〈刑事妥速審判法第九條限制上訴第三審事由之檢討〉，《月旦法學雜誌》，第209期，2012.10，70頁以下；楊雲驊，〈刑事妥速審判法第九條檢察官提起上訴理由限制之探討〉，《台灣法學雜誌》，第216期，2013.02，98頁以下。

被告因此必須承受更多之焦慮及不安，有礙被告接受公正、合法、迅速審判之權，因此合理限制檢察官、自訴人之上訴權，使其等於上開情形下，提起上訴之理由以落實嚴格法律審之理由為限，可使檢察官、自訴人更積極落實實質舉證責任，爰明定於第二審法院（包含更審法院）維持一審無罪判決之情形下，提起上訴（包含檢察官、自訴人提起上訴）之理由，限於本條第1項各款嚴格法律審之理由。又最高法院對於第1項案件，係依嚴格法律審之規定審理，本法第377條至第379條、第393條第1款等規定，與嚴格法律審之精神不符，爰於本條第2項明定最高法院審理第1項案件時，上開條文之規定不適用之。

新近實務認為，基於妥速審判法為刑事訴訟法之別法，該法第9條第1項之規範目的，為維護法規範體系之一貫性，且基於尊重當事人一部上訴權，以及國家刑罰權之實現植基於追訴權行使之法理，就第一、二審判決理由內均說明不另為無罪諭知者，**於檢察官未就該不另為無罪諭知部分提起第三審上訴之情形，採取體系及目的性限縮解釋，認該不另為無罪諭知部分，已非第三審審理之範圍，並無上開審判及上訴不可分規定之適用，而限縮案件單一性之效力。換言之，於此情形，該不另為無罪諭知部分不生移審效果**。亦即，檢察官以裁判上或實質上一罪起訴之案件，其一部於第一、二審均不另為無罪之諭知，僅被告就得上訴第三審之有罪部分提起上訴，該不另為無罪諭知部分已確定，並非第三審審判範圍。[10]

第四節　上訴第三審理由之限制

壹、判決違背法令

本法第377條規定，上訴於第三審法院，非以判決違背法令為理由，不得為之，是當事人提起第三審上訴，應以原判決違背法令為理由，係屬法定要件，如果上訴理由並未指摘原判決有何違法，自應認其上訴為違背法律上

10　最高法院109年度台上大字第3426號裁定。

之程式，予以駁回。[11]所謂違背法令指「廣義判決違背法令」其包括「狹義判決違背法令」與「訴訟程序之違背法令」，「狹義判決違背法令」係指「判決不適用法則或適用不當」（本法§378）。若其違背法令部分，原審並未採為判決之基礎則其所違背法令，對於原判決顯有影響者，始得為上訴第三審之理由，既與原判決無因果關係，自不生第三審上訴之問題（本法§380）本法之訴訟程序之違背法令，特別規定違反情節重大為「判決當然違背法令」，即如有各該情形，無論原判決是否受違法程序之影響，亦即不問違背法令與原判決之間，有無因果關係，均得為上訴第三審之理由，亦稱為「絕對違背法令」；而對於是否違背法令，尚須斟酌之情形，稱為相對的違背法令，茲分述如後：

一、相對違背法令（判決不適用法則或適用不當）

所稱「判決不適用法則」係指對於應適用實體法[12]或程序法[13]而不予適用。而所謂「判決適用法則不當」包含「適用實體法不當」[14]、「適用程序法不當」[15]及「適用經驗法則不當」[16]，而顯然於判決有影響。

學說上有認為，所稱「法則」包含命令，行政程序法第150條所稱之法規命令，以及地方制度法第25條所稱之自治法規（分成自治條例及自治規則）、行政程序法第159條所稱之行政規則等廣義之行政命令。[17]但本書認為，參照釋字第137、216、407等號解釋，法官依據法律獨立審判，憲法第80條載有明文。各機關依其職掌就有關法規為釋示之行政命令，法官於審判案件時，固可予以引用，但仍得依據法律，表示適當之不同見解，並不受其拘束。既然法官審判案件時，僅須服從法律，不受行政命令之拘束，自然也就沒有違背法令的問題。蓋行政規則為行政機關本於職權發布，如若認為法

---

11 最高法院70年台上字第948號判例。

12 最高法院53年台上字第1889號判例。

13 最高法院39年台上字第183號判例。

14 最高法院48年台上字第20號判例。

15 最高法院47年台上字第569號判例。

16 最高法院26年渝上字第8號判例。

17 朱石炎，《刑事訴訟法（上）》，三民，九版，2020.09，558頁以下。

官不適用行政規則，有違背法令的可能性，顯然不符上揭解釋的意旨及憲法第80條，使法官必須屈從行政機關發布的內部法，亦有違權力分立原則。

釋字第530號認爲，爲實現審判獨立，司法機關應有其自主性；本於司法自主性，最高司法機關就審理事項並有發布規則之權；又基於保障人民有依法定程序提起訴訟，受充分而有效公平審判之權利，以維護人民之司法受益權，最高司法機關自有司法行政監督之權限。司法自主性與司法行政監督權之行使，均應以維護審判獨立爲目標，因是最高司法機關於達成上述司法行政監督之目的範圍內，得發布命令。最高司法機關依司法自主性發布之上開規則，得就審理程序有關之細節性、技術性事項爲規定；本於司法行政監督權而發布之命令，除司法行政事務外，提供相關法令、有權解釋之資料或司法實務上之見解，作爲所屬司法機關人員執行職務之依據，亦屬法之所許。故依現行法制，司法院本於司法行政監督權之行使，發布「法院辦理刑事訴訟事件應行注意事項」，其性質乃司法監督命令，與一般行政機關發布之命令有別。

又，釋字第374號認爲，司法機關在具體個案之外，表示其適用法律之見解者，依現行制度有「判例」及「決議」二種。判例經人民指摘違憲者，視同「命令」予以審查，已行之有年（參照釋字第154號、第177號、第185號、第243號、第271號、第368號及第372號等解釋），最高法院之決議原僅供院內法官辦案之參考，並無必然之拘束力，與判例雖不能等量齊觀，惟決議之製作既有法令依據，又爲代表最高法院之法律見解，如經法官於裁判上援用時，自亦應認與「命令」相當。不過，在法院組織法修正後，原本「判例」及「決議」統一法律見解的功能，不合時宜，已由大法庭取代。

二、絕對違背法令（判決當然違背法令）

案件之審判有下列之情事者，其判決當然爲違背法令，而爲上訴第三審法院之理由（本法§379）：

（一）法院之組織不合法（本法§379①）

依法院組織法及本法有關之規定，其不合法之情形，例如不足法定人數或非法官參與法院之審理。地方法院審判案件，以法官一人獨任或三人合議行之，爲法院組織法第3條第1項所明定。故地方法院審判案件，如行合議審判，應以法官三人合議行之，始屬適法。而地方法院於審理個別案件時，經裁定行合議審判，並爲準備審判起見，指定受命法官於審判期日前訊問被告及蒐集或調查證據後，該受理訴訟之（狹義）法院組織即確定，不容任意加以變更。因之，受命法官踰越權限，於訴訟程序中規避合議審判，僭行審判長職權逕自指定審判期日，自爲審判長進行言詞辯論，定期宣判，其法院之組織及所踐行之審判程序，致法院組織不合法所爲之審判，即非合法。[18]

（二）依法律或裁判應迴避之法官參與審判者（本法§379②）

即所謂此即指法官有本法第17條所列應自行迴避，第18條所定得聲請迴避業經裁定迴避之情形而不迴避，仍參與本案之審判者而言。若法官有同法第18條第2款所謂前條以外情形，足認其執行職務有偏頗之虞，僅得爲當事人聲請迴避之原因，非經有應行迴避之裁判，縱令該法官參與審判，其判決仍非違法。[19]

（三）禁止審判公開非依法律之規定（本法§379③）

訴訟之辯論及裁判之宣示，應公開法庭行之。但有妨害國家安全、公共秩序或善良風俗之虞時，法院得決定不予公開。（法院組織法§§86、87）法庭不公開時，審判長應將不公開之理由宣示。其禁止公開之理由，應記載於審判筆錄（本法§44 I ④）。

（四）法院所認管轄之有無係不當（本法§379④）

此即法院，本有管轄權（本法§§4、5），但卻誤認爲無管轄權而諭知管轄錯誤之判決（本法§304），或法院無管轄權卻誤認爲有管轄權，而爲實體上之判決，均屬之。實務認爲同時屬於判決違背法令，得爲非常上訴之事由。[20]

---

18 最高法院89年台上字第1877號判例。

19 最高法院29年上字第2952號判例。

20 最高法院41年台非字第47號判例。

（五）法院受理訴訟或不受理訴訟係不當者（本法§379⑤）

所謂「法院受理訴訟係不當」係指法院誤認本法不具備訴訟要件為具備訴訟要件之案件，竟為實體判決，而未諭知不受理判決。所稱「法院不受理訴訟係不當」則指案件本具備訴訟要件，但法院誤認其不備，竟諭知不受理之判決，而不為實體判決。[21]包含法院受理案件考量本法第161條第4項、第303條各款、第329條第2項、第331條第2項及第334條是否不當者等情形。實務認為此款同時屬於判決違背法令，得為非常上訴之事由。[22]

（六）除有特別規定外，被告未於審判期日到庭而逕行審判（本法§379⑥）

所稱「特別規定」，包括許被告用代理人之案件（本法§281 II）及得不待被告陳述而逕行判決者，如：「被告心神喪失或雖因疾病不能到庭，但有顯應諭知無罪或免刑判決之情形者」（本法§294 III）、被告未受許可退庭（本法§305）、法院認為應科拘役、罰金或應諭知免刑或無罪之案件，被告經合法傳喚無正當理由不到庭者（本法§306）。上訴審被告經合法傳喚無正當理由不到庭者（本法§371）。至於第307條、第372條「得不經言詞辯論之判決」之情形，因被告本無須到庭，與本款無涉。[23]實務認為，此款同時屬判決違背法令，可構成非常上訴之事由。[24]

（七）應用辯護人之案件或已經指定辯護人之案件，辯護人未到庭而逕行審判（本法§379⑦）

即檢察官以強制辯護案件起訴人無辯護人到庭而逕行審判。[25]所稱「經辯護人到庭辯護」自應包括至遲於審判長開始調查證據程序，以迄宣示辯論終結前，**辯護人均應始終在庭行使職務之情形**，俾使被告倚賴辯護人為其辯護之權利，得以充分行使其防禦權。[26]依實務見解認為，此款同時屬判決違

---

21 林山田，《刑事程序法》，五南，五版，2004.09，406頁。

22 最高法院47年台上1531號判例。

23 最高法院59年台上字第2142號判例。

24 最高法院91年度第7次刑事庭會議決議。

25 最高法院98年度第7016號判決。

26 最高法院91年度第8次刑事庭會議決議。

背法令，可構成非常上訴之事由。[27]

（八）除有特別規定外，未經檢察官或自訴人到庭而逕行審判（本法§379⑧）

檢察官、自訴人爲皆爲原告，爲實行訴訟，應到庭陳述起訴或自訴要旨與事實及法律上之理由，始得審判。所謂特別規定，如本法第372條、第307條、第331條第1項後段、第332條及第364條之準用規定等。所謂「特別規定」，即得不經言詞辯論或自訴人不到庭而得逕行判決之規定。自訴案件於刑事訴訟法2003年修正通過後，採取強制律師代理主義（本法§319 II），故應將本款解釋爲，自訴人選任之自訴代理人應到庭陳述而爲審判，若未到庭陳述而爲審判者，即有本款適用。[28]

（九）依本法應停止或更新審判而未經停止或更新（本法§379⑨）

被告心神喪失者，應於其回復以前停止審判；被告因疾病不能到庭者，應於其能到庭以前停止審判（本法§294 I、II），均屬依法應停止審判之情形。再者，審判期日，應由參與之法官始終出庭，如有更易者，則應更新審判程序（本法§292 I）；審判非一次期日所能終結者，除有特別情形外，應於次日連續開庭；如下次開庭因事故間隔至十五日以上者，應更新審判程序（本法§293），均屬依法更新審判之情形。無論依法應停止審判而不停止或依法應更新審判而不更新，其訴訟程序違背法令。例如所參與審理之法官，不僅指審判開始或審判中曾經出庭，且必須繼續至辯論終結均經參與審理。故法官一經更易，凡未在最後之辯論日期出庭者，不得參與判決，依照法官應始終連續出庭之規定，自屬毫無疑義。[29]

（十）依本法應於審判期日調查之證據而未予調查（本法§379⑩）

本款在實務上發生之案例可謂居本法第379條判決當然違背法令之冠。其中之違法類型，包含「應蒐集而未蒐集證據之違法」、「證據能力與證據

---

27 最高法院98年度第7016號判決。

28 黃朝義，《刑事訴訟法》，新學林，五版，2017.09，786頁。

29 張麗卿，《刑事訴訟法理論與運用》，五南，十五版，2020.09，683頁。

調查程序之違法」與「當事人聲請調查證據」。[30]釋字第181號解釋認爲，於審判期日調查之證據，未予調查，致適用法令違誤，而顯然於判決有影響者，爲判決違背法令，可構成非常上訴之事由。但這個範圍過寬，因此釋字第238號解釋又做調整，即限於該證據在客觀上爲法院「認定事實」及「適用法律」之基礎者爲限，爲判決違背法令，才可構成非常上訴之事由。本書認爲，在2002年修法後上開實務見解應隨著當事人進行主義調整，即法院主動調查、蒐集證據之義務應受到限縮。

（十一）未與被告以最後陳述之機會（本法§379⑪）

審判長宣示辯論終結前，最後應詢問被告有無意見（本法§290），其規範目的在於保障被告之聽審權，提升其防禦地位，[31]其有無與被告以最後陳述之機會，以審判筆錄之記載爲準。

（十二）除本法特別規定外已受請求事項未予判決或未受請求事項予以判決（本法§379⑫）

所稱「已受請求之事項未予判決」（本法§379Ⅰ前段），係指「漏未判決」，乃指該事項已經因爲訴訟繫屬而爲法院應行裁判之範圍，但卻未予裁判者而言（主要係在單一案件的情形：如接續犯、包括一罪等）。所謂「未受請求之事項予以判決」（本法§379Ⅰ後段）係指「訴外裁判」，乃指非屬於法院應行裁判之範圍而法院竟予裁判者而言，如就未經起訴或上訴之事項予以判決，或就起上訴效力所不及之範圍予以判決（主要發生在數案件，其中之一未起訴或上訴審理範圍超出起訴或上訴範圍）。實務認爲此款同時屬於判決違背法令，得爲非常上訴之事由。[32]

（十三）未經參與審理之法官參與判決（本法§379⑬）

本款指的是，未參與案件審理的法官參與判決書的形成，不包括宣示判決之法官。[33]此乃刑事訴訟程序之直接審理原則與言詞辯論原則之體現。

---

30 黃朝義，《刑事訴訟法》，新學林，五版，2017.09，787頁以下。

31 林鈺雄，《刑事訴訟法（下）》，新學林，十版，2020.09，468頁。

32 最高法院41年台非字第47號判例。

33 王兆鵬、張明偉、李榮耕，《刑事訴訟法（下）》，新學林，五版，2020.11，464頁。

（十四）判決不載理由或所載理由矛盾（本法§379⑭）

所謂「判決不載理由」，包括判決完全不記載理由、雖有記載理由但記載不完備之情形。例如，未記載認定事實之證據、未記載科刑時就刑法第57條審酌之情形等。所謂「判決所載理由矛盾」，指判決所附之理由與主文不相符合，或與事實不相符合，或於理由與理由間有矛盾之情形。[34]實務認爲此款同時構成判決違背法令，得爲非常上訴之事由。[35]

貳、刑罰變更與廢止或免除

第三審法院係根據原審訴訟資料，以原審判決時爲準，而就原審法院之判決有無違背法令予以審查，此乃事後審查，倘若原審判決後刑罰有廢止、變更或免除者，依原判決當時適用之法律如果並無錯誤，本不應指摘原判決爲違背法令，惟其判決尚未確定，法律既經修正，即不妨使之改依新法判決。由於此種情形與一般之違背法令有別，此乃本法第381條：「原審判決後，刑罰有廢止、變更或免除者，得爲上訴之理由。」之制定理由。

第五節　第三審上訴之方式

一、上訴理由書之提出與補提

本法第382條第1項規定，上訴書狀應敘述上訴理由，其未敘述者，得於提起上訴後十日內補提理由書於原審法院，未補提者，毋庸命其補提。第350條第2項、第351條及第352條之規定，於前項理由書準用之。所謂上訴書狀應敘述上述之理由，係指上訴書狀本身應敘述上訴理由而言，非可引用或檢附其他文書代替，以爲上訴之理由。[36]

---

34 黃朝義，《刑事訴訟法》，新學林，五版，2017.09，790頁。

35 最高法院41年台非47號判例。

36 最高法院41年台非47號判例。

補提第三審上訴理由書之期間係一種不變期間，依法不得延展。[37]但提起上訴在判決宣示後送達前者，其補提上訴理由書雖已在提起上訴之十日後，如自送達判決之翌日起算，仍未逾越十日之上訴期間者，即應認其上訴爲合法。[38]他造當事人接受上訴書狀或補提理由書之送達後，得於十日內提出答辯書於原審法院如係檢察官爲他造當事人者，應就上訴之理由提出答辯書。答辯書應提出繕本，由原審法院書記官送達於上訴人。如係檢察官爲他造當事人者，應就上訴之理由提出答辯書。答辯書應提出繕本，由原審法院書記官送達於上訴人（本法§383）。

二、原審法院對不合法上訴之處置

原審法院認爲上訴不合法律上之程序或法律上不應准許或其上訴權已經喪失者，應以裁定駁回之。但其不合法律上之程序可補正者，應定期間先命補正（本法§384）。

三、卷宗及證物之送交

除本法第384條情形外，原審法院於接受答辯書或提出答辯書之期間已滿後，應速將該案卷宗及證物，送交第三審法院之檢察官。第三審法院之檢察官接受卷宗及證物後，應於七日內添具意見書送交第三審法院。但於原審法院檢察官提出之上訴書或答辯書外無他意見者，毋庸添具意見書。無檢察官爲當事人之上訴案件，原審法院應將卷宗及證物逕送交第三審法院（本法§385）。

四、書狀之補提

上訴人及他造當事人，在第三審法院未判決前，得提出上訴理由書、答辯書、意見書或追加理由書於第三審法院。前項書狀，應提出繕本，由第三審法院書記官送達於他造當事人（本法§386）。

---

37 最高法院25年上字第7341號判例。

38 最高法院28年上字第922號判例。

第六節　第三審之審理方式

一、以書面審理為原則言詞辯論為例外

本法第387條規定，第三審之審判，除本章有特別規定外，準用第一審審判之規定。但第31條之強制辯護規定於第三審之審判不適用之。第三審法院之判決，不經言詞辯論為之，因為第三審是法律審，以書面審理為原則，對於上訴理由，應嚴加審核。如原審判決確有違背法令之處，而發回更審者，尤應詳閱卷證，就應調查之事項詳予指示，避免為多次之發回。[39]但法院認為有必要者，仍得命辯論。前項辯論，非以律師充任之代理人或辯護人，不得行之（本法§389）。

二、第三審行言詞辯論之方式

（一）指定受命法官及製作報告書

第三審法院於命辯論之案件，得以庭員一人為受命法官，調查上訴及答辯之要旨，製作報告書（本法§390）。

（二）受命法官朗讀報告書與陳述上訴要旨

審判期日，受命法官應於辯論前，朗讀報告書。檢察官或代理人、辯護人應先陳述上訴之意旨，再行辯論（本法§391）。

（三）一造辯論與不行辯論

審判期日，被告或自訴人無代理人、辯護人到庭者，應由檢察官或他造當事人之代理人、辯護人陳述後，即行判決。被告及自訴人均無代理人、辯護人到庭者，得不行辯論（本法§392）。

三、第三審調查之範圍與事項

原則上以上訴理由所指摘之事項為限。例外本法第393條但書所列之事

39　法院辦理刑事訴訟案件應行注意事項第173點。

項得依職權調查之。

（一）本法第379條各款規定

即只要是屬當然違背法令之情形，故雖無上訴理由特加指摘，第三審法院亦得依職權調查。

（二）免訴事由之有無

即案件是否具備實體之訴訟要件，雖無上訴理由所指摘，但第三審法院仍得依職權調查。

（三）對於確定事實援用之法令之當否

原則上以第二審判決所確認之事實爲判決基礎（本法§394Ⅰ前段），不得另行認定事實。[40]例外關於訴訟程序及得依職權調查之事項，得調查事實。然實體事項及裁判事項，前者如法定事項如犯罪事實、法定刑的加重、減免等是，後者如裁判上刑罰加重或減免之原因事實。如程序事項、形式裁判事項、訴訟上事項，本得不經言詞辯論即得認定，故第三審得依職權調查之。

（四）原審判決後刑罰之廢止、變更或免除

原審判決後，刑罰有廢止、變更或免除者，得爲上訴理由（本法§381），因此第三審法院自得依職權調查之。

（五）原審判決後之赦免或被告死亡

此等原因皆涉及刑罰權之消滅，故乃第三審法院職權調查之範圍。

第七節　第三審之判決

一、上訴駁回

第三審法院認爲上訴不合法，依照本法第395條規定以判決駁回。第三

40 法院辦理刑事訴訟案件應行注意事項第174點。

審法院認爲上訴無理由，應以判決駁回之（本法§396），並得同時諭知緩刑。此種情形通常是指上訴理由所指事項得依職權調查之事項，原審判決並無違背法令。實例上：有1.主文論罪用語不當，但科刑法條無錯誤；2.理由欄漏引相當法條而與科刑並無出入。雖違背法令但與判決主旨無出入，仍應以上訴無理由駁回。

二、撤銷原判決

（一）自為第三審判決

第三審法院認爲上訴有理由者，應將原審判決中經上訴之部分撤銷（本法§397）依本法第398條規定，刑事案件第三審法院認爲上訴有理由，且原審判決雖係違背法令，而不影響於事實之確定可據爲裁判者，應將原審判決經上訴之部分撤銷，自爲判決。[41]第三審法院因原審判決有下列情形之一而撤銷之者，應就該案件自爲第三審判決。但應爲後二條之判決者，不在此限：

1.雖係違背法令，而不影響於事實之確定，可據以爲裁判者。

2.應諭知免訴或不受理者。

3.有第393條第4款或第5款之情形者。

如撤銷原判決自爲被告有罪之判決時，因爲在被告犯罪已經證明之前提下加以裁判，故結論毋須引用本法第387條、第299條科刑判決。

（二）發回原審法院更審

本法第399條規定，第三審法院因原審判決諭知管轄錯誤、免訴或不受理係不當而撤銷之者，應以判決將該案件發回原審法院。但有必要時，得逕行發回第一審法院。

（三）發交第二審或第一審法院審判之情形

本法第400條規定，第三審法院因原審法院未諭知管轄錯誤係不當而撤銷之者，應以判決將該案件發交該管第二審或第一審法院。但第4條所列之案件，經有管轄權之原審法院爲第二審判決者，不以管轄錯誤論。

---

41 法院辦理刑事訴訟案件應行注意事項第175點。

（四）發回或發交與原審法院同級之他法院

本法第401條規定，第三審法院因前三條以外之情形而撤銷原審判決者，應以判決將該案件發回原審法院，或發交與原審法院同級之他法院。依第402條規定，爲被告之利益而撤銷原審判決時，如於共同被告有共同之撤銷理由者，其利益並及於共同被告。

 進階思考

是否爲本法第376條第1項之「罪名」應如何認定？

■ 參考解答

（一）起訴法條標準說

以檢察官起訴之法條爲準。[42]

（二）判決法條標準說

起訴法條若經法院變更後判決者，則以變更後之法條爲準。[43]

（三）法條爭議標準說

此說又有兩種意見，如釋字第60號謂：「應視當事人在第二審言詞辯論終結前是否業已提出而定。」此說之優點在於不以形式上判決主文作爲認定之標準，而係以當事人是否有所爭執爲基準，將可保障當事人上訴第三審之權利。

然而，當事人於第二審辯論終結前，每無從判明其判決結果，無從預爲爭執，且審判之對象，爲起訴之犯罪事實，並不受起訴法條之拘束。故有學者認爲48年台上字第1000號判例的見解較爲可採，即前提是，檢察官在原審言詞辯論終結前，未就起訴法條有所爭執，且按確認之事實又非顯然不屬

---

42 最高法院52年台上字第1554號判例。

43 最高法院45年台上字第1275號判例。

於第376條第1項之案件。[44]新近的實務見解認為，應以檢察官於最後一次言詞辯論終結前所提出者，已取代先前意見書之罪名爭執為斷。[45]

44 陳樸生，《刑事訴訟法實務》，自版，再訂二版，1999.06，510頁。

45 最高法院107年度台上字第2391號判決。

第4編

抗　告

第一節 抗告的意義

所謂抗告者，乃有抗告權人對於下級法院之裁定不服，於裁定確定前，請求上級法院撤銷或變更之救濟方法。抗告審法院非同於上訴審制的續審，而係審查原審查是否妥當，其調查不過就原審筆錄與原審所調查過之證據爲審理，故爲書面審理，亦非法律審，純屬事實審，即使是在抗告法院的審理亦同。抗告有分通常抗告程序與準抗告程序。

第二節 通常抗告程序

通常抗告，簡要說明之：除法律有禁止抗告之明文外，原則上，有抗告權人對於法院的裁定不服均得抗告於直接上級法院。而抗告之主體，爲具有抗告權之人，是指當事人及受裁定之訴訟關係人。故本法第403條當事人（指檢察官、自訴人、被告）對於法院之裁定有不服者，除有特別規定外，得抗告於直接上級法院。證人、鑑定人、通譯及其他非當事人受裁定者，亦得抗告。非當事人對於法院之裁定得提起抗告，以受裁定者爲限。**若抗告人等並非受裁定之當事人**，自不在得爲抗告之列。[1]

一、本法對於法院的裁定，原則上均得抗告，其不許抗告者，則以法律明文限制之。故本法第404條第1項本文規定，對於判決前關於管轄或訴訟程序之裁定，不得抗告。但下列裁定，則爲例外情形，應准許抗告規定：

（一）有得抗告之明文規定者，例如聲請法官迴避經駁回的裁定（本法§23），對於證人、鑑定人科處罰鍰之裁定（本法§§178 III、197）。

（二）關於羈押、具保、責付、限制住居、限制出境、限制出海、[2]搜索、扣押或扣押物發還、變價、擔保金、身體檢查、通訊監察、因鑑定將被告送入醫院或其他處所之裁定及依第105條第3項、

---

1 最高法院20年抗字第18號判例。

2 此爲配合增訂第八章之一限制出境、出海之規定，增訂之規定（2019.06）。

第4項所爲之禁止或扣押之裁定（基於有權利即有救濟之原則，於2014年，增列得對身體檢查、通訊監察等裁定，提出抗告或準抗告之規定）。

（三）對於限制辯護人與被告接見或互通書信之裁定（基於有權利即有救濟之原則，人民認爲其權利遭受侵害時，必須給予向法院請求救濟之機會，此乃訴訟權保障之核心內容，不得因身分之不同而予以剝奪。故對於接見或互通書信權利受限制之辯護人或被告，自應給予救濟機會，於2010年增訂第404條第1項但書第3款）。

（四）對於第33條第2、3項但書限制卷證獲知權不服者（此乃爲周全保障被告防禦權，賦予其得提起抗告之權利，於2019年增訂第33條第4項）。

第404條第1項第2款、第3款之裁定已執行終結，受裁定人亦得提起抗告，法院不得以已執行終結而無實益爲由駁回。

二、本法第405條規定不得上訴於第三審法院之案件，其第二審法院所爲裁定，不得抗告。

三、對於法院就本法第416條之聲請所爲裁定，除對於其就撤銷罰鍰之聲請而爲者外，不得抗告（本法§418）。

四、附帶民事訴訟移送民事庭審判之裁定，對此裁定於當事人並無不利之情形，故法律規定不得抗告。

五、法院或院長，認爲法官、書記官或通譯，有應自行迴避之原因，依職權而爲迴避之裁定，該受迴避之法官、書記官、通譯及當事人，不得表示不服而抗告。

第三節　通常抗告的期間

本法第406條規定抗告期間，除有特別規定外，爲五日，自送達裁定後起算但裁定經宣示者，宣示後送達前之抗告，亦有效力。

第四節　通常抗告之程序

有關通常抗告之程序有如下規定：

一、抗告之程式

提起抗告，應以抗告書狀，敘述抗告之理由，提出於原審法院為之（本法§407）。

二、原審法院對於抗告之處置

原審法院認為抗告不合法律上之程式或法律上不應准許，或其抗告權已經喪失者，應以裁定駁回之。但其不合法律上之程式可補正者，應定期間先命補正（本法§408 I）。法院接受抗告書狀或原法院意見書後，應先審查抗告是否為法律所許，抗告人是否有抗告權，抗告權已否喪失及抗告是否未逾期限。其抗告有無理由，並非取決於所指摘之事實，故因抗告而發現原裁定不當時，即為有理由，反是則為無理由，務須注意。[3]

原審法院認為抗告有理由者，應更正其裁定；認為全部或一部無理由者，應於接受抗告書狀後三日內，送交抗告法院，並得添具意見書（本法§408 II）。

三、抗告之效力

抗告無停止執行裁判之效力。但原審法院於抗告法院之裁定前，得以裁定停止執行。抗告法院得以裁定停止裁判之執行（本法§409）。

四、卷宗證物之送交及裁定期間

原審法院認為有必要者，應將該案卷宗及證物送交抗告法院。抗告法院認為有必要者，得請原審法院送交該案卷宗及證物。抗告法院收到該案卷宗及證物後，應於十日內裁定（本法§410）。

---

3 法院辦理刑事訴訟案件應行注意事項第176點。

五、抗告法院對不合法之處置

抗告法院認為抗告有第408條第1項前段之情形者，應以裁定駁回之。但其情形可以補正而未經原審法院命其補正者，審判長應定期間先命補正（本法§41Ⅰ）。

六、對無理由抗告之裁定

抗告法院認為抗告無理由者，應以裁定駁回之（本法§412）。

七、對有理由抗告之裁定

抗告法院認為抗告有理由者，應以裁定將原裁定撤銷；於有必要時，並自為裁定（本法§413）。

八、裁定之通知

抗告法院之裁定，應速通知原審法院（本法§414）。

第五節　再抗告

一、再抗告者，乃對於抗告法院所為之裁定再為抗告之謂。依照本法第415條第1項前段規定，對於抗告法院之裁定，不問其係駁回或認為有理由而予撤銷，原則上不得提起再抗告。但同條第1項但書規定，對於其就左列抗告所為之裁定，得提起再抗告，是為例外，因該等事項，均與抗告人或其他關係人關係重大，故許提起再抗告，以示慎重。

二、得提起再抗告之情形如下：

（一）對於駁回上訴之裁定抗告者。

（二）對於因上訴逾期聲請回復原狀之裁定抗告者。

（三）對於聲請再審之裁定抗告者。

（四）對於第477條定刑之裁定抗告者。

（五）對於第486條聲明疑義或異議之裁定抗告者。

（六）證人、鑑定人、通譯及其他非當事人對於所受之裁定抗告者。

本法第415條第1項但書之規定，於依第405條不得抗告之裁定，不適用之，即指該項例外規定，於不得上訴第三審法院之案件，第二審法院所爲之裁定，不適用之（本法§415 Ⅱ）。

第六節　準抗告

準抗告者，乃當事人或非當事人，對於審判長、受命法官、受託法官、或檢察官所爲之處分不服，聲請其所屬法院，撤銷或變更之救濟方法。法院受理本法第416條第1項之案件，應由爲原處分之審判長、陪席法官、受命法官所屬合議庭以外之另一合議庭審理。[4]

一、準抗告之程序

（一）對於審判長、受命法官、受託法官或檢察官所爲下列處分有不服者，受處分人得聲請所屬法院撤銷或變更之。處分已執行終結，受處分人亦得聲請，法院不得以已執行終結而無實益爲由駁回：

一、關於羈押、具保、責付、限制住居、限制出境、限制出海、[5]搜索、扣押或扣押物發還、變價、擔保金、因鑑定將被告送入醫院或其他處所之處分、身體檢查、通訊監察及第105條第3項、第4項所爲之禁止或扣押之處分。

二、對於證人、鑑定人或通譯科罰鍰之處分。

三、對於限制辯護人與被告接見或互通書信之處分。

四、對於第34條第3項指定之處分。

前項之搜索、扣押經撤銷者，審判時法院得宣告所扣得之物，不得作爲證據。

本法第416條第1項聲請期間爲五日，自爲處分之日起算，其爲送達

4　法院辦理刑事訴訟案件應行注意事項第176點之1。

5　此爲配合增訂第八章之一限制出境、出海之規定，增訂之規定（2019.06）。

者，自送達後起算。

本法第409條至第414條規定，於本條準用之。

本法第21條第1項規定，於聲請撤銷或變更受託法官之裁定者準用之。

（二）本法第417條規定，聲請應以書狀敘述不服之理由，提出於該管法院為之。

二、準抗告之效力

（一）本法第418條規定，法院就第416條之聲請所為裁定，不得抗告。但對於其就撤銷罰鍰之聲請而為者，得提起抗告。

（二）依本編規定得提起抗告，而誤為撤銷或變更之聲請者，視為已提抗告；其得為撤銷或變更之聲請而誤為抗告者，視為已有聲請。

（三）本法第419條規定，抗告，除本章有特別規定外，準用第三編第一章關於上訴之規定。

第 5 編

再 審

第一節　再審的意義

所謂再審，係指針對「確定」之判決，聲明不服之方法，此與對於未確定之判決聲明不服者不同，而與非常上訴，對於已確定判決爲之，則屬相同。

第二節　聲請再審之主體

壹、為受判決人之利益聲請再審之人

一、管轄法院檢察署之檢察官。
二、受判決人。
三、受判決人之法定代理人或配偶。
四、受判決人已死亡者，其配偶、直系血親，三親等內之旁系血親，二親等內之姻親，或家長家屬。

貳、為受判決人之不利益聲請再審之人

一、管轄法院檢察署之檢察官。
二、自訴人，限於本法第422條規定有罪、無罪、免訴或不受理之判決確定後，有左列情形之一者，爲受判決人之不利益，得聲請再審，有第420條第1款、第2款、第4款或第5款之情形者。

自訴人已喪失行爲能力或死亡者，得由第319條第1項所爲得提起自訴之人，爲前項之聲請。故本法第428條規定爲受判決人之不利益聲請再審，得由管轄法院之檢察官及自訴人爲之；但自訴人聲請再審者，以有第422條第1款規定之情形爲限。自訴人已喪失行爲能力或死亡者，得由第319條第1項所列得爲提起自訴之人，爲前項之聲請。

第三節　聲請再審之條件

爲受判決人之利益，得聲請再審，其條件如下：

是指受有罪之判決確定後，而請求爲無罪或輕於原判決所認罪名或予以免刑、免訴之諭知。再審聲請有無理由，不過爲再審開始之條件而已，並非直接變更原判決，**故所列新事證僅自由證明具備動搖原判決確定事實之「可能性」，即符合開始再審要件，並無達到確信程度之必要。**[1]**原則上，毋須經當事人的言詞辯論；除非法院於裁定前，「認爲有必要者」，才要調查事實**[2]。

壹、一般規定（本法§420）

有罪之判決確定後，有左列情形之一者，爲受判決人之利益，得聲請再審：

一、原判決所憑之證物已證明其爲僞造或變造者。

二、原判決所憑之證言、鑑定或通譯已證明其爲虛僞者。

三、受有罪判決之人，已證明其係被誣告者。

四、原判決所之憑之通常法院或特別法院之裁判已經確定裁判變更者。此項裁判應包括軍法裁判及民刑事之判決及裁定。

五、參與原判決或前審判決或判決前所行調查之法官，或參與偵查或起訴之檢察官或參與調查犯罪之檢察事務官、司法警察官或司法警察，因該案件犯職務上之罪已經證明者，或因該案件違法失職已受懲戒處分，足以影響原判決者。例如聲請再審之原判決，爲第三審法院之判決，則前第一審、第二審法院所爲之判決，均屬前審判決。

六、因發現新事實或新證據，單獨或與先前之證據綜合判斷，足認受有罪判決之人應受無罪、免訴、免刑或輕於原判決所認罪名之判決者。

1　最高法院107年度台抗字第683號裁定。

2　最高法院107年度台抗字第447號裁定。

舉例說明

在〈鄭性澤案〉中，因發現原相驗照片所示之被害人蘇憲丕右胸部槍擊傷勢，有原相驗屍體解剖報告未記載及說明之傷口（有2個創口，並非1個），經送臺灣大學醫學院法醫學研究所，足認有罪之聲請人即受判決人鄭性澤有應受無罪判決之情形，而上開傷口及鑑定分析報告以及該報告中所引醫學專家實證資料、同型槍枝實測資料，均係「本案判決確定後始發現或成立之事實、證據」，爲原確定判決未予調查或評價者，應認係刑事訴訟法第420條第1項第6款之新事實、新證據。

所謂「足認」受有罪判決之人應受「免刑」之判決，係指有開啓再審之蓋然性而言，且應認係獨立之聲請再審事由：（一）從刑事訴訟法條文觀之，所謂足認受有罪判決之人應受「免刑」之判決，與「無罪」、「免訴」或「輕於原判決所認罪名」之判決，係併列爲該條項得據以聲請再審的事由之一，法文明定爲「或」，自應認係獨立於「無罪」、「免訴」及「輕於原判決所認罪名」3種之外之聲請再審事由，不應與其他事由混淆審查。（二）「足認」乙詞，乃指有受改判之「蓋然性」而言。[3]

所謂「輕於原判決所認罪名之判決者」，係指再審判決之罪名，應較原判決之罪名爲輕而言，反之，若不涉及罪名的變更者，則不得依再審的程序救濟之，但如發現該案件認定事實與所採用的證據顯屬不符，自屬審判違背法令，得提起非常上訴。

前項第1款至第3款及第5款情形之證明，以經判決確定，或其刑事訴訟不能開始或續行非因證據不足者爲限，得聲請再審（本法§420 II），例如被告死亡、時效完成、大赦而無法取得確定判決。

過去的實務意見認爲，**本法第420條第1項第6款證據之「新穎性」（嶄新性）限於事實審法院判決當時「已」存在，僅事實審法院於判決前未發現，不及調查斟酌，至其後始行發現者，方屬之。即以其曾否於原事實審中提出爲準。**[4]

但學說對前開舊實務這套操作標準多表不認同，認爲只要法院當初因不

---

3 最高法院108年度台抗字第1297號裁定（具有參考價值的裁判）。

4 最高法院28年抗字第8號判例。

知而漏未斟酌，例如新的鑑定或事後才發現的監視錄影帶，若足以動搖原判決認定事實的基礎，對法院而言，即具「新穎性」。[5]

因此，舊實務顯然不當限縮聲請再審的範圍。蓋本法第420條對於新證據的性質及種類並沒有任何限制。亦即，限定新證據必須是「判決當時已存在，判決後始發現」的標準，不但欠缺法源依據，同時也違反再審係發現實體眞實及維持公平正義的本旨。換言之，構成再審理由之嶄新性證據應在於是否爲「在判決確定後，方爲法院所發現者」爲斷。[6]

依修法後新近的實務見解，本法第420條第1項第3項：「第一項第六款之新事實或新證據，指判決確定前已存在或成立而未及調查斟酌，及判決確定後始存在或成立之事實、證據。」**放寬其條件限制，承認「罪證有疑、利歸被告」原則**，並非祇存在法院一般審判之中，而於判罪確定後之聲請再審，仍有適用，不再刻意要求受判決人（被告）與事證間關係之新穎性，而應著重於事證和法院間之關係，亦即祇要事證具有明確性，不管其出現係在判決確定之前或之後，亦無論係單獨（例如不在場證明、頂替證據、新鑑定報告或方法），或結合先前已經存在卷內之各項證據資料，予以綜合判斷，若因此能產生合理之懷疑，而有足以推翻原確定判決所認事實之蓋然性，即已該當。**申言之，各項新、舊證據綜合判斷結果，不以獲致原確定判決所認定之犯罪事實，應是不存在或較輕微之確實心證爲必要，而僅以基於合理、正當之理由，懷疑原已確認之犯罪事實並不實在，可能影響判決之結果或本旨爲已足。縱然如此，不必至鐵定翻案、毫無疑問之程度**[7]。

「新穎性」重點應在於「尚未被判斷之資料性質」；所謂之新證據是指「法院就該證據未加以爲實質證據價値判斷之證據而言」。[8]有鑑於過去實務見解之盲點，立法院於2015年2月修正本法第420條第1項第6款，並新增第3項關於新事實及新證據之定義，乃指判決確定前已存在或成立而未及調

---

[5] 林鈺雄，《刑事訴訟法（下）》，新學林，八版，2017.09，520頁以下。

[6] 陳運財，〈再審與誤判的救濟〉，收錄於《刑事訴訟與正當法律程序》，月旦，1998.09，397～400頁；陳運財，〈刑事訴訟法爲被告利益再審之要件—評最高法院89年度台抗字第463號裁定〉，《檢察新論》，第11期，2012.01，22頁以下。

[7] 最高法院104年度台抗字第125號裁定。

[8] 黃朝義，《刑事訴訟法》，新學林，五版，2017.09，831頁以下。

查斟酌，及判決確定後始存在或成立之事實、證據，單獨或與先前之證據綜合判斷，足認受有罪判決之人應受無罪、免訴、免刑或輕於原判決所認罪名之判決者。據此，該款所稱之新事實或新證據，包括原判決所憑之鑑定，其鑑定方法、鑑定儀器、所依據之特別知識或科學理論有錯誤或不可信之情形者，或以判決確定前未存在之鑑定方法或技術，就原有之證據爲鑑定結果，合理相信足使受有罪判決之人應受無罪、免訴、免刑或輕於原判決所認罪名之判決者亦包括在內。

修法後，DNA證據如能合理相信足使受有罪判決之人應受無罪、免訴、免刑或輕於原判決所認罪名之判決，即可聲請再審之機會，以避免冤獄。

貳、特別規定（§ 421）

不得上訴於第三審法院之案件，除前條規定外，其經第二審確定之有罪判決，如就足生影響於判決之重要證據漏未審酌者，亦得爲受判決人之利益，聲請再審。

所稱「重要證據漏未審酌」，**係指重要證據業已提出，或已發現而未予調查，或雖調查但未就調查之結果予以判斷並定取捨而言；其已提出之證據而被捨棄不採用，若未於理由內敘明其捨棄之理由者**，亦應認爲漏未審酌。對於第421條「重要證據漏未審酌」之見解，實與刑事訴訟法第420條第3項規定之再審新證據要件相仿，亦即指該證據實質之證據價值未加以判斷者而言。[9]

爲受判決人之不利益，得聲請再審，其條件如下：

一、有罪、無罪、免訴或不受理之判決確定後，有左列情形之一者，爲受判決人之不利益，得聲請再審（§ 422）

（一）有第420條第1款、第2款、第4款或第5款之情形者。

（二）受無罪或輕於相當之刑之判決，而於訴訟上或訴訟外自白，或發見確實之新證據，足認其有應受有罪或重刑判決之犯罪事實者。例如被告

9 最高法院107年度台抗字第341號裁定。

依傷害罪，經判處罪刑確定，被害人因傷致死，檢察官及自訴人均不得爲被告之不利益而聲請再審，因原確定判決依當時所存在之客觀事實，被害人爲死亡，其所爲之實體判決事實上並無認定錯誤，得聲請再審之前提要件不存在。

本法第420條第1項第6款及同條第3項，雖於2015年2月4日經修正及增訂，但同法第422條第2款並未併加修正，顯見立法者有意區別有利及不利於受判決人再審之要件，並未擴大不利於受判決人再審之範圍。亦即後者所稱之新證據仍採以往判例限縮之解釋，此與前者於修法後放寬適用之要件，仍有差異，未可等同視之。故同法第422條第2款所稱之「發見確實之新證據」，應與修正前同法第420條第1項第6 款所定「發現確實之新證據」爲同一解釋，亦即須該項證據於事實審法院判決前已經存在，爲法院、當事人所不知，不及調查斟酌，至其後始行發見（即「新規性」，亦有稱「嶄新性」），且就該證據本身形式上觀察，固不以絕對不須經過調查程序爲條件，但必須顯然可認爲確實具有足以動搖原確定判決（即「確實性」，亦有稱「顯著性」），而爲受判決人有罪或重刑判決爲限，始具備爲受判決人之不利益聲請再審之要件。[10]

（三）受免訴或不受理之判決，而於訴訟上或訴訟外自述，或發見確實之新證據，足認其並無免訴或不受理之原因者。

二、本法第421條爲聲請再審之特別規定

不得上訴於第三審法院之案件，除前條規定外，其經第二審確定之有罪判決，如就足生影響於判決之重要證據漏未審酌者，亦得爲受判決人之利益，聲請再審。

10　最高法院107年度台抗字第458號裁定。

第四節　聲請再審之期間

一、為受判決人利益聲請再審之期間

（一）本法第423條規定

聲請再審於刑罰執行完畢後，或已不受執行時，亦得為之。故聲請再審，於判決確定後，為受判決人之利益，隨時均得為之，並無期間之限制，即於刑罰執行完畢後或已不受執行時，亦得為之。但不得上訴第三審案件，因重要證據漏未審酌而聲請再審者，應於送達判決後二十日內為之。[11]

（二）本法第424條規定

依本法第421條規定，因重要證據漏未審酌而聲請再審者，應於送達判決後二十日內為之。

二、為受判決人利益聲請再審之期間

受判決人之不利益聲請再審，於判決確定後，經過刑法第80條第1項期間二分之一者，不得為之（本法§425）。又為受判決人之不利益聲請再審，於判決確定後，經過刑法第80條第1項期間二分之一者，不得為之。且此項期間之進行，並無關於追訴權時效停止規定之適用。

第五節　再審之管轄法院

本法第426條規定，再審之管轄法院如下：

一、聲請再審，由判決之「原審」法院管轄。

二、判決之一部曾經上訴，一部未經上訴，對於各該部分均聲請再審，而經第二審法院就其在上訴審確定之部分為開始再審之裁定者，其對於在第一審確定之部分聲請再審，亦應由第二審法院管轄之。

11　法院辦理刑事訴訟案件應行注意事項第177點。

三、判決在第三審確定者，對於該判決聲請再審，除以第三審法院之法官有本法第420條第5款情形爲原因者外，應由第二審法院管轄之。

第六節 聲請再審的程式

一、本法第429條規定，聲請再審，應以再審書狀敘述理由，附具原判決之繕本及證據，提出於管轄法院爲之。但經釋明無法提出原判決之繕本，而有正當理由者，亦得同時請求法院調取之。[12]。另修正後第433條則明定：「法院認爲聲請再審之程序違背規定者，應以裁定駁回之。但其不合法律上之程式可以補正者，應定期間先命補正。」是法律修正後，對程序違背規定之再審聲請，已由毋庸命補正即得逕予駁回之舊制，變更爲應先依法命其補正，若仍未遵期補正，始得駁回。修法前聲請再審之案件，尚未經裁定者，修法後，因程序從新，其程序之進行，自應依修正後之新法爲之；已經裁定者，若當事人提起抗告，由於抗告法院就抗告案件程序上是否具備合法要件、實體上有無理由等事項之審查，本應依職權爲之，且其範圍不以原審法院之卷證爲限，併及於原裁定後所發生之情事，法律變動即屬之，故應適用修正後再審規定。又再審制度係針對確定判決事實認定錯誤所設之除錯、救濟機制，修法後，於最高法院繫屬中之再審抗告案件，若因適用修正後新法，需裁定命其補正者，最高法院囿其法律審之屬性，職權行使之範圍不包括犯罪事實之調查、認定，且爲維護案件當事人審級利益之考量，自應撤銷原裁定，由原審法院適用新法妥爲處理。[13]

所謂「原判決繕本」，乃指原確定判決之繕本而言，並非指該案歷審判決，聲請人向第二審法院聲請再審，附具第二審確定判決繕本即已足。縱該案提起第三審上訴，經本院判決以上訴不合法而駁回確定，因本院判決不具實體確定力，非該條所稱之原判決，自毋庸附具該案之第一審

[12] 本條係新修正（2020.01.08）。

[13] 最高法院109年度台抗字第158號裁定（具有參考價值的裁判）。

及第三審判決繕本。[14]

二、（一）本法第429條之1規定，聲請再審，得委任律師爲代理人。前項委任，應提出委任狀於法院，並準用第28條及第32條之規定。第33條之規定，於聲請再審之情形，準用之。[15]

（二）新增本法第429條之2規定，聲請再審之案件，除顯無必要者外，應通知聲請人及其代理人到場，並聽取檢察官及受判決人之意見。但無正當理由不到場，或陳明不願到場者，不在此限。[16] 其立法意旨係爲釐清聲請再審是否合法及有無理由，故除顯無必要者外，如依聲請意旨，從形式上觀察，聲請顯有理由而應裁定開始再審；或顯無理由而應予駁回，**例如提出之事實、證據，一望即知係在原確定判決審判中已提出之證據**，經法院審酌後捨棄不採，而不具備新規性之實質要件，並無疑義者；或顯屬程序上不合法且無可補正，例如聲請已逾法定期間、非屬有權聲請再審之人、對尚未確定之判決爲聲請、以撤回或法院認爲無再審理由裁定駁回再審聲請之同一原因事實聲請再審等，其程序違背規定已明，而無需再予釐清，且無從命補正，當然無庸依上開規定通知到場聽取意見之必要，庶免徒然浪費有限之司法資源。反之，聲請再審是否合法、有無理由尚未明朗，非僅憑聲請意旨即可一目瞭然、明確判斷，**例如是否爲同一原因之事實仍待釐清；提出之事實、證據是否具有新規性容有疑義；或雖具備新規性，惟顯著性之審查，涉及證據資料之評價究否足以動搖原確定判決，或有無必要依刑事訴訟法第429條之3規定調查證據，以判斷應否爲開始再審之裁定仍非明確等**，除聲請人已陳明不願到場者外，均應通知聲請人及其代理人到場賦予陳述意見之機會，並聽取檢察官及受判決人之意見，俾供再審法院憑判之參考。從而究否應通知上揭人員到場，當因具體個案情形之不同而有別。[17]

---

14 最高法院106年度第17次刑事庭會議決議（一）。

15 本條係新增（2020.01.08）。

16 本條係新增（2020.01.08）。

17 最高法院109年度台抗字第263號裁定（具有參考價值的裁判）。

（三）新增本法第429-3條規定，聲請再審得同時釋明其事由聲請調查證據，法院認有必要者，應爲調查。法院爲查明再審之聲請有無理由，得依職權調查證據。[18]

三、本法第432條規定，第358條及第360條之規定，於聲請再審及其撤回準用之。

第七節　再審的效力

聲請再審，無停止刑罰執行之效力。但管轄法院之檢察官於再審之裁定前，得命停止（本法§430）。理由不外恐無益之再審有妨礙刑罰之執行。但例外亦得停止刑罰之執行。

第八節　聲請再審之撤回

本法第431條規定，再審之聲請，於再審判決前，得撤回之。撤回再審聲請之人，不得更以同一原因聲請再審。

第九節　再審之審判

一、本法第433條規定，法院認爲聲請再審之程序違背規定者，應以裁定駁回之。但其不合法律上之程式可以補正者，應定期間先命補正。[19]

二、本法第434條規定，法院認爲無再審理由者，應以裁定駁回之。聲請人或受裁定人不服駁回聲請之裁定者，得於裁定送達後十日內抗告。[20]經

[18] 本條係新增（2020.01.08）。

[19] 本條新修正（2020.01.08）。

[20] 本條係新增（2020.01.08）。

前項裁定後，不得更以同一原因聲請再審。**所稱同一原因，係指聲請再審之原因事實，已爲實體上之裁判者而言，若僅以其聲請程序不合法，予以駁回者，自不包括在內。**[21]法院對於聲請人所夾陳曾經審酌並列爲「禁止再訴」之事證及增添未曾判斷過之新事證提起再審時，應綜合判斷有無開啓再審之理由，不宜將曾經法院判斷無再審理由之證據，先割裂以本法第434條第2項規定認有違「禁止再訴」之效力予以剔除，再個別判斷該 新增未曾提出之新事證是否符合再審要件。[22]

三、本法第435條規定，法院認爲有再審理由者，應爲開始再審之裁定。爲前項裁定後，得以裁定停止刑罰之執行。對於第一項之裁定，得於三日內抗告。

四、本法第436條規定，開始再審之裁定確定後，法院應依其審級之通常程序，更爲審判。

五、本法第437條規定， 受判決人已死亡者，爲其利益聲請再審之案件，應不行言詞辯論，由檢察官或自訴人以書狀陳述意見後，即行判決。但自訴人已喪失行爲能力或死亡者，得由第332條規定得爲承受訴訟之人於一個月內聲請法院承受訴訟；如無承受訴訟之人或逾期不爲承受者，法院得逕行判決，或通知檢察官陳述意見。爲受判決人之利益聲請再審之案件，受判決人於再審判決前死亡者，準用前項規定。依前二項規定所爲之判決，不得上訴。

六、本法第438條規定，爲受判決人之不利益聲請再審之案件，受判決人於再審判決前死亡者，其再審之聲請及關於再審之裁定，失其效力。

七、本法第439條規定，爲受判決人之利益聲請再審之案件，諭知有罪之判決者，不得重於原判決所諭知之刑。可知再審也有不利益變更禁止原則之適用。

八、本法第440條規定，爲受判決人之利益聲請再審之案件，諭知無罪之判決者，應將該判決書刊登公報或其他報紙。

---

21 最高法院25年抗字第292號判例、法院辦理刑事訴訟案件應行注意事項第178點。

22 最高法院108年度台抗字第553號裁定（具有參考價値的裁判）。

第6編

非常上訴

第一節　非常上訴之特質與要件

所謂非常上訴，乃最高檢察署檢察總長，對於「確定判決」，以審判違背法令為理由，請求最高法院救濟之方法。以統一各級法院對於法令之解釋為其主要目的。所謂審判違背法令，係指審判程序或其判決（裁定）之援用法令與當時應適用之法令有所違背而言；故原確定裁判所援用之法令，如與當時應適用之法令並無違背，即難以其後法令變更或法院所持之法令上見解變更為由，提起非常上訴，而使前之確定裁判受影響。2016年7月1日修正施行之沒收新制規定，係刑罰及保安處分以外具有獨立性之法律效果，已非刑罰（從刑），具有獨立性，而得與罪刑部分，分別處理。因之，第二審法院就被告所提起之上訴，關於沒收部分，如漏未判決，應屬補行判決之問題，該漏判部分，既未經判決，自不發生判決確定之情形，對之不得提起非常上訴。[1]

僅限於對「確定」判決提起，此與對於尚未確定判決而提起之上訴有異。就對確定判決而言，雖與再審相同，但非常上訴係以確定判決違背法令為理由，而再審則以確定判決認定事實不當為理由。又非常上訴只限於向最高法院提起；再審則向原審法院提起，視由何者法院確定者，則向何法院提起；但第三審法院確定者除有本法第420條第5款之原因者外，應由第二審法院管轄之。[2]

非常上訴只能由最高檢察署檢察總長提起，此與再審及上訴均不相同。

非常上訴之要件如下：

一、提起非常上訴之判決，從條文文義來看，**必須為刑事確定實體「判決」**，但實務擴張至關於**實體事項之「裁定」**，比照實體判決，撤銷緩刑宣告之裁定，與科刑判決有同等效力，於裁定確定後，認為違法，亦得提起非常上訴。[3]又實務曾認為，另定之執行刑，其裁量所定之刑期，如較重

---

1 最高法院109年度台非字第25號判決（具有參考價值的裁判）。

2 最高法院107年度台非字第61號判決（具有參考價值的裁判）。

3 最高法院44年台非字第41號判例。

於前定之執行刑加計後裁判宣告之刑之總和者，即屬違背法令，不得作爲抗告之理由，亦得以之作爲非常上訴之理由。[4]然而，非常上訴之原旨係爲統一法令之解釋與適用。若從這個觀點而言，關鍵仍在救濟判決違背法令，應與實體事項與否無關。實務以「裁定」是否具有實體法之性質來作爲可否提起非常上訴之要件，有待商榷與不當。[5]近來實務見解認爲，此乃屬最高法院所持法令上之見解變更，並非違法，於是最高法院後來改變見解，此種情形，不得據以提起非常上訴，而使前之裁判受影響。[6]

二、提起非常上訴之判決，必須判決違背法令，即具有本法第378條或第379條之情形。依歷來的實務見解，目前本法第379條各款中，實務認爲第4、5、6、7、10、12及14款可成爲非常上訴之事由，**理由大致是：判決違背法令與訴訟程序違背法令，二者理論上雖可分立，實際上時相牽連……，然於判決有影響**」。然而，依照實務的操作模式，似乎不夠精準，有學者指出，本法第379條第9、13款非無解釋同時構成判決違背法令的空間。[7]此外，更有論者主張，本法第447條第1項第1款，所稱「判決違背法令」即包括第379條所列各款。蓋其乃基於違法情節特別嚴重並且免除個案判斷困擾之目的，而將其特別列爲「判決當然違背法令」，毋待個案權衡判斷。[8]

惟本書認爲，非常上訴之主要目的在於「統一法令之解釋與適用」，保護被告只是附帶效果，若要廣開救濟之門可以考量擴張再審之適用要件，因此得否提非常上訴主要的考量仍係「統一法令之解釋與適用」，以免造成非常上訴之制度定位模糊不清。

三、非常上訴必須由最高法院檢察署檢察總長提起。

四、非常上訴不審究裁判書以外事實問題。

---

4 最高法院25年台非字第139號判例。

5 黃朝義，《刑事訴訟法》，新學林，五版，2017.09，849頁；李春福，《非常上訴制度之研究》，承法，初版，2014.04，231頁。

6 最高法院103年度第14次刑事庭會議決議（二）。

7 王兆鵬、張明偉、李榮耕，《刑事訴訟法（下）》，新學林，五版，2021.11，563頁以下。

8 林鈺雄，《刑事訴訟法（下）》，新學林，十版，2020.09，565頁。

五、非常上訴不利益不及於被告。

六、非常上訴不適用一事不再理之原則，縱經以無理由駁回，仍得以同一理由再行提起。

七、非常上訴的提起，無時間之限制。

八、非常上訴的提起採便宜主義，即判決縱有違法，提起與否檢察總長有審酌之權。

九、非常上訴有統一法令解釋之作用。

第二節　得提起非常上訴的案件

一、下列情形得予提起非常上訴：

（一）刑事訴訟法第376條第1項所列各罪案件之第二審判決。

（二）煙毒案件之終審判決。

（三）第三審判決。

上訴案件一經判決即告確定，如被告於判決前死亡，仍得提起非常上訴。

二、實體法上之二重判決，仍得提起非常上訴。

如經提起非常上訴，應認爲二重判決當然不利於被告應予撤銷，不另爲判決。實體上二重判決之後確定判決爲當然無效判決之一種，其內容雖不生效力，但並非不存在，其仍具有形式判決之確定力，此項違法之判決自應提起非常上訴以爲救濟之。

三、認定犯罪事實與所採用證據不符，得提起非常上訴。本法第445條規定，最高法院之調查，以非常上訴理由所指摘之事項爲限。第394條之規定，於非常上訴準用之，即指原判決所確定之犯罪事實以糾正其錯誤。

四、實務認爲不得提起非常上訴之情形

（一）如判決前死亡或判決後死亡，因已經無法送達，法院應將判決附卷，不予送達。既屬未經送達之不確定判決，自不得提起非常上訴。另外如被告在判決送達後，上訴期間內死亡或上訴中死亡者，原判決亦非確定，自亦不得提起非常上訴。[9]**然而本書認爲，被告雖已死亡，但只要有統一解釋法令之必要，應該容許非常上訴之提起。**[10]

（二）原審訴訟程序違法不影響於判決者，不得提起非常上訴。

（三）少年管訓事件不得提起非常上訴。

（四）對於駁回上訴程序之判決原則上不得提起非常上訴。

第三節　提起非常上訴之程序

本法第441條規定非常上訴之程序：

判決確定後，發見該案件之審判係違背法令者，最高法院檢察署檢察總長得向最高法院提起非常上訴。

一、本法第442條規定，檢察官發見有前條情形者，應具意見書將該案卷宗及證物送交最高法院檢察署檢察總長，聲請提起非常上訴。

二、本法第443條規定，提起非常上訴，應以非常上訴書敘述理由，提出於最高法院爲之。其以言詞提出者，爲法所不許；且此非常上訴應敘述理由，此與通常訴訟程序之第三審上訴書狀，其理由與書狀可分別提出，即理由可於後補提者（刑事訴訟法第382條第1項參照）不同。所謂敘述理由，即敘述原確定判決之案件，其審判有何違背法令之事實及證據而言，亦因其理由須爲此等事項之敘述，是以於提起非常上訴時，應併將該案之卷宗及證物送交最高法院，此刑事訴訟法雖未規定，但解釋上必須如此。[11]

三、本法第444條規定，非常上訴之判決，不經言詞辯論爲之。

四、本法第445條規定，最高法院之調查，以非常上訴理由所指摘之事項爲限。第394條之規定，於非常上訴準用之。

五、本法第446條規定，認爲非常上訴無理由者，應以判決駁回之。

9　最高法院60年度第1次民刑庭總會議決議。

10　黃朝義，《刑事訴訟法》，新學林，五版，2017.09，847頁。

11　最高法院105年度台非字第80號判決（具有參考價值的裁判）。

第四節 非常上訴判決之效力

壹、非常上訴制度設置之目的

立法例上，有以下三說：

一、統一解釋說

專為糾正原確定判決適用法令錯誤，藉以統一法令之適用。

二、保護被告說

乃為保護被告之利益而設，必須原判決不利於被告始得提起。

三、折衷說

此為近世各國立法例所採，係為統一法令解釋與適用為其主旨，其判決效力並不及於被告，但原判決不利於被告者，則非為判決效力所及。

就我國制度而言，不論學說或實務，均採折衷見解，以統一法令解釋為主，兼保護被告為輔之立法。[12]從法令適用之統一而論，應該僅只限定於抽象意義的解釋問題。因而，設若貫徹此種理論之結果，法令之統一解釋範圍，必然地僅只限定於實體法適用錯誤問題。惟在訴訟程序違背法令之情形，非常上訴之判決對於原審法院（或其他法院）而言，藉由指摘具體案件之程序錯誤，可對未來之案件處理具有警示之作用。[13]因此，雖然透過非常上訴可適度保護被告之利益，使被告不致因法院適用法令見解之錯誤或不當，而蒙受不利益，然此僅為非常上訴為達統一法令解釋之主要目的之副作用，但並非常上訴之設立初衷。總之，非常上訴之立法目的，主要具有三個功能：1.除了糾正審判有違背法令（包括糾正對被告不利益之違法確定判決）；2.也是在統一法令之解釋；3.更是「妥當性」的解決法律適用紛爭之

---

[12] 李春福，《非常上訴制度之研究》，承法，初版，2014.04，363頁。

[13] 黃朝義，《刑事訴訟法》，新學林，五版，2017.09，847頁以下。

統一，[14]雖然實務見解不斷擴張範圍藉此保護被告，但此乃實務的再審之新事實新證據不當窄化之故，實則，就本質而言非常上訴仍應以統一法令之解釋與適用爲提起要件。

本法第447條第1項規定，認爲非常上訴有理由者，應分別爲下列之判決：

（一）原判決違背法令者，將其違背之部分撤銷。但原判決不利於被告者，應就該案件另行判決（§447 I ①）。

（二）訴訟程序違背法令者，撤銷其程序（§447 I ②）。

第447條第1項第1款情形，如係誤認爲無審判權而不受理，或其他有維持被告審級利益之必要者，得將原判決撤銷，由原審法院依判決前之程序更爲審判。但不得諭知較重於原確定判決之刑（§447 II）。

依照本法第448條規定，非常上訴之判決，除依第447條第1項第1款但書及第2項規定外，其效力不及於被告。非常上訴之效力，原則上對於被告不受影響。僅將違法部分撤銷即可。

原判決對於被告不利者，適用本法第447條第1項第1款但書爲判決時，主文第一項用語爲「原判決撤銷」或「原判決關於某部分撤銷」，於第2項另行改判之主文。但無效之判決，或原審就未經請求之事項而爲不利於被告之判決，僅爲第一項主文之記載即可。本法第447條第1項第1款但書所謂「原判決不利於被告之情形」有：

（一）本係普通過失致死，誤判爲業務上過失致死。

（二）應依程序法而爲判決，誤就實體法而爲判決。

（三）應爲不受理判決，誤爲管轄錯誤判決。

（四）應爲免訴判決，而爲不受理判決。

（五）應爲無罪判決，誤爲免訴判決。

（六）不合法之上訴，應爲駁回上訴之判決，誤爲上訴合法，且爲不利於被告之改判者。如不合法之上訴，原審誤爲合法之上訴，逕爲實體上之判決，而其判決非對被告不利者，此類判決應以原判決與其所撤銷之判決互相比較，已定其餘被告是否利，如無不利之情形，即不得另行判決。

---

14 李春福，《非常上訴制度之研究》，承法，初版，2014.04，364頁。

（七）應爲不須移送之自訴案件所爲之管轄錯誤之判決，而誤爲有罪判決者。

貳、訴訟程序違背法令者撤銷其程序

若於被告並無不利，只應將原判決關於違法部分撤銷，因其並非具有改判之性質，原確定判決仍然有效存在，不受非常上訴影響（本法§447 I ②）。

本法第447條第2項規定，前項第1款情形，如係誤認爲無審判權而不受理或其他有維持被告審級利益之必要者，得將原判決撤銷，由原審法院依判決前之程序更爲審判。但不得諭知較重於原確定判決之刑。如以應於審判期日調查之證據未予調查，致適用法令錯誤，影響實體判決，判決主文應諭知「原判決及訴訟程序違背法令部分均撤銷，發回原審法院依判決前程序更爲審判」。至於何種判決應於發回本法並無明文規定，則由最高法院自由斟酌之。此可謂最高法院應另行判決之例外規定，原審法院依判決前之程序更爲審判，但不得諭知較重於原確定判決之刑，此乃貫徹保護被告之旨。

本法第448條規定，非常上訴之判決，除依前條第1項第1款但書及第2項規定者外，其效力不及於被告。

進階思考

1 得提起非常上訴範圍爲何？

■ **參考解答**

依最高法院97年度第4次刑事庭會議決議：[15]

---

15 有關此決議的評析檢討可參考：黃朝義，《刑事訴訟法》，新學林，四版，2014.09，794頁；王兆鵬、張明偉、李榮耕，《刑事訴訟法（下）》，新學林，四版，2018.09，476頁；李春福，《非常上訴制度之研究》，承法，初版，2014.04，148頁。

（一）有效之違法判決（本決議之範圍）

1. 尚非不利於被告（包括有利及無不利者）

(1)與統一適用法令有關者：有非常上訴之必要性

(2)不涉及統一適用法令者：無非常上訴之必要性

2. 不利於被告（無論是否與統一適用法令有關）

原則：因非予救濟，不足以保障人權，有非常上訴之必要性。

例外：另有其他救濟之道，並無礙於被告之利益者，無非常上訴之必要性。

（二）無效之違法判決：

1. 誤不合法之上訴爲合法：**依司法院釋字第135號解釋處理**

(1)未確定：依上訴、抗告程序處理

(2)已確定：依非常上訴、再審程序處理

2. 誤合法之上訴爲不合法：**依司法院釋字第271號解釋處理**

不利於被告之上訴：依非常上訴程序處理。

有利於被告之上訴：仍有本院25年上字第3231號判例之適用，毋庸非常上訴，可逕依上訴程序處理訴外裁判。

2 非常上訴與再審有何異同？

■ **參考解答**

（一）相同

非常上訴與再審皆係對「確定」判決所爲之特別之救濟程序；且不論爲被告之利益或不利益皆可提起。

（二）相異

1. 就制度目的而言

非常上訴係對原確定判決「違背法令」而設之救濟程序以統一適用法令爲主要目的（97年度第4次刑事庭會議決議：不利於被告者無論是否與統一適用法令有關，皆得提起非常上訴。）；而再審專爲原確定判決「認定事實錯誤」而設。

2. 主體

僅最高法院檢察署檢察總長可提起非常上訴；而再審聲請權人包含檢察官、被告，或其法定代理人、配偶（本法§§427、428）。

3. 客體

非常上訴原則上能對確定判決提起，例外及於實體之裁定；而再審僅能針對確定判決。

4. 管轄權

非常上訴之管轄權限於最高法院；而再審之管轄權在原事實審法院（本法§426）。

5. 審理方式

非常上訴因爲是法律審，以書面審理爲原則不必經言詞辯論（本法§444）；而再審依其審級之通常程序審理，故原則上須經言詞辯論。

6. 被告死亡的影響：

由於非常上訴之目的在統一法令解釋，故被告死亡不影響非常上訴之進行；而爲受判決人之不利益聲請再審之案件，受判決人於再審判決前死亡者，其再審之聲請及關於再審之裁定，失其效力，再審程序終結（本法§438）。

7. 效力

非常上訴原則上僅具有論理效力，例外如原違法判決不利於被告者，經撤銷者始及於被告。而再審不論是否利於被告皆具有現實效力。

第 7 編

簡易訴訟程序

第一節 意義

簡易訴訟程序者，乃第一審法院，依被告在偵查中之自白或其他現存之證據，已足認定其犯罪者，因檢察官之聲請，或由法院不經通常審判程序，逕以簡易判決處刑之程序。

第二節 程序要件

一、得為簡易處刑判決之案件，以「所科之刑以宣告緩刑、得易科罰金之有期徒刑及拘役或罰金為限」之案件為限。

二、聲請人：第一審法院依被告在偵查中之自白或其他現存之證據，已足認定其犯罪者，由檢察官聲請不經通常訴訟程序，逕以簡易判決處刑。但有必要時，應於處刑前訊問被告。所稱「必要時」，指對於檢察官聲請以簡易判決處刑之犯罪事實，或其他與犯罪或科刑有關之事實有加調查之必要者而言[1]（本法§449Ⅰ）。法院收受檢察官之聲請後，應以書面聲請及併送卷證為基礎，進行書面審理。書面審理之結果有二，即：「依聲請宣告簡易判決處刑」或「轉換為通常程序審理」。

三、法院依職權逕行對於檢察官依通常程序起訴之案件，經法院訊問被告而自白犯罪者，認為宜以簡易判決處刑者，得不經通常審判程序，逕以簡易判決處刑（本法§449Ⅱ）。如法院認為宜以簡易判決處刑，即得不經通常審判程序，逕以簡易判決處刑。惟如被告於法院訊問時否認犯罪，並聲請調查證據者，自應詳予調查後，再判斷是否宜以簡易判決處刑。[2]據此，簡易程序之開啓，得分為「依檢察官之聲請」及「法院逕以簡易判決處刑」二種情形。

四、依前二項規定所科之刑以宣告緩刑、得易科罰金或得易服社會勞動之有期徒刑及拘役或罰金者為限（本法§449Ⅲ）。

---

1 法院辦理刑事訴訟簡易程序案件應行注意事項第1點。

2 法院辦理刑事訴訟簡易程序案件應行注意事項第2點。

五、本法第451條之1規定，簡易程序案件，被告自白犯罪者，得於偵查中或審判中表示願受科刑之範圍或願意接受緩刑之宣告；於偵查中，經檢察官同意記明筆錄，並以被告之表示爲基礎，向法院求刑或爲緩刑宣告之請求者，法院於裁判時，應先審查被告自白之文書資料或筆錄。檢察官聲請簡易判決處刑時之求刑或爲緩刑宣告之請求，與被告之罪責不相當，或忽視、損害被害人權益等，即屬本法第451條之1第4項但書第4款之情形，而有本法第452條之適用。[3]

六、簡易程序之救濟：依本法第455條之1第1項規定：「對於簡易判決有不服者，得上訴於管轄之第二審地方法院合議庭」。但「依第451條之1之請求所爲之科刑判決，不得上訴」（本法§455-1 Ⅱ）。

七、檢察官審酌案件情節，認爲宜以簡易判決處刑者，應即以書面爲聲請。第264條之規定，於前項聲請準用之。第1項聲請，與起訴有同一之效力。被告於偵查中自白者，得請求檢察官爲第1項之聲請（本法§451）。

八、檢察官聲請以簡易判決處刑之案件，經法院認爲有第451條之1第4項但書之情形者，應適用通常程序審判之（本法§452）。裁判上一罪之案件，其一部分犯罪不能適用簡易程序者，全案應依通常程序辦理之。[4]

第三節　簡易程序案件之處理

一、立即處分

以簡易判決處刑案件，法院應立即處分（本法§453）。

二、簡易判決之格式

簡易判決，應記載下列事項（本法§454）：

---

[3] 法院辦理刑事訴訟簡易程序案件應行注意事項第5點。

[4] 法院辦理刑事訴訟簡易程序案件應行注意事項第8點。

（一）第51條第1項之記載。

（二）犯罪事實及證據名稱。

（三）應適用之法條。

（四）第309條各款所列事項。

（五）自簡易判決送達之日起二十日內，得提起上訴之曉示。但不得上訴者，不在此限。

前項判決書，得以簡略方式爲之，如認定之犯罪事實、證據及應適用之法條，與檢察官聲請簡易判決處刑書或起訴書之記載相同者，亦得引用之。

三、簡易判決之科刑

本法第451條之1規定，前條第1項之案件，被告於偵查中自白者，得向檢察官表示願受科刑之範圍或願意接受緩刑之宣告，檢察官同意者，應記明筆錄，並即以被告之表示爲基礎，向法院求刑或爲緩刑宣告之請求。

檢察官爲前項之求刑或請求前，得徵詢被害人之意見，並斟酌情形，經被害人同意，命被告爲左列各款事項：

（一）向被害人道歉。

（二）向被害人支付相當數額之賠償金。

被告自白犯罪未爲第1項之表示者，在審判中得向法院爲之，檢察官亦得依被告之表示向法院求刑或請求爲緩刑之宣告。第1項及前項情形，法院應於檢察官求刑或緩刑宣告請求之範圍內爲判決。但有左列情形之一者，不在此限：

（一）被告所犯之罪不合第449條所定得以簡易判決處刑之案件者。

（二）法院認定之犯罪事實顯然與檢察官據以求處罪刑之事實不符，或於審判中發現其他裁判上一罪之犯罪事實，足認檢察官之求刑顯不適當者。

（三）法院於審理後，認應爲無罪、免訴、不受理或管轄錯誤判決之諭知者。

（四）檢察官之請求顯有不當或顯失公平者。

以簡易判決處刑時，得併科沒收或爲其他必要之處分。

第299條第1項但書之規定，於前項判決準用之（本法§450）。

四、簡易判決正本之送達

書記官接受簡易判決原本後，應立即制作正本送達於當事人（本法§455）。

五、簡易案件之上訴

對於簡易判決有不服者，得上訴於管轄之第二審地方法院合議庭。依本法第451條之1之請求所爲之科刑判決，不得上訴。本條第1項之上訴，準用第三編第一章及第二章之規定。對於適用簡易程序案件所爲裁定有不服者，得抗告於管轄之第二審地方法院合議庭。前項之抗告，準用第四編之規定（本法§455-1）。

實務認爲，地方法院簡易庭對被告爲簡易判決處刑後，經提起上訴，而地方法院合議庭認應爲「無罪」判決之諭知者，依同法第455條之1第3項準用第369條第2項之規定意旨，應由該地方法院合議庭撤銷簡易庭之判決，逕依通常程序審判。其所爲判決，應屬於「第一審判決」，檢察官仍得依通常上訴程序上訴於管轄第二審之高等法院。[5]惟，本於同一法理，不應限於第二審撤銷第一審有罪判決而改判「無罪」情形。只要簡易判決違反本法第451條之1第4項但書規定者，亦就是包含「免訴」、「不受理」或「管轄錯誤判決」之諭知者，第二審法院皆應自爲第一審判決。[6]

---

5 最高法院91年台非字第21號判例。

6 何賴傑，〈論簡易判決之上訴程序—兼評最高法院91年台非字第21號判例〉，《月旦法學雜誌》，第174期，2009.11，297頁。

第7編之1

協商程序

第一節 序說

英美的「認罪協商制度」（Plea Bargaining）亦可稱爲控訴或判決之協議或和解，依照美國聯邦刑事訴訟規則，檢察官及被告律師或被告本人，雙方經由討論協商進而協議，由被告認罪，檢察官則可以改變對於被告特定犯行之控訴罪名（通常即改爲就較輕的罪名控訴）或撤銷或捨棄對於被告做其他控訴，或同意被告要求判刑或其他刑事處分不超過特定刑期，並據以向法院請求。英美法的認罪協商制度有下列三種型態：

一、訴的協商（Charge Bargaining），檢察官以減輕控訴罪名作回報，讓被告同意認罪。

二、罪數的協商（Count Bargaining），即被告就多次犯行中，就其中一罪或數罪爲認罪，而檢察官則撤銷或捨棄其他控訴。

三、量刑的協商（Sentence Bargaining），被告就被控訴的罪認罪而要求判刑或其他刑事處分不超過一定刑期，或檢察官與被告雙方同意一適當的判決，由檢察官許諾向法院請求爲該判決，惟雙方均應理解該量刑之請求並不能拘束法院，法院並無受雙方量刑協議拘束的義務。

認罪協商制度的優點，可以避免冗長的訴訟程序，符合訴訟經濟的原則，尤其是英美法系的刑事訴訟程序，對於程序正義的要求特別嚴格，如嚴格的證據法則，即檢察官的舉證責任須超過合理的懷疑（proves beyond a reasonable doubt），始可宣告被告有罪的判決。一旦達成協議可避免被告被判無罪的危險。疏減當事人主義兩造過於對立的結果。缺點是容易產生不法的貪污、賄賂的弊端，削弱法律威嚇的效果，犯人易於再犯。

我國刑事訴訟法已朝當事人進行主義方向修正，爲建構良好之審判環境，本於「明案速辦、疑案慎斷」之原則，對於進入審判程序之被告如不爭執之非重罪案件，允宜運用協商制度，使法院快速終結案件。惟我國之「認罪協商制度」，與英美法有所不同，適用上限制較嚴格，偵查中亦無協商制度的規定，又檢察官依簡易處刑判決程序無須出庭，故檢察官樂於使用，同時法官無法依職權主動介入協商程序，審判中法官訊問被告也只能確認被告是否已達成協商合意而已，無法確保法官之直接審理的功能。

第二節　協商程序之聲請

本法第455條之2爲協商程序聲請之規定，除所犯爲死刑、無期徒刑、最輕本刑三年以上有期徒刑之罪或高等法院管轄第一審案件者外，案件經「**檢察官**」提起公訴或聲請簡易判決處刑，於第一審言詞辯論終結前或簡易判決處刑前，檢察官得於徵詢被害人之意見後，逕行或依被告或其代理人、辯護人之請求，經法院同意，就下列事項於審判外進行協商，經當事人雙方合意且被告認罪者，由檢察官聲請法院改依協商程序而爲判決。至於檢察官聲請同意之方式，以書面或言詞爲之，均無不可；惟若以言詞聲請者，應限於開庭時，例如：移審羈押訊問、勘驗、準備程序或審判期日始得爲之，法院書記官應將聲請意旨記明筆錄。法院當庭爲同意與否之諭知者，應併予記載；若以書面聲請，不論同意與否，法院均應當庭諭知或函知檢察官。[1]

由於沒收與刑罰、保安處分並列爲獨立之法律效果，故2016年修正部分文字，應不限於被告願受科刑之範圍或願意接受緩刑之宣告，應包括沒收之協商，以下就協商的內容與種類說明之（本法§455-2Ⅰ）：

1. 被告願受科刑之範圍及沒收或願意接受緩刑之宣告。
2. 被告向被害人道歉。
3. 被告支付相當數額之賠償金。
4. 被告向公庫支付一定金額，並得由該管檢察署依規定提撥一定比率補助相關公益團體或地方自治團體。

以上協商之案件，預期被告願受科處之刑逾有期徒刑六月，且未受緩刑宣告者，於**進行協商時，應有被告之辯護人在場**。被告未選任辯護人者，應待法院指定公設辯護人或律師爲辯護人後行之。檢察官對於協商之進行與合意之達成，應注意不得違反被告之自由意志。[2]若被告表示所願受科之刑逾有期徒刑六月，且未受緩刑宣告者，並應檢附公設辯護人、指定或選任律師協助進行協商之證據，例如：檢察官製作之協商紀錄等；又協商合意之內容含有被告應向被害人道歉或支付相當數額之賠償金者，並應提出被害人同意

1　法院辦理刑事訴訟協商程序案件應行注意事項第1點。

2　檢察機關辦理刑事訴訟案件應行注意事項第139點。

之證據。[3]

2014年5月20日，鑑於2004年度起施行認罪協商制度，其支付對象比照緩起訴處分金之規定，惟目前僅能查知支付國庫之金額，其餘支付情形仍欠缺完整統計資訊，不但支付全貌不明，各檢察署之監督管理成效亦頗值疑。爰參照第253條之2之修正意旨，修正本法第455條之2第1項第4款明定「被告向公庫支付一定金額，並得由該管檢察署依規定提撥一定比率補助相關公益團體或地方自治團體。」並增訂第4項「第1項第4款提撥比率、收支運用及監督管理辦法，由行政院會同司法院另定之。」

本法第455條之2第2項規定，檢察官就前項第2款、第3款事項與被告協商，應得被害人之同意。本法第455條之2第3項規定，第1項之協商期間不得逾三十日。檢察官與被告協商時，不得同意與被告罪責顯不相當之刑，且不得逾有期徒刑二年。是否同意緩刑之宣告，除應注意是否符合緩刑之要件外，亦應注意審酌被告之前科紀錄與本案之罪責及有無再犯之虞。協商之內容不得承諾法律許可以外之利益，亦不得要求被告履行法律所不允許之事項。[4]

本法第455條之2第1項第1款規定，在學理上稱「量刑協商」，第2款至第4款稱「負擔協商」。前者爲協商程序之實體核心，當事人對於協商事項所爲之協商合意，對於當事人及法官，現行法各別有不同程度規定，前者有本法第455條之3規定，後者有第455條之4規定。量刑協商係針對量刑而爲協商，包括主刑與從刑，亦應包括保安處分，較能做出有利於被告之協商結果。惟具備刑罰加重事由，必須具備一定法定事實始能成立，故對於該事實之有無，當事人不得以協商的方式決定。

第三節　被告及檢察官撤回協商

本法第455條之3是就被告及檢察官撤回協商之規定，法院應於接受前

3　法院辦理刑事訴訟協商程序案件應行注意事項第3點。

4　檢察機關辦理刑事訴訟案件應行注意事項第140點。

條之聲請後「十」日內，訊問被告並告以所認罪名、法定刑及所喪失之權利。被告得於前項程序終結前，隨時撤銷協商之合意。被告違反與檢察官協議之內容時，檢察官亦得於前項程序終結前，撤回協商程序之聲請。

被告撤銷協商之合意或檢察官撤回協商程序之聲請時，若合於本法第455條之3第2項之規定者，不待法院准許，即當然發生撤銷或撤回之效果；如不合於刑訴法第455條之3第2項之規定者，應予駁回。上開撤銷或撤回得以言詞或書面爲之。[5]

選擇題練習

爲確保協商程序正當性，法院應於受理協商聲請後10日內訊問被告，告以所喪失之權利，下列敘述何者正確？[6] (A)完全喪失上訴權 (B)告知程序終結前喪失對協商合意之撤銷權 (C)喪失調查有利證據之請求權 (D)喪失與證人對質之詰問權 【95年警佐班】

第四節　協商之判決

本法第455條之4規定，法院不得爲協商判決之情形。本條規定，有下列情形之一者，法院不得爲協商判決：

一、有前條第2項之撤銷合意或撤回協商聲請者。

二、被告協商之意思非出於自由意志者。

三、協商之合意顯有不當或顯失公平者。

四、被告所犯之罪非第455條之2第1項所定得以聲請協商判決者。

五、法院認定之事實顯與協商合意之事實不符者。

---

5 法院辦理刑事訴訟協商程序案件應行注意事項第6點。

6 答案爲(D)。參照刑事訴訟法第455條之3第1項的增訂說明：「法院除告以第九十五條之事項外，並應向被告告知其所認罪名、法定刑度及因適用協商程序審理所喪失之權利，例如受法院依通常程序公開審判之權利、與證人對質詰問之權利、保持緘默之權利。」第455條之10第1項但書的規定可知，認罪協商後原則不得上訴，但仍有例外得上訴的情形。

六、被告有其他較重之裁判上一罪之犯罪事實者。

七、法院認應諭知免刑或免訴、不受理者。

除有前項所定情形之一者外，法院應不經言詞辯論，於協商合意範圍內爲判決。法院爲協商判決所科之刑，以宣告緩刑、二年以下有期徒刑、拘役或罰金爲限。

當事人如有第455條之2第1項第2款至第4款之合意，法院應記載於筆錄或判決書內。

本法第455條之4第1項第3款所謂「合意顯有不當」，例如：被告雖已認罪，惟法院認應諭知無罪之情形。又第5款所謂「法院認定之事實顯與協商合意之事實不符者」，例如：檢察官以被告涉有刑法第320條第1項竊盜罪嫌提起公訴後，檢察官與被告達成協商合意，被告承認檢察官起訴之竊盜罪，惟法院認被告應構成刑法第349條第1項贓物罪之情形。[7] 檢察官起訴或聲請簡易判決處刑之案件，如被告係犯數罪，且有裁判上一罪關係，而被告僅就較輕之犯罪事實認罪者，因被告尚有其他較重之犯罪事實，依本法第455條之4第1項第6款規定，法院即不得爲協商判決；如被告所犯數罪應分論併罰，雖有部分犯罪係屬第4款不得聲請協商判決者，法院仍得就其他部分犯罪爲協商判決，惟協商合意內容含「被告願受緩刑宣告」之情形，而嗣後應依刑法第75條第1項第2款撤銷緩刑宣告者，可認有本法第455條之4第1項第3款「合意顯有不當」之事由，即不宜爲協商判決。[8]

屬事物管轄錯誤之情形，法院不得爲協商判決，揆諸本法第12條之規定，訴訟程序不因法院無管轄權而失效力，若爲土地管轄錯誤之瑕疵，於協商程序並無損被告之權益，爲避免訴訟無謂延宕，故「土地管轄錯誤」不列爲法院不得爲協商判決之事由；又法院倘認爲被告應諭知無罪，即屬本條第1項第3款所定「當事人協商合意顯有不當或顯失公平」之情形，自不得爲協商判決，爰不將「諭知無罪」列爲同條第7款法院不得爲協商判決之事由，併此敘明。

由於協商判決係法院依檢察官之聲請，基於檢察官與被告所達成之協商合意而爲之判決，自毋庸踐行言詞辯論程序。又因協商判決係不經言詞辯

7 法院辦理刑事訴訟協商程序案件應行注意事項第7點。

8 法院辦理刑事訴訟協商程序案件應行注意事項第8點。

論之判決，對被告接受通常審判程序之權利多所限制，故必須對其宣告之刑度，有一定之限制，始符程序實質正當之要求。爰參考義大利刑事訴訟法第444條第1項之立法精神，於本條第2項一併明定協商判決所科之刑以宣告緩刑、二年以下有期徒刑、拘役或罰金者為限。

為明確執行範圍，檢察官及被告如就第455條之2第1項第2款至第4款所定事項達成合意，法院於作成協商判決時，應將上開事項附記於宣示判決之筆錄或判決書內，爰於本條第3項予以規定。法院依協商範圍為判決時，檢察官及被告就第455條之2第1項第2款、第3款所定事項達成合意，並經記載於宣示判決筆錄或判決書時，其並得為民事強制執行名義。

第五節　公設辯護人之指定

本法第455條之5規定公設辯護人之指定，於協商之案件，被告表示所願受科之刑逾有期徒刑六月，且未受緩刑宣告，其未選任辯護人者，法院應指定公設辯護人或律師為辯護人，協助進行協商。

辯護人於協商程序，得就協商事項陳述事實上及法律上之意見。但不得與被告明示之協商意見相反。

第六節　法院裁定駁回協商之聲請

本法455條之6第1項規定，法院裁定駁回協商之聲請。法院對於第455條之2第1項協商之聲請，認有第455條之4第1項各款所定情形之一者，應以裁定駁回之，適用通常、簡式審判或簡易程序審判。

本法455條之6規定第2項規定，前項裁定，不得抗告。

第七節　禁止使用協商過程中之陳述

本法第455條之7規定協商過程中之陳述不得於本案或其他案採爲對被告或共犯不利之證據，法院未爲協商判決者，被告或其代理人、辯護人在協商過程中之陳述，不得於本案或其他案件採爲對被告或其他共犯不利之證據。

第八節　送達之準用規定

一、協商判決書製作送達之準用

本法第455條之8規定協商判決書製作送達準用規定。協商判決書之製作及送達，準用第454條、第455條之規定。其乃法院接受協商內容後判決書之製作及送達有明文的依據。

二、宣示判決筆錄送達之準用

本法第455條之9明文宣示判決筆錄送達準用規定。協商判決，得僅由書記官將主文、犯罪事實要旨及處罰條文記載於宣示判決筆錄，以代判決書。但於宣示判決之日起十日內，當事人聲請法院交付判決書者，法院仍應爲判決書之製作。前項筆錄正本或節本之送達，準用第455條之規定，並與判決書之送達有同一之效力。

第九節　不得上訴之除外規定

本法第455條之10規定不得上訴之除外規定。依本編所爲之科刑判決，不得上訴。但有第455條之4第1項第1款、第2款、第4款、第6款、第7款所定情形之一，或協商判決違反同條第2項之規定者，不在此限。

協商程序採行限制上訴爲原則，**蓋於事前既經當事人同意，故爲了避免**

曠時費力於無益之程序，原則上不得上訴。

不過，為兼顧裁判正確，妥適及當事人的訴訟權益，依第455條之10第1項但書規定：「但有455條第1項第1、2、4、6及7各款所定情形之1，或協商判決違反同條第2項之規定者，不在此限。」例如：一、有撤銷合意或撤回協商聲請者；二、被告協商之意思非出於自由意志者；三、被告所犯之罪非得以聲請協商判決者；四、被告有其他較重之裁判上一罪之犯罪事實者；五、法院認應諭知免刑、免訴或不受理者，均屬得上訴之例外情形。有問題者係，第455條之10第1項排除本法第455之4第1項第3款的協商之「合意顯有不當或顯失公平者」，與同條第5款的「法院認定之事實顯與協商合意之事實不符者」，這兩款也在禁止上訴之列，引來學說上的爭議：贊成者認為，該條項所列7款事由中，第3款（協商之合意顯有不當或顯失公平者）、第5款（法院認定之事實顯與協商合意之事實不符）規定，較屬於事實認定問題，上訴審非重新調查全部犯罪事實，無從知悉是否有違反該2款規定之情形。協商之上訴審審理，原則上應為事後審及法律審，而非覆審或續審制。如違反該2款規定得成為上訴之理由，將造成上訴審非重啓事實調查程序無從判斷上訴是否有理由，所以新法乃將第3款、第5款之違反排除為得上訴之理由。[9]

然而，這個理由遭到有力說的反對，就現行法律審而言，上訴理由雖限於判決違背法令，其調查方式固應以第二審判決所確認事實為調查之基礎，然而關於訴訟程序及應調查之事實也可以依職權調查，調查範圍仍可及於上訴理由所未指摘的其他法定職權調查事項。因此上訴「理由之限制」與上訴「審理之範圍」沒有必要等號。況且，此兩款之事實實有違實質正義的事項，這更需要給予其救濟。[10]

---

9 王兆鵬、張明偉、李榮耕，《刑事訴訟法（下）》，瑞興，三版，2015.09，114頁以下。

10 陳運財，〈協商認罪制度的光與影〉，《月旦法學雜誌》，第110期，2004.06，246～247頁。

第十節　協商判決之上訴準用規定

本法第455條之11規定協商判決之上訴準用規定。協商判決之上訴，除本編有特別規定外，準用第三編第一章及第二章之規定。第159條第1項、第284條之1之規定，於協商程序不適用之。

選擇題練習

有關認罪協商之敘述，下列何者正確？[11]　(A)認罪協商程序由「被告」向法院聲請之　(B)法院認定之事實顯與協商合意之事實不符時，不得爲協商判決(C)協商之案件，未選任辯護人者，法院「均」應指定辯護人協助進行協商　(D)法院認爲應諭知免刑時，不得爲協商判決　(E)法院未爲協商判決時，被告在協商過程中之陳述，不得採爲對被告不利之證據　【103年警大二技】

---

11 答案爲(B)、(D)、(E)。依本法第455條之2第1項，由「檢察官」聲請。第455條之5第1項，被告表示所願受科之刑逾有期徒刑六月，且未受緩刑宣告，其未選任辯護人者，法院才應指定辯護人協助進行協商。

第7編之2

沒收特別程序

第一節　序　說

依2015年12月30日修正公布之刑法，新增剝奪被告以外第三人財產、擴大單獨聲請宣告沒收之適用範圍。又現行特別刑法亦有諸多沒收第三人財產之實體規定，卻無相關程序規範。爲因應上述刑法關於沒收制度之重大變革，及塡補現行法程序規範之欠缺，建構所應恪遵之正當程序，立法院於2016年5月參考德國刑事訴訟法、日本關於刑事案件中沒收第三人所有物程序之應急對策法之規定，增訂本法第七編之二「沒收特別程序」專編。本法所稱沒收，包括其替代手段，蓋國家剝奪人民財產之正當程序，沒收及其替代手段追徵等同應遵循，以明確其適用範圍（本法§3-1）。以下分別就「第三人參與沒收程序」及「單獨宣告沒收程序」兩個部分的相關規定說明之。

第二節　第三人參與沒收程序

一、第三人主動聲請

爲賦予因刑事訴訟程序進行結果，財產可能被沒收之第三人程序主體之地位，俾其有參與程序之權利與尋求救濟之機會，新法明定，財產可能被沒收之第三人得於本案最後事實審言詞辯論終結前，向該管法院聲請參與沒收程序（本法§455-12Ⅰ）。此一聲請，應以書狀記載下列事項爲之：「一、本案案由及被告之姓名、性別、出生年月日、身分證明文件編號或其他足資辨別之特徵。二、參與沒收程序之理由。三、表明參與沒收程序之意旨。第三人未爲第一項聲請，法院認有必要時，應依職權裁定命該第三人參與沒收程序」（本法§455-12Ⅱ）。

二、法院職權裁定命參與

若依卷證顯示本案沒收可能涉及第三人財產，而該第三人未聲請參與沒收程序時，基於刑事沒收屬法院應依職權調查事項之考量，法院自應依職權裁定命該第三人參與。但第三人已陳明對沒收不異議者，法院自無命該第三人參與沒收程序之必要（本法§455-12 III）。而此所稱第三人，觀諸刑法第38條第3項及第38條之1第2項規定，應係指犯罪行爲人以外之人（含自然人、法人或非法人團體）。又按共同正犯因相互利用他方之行爲，以遂行其犯意之實現，本於責任共同之原則，有關沒收部分，雖屬其他共同正犯所有、供犯罪所用之物，亦應於各共同正犯科刑時，併爲沒收之諭知。從而，倘該得沒收的供犯罪所用之物，係屬共同犯罪行爲人（本人）者，無論其人是否爲共同被告，仍得僅在被告本人之刑事訴訟程序中爲調查、辯論、審判，然後依刑法第38條第2項前段或其相關特別規定（例如毒品危害防制條例第19條第1項），宣告沒收，尚無開啓第三人參與沒收程序之必要。[1]

茲有疑義者，若第三人與檢察官皆未聲請參與，法院能否依職權命檢察官參與？最高法院曾採取否定說，認爲本法第455條之12第3項所指檢察官於審理中「得以言詞或書面向法院聲請」，係指檢察官於審理中聲請沒收第三人之財產，而非聲請法院依職權通知第三人參與沒收程序[2]；然依大法庭裁定的看法[3]，認爲法院依刑事訴訟法第455條之12第3項前段規定，裁定命第三人參與沒收程序，再依審理結果，諭知沒收與否之判決，不以經檢察官聲請爲必要。亦即，肯認法院得依職權裁定命該第三人參與沒收程序。採肯定的看法主要在於，法院爲維護公平正義（貫徹沒收財產正義），並保障第三人聽審權，基於法治國訴訟照料義務法理，毋待檢察官聲請，自應依法命第三人參與沒收程序，俾其充分行使防禦權。

然而，若法院依聲請或依職權裁定准許或命第三人參與沒收程序後，發現有不應參與之情形，例如應沒收之財產明顯非屬參與人所有、參與人已陳明對於沒收不提出異議或檢察官表明無沒收參與人財產必要而法院認爲適當者，原所爲參與沒收程序之裁定自應撤銷，以免徒增本案訴訟不必要之程序負擔（本法§455-25）。

1 最高法院106年度台上字第1778號判決。

2 最高法院107年度台上字第2101號判決。

3 最高法院108年度台上大字第3594號裁定。

三、檢察官聲請

檢察官於審理中認應沒收第三人財產者，雖沒收之調查與認定，屬法院應依職權進行之事項，但檢察官仍負協力義務，其自得以言詞或書面向法院聲請，請求法院裁定命該第三人參與。法院應注意就關於沒收第三人財產之事項，除依法應裁定命第三人參與沒收程序之情形外，其餘則於所附隨之刑事本案終局判決爲必要之裁判、說明（本法§455-13 III）。

四、受告知權

（一）沒收第三人財產之通知義務

國家行爲衍生之程序，應使該行爲之相對人知悉行爲內容，俾充分陳述意見，盡其攻防之能事。尤以國家爲追訴主體之刑事訴訟程序，人民處於相對弱勢，保障其受通知權，爲正當法律程序之體現。故明定偵查中或起訴時，對於案內可能被沒收財產之第三人，檢察官對其通知，方能使其有陳述意見之機會，或便利其向法院適時聲請參與沒收程序及爲訴訟準備。至於第三人陳述意見之方式，以言詞或書狀之方式均不拘（本法§455-13 I、II）。

（二）參與沒收程序聲請裁定前之通知義務

爲保障參與沒收程序聲請人之意見陳述權，並釐清其聲請是否合法、檢察官是否提出無沒收必要之意見及第三人就沒收其財產是否不異議等情，法院就參與沒收程序之聲請，於裁定前應通知聲請人及其代理人、本案當事人、自訴代理人、被告及其辯護人、代理人或輔佐人，予其陳述意見之機會，且得爲必要之調查（本法§455-14）。

（三）法院所為第三人參與沒收程序之裁定應記載事項

爲使參與沒收程序之第三人，知悉對其伸張權利或防禦具有重要性之事項，裨益其進行訴訟上攻防，以落實對該第三人之程序保障，法院依聲請或依職權所爲，准許或命第三人參與沒收程序之裁定，自應記載准許或命參與之理由、訴訟進度及該第三人不到庭陳述時法院得逕行宣告沒收之法律效果（本法§455-17）。

（四）審判期日及沒收財產事項文書之通知及送達

審判期日及與沒收事項相關之訴訟資料，均攸關程序參與人訴訟上權益，屬於其資料請求權範圍，自應對其通知及送達（本法§455-20）。

（五）審判長應於審判期日向到場之參與人告知事項

法院於審判期日，對到場之參與人所告知事項，應足使其知悉對其沒收之事實理由、訴訟進度、得委任代理人、聲請調查證據及所得享有之程序上權利等，以保護其權益（本法§455-22）。

五、委任代理人到場權及準用規定

參與沒收程序係第三人之權利非義務，且相關訴訟行爲，性質上並非須由參與人親自爲之，是其程序之進行，原則上自得委由代理人代爲之。至於參與人代理人之人數與資格限制、權限及其應向法院提出授權證明文件等準用被告代理人規定（本法§455-21 I 、II ）。

沒收屬法院依職權調查之範圍，法院就有關沒收事項之調查，若有必要命參與人到庭時，自得依法傳喚、拘提，強制其到場（本法§455-21 III、IV）。

六、法院之裁定

法院受理參與沒收程序之聲請，認爲聲請有不合法律上程式或法律上不應准許等不合法情形，或無理由者，應即以裁定駁回之。但其不合法律上之程式可補正者，應定期間先命補正。若法院認爲聲請有理由者，爲使聲請人及檢察官知悉准許之意旨，應以裁定准許之。由於聲請人參與沒收程序之聲請既經法院裁定准許，即欠缺提起抗告之程序上利益；又本案當事人若認有不應准許之理由，因得於本案程序中加以釐清，亦無提起抗告救濟之必要，故此一裁定不得抗告（本法§455-16）。

但如案件調查證據所需時間、費用與沒收之聲請顯不相當者，經檢察官或自訴代理人同意後，法院得免予沒收。檢察官或自訴代理人得於本案最後事實審言詞辯論終結前，撤回前項之同意（本法§455-15）。

七、救濟權

（一）一般程序

1. 判決及其應載事項

本法第455條之26第1項規定，參與人財產經認定應沒收者，應對參與人諭知沒收該財產之判決；認不應沒收者，應諭知不予沒收之判決。惟該條規定之適用，係以第三人成爲參與人爲前提。[4]法院就沒收該財產與否之決定，應於所附隨之刑事本案判決主文對參與人諭知，以爲裁判之依據。又法院就參與人財產應否沒收之決定除於裁判主文諭知外，並應於判決中適當說明形成心證之理由，俾利上級法院審查（本法§455-26Ⅰ、Ⅱ）。爲課予法院對有第三人參與本案沒收程序時，應分別爲被告違法行爲之「本案判決」及參與人持有被告犯罪所得之「沒收判決」之依據。

本法第455條之26第2項並規範「沒收判決」之應記載事項，除應於主文諭知外，尙應於判決中適當說明形成心證之理由，以法明文使「沒收判決」之應記載事項具體明確外，更確認國家對參與人沒收之事實、範圍等沒收效力所及之內容，故如對參與人應否沒收，法院未於判決主文諭知，則難認該沒收判決之訴訟繫屬業已消滅、已生實質確定力，不得認已爲判決，應屬漏判。[5]

沒收第三人財產與認定被告罪責之刑事程序，同以刑事違法行爲存在爲前提，除因法律上或事實上原因，致無法對被告爲刑事追訴或有罪判決外，原則上二者應同時進行、同時裁判，以免裁判結果互相扞格，並符訴訟經濟。至法院裁定參與沒收程序後，本案訴訟有法律上或事實上原因致無法賡續進行、裁判，或其他必要情形，法院自得就參與沒收部分，先予判決，（本法§455-26Ⅲ）。

2. 提起上訴之效力

被告違法行爲存在，爲沒收參與人財產前提要件之一。爲避免沒收裁判確定後，其所依附之前提即關於被告違法行爲之判決，於上訴後，經上訴審法院變更而動搖該沒收裁判之基礎，造成裁判上之矛盾，非但有損裁判公

---

4 最高法院108年度台上字第2421號判決（具有參考價值之裁判）。

5 最高法院106年度台上字第3464號判決。

信力，且滋生沒收裁判之執行上困擾，故對本案關於違法行爲或沒收之裁判上訴者，其效力應及於相關之沒收部分。反之，沒收係附隨於被告違法行爲存在之法律效果，而非認定違法行爲之前提，若當事人就本案認定結果已無不服，爲避免因沒收參與程序部分之程序延滯所生不利益，僅就參與人財產沒收事項之判決提起上訴者，其效力自不及於本案之判決部分（本法§455-27 I 前段）。依刑事訴訟法第348條規定或依第455條之27第1項前段之法理，縱上訴權人僅聲明就罪刑部分上訴，倘其上訴合法者，其效力應及於沒收部分之判決。又沒收因已非刑罰，具有獨立性，其與犯罪（違法）行爲並非絕對不可分離，即使對本案上訴，當原判決採證認事及刑之量定均無不合，僅沒收部分違法或不當，自可分離將沒收部分撤銷改判，其餘本案部分予以判決駁回。[6]

由於沒收程序之參與人，爲該程序之主體，沒收其財產之判決，亦以其爲諭知對象，故參與人本人即爲受判決人，依本法自有單獨提起上訴之權利。至其上訴之效力，是否及於本案中關於違法行爲部分之判決，則應適用本法上訴編章之規定，非本條規範之範圍（本法§455-27 I 後段）。第455條之27第1項既僅規定在第三人參與程序，而無法直接適用於原有附隨於刑事本案沒收被告財產之一般沒收程序，則在法無明文之情形下，當事人縱使僅就沒收部分提起上訴，依刑事訴訟法第348條第2項規定，相關聯之本案判決仍屬有關係之部分，亦應視爲已經上訴。[7]

假如本案當事人未提起上訴，即對原判決認定之犯罪事實已不爭執時，爲避免法院僅因附隨本案之參與沒收程序參與人提起上訴即重新審查犯罪事實，所造成裁判矛盾或訴訟延滯之結果（本法§455-27 II 本文）。

惟因非可歸責於參與人之事由，致其未能於原審就犯罪事實中與沒收其財產相關部分陳述意見、聲請調查證據，自不宜遽而剝奪其於上訴審程序爭執該事實之權利；又參與人以外之其他上訴權人若亦提起上訴，且依法得爭執並已爭執沒收前提之犯罪事實中與沒收其財產相關部分者，即無限制參與人爭執該事實之必要；另原審若有本法第420條第1項第1款、第2款、第4款或第5款各款情形，已明顯影響原審判決關於犯罪事實之認定時，基於公

6 最高法院108年度台上字第680號判決（具有參考價值之裁判）。

7 最高法院106年度台上字第3601號判決。

平正義之維護，亦不宜限制參與人爭執該事實之權利（本法§455-27 II但書）。

3. 參與沒收程序審判、上訴及抗告之準用規定

本法第二編第一章第三節審判、第三編上訴及第四編抗告之規定，除本編有特別規定外，關於審判期日之進行方式、宣示判決之規定、上訴程序及抗告等均應予準用（本法§455-28）。

（二）特別程序

1. 撤銷沒收確定判決之聲請權

沒收第三人財產，應遵循正當程序，對該第三人踐行合法通知，使其有參與沒收程序，陳述意見、行使防禦權之機會後，始得為之。倘未經第三人參與程序，即裁判沒收其財產確定，而該第三人未參與程序係因不可歸責之事由者，因裁判前未提供該第三人合法之程序保障，不符合憲法關於正當程序之要求，自應有容許其回復權利之適當機制，此一聲請事項，應以書面記載（本法§455-29）。

2. 聲請撤銷沒收確定判決原則上無停止執行之效力

撤銷沒收確定判決之事後程序，旨在使未經合法程序即遭沒收財產之所有人，得重新經由正當程序主張權利；至將來重新審判結果，未必與原沒收之確定判決結果不同。是撤銷沒收確定判決，原則上對原確定判決不生影響，自無停止檢察官執行判決之效力。惟為避免執行程序於撤銷沒收確定判決之裁定確定前即已終結，致財產所有人權益受損，明定管轄法院之檢察官於必要時得命停止執行（本法§455-30）。

3. 法院應於沒收確定判決前之通知義務

法院為判斷原沒收確定判決前之審理程序是否符合正當法律程序之要求，於裁定前，自應通知聲請人、檢察官或自訴代理人，由聲請人提出足以認定原沒收裁判未經正當程序之證據，予檢察官或自訴代理人陳述意見（本法§455-31）。

4. 聲請撤銷沒收確定判決之駁回

法院受理撤銷沒收確定判決之聲請，認為聲請有不合法律上之程式或法律上不應准許等不合法情形，或無理由者，應即以裁定駁回之。但其不合法律上之程式可以補正者，應定期間先命補正（本法§455-32 I）。

法院認爲聲請有理由者，爲使聲請人及檢察官知悉准許之意旨，亦應以裁定准許之（本法§455-32 II）。

關於原沒收確定判決應否撤銷之裁定，經抗告後，依本法第415條規定，原不得再抗告，然其涉及被沒收之第三人財產權，對該第三人利害關係重大，抗告法院裁定後，應賦予再救濟之機會（本法§455-32 III）。

對於聲請撤銷沒收確定判決之裁定不服者，其程序允宜增設聲請撤銷沒收確定判決之抗告及再抗告，除本編有特別規定外，準用第四編之規定（本法§455-32 IV）。

5. 撤銷沒收確定判決之裁定確定後應更爲審判

原沒收確定判決經撤銷後，該部分自應由原審法院回復判決前之狀態，重新踐行合法程序，依法審判，以符合正當程序之要求。如聲請人於回復原訴訟程序後，當然得參與沒收程序（本法§455-33）。

第三節　單獨宣告沒收程序

一、單獨宣告沒收之管轄法院

單獨宣告沒收，乃係國家以裁判剝奪人民財產之強制處分，係針對財產之制裁手段，自應由代表國家之檢察官聲請法院爲之。又基於沒收須以刑事違法行爲存在爲前提，及爲保全沒收標的之考量，由檢察官聲請違法行爲地、沒收財產所在地或其財產所有人之住所、居所或所在地之法院裁定之（本法§455-34）。

二、書狀應載事項

聲請單獨宣告沒收，爲愼重其程序，且使法院明瞭須以單獨宣告之方式沒收財產之原因，檢察官聲請時，自應以書狀記載沒收之對象、標的，及其所由來之刑事違法事實、構成單獨宣告之依據等事項與相關證據，提出於管轄法院。有關刑事違法事實存在，依本法第161條第1項規定，檢察官所提出之證據並應達於使法院產生確信之程度，始足保障人民財產權免受國家違法、不當之侵害（本法§455-35）。

三、單獨宣告沒收之駁回

法院受理單獨宣告沒收之聲請，認爲聲請有不合法律上之程式或法律上不應准許等不合法情形，或無理由者，應即以裁定駁回之。但其不合法律上之程式可以補正者，應定期間先命補正，法院認爲聲請有理由者，爲使檢察官及應沒收財產之所有人知悉准許之意旨，亦應以裁定准許之（本法§455-36Ⅰ、Ⅱ）。實務認爲，單獨宣告沒收，依法雖屬裁定，而非判決，惟爲完足保障第三人之財產權及訴訟上權益，並參酌本法第222條第2項規定「爲裁定前有必要時，得調查事實」，且犯罪行爲人究竟有無犯罪所得及犯罪所得若干、不論係屬嚴格證明或自由證明之事項，均應踐行調查證據程序。故於單獨宣告沒收程序，倘未經實體確定判決依法調查證據，並就事實及法律辯論而爲明確認定犯罪所得，允宜踐行實質之調查證據及言詞辯論。[8]

關於准否單獨宣告沒收之裁定，經抗告後，依本法第415條規定，原不得再抗告，然其涉及被沒收財產所有人之權益，對其利害關係重大，抗告法院裁定後，應賦予再救濟之機會（本法§455-36Ⅲ）。

四、準用規定

單獨宣告沒收程序，雖未如參與沒收程序附隨於刑事本案訴訟，對沒收人民財產之事項進行審理，然鑑於其係法院以裁判沒收人民財產之程序規定，旨在提供人民程序保障，以符合憲法正當程序要求，就此本質以觀，與參與沒收程序規定並無二致。是以，有關參與沒收程序中參與人享有之訴訟上權利及撤銷沒收確定判決等規定，於單獨宣告沒收程序應予準用（本法§455-37）。

---

8 最高法院108年度台抗字第680號裁定（具有參考價值之裁判）。

第7編之3

被害人訴訟參與

第一節 序 說

本編的制度目的乃有鑒於疏離被害人之司法程序不足以實現社會期待之公平正義，及爲落實司法改革國是會議關於「建構維護被害人尊嚴之刑事司法」之決議，實有全面強化被害人於訴訟過程中保護措施之必要，並就侵害被害人生命、身體、自由及性自主等影響人性尊嚴至鉅之案件，引進被害人訴訟參與制度，於現行刑事訴訟三面關係之架構下，藉由通知被害人於準備程序及審理期日到場、閱覽卷宗等機制，使被害人瞭解訴訟程序之進行程度及卷證資料之內容。此外，於程序進行之過程中，賦予被害人即時表達意見及詢問被告之機會，以尊重其主體性。又爲使被害人之損害能獲得塡補，並修復因犯罪而破裂之社會關係，減輕被害人之痛苦及不安，亦透過移付調解及轉介修復式司法程序等機制，以眞正滿足被害人之需要，並於2020年1月8日總統公布本編編名及相關條文。

第二節 聲請訴訟參與之程式

一、聲請主體及適用範圍

依本法第455條之38第1項的規定，下列犯罪之被害人得於檢察官提起公訴後第二審言詞辯論終結前，向該管法院聲請參與本案訴訟：

一、因故意、過失犯罪行爲而致人於死或致重傷之罪。

二、刑法第231條、第231條之1、第232條、第233條、第240條、第241條、第242條、第 243條、第271條第1項、第2項、第272條、第273條、第275條第1項至第3項、第278條第1項、第3項、第280條、第286條第1項、第2項、第291條、第296條、第296條之1、第297條、第298條、第299條、第300條、第328條第1項、第2項、第4項、第329條、第330條、第332條第1項、第2項第1款、第3款、第4款、第333條第1項、第2項、第334條第1項、第2項第1款、第3款、第4款、第347條第1項、第3項、第348條第1項、第2項第2款之罪。

三、性侵害犯罪防治法第2條第1項所定之罪。

四、人口販運防制法第31條至第34條、第36條之罪。

五、兒童及少年性剝削防制條例第32條至第35條、第36條第1項至第5項、第37條第1項之罪。

由於審判中訴訟之三面關係爲法院、檢察官及被告。被害人訴訟參與制度係在此三面關係下，爲被害人設計一程序參與人之主體地位，使其得藉由參與程序，瞭解訴訟之經過情形及維護其人性尊嚴。關於得聲請訴訟參與之案件類型，考量上開被害人訴訟參與制度之目的及司法資源之合理有效利用，自以侵害被害人生命、身體、自由 及性自主等影響人性尊嚴至鉅之案件爲宜，所以規定聲請權人必須是這五款特定罪名之被害人。

茲有疑義的是，然若被害人如已實行告訴權而成爲告訴人時，是否仍然有權聲請參與訴訟?如果與本法第344條第3項關於請求檢察官上訴之規定，係將告訴人及被害人併列者，兩相對照，似應採否定說。不過本書認爲，雖就法條文義比較來看，似應採否定說；惟，就體系及目的解釋而言，告訴權人所得行使的權限範圍與聲請參與訴訟之被害人不盡相同，如採否定說，將造成提起告訴表示訴追意思之被害人，其權利行使反受限制，應非本編立法本意。

本法第455條之38第2項的規定，前項各款犯罪之被害人無行爲能力、限制行爲能力、死亡或因其他不得已之事由而不能聲請者，得由其法定代理人、配偶、直系血親、三親等內之旁系血親、二親等內之姻親或家長、家屬爲之。但被告具前述身分之一，而無其他前述身分之人聲請者，得由被害人戶籍所在地之直轄市、縣（市）政府或財團法人犯罪被害人保護協會爲之。被害人戶籍所在地不明者，得由其住（居）所或所在地之直轄市、縣（市）政府或財團法人犯罪被害人保護協會爲之。

關於得聲請訴訟參與之主體範圍，於被害人死亡之情形，參酌第232條第2項之規定，使與被害人具有一定親屬關係或雖非親屬而以永久共同生活爲目的同居一家之人均得聲請訴訟參與。又爲保障兒童及少年被害人等無行爲能力人、限制行爲能力人之訴訟權益，故明定被害人無行爲能力、限制行爲能力時，得由與其具有一定親屬關係之人或其家長、家屬聲請訴訟參與。另考量實務上迭有被害人住院治療，或已不能爲意思表示，但尚未經法院爲監護宣告之情形，其雖非無行爲能力人，然實際上已無法於準備程序、審判期日到庭，爲保障此等被害人及其家屬之訴訟權益，故明定因其他不得已之事由而不能聲請訴訟參與者，亦得由與其具有一定親屬關係之人或其家長、家屬聲請訴訟參與。再者，被告倘爲被害人之法定代理人、配偶、直系血親、三親等內之旁系血親、二親等內之姻親或家長、家屬，除被害人因無行爲能力、限制行爲能力、死亡或其他不得已之事由而不能聲請訴訟參與外，其他具有前述親屬關係之人，如又礙於人情倫理上之考量，而未聲請訴訟參與，對於被害人訴訟權益之保障即有未足，故明定相關政府機關、財團法人犯罪被害人保護協會得於前述情形聲請訴訟參與，以資周全被害人訴訟參與制度。

二、聲請時期

從條文文義來看，第二審言詞辯論終結前似乎皆可聲請，但亦有例外，倘若其係於第一審辯論終結後，本案尚未判決確定前提出聲請時，除非再開辯論，否則已無訴訟可得參與，如未再開辯論而予裁定准許參與訴訟。[1]，

三、每審級向法院提出聲請書狀

依本法第455條之39條的規定，聲請訴訟參與，應於每審級向法院提出聲請書狀。訴訟參與聲請書狀，應記載下列事項：

一、本案案由。

二、被告之姓名、性別、出生年月日、身分證明文件編號或其他足資辨別之特徵。

三、非被害人者，其與被害人之身分關係。

四、表明參與本案訴訟程序之意旨及理由。

爲使法院儘早知悉訴訟參與之聲請，避免程序延滯，聲請人應逕向法院提出聲請書狀。又，案件於每一審級終結時，原有訴訟參與之效力即不復存在，故訴訟參與人如欲聲請訴訟參與，自應於每一審級提出聲請書狀。

1　朱石炎，〈被害人訴訟參與新制概要——附述「修復式司法」（上）〉，《司法周刊》，第1986期，2020.01.10，第2版。

第三節　聲請訴訟參與之准駁

一、程序不合法的駁回

本法第455條之40第1項規定，法院對於前條之聲請，認爲不合法律上之程式或法律上不應准許者，應以裁定駁回之。但其不合法律上之程式可補正者，應定期間先命補正。例如：聲請書狀不合格式、聲請主體非適格之人、非特定罪名所列之罪者是。

二、實體上理由適當與否的准駁

本法第455條之40第2項規定，法院於徵詢檢察官、被告、辯護人及輔佐人之意見，並斟酌案件情節、聲請人與被告之關係、訴訟進行之程度及聲請人之利益，認爲適當者，應爲准許訴訟參與之裁定；認爲不適當者，應以裁定駁回之。

法院裁定准許訴訟參與後，訴訟參與人即得依法行使本編所定訴訟參與人之權益，其中對準備程序處理事項、證據及科刑範圍陳述意見、詢問被告等事宜，均影響本案訴訟程序之進行至鉅，故應賦予檢察官、被告、辯護人及輔佐人陳述意見之機會。又被害人訴訟參與制度旨在維護被害人及其家屬之人性尊嚴及其程序主體性，故法院於裁定前，自應綜合考量案件情節、聲請人與被告之關係、訴訟進行之程度及聲請人之利益等情事，認爲准許訴訟參與有助於達成被害人訴訟參與制度之目的且無不適當之情形者，即應爲准許之裁定。其中就「案件情節」而言，應審酌相關犯罪之動機、態樣、手段、被害結果等因素，例如敵對性極高之組織或團體間因宿怨仇恨所生之犯罪案件，應考量若准許被害人訴訟參與，是否有擾亂法庭秩序之虞；就「聲請人與被告之關係」而言，例如被害人與被告具有組織內上下從屬之關係，應考量若准許被害人訴訟參與，是否有實質上不利於被告防禦之虞；就「訴訟進行之程度」而言，例如被害人於第一審之審理期間並未聲請訴訟參與，迄至第二審接近審結之時始聲請訴訟參與，即應考量是否有對於被告防禦權產生無法預期之不利益之虞；若就案件情節、聲請人與被告之關係或訴訟進行之程度而言，有諸如前述之情形，則聲請人就訴訟參與即須具有較大之利益，始能衡平因其訴訟參與對於法庭秩序或被告防禦權所生之不利益。

三、准許撤銷訴訟參與裁定之情形

本法第455條之40第3項規定，法院裁定准許訴訟參與後，認有不應准許之情形者，應撤銷原裁定。

法院依聲請裁定准許訴訟參與後，發現有不應准許之情形，例如法院變更檢察官起訴法條而使該案件罪名變更爲第455條之38第1項各款所列罪名以外之罪名，或聲請人與被害人間之身分關係嗣後變更者，原所爲准許訴訟參與之裁定自應撤銷，以免徒增本案訴訟不必要之程序負擔。

四、准駁與否皆不得抗告

本法第455條之40第4項規定，前三項裁定，不得抗告。

爲使訴訟參與之程序儘速確定，避免不必要之訴訟遲滯，且本案當事人若認有不應准許訴訟參與之理由，因得於後續訴訟程序中加以釐清，法院於裁定准許訴訟參與後，如嗣後認有不應准許之情形者，應撤銷原裁定，是亦無賦予本案當事人提起抗告救濟之必要，故就法院對於訴訟參與聲請所爲之裁定，無論准駁，均不許提起抗告，惟依本法第271條2項極第289條仍不失有陳述意見的機會。

第四節　訴訟參與之代理人

一、選任代理人

本法第455條之41第1項規定，訴訟參與人得隨時選任代理人。

爲落實被害人訴訟參與制度，確保訴訟參與人可以掌握訴訟進度與狀況，適時瞭解訴訟資訊，並有效行使本編所定之權益，參酌德、日立法例，明定訴訟參與人得隨時選任代理人。

二、指定代理人

本法第455條之41第2項規定，第28條至第30條、第32條之規定，於訴訟參與人之代理人準用之；第31條第1項第3款至第6款、第2項至第4項之規定，於訴訟參與人未經選任代理人者並準用之。

訴訟參與人委任代理人者，代理人人數、資格之限制、選任程序及文書之送達應準用本法第28條至第30條及第32條之規定。又考量因精神障礙或其他心智缺陷無法爲完全之陳述者亟需代理人，且爲保障具原住民身分之訴訟參與人，及避免符合社會救助法上低收入戶、中低收入戶資格之訴訟參與人，因無資力而無法自行選任代理人，故本條第2項準用本法第31條第1項第3款至第6款、第2項至第4項之規定，明定訴訟參與人爲精神障礙或其他心智缺陷無法爲完全之陳述、具原住民身分、爲低收入戶或中低收入戶而聲請指定代理人或審判長認爲有必要之情形，而未經選任代理人者，審判長應爲其指定律師爲代理人。

第五節　訴訟參與人之程序權

一、卷證資訊獲知權

本法第455條之42規定，代理人於審判中得檢閱卷宗及證物並得抄錄、重製或攝影。但代理人爲非律師者，於審判中對於卷宗及證物不得檢閱、抄錄、重製或攝影。無代理人或代理人爲非律師之訴訟參與人於審判中得預納費用請求付與卷宗及證物之影本。但卷宗及證物之內容與被告被訴事實無關或足以妨害另案之偵查，或涉及當事人或第三人之隱私或業務秘密者，法院得限制之。前項但書之限制，得提起抗告。

訴訟參與人雖非本案當事人，然其與審判結果仍有切身利害關係，爲尊重其程序主體地位，並使其得以於訴訟進行中有效行使其權益，實有必要使其獲知卷證資訊之內容。又訴訟參與人選任代理人原則上應以律師充之，但審判中經審判長許可者，亦得選任非律師爲代理人。律師具備法律專業知識，且就業務之執行須受律師法有關律師倫理、忠誠及信譽義務之規範，賦予其就卷宗及證物檢閱、抄錄、重製或攝影之權利，除使代理人瞭解案件進行程度、卷證資訊內容，以維護訴訟參與人權益外，更可藉由獲知卷證資訊而充分與檢察官溝通，瞭解檢察官之訴訟策略。又本法第33條係爲實現被告防禦權之重要內涵，屬憲法第16條訴訟權保障之範疇，本條則係爲提升訴訟參與人及其代理人於現行刑事訴訟制度下之資訊取得權，使其得以獲知訴訟進行程度及卷證資訊內容之政策性立法。兩者之概念有別，故不以準用本法第33條之方式規定訴訟參與人及其代理人爲律師之卷證資訊獲知權，而於本條獨立定之。至於訴訟參與人選任非律師爲代理人者，因尚乏類似律師法之執業規範及監督懲戒機制，參考本法第271條之1第2項之規定，仍不宜賦予其代理人卷證資訊獲知權。

現代科學技術日趨發達，透過電子卷證或提供影印、重製卷證之電磁紀錄等方式，已可有效避免將卷證資料原本直接交付訴訟參與人接觸、保管之風險，且無代理人或代理人爲非律師之訴訟參與人亦有瞭解卷證資訊之需要，以利其行使訴訟上之權益。又本項前段所稱之影本，在解釋上應及於複本（如翻拍證物之照片、複製電磁紀錄及電子卷證等）。

此外，訴訟參與人對於法院依本條第2項但書規定所爲之限制卷證資訊獲知權如有不服者，自應賦予其得提起抗告之權利，始符合有權利即有救濟之法理。

二、在場權

（一）準備程序

本法第455條之43規定，準備程序期日，應通知訴訟參與人及其代理人到場。但經合法通知無正當理由不到場或陳明不願到場者，不在此限。第273條第1項各款事項，法院應聽取訴訟參與人及其代理人之意見。

蓋準備程序期日攸關法院審判範圍、爭點整理、證據取捨與調查範圍、次序及方法等重要事項之處理，爲增加訴訟參與人對於訴訟程序及法庭活動之瞭解，提高其參與度，故課以法院於準備程序期日通知訴訟參與人及其代理人之義務。

又，檢察官雖爲公益代表人，負責實行公訴及說服法院，俾使被告受罪刑宣告，然其亦爲實施刑事訴訟程序之公務員，負有對於被告有利及不利之處均應一律注意之法定義務，是檢察官與被害人或其家屬之立場仍有不同。況對於訴訟進行之程序及結果最爲關心者，厥爲被害人或其家屬，尤其關於被告所爲辯解是否符合實情，被害人常有一定程度之瞭解或不同之觀點，故爲尊重訴訟參與人之程序主體性，宜賦予訴訟參與人及其代理人就本法第273條第1項各款事項得陳述意見之機會。

（二）審判期日

本法第455條之44規定，審判期日，應通知訴訟參與人及其代理人。但經合法通知無正當理由不到場或陳明不願到場者，不在此限。

在審判期日，爲尊重訴訟參與人之程序主體性及俾利其行使訴訟上之權益，爰參考日本立法例，明定訴訟參與人及其代理人得於審判期日在場。又被害人訴訟參與制度係訴訟參與人之訴訟權益，而非應負擔之義務，是自不宜以傳喚之方式命其到庭。故縱使訴訟參與人及其代理人無正當理由不到場，亦不得拘提之。

三、代表人之選定及指定

本法第455條之45規定，多數訴訟參與人得由其中選定一人或數人，代表全體或一部訴訟參與人參與訴訟。未依前項規定選定代表人者，法院認爲必要時，得限期命爲選定，逾期未選定者，法院得依職權指定之。前二項經選定或指定之代表人得更換、增減之。本編所定訴訟參與之權利，由經選定或指定之代表人行使之。

於有多數訴訟參與人之情形，如重大公共安全、交通事故等案件，如使其等同時出庭及行使本編所定之權利，可能造成審判窒礙難行，甚而導致訴訟程序久延致侵害被告受妥速審判之權利，故爲因應有多數訴訟參與人之情形，爰制定選定代表人制度。又多數訴訟參與人是否選定代表人及其人選，未必全體訴訟參與人意見一致，且相較於法院，訴訟參與人之間應更清楚彼等之利害關係、對於本案證據資料、事實及法律之主張、科刑之意見是否相同，故應許訴訟參與人自主決定是否選定代表人，並許其分組選定不同之人，或僅由一部訴訟參與人選定一人或數人，與未選定代表人之訴訟參與人一同參與訴訟。

若訴訟參與人爲多數且未依本條第1項規定選定代表人以參與訴訟時，法院考量訴訟參與人之人數、案件情節之繁雜程度及訴訟程序之進行狀況後，如認有爲訴訟參與人指定代表人之必要，以避免訴訟程序久延致侵害被告受妥速審判之權利，則爲尊重訴訟參與人之主體性，**法院得先定期命訴訟參與人自行選定代表人，如逾期未選定代表人者，方由法院依職權指定之。**

訴訟程序之進行往往需歷經相當之時日，且於檢察官、被告及辯護人之攻擊防禦過程中，各訴訟參與人之利害關係、對於本案證據資料、事實及法律之主張、科刑之意見亦有可能改變。故爲使各訴訟參與人得以選定適當之代表人代表其參與訴訟，並使各訴訟參與人之意見均能傳達於法院，自宜許其於訴訟過程中更換、增減代表人。同理，法院依本條第2項規定指定代表人後，如有必要，亦得依職權更換或增減之。又如經法院職權指定代表人後，多數訴訟參與人於訴訟過程中逐漸形成共識而選任更爲適當之代表人時，亦當准許其等更換或增減代表人。

又，訴訟參與人經選定或指定代表人後，既得透過其代表人行使本編規定之權利，則爲避免因多數訴訟參與人所致審判遲滯之情形發生，明定訴訟參與人經選定或指定代表人後，由被選定或指定之代表人行使本編所定之訴訟參與權利。又訴訟參與人經選定或指定代表人後，其原有之訴訟參與權並非當然喪失，僅係處於停止之狀態而不得再依本編之規定行使權利。如其嗣後被增列爲代表人，即得回復訴訟參與之狀態而續行參與訴訟。

第六節　訴訟參與人表達意見權之權利

一、對證據調查之表意權

本法第455條之46規定，每調查一證據畢，審判長應詢問訴訟參與人及其代理人有無意見。法院應予訴訟參與人及其代理人，以辯論證據證明力之適當機會。

有關證據之解讀，訴訟參與人常有一定程度之瞭解或不同於檢察官之觀點，故爲確保訴訟參與人及其代理人於調查證據程序中有陳述意見之機會，以貫徹被害人訴訟參與之目的，自應予訴訟參與人及其代理人於調查證據程序中，有就每一證據表示意見之機會。

賦予訴訟參與人及其代理人辯論證據證明力之適當機會，旨在使其得就各項證據資料之憑信性表示意見，以維護訴訟參與人於案件中之主體性。是法院自應依訴訟程序進行之情形及程度，給予訴訟參與人及其代理人辯論證據證明力之適當機會。

二、對科刑之表意權

本法第455條之47規定，審判長於行第289條關於科刑之程序前，應予訴訟參與人及其代理人、陪同人就科刑範圍表示意見之機會。

刑事審判之量刑，在於實現刑罰權之分配正義，法院對有罪之被告科刑時，除應符合罪刑相當原則外，尤應注意刑法第57條所列各款事項，以爲科刑輕重之標準。又刑罰之量定與罪責之認定均屬重要，是於檢察官、被告及辯護人就事實與法律進行辯論後，審判長應行本法第289條關於科刑之程序。訴訟參與人因被告之犯罪行爲而蒙受損害，其往往對於被告與被害人之關係、犯罪所生損害及被告犯罪後之態度等量刑事項知之甚詳；且陪同人既具備本法第271條之3第1項所定身分或關係，其對於被害人因被告之犯罪行爲所受之創傷、心路歷程等攸關前開量刑事項之情形，亦有所悉，是應賦予訴訟參與人及其代理人、陪同人就科刑範圍表示意見之機會，使量刑更加精緻、妥適，以符刑罰個別化原則。又爲使檢察官能事先知悉訴訟參與人及其代理人、陪同人對於科刑範圍之意見，以作爲求刑之參考，並考量科刑之結果影響被告之權益甚鉅，爲確保被告及其辯護人對於訴訟參與人及其代理人、陪同人所述，亦有表示意見之機會，故規定審判長於行第289條關於科刑之程序前，即應予訴訟參與人及其代理人、陪同人表示意見之機會。

第8編

執　行

第一節 通論

裁判之執行，乃依國家之權力，就確定裁判之內容，使之實現之行爲。並非一切確定的判決均適合執行，例如免刑的判決，如無專科沒收之情形者，或無罪的判決者，均毋庸藉著國家的公權力來實現，執行的對象，通常是以科刑判決爲主，但並不以此爲限，即就非科刑之裁判及對第三人亦得執行之，例如不受理判決之被告，移送於有審判之機關，或對於科處證人罰鍰裁定之執行等。

本法第456條第1項規定，裁判除關於保安處分者外，於確定後執行之。但有特別規定者，不在此限。第2項規定，前項情形，檢察官於必要時，得於裁判法院送交卷宗前執行之。[1]故裁判於確定後執行之，是爲原則，其例外情形如下：

一、保安處分依毒品危害防制條例第20條第1項規定，犯第10條之罪者，檢察官或少年法庭應先將被告或少年送勒戒處所觀察、勒戒，期間不得逾一個月。如有繼續施用毒品之傾向者，由檢察官聲請法院或由少年法庭裁定令入戒治處所施以強制戒治，其期間爲一年。但自首者，得以保護管束代之。此乃於本案裁判確定前，先執行保安處分之例外。

二、本法第409條第1項規定，抗告無停止執行裁判之效力。因此，被告對於駁回上訴之裁定提起抗告，苟未經法院依照同條第1、2項規定以裁定停止執行，自可依法執行。[2]

三、裁判執行的機關

關於裁判執行的機關，依本法第457條規定，執行裁判由爲裁判法院之檢察官指揮之。但其性質應由法院或審判長、受命法官、受託法官指揮，或有特別規定者，不在此限。故裁判之執行，原則上應由爲裁判法院之檢察官指揮之，例外之情形如所謂性質上不宜由檢察官執行者，例如審判中之延長羈押裁定，法院發還扣押物之裁定等，所謂特別規定，例如罰金、罰鍰於裁判宣示後，如經受裁判人同意而檢察官不在場者，得由法官當庭指揮執行

---

1 爲避免法院判決有罪確定後，卷宗送交檢察官前，檢察官得否依法執行之爭議，致使受刑人趁此期間逃匿，故增訂第2項（2019.07）。

2 司法院院解字第595號解釋。

（本法§470Ⅰ但書）。同條第2、3項定，因駁回上訴抗告之裁判，或因撤回上訴、抗告而應執行下級法院之裁判者，由上級法院之檢察官指揮之。前二項情形，其卷宗在下級法院者，由該法院之檢察官指揮執行。

關於裁判之執行方式，依本法第458條規定，指揮執行，應以指揮書附具裁判書或筆錄之繕本或節本爲之。但執行刑罰或保安處分以外之指揮，毋庸制作指揮書者，不在此限。

本法第459條規定，二以上主刑之執行，除罰金外，應先執行其重者。但有必要時，檢察官得命先執行他刑。

第二節　各種刑罰、保安處分等之執行

一、死刑的執行

本法第460條規定，諭知死刑之判決確定後，檢察官應速將該案卷宗送交司法行政最高機關。本法第461條規定，死刑，應經司法行政最高機關令准，於令到三日內執行之。但執行檢察官發見案情確有合於再審或非常上訴之理由者，得於三日內電請司法行政最高機關，再加審核。

本法第462條規定，死刑，於監獄內執行之。第463條規定，執行死刑，應由檢察官蒞視，並命書記官在場。執行死刑，除經檢察官或監獄長官之許可者外，不得入行刑場內。第464條規定，執行死刑，應由在場之書記官製作筆錄。筆錄應由檢察官及監獄長官簽名。第465條規定，受死刑之諭知者，如在心神喪失中，由司法行政最高機關命令停止執行。受死刑諭知之婦女懷胎者，於其生產前，由司法行政最高機關命令停止執行。依前二項規定停止執行者，於其痊癒或生產後，非有司法行政最高機關命令，不得執行。

二、自由刑的執行

本法第466條規定，處徒刑及拘役之人犯，除法律別有規定外，於監獄內分別拘禁之，令服勞役。但得因其情節，免服勞役。第467條規定，受徒

刑或拘役之諭知而有左列情形之一者，依檢察官之指揮，於其痊癒或該事故消滅前，停止執行：

（一）心神喪失者。

（二）懷胎五月以上者。

（三）生產未滿二月者。

（四）現罹疾病，恐因執行而不能保其生命者。

本法第468條規定，依前條第1款及第4款情形停止執行者，檢察官得將受刑人送入醫院或其他適當之處所。第469條規定[3]，受死刑、徒刑或拘役之諭知，而未經羈押者，檢察官於執行時，應傳喚之；傳喚不到者，應行拘提。前項受刑人，得依第76條第1款及第2款之規定，逕行拘提，及依第84條之規定通緝之。受罰金以外主刑之諭知，而未經羈押者，檢察官於執行時，應傳喚之；傳喚不到者，應行拘提。但經諭知死刑、無期徒刑或逾二年有期徒刑，而有相當理由認爲有逃亡之虞者，得逕行拘提（本法§469Ⅰ）。前項前段受刑人，檢察官得依第76條第1款及第2款之規定，逕行拘提，及依第84條之規定通緝之（本法§469Ⅱ）。

三、財產刑之執行

本法第470條規定，罰金、罰鍰、沒收、沒入、追徵、追繳及抵償之裁判，應依檢察官之命令執行之。但罰金、罰鍰於裁判宣示後，如經受裁判人同意而檢察官不在場者，得由法官當庭指揮執行。前項命令與民事執行名義有同一之效力。罰金、沒收、追徵、追繳及抵償，得就受刑人之遺產執行。本法第471條規定，前條裁判之執行，準用執行民事裁判之規定。前項執行，檢察官於必要時，得囑託地方法院民事執行處爲之。檢察官之囑託執行，免徵執行費。本法第472條規定，沒收物，由檢察官處分之。

2016年配合刑法沒收規定之修訂，本法第473條第1項修正爲：沒收物、追徵財產，於裁判確定後一年內，由權利人聲請發還者，或因犯罪而得行使債權請求權之人已取得執行名義者聲請給付，除應破毀或廢棄者外，檢

3 爲使刑事判決得以有效執行，避免受刑人經判決有罪確定後，爲規避執行而逃匿而修正現行規定（2019.07）。

察官應發還或給付之；其已變價者，應給與變價所得之價金。聲請人對前項關於發還、給付之執行不服者，準用第484條之規定（本法§473 II）。第1項之變價、分配及給付，檢察官於必要時，得囑託法務部行政執行署所屬各分署爲之（本法§473 III）。第1項之請求權人、聲請發還或給付之範圍、方式、程序與檢察官得發還或給付之範圍及其他應遵行事項之執行辦法，由行政院定之（本法§473 IV）。

四、扣押物之執行

由於扣押物應受發還人所在不明或因其他事故不能發還者，常係因被害人不知其財物業經扣押，從而其聲請發還之權利自有予以落實、保障之必要。2016年參考民法第949條第1項盜贓或遺失物回復請求權爲二年之規定，本法第475條因應修正爲：「扣押物之應受發還人所在不明，或因其他事故不能發還者，檢察官應公告之；自公告之日起滿二年，無人聲請發還者，以其物歸屬國庫。雖在前項期間內，其無價值之物得廢棄之；不便保管者，得命變價保管其價金。」

五、撤銷緩刑之執行

本法第476條規定，緩刑之宣告應撤銷者，由受刑人所在地或其最後住所地之地方法院檢察官聲請該法院裁定之。

六、更定其刑或定其應執行刑之執行

本法第477條規定，依刑法第48條應更定其刑者，或依刑法第53條及第54條應依刑法第51條第5款至第7款之規定，定其應執行之刑者，由該案犯罪事實最後判決之法院之檢察官，聲請該法院裁定之。前項定其應執行之刑者，受刑人或其法定代理人、配偶，亦得請求前項檢察官聲請之。第478條規定，依本法第466條但書應免服勞役者，由指揮執行之檢察官命令之。第479條規定，依刑法第41條、第42條及第42條之1易服社會勞動或易服勞役者，由指揮執行之檢察官命令之。易服社會勞動，由指揮執行之檢察官命令向該管檢察署指定之政府機關、政府機構、行政法人、社區或其他符合公益目的之機構或團體提供勞動，並定履行期間。

本法第480條規定，罰金易服勞役者，應與處徒刑或拘役之人犯，分別執行。第467條及第469條之規定，於易服勞役準用之。

七、保安處分之執行

本法第481條規定，依刑法第86條第3項、第87條第3項、第88條第2項、第89條第2項、第90條第2項或第98條第1項前段免其處分之執行，第90條第3項許可延長處分，第93條第2項之付保護管束，或第98條第1項後段、第2項免其刑之執行，及第99條許可處分之執行，由檢察官聲請該案犯罪事實最後裁判之法院裁定之。第91條之1第1項之施以強制治療及同條第2項之停止強制治療，亦同。檢察官依刑法第18條第1項或第19條第1項而爲不起訴之處分者，如認有宣告保安處分之必要，得聲請法院裁定之。法院裁判時未併宣告保安處分，而檢察官認爲有宣告之必要者，得於裁判後三個月內，聲請法院裁定之。第482條規定，依刑法第43條易以訓誡者，由檢察官執行之。

第三節　裁判疑義與執行異議之聲明

一、聲明疑義

本法第483條規定，「當事人」對於有罪「裁判之文義」有疑義者，得向諭知該裁判之法院聲明疑義。其要件如下：

（一）聲明疑義人限於「當事人」方得爲之，即除被告、自訴人、檢察官外，其他訴訟關係人概不得爲之。

（二）聲明疑義限於對「有罪」判決之裁判方得爲之，此有罪之裁判包括科刑及免刑之判決，至若無罪、免訴、不受理、管轄錯誤之裁判，則不得爲之。係於科刑判決「主文」有疑義而言，至對於判決之「理由」，則不許聲明疑義。

（三）聲明疑義須對於裁判之文義發生疑義，即對於裁判之主文、文義不明，致執行時發生疑義者，始得爲之。至於判決之理由，或非文義上之疑問，則不許聲明疑義。

（四）聲明疑義，須向諭知該裁判之法院爲之，於裁判前得以書狀撤回之（本法§485 Ⅱ）。

二、聲明異議

本法第484條規定，受刑人或其法定代理人或配偶以檢察官執行之指揮爲不當者，得向諭知該裁判之法院聲明異議。本條係對於檢察官之指揮執行聲明異議之規定，聲明異議人，限於受刑人，或其法定代理人或配偶方得爲之。自訴人及告訴人均不得爲之。

三、聲明疑義或聲明異議之程序

聲明異議或疑義，乃對於檢察官執行之指揮，認爲不當之救濟方法，應向諭知該裁判之法院爲之（本法§486），於裁判前得以書狀撤回之（本法§485 Ⅱ）。本法第351條之規定，於疑義或異議之聲明及撤回準用之。

進階思考

對於檢察官不准易科罰金聲明異議，法院能否逕爲准許之裁定？

■ 參考解答

實務認爲，[4]受刑人或其他異議人對於檢察官不准易科罰金執行之指揮認爲不當（包括執行之指揮違法及執行方法不當等情形在內），而向法院聲明異議，法院認爲有理由而爲撤銷之裁定者，除依裁定意旨得由檢察官重新爲適當的斟酌外，如有必要法院自非不得於裁定內同時諭知准予易科罰金。此號解釋乃爲貫徹聲明異議之功效，在一定的範圍與比例原則之下，認爲法院非不得撤銷檢察官的處分命令。

---

4 釋字第245號解釋。

第9編

附帶民事訴訟

第一節　附帶民事訴訟的意義

因犯罪而受損害之人，爲請求回復其損害，於刑事訴訟程序附帶提起之民事訴訟，稱爲附帶民事訴訟。附帶民事訴訟之提起，必以刑事訴訟程序之存在爲前提，若刑事訴訟未經提起公訴或自訴，即不得對於應負民事賠償責任之人，提起附帶民事訴訟，且限於起訴之犯罪事實侵害個人私權所生之損害者，始得提起。故附帶民事訴訟除刑事訴訟法有特別規定外，準用刑事訴訟之規定；但經移送或發回、發交於民事庭後，應適用民事訴訟法。

第二節　附帶民事訴訟之當事人

本法第487條規定，因犯罪而受損害之人，於刑事訴訟程序得附帶提起民事訴訟，對於被告及依民法負賠償責任之人，請求回復其損害。前項請求之範圍，依民法之規定。

附帶民事訴訟之原告及被告者，與刑事訴訟之原、被告並不相同，茲分述之：

一、原告：附帶民事訴訟之原告，須爲因犯罪而受損害之人，即因被告之犯罪，侵害其身體、自由、名譽或財產之受損害之人，**但不以「直接」受損害者爲限，即「間接」受損害之人，在民法上有請求損害賠償之權者，亦包括之**。例如某甲被某乙所殺害，某甲的配偶雖非刑事上的被害人，但在民事上有損害賠償請求權。

二、被告：附帶民事訴訟之被告，除以刑事訴訟之被告爲被告外，凡依民法負賠償責任之人，均得以之爲附帶民事訴訟之被告，請求回復其損害。例如未成年人竊取他人之動產者，被害人亦得對於被告之法定代理人請求賠償。附帶民事訴訟之被告不以自然人爲限，例如客運公司的司機，業務過失行爲致行人死亡，被害人之配偶得依民法以該客運公司及該司機爲共同被告，請求其負連帶損害賠償責任。

第三節　附帶民事訴訟之範圍

因犯罪而受損害之人，對於被告及依民法負賠償責任之人，請求回復其損害，其請求之範圍，依民法之規定（本法§487）。所謂民法規定主要是侵權行為，

如民法第184條因故意或過失，不法侵害他人權利者，負損害賠償責任。負損害賠償者，

除法律另有規定或契約另有訂定外，應回復他方損害發生前之原狀（民法§212）。所謂法律另有規定，其情形如下：

一、殯喪費：不法侵害他人致死者，對於支出殯喪費之人，亦應負損害賠償責任（民法§192）。

二、不法侵害他人之身體或健康者，於被害人因此喪失或減少勞動能力，或增加生活上之需要時，應負損害賠償責任。前項損害賠償，法院得因當事人之聲請，定為支付定期金，但須命加害人提出擔保（民法§193Ⅰ、Ⅱ）。

三、法定扶養費：不法侵害他人致死者，被害人對於第三人負有法定扶養義務者，加害人對於該第三人亦應負損害賠償責任（民法§192Ⅱ）。

四、慰撫金：不法侵害他人致死者，被害人之父、母、子、女及配偶，雖非財產上之損害，亦得請求賠償相當之金額（民法§194）。

五、回復名譽：不法侵害他人之身體、健康、名譽、自由、信用、隱私、貞操，或不法侵害其他人格法益而情節重大者，被害人雖非財產上之損害，亦得請求賠償相當之金額。其名譽被侵害者，並得請求為回復名譽之適當處分。前項請求權，不得讓與或繼承。但以金額賠償之請求權已依契約承諾，或已起訴者，不在此限。又前二項規定，於不法侵害他人基於父、母、子、女，或配偶關係之身分法益而情節重大者，準用之（民法§195）。

六、物因毀損所減少之價額：不法毀損他人之物者，應向被害人賠償其物因毀損所減少之價額（民法§196）。

第四節 附帶民事訴訟所適用之法律

一、附帶民事訴訟所適用之實體法爲民法，所適用之程序法，除刑事訴訟法第九編有特別規定外，準用關於刑事訴訟之規定（本法§490前段）但經移送或發回、發交於民事庭後，應適用民事訴訟法（本法§490但書）。

二、本法第491條規定，民事訴訟法關於左列事項之規定，於附帶民事訴訟準用之：

（一）當事人能力及訴訟能力。

（二）共同訴訟。

（三）訴訟參加。

（四）訴訟代理人及輔佐人。

（五）訴訟程序之停止。

（六）當事人本人之到場。

（七）和解。

（八）本於捨棄之判決。

（九）起訴及上訴或抗告之撤回。

（十）假扣押、假處分及假執行。

第五節 附帶民事訴訟之管轄

附帶民事訴訟應向刑事訟繫屬之法院提起，即依刑事訴訟之事物管轄及土地管轄定之，並不適用民事訴訟法上關於普通審判籍及特別審判籍之規定。故刑事訴訟在第一審法院者，附帶民事訴訟即由第一審法院審判；刑事訴訟在第二審法院審判法院者，附帶民事訴訟即由第二審法院管轄。

附帶民事訴訟，因無獨立之管轄法院，是其管轄隨刑事訴訟而移轉。故本法第489條規定，法院就刑事訴訟爲第6條第2項、第8條至第10條之裁定者，視爲就附帶民事訴訟有同一之裁定。就刑事訴訟諭知管轄錯誤及移送該案件者，應併就附帶民事訴訟爲同一之諭知。

第六節　附帶民事訴訟之提起

一、提起之時期

本法第488條規定，提起附帶民事訴訟，應於刑事訴訟起訴後第二審辯論終結前爲之。但在第一審辯論終結後提起上訴前，不得提起。

二、提起之程序

本法第492條規定，提起附帶民事訴訟，應提出訴狀於法院爲之。前項訴狀，準用民事訴訟法之規定。本法第493條規定， 訴狀及各當事人準備訴訟之書狀，應按他造人數提出繕本，由法院送達於他造。

本法第494條規定，刑事訴訟之審判期日，得傳喚附帶民事訴訟當事人及關係人。本法第495條規定，原告於審判期日到庭時，得以言詞提起附帶民事訴訟。其以言詞起訴者，應陳述訴狀所應表明之事項，記載於筆錄。本法第41條第2項至第4項之規定，於前項筆錄準用之。

原告以言詞起訴而他造不在場，或雖在場而請求送達筆錄者，應將筆錄送達於他造。

第七節　附帶民事訴訟之審理

附帶民事訴訟之審判程序，除刑事訴訟法第九編有特別規定外，準用關於刑事訴訟之規定（本法§490本文），但經移送或發回、發交於民事庭後，應適用民事訴訟法（本法§490但書）。

第一、刑事訴訟之審理期日，得傳喚附帶民事訴訟之當事人及關係人（本法§494）。

第二、本法第496條規定，附帶民事訴訟之審理，應於審理刑事訴訟後行之。但審判長如認爲適當者，亦得同時調查。

第三、本法第497條規定，檢察官於附帶民事訴訟之審判，毋庸參與。

第四、本法第498條規定，當事人經合法傳喚，無正當之理由不到庭或到庭不為辯論者，得不待其陳述而為判決，其未受許可而退庭者亦同。

第五、本法第499條規定，就刑事訴訟所調查之證據，視為就附帶民事訴訟亦經調查。前項之調查，附帶民事訴訟當事人或代理人得陳述意見。

第六、本法第500條規定，附帶民事訴訟之判決，應以刑事訴訟判決所認定之事實為據。但本於捨棄而為判決者，不在此限。

第七、本法第501條規定，附帶民事訴訟，應與刑事訴訟同時判決。

第八節　附帶民事訴訟之裁判

壹、駁回原告之訴之判決

法院認為附帶民事訴訟有下列情形之一者，應以判決駁回之：

一、原告之訴不合法，本法第502條規定，法院認為原告之訴不合法者，應以判決駁回之。

二、認為原告之訴有理由者，應依其關於請求之聲明，為被告敗訴之判決。

三、認為原告之訴無理由者，即指附帶民事訴訟雖已具備訴訟要件，但原告以訴訟所主張之請求，不應准許。例如原告無法舉證證明自己確實受到損害。

四、本法第503條規定，刑事訴訟諭知無罪、免訴或不受理之判決者，應以判決駁回原告之訴。但經原告聲請時，應將附帶民事訴訟移送管轄法院之民事庭。

前項判決，非對於刑事訴訟之判決有上訴時，不得上訴。第1項但書移送案件，應繳納訴訟費用。自訴案件經裁定駁回自訴者，應以裁定駁回原告之訴，並準用前3項之規定。

貳、本法第504條規定

法院認附帶民事訴訟確係繁雜，非經長久時日不能終結其審判者，得以合議裁定移送該法院之民事庭；其因不足法定人數不能合議者，由院長裁定之。前項移送案件，免納裁判費。對於第一項裁定，不得抗告。本法第505條規定，適用簡易訴訟程序案件之附帶民事訴訟，準用第501條或第504條之規定。前項移送案件，免納裁判費用。對於第1項裁定，不得抗告。

第九節 附帶民事訴訟之上訴

本法第503條規定，刑事訴訟諭知無罪、免訴或不受理之判決者，應以判決駁回原告之訴。但經原告聲請時，應將附帶民事訴訟移送管轄法院之民事庭。前項判決，非對於刑事訴訟之判決有上訴時，不得上訴。第511條規定，法院如僅應就附帶民事訴訟爲審判者，應以裁定將該案件移送該法院之民事庭。但附帶民事訴訟之上訴不合法者，不在此限。對於前項裁定，不得抗告。

本法第506條規定，刑事訴訟之第二審判決不得上訴於第三審法院者，對於其附帶民事訴訟之第二審判決，得上訴於第三審法院，但應受民事訴訟法第466條之限制。前項上訴，由民事庭審理之。

本法第507條規定，刑事訴訟之第二審判決，經上訴於第三審法院，對於其附帶民事訴訟之判決所提起之上訴，已有刑事上訴書狀之理由可資引用者，得不敘述上訴之理由。

第三審法院對於附帶民事訴訟上所爲之判決可分爲駁回上訴及撤銷原判決二種，茲分述如左：

一、駁回上訴之情形又分爲三種

（一）上訴不合法者。

（二）本法第508條規定，第三審法院認爲刑事訴訟之上訴無理由而駁回之者，而其附帶民事訴訟之原審判決無可爲上訴理由之違背法令者，應駁回其上訴（本法§508①）。

（三）爲第三審法院雖認爲刑事訴訟之上訴有理由，將原審判決撤銷而就該案件自爲判決。但刑事訴訟判決之變更，於附帶民事訴訟無影響，且附帶民事訴訟之原審判決無可爲上訴理由之違背法令者，應將上訴駁回（本法

§509②）。

二、撤銷原判決

第三審法院認爲刑事訴訟原審判決撤銷，分別爲左列各種判決：

（一）本法第508條規定，第三審法院認爲刑事訴訟之上訴無理由而駁回之者，其附帶民事訴訟之原審判決有可爲上訴理由之違背法令者，應將其判決撤銷，就該案件自爲判決。又，本法第509條規定，第三審法院認爲刑事訴訟之上訴有理由，將原審判決撤銷而就該案件自爲判決者，而刑事訴訟判決之變更，其影響及於附帶民事訴訟，或附帶民事原審判決，有可爲上訴理由之違背法令者，應將原審判決撤銷，就該案件自爲判決。

（二）發回原審法院民事庭審判其原因有三：

1.本法第508條規定，第三審法院認爲刑事訴訟之上訴無理由而駁回之者，附帶民事訴訟之原審判決有可爲上訴理由之違背法令者，且有審理事實之必要時，應將該案件發回原審法院之民事庭，或發交與原審法院同級之他法院民事庭。

2.本法第509條第1款但書規定，第三審法院認爲刑事訴訟之上訴有理由，將原審判決撤銷而就該案件自爲判決者，而刑事訴訟判決之變更，其影響及於附帶民事訴訟，或附帶民事訴訟之原審判決，有可爲上訴理由之違背法令，且有審理事實之必要時，應撤銷原判決，將該案件發回原審法院之民事庭。

3.本法第510條規定，第三審法院認爲刑事訴訟之上訴有理由，將撤銷原審判決，而將該案件發回或發交原審法院或他法院者，應併就附帶民事訴訟之上訴，爲同一之判決。

第十節　附帶民事訴訟之再審

本法第512條規定，對於附帶民事訴訟之判決聲請再審者，應依民事訴訟法向原判決法院之民事庭提起再審之訴。

國家圖書館出版品預行編目資料

刑事訴訟法新理論與實務／林朝雲，陳宏毅著. -- 七版. -- 臺北市：五南圖書出版股份有限公司，2021.09
面； 公分
ISBN 978-626-317-122-0（平裝）

1.刑事訴訟法

586.2 110013906

1T68

刑事訴訟法新理論與實務

作　者— 林朝雲（116.5）、陳宏毅（246.9）
發 行 人— 楊榮川
總 經 理— 楊士清
總 編 輯— 楊秀麗
副總編輯— 劉靜芬
責任編輯— 呂伊真
封面設計— 姚孝慈
出 版 者— 五南圖書出版股份有限公司
地　址：106台北市大安區和平東路二段339號4樓
電　話：(02)2705-5066　傳　真：(02)2706-6100
網　址：https://www.wunan.com.tw
電子郵件：wunan@wunan.com.tw
劃撥帳號：01068953
戶　名：五南圖書出版股份有限公司

法律顧問　林勝安律師事務所　林勝安律師

出版日期　2015年2月初版一刷
　　　　　2021年9月七版一刷
定　價　新臺幣700元